# 중국문자학의 이해

## 中國文字學의 理解

裘 錫 圭 著
李 鴻 鎭 譯

신아사

제자(題字) :

송(宋) 소식(蘇軾)(1036-1101, 호 東坡居士)의 법첩(法帖)에서 집자(集字)

# 전언(前言)

1963년 이래 작자는 북경대학에서 한자과(漢字課)를 몇 차례 강의한 바 있고, 이 책은 이 강의 원고에 기초하여 쓴 것이다. 북경대학 중문계(中文系)에는 따로 문자개혁과(文字改革課)가 개설되어 있기 때문에 본문에서는 한자(漢字) 병음화(拼音化) 방면의 문제는 언급하지 않았다.

이 책을 쓰는 과정에서 주덕희(朱德熙) 선생님은 작자에게 매우 많은 도움을 주었다. 처리하기 어려운 문제를 만날 때마다 작자는 언제나 주 선생님을 찾아가 가르침을 청하여 매우 많은 시간이 들게 하였다. 문제가 비교적 많은 어떤 장절(章節)은 주 선생님이 일찍이 번거로움을 마다하지 않으시고 작자를 지도하여 고쳐 쓰게 하였다. 제5장을 수정할 때는 일찍이 계공(啓功) 선생님에게 가르침을 청하였고, 자음(字音) 방면의 약간의 문제는 일찍이 왕복당(王福堂) 선생에게 가르침을 청하여 모두 가르침과 도움을 크게 받았다. 작자는 그들에게 깊은 감사를 드린다.

호평생(胡平生) 선생은 이 책의 도판(圖版)을 준비하는데 협조하였고, 이가호(李家浩) 선생은 대신 동기(銅器) 명문(銘文)을 모사(摹寫)하여 주었고, 상무인서관(商務印書館)의 곽량부(郭良夫)·조극근(趙克勤)·곽경산(郭慶山)·유령(劉玲) 등 선생은 이 책의 출판을 위하여 적지 않은 정력을 쏟았다. 특히 곽경산·유령의 두 선생은 전후하여 이 책의 책임 편집을 맡아 도움을 준 것이 더욱 많으므로 작자는 또한 그들에게 매우 감사한다.

1984년 6월 29일

작 자

주수청(朱袖清) 선생은 이 책을 위하여 영인(影印)에 부친 전부의 청서 원고를 써 주었고, 주덕희(朱德熙) 선생님은 이 책을 위하여 책 이름을 제사(題寫)하여 주었으므로 삼가 사의를 표한다.

1985년 12월 23일 보충하여 씀.

이 책이 출판된 후 운남(雲南) 사회과학원(社會科學院) 동파문화연구실(東巴文化硏究室)의 이정(李靜) 선생 · 남경대학(南京大學) 중문계의 만업형(萬業馨) 선생 등의 친구들이 책 속의 약간의 잘못을 지적해 주어 이제 이미 이에 근거하여 고쳤으므로 삼가 감사의 뜻을 드린다.

1989년 8월 수정할 때 보충하여 씀.

친구 왕중문(汪中文) 선생의 열정적인 추천을 받아 만권루도서공사(萬卷樓圖書公司)의 허담휘(許錟輝) 선생이 흔쾌히 출판을 허락하게 되었다. 이 책의 번체자(繁體字) 수정판(修訂版)을 대만(臺灣)의 독자들에게 제공하게 되어 작자는 두 분 선생에게 깊은 감사를 드린다.

1992년 2월 또 씀.

# 한국어 번역판 서문

졸작 ≪문자학개요(文字學概要)≫는 상당히 많은 문자학 술어를 사용하고, 아울러 상당히 많은 고서(古書)를 인용하여 외국어로 번역하는 것은 매우 쉽지 않다. 이홍진(李鴻鎭) 교수가 번거로움을 마다하지 않고 많은 정력을 기울여 번역하여, 졸작을 한자를 연구하고 학습하는 한국인들이 이용할 수 있게 한 것에 대하여 필자는 매우 감격한다.

1998년 1월 18일 구석규(裘錫圭) 씀.

# 범례(凡例)

1) 본서의 행문(行文)에서 "之前"·"之後"(번역에서는 "전"과 "후"라고 하였음)는 "以前"·"以後"(번역에서는 "이전"과 "이후"라고 하였음)와 서로 다르다. 어떤 시기의 "前"이라고 하는 것은 이 시기를 포함하지 않는 것이고, 어떤 시기의 "以前"이라고 하면 이 시기를 포함하는 것이다. "지후"와 "이후"도 역시 같다. "이상"·"이하"의 용법도 "이전"·"이후"와 같다. 예컨대 "두 개 이상"은 두 개도 또한 포함한다.

2) 행문의 편의를 위하여 동시에 또한 사(詞)와 독립적으로 활동할 수 없는 어소(語素)의 경계선은 구분하기 쉽지 않기 때문에 반드시 어소를 언급해야 할 경우를 제외하고는 일반적으로 어소라는 술어는 사용하지 않았다.

3) 행문의 편의와 자(字)와 사(詞)의 구별을 명확하게 하기 위하여 때로는 대괄호(大括弧)로 문장 중에서 언급한 사(詞) 혹은 어소(語素)를 나타내었다. 예컨대 "고한자(古漢字)에서는 □과 ○로 {方}과 {圓}을 나타내었다"는 것은 고한자에서는 "□"과 "○"로 "方"(모, 모가 나다)과 "圓"(원, 둥글다)이라는 두 개의 사(詞)를 나타내었다는 뜻이다.

4) 자음(字音)은 일반적으로 한어병음방안(漢語拼音方案)과 한글로 달았고, 국제음표(國際音標)를 사용할 때는 중괄호(中括弧) [ ]를 가하였다.

5) 허신(許愼)의 ≪설문해자(說文解字)≫는 인용한 빈도수가 많으므로 ≪설문(說文)≫으로 약칭하였다.

6) 도판(圖版)은 책 끝에 모았고, 책 속에서 인용할 때는 도판 번호 앞에 "그림"이라고 나타내었다.

중국문자학의 이해

# 차 례

# 중국문자학의 이해

제1장

# 문자(文字) 형성(形成)의 과정

## 제1절 문자의 정의

문자의 형성을 토론하려면 먼저 문자에 정의를 내려야 할 것이다. 문자의 정의 문제에 있어서 언어・문자학자들은 좁은 뜻과 넓은 뜻의 두 파로 나눈다. 협의파(狹義派)는 문자는 언어를 기록하는 부호라고 생각한다. 광의파(廣義派)는 대체로 사람들은 문자로 정보를 전달하는 것이므로 일정한 뜻을 나타내는 그림과 부호도 모두 문자라고 부를 수 있다고 생각한다. 우리는 이러한 구별은 다만 사용된 술어의 차이일 뿐이며 여기에 어떤 절대적인 시비가 있다고 말할 수는 없다고 생각한다. 우리는 협의파로서 전통적인 한어(漢語)의 문헌 중에는 종래 "문자"라는 말을 언어를 기록하는 부호라고 했기 때문에 협의파를 취하는 것이 이야기를 하기에 비교적 편안하기 때문이다.

한어에서는 "문자"라는 말은 낱낱의 글자를 가리킬 수도 있고 또한 어떤 언어의 문자 부호를 기록하는 완전한 체계를 가리킬 수도 있다. 필요한 경우에 우리는 후자를 문자체계(文字體系)라고 부르고자 한다.

사물은 모두 하나의 발전 과정을 가지고 있고 문자도 역시 예외가 아니다. 다른 언어의 문자를 바탕으로 삼아 때로는 한 가지 언어를 위하여 아주 빨리 하나의 완벽한 문자 체계를 만들어 낼 수 있다. 그러나 완전하게 혹은 독립적으로 창조된 문자에 대하여 말한다면, 첫 번째 문자의 출현으로부터 언어를 완벽하게 기록할 수 있는 문자 체계의 최후의 형성까지는 반드시 매우 긴 시간이 걸려야 한다. 우리는 아직 완벽하게 언어를 기록할 수 없는 문자를 원시(原始) 문자라고 부른다.

## 제2절 문자 형성 과정의 추측

문자의 탄생 이전에 인류는 일찍이 이미 실물과 그림 혹은 부호를 사용하여 일을 기록하여 뜻을 나타내었는데, 또한 사용된 각종의 방법은 한자라는 조기(早期) 문자의 문자 창조의 원칙과 매우 많은 공통점이 있다. 그러므로 기술사로 본다면, 문자 탄생의 조건은 상당히 이르게 출현하였다. 그러나 문자가 탄생된 사회적 조건은 도리어 비교적 늦게 나타났다. 사회적 생산과 사회적 관계가 발전되어 사람들이 언어를 기록하는 방법을 사용하여 기사(記事)하고 정보를 전달해야 한다고 느끼기 이전에는 문자는 탄생될 수 없다. 그러나 이러한 형세는 통상 계급 사회가 형성되는 전야(前夜) 혹은 심지어 계급 사회가 형성된 후에 이르러서야 비로소 출현할 수 있다. 원시 사회에서 "사슴"[鹿]이라는 이름의 씨족(氏族)은 완전히 사슴의 도형(圖形)으로 자신을 대표했을 가능성이 있다. 이것은 결코 "사슴"이라는 말을 기록하는 문자가 이미 생산되었다는 것과는 같지 않은 것이다. 단지 부호(도형을 포함하여)를 사용하여 언어 중의 말을 기록하여 구(句)를 이루는 진정한 시도가 있어야만 비로소 문자 형성 과정이 시작된 진정한 표지(標識)가 되는 것이다.

한 사회가 반드시 언어를 기록해야 하는 데까지 발전되었을 때 만약 관련된 조건이 모두 이미 갖추어졌다면 문자가 출현될 수 있을 것이다. 앞에서 이미 말한 바와 같이, 독립적으로 창조된 문자 체계의 형성은 매우 긴 과정을 필요로 한다. 현재 우리는 아직도 이러한 과정을 정확(精確)하게 그려내는 것이 불가능하다. 여러 사람들이 비교적 잘 알고 있는 몇 가지의 독립적으로 형성된 고대 문자, 예컨대 고대 이집트의 성서자(聖書字)(hieroglyphic)·고대 메소포타미아(Mesopotamia)(티그리스(Tigris) 강과 유프라테스(Euphrates) 강 유역)의 설형(楔形)(쐐기) 문자(cuneiform)와 중국의 한자는 모두 그들의 형성 과정을 충분히 설명할 수 있는 자료가 결여되어 있기 때문이다. 그러나 이 문자들에 관한 기존의 지식을 근거로 삼고 아울러 시대가 비교적 늦은 어떤 원시 문자의 상황을 참고한다면 또한 문자 형성의 과정에 하나의 굵은 선의 윤곽을 그려낼 수 있는 가능성은 있다. 원시 문자 방면에서 우리는 중국의 운남(雲南) 납서족(納西族)이 사용하는 일종의 문자 곧 “납서 그림[圖畫] 문자”(이하 납서문(納西文)이라고 약칭)의 자료를 인용하려고 한다.1)

## 1. 표의자(表意字)

일반적인 생각에 따르면, 가장 먼저 만들어진 글자는, 사람의 모양을 본뜬 “人”자 · 사슴의 모양을 본뜬 “鹿”자 등과 같이, 마땅히 가장 전형적인 상형자(象形字)였을 것이다. 이러한 종류의 글자는 분명히 가장 만들기 쉽기 때문이다. 그러나 실제의 상황은 아마 결코 그렇지 않았을 것이다. 이러한 글자와 서로 비교하면 그림의 표의(表意) 능력은 크게 손색(遜色)이 있는 것으로 보이지 않는다. 당란(唐蘭, 1901-79) 선생은 ≪중국문자학(中國文字學)≫에서 일찍이 원시 암굴(巖窟) 예술 중의 사람이 사슴을 쏘는 그림을 인용하고 고한자(古漢字) 중의 “人射鹿”(사람이 사슴을 쏘다)의 세 개의 글자와 대비하였다.

≪인류사화(人類史話)≫에서 채용

누구라도 발견할 수 있을 것이다. 곧 만약 단지 사람이 사슴을 쏜다는 뜻만을 나타내기 위해서라면 결코 그림을 제쳐 두고 따로 문자를 만들 필요가 없었을 것이다. 뒤에서 언급할 납서문의 상황으로 본다면 원시 문자 단계에서는 문자와 그림은 대개 장기간 혼재(混在)되어 사용되었다. 사람 · 사슴

1) 이 장(章)에서 사용한 납서문(納西文) 자료는 대부분 부무적(傅懋勣), <여강(麗江) 마사(麼些) 상형문(象形文) ≪고사기(古事記)≫ 연구>(무창화중대학(武昌華中大學), 1948. “마사(麼些)”는 “납서(納西)”의 옛 번역 이름이다)에서 인용하였다. 부 선생은 근작 <납서족 그림 문자와 상형 문자의 구별>(納西族圖畫文字和象形文字的區別)이란 글에서 “과거에 말하던 상형 문자는 실제로는 두 가지 문자를 포함한다. 그중 한 가지는 연환화(連環畫)(그림 이야기 책)와 유사한 문자로서, 필자는 마땅히 ‘그림 문자’라고 불러야 한다고 본다. 절대 다수의 동파문(東巴文) 경서(經書)는 이러한 문자로 쓴 것이다. 다른 한 가지는 한 글자가 한 음절을 나타내지만 절대 다수의 자형의 결구는 상형 표의의 성분에 기원하는 것으로 마땅히 여전히 ‘상형 문자’라고 불러야 할 것이다.”(≪민족어문(民族語文)≫ 1982년 제1기(期), 1쪽)라고 하였다. 우리가 말하는 납서 원시 문자는 부 선생이 말하는 그림 문자에 상당하는 것이다.

등의 실물과 쏜다는 구체적인 동작의 상형 부호에 대하여 말한다면 문자와 그림의 경계선은 명확하지 않다.

사람들이 가장 먼저 그것들을 위하여 정식의 문자를 짝지어야 할 사(詞)는 그 의미는 대개 모두 일반적인 상형의 방법으로 나타내기 어려웠을 것이다. 예컨대 수사(數詞)·허사(虛詞)·사물의 속성(屬性)을 나타내는 사(詞) 및 기타 약간의 추상적인 뜻을 나타내는 사(詞)들이 그러한 것이다. 그밖에 어떤 구체적인 사물은 또한 간단한 그림으로 나타내기가 매우 어렵다. 예컨대, 새·짐승·벌레·물고기·풀·나무 등은 각각 서로 다른 명칭이 있지만 간단한 그림으로 미세한 차별을 표현하려고 하면 왕왕 불가능하다. 이러한 사물들의 명칭은 언어에서는 항상 나타나므로 또한 그것들을 기록할 문자가 없을 수는 없다.

원시 문자가 탄생되기 이전에 사람들은 이미 추상적인 기하(幾何) 도형과 상징(象徵) 등의 비교적 복잡한 수법으로 뜻을 나타내었다. 어떤 사(詞)들의 뜻은 추상적인 도형으로 나타낼 수 있었다. 예컨대, 작은 숫자에 글자를 위하여 만들 때 원시 사회 단계의 금을 긋거나 혹은 점을 찍는 숫자 표시 방법을 계승할 수 있었는데, 고한어(古漢語)의 "一"(一)·"二"(二)·"三"(三)·"亖"(四)가 그 예이다. 또 고한어에서는 "□"·"○"으로 {方}(모나다)·{圓}(둥글다)을 나타내었고,[2] 성서자에서는 "X"로 {나누다}를 나타내었다.[3] 또한 어떤 사(詞)들은 상징 등의 수법으로 나타낼 수 있었다. 예컨대, 고한자(古漢字)에서는 성년(成年) 남자의 도형 로 {大}(크다)를 나타내었는데, 성인은 아이보다 "크기"(大) 때문이었다(또 어떤 사람은 "大"자는 두 팔을 벌린 사람의 모양으로 "大"를 나타낸 것이라고 보았는데, 이것도 역시 일종의 복잡한 표의 방법이다). 성서자에서는 왕(王)의 홀(笏)의 도형 로 {통치하다}를 나타내었는데, 왕의 홀은 통치권의 상징이었기 때문이다. 이

2) 이 장에서 사용한 고한자(古漢字)의 예는 모두 갑골문(甲骨文) 혹은 상대(商代) 금문(金文)에서 인용하였다. 이 두 가지의 자료에 관해서는 제4장 제1절 참조.

3) 이 장에서 사용한 성서자(聖書字)의 예는 대부분 ≪대영백과전서(大英百科全書)≫ "성서자"조(1973년 판)와 쏘련 이스트린(V. A. Istrin), ≪문자의 탄생과 발전(文字的産生與發展)≫(좌소흥(左少興) 역(譯)·왕영택(王榮宅) 교(校), 북경대학출판사, 1987. 6) 등에서 전인(轉引)하였다. 근거한 것이 2차 자료이기 때문에 잘못이 있을 가능성이 매우 높다. 삼가 전문가의 지정(指正)을 바라는 바이다.

러한 방법으로 만들어 낸 글자들은 비록 외형은 왕왕 여전히 그림과 비슷하지만 본질적으로는 도리어 그림과 판연히 구별이 있다. 예컨대, ""로 {큰 사슴}(大鹿)을 나타낸 것은 한 마리의 큰 사슴을 그려서 이 뜻을 나타내는 것과 근본적으로 서로 다른 두 가지의 표의 방법이다. 가 {크다}를 대표한다는 것을 모른다면 ""이 무슨 뜻인지 이해할 도리가 없을 것이다. 만약 그것들을 그림으로 본다면 단지 한 사람과 한 마리의 사슴이 함께 있는 것이라고 이해할 수밖에 없을 것이다. 사람 · 사슴과 같은 구체적인 사물의 상징 부호는 대개 "亖" · "大"와 같이 그림과 명확한 경계선이 있는 문자가 생산되기 시작한 후에야 비로소 그들의 영향 아래 점차 그림과 구분되어 진정한 문자 부호가 되었을 것이다.[4] 덧붙여서 말한다면 원시 사회의 기수(記數) 부호는 아무리 외형이 후세의 숫자와 서로 같다고 하더라도 성질은 도리어 서로 다른 것이다. 원시 사회에서 수를 기록할 때는 마찬가지로 4개의 선 혹은 4개의 점이지만, 아마 어떤 경우에는 또한 나흘의 시간을 대표하고 다른 경우에는 네 사람을 대표하고 기타의 어떤 경우에는 또한 4개의 개별적인 어떤 것을 대표할 수도 있다. 그러므로 이러한 기수 부호는 아직 언어 중의 수사의 부호도 아니고 또한 문자도 아니다.

자형 자체는 그것이 대표하는 뜻과는 관련이 있으나 말의 어음(語音)과 관련이 없는 글자는, 앞에서 언급한 바 있는 "鹿" · "射" · "亖" · "大" 같은 종류의 글자를 포함하여, 우리는 모두 표의자(表意字)라고 부른다. 물론, 언어 중에는 그들에게 표의자를 만들어 주기가 매우 어렵거나 혹은 불가능한 매우 많은 사(詞)들이 있다. 위에서 지적한 바 있는 일반적인 상형 방법으로 그 뜻을 나타내기가 어려운 그러한 사(詞)들은 그 중의 대다수는 설사 상징 등의 비교적 복잡한 표의 방법을 채용한다고 하더라도 역시 여전히 그들을 위하여 적절한 문자를 만들어 낼 도리가 없다.

---

4) 당란(唐蘭) 선생은 ≪중국문자학≫에서 "진정한 문자는 상의(象意) 문자의 발생에 이르러 비로소 성공하였다고 할 수 있다."(90쪽)라고 하여, 이미 우리가 위에서 한 말의 주요한 뜻을 지적하였다. 당 선생이 말한 상의 문자는 "人" · "鹿"과 같은 가장 전형적인 상형자는 포함되어 있지 않다.

## 2. 기호자(記號字)

원시 문자가 생산되기 이전에도 사람들은 또한 일찍이 그것이 나타내는 대상과 내재적인 관련이 없는 경성(硬性) 규정(規定)의 부호를 사용한 적이 있다. 그들은 이러한 부호를 소유권의 표기(標記)로 사용하거나 혹은 수량 혹은 기타의 뜻을 나타내는 데 사용하였다. 예컨대, 운남(雲南) 홍하(紅河) 하니족(哈尼族)이 과거에 사용한 계약(契約) 목각(木刻)에서는 "・"으로 1원(元), "|"로 10원, "╳"로 50원, "⋇"로 100원을 대표하였다.5) 1원을 대표하는 작은 점은 "一"(一)・"二"(二)・"三"(三)・"亖"(四)에 사용된 선과 마찬가지로 추상적인 상형 부호로 볼 수 있다. 10원・50원・100원을 대표하는 부호, 적어도 후자의 두 부호는 위에서 말한 경성 규정의 부호이다. 이러한 부호는 명명(命名)하기가 매우 어렵다. 우리는 잠깐 기존의 사(詞) 곧 기호(記號)를 차용(借用)하여 그 명칭으로 삼는다. 그들에게 표의자를 만들기가 어려운 그러한 사(詞)들은 각각 그들을 위하여 어떤 기호를 규정하여 문자라고 할 수 있을 것인가?

문자 형성의 과정이 막 시작되었을 때는 통상 소수의 유행하던 기호가 문자 부호로 흡수될 수 있었을 것이다. 고한자 중의 "╳"(五)・"∧"(六)・"+"(七)・"八"(八) 같은 숫자의 전신은 원시 사회 단계에서 수를 기록하는 데 사용되었던 기호였을 가능성이 매우 높다(제3장 제1절 참조). 그러나 많은 기호자를 새로 만드는 것은 매우 어려운 것이다. 기호자의 자형은 그것이 대표하는 사(詞)와 내재적인 관련이 없으므로 비교적 알기도 어렵고 기억하기도 어려우며 사람에게 받아들여지기도 쉽지 않다. 사실상 어떤 독립적으로 창조된 문자 체계든지 형성 과정 중에는 모두 기호자를 만드는 것이 극히 적다. 기호자의 한계성은 표의자보다도 또한 훨씬 크다.

---

5) 왕녕생(汪寧生), <원시 기사에서 문자의 발명까지(從原始記事到文字發明)>, ≪고고학보≫ 1981년 제1기, 12쪽. 하니인(哈尼人)은 다섯개의 작은 점으로 "5원(元)"을 대표하여 부호가 언어를 기록하지 않았다. 이것은 원시적인 수를 기록하는 부호가 문자가 아니라는 하나의 명백한 증거이다.

## 3. 표음자(表音字)

표의자와 기호자의 한계성이 만들어 낸 곤란을 극복하려면 단지 한 가지 길 밖에 없다. 곧 표음(表音)의 방법을 채용하는 것이다. 이것은 어떤 글자 혹은 어떤 사물의 도형을 차용하여 표음 부호(이하 음부(音符)라고 약칭)로 삼아 이 글자 혹은 이러한 사물의 명칭과 음이 같거나 혹은 음이 가까운 사(詞)를 기록하는 것이다. 그렇게 하여 그들을 위하여 표의자를 만들기가 어려운 그 사(詞)들도 역시 문자로 기록할 수 있다. 이러한 언어를 기록하는 방법은 중국의 전통 문자학에서는 가차(假借)라고 불렀다. 이러한 방법으로 사(詞)에 짝지어진 글자가 가차자(假借字)이다.

전통 문자학의 영향으로 말미암아 많은 사람들은 가차의 이치가 매우 심오하다고 생각한다. 이것은 일종의 착각이다. 중국 민간의 헐후어(歇後語)와 미어(謎語) 중에 사용되는 해음(諧音) 원칙은 가차가 의거하는 원칙이다. 예컨대, "조카가 초롱을 켠다(外甥打燈籠). 곧 옛 그대로(照舊)(구(舅))이다"라는 헐후어(歇後語)는 "舅"와 "舊"가 음이 같기 때문에 "舅"를 "舊"로 빌린 것이다. 민족학의 자료로 본다면 아직도 문자가 없는 많은 민족은 실물을 이용하여 표의하는 방법 중에 역시 이미 해음 원칙을 사용할 수 있었다. 예컨대, 서부 아프리카의 요루바(Yoruba)인은 일찍이 해패(海貝)로 정보를 전달하는 데 익숙하였다. 그들의 언어에서는 "여섯"이라고 풀이하는 것과 "끌린다"고 풀이하는 두 가지 사(詞)가 음이 같고, "여덟"이라고 풀이하는 것과 "동의하다"로 풀이하는 두 가지 사(詞)가 역시 음이 같다. 그러므로 만약 한 젊은 남자가 꿰어 만든 6개의 조개를 한 아가씨에게 보낸다면 이것은 "나는 당신에게 끌려 나는 당신을 사랑합니다."라는 것을 나타낸다. 아가씨의 답은 아마 꿰어 만든 8개의 조개일 수도 있는데, 이것은 "동의합니다. 나는 당신과 마찬가지로 생각합니다."라는 뜻이다.[6] 중국 운남의 경파족(景頗族)은 과거에 "나뭇잎 통신"이 통행되었다. 그들은 약간의 서로 다른 종류의 나뭇잎과 기타의 물건으로 각각 어떤 고정된 뜻을 나타내는 데 사용하였

6) 미국의 젤브(I. J. Gelb)의 ≪문자의 연구(A Study of Writing)≫(시카고 대학출판사, 1963), 5쪽에서 전인(轉引)하였다.

다. 경파족 재와지계(載瓦支系)가 사랑을 말하는 데 사용한 통신 중에서 “포연(蒲軟)” 나뭇잎이 나타내는 뜻은 “나는 당신에게 가고 싶습니다”이고, “두문(杜門)” 나뭇잎이 나타내는 뜻은 “당신은 빨리 단장하십시오”이다. 그들의 언어에서는 “도착하다”로 풀이하는 사(詞)는 나무 이름 “포연”과 음이 같고, “단장하다”로 풀이하는 사(詞)는 나무 이름 “두문”과 음이 같기 때문이다.7) 표음의 방법은 일찍이 문자가 출현하기 전에 이미 보편적으로 사람들에게 잘 알려졌던 것 같다.

앞에서 이미 말한 바와 같이, 가장 먼저 그것들을 위하여 문자를 짝지은 그러한 사(詞)들은 표의의 조자(造字) 방법으로 대처하기 어려운 것이 매우 많았다. 사람들은 의심할 것도 없이 자신들이 본래 잘 알고 있는 표음 방법으로 당면한 문제를 해결할 수 있다는 것을 매우 빨리 발견하였다. 그러므로 그림과 명확한 경계선이 있는 표의자가 나타나기 시작하고 가차 방법이 응용되기 시작한 이 두 가지 일은 시간상 아주 오래 떨어졌을 리가 없고, 아마 틀림없이 동시에 발생했을 것이다. 고한자 · 성서자 · 설형문자 등의 고대 문자 체계와 약간의 원시 문자 중에는 모두 대량의 가차자가 있고, 또한 적지 않은 극히 흔히 사용되는 사(詞)들은 가차자로 기록한 것이다. 예컨대, 고한자에서는 흔히 사용되는 어기사(語氣詞) “其”는 음이 가까운 사(詞) “箕”(키)의 상형자 “”로 기록하였다. 성서자에서는 “크다”는 사(詞)는 음이 같은 사(詞)인 “제비”의 상형자로 기록하였다. 납서문에서는 “가지다”라는 사(詞)는 음이 가까운 사(詞)인 “무청(蕪菁)”의 상형자로 기록하였다. 이러한 현상은 역시 가차자의 역사가 반드시 매우 오래되었다는 것을 설명해 준다. 문자 형성의 과정 중에서 표의의 조자 방법과 가차 방법은 마땅히 동시에 발전되었을 것이다. 그것은 어떤 사람들이 상상하는 바와 같이 단지 표의자가 대량으로 생산된 후에 가차 방법이 비로소 응용되기 시작한 것이 아니다.

앞에서 일찍이 지적한 바와 같이, 그림과 명확한 경계선이 있는 표의자의 생산은 본래 그림과 명확한 경계선을 그을 수 없었던 그러한 상형 부호가 점차 그림과 구분되고 진정한 문자 부호로 되는 데 도움을 주었다. 가차

---

7) 주 (5)에서 인용한 글, 5-6쪽.

방법도 역시 이러한 작용을 할 수 있었다. 성질이 아직도 명확하지 않은 그러한 상형 부호가 만약 항상 가차자와 함께 사용되거나 혹은 그것들이 본뜬 사물의 명칭과 음이 같거나 혹은 음이 가까운 사(詞)를 기록하는 데 가차된다면, 매우 빠르게 진정한 문자 부호가 되었을 것이다. 앞에서 일찍이 말한 바와 같이 "언어 중의 말을 부호로 기록하여 구(句)를 이루는 진정한 시도"가 문자 형성 과정의 진정한 표지인 것이다. 이상의 토론을 근거로 하여 우리는 한 걸음 더 나아가 그림과 명확한 경계선이 있는 표의자와 가차자의 출현은 문자 형성 과정이 정식으로 시작된 표지라고 말할 수 있다.8)

가차 방법의 적응성은 매우 강하다. 적절한 낱개의 가차자를 찾아 낼 수 없는 이음절사(二音節詞)나 혹은 다음절사(多音節詞)에 대하여 2개 이상의 글자를 가차하여 조합하여 그것을 기록할 수 있었다. 예컨대, 납서문에서는 이음절사 "화육(化育)"[pɯ˧]에 대하여 "호(蒿)"[pɯ˧](쑥)와 "와(蛙)" [pa˧](개구리)라는 2개의 사(詞)의 상형자를 조합하여 그것을 기록하였다. 성서자와 설형문자에서는 이러한 현상이 더욱 흔히 보인다.

## 4. 형성자(形聲字)

가차 방법의 응용은 문자의 언어 기록의 능력을 크게 높였다. 그러나 가차자가 많아진 후에는 또 새로운 문제가 나타났다. 가차된 글자 자체는 자신이 대표하고 있는 사(詞)가 있고, 동시에 또 음이 같거나 혹은 음이 가까운 사(詞)를 기록하는 데 가차되며, 게다가 그것을 가차한 사(詞)는 여러 개가 있을 수 있기 때문에 문자를 보고 읽는 사람은 왕왕 어떤 글자가 어떤 구체적인 경우에 결국 어떤 사(詞)를 대표하는지 단정하기가 어렵게 되었다.

그밖에, 조기의 표의자의 원시성도 또한 문자를 보고 읽는 사람에게 번거로움을 가져 왔다. 조기의 문자에는 표의 자형의 일형다용(一形多用)의 현상이 존재하고 있다. 같은 자형이라도 뜻은 이 자형과 관련이 있으나 피차의

8) 주 (5)에서 인용한 글, 42쪽.

어음은 결코 서로 가깝지 않은 2개 이상의 사(詞)를 대표할 수 있었다. 예컨대, 납서문에서는 공기의 흐름을 본뜬 "≈"는 "바람"이라는 사(詞)도 대표하고 또 "봄"이라는 사(詞)(2개의 사(詞)는 전혀 음이 서로 다르다)를 대표하는데, 왜냐하면 봄에는 항상 바람이 불기 때문이다. 고한자에서는 성년의 남자를 본뜬 ""는 최초에는 "夫"자이기도 하고 또 "大"자("夫"의 본의는 성년 남자이다)이기도 하였고, 달을 본뜬 ""은 최초에는 "月"자이기도 하고 또 "夕"자이기도 하였다.9) 성서자와 설형문자에서는 이러한 예는 역시 흔히 사용되었다. 이러한 표의자의 존재는 물론 역시 문자의 언어 표현과 전달의 명확성에 영향을 줄 수 있었다.

가차가 불러일으키는 자의(字義) 혼동(混同)의 현상을 극복하기 위하여 사람들은 어떤 표의자나 혹은 표의 부호(이하 의부(意符)라고 약칭함)를 자의를 가리키는 부호로 사용하여 가차자에 덧붙였다. 예컨대, 고한어에서는 {翼}(날개)의 상형자 ""(새 혹은 벌레의 날개를 본뜬 것이다)은 내일이라고 풀이하는 {翌}을 나타내는 데 가차할 때는 때로는 "日"자를 덧붙여 ""라고 썼다. 납서문에서는 {고사리}의 상형자 ""는 음이 같은 사(詞)인 {작은 벼슬}을 나타내는 데 가차할 때는 왕왕 똑바로 앉아 있는 사람의 모양을 덧붙여 ""라고 썼다. 성서자에는 이러한 현상은 상당히 복잡한 예가 있다. 예컨대, 3개의 부호로 이루어진 라는 표음조(表音組)는 {파피루스}(종이풀)·{밀랍}·{젊은이}라는 3개의 사(詞)의 어음을 나타내는 데 사용할 수 있었다. 구별하기 위하여 {파피루스}를 나타내는 데 사용할 때는 뒤에 식물을 나타내는 구별성(區別性) 의부 를 덧붙이고, {밀랍}을 나타낼 때는 뒤에 과립체(顆粒體)를 나타내는 구별성 부호 를 덧붙이고, {젊은이}를 나타낼 때는 뒤에 사람을 나타내는 구별성 의부 를 덧붙였다. 이러한 표음의 부호

---

9) 심겸사(沈兼士)는 고한자의 이러한 특징에 대하여 일찍이 연구한 바가 있다. 그는 이러한 일형다용(一形多用)의 현상은 "형(形)에서는 자서(字書)의 이른바 중문(重文)·혹체(或體)를 말하는 것이 아니고, 의(義)에서는 훈고가(訓詁家)의 이른바 인신(引伸)·가차(假借)를 말하는 것이 아니고, 음(音)에서는 고음가(古音家)의 이른바 성운(聲韻)·통전(通轉)을 말하는 것이 아니다. 그러나 그 형과 음과 의는 모두 후세에서 단연코 서로 상관이 없다고 보는 것이다."<초기 의부(意符)의 특성(初期意符之特性)>, ≪심겸사학술논문집(沈兼士學術論文集)≫(중화서국, 1986), 208쪽.

와 자의를 가리키는 부호로 함께 이루어진 글자는 중국의 전통 문자학에서는 형성자(形聲字)라고 불렀고, 표음 부분은 성방(聲旁)이라고 하고 표의 부분은 형방(形旁)이라고 하였다. 형방은 일반 언어학에서는 정부(定符 : determinative) 혹은 유부(類符 : classifier)라고 부른다.

사람들은 문자와 그것이 나타내는 사(詞)의 관련을 더욱 명확하게 하기 위하여 한편으로는 약간의 가차자에 정부를 덧붙이고, 다른 한편으로는 또한 약간의 표의자에 음부를 덧붙였다. 예컨대, 고한자에서는 "鳳"자는 본래 라고 하여 봉황의 모양을 본뜬 것이지만 후에 음부 ""(凡 : 범)을 덧붙여 이 되었다("鳳"과 "凡"은 고음(古音)이 서로 가까웠다. 그후에는 봉황의 모양이 "鳥"방(旁)으로 간화되고 "凡"방이 또 위로 옮겨가서 "鳳"이 되었다). 납서문에서는 {산의 벼랑}은 라고 쓴다. 납서어(納西語)는 "벼랑"으로 풀이하고 "닭"이라고 풀이하는 2개의 사(詞)는 음이 같기 때문에 벼랑의 상형 부호에 닭의 벼슬을 덧붙여 음부로 삼았다. 전통 문자학에서는 상형자에 음부를 덧붙여 이룬 글자를 일종의 특수한 유형 곧 이른바 "상형겸성(象形兼聲)"으로 보았다. 사실은 역시 차라리 그것을 일종의 특수한 형성자로 보는 것이 합리적이다. 표의자에 음부를 덧붙인 것은 때로는 분명히 일형다용(一形多用) 혹은 기타의 원인으로 말미암아 두 가지 이상의 독음을 갖게 된 자형의 서로 다른 용법을 구별하기 위한 것이다. 예컨대, 납서문에서는 해를 본뜬 ⊕는 [bi˧]라고 읽을 때는 "해"라고 풀이하고 [nei˥ ]라고 읽을 때는 "낮"이라고 풀이하고, [sɔ˧] 혹은 [sɔv]라고 읽을 때는 "아침"이라고 풀이한다. 만약 "아침"이라고 풀이한 것이라면 일반적으로 {벼랑}의 표의자(자형은 산꼭대기에 바람에 불려 꺾어진 나무가 있는 것을 나타낸다)를 덧붙여 라고 쓰는데, 왜냐하면 산꼭대기라고 풀이하는 말도 역시 [sɔ˧]라고 읽기 때문이다. 성서자에서는 귀를 본뜬 는 {귀}를 나타낼 수도 있고 또한 {듣다}를 나타낼 수도 있다. {듣다}를 나타낼 때는 뒤에 이 말의 마지막 자음(子音)을 나타내는 하나의 부호를 덧붙여야 한다. {귀}를 나타낼 때는 왕왕 앞에 이 말의 전부의 자음을 나타내는 일조(一組)의 부호를 덧붙인다(성서자는 단지 자음만을 나타낼 뿐이고 모음(母音)은 나타내지 않는다).

고한자에서는 일형다용의 표의 자형의 서로 다른 용법을 구별하기 위하여 왕왕 자형 분화(分化)의 방법을 채용하였다. 예컨대, 앞에서 언급한 바 있는 ""는 본래는 또한 ""라고 쓸 수도 있었다. 이 2가지 자형은 모두 {大}를 나타내는 데 사용할 수도 있고 또한 {夫}를 나타내는 데 사용할 수도 있었다. 후에는 오로지 전자로는 {大}를 나타내고 후자로는 {夫}를 나타내어 그것들을 분화시켜 2개의 글자가 되었다. ""와 ""은 본래는 역시 모두 {月}을 나타내는 데 사용할 수도 있고 또한 {夕}을 나타내는 데 사용할 수도 있었다. 분화의 상황은 "大"·"夫"와 서로 비슷하다. 그러나 음부를 덧붙여 서로 다른 용법을 구별하는 상황도 아마 역시 존재했을 것이다. 고한자에서는 소수의 형성자는 자의와 형방이 완전히 서로 같았다. 예컨대, "鼻"자는 "自"를 따르고 "畀"(비)성인데, "自"자는 본래 ""라고 하여 사람의 코를 본떴고 본의는 코였다. 이러한 형성자는 일형다용의 표의 자형에 음부를 덧붙여 만들었을 가능성이 있다. 이것은 ""는 아마 본래 "自"·"鼻"의 두 가지 음이 있었고(≪설문(說文)·왕부(王部)≫ "황(皇)"자 아래에는 "'自'는 '鼻'처럼 읽는다(自讀若鼻)"라고 하였다), 2개의 동의사(同義詞)를 대표했을 것이다(또한 어떤 사람은 이 글자는 "自"라고 읽을 때는 본래 "鼻"의 뜻이 없는데 사람들은 자신을 가리킬 때 왕왕 손으로 코를 가리키기 때문에 옛 사람들은 이 글자로 {鼻}를 나타내기도 하고 또한 그것으로 스스로 {自}를 나타내기도 하였다고 보았다). 후에 비로소 {鼻}를 나타내는 ""자에 "畀"성을 덧붙여 "鼻"자를 분화시켰다.

## 5. 문자 체계의 전후(前後) 형성(形成)

형성자의 응용은 문자의 언어 표현과 전달의 명확성을 크게 높였고 문자 체계의 형성 과정 중의 하나의 극히 중요한 한 걸음이었다. 그러나 형성자의 응용은 결코 문자 체계의 최후의 형성을 그렇게 빨리 이루지는 못한 것 같다. 이미 형성자를 사용한 납서의 원시 문자가 하나의 예증이다.

아래의 그림은 여강(麗江) 납서족 경전(經典) ≪고사기(古事記)≫에서 인용한 일단(一段)의 원시 문자이다(주 (1)에 인용한 책, 29쪽에 따른 것이다) : 는 알을 가지고 있는 것을 나타낸다. 는 본래 {풀다}의 표의자로 납서어에서는 "풀다"라고 풀이하는 것과 "희다"로 풀이하는 2개의 사(詞)는

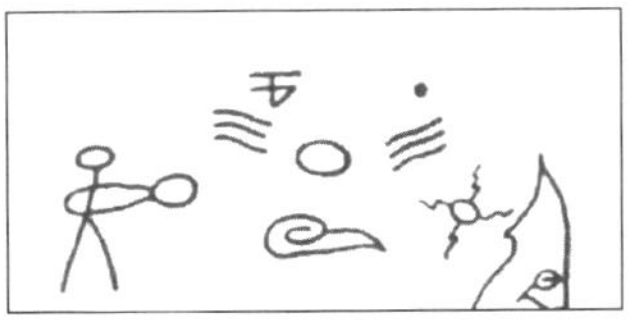

음이 같기 때문에 여기서는 그것을 가차하여 {희다}를 나타내었다. "•"은 {검다}의 표의자이다. ≈는 바람이고, ○는 알이고, ◎는 호수이다. ⺊는 알이 깨져서 빛을 내는 것이다. 가장 오른쪽은 위 글에서 이미 언급한 {벼랑}의 형성자이다. 납서족 경사(經師)의 해석에 따르면, 이 일단의 원시 문자의 전체의 뜻은 다음과 같다. 곧 "이 알을 호수 속에 던져 넣으니 왼쪽에서는 흰 바람이 불고 오른쪽에서는 검은 바람이 부는데, 바람은 호수를 흔들고 호수는 알을 흔들어 알이 벼랑에 부딪혀 빛이 찬란한 물건이 생겨났다"는 것이다. 이 일단의 원시 문자에서는 비록 이미 가차자와 형성자를 사용하고 있지만 많은 뜻은 여전히 그림의 수법으로 나타낸 것이다.

고한자·성서자·설형문자 등 독립적으로 형성된 오래된 문자 체계는 반드시 또한 납서문과 서로 유사한 문자를 그림과 한데 혼합하여 사용하는 원시적 단계를 겪었다.

이미 발견된 시대가 비교적 이른 고한자 곧 상대(商代) 후기의 갑골문(甲骨文)에서 그림과 가까운 표의 수법의 약간의 남은 흔적을 발견할 수 있다. 그 가운데 비교적 두드러진 점은 어떤 표의자들은 왕왕 언어 환경에 따라 자형을 개변시켰다는 것이다. 예컨대, 갑골(甲骨) 복사(卜辭)에는 항상 상왕(商王)이 선조에 대하여 음식을 바치는 "𢍜"(등)제(祭)를 거행한 것을 언급하고 있다. "𢍜"은 전적(典籍)에서는 대부분 "등(登)"(≪주례(周禮)·하관(夏官)·양인(羊人)≫에는 "제사(祭祀)에는 양의 희생을 잡고 그 머리를 올린다"(祭祀, 宰羊牲, 登其首.)라고 하였는데, 정현(鄭玄, 127-200)의 주에는 "'登'은 오른다(올린다)는 뜻이다"(登, 升也)라고 하였다)으로 되어 있다. 복사 "𢍜"자는 본래 𢍜이라고 하여, 두 손으로 일종의 "豆"라고 불리는 음식을 담는 그릇을 받들고 있는 모양을 본뜬 것이다. 만약 등제(登祭)에 사용되는 음식이 울창주[鬯](창 : 일종의 향기로운 술)라면 "𢍜"자는 왕왕 "𩰪"로 고쳐서 두 손으로 받들고 있는 "豆"를 "鬯"으로 바꾸었다. 복사에는 "등창(𢍜鬯)"이라는 글도 있고 또 "등창(𩰪鬯)"이라는 글도 있는데, "𩰪"은 단지 "𢍜"자의 특정한 용도가 있는 하나의 이체인 것으로 보인다. 그러나 한자 발전의 비교적 이른 단계에서는 상황은 아마 결코 그렇게 간단하지는 않았을 것이다. 납서문은 이 방면에서 우리에게 약간의 시사(示唆)를 줄 수 있다. 납서문에서는 자형이 언어 환경에 따라 변화하는 현상은 아주 흔히 보인다. 예컨대, “후(吼)”(울부짖다)자는 통상 라고 쓰고 소의 입에서 소리와 숨이 나오는 모양을 본떴는데, 만약 “말이 울부짖는다”는 것을 말한다면 통상 이 글자 중의 쇠머리를 말머리로 바꾸어 결코 따로 말 “馬”자를 덧붙일 필요가 없다. 한자 발전의 비교적 이른 단계에서 “”도 역시 마땅히 {罾}을 나타내는 데 사용되었을 것이다. 상대 후기에 이르러서는 이러한 비교적 원시적인 문자 사용의 습관은 기본적으로 이미 포기되었는데, “”자는 “”의 특수한 이체로서 보존된 것이다. 유사한 예는 갑골문에서는 또한 약간을 발견할 수 있다. 그밖에, 문자의 배열 방식이 언어 중의 사서(詞序)와 완전히 상응하지는 않는 현상도 갑골 복사에서는 가끔 또한 발견할 수 있다. 이들은 모두 고한자가 일찍이 문자를 그림과 한데 혼재하여 사용한 원시 문자 단계를 거쳤다는 증거로 볼 수 있다.10)

형성자가 출현한 후에도 원시 문자는 대개 또한 다방면의 개진(改進)을 거쳐야만 비로소 언어를 완전하게 기록할 수 있는 문자 체계로 발전될 수 있었다. 추측컨대, 끊임없이 새로운 글자를 증가시키는 동시에 적어도 또한 다음과 같은 개진을 수행해야 하였다. 곧 점차 그림 형식의 표의 수법을 버리고, 자형을 간화시키고 아울러 그것이 비교적 고정된 것으로 나아가게 하고, 문자의 배열이 점차 어서(語序)와 완전히 일치하도록 변하게 하는 것이다.

독립적으로 형성된 문자 체계는 모두 고한자·성서자·설형문자와 같이 의부와 음부를 겸하여 사용하는 문자이다. 단순히 음부만을 사용하는 병음(拼音)(표음(表音)) 문자는 최초에는 이러한 문자의 영향 아래 형성되었다.11)

10) 졸작, <한자 형성 문제의 초보적 탐색(漢字形成問題的初步探索)>, ≪중국어문(中國語文)≫ 1978년 제3기, 168-169쪽 참조.

11) 병음(拼音) 문자의 형성에 관해서는 주유광(周有光), ≪세계자모간사(世界字母簡史)≫(상해교육출판사(上海教育出版社), 1990) 참조.

## 제2장

# 한자의 성질

근대의 세계 문자 발전사를 연구하는 학자들은 처음에는 한자 · 성서자(聖書字) · 설형문자(楔形文字) 같은 유형의 문자를 표의(表意) 문자라고 불렀다. 이 유형의 문자들은 모두 대량의 음을 나타내는 성분을 포함하고 있기 때문에 그것들을 간단히 표의 문자라고 부르는 것은 분명히 부당한 것이다. 20세기의 40년대에 이르러 어떤 사람은 "과도(過渡) 문자"(표의에서 표음으로 향하는 과도적인 문자)의 설을 제기하였다. 그러나 이러한 수천 년의 역사를 가진 성숙된 문자 체계를 과도 문자라고 하는 것은 역시 부당하다는 것이 명백하다. 50년대 이후에 들어와서 이러한 문자 체계는 마땅히 "사(詞)-음절 문자(word-syllabic writing)"(혹은 "표사(表詞)-음절 문자"라고도 번역한다. 이 장의 주 (5)를 참조) 혹은 "표의-음절 문자"라고 불러야 한다고 보는 사람들이 점차 많아지기 시작하였다. 중국 내에서는 50년대 후반기에 또한 어떤 사람은 한자는 표의 문자가 아니라 "표의 겸 표음의 두 가지 표현 방법을 종합한" "의음(意音) 문자"라는 주장을 제기하였다.[1] 다음에 우리는 한자 성질에 대한 관점을 이야기하려고 하는데 중점은 한자에 사용되는 부호의 성질에 두려고 한다. 왜냐하면 일종의 문자의 성질은 이러한 문자가 사용하는 부호의 성질에 따라 결정되기 때문이다. 결국 한자라는 이러한 성질의 문자 체계에 어떤 명칭을 붙일 것인가 하는 것은 단지 차요(次要)의 문제일 뿐이다.

---

1) 주유광(周有光), <문자 연진의 일반 규율(文字演進的一般規律)>, ≪중국어문(中國語文)≫ 1957년 제7기(期). 또 ≪자모의 이야기(字母的故事)≫(상해교육출판사(上海教育出版社, 1958), 2-7쪽에도 보인다.

## 제1절 두 개의 차원의 부호

문자는 언어의 부호이다. 언어의 부호로서의 문자는 문자 자체에 사용되는 부호와 서로 다른 차원의 것이다. 예컨대, 한자 "花"는 한어의 화초(花草) 중의 {花}(꽃)라는 부호로서, "艹"(초두 머리[草字頭]는 원래 "艸"로 되어 있는데 곧 옛 초(草)자이다)와 "化"는 "花"자에 사용된 부호이다("花"는 하나의 형성자(形聲字)로 "艹"는 형방(形旁)이고 "化"는 성방(聲旁)이다).

한자에는 "花"와 같이 결구에서 분석을 할 수 있는 글자는 일반적으로 합체자(合體字)라고 부른다. 합체자의 각각의 구성 성분은 편방(偏旁)이라고 부른다. 진(秦)·한(漢) 이후에 만들어진 합체자는 기본적으로 모두 기존의 글자를 가지고 편방에 충당하였다(어떤 글자들은 편방으로 사용될 때 변형(變形) 현상이 있다. 예컨대, 위에 있는 "艸"는 "艹"로 변하였고, 왼쪽에 있는 "水"가 "氵"로 변하는 등이 그것이다. 제5장 제3절 참조). 상고(上古) 한자에서는 적지 않은 표의자들은 두 개 이상의 반드시 독립적으로 글자를 구성하지는 않는 상형 부호로 구성되었다. 예컨대 제1장에서 든 적이 있는 (射) 같은 글자가 그것이다. 이러한 글자들을 합체자라고 부를 수 있는지의 여부는 생각할 필요가 있다. 우리는 잠깐 그것들을 준합체자(準合體字)라고 부른다.

어떤 한자들은 결구상에서 보면 분석할 수 없는데 일반적으로 독체자(獨體字)라고 부른다. 독체자에 대하여 말한다면 또한 언어의 부호와 문자에 사용된 부호라는 두 가지의 서로 다른 차원이 존재하고 있다. 예컨대 고대 한자의 "⊙"은 {日}(해)라는 사(詞)의 부호로 본다면 하나의 음도 있고 뜻도 있는 글자이지만, "日"자에 사용된 부호로서 본다면 단지 해의 형태를 본뜬 하나의 상형 부호일 뿐이다. 이러한 구별은 병음(拼音) 문자에도 마찬가지로 존재한다. 예컨대, 영어의 "a"는 영어의 부정관사(不定冠詞) {a}의 부호로서 본다면 하나의 음도 있고 뜻도 있는 글자이지만, 영문(英文)에 사용되는 부호로서 본다면 단지 하나의 일정한 어음을 나타내는 자모(字母)일 뿐이다. 개념을 명확하게 하기 위하여 아래에서는 문자에 사용되는 부호를 "자부(字符)"라고 하고자 한다.

언어에는 어음(語音)과 어의(語義)의 두 가지 측면이 있다. 언어의 부호로서의 문자는 또한 필연적으로 음도 있고 또한 뜻도 있다. 이 점에 대하여 말한다면 각종의 성숙된 문자 체계 사이에는 결코 차이가 없다. 오직 각종의 문자 체계의 자부(字符)의 특징을 근거로 삼아야만 비로소 그것들을 서로 다른 유형으로 구분할 수 있는 것이다.

영어는 일종의 표음 문자라고 할 수 있다. 그러나 이것은 결코 영어에는 다만 음만 있고 뜻은 없다는 말이 아니라, 단지 영어의 자부 곧 26개의 자모는 표음적이지 표의적이 아니라는 말일 뿐이다. 예컨대, 영문의 "sun"은 영어의 {sun}(해)이라는 말의 자부이다. 그것은 음(곧 {sun}이라는 사(詞)의 음 [sʌn])도 있고 또 뜻(곧 {sun}이라는 사(詞)의 뜻)도 있는 것이다. 그러나 "sun"에 사용되는 자부 s · u · n은 그것이 대표하는 사(詞)와 단지 어음상의 관련만이 있을 뿐 의미상의 관련은 없기 때문에 우리는 그것을 표음자라고 부르는 것이다. 마찬가지로 우리가 고대 한자 "☉"(日)을 표의자라고 하는 까닭은 "☉"이 자부 곧 해의 상형 부호로서 본다면 {日}이라는 사(詞)와 단지 의미상의 관련만 있을 뿐 어음상의 관련은 없기 때문이다. 만약 {日}이라는 사(詞)의 부호로 본다면 그것은 또한 음과 뜻이 겸비되어 있는 것이다.2)

한자의 성질을 토론할 때 만약 문자를 언어의 부호로서의 성질을 문자 자체에 사용되는 자부의 성질과 명확하게 구분하지 않는다면 논리상의 혼란을 불러일으킬 것이다.

## 제2절 자부(字符)의 표의(表意)와 표음(表音)작용에서 한자 체계의 성질을 본다.

각종 문자의 자부는 대체적으로 3대류 곧 의부(意符) · 음부(音符)와 기호(記號)로 귀납할 수 있다. 문자로 대표되는 사(詞)가 의미상 관련이 있는

2) 이상의 단락에서 말한 뜻은 대체로 조원임(趙元任)(1892-1982)의 ≪언어와 상징체계(Language and Symbolic Systems)≫(105쪽, 케임브리지대학출판부, 1968)를 근거로 한 것이다.

것은 의부이고, 어음상 관련이 있는 것은 음부이며, 어음과 의미상 모두 관련이 없는 것은 기호이다. 병음 문자는 단지 음부만을 사용할 뿐이지만 한자는 세 종류의 부호가 모두 사용된다.

## 1. 의부(意符)

한자의 자부에는 대량의 의부가 있다. 전통 문자학에서 말하는 상형(象形)・지사(指事)・회의(會意)라는 몇 가지 글자에 사용되는 자부는 이 몇 가지 글자로 대표되는 사(詞)와 모두 단지 의미상의 관련만 있을 뿐이기 때문에 모두 의부이다. 우리가 말하는 표의자는 바로 이러한 몇 가지 글자를 총괄하여 말하는 것이다. 형성자의 형방(形旁)과 형성자로 대표되는 사(詞)도 역시 다만 의미상의 관련만 있을 뿐이기 때문에 역시 의부이다.

의부는 내부적으로 또 분류할 수 있다. 어떤 의부는 상형 부호로서 사용된 것이며, 그것들은 자신의 형상을 통하여 표의의 작용을 한다. 예컨대, 고대 한자의 "人"・"日" 등의 글자에 사용된 ・⊙ 등의 부호와 (射 : 사)자를 구성하는 활・화살과 손의 형태가 그런 것이다. 기하형(幾何型)의 부호가 만약 기호로 쓰이지 않고 一・二・三・≡・□(方)・○(圓) 등의 글자에 사용되는 부호와 같이 형태로 뜻을 나타내는 작용이 있다면 역시 마땅히 이 종류에 귀속시켜야 할 것이다. 고한자 중의 독체자(獨體字)는 기본적으로 모두 단일한 상형 부호로 만들어진 표의자이다.

어떤 의부는 자신의 형상에 따라 작용을 하는 것이 아니다. 이러한 의부는 보통 모두 기성의 글자로 충당되는 표의 편방(偏旁)이며, 그들은 자체의 자의에 따라 뜻을 나타낸다. 예컨대, 합체 표의자 "歪"(왜)는 "不"과 "正"의 두 글자로 구성되어 있고 그 뜻은 바로 "不正"이다. "不"과 "正"은 여기에서 그들의 자의에 따라 작용을 하는 의부이다. 형성자의 형방은 일반적으로 자체의 자의에 따라 형성자의 자의를 가리키는 글자로 충당되기 때문에 역시 마땅히 이 부류에 귀속시켜야 할 것이다(제1장에서 언급한 상형자에 음부를 가하여 이루어진 형성자는 예외이다).

상술한 이 두 가지의 의부를 구분할 필요가 있을 때는 전자는 형부(形符)

라고 할 수 있고, 후자는 의부(義符)라고 할 수 있다. 한자가 상형을 하지 않게 된 후에는 형부는 일반적으로 사용하지 않게 되었다.

## 2. 음부(音符)

한자의 자부 중에는 역시 수많은 음부(音符)가 있다. 가차자(假借字)는 바로 음부를 사용한 것이다. 사람들은 어떤 글자를 가차하여 하나의 그와 음이 같거나 혹은 음이 가까운 사(詞)를 나타낼 때는, 보통 결코 그들이 원래 의미상 어떤 관련이 있는가 하는 것은 요구하지 않는다. 예컨대, 제1장에서 일찍이 언급한 바와 같이 고한자에서는 {箕}(키)의 표의자 "⊠"를 빌려서 어기사(語氣詞) {其}를 나타내었는데, {箕}·{其}의 두 사(詞)는 의미상 전혀 관련이 없다. 또 예컨대, 근대에는 꽃 {花}의 형성자 "花"자를 가차하여 동사 {花}("花費"(쓰다)·"花錢"(돈을 쓰다)과 같이)를 나타내었는데, 이 2개의 {花}는 의미상 역시 전혀 관련이 없다. 그러므로 비록 "⊠"는 본래 표의자이고 "花"는 본래 형성자이지만, 그것들을 빌려 어기사 {其}와 동사 {花}를 나타낼 때는 모두 순수하게 음부로서 작용한 것이다. 물론, "⊠"와 "花"는 가차자 곧 어기사 {其}와 동사 {花}의 부호로 볼 경우에는 역시 음도 있고 또 뜻도 있는 것이지만, 그러나 가차자에 사용된 자부로서 볼 경우에는 단지 표음의 작용만 있을 뿐이다. 이것은 "☉"이 "日"이라는 사(詞)의 부호로 보는 경우는 음도 있고 또 뜻도 있지만, "日"자의 자부로 볼 경우는 단지 표의의 작용만이 있는 상황과 일치된다.

어떤 경우는 또 가차된 글자와 가차하여 나타내는 글자는 음이 같거나 혹은 음이 가까울 뿐 아니라 또한 의미상 역시 어떤 관련이 있다는 현상을 발견할 수 있다. 이러한 현상은 대개 무의식중에 만들어진 것이 매우 많다. 한어에는 상호간의 어음이 같거나 혹은 음이 가깝고 아울러 의미도 역시 관련이 있는 사(詞)를 매우 흔하게 볼 수 있다. 사람들은 어떤 사(詞)를 위하여 음이 같거나 혹은 음이 가까운 글자를 찾아서 가차자로 충당할 때 무의식중에 하나의 이 말과 의미상으로도 역시 관련이 있는 글자를 찾아낼 가능성이 매우 높다. 하나의 어떤 사(詞)와 의미상으로도 역시 관련이 있는 글자를 의식적으로 가차하여 이 사(詞)를 나타내려고 하는 상황도 역시 존재하였다(제9장 제2절 참조). 이러한 상황은 그렇게 흔하게 보이지는 않기 때문에 가차의 특수한 예로 처리하는 것이 좋다.

형성자의 성방(聲旁)도 역시 음부이다. 성방에도 역시 두 종류가 있다. 한 종류는 단순히 빌려서 음을 나타내는 것으로, 예컨대 "花"의 성방 "化"가 그런 것이다. 다른 종류는 형성자로 대표되는 사(詞)와 의미상으로도 역시 관련이 있는 것이다. 예컨대, 일종의 옥(玉)과 돌 등으로 만든 귀장식을 {珥}("耳"와 음이 같다. 고대에는 거성(去聲)으로 읽었다)라고 하고 "珥"자는 '玉'을 따르고 '耳'를 따르는데(从玉从耳)"("玉"은 왼쪽 편방으로 사용될 때는 "王"으로 쓴다), "耳"는 바로 "珥"와 의미상 관련이 있는 성방이다. 이러한 성방은 음부 겸 의부(義符)로 볼 수 있다.

한자의 음부는 병음 문자의 음부와는 매우 커다란 구별이 있다. 가령 한자는 아직 의부와 기호를 동시에 사용하고 있다는 점은 제쳐 두더라도 역시 두 가지를 동일시할 수는 없다. 병음 문자의 음부는 전문적인 기능이 있지만, 한자의 음부는 본래 음도 있고 또 뜻도 있는 기성의 문자를 빌려서 충당시키는 것이다. 수많은 한자는 합체자의 편방으로 충당될 때 음부로 사용될 수도 있고 또 의부로 사용될 수도 있으며, 게다가 또한 음부와 의부의 작용을 겸할 수도 있다. 예컨대, "耳"는 "餌"(이 : 먹이 · 먹이다) · "鉺"(이 : 에르븀(erbium), 희토류(稀土類) 금속 원소, 기호 Er, 번호 68) 등의 글자에서는 음부이지만, "聽" · "聾" 등의 글자에서는 의부이며, "珥"자에서는 음부 겸 의부이다. 일반 병음 문자에 사용되는 자모는 수가 모두 상당히 적다. 한자 음부의 상황은 다르다. 원칙으로 말한다면 한자에서는 매 한 글자마다 모두 음부로 차용(借用)될 가능성이 있다. 실제로 음부로 사용되는 글자도 수가 역시 매우 많다(고금에 성방으로 사용된 글자는 1천 개쯤 된다). 같은 자음이라도 왕왕 서로 다른 글자를 차용하여 나타낸다. 만약 한자와 병음 문자의 음부의 구별을 강조하고 싶다면, 한자의 음부는 "차음부(借音符)"라고 부를 수 있을 것이다. 그러나 행문(行文)의 편의를 위하여 우리는 아래 글에서는 그대로 그것들을 음부라고 부른다.

## 3. 기호(記號)

제1장에서 이미 말한 바와 같이, 문자 형성 과정의 시작 단계에서 장기간에 걸쳐 그대로 사용되던 소수의 기호는 문자 속에 흡수되었을 가능성이 있는데, 고한자 중의 ㄨ(五)·∧(六)·十(七)·八(八) 등의 숫자(數字)는 대개 이러한 기호에서 나왔을 것이다. 이것을 제외하면 기호로 문자를 만드는 상황은 매우 찾아내기 어렵다.[3] 그러나 한자 발전의 과정에서 자형과 어음·자의 등의 방면의 변화로 말미암아 도리어 수많은 의부와 음부는 표의와 표음의 작용을 잃어버리고 기호로 변하였다.

한자 자형의 연변(演變)으로 독체 표의자의 자형은 대부분 원래의 표의적 작용을 상실하였다. 예컨대, 고한자의 "⊙"은 예서(隸書)·해서(楷書)의 "日"로 변한 후에는 이미 조금도 해의 모양을 찾아낼 수 없게 되었다. 만약 "日"자의 역사를 고려하지 않는다면, 근본적으로 "日"이라는 글자의 자형이 {日}이라는 사(詞)와 어떤 관련이 있는지 찾아낼 도리가 없을 것이다. "日"자의 자부가 이미 의부에서 기호로 변하였고, "日"자는 이미 표의자에서 기호자로 변했음을 알 수 있다. 같은 종류의 예는 이루 다 들 수가 없다. 당란(唐蘭) 선생은 ≪중국문자학≫ "기호 문자와 병음(拼音) 문자" 절 중에서 "그림 문자와 기호 문자는 본래 연속되는 것이며, 그림이 지나치게 간단하게 진화하면 단지 하나의 기호일 뿐이다."(109쪽)라고 하였다. 이것은 매우 정확하다.

어떤 사람은 "日"이라는 자형이 상형에서 비상형으로 변화한 것을 표형(表形)에서 표의로 변화한 것으로 보고, "⊙"는 표형 부호이고 "日"은 표의 부호라고 보았다. 이것은 타당치 않은 것이다. 이러한 관점이 생긴 까닭은

---

3) 천간(天干) 중의 "+"(甲 : 갑)·"ʅ"(乙 : 을)·"·"(丁 : 정) 등의 글자는 아마 역시 원시 사회에 사용되던 기호에 기원하였을 것이다. 윗 장의 주 (10)에 인용한 글 164쪽을 참조. 용우순(龍宇純), ≪중국문자학≫에는 한자 중에는 일종의 "순수한 약정(約定)" 혹은 "경성(硬性) 약정"의 문자가 있고 자형은 글자의 음·의와는 조금도 관계가 없다고 지적하고 있는데, 그가 든 예 중에는 "五·六·七·八·九·十" 등의 글자들이 있다(108-109쪽, 대만(臺灣) 학생서국(學生書局), 1987). 우리가 말하는 기호로 만든 글자란 그가 말하는 이러한 약정된 글자와 대체로 상당하는 것이다.

대개 자부(字符)의 작용을 문자의 작용과 구분하지 않았기 때문일 것이다. "日"이라는 글자에 사용된 자부가 기호로 변했다는 이 사실은 결코 이러한 글자들의 언어 중의 상응하는 사(詞)의 부호로서의 성질을 개변시키지는 않는다. 자형이 비상형으로 변한 후에도 이러한 글자들은 여전히 원래의 어음과 자의를 견지하고 있다. 이 점은 결코 거꾸로 그것들의 자부가 기호로 변하지 않았다는 것을 증명할 수는 없다. 만약 "日"에는 또 의미가 있다고 해서 그 자부를 표의 부호로 보고 그것을 표의자로 본다면, "日"자에 또 독음이 있다는 이 점을 근거로 삼아 또한 그것의 자부를 표음 부호로 보고 그것을 표음자로 볼 수 있을 것이다. 이것은 분명히 불합리하다.

기호자는 여전히 그것들이 원래 대표하던 사(詞)를 대표하고 있기 때문에, 그것들이 합체자(合體字)의 편방으로 사용되거나 혹은 가차하여 기타의 사(詞)를 나타낼 때는 여전히 의부 혹은 음부의 작용을 할 수가 있다. 예컨대, "日"자는 비록 이미 변했지만 "晴"자가 따르고 있는 "日"은 도리어 결코 기호가 아니라 "日"자의 신분으로 의부에 충당된 것이며(단지 "日"자의 뜻만을 취하고 그 음은 취하지 않음), "馹"(일)자(고대의 역참(驛站)에 쓰이던 마차)가 따르고 있는 "日"과 외국의 땅 이름 "日乃瓦"(제네바)를 기록하는데 가차된 "日"자도 역시 기호가 아니라 "日"자의 신분으로 음부에 충당된 것이다(단지 "日"자의 음만을 취하고 그 뜻은 취하지 않음). 요컨대, 비록 그것들 자체에 사용된 자부가 이미 표의와 표음 작용이 없는 기호가 되었다고 하더라도 "日" 같은 글자는 자부로 충당될 때는 여전히 표의 혹은 표음의 작용을 할 수가 있는 것이다.

그러므로 한자 자형의 연변은 비록 절대 부분의 독체자(그것들은 또한 합체자를 구성하는 주된 자료이다)로 하여금 기호자로 변하게 하였지만 도리어 결코 합체자가 의부·음부로 구성되는 국면에 근본적인 변화는 일어나지 않았다. 한자의 절대 부분은 합체자이다. 합체자의 성질에 근본적인 변화가 일어나지 않았다는 것은 또한 한자의 성질에 근본적인 변화가 일어나지 않았다는 것이기도 하다. 그러므로 우리는 이미 기호자와 표의자의 차이를 충분히 인식해야 하고, 또 기호자의 출현이 한자의 전(全) 체계에 대하여 일으킨 영향을 지나치게 과장해서는 안될 것이다. 당란 선생은 ≪중국문자학≫에서 "현재에 이르기까지 중국 문자는 여전히 기호 문자 … 또는 형성 문자라고 할 수가 없다."라고 하여 이미 이러한 뜻을 매우 핵심을 찔러 말한 바 있다.

독체 표의자 외에, 또한 어떤 글자들은 역시 자형의 연변으로 기호자가 되었다.

준합체자(準合體字)는 기호자로 변한 것이 적지 않다. 예컨대, "立"자는 본래 으로 되어 사람이 땅 위에 서 있는 것을 본뜬 것이고, "並"자는 본래 으로 되어 두 사람이 땅 위에 나란히 서 있는 것을 본뜬 것으로(≪설문≫에서는 "並"자는 2개의 "立"을 따르고 있어 자의와 합치하지 않는다), 예서와 해서로 연변한 후에는 모두 분석할 수 없는 기호자로 변해 버렸다(준합체자의 연변에 관해서는 제3장 제2절 참조).

합체 표의자에도 역시 소수는 기호자로 변하였다. 예컨대, "表"자는 본래 (表)로 되어 "衣"와 "毛" 두 글자로 합성한 것이다. "表"는 본래 가죽옷의 겉을 덮는 의복의 명칭이었다. 고대인들의 가죽옷은 털이 있는 쪽이 바깥을 향하고 있었기 때문에 "表"자는 "衣"가 "毛" 위에 있는 것을 따라 뜻을 나타내었던 것이다. 이 글자가 "表"로 쓰여진 후에는 역시 단지 하나의 기호자로밖에 볼 수 없게 되었다.

형성자도 역시 가끔 기호자로 변할 수 있었다. 예컨대, "'禾'(화)를 따르고 '千'성(从禾, 千聲)"인 자는 형방과 성방이 모두 파괴를 당한 기호자 "年"으로 변해 버렸다.

자형의 연진은 또 약간의 반기호자(半記號字) 곧 기호와 의부 혹은 음부로 이루어진 글자를 만들었다. 이러한 글자들은 모두 형성자가 변한 것이다. 예컨대, "春"자는 본래 ""으로 되어 있는데 ≪설문≫에는 "'艸'(초)를 따르고 '日'(일)을 따르며 풀이 봄에 생긴다는 뜻으로 '屯'(둔)성(聲)이다(从'艸', 从'日', 艸春時生也, '屯'聲)"라고 분석하였다. 후에 성방 "屯"과 "艸"방이 생략·합병되어 "𡗗"형이 되었다. 이 편방은 표음의 작용도 없고 또 표의의 작용도 없으니 하나의 단지 구별 작용만이 있는 기호자이다. 그러나 편방 "日"은 여전히 표의의 작용이 있기 때문에 "春"은 기호와 의부로 이루어진 반기호・반표의자(半記號・半表意字)가 되었다.

또 다수의 글자들은 비록 그 결구가 결코 자형의 연진으로 말미암아 파괴되지는 않았지만, 그러나 어음과 자의의 변화로 말미암아 일반인에 대하여 말한다면 실제로는 역시 이미 기호자 혹은 반기호자로 변하였다. 비교적 흔히 보이는 상황은 형성자의 성방이 어음의 변화로 말미암아 표음 작용을 상실하고 기호로 전화(轉化)되는 것이다(제8장 제6절 참조). 예컨대, "恥"(치)("耻"의 본래의 서사법(書寫法))는 본래 "'心'(심)을 따르고 '耳'(이)성(从'心', '耳'聲)"인 글자였는데, 후에 "耳"・"恥" 두 글자는 변하여 독음(讀音)이 전혀 공통점이 없게 되었고 "耳"는 실제로는 겨우 구별 작용만이 있는 기호가 되고 "恥"는 실제로는 반기호・반표의자가 되었다. "恥"자가 "耻"로 쓰인 것은 후한(後漢)의 비각(碑刻)에 비로소 보이는데, 아마 당시에 "耳"・"恥" 두 글자의 독음에 이미 커다란 거리가 생겨서 어떤 사람이 "耳"가 성방인 줄 모르고 "心"방을 독음이 "恥"와 서로 가까운 "止"(지)(한자에서 "止"와 "心"의 자형은 상당히 가깝다)로 고쳤을 것이다. "耻"는 기호 "耳"와 음부 "止"로 이루어진 반기호・반표의자로 볼 수가 있다.

합체자의 표의의 편방이 자의의 변화로 말미암아 표의의 작용을 상실하고 기호로 전화되는 상황도 또한 존재하였다. 예컨대, 형성자 "特"의 본의는 숫소이기 때문에 "牛"를 편방으로 사용한 것이다. 이 본의는 일찍이 사용되지 않았기 때문에 일반인에 대하여 말한다면, "牛"방은 실제로는 이미 기호가 되었다.

형성자는 때로는 어음과 자의의 두 방면의 변화로 말미암아 완전히 기호자로 변하였다. 위에서 든 형방이 표의의 작용을 상실한 "特"자가 바로 한 가지 예이다. 그 성방 "寺"의 표음의 작용도 또한 이미 어음의 연변으로 상실되었기 때문에 일반인에 대하여 말한다면 이 글자는 실제로는 이미 완전히 기호자가 되었다.

가차자(假借字)도 또한 기호자로 변할 수 있었다. 가차자는 기존의 글자를 차용하여 음부로 삼아 이 글자와 음이 같거나 혹은 음이 가까운 사(詞)를 나타내는 것이다. 가차된 글자를 근본적으로 알 수 없는 사람에 대하여 말한다면, 가차자는 실제로는 단지 하나의 기호자일 뿐이다. 어떤 가차자들이 빌려 쓴 글자의 원래의 용법은 이미 사람들에게 잊혀졌다. 이러한 상황에서 만약 빌려 쓴 글자가 형성자가 아니라면 가차자는 기호자로 변할 수 있었다. 예컨대, "我"(아)자는 상당히 이른 고문자 중에서는 라고 썼는데 일종의 톱이나 혹은 날이 톱과 비슷한 무기를 본뜬 것이다. 그것이 본래 대표하던 사(詞)는 반드시 이러한 톱이나 혹은 무기의 명칭이었을 것이다. 제1인칭 대명사 {我}는 그 사(詞)와 음이 같거나 혹은 음이 가까웠기 때문에 고대인들은 "我"자를 가차하여 그것을 기록하였다. 그러나 상당히 이른 시기에 "我"자가 본래 대표하던 사(詞)는 이미 폐기되어 사용되지 않는다. 이 때문에 나 "我"자로 사용되는 자부로 본다면 "我"는 이미 표음 작용을 상실하고 하나의 경성(硬性) 규정(規定) 기호로 변하였고, 하나의 문자로 본다면 나 "我"는 이미 가차자에서 기호자로 변해 버렸다. 우리가 현재 허사(虛詞) {其}를 나타내는 데 사용하는 "其"(기)자[4]는 일반인들은 결코 그것이 본래 대표하던 사(詞)가 {箕}(키)였음을 모르므로 실제로는 역시 이미 기호자가 된 것이다.

만약 피차자(被借字)가 형성자라면 본의가 이미 없어졌을 때 성방은 일반적으로 여전히 표의 작용이 있었을 것이다. 예컨대, "笨"(분)은 본래 대나무 속의 흰 박막(薄膜)의 뜻이지만 후에 이 글자는 가차되어 어리석다는 {笨}을 나타내고 본의는 더 이상 사용되지 않았고 형방 "竹"은 실제로는 이미 기호로 변하였지만 다만 성방 "本"만은 여전히 표음 작용이 있다.

요컨대, 여러 가지 원인으로 말미암아 우리가 현재 사용하는 한자 중에는 원래의 의부와 음부는 이미 기호로 변한 것이 매우 많다. 이와 상응하여 매우 많은 표의자・형성자와 가차자들도 또한 기호자 혹은 반기호자로 변

4) "其"는 ""에서 변한 것으로 연변 상황은 대체로 다음과 같다.

어떤 사람들은 "丌"(음 : 기)는 첨가한 음부(音符)라고 본다. "箕"는 "其"에서 분화되어 나온 하나의 글자이다. 사-음절 문자설은 미국의 겔브(Gelb)가 1952년에 발표한 ≪문자의 연구(A Study of Writing)≫에서 제기한 것이다(제1장의 주 (6)을 참조). 어소 문자설은 조원임(趙元任)이 1959년에 발표한 ≪언어문제(語言問題)≫에서 제기한 것이다(상무인서관 판, 144쪽. 조씨는 이 책에서 어소를 "사소(詞素)"라고 부르고 있는데, 현재는 일반적으로 모두 "어소"라고 부른다).

하였다.

이상의 분석을 통하여 우리는 다음과 같은 결론을 얻을 수 있다. 한자는 상형(象形) 정도가 비교적 높았던 초기 단계(대체로 서주(西周) 이전이라고 할 수 있다)에서는 기본적으로 의부와 음부(엄격히 말한다면 마땅히 차음부(借音符)라고 불러야 한다)를 사용하는 일종의 문자 체계였다. 후에 자형과 어음·문자 등 방면의 변화에 따라서 점차로 의부(意符)(주로 의부(義符)이다)·음부와 기호를 사용하는 일종의 문자 체계(예서의 형성은 이러한 연변이 완성된 표지로 볼 수 있다)로 연변되었다. 만약 이 두 단계의 한자를 위하여 각각 명칭을 꼭 붙이려고 한다면, 전자는 의부음부 문자라든가 혹은 어떤 문자학자들과 마찬가지로 그것을 의음(意音) 문자라고 약칭할 수 있을 것 같고, 후자는 의부음부기호(意符音符記號) 문자라고 부를 수 있을 것 같다. 후자의 단계의 한자의 기호는 거의 모두 의부와 음부가 변한 것이라는 것과 대부분의 글자는 여전히 의부·음부로 구성되어 있다는 등의 상황을 고려한다면, 역시 이 단계의 한자는 후기(後期) 의부음부(意符音符) 문자라든가 혹은 후기(後期) 의음(意音) 문자라고 부를 수도 있을 것이다.

## 제3절 자부가 나타내는 언어 결구의 차원에서 한자 체계의 성질을 본다.

앞에서 말한 바와 같이, 어떤 사람은 한자와 같은 유형의 문자 체계를 "사(詞)-음절(音節) 문자"라고 부른다. 그밖에, 또 어떤 사람은 한자를 "사문자(詞文字)(word writing)"(혹은 표사(表詞) 문자라고도 번역함) 혹은 "어소(語素) 문자"라고 부른다.[5] 이러한 명칭들은 어떻게 이해해야 할 것인가?

먼저, 마땅히 어소 문자설과 사문자설은 기본 관점에서 결코 커다란 차이가 없다는 것을 지적해야 할 것이다. 어소는 언어 가운데 최소의 의미가 있는 단위이고 독립적으로 사용할 수 있는 어소가 바로 사(詞)이다. 상고

5) 한자가 사문자(詞文字)라는 설에 관해서는 블룸필드(Bloomfield)의 ≪언어론≫(원가화(袁家驊) 등 번역본)(상무인서관, 1980), 360쪽 참조.

한어에서는 단음절사가 절대적 우세를 차지하고 있고 한자는 일반적으로 모두 단음절사를 대표하는 것이다. 그러나 수많은 단음절사는 후에 독립적으로 활동할 수 없는 어소로 변하였으며, 오늘날에는 하나의 한자는 왕왕 단지 하나의 어소의 부호일 뿐이고 하나의 사(詞)의 부호가 아닌 것이다. 이것은 어떤 사람들이 한자를 사문자라고 부르려고 하지 않고 어소 문자라고 부르려고 하는 원인이다. 이러한 고려에 따른다면, "사-음절 문자"라는 명칭도 역시 "어소-음절 문자"라고 고칠 수 있을 것이다.6)

이른바 어소 문자란 결국 어떤 문자 체계인가? 병음 문자는 자부로 표시되는 것이 음절인가 아니면 음소인가에 따라서 음절 문자와 음소 문자로 나눌 수 있다. "어소 문자"는 자부가 어소를 표시하는 문자라고 이해할 수 있을 것인가? 그렇게 이해할 수는 없다. 일반적으로 "日"과 같은 글자는 전형적인 어소자(語素字)라고 인정된다. 그러나 우리는 다만 "日"자는 어소 {日}을 나타낸다고 할 수 있을 뿐이고, 직접 자부 "日"이 어소 {日}을 나타낸다고 말할 수는 없다. 이 점은 앞에서 일찍이 설명한 바 있다. 이떤 사람은 한자에서 하나의 글자는 보통 하나의 어소를 대표하고 있다고 보았기 때문에 한자를 어소 문자라고 부르는 것이다. 이렇게 자부의 성질을 제쳐 두고 단지 문자의 서사(書寫)의 기본 단위로 대표되는 언어 성분의 성질만을 근거로 하여 문자 체계에 명칭을 붙이는 것은 역시 타당하지 않은 것이다(여기서 말하는 문자 서사의 기본 단위란 바로 일반적으로 말하는 글자이다. 한자의 필획(筆劃)은 용필(用筆)의 기본 단위라고 부를 수 있다). 영문에서는 거의 매 글자는 모두 하나의 사를 대표하고 있지만 여러 사람들은 결코 그것을 표사 문자로 보지 않고 그것을 음소 문자로 보지 않는가? 그렇게 말한다면, 어소 문자라는 명칭은 근본적으로 성립할 수 없는 것인가? 그것은 도리어 또한 그렇게 볼 필요는 없다. 음소(音素)·음절(音節)·어소(語素)는 "언어 결구" 계통에서 낮은 곳에서 높은 곳으로 이르는 서로 다른 차원(여기서 말하는 "언어 결구"는 넓은 뜻으로 어음 결구를 포함한다)이다. 우리는 어소 문자를 자부가

6) 조원임(趙元任)은 ≪언어와 상징 체계≫ "문자" 장의 하나의 작은 표제(標題)에서 이미 한자를 "어소-음절 문자"라고 불렀다(109쪽). 그는 또 만약 당초에 가차자가 자유롭게 발전하였다면 한자는 어소-음절 체계에서 발전하여 순음절 체계가 될 수 있었다고 보았지만(105쪽), 그는 한자를 어소-음절 문자라고 부르는 이유에 대해서는 구체적인 설명을 하지 않았다.

어소라는 차원에 속하는 것 곧 자부가 어소라는 차원과 관련되지만 음소·음절이라는 2가지 차원과는 관계가 없는 문자라고 해석할 수 있으며, 혹은 언어의 어소 결구를 나타낼 수는 있지만(곧 사가 어떤 어소로 구성되는가를 나타낼 수 있는) 언어의 음소 혹은 음절 결구는 나타낼 수 없는 문자라고 해석할 수 있다. "어소-음절 문자"는 어소라는 차원에 속하는 자부를 사용하기도 하고 또 음절을 나타내는 자부를 사용하는 문자라고 해석할 수 있다.

위의 해석에 따라서 본다면, 한자는 결국 어소 문자라고 해야 할 것인가? 아니면 "어소-음절 문자"라고 해야 할 것인가? 다음에 이 문제를 토론하려고 한다.

한자의 의부와 기호는 모두 어음을 나타내지 않는다. 전자는 단지 문자로 대표되는 어소의 의미와 관련이 있을 뿐이고(음절 이하의 차원은 말할 만한 의미가 없다), 후자는 단지 서로 다른 어소를 대표하는 문자를 구별하는 작용만을 할 뿐이다. 그것들은 모두 어소라는 차원에 속하는 자부이다. 그러므로 한자 가운데 독체·준합체와 합체 표의자 및 기호자와 반기호·반표의자는 모두 어소자로 볼 수 있다.

그러나 한자에 사용되는 음부는 비록 원래는 어소였던 부호의 기존의 문자로 충당되지만, 도리어 마땅히 음절을 나타내는 부호로 보아야 할 것이다. 음부를 사용하는 가차자(한어의 고유한 어소를 기록한 가차자에 대하여 말하는 것이다) 및 의부와 음부로 구성된 형성자는 보통 또한 하나의 글자로 하나의 어소를 대표하지만, 그러나 우리는 그렇다고 해서 그것들을 또한 모두 어소자로 보아서는 안 된다.

2개 이상의 음절을 가지고 있는 음역(音譯) 외래어(外來語)를 기록하는 가차자들은 그것들의 어소의 음절 결구를 나타내는 작용이 매우 명백하다. 예컨대, 원대(元代)에 몽고어(蒙古語)에서 벼슬 이름을 기록하는 데 가차된 "達魯花赤"이라는 네 개의 글자("達魯花赤"(다루가치)의 본래의 뜻은 통치자·인장을 관장하는 자이다)는 분명히 모두 음절 부호로서 사용된 것이다. 한어 중의 고유한 이음절 어소를 기록한 가차자, 예컨대 "倉庚"(창경 : 꾀꼬리)·"猶豫"(유예)("猶豫"에 관해서는 제9장 제3절을 참조) 따위는 음절 결구를 나타내는 작용이 역시 매우 명백하다.

한어의 고유의 단음절 어소를 기록하는 데 사용된 가차자는 사실은 마찬가지로 음절 결구를 나타내는 작용을 가지고 있다. 단지 하나의 음소는 다만 하나의 음절만을 포함한다는 상황 아래서 어소와 음절 사이의 차원의 한계선이 소홀해지기 쉬운 것일 뿐이다. 자부로서 본다면, 동사 {花}를 나타내는 데 가차된 "花"와 "達魯花赤"을 나타내는 데 가차된 "花"는 그 본질은 결코 차이가 없지만, 양자는 모두 hua라는 음절을 나타내는 부호이다. 그들의 차이는 전자는 단독으로 하나의 단음절 어소를 나타내는 음으로 사용되었고, 후자는 단지 하나의 다음절 어소 중의 하나의 음절만을 나타낼 뿐이라는 것에 있다. "花"는 가차자에 사용된 자부로 본다면, 단지 음절을 나타내는 작용만이 있을 뿐이지만, 그러나 동사 {花}를 기록한 가차자로 본다면 음도 있고 또 뜻도 있는 것이다(곧 "花"의 가차의(假借義)이다). "達魯花赤"이라는 네 글자는 반드시 함께 연결되어야만 비로소 일정한 의미를 나타낼 수 있다. 그 가운데 매 글자는 모두 다만 하나의 의미는 없는 음절만을 나타내는 부호로 볼 수밖에 없다. 만약 일반적인 습관에 따라 "시시의 기본 단위"를 "글자"[字]의 정의로 삼지 않고, "어소 혹은 사의 부호"를 "글자"의 정의로 삼는다면, 단지 "達魯花赤"이라는 이 전체(全體)만이 비로소 가차자라고 부를 자격이 있을 것이다.

영문(英文)의 부정관사 "a"자를 나타내는 데 사용되는 자모 "a"는 그 본질은 결코 단독으로 글자를 이룬다고 해서 기타 자모와 합하여 글자를 이루는 "a"와 차이가 있는 것은 아니다. 한자에서 동사 {花}를 나타내는 가차자 "花"는 하나의 글자로 하나의 어소를 대표한다는 이 점도 물론 또한 그것에 차용되는 자부의 음절을 나타내는 본질에 영향을 끼칠 수 없는 것이다. 그러므로 가차자는 모두 음절자로 볼 수 있다.

형성자의 성방(聲旁)도 역시 음절을 나타내는 부호이다. 예컨대, 독음이 서로 같은 "餌"·"洱"·"珥"·"鉺"는 네 개의 서로 다른 어소를 대표하지만, 그것들은 모두 하나의 공통된 표음 성분 곧 성방 "耳"를 가지고 있다. 이 "耳"는 분명히 마땅히 음절을 나타내는 부호로 보아야 할 것이다("珥"가 따르고 있는 "耳"가 표의의 작용도 아울러 가지고 있다는 것은 이미 위 글에 보인다). 형성자의 형방(形旁)은 단지 어소의 의미와 관련이 있을 뿐이기 때문에 형성자를 어소자와 음절자의 사이에 끼어 있는 일종의 문자로 볼 수 있다. 반기호・반표음자의 성질도 역시 이렇게 볼 수 있다.

앞에서 일찍이 지적한 바와 같이, 한자에 사용되는 음부와 병음 문자의 음부는 매우 커다란 구별이 있다. 이러한 음부는 음절을 나타내는 부호로 본다면, 음절 문자의 음부와는 물론 마찬가지로 매우 커다란 구별이 있다. 한자는 음절을 나타내는 부호도 사용하고 또한 어소라는 차원에 속하는 부호도 사용한다. 음절을 나타내는 부호는 모두 기존의 문자 곧 어소의 부호를 빌려 충당하고("乒"(핑)・"乓"(팡) 등 소수의 예는 예외이다, 제6장 제3절 3. 참조), 또한 빌려서 같은 하나의 음절을 나타내는 데 차용되는 글자는 왕왕 여러 개가 있다.[7] 이것들은 모두 음절 문자와 서로 다른 점이다.

이상의 분석을 통하여, 한자는 간단히 어소 문자라고 불러서는 안 되고 마땅히 "어소-음절 문자"라고 불러야 한다는 것을 알 수 있다. 그러므로 한자에 사용되는 음절을 나타내는 부호와 음절 문자의 음부 사이의 구별에 대해서는 역시 마땅히 충분한 인식이 있어야 할 것이다.

"어소-음절 문자"와 의부음부 문자 혹은 의부음부기호 문자는 서로 다른 각도에서 한자에게 붙여진 두 가지의 명칭이다. 전자는 자부가 나타낼 수 있는 언어 결구의 차원에 착안한 것이고, 후자는 자부의 표의・표음 등의 작용에 착안한 것이다. 이 두 가지 명칭은 병존할 수 있다. 의부와 기호는 모두 어소라는 차원에 속하는 자부이기 때문에 "어소-음절 문자"라는 명칭은 초기와 만기의 한자에 대하여 모두 적용된다.

---

7) 이러한 현상은 대부분은 본래 동음이 아닌 글자가 동음자(同音字)로 연변되었기 때문에 만들어진 것이다. 예컨대, ≪신화자전(新華字典)≫ yī 음절 아래에 수록된 전부의 형성자는 "意"(의)・"衣"(의)・"奇"(기)・" 医殳 "(예)・"咠"(즙・읍)・"伊"(이)・"韋"(위)・"多"(다) 등 10여 개의 서로 다른 성방(聲旁)을 사용하고 있는데, 이 형성자들은 고대에는 동음이 아닌 경우가 매우 많다.

동음사(同音詞)를 구별하기 위하여 서로 다른 글자를 차용하여 같은 음절을 나타내는 현상도 역시 흔히 보는 것이다(유순쇠(劉順釗), <중국 고문자의 결구 순서(中國古文字的結構程序)>, ≪중국어문≫ 1983년 제4기, 277면・279쪽의 주 (17) 참조). 예컨대 "潢"과 "湟", "蟥"과 "蝗"은 모두 동음이다. 자형상 그것들을 구별해 내기 위하여 각각 "黃"과 "皇"의 두 개의 성방을 사용하게 되었다(이것은 병음 문자가 때때로 동음사를 구별하기 위하여 그것들을 동형이 아닌 것으로 철자(綴字)하는 상황과 서로 유사하다). 그밖에, 서로 다른 글자를 차용하여 같은 음절을 나타내는 상황은 물론 또한 단지 음부(音符)를 선택하는 데 규율성이 결여되었기 때문에 만들어진 것에 불과한 경우가 매우 많다.

# 제4절 한자의 형식상의 특징

마지막으로, 한자의 형식상의 주요한 특징 및 두 개 이상의 음절을 가지고 있는 어소를 기록한 한자와 일반 한자의 상이점(相異點)을 말하고자 한다.

앞에서 이미 말한 바와 같이, 한자의 서사 단위는 일반적으로 말하는 글자[字]이다. 매 글자는 통상 모두 하나의 음절로 읽는다. 현대 한자 중에서 단지 아화(兒化) 작용만을 나타내는 "兒"자는 음절을 이루지 못하므로 예외이다. 어떤 사람은 이러한 "兒"자를 비교적 작게 씀으로써 구별을 나타낸다. "瓩"(천와(千瓦) : 1천 와트(watt))·"浬"(해리(海里)) 등 계량 단위를 나타내는 극소수의 글자들은 두 개의 음절로 읽을 수 있다. 그러나 그 성질은 고문자 중의 합문(合文)(두 개 이상의 글자가 합쳐져 하나의 글자 모양같이 되는 것)과 유사하지만 정규의 글자는 아니다. 한어에는 단음절어소가 절대 우세를 차지하고 있다. 통상 하나의 한자는 하나의 단음절어소를 위하여 만들어진 것이다. 이것은 한자가 하나의 글자는 하나의 음절로 읽는다는 국면을 형성하게 된 주요한 원인이다.

글자의 형식상 한자는 매우 일찍 매 글자는 대체로 하나의 네모난 틀 속에 넣을 수 있도록 요구하는 특징을 형성하였다. 합체자(合體字)를 구성하는 자부(字符)의 배치는 엄격한 규율성이 결여되어 좌우상합(左右相合)·상하상합(上下相合)·내외상합(內外相合) 등등 서로 다른 상황(제8장 제4절 참조)이 나타난다. 요컨대, 합쳐서 글자가 된 후에 하나의 네모난 틀 속에 써넣을 수 있는 것을 원칙으로 한다(이러한 원칙에 맞지 않는 글자는 상대(商代) 문자에서는 그래도 불시에 발견할 수 있지만 「예컨대, "般"은 간혹 이라고 쓰는 따위」, 주대(周代) 문자에서는 이미 크게 감소되었고, 진(秦)·한(漢) 이후에는 거의 이미 자취를 감추었다). 일반적으로 "방괴자(方塊字)"라는 칭호를 가지고 한자의 형식상의 이러한 특징을 나타낸다.

한어에는 절대 우세를 차지하는 단음절어소를 제외하고도 또한 약간의 이음절어소가 있으며, 게다가 또 음역 외래어를 통하여 끊임없이 두 개 이상의 음절을 가지고 있는 어소를 증가시켰다. 이러한 어소들에 대해서는 두 개 이상의 글자로 그것들을 기록할 필요가 있었다.8)

구체적으로 말한다면, 한자는 두 개 이상의 음절을 가지고 있는 어소를 기록하는 데 가차자를 사용하는 것과 전용자(專用字)를 만드는 두 가지 방법이 있다.

가차자로 이음절 어소를 기록하는 것은 아주 흔히 보이는 것이다. 고대에 이미 출현한 것은 앞에서 든 "倉庚"·"猶豫"가 있고, 현대의 것은 "沙龍"(살롱, salon)·"尼龍"(나일론, nylon) 등이 있다. 세 개 이상의 음절의 어소는 거의 모두 가차자로 기록한 것으로, 예컨대 고대의 "壁流離"("琉璃"의 옛 역명(譯名))·"達魯花赤"과 현대의 "蘇維埃"(쏘베뜨, soviet)·"布爾什維克"(볼셰비키, Bolsheviki)가 있다. 두 개 이상의 음절을 가지고 있는 어소를 기록할 때 가차하여 온 글자는 반드시 한데 연결해야만 비로소 의미를 나타낼 수 있고 각개의 글자는 단지 음절을 나타내는 부호의 성질만을 가지고 있을 뿐이다. 이 점은 앞에서 이미 말한 바 있다.

전용자를 만드는 방법은 통상 단지 이음절 어소에만 사용될 뿐이다.9) 만들어진 글자의 절대 다수는 형성 결구를 채용하고 있다. 예컨대, 고대의 "螮蝀"(체동 : 무지개의 별명)·"徜徉"(상양 : 어슬렁거리다)과 현대의 "咖啡"(커피)·"噻唑"(일종의 유기화합물(有機化合物))가 있다. 비형성 결구의 것은 "乒乓"(핑퐁, 탁구)·"旮旯"(gālá, 모퉁이) 따위가 있는데 극히 드물다("旮旯"

---

8) 초기의 한자가 이음절 어소를 기록할 때 반드시 모두 이와 같았는지의 여부는 여전히 인정할 수 없다. 한어 중의 일부의 이음절 어소는 대개 일찍 한자의 맹아(萌芽) 시기에 이미 존재했을 것이다. 어떤 구체적인 사물의 명칭으로서의 이음절 어소에 대해서는 최초에는 단지 하나의 표의자를 만들어 그것을 대표하고 하나의 글자를 두 개의 음절로 읽었을 것이라는 가능성이 매우 높다. 갑골문 중의 "鳳"자는 {鳳}의 상형자에 "凡"성을 가한 서사법(書寫法) 외에도 가끔 또한 "兄"성을 가한 서사법이 있다. 장정랑(張政烺) 선생은 "兄"성을 가한 것은 마땅히 봉황(鳳凰)의 "凰"으로 읽어야 한다고 보았다(<소왕(邵王)의 황정(諻鼎) 및 궤명(簋銘)의 고석(邵王之諻鼎及簋銘考釋)>, ≪중앙연구원역사어언연구소집간(中央研究院歷史語言研究所集刊)≫ 8본(本) 3분(分). "兄"·"皇"은 고음이 극히 가깝다). 아마 {鳳}의 상형자 중에는 본래 이음절로 읽는 글자가 있었을 것이지만, 그러나 한어에서는 단음절 어소가 절대 우세를 차지하고 있고 절대 다수의 한자는 모두 단음절로 읽기 때문에 이러한 이음절로 읽는 글자는 아주 일찍 도태되었을 것이다.

9) 삼음절 어소를 위하여 만든 전용자(專用字), 예컨대 ≪설문≫에 보이는 "순우기(珣玗琪)"(동이(東夷)의 옥(玉) 이름)와 청대에 일찍이 사용한 적이 있는 "영길리(口英咭唎)"(영국, England) 등의 외국 이름은 매우 드물게 보이는 것이다.

의 조자(造字)의 의도는 분명하지 않으며 단지 기호자로 볼 수밖에 없다).

이음절 어소를 위하여 만든 형성자는 왕왕 편방(偏旁)을 가하거나 혹은 편방을 바꾸는 등의 방법을 통하여 가차자에서 개조하여 만든 것이다. 예컨대, 위에서 든 "徜徉"은 가차자 "尙羊"(또한 "常羊"이라고도 함)에서 개조하여 만든 것이다. 또 "蜈蚣"(오공 : 지네)은 본래 "吳公"(≪광아(廣雅)·석충(釋蟲)≫)으로 역시 가차자였으나 후에 위의 한 글자에 "虫"자를 가하여 "蜈公"(≪장자(莊子)·제물론(齊物論)≫ 석문(釋文)에 인용된 ≪광아≫)으로 되었고, 최후에는 두 개의 글자에 모두 "虫"방을 가한 서사 방법이 출현하게 되었다. 위에서 든 "倉庚"은 후에 또 "倉鶊"·"鶬鶊" 등의 서사 방법이 생기게 되었다(이음절 어소를 기록한 가차자를 전용자로 개조하는 상황에 관해서는 제11장 제1절 1. 3) (4)를 참조).

이음절 어소를 위하여 만든 글자는 이음절 어소를 기록한 가차자와 마찬가지로 역시 반드시 두 개의 글자가 한데 합쳐져 하나의 전체(全體)가 되어야 비로소 의의를 가지게 된다. 또한 2개 이상의 음절을 가지고 있는 어소를 기록한 일군(一群)의 가차자는 떼어놓은 후에도 매 글자마다 아직 그 본래의 고유한 자의(字意)를 가지고 있지만, 이음절 어소를 위하여 만든 글자는 낱개로 보면 이러한 자의까지도 또한 없다. 이것은 그것들이 일반 한자와 서로 다른 하나의 특징이다.

만약 일자일음절(一字一音節)의 원칙의 구속을 받지 않는다면, "徜徉"·"蜈蚣"(혹은 "蜈公")·"鶬鶊"(혹은 "倉鶊") 따위의 이음절 어소를 기록한 글자들은 본래 완전히 "[illegible]"·"[illegible]"·"[illegible]"과 같은 형식으로 쓸 수 있었을 것이다. 성서자 중에는 몇 개의 부호를 포함하고 있는 하나의 음부조(音符組)의 곁에 하나의 일정한 부호를 가하여 구성한 형성자는 아주 흔히 보인다. 고한자의 합문(合文) 중에서도 가끔 역시 유사한 예를 발견할 수 있다. 예컨대, 전국(戰國) 시대의 인장(印章)에는 때때로 "邯邢(鄲)"을 합하여 "[illegible]"이라고 썼다(나복이(羅福頤)(1905-1981), ≪고새문편(古璽文編)≫ 361쪽, 문물출판사(文物出版社), 1981). 이러한 합문 중에서 형성자 성방의 음절을 나타내는 성질을 더욱 더 분명하게 볼 수 있다.

제3장

# 한자의 형성과 발전

## 제1절 한자 형성 문제에 토론

흔히 사람들이 "한자는 언제 생겼는가"·"한자는 언제 기원하였는가"라는 문제를 제기하는 것을 듣는다. 엄격하게 말한다면, 이러한 문제는 결코 그렇게 합당한 것이 아니다. 제1장에서 이미 말한 바와 같이, 한자라는 완전히 혹은 기본상 독립적으로 창조된 문자 체계는 그 형성이 모두 하나의 매우 긴 과정을 겪었다. 이 때문에 한자의 기원에 관해서는 마땅히 이렇게 문제를 제기해야 할 것이다. 곧 한자라는 문자 체계의 형성 과정은 언제 시작되었고 언제 끝났는가? 한자는 어떻게 가장 원시적인 문자에서 한 걸음씩 발전하여 언어를 완전하게 기록할 수 있는 체계가 되었는가?

후자의 문제에 대해서는 제1장에서 이미 언급한 바가 있다. 원시 한자의 자료가 결여되어 있기 때문에, 현재도 아직 한자 형성의 구체적인 과정을 복원할 가능성은 없기 때문에 여기서는 더 이상 이 문제를 말하려고 하지 않는다. 같은 원인으로 전자의 문제 곧 한자 형성 과정의 시작과 끝의 시간 문제도 현재 역시 철저하게 해결될 가능성은 없다. 다음에서는 단지 이 문제에 대하여 약간의 초보적인 토론을 할 수밖에 없다.

이미 발견된 각종의 내용이 상당히 풍부한 한자 자료에서, 시대가 가장 이른 것은 상대(商代) 후기(약 기원전 14세기-전 11세기)의 갑골문(甲骨文)과 금문(金文)(제4장 제1절 참조)이다. 그것들은 이미 언어를 완전하게 기록할 수 있는 성숙된 한자였다. 근대 고고학이 일어난 이후, 주로 해방 이래 약간의 상대 후기보다 더 이른 고대 문자 및 원시 한자와 관계가 있는 자료가 발견되었다. 이러한 자료들은 물론 매우 귀중한 것이지만, 애석하게도 그것들은 수가 많지 않을 뿐 아니라 또한 대부분이 비교적 영쇄(零碎)하여 아직도 한자 형성 문제를 위하여 충분한 근거를 제공할 수는 없다.

이미 발견된 원시 문자와 관계가 있을 수 있는 자료는 주로 원시 사회 시기의 유물(遺物)에 새기거나 혹은 그려진 부호이다. 외형상의 특징을 근거로 하면 대체로 이러한 부호들은 두 가지 큰 부류로 나눌 수 있다. 첫째는 실물의 모양을 본뜬 것이고, 다른 하나는 기하형(幾何形) 부호이다. 비록 기하형도 아니고 또한 실물의 모양을 본뜬 부호도 아닌 것 가운데 어떤 것들은 후자의 부류에 덧붙일 수 있다. 아래 글에서는 후자를 갑류(甲類)라고 부르고 전자는 을류(乙類)라고 부른다(원시 사회 시기의 유물상의 부호에 관해서는 후에 또 새로운 발견이 있었는데, 졸작 <결국 문자인가 아닌가 — 중국 신석기 시대에 사용된 부호를 말한다(究竟是不是文字 — 談談我國新石器時代使用的符號)>를 참조. 이 글은 ≪문물천지(文物天地)≫ 1993년 제2기에 실려 있다). 다음에 먼저 갑류의 부호를 토론한다.

이미 발견된 상황으로 본다면, 갑류의 부호의 절대 부분은 도기상에 새기거나 혹은 그려져 있고 일부분은 귀갑(龜甲)·수골(獸骨) 혹은 골기(骨器)에 새겨져 있다. 이러한 부호의 분포는 매우 넓어서 앙소(仰韶)·마가요(馬家窯)·용산(龍山)·양저(良渚) 등 문화의 유지에서 모두 발견된다(우리가 말하는 "유지(遺址)"란 묘장(墓葬)도 그 안에 포함된다).[1] 그것들이 사용된 시간도 역시 매우 장구하다. 상한(上限)에 대하여 말한다면, 지금으로부터 7-8천년 전인 앙소 문화보다 더 이른 대지만(大地灣) 1기(期) 문화 유지와 배리강(裴李岡) 문화에 가까운 가호(賈湖) 유지에서 모두 이미 이러한 부호가 발견되었다. 대지만 1기 문화의 부호는 감숙(甘肅) 진안현(秦安縣) 대지만에서 발견되었는데, 안료(顔料)를 사용하여 도발형기(陶鉢形器)의 내벽(內壁)에 그린 것이다.[2] 가호 부호는 하남(河南) 무양현(舞陽縣) 가호에서 발견되었는데, 귀갑

1) 졸작, <한자 형성 문제의 초보적 탐색(漢字形成問題的初步探索)>, ≪중국어문≫ 1978년 제3기, 참조.

2) <감숙(甘肅) 진안(秦安) 대지만(大地灣) 유지에서 1978년에서 1982년까지 발굴된 주요한 수확(甘肅秦安大地灣遺址1978至1982年發掘的主要收穫)>, ≪문물≫ 1983년 제11기, 22-25쪽.

등의 물건에 새겨진 것이다.[3] 하한(下限)에 대하여 말한다면, 이러한 부호는 곧장 원시 사회 말기에 이르기까지도 여전히 사용되었고, 또한 역사 시기에 진입한 이후(以後) 한자가 이미 형성된 상황하에서도 여전히 어떤 영역에서는 연속적(延續的)으로 아주 오랫동안 사용되었다. 상대에서 춘추(春秋) · 전국(戰國) 시대에 이르는 도기에서도 모두 적지 않은 이러한 부호를 발견할 수 있다.[4]

갑류 부호 가운데 앙소 문화 조기의 반파(半坡) 유형 유지에서 출토된 도기상의 부호는 연대가 상당히 이르기도 하고 자료도 또한 상당히 풍부하여 한자 기원에 관한 토론에서는 가장 사람들의 주목을 받는다. 우리는 이것을 예로 삼아 첫째 부류의 부호와 한자의 관계를 토론하려고 한다.

반파 유형의 각 유지 중에 서안(西安) 반파(半坡)와 임동(臨潼) 강채(姜寨) 두 개의 유지에서 발견된 부호가 수가 가장 많다. 다음은 반파 유지에서 발견된 부호의 약간의 예이다.[5]

임동 강채 유지에서 발견된 부호는 반파와 서로 같거나 혹은 서로 유사한 것이 적지 않고, 그밖에 또 형체가 비교적 복잡한 예가 약간 있다. 예컨대, 다음과 같다.[6]

반파 유형의 부호는 일반적으로 도발(陶鉢) 외구연(外口緣)의 검고 넓은 띠무늬나 혹은 검은 색의 역삼각(逆三角) 무늬에 낱개로 새겨진 것이고 예외

---

3) <하남(河南) 무양(舞陽) 가호(賈湖) 신석기 시대 유지 제2에서 6차까지의 발굴 간보(河南舞陽賈湖新石器時代遺址第二至六次發掘簡報)>, ≪문물≫ 1989년 제1기 11 · 12 · 14쪽 등.

4) 고명(高明), ≪중국고문자학통론(中國古文字學通論)≫ 36쪽(문물출판사(文物出版社), 1987) 참조. 심지어 어떤 전한(前漢)의 도기들에서도 모두 또한 이러한 부호를 발견할 수 있다. ≪광주한묘(廣州漢墓)≫ 상책, 89-91쪽과 210-212쪽 참조(문물출판사, 1981).

5) ≪서안반파(西安半坡)≫ 197쪽, 그림 167-171 참조(문물출판사, 1963).

6) 왕지준(王志俊), <관중(關中) 지구 앙소(仰韶) 문화 각획(刻劃) 부호 종술(關中地區仰韶文化刻劃符號綜述)>, ≪고고와 문물≫ 1980년 제3기, 15쪽에서 인용.

가 매우 적다. 탄소 14연대 측정을 근거로 하면 반파 유형의 시대는 지금으로부터 이미 6-7천 년 전이다.

반파 유형 부호의 성질에 대해서는 서로 다른 관점이 존재한다. 어떤 학자들은 그것들이 문자라고 인정하고 있다. 어떤 사람은 게다가 그것들을 고한자(古漢字)와 직접 연관시키고 있다. 예컨대 ✕는 "오(五)"자이고, +은 "칠(七)"자, |은 "십(十)"자, ||은 "이십(二十)", T는 "시(示)"자, ↑는 "모(矛)"자, ↓는 "초(艸)"자, ⊧는 "부(阜)"자라고 보고 있다.[7] 어떤 학자들은 이러한 부호는 아직 문자가 아니라 "아마 기물(器物)의 소유자 혹은 기물의 제조자의 전문(專門) 부호일 것이다"라고 보고 있다.[8] 또 어떤 학자는 그것들은 단지 도기를 제조할 때, "아마 개인의 소유권 혹은 제작할 때의 어떤 필요를 위하여 임의로 새긴 것"에 불과하다고 보고 있다.[9]

이러한 부호가 대표하는 것이 일종의 완전한 문자 체계일 리가 없다는 것은 분명하다. 그것들은 원시 문자일 가능성이 있는가? 아마도 역시 불가능할 것이다. 우리는 그것들이 이미 언어를 기록하는 데 사용되었다는 증거를 전혀 가지고 있지 않다. 같은 종류의 부호가 한자가 형성된 이후에도 여전히 장기간에 걸쳐 사용되었다는 이 점에서 보더라도 그것들은 역시 문자인 것 같지는 않다.[10]

반파 유형의 갑류 부호를 고한자 중의 구체적인 사물의 모양을 본뜬 부호와 서로 견주어 갖다 붙이는 것은 더욱 우리가 동의할 수 없는 것이다. 이 두 가지의 부호는 분명히 서로 다른 계통의 것이다. 우리는 전자의 부호가 후자의 부호 중의 형체가 비교적 간단한 예나 혹은 어떤 간화(簡化)를 겪은 형식과 우연히 동형(同形)이라고 해서 그것들 사이에 전승(傳承) 관계가 있다고 단정할 수는 없다. 반파 유형 부호의 시대는 대략 상대 후기의 갑골문보다 3천여 년이 이르다. 만약 그것들이 확실히 고한자의 전신(前身)이라면 상형의 정도가 반드시 갑골문보다 훨씬 클 것이

7) 우성오(于省吾), <고문자(古文字) 연구의 약간의 문제에 관하여(關於古文字硏究的若干問題)>, ≪문물≫ 1973년 제2기, 32쪽.

8) ≪서안반파(西安半坡)≫(문물출판사, 1963), 198쪽.

9) 왕녕생(汪寧生), <원시 기사에서 문자의 발명까지(從原始記事到文字發明)>, ≪고고학보≫ 1981년 제1기, 23쪽.

10) 고명(高明), ≪중국고문자학통론≫(문물출판사, 1987), 35-36쪽 참조.

다. 갑골문 중에서 "𠂤"자는 대부분 로 되어 있고, "示"자의 비교적 상형적인 서사법은 이다. 반파 부호 중의 와 ⊤가 만약 확실히 "𠂤"자와 "示"자라면 어째서 도리어 그것들만큼 상형적이 아닌가?

그러나 이미 발견된 반파 유형의 부호는 절대 부분이 모두 같은 종류의 도기의 같은 부위(部位)에 새겨져 있고 규율성이 매우 강하다. 어떤 부호들은 매우 많은 기물에 중복되어 나타날 뿐 아니라 게다가 또한 서로 다른 유지 중에서도 출현한다. 이러한 부호는 적어도 그 중의 일부분은 이미 어떤 의의를 나타내는 데 비교적 고정적으로 쓰였을 가능성이 매우 높은 것으로 보인다. 개인이나 혹은 집단의 표기(標記)로 사용된 것을 제외하면 이러한 부호는 또한 기타의 의미로 사용되었을 가능성도 있다.

문자가 없는 민족도 왕왕 이미 부호를 사용하여 숫자를 기록하는 것을 알고 있다. 중국의 원시 사회에서 사용했던 기하형(幾何形) 부호도 이러한 용도가 없었을 리가 없다고 생각된다. 고한자는 구체적인 사물의 모양을 본뜬 부호를 사용한 것을 제외하고도 또한 소수의 기하형 부호를 사용하고 있다. 一(一)·=(二)·三(三)·亖(四)·X(五)·∧(六)·十(七)·八(八)·|(十) 등의 숫자는 가장 두드러진 예이다(숫자 "九"는 다수의 문자학자들은 가차자로 보고 있다). 이러한 숫자와 동형(同形)이거나 모양이 가까운 부호는 중국 원시 사회에서 사용된 갑류 부호 중에서는 흔히 보이는 것이다. 많은 학자들은 이러한 부호가 이들 숫자의 전신이라고 보고 있는데 이것은 일리가 있다. 그러나 이것은 결코 원시 사회에서 사용된 숫자를 기록하는 부호가 문자라는 것을 증명할 수는 없다. 이에 대해서는 제1장에서 이미 설명한 바 있다. 그밖에 또 마땅히 한 가지 점을 지적해야 할 것이다. 갑류 부호를 구성하는 요소는 일반적으로 비교적 간단하기 때문에 서로 다른 지역의 사람도 서로 같은 부호를 만들어 내기가 아주 쉽다는 것이다. 이러한 동형의 부호는 그 의미는 왕왕 서로 달랐다.[11] 그러므로 비록 고한자의 어떤 숫자의 외형이

11) 예컨대, 고한자(古漢字)에서 "오(五)"를 나타내는 데 사용한 "X"는 납서문(納西文)에는 "십(十)"을 나타내는 데 사용하였고, 하니족(哈尼族)은 일찍이 50원(元)을 나타내는 데 사용하였고, 율속족(傈僳族)은 일찍이 서로 만난다는 뜻을 나타내는 데 사용하였고(제1장의 주 (5)에 인용한 글, 15쪽), 성서자(聖書字)에는 "구분한다"는 것을 나타내는 데 사용하였다(제1장 참조).

반파 유형 부호와 서로 같다고 하더라도, 우리는 여전히 이것 때문에 이러한 숫자들은 반파 유형의 부호에서 기원한 것이라는 결론을 내릴 수는 없다. 그것들은 완전히 기타의 원시 문화에서 나왔을 가능성이 있다.

상대와 서주(西周) 시대(주로 서주 초기)의 동기(銅器)에는 자주 족휘(族徽)(우리가 말하는 족휘에는 족명(族名)이 포함된다)가 주조(鑄造)되어 있다. 대부분의 족휘는 상형의 정도가 일반 동기 명문(銘文)보다 분명히 높은 특징을 가지고 있지만, 일부분은 원시 사회의 갑류 부호와 매우 서로 유사하다. 예컨대 다음과 같다.

그것들도 역시 이러한 부호에서 기원했을 가능성이 있다.12) 원시 사회에서 개인이나 혹은 집단의 표기로 사용된 부호는 족휘로 전화(轉化)되기가 아주 쉬웠다. 상·주 시대에 이 일부분의 족휘 부호가 이미 문자로 된 것인지의 여부는 여전히 하나의 문제이다.13) 그것들의 성질은 아마도 후대의 화압(花押)과 큰 차이가 없었을 것이다.

요컨대, 우리는 중국의 원시 사회 시대에 보편적으로 사용된 갑류의 부호는 아직 문자가 아니라고 본다. 소수의 부호(주로 숫자를 기록한 부호)가 한자에 흡수된 것을 제외하면, 그것들은 한자의 형성과 아마 무슨 직접적인 관계는 없을 것이다. 또한 설사 그 한자에 흡수된 부호들이라고 하더라도 역시 반드시 반파 유형의 부호에서 왔다고 보이지는 않는다. 어떤 학자들은 반파 유형의 부호들을 근거로 하여, 한자는 이미 6천년의 역사가 있다고 말한다. 이러한 설은 아마 타당하지 않을 것이다.

근년에 서안시(西安市) 교외 장안현(長安縣) 화루자(花樓子)의 객성장(客省莊) 2기 문화 유지에서 약간의 골편(骨片)과 골기에 새겨진 갑류 부호가 발견되었다.14) 어떤 사람은 그것을 갑골문이라고 부르고 은허(殷墟) 갑골문과

12) 곽말약(郭沫若), <고대 문자의 변증적 발전(古代文字的辯證的發展)>, 《고고학보》 1972년 제1기, 4-5쪽 참조.

13) 왕녕생(汪寧生), <원기 기사에서 문자의 발명까지(從原始記事到文字發明)>, 《고고학보》 1981년 제1기, 39쪽.

14) 정홍춘(鄭洪春)·목해정(穆海亭), <섬서(陝西) 장안(長安) 화루자(花樓子) 객성장(客省莊) 2

연원(淵源) 관계가 있다고 보았다. 이것도 아마 역시 타당하지 않을 것이다.

다음에는 원시 사회 시기의 을류(乙類) 부호를 토론하려고 한다.

야외(野外) 고고 중에서 을류 부호는 주로 산동(山東)의 대문구(大汶口) 문화 만기 유지에서 발견되었는데, 일반적으로 모두 일종의 입이 큰 도준(陶尊)에 새겨져 있다. 대문구 문화 만기의 연대는 대략 기원 전 2800-전 2500년이다. 근년에 발표된 자료에 따르면,[15] 이미 발견된 부호가 새겨져 있는 도준(陶尊)과 잔기(殘器) 조각은 모두 16건이다. 그 가운데 15건은 거현(莒縣)의 능양하(陵陽河)와 대주촌(大朱村)에서 채집 혹은 출토된 것이며, 1건은 제성현(諸城縣) 전채(前寨)에서 채집된 것이다. 출토된 것은 대부분 묘장(墓葬)에서 나왔다. 이러한 묘장에는 대부분 풍부한 부장품(副葬品)이 있고 무덤의 주인의 신분은 일반인보다 높았던 것 같다.

16건의 도준 및 잔기 조각에는 모두 부호 18개가 새겨져 있고 8종으로 귀납할 수 있는데, 다음에 매 종마다 각각 한 가지 예를 든다(각종의 부호는 병음 자모로 대호(代號)를 삼고 곁의 수의 숫자는 출현수를 나타낸다).[16]

A(3) B(3) C(1) D(1)

E(3) F(1) G(4) H(2)

B는 A아래 산의 모양을 가하여 이루어진 것이다. G와 H상부의 중간 부분은

---

기 문화 유지 발굴(陝西長安花樓子客省莊二期文化遺址發掘)>, ≪고고와 문물≫ 1988년 제5·6합기(合期), 237-239쪽.

15) 왕수명(王樹明), <능양하(陵陽河)와 대주촌(大朱村)에서 출토된 도준(陶尊) "문자"를 말한다(談談陵陽河與大朱村出土的陶尊"文字")>, ≪산동사전문화논문집(山東史前文化論文集)≫(제로서사(齊魯書社), 1986)에 실려 있음.

16) 아래에 인용한 선도(線圖)는 ≪문물≫ 1987년 제12기, 75쪽에서 뽑은 것이다.

같은 종류인 것 같다. 이러한 부호들의 절대 다수는 도준 외벽의 입가에 가까운 부위이고(아래 글에서는 주 (15)에 인용된 글에 의하여 경부(頸部)라고 부른다), 소수는 외벽 밑에 가까운 곳에 새겨져 있다. 통상 하나의 도준에는 단지 하나의 부호만이 새겨져 있고, 오직 2건의 능양하에서 채집한 도준만이 2개의 부호가 새겨져 있다. 하나의 경부(頸部)에는 G가 새겨져 있고 바닥 가까운 데는 E가 새겨져 있다. 하나는 경부의 양측에 각각 G와 D가 새겨져 있다. G는 다섯 번 보이는 데 모두 붉은 색으로 칠해져 있다. H는 두 번 보인다. 완정한 한 가지 예는 곧 위의 그림에서 보인 것으로 하부의 분(盆)형은 붉은 색으로 그렸고(새기지는 않았다) 기타 부분은 붉은 칠을 하였다. 잔결된 한 예는 붉은 칠을 하지 않았다. 다른 종류의 부호의 각각의 예는 제성(諸城) 전채(前寨)에서 채집한 도편(陶片)에 좌상부(左上部)가 없어진 부호 B가 붉은 칠을 하지 않은 것을 제외하면,[17] 모두 붉은 칠은 하지 않았는데, 가령 붉은 칠을 한 G와 같은 그릇에 함께 보일 때도 역시 붉은 칠은 하지 않았다. 붉은 칠을 한 것은 어떤 비교적 중요한 의미가 있는 것으로 보인다.

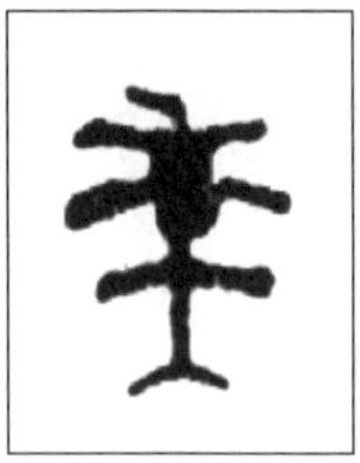

산동(山東) 태안(泰安)과 녕양(寧陽) 두 현(縣) 사이의 대문구(大汶口) 묘지의 발굴 중에 일찍이 대문구 문화 중기의 한 묘장 중에서 1개의 배호(背壺)를 발견한 적이 있는데, 기신(器身)에는 오른쪽의 그림과 같은 붉은 칠을 한 부호가 반쯤 있었다.[18] 이 부호가 만기 도준상의 을류 부호와 한 계통에 속하는 지는 아직 연구해야 한다.

위에 든 A-D의 네 가지 예는 1974년에 출판된 ≪대문구(大汶口)≫ 발굴 보고 중에 이미 발표되었다. 70년대 많은 학자들이 이러한 부호에 대하여 연구를 한 바 있다. 이학근(李學勤)은 1987년에 발표한 <새로 나온 대문구(大汶口) 문화의 도기(陶器) 부호를 논함(論新出大汶口文化陶器符號)>(아래에는 <이학근의 글>이라고 인용함)[19]에서 새로운 자료를 근거로 하여 진일보된 연구를 하였다.

17) ≪문물≫ 1974년 제12기.

18) ≪대문구(大汶口)—신석기 시대 묘장(墓葬) 발굴 보고(大汶口—新石器時代墓葬發掘報告)≫ (문물출판사, 1974), 73쪽.

19) ≪문물≫ 1987년 제12기.

이러한 부호의 성질에 대해서는 주로 두 가지 관점이 존재한다. 어떤 학자들은 그것들이 문자라고 보고, 아울러 그것들을 비교적 원시적인 한자로 생각하여 고석을 가하였다. 예컨대, 우성오(于省吾)는 A를 "단(旦)"이라고 해석하였다.[20] 당란은 A는 "경(炅)"이고 B는 "炅"의 번체(繁體)이며, C는 "근(斤)"이고 D는 "술(戌)" 혹은 "무(戊)"라고 해석하였다.[21] 이학근은 B는 "경산(炅山)"의 합문(合文)이고[22] F는 "봉(封)"이라고 해석하고, 아울러 E는 또한 갑골문과 동기 명문에 보이는데 그 자료들 중에서는 인명 혹은 족씨(族氏)로 쓰였다고 지적하였다.[23] 어떤 학자들은 이러한 부호는 아직 문자가 아니라고 보았는데, 예컨대 왕녕생(汪寧生)은 그것들은 "그림으로 기사(記事)한 범주에 속하고" "개인 혹은 씨족을 대표하는 형상화된 도형(圖形) 표기(標記)"라고 보았다.[24] 그밖에 이 두 파의 학자 중에는 모두 어떤 부호들은 제사(祭祀) 혹은 기주(地主)의 신분과 관계가 있다고 주장하는 사람도 있다.

양저(良渚) 문화(?) 혹은 작풍(作風)이 양저 문화에 접근하는 어떤 유물들에서 위에서 든 대문구 문화의 을류 부호와 서로 유사하고 심지어 서로 같은 부호를 발견할 수 있다.

남경(南京) 북음양영(北陰陽營) 유지 2호(號) 회갱(灰坑)에서 일찍이 하나의 대구(大口) 도준(陶尊)이 출토되었는데, 경부(頸部)에 오른쪽과 같은 부호가 새겨져 있다 : [25]

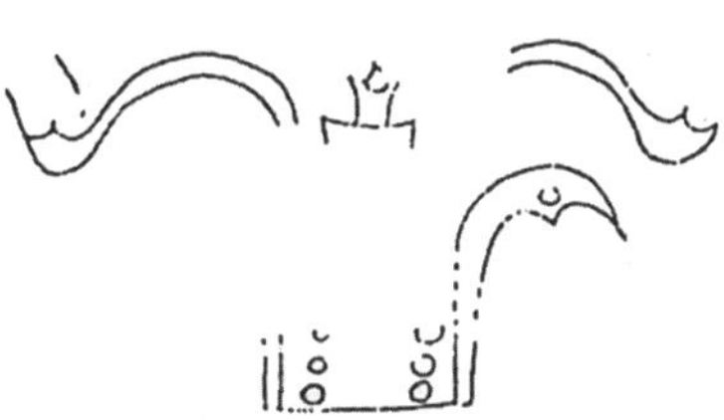

이 부호는 위에서 든 바 있는 H와 매우 유사하므로 같은 부호의 이체(異體)로 볼 수 있을 것 같다. 발굴 단위(單位)의 문장에 따르면, 북음양영 2호

---

20) 우성오(于省吾), <고문자 연구의 약간의 문제에 관하여(關於古文字硏究的若干問題)>, ≪문물≫ 1973년 제2기, 32쪽.

21) <강서(江西) 오성(吳城) 문화 유지와 문자에 관한 초보 탐색(關於江西吳城文化遺址與文字的初步探索)>, ≪문물≫ 1975년 제7기, 72-73쪽. 당란(唐蘭)은 "술(戌)"·"월(戉)"이 옛날에는 한 글자였다고 보았다.

22) <고고 발견과 중국 문자의 기원(考古發現與中國文字起源)>, ≪중국문화연구집간(中國文化硏究集刊)≫ 제2집(輯)(부단대학출판사(復旦大學出版社), 1985), 155쪽.

23) ≪문물≫ 1987년 제12기, 78쪽.

24) 왕녕생(汪寧生), <원시 기사에서 문자의 발명까지(從原始記事到文字發明)>, ≪고고학보≫ 1981년 제12기, 27쪽.

25) ≪문물≫ 1987년 제12기, 79쪽에서 인용.

회갱의 유존(遺存)은 "대체로 장릉산(張陵山) 유형과 서로 가깝고 … 아마 장릉산 유형이 양저 유형으로 향하는 과도 단계에 속할 것이다."26)

40년대 이전에 미국으로 흘러 들어가 현재 워싱턴(Washington)의 프리어(Friar) 미술관에 소장되어 있는 몇 건의 고옥기(古玉器)에도 역시 이러한 부호가 새겨져 있다. 먼저 이러한 자료에 주목하고 아울러 연구한 것은 일본(日本) 학자 하야시 미나오(林巳奈夫)이다. 후에 이학근도 연구를 하였는데, 그의 의견은 <고고 발견과 중국 문자의 기원(考古發現與中國文字起源)>(아래 글에서는 <기원>으로 인용함)27) 및 위에 인용한 <이학근의 글>에 발표되었다. 다음에서 주로 이학근의 문장을 근거로 하여 이들 옥기상의 부호를 소개하려고 한다.28)

이들 옥기는 1건의 "옥비권(玉臂圈)"(?)과 3건의 옥벽(玉璧)이 포함되어 있다. 옥비권의 양측에는 각각 하나의 부호가 새겨져 있다 :

a b

a는 위에서 든 적이 있는 A와 서로 같은 것이다. 3건의 옥벽에는 각각 하나의 복합 부호가 새겨져 있다 :

c d e

26) <장강(長江) 하류 신석기 시대 문화의 약간의 문제의 탐석(長江下游新石器時代文化若干問題的探析)>, ≪문물≫ 1978년 제4기, 52쪽.

27) 이학근(李學勤), <고고 발견과 중국 문자의 기원(考古發現與中國文字起源)>, ≪중국문화연구집간(中國文化硏究集刊)≫ 제2집(輯)(부단대학출판사(復旦大學出版社), 1985).

28) 관계 있는 그림은 모두 주 (22)에 인용한 글 157쪽에서 전인(轉引)한 것이다.

이 3개의 복합 부호는 모두 "새가 산 위에 서 있는 모양을 한" 부호를 주체(主體)로 하고 있다. 그 산 모양은 위에서 든 바 있는 B의 산 모양과 마찬가지로 5개의 봉우리가 있지만 "그러나 봉우리 꼭대기는 평평하다". <기원>에서는 이 부호를 "도(島)"자로 해석하였다(155쪽). C의 하부에는 하나의 "비권(臂圈)"의 a와 서로 같은 부호가 포함되어 있는데, 단지 태양의 둥근 테두리 모양 안에 문식(文飾)을 가한 것 같다. d의 산 모양 안에 상부에는 하나의 "비권"의 b와 약간 서로 유사한 부호가 있는데, 저부(底部)에 첨가된 것이 결국 부호인지 아니면 문식인지는 단정하기가 쉽지 않다. e의 산 모양 안에도 역시 하나의 부호가 있다. 이 부호는 아마 하나의 갑류 부호일 것이다. c가 새겨져 있는 옥벽의 변연(邊緣)에는 또 다음과 같은 2개의 부호가 새겨져 있다. <이학근의 글>에서는 이미 f가 위에서 든 바 있는 F와 같은 부호의 이체라고 지적하였다(78쪽).

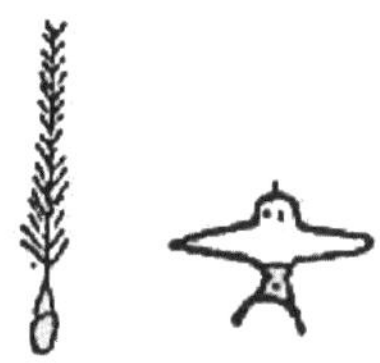

f g

하야시 미나오(林巳奈夫)와 이학근(李學勤)은 모두 상술한 옥기는 양저 문화의 유물이라고 보았다. 양저 문화의 연대는 대략 기원 전 3,300-전 2,200년이다. 대문구 문화 만기의 연대는 바로 그 범위 안에 있다. 이 2가지 문화의 분포 지역은 비교적 접근되어 있고 아울러 어떤 같은 유형의 기물들은 피차간에 상호 영향이 있었던 것이 분명하다. 그러므로 이학근은 "이 2가지 문화가 공통된 문자의 관련이 있다는 것은 실로 정리(情理)에 맞는다"(<기원> 156쪽)라고 보았다. 그는 대문구 문화의 을류 부호와 상술한 옥기상의 부호를 모두 문자라고 보고 있기 때문에 "공통된 문자의 관련"이라는 말을 사용하고 있다. 대문구 문화의 을류 부호를 문자로 보는 데 동의하지 않는 학자는 물론 또한 상술한 옥기상의 부호도 문자로 볼 리가 없다.

근년에 중국의 국내 박물관의 소장품 중에서도 역시 2건의 이러한 부호가 새겨진 옥기가 발견되었다. 2건의 옥기는 모두 대형 옥종(玉琮)으로 형제(形制)가 서로 유사하다. 수도박물관(首都博物館)에 소장된 1건은 상단의 양측에 각각 1개의 부호가 새겨져 있다. 그 가운데 1개는 위에서 든 옥벽상의 몇 개의 부호와 서로 유사하여 역시 "새가 산 위에 서 있는 모양을 한"

부호를 주체로 한 복합 부호이다. 다른 1개의 부호는 이미 마손(磨損)되어 분간할 수가 없다. <이학근의 글>에서는 이 종(琮)은 양저 문화의 옥종 가운데 가장 늦은 하나의 식(式)에 속한다고 보고 있다(77-79쪽). 중국역사박물관(中國歷史博物館)에 소장된 1건의 산동성(山東省)에서 나왔다고 전해지는 것은 상단의 한가운데 "옥비권"의 a와 서로 같은 부호가 새겨져 있고 저부(底部) 내벽 한 측에는 비낀 삼각형(三角形)이 새겨져 있다. 발표자는 이 종(琮)과 "옥비권"은 마땅히 대문구 문화 유물일 것이라고 보았다.[29] 또 어떤 학자는 이 종(琮)은 산동(山東) 용산(龍山) 문화의 유물(遺物)이라고 보았다.[30] 고고 발굴 중에서는 아직 이러한 부호가 새겨진 같은 종류의 옥기가 발견된 적이 없기 때문에 상술한 그 옥기들이 결국 마땅히 어떤 종류 혹은 어떤 문화에 귀속시켜야 할지는 아직 한 걸음 더 나아간 연구를 해야 할 문제이다(교정지를 볼 때의 안어(按語) : 본서에서 든 옥기 부호의 자료는 완전하지 못하므로, 등숙빈(鄧淑蘋)의 <중국 신석기 시대 옥기상의 신비한 부호(中國新石器時代玉器上的神秘符號)>를 참조하기 바란다. 이 글은 ≪고궁학술계간(故宮學術季刊)≫ 제10권 제3기에 실려 있다. 이 글에서는 근년에 절강(浙江) 여항(餘杭) 안계(安溪)에서 출토된 양저 문화의 옥벽에 본서의 위 글에서 든 부호 d의 하부와 기본적으로 서로 같은 부호가 새겨져 있으므로 같은 종류의 옥기의 부호는 "어쩌면 마땅히 양저 문화 거주민의 원작에 속해야 할 것이다"라는 것을 증명할 수 있다고 지적하고 있다. 그러나 이 글에서는 여전히 프리어 미술관에 소장된 "옥비권"(이 글에서는 옥탁(玉鐲)이라고 부르고 있다)은 대문구 문화나 혹은 비교적 늦은 산동 용산 문화의 유물일 가능성이 있다고 보고 있다. 이 글의 14쪽 · 26쪽 등에 보인다).

우리는 과거에 일찍이 앞에서 든 A-D의 4개의 부호를 근거로 하여 대문구 문화의 을류 부호는 족명으로 사용된 원시 문자라고 단정하고 아울러 그것들과 고한자 사이에는 "일맥상승(一脈相承)의 관계가 존재하고 있다"라고 보았다.[31] 현재는 그렇게 말하는 것은 타당하지 않은 것 같다. 바로 왕녕생

29) 석지렴(石志廉), <최대 최고(最古)의 8무늬 벽옥종> (最大最古的8紋碧玉琮), ≪문물중국보(文物中國報)≫ 1987년 10월 1일 2판(版). 이 글에서는 "옥비권(玉臂圈)"을 "낮은 통 모양의 작은 옥종(矮筒形小玉琮)"이라고 부르고 있다.

30) 안지민(安志敏), <양저(良渚) 문화의 약간의 문제에 관하여(關於良渚文化的若干問題)>, ≪고고≫ 1988년 제3기, 241 · 245쪽 주(74).

31) 졸작, <한자 형성 문제의 초보적 탐색(漢字形成問題的初步探索)>, ≪중국어문≫ 1978년 제3기, 165-166쪽.

(汪寧生)이 <원시 기사(記事)에서 문자의 발명까지(從原始記事到文字發明)> 라는 글(이하 <왕녕생의 글>이라고 인용한다)에서 지적한 바와 같이, "진정한 문자는 표음(表音)에서 시작되어야 하고 언어를 기록할 수 있는 부호여야 한다. 도기상의 이 몇 개의 고립된 도형은 아직 이 점을 증명할 수 없다."[32] 게다가 만약 A-D의 몇 개의 부호가 확실히 고한자와 매우 서로 유사하다면 새로 나온 G・H 2개의 부호 및 옥기상의 새가 산 위에 서 있는 모양의 부호와 부호 b는 고한자와는 그렇게 서로 유사하지 않은 것이 분명하다. 그러므로 이러한 부호를 원시 문자라고 보는 것은 근거가 부족하고, 그것들을 직접 고한자의 전신이라고 보는 것은 더욱 타당하지 않다.

짐작하건대, 도준에 새겨진 을류 부호는 아마 두 가지 용도가 있었을 것이다. 어떤 것은 성질이 후세의 족씨(族氏)나 혹은 인명에 가까운 표기로 사용되었고, 어떤 것은 기주(器主) 혹은 그가 속한 족(族)의 직무나 혹은 지위의 표기로 사용되었다. 같은 도준에 출현하는 2개의 부호도 아마 이 2 종류에 각각 속했을 것이다. <왕녕생의 글>에는 "이러한 도형들(인용자의 안어(按語) : 을류 부호를 가리킨다)이 도기상에 새겨진 것은 마땅히 그릇을 만든 사람의 일종의 씨족 표기였을 것이다. 예컨대, 돌도끼 모양의 표기는 아마 돌도끼를 잘 만들었던 씨족을 대표했을 것이다 … "(28쪽)라고 하였다. 그가 말하는 이러한 표기는 우리가 말하는 뒤의 표기에 가깝다. 그러나 고대에는 왕왕 "벼슬을 씨(氏)로 삼고(以官爲氏)" "작(爵)을 씨로 삼고(以爵爲氏)" "기술을 씨로 삼았는데(以技爲氏)"(정초(鄭樵), ≪통지(通志)・씨족략(氏族略)≫참조) 뒤의 표기는 왕왕 앞의 표기로 전화(轉化)될 수 있었으므로 양자의 경계선은 절대적인 것은 아니다. 옥기상의 부호의 용도는 아직 연구해야 할 것이다.

우리는 제1장에서 일찍이 "원시 사회에서 하나의 '사슴'(鹿)이라는 이름의 씨족은 완전히 사슴의 도형으로 자신을 대표했을 가능성이 있다. 이것은 결코 '사슴'이라는 사(詞)를 기록하는 문자가 이미 생산되었다는 것과는 같지 않다. 단지 부호(도형을 포함한다)로 언어 중의 사(詞)를 기록하는 참된 시도가 있어야만 비로소 문자 형성의 과정이 시작되었다는 진정한 표지가

32) 왕녕생(汪寧生), <원시 기사에서 문자의 발명까지(從原始記事到文字發明)>, ≪고고학보≫ 1981년 제12기, 28쪽.

된다."라고 지적하였다. 그러므로 비록 대문구 문화의 을류 부호가 이미 성질이 후세의 족씨나 혹은 인명에 가까운 표기로 사용되었을 가능성이 크다고 하더라도 우리는 여전히 그것들을 원시 문자로 볼 수는 없다.

다른 한편에서도 또한 보아야 할 것이다. 곧 대문구 문화 만기는 생산이 상당히 발달하고 사회적 빈부의 분화도 역시 이미 상당히 현저하여 원시 문자가 출현하기 시작되었을 가능성이 결코 전혀 존재하지 않는 것은 아니라는 것이다. 게다가 대문구 문화의 을류 부호는 비록 아직은 원시 문자로 단정할 수는 없지만, 결국 중국에서 이미 발견된 고대의 상형 문자와 가장 닮은 일종의 부호이다. 어떤 부호들은 결코 한 곳의 유물에서 나오는 것이 아니며 한번에 그치지 않고 출현하는 상황에서 본다면, 이러한 부호의 안정성은 또한 상당히 강하다는 것이 분명하다. 그것들은 의심할 것도 없이 원시 문자의 선구(先驅)로 볼 수 있다. 만약 문자 형성의 과정이 이어서 시작되었다면, 그것들의 대다수는 마땅히 문자로 전화되었을 것이다. 대문구 문화의 분포 지역은 고대 중국의 중심 지구에 가깝다. 어떤 대문구 문화의 을류 부호들의 작용은 고한자와 확실히 매우 유사하다. 이러한 부호는 비록 원시 한자의 전신인 것 같지는 않지만, 그러나 일찍이 원시 한자의 생산에 대하여 어떤 영향을 주었을 가능성은 매우 높은 것으로 보인다. 앞에서 말한 바와 같이, 대문구 문화 만기의 연대는 대략 기원 전 2,800-전 2,500년이다. 상술한 추측에 따른다면, 한자 형성의 과정이 시작된 것은 아마 기원 전 3천년의 중기에 있었을 것이다.

여기에서는 앞에서 갑류 부호를 말할 때 언급한 바 있고 상(商)·주(周) 동기상의 상형의 정도가 비교적 높은 족휘(族徽)의 성질을 덧붙여 토론하려고 한다. 다음은 이러한 족휘의 약간의 예이다 :

龍(룡)

蠆(채)

耒(뢰)

戎(?)(융)

위에서 인용한 <왕녕생의 글>에서는 이러한 족휘는 대문구 문화의 을류 부호와 마찬가지로 일종의 "그림 기사(記事)"이지 진정한 문자는 아니라고 보았다(33쪽). 이러한 족휘는 확실히 상당히 큰 부분은 일찍 원시 한자가 생산되기 전에 이미 출현했을 가능성이 있다. 당시 그것들은 물론 아직은 문자가 아니었다. 그러나 <왕녕생의 글>에서도 역시 "그림 기사" 중의 "대부분의 도형은 후세 문자의 전신이 되었다"(40쪽)는 것을 인정하고 있다. 한자 형성의 과정에서 그러한 부분 족휘가 대부분 전화되어 문자가 되었다는 것은 의심할 것이 없다. 또한 상형의 정도가 비교적 높은 족휘는 틀림없이 또한 일부분은 한자가 형성된 후에 비로소 사용되었을 것이다. 이 일부분의 족휘는 일반적으로 모두 마땅히 문자일 것이다. 그러므로 우리는 상·주 동기상의 상형 정도가 비교적 높은 족휘는 기껏해야 단지 매우 작은 부분은 아직 문자가 아니었을 것이라고 본다. 그것들의 절대 부분은 문자로 보지 않을 이유가 없다. 족휘는 보수성·장식성을 가지고 있기 때문에 같은 글자라도 동기에서 족휘로 사용될 때의 사사법이 왕왕 일반적으로 사용될 때보다 더욱 도형에 가깝다. 이러한 구별은 문자의 고체(古體)와 금체(今體)의 차이이지 도형과 문자의 차이가 아니다. 사실은 동기상의 족휘의 서사법도 또한 일정불변한 것은 아니다. 같은 족휘라도 왕왕 때로는 쓰는 것이 비교적 상형적이고 때로는 일반 금문과 비교적 가깝다. 회화성(繪畫性)이 비교적 농후하여 지금도 여전히 확실하게 해석할 도리가 없는 어떤 족휘들은 은허(殷墟)의 갑골문 중에서 족명이나 혹은 인명으로 사용된 예가 있다. 그것들의 문자로서의 성질은 의심의 여지가 없다. 이 점은 곽말약(郭沫若, 1892-1978)은 <은대(殷代) 이(彝) 중의 도형 문자의 한 해석(殷彝中圖形文字之一解)> 중에서 일찍 지적하였다.[33]

일반적으로 족휘 문자의 상형 정도가 비교적 높은 금문에서는 어떤 글자들은 개인의 사명(私名)으로 사용된 것도 있고 또한 소수는 심지어 기타의 뜻을 나타내는 데 사용된 것도 있다. 어떤 학자는 이러한 금문을 기명(記名) 금문이라고 부른다. 이러한 명칭은 족휘 금문이나 혹은 족명 금문보다 좀 더 합리적이다. 우리는 아래의 글에서 역시 이 명칭을 채용하려고 한다.

33) ≪은주(殷周) 청동기 명문(銘文) 연구(殷周青銅器銘文硏究)≫(과학출판사, 1961).

이제 우리는 한자는 대략 언제 원시 문자의 단계를 벗어나서 완정(完整)한 문자 체계로 되었는지를 토론하려고 한다.

우리의 현재 가지고 있는 지식으로 본다면, 세계에서 계급 사회에 들어가기 전에 완정한 문자 체계를 창조한 민족은 이제까지 하나도 없었다. 절대 다수의 역사학자들의 의견을 근거로 하면, 중국은 대략 하대(夏代)에 계급 사회에 들어갔기 때문에 한자 형성의 시간은 대체로 하대보다 이를 수는 없다(대략 기원 전 21-전 17세기). 고고 발굴 중에는 아직도 확실하여 의심할 것이 없는 하대의 문자는 발견되지 않았다.

하남(河南) 언사현(偃師縣) 이리두(二里頭) 문화 유지에서 약간의 도기에 새겨진 부호가 발견된 적이 있는데, 예컨대 다음과 같다 : 34)

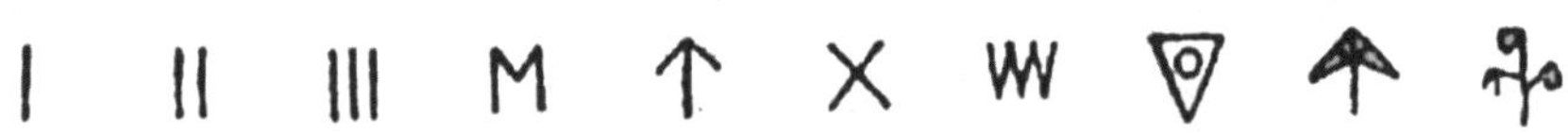

이러한 부호들의 대다수는 대구준(大口尊)의 내구연(內口沿)에 새겨져 있다. 그것들은 대부분 이리두 유지의 3기와 4기 지층에서 발견되었고 이리두 문화 후기에 속한다. 이리두 문화 후기는 어떤 사람은 상대 조기에 상당한다고 보고, 어떤 사람은 하대에 상당한다고 본다. 우리는 후자의 관점을 가진 사람은 대부분 위에 든 이러한 부호를 하대의 문자라고 본다. 우리는 이러한 부호의 성질은 원시 사회 시기의 갑류 부호와 서로 유사하며 성숙한 문자일 수 없을 뿐 아니라 또한 역시 원시 문자일 수도 없다고 본다.

섬서(陝西) 상현(商縣) 자형(紫荊)의 이리두(二里頭) 문화 유지에서도 역시 소수의 도기에 새겨진 부호가 발견된 적이 있는데, 개별적인 것은 상형 부호일 가능성이 있다. 보도자(報導者)는 하대 문자일 가능성이 있다고 보았다.35) 이미 발표된 자료가 너무 적기 때문에 아직도 그 성질을 긍정하기는 어렵다.

하남(河南) 등봉현(登封縣) 왕성강(王城崗)의 용산(龍山) 문화 만기 유지에서도 역시 약간의 도기에 새겨진 부호가 발견된 적이 있다. 어떤 학자는

---

34) <하남(河南) 언사(偃師) 이리두(二里頭) 유지 발굴 간보(河南偃師二里頭遺址發掘簡報)>, 《고고》 1965년 제5기, 222쪽.

35) 왕의도(王宜壽), <상현(商縣) 자형(紫荊) 유지에서 이리두(二里頭) 문화 도문을 발견함(商縣紫荊遺址發現二里頭文化陶文)>, 《고고와 문물》, 1983년 제4기, 1-2쪽.

이 유지는 하대의 것이라고 보고 아울러 출토된 도기 부호를 하대(夏代) 문자라고 보았다.[36] 이미 발표된 자료가 너무 적기 때문에 그 성질도 역시 긍정하기 어렵다.

지금까지도 아직 확실하여 의심할 수 없는 하대 이전의 한자(원시 한자를 포괄한다)는 발견되지 않았기 때문에 상대 전기(대략 기원 전 17-전 14세기)의 한자는 이미 알고 있는 최고(最古)의 한자이다. 애석하게도 이미 발견된 자료가 역시 매우 빈약하다.

50년대 이래 적지 않은 상대 전기의 유지가 발견되었지만, 출토된 문자 자료는 도리어 매우 드물다. 정주(鄭州) 이리강(二里崗)과 남관외(南關外)의 상대 전기 유지에서 약간의 도기에 새겨진 부호가 발견되었다.[37] 그것들은 이리두(二里頭) 문화의 도기 부호와 마찬가지로 대다수는 대구준(大口尊)의 내구연(內口沿)에 새겨져 있는데, 역시 원시 사회 시기의 갑류 부호와 같은 종류의 것으로 결코 문자가 아니다. 이리강에서는 또 두 덩어리의 자골(字骨)이 발견된 적이 있다.[38] 한 덩어리에는 단지 하나의 "㞢"인 것 같은 하나의 문자("㞢"자는 은허에서 출토된 상대 후기의 갑골문에 보인다)가 새겨져 있을 뿐이고 상대 전기의 지층에서 나온 것이다. 한 덩어리는 채집품(採集品)으로 위에 10여 개의 글자가 새겨져 있는데, 자형은 상대 후기의 갑골문과 서로 유사하고 문례(文例)는 비교적 특수하다.

하북(河北) 고성현(藁城縣) 대서(臺西)의 상대 유지에서도 역시 약간의 도기에 새겨진 문자와 부호가 발견된 적이 있는데, 그 가운데 일부의 시대는 상대 후기보다 약간 이르다.[39] 그것들은 일반적으로 모두 낱개로 도기에 새겨져 있으며 확실히 문자 같은 것은 "止"·"目"·"刀" 등의 글자가 있고 그 자체(字體)는 은허에서 발견된 상대 후기의 도문(陶文)과 갑골문보다 오

---

36) 이선등(李先登), <하대(夏代)는 문자가 있었는가(夏代有文字嗎)>, ≪문사지식(文史知識)≫ 1985년 제7기, 51-52쪽. 같은 사람, <하(夏) 문화 탐색의 약간의 문제에 관하여(關於探索夏文化的若干問題)>, ≪중국역사박물관관간(中國歷史博物館館刊)≫ 총(總) 제2기(1980), 34쪽.

37) ≪정주이리강(鄭州二里崗)≫(과학출판사, 1959), 17쪽, 또 그림 31. <정주(鄭州) 남관외(南關外) 상대 유지의 발견(鄭州南關外商代遺址的發現)>, ≪고고학보≫ 1973년 제1기, 83-84쪽.

38) ≪정주이리강(鄭州二里崗)≫ 38쪽, 또 그림 30.

39) 계운(季雲), <고성(藁城) 대서(臺西) 상대(商代) 유지에서 발견된 도기(陶器) 문자(藁城臺西商代遺址發現的陶器文字)>, ≪문물≫ 1974년 제8기.

래된 것이다(그림 1, 511쪽).

강서(江西) 청강현(淸江縣) 오성(吳城) 상대 유지에서도 역시 약간의 도기에 새겨진 문자와 부호가 발견되었는데, 그 가운데 일부분의 시대는 상대 후기보다 약간 이르다.[40] 그것들은 일반적으로 모두 낱개로 기물에 새겨져 있기도 하고 또한 4-5개에서 10여 개에 이르는 것이 함께 새겨져 있는데, 애석하게도 후자의 각문(刻文)은 아직 읽고 알 수 없다(그림 2, 511쪽). 오성에서 출토된 것은 어떤 도기상의 문자 혹은 부호들은 작풍이 비교적 독특하여 상 문화의 계통에 속하지 않는 것 같다.

이미 발견된 상대 전기의 동기 중에 명문이 있는 것은 극히 적고 기물의 명문은 통상 단지 한두 글자만이 있을 뿐이다(그림 3, 511쪽). 어떤 것은 결국 마땅히 문자로 보아야 할 것인지 아직 토론의 여지가 있다.[41]

요컨대, 이미 발견된 상대 전기의 문자 자료는 적기도 하고 또 영쇄하여 한자의 당시의 발전 수준을 충분히 반영할 수 없다는 것은 분명하며, 우리가 한자의 형성 과정을 연구하는 데 중대한 참고 가치는 없다.

하대와 상대 전기의 문자 자료의 빈약함으로 말미암아, 우리는 한자 형성의 시대를 토론할 때는 주로 상대 후기 한자의 발전 수준을 근거로 하여 추측을 할 수밖에 없다.

상대 후기의 한자는 이미 언어를 완정하게 기록할 수 있었을 뿐 아니라 또한 어떤 면에서는 또 상당히 성숙된 것으로 보인다. 앞에서 이미 말한 바와 같이, 상대의 기명(記名) 금문은 상황이 특수하여 상형의 정도가 비교적 높다. 갑골문과 일반 금문은 그것들과 견주어 보면, 서사법이 이미 크게 간화(簡化)되어(제4장 제1절 참조) 적지 않은 글자는 이미 그렇게 상형적이 아닌 것으로 변해 버렸다. 어떤 글자들은 또한 문자의 세로 줄로 배열하는

---

40) 주 (21)에 인용한 글, <강서(江西) 오성(吳城) 문화 유지와 문자에 관한 초보적 탐색(關於江西吳城文化遺址與文字的初步探索)>, ≪문물≫ 1975년 제7기. <강서(江西) 청강현(淸江縣) 오성(吳城) 상대(商代) 유지 발굴 간보(江西淸江縣吳城商代遺址發掘簡報)>, ≪문물≫ 1975년 제7기. <강서(江西) 청강(淸江) 오성(吳城) 상대(商代) 유지 제4차 발굴의 주요한 수확(江西淸江吳城商代遺址第四次發掘的主要收穫)>, ≪문물자료총간(文物資料叢刊)≫ 2.

41) 이학근(李學勤), <미국・오스트레일리아에서 새로 수장한 몇 건의 상주(商周) 문물을 논한다(論美澳新收藏的幾件商周文物)>, ≪문물≫ 1979년 제12기, 73쪽. 조숙금(趙淑琴), <상대(商代) 중기의 유명(有銘) 동기(銅器) 초탐(初探)>(商代中期有銘銅器初探), ≪고고≫ 1988년 제3기, 247-252쪽. 본서의 그림 3. B.에 수록한 명문은 어떤 학자는 위각(僞刻)된 것이라고 본다.

필요로 말미암아 자형의 원래의 방향을 바꾸었다. 예컨대, “”(견(犬))·“”(시(豕)) 등의 글자들은 모두 이미 다리 부분이 공중으로 올라간 것으로 변하였고, “”(녁(疒))(곧 질(疾) 자의 초문(初文)이다)에 포함된 사람의 모양과 침상의 모양은 이미 세워지게 되었다. 당시, 상층 통치 계급의 정치와 사회 생활에서 문자는 이미 상당히 광범하게 사용되어 그들을 위하여 봉사하는 사관(史官) 같은 사람들의 서사 기교도 역시 매우 높은 수준에 도달하였다. 이러한 여러 면에서 본다면, 상대 후기는 한자가 원시 문자의 단계를 벗어나서 완정한 문자 체계를 형성한 시대와 틀림없이 이미 일단의 거리가 있었던 것이다.42)

그러나 다른 면에서 상대 후기의 문자에는 여전히 약간의 비교적 원시적인 자취를 발견할 수 있다. 예컨대, 우리가 제1장에서 이미 언급한 바와 같이 어떤 뜻을 나타내는 자형들은 일형다용(一形多用)이고, 어떤 표의자들은 언어 환경에 따라 자형을 개변시켰으며, 문자의 배열이 가끔 어서(語序)와 상응하지 않는 등의 현상이 있었던 것이다. 이러한 현상들은 서주(西周) 이후의 고문자에는 기본적으로 이미 자취를 감추어 단지 뜻을 나타내는 자형의 일형다용의 현상만이 여전히 소수가 잔존하였다(예컨대, “夫”·“大”의 두 글자는 때때로 구별을 하지 않는 등이 그것이다). 이러한 면에서 본다면, 상대 후기는 한자가 완정한 문자 체계를 형성한 시대와 또한 아주 멀리 떨어지지는 않은 것 같다.

≪상서(尙書)·다사(多士)≫에는 서주 초년에 주공(周公)이 상조(商朝)의 유민(遺民)에 대하여 한 훈화(訓話)가 실려 있는데, “오직 너희들은 알아야 하니, 은(殷)의 선인(先人)들은 책(冊)도 있고 전(典)도 있는데, 은 나라는 하(夏) 나라의 천명을 바꾸었었다(惟爾知, 惟殷先人有冊有典 : 殷革夏命)”라고 하였다. 주공은 은의 선인들이 “은이 하의 천명을 바꾼(殷革夏命)” 일을 기록한 전책(典冊)을 가지고 있었다는 것을 특별히 강조하였는데, 아마 중국은

42) 동작빈(董作賓)의 <중국의 문자(中國文字)>·<상대의 중국 문자(中國文字在商代)>·<마사(麽些) 문자로 갑골문을 본다(從麽些文字看甲骨文)> 등의 글을 참조. 이 글들은 모두 ≪동작빈선생전집(董作賓先生全集)≫ 을편(乙編) 제4책에 수록되어 있다.

하・상 사이로부터 비로소 비교적 완비된 사건을 기록한 전책을 갖기 시작하였을 것이다. 한자가 완정한 문자 체계를 형성한 것도 역시 하・상 사이에 있었을 가능성이 매우 높다. 물론, 완정한 문자 체계가 형성된 후에 원시 문자는 즉각 자취를 감추었을 리는 없었을 것이다. 한 동안의 시간 중에 원시 문자와 완정한 문자 체계는 아마 서로 다른 지역이나 혹은 서로 다른 용도에 동시에 병존(並存)하고 있었을 것이다. 단지 원시 문자에서 완정한 문자 체계의 생산 후에 이르기까지 원시적인 갑류 부호가 아직도 계속하여 응용된 상황에 주의를 기울이기만 하더라도 이 점을 이해할 수 있다.

앞에서 이미 말한 바와 같이, 원시 한자는 아마 기원 전 3천 년 중기에 출현하기 시작되었을 것이다. 기원 전 3천 년 말기에 이르러 하왕조의 건립에 따라 중국은 계급 사회에 정식으로 들어갔다. 통치 계급은 통치를 효과적으로 수행하기 위하여 필연적으로 비교적 완비된 문자를 절박하게 필요로 하였고, 이 때문에 원시 문자의 개진(改進)의 속도가 반드시 크게 빨라졌을 것이다. 하 왕조는 전해져 내려오는 완정한 세계(世系)가 있었다는 이 사실은 원시 문자에 큰 폭의 거대한 개진이 있었음을 반영하는 것이다. 한자는 대체로 이러한 기초 위에 하・상 사이(대략 기원 전 17세기 전후)에 완정한 문자 체계를 형성했을 것이다. 어떤 학자는 한자는 하대 초기에 형성되었다고 주장한다.[43] 우리들은 모두 확실한 증거가 결여되어 있기 때문에 결국 누가 옳고 누가 그른 지는 오직 관계가 있는 새로운 자료를 발견하기를 기다린 이후에 다시 판단할 수밖에 없다. 또 어떤 학자는 "중국의 상형 문자는 상대 후기(반경(盤庚)・무정(武丁) 이후)의 복인(卜人) 집단에서 나왔다"라고 본다.[44] 이것은 한자 형성의 시간을 지나치게 늦게 산정한 것이다.

원시 한자는 원시 사회 만기에 출현하기 시작되었을 때 노동 인민이 창조한 것이다. 그러나 "문자는 인민 사이에서 싹이 텄지만 후에는 도리어 반드시 특권자(特權者)에게 장악을 당하였다"(노신(魯迅), 1881-1936, ≪문외문담

43) 맹유지(孟維智), <한자 기원 문제의 천의(漢字起源問題淺議)>, ≪어문연구≫ 1980년 제1기, 106-108쪽.

44) 서중서(徐仲舒)・당가홍(唐嘉弘), <하대(夏代) 문자의 문제에 관하여(關於夏代文字的問題)>, 중국선진사학회(中國先秦史學會) 편(編) ≪하사논총(夏史論叢)≫(제로서사(齊魯書社), 1985), 127쪽・140쪽.

(門外文談)≫). 계급 사회에 들어간 후에 한자가 원시 문자에서 완정한 문자 체계로 발전하는 과정에서 주요한 작용을 한 것은 대체로 통치자를 위하여 봉사한 무(巫)와 사(史) 같은 사람들이었다. 납서 원시 문자는 과거에 납서족의 "동파(東巴)"(무사(巫師))가 장악하고 있었기 때문에 또한 동파문(東巴文)이라고 불렀다. 현재 볼 수 있는 내용이 비교적 풍부한 고한자 자료 중 시대가 가장 이른 것은 점복(占卜)과 관계가 있는 갑골문이고, 그것들은 대체로 또한 당시의 무와 사의 손에서 나온 것이다. 창힐(倉頡)이 글자를 창제하였다는 역사가 오래된 전설은 아마 결코 진실한 역사적 근거는 없을 것이다. 그러나 전하는 바에 따르면 창힐은 황제(黃帝)의 사관(史官)이었다고 한다. 사관을 문자 창조와 관련시키는 것은 역시 일리는 있다.

## 제2절 한자의 발전 과정 중의 주요한 변화

가령 단지 상대 후기로부터 계산한다고 하더라도, 한자는 또한 이미 3,300년 정도의 역사가 있다. 이 매우 긴 시간 중에 한자의 의음(意音) 문자의 본질은 변하지 않았지만, 그러나 형체상이나 혹은 결구상에서는 모두 약간의 매우 중요한 변화가 발생하였다.

형체상으로 본다면, 한자는 주로 번잡함에서 간단함으로 변화를 겪었다. 이러한 변화는 자체(字體)와 자형(字形)의 두 면에 나타났다. 자형의 변화는 한 글자 한 글자의 외형의 변화를 가리키는 것이다. 자체의 변화는 문자의 자형 특징과 서사(書寫) 풍격상의 총체적인 변화를 가리키는 것이고, 또한 통상 비교적 분명하고 커다란 변화를 가리켜 말하는 것이다. 물론, 이 두 방면의 변화는 왕왕 한데 교차되어 있기 때문에 판연히 구분하기가 어렵다.

한자의 자체의 연변 과정은 2개의 큰 단계로 나눌 수 있다. 곧 고문자 단계와 예(隸)・해(楷) 단계이다. 앞의 단계는 상대(商代)에서 시작되어 진대(秦代)(기원 전 3세기 말기)에 끝났고 뒤의 단계는 한대에서 시작되어 줄곧 현대까지 계속되고 있다.

상형에서 비상형으로 변한 것은 자체의 연변 과정 중에서 가장 알기 쉬운 변화이다. 전체의 고문자 단계에서 한자의 상형의 정도는 끊임없이 낮아지고 있었다. 고문자에 사용된 자부(字符)는 본래 대부분 도형과 매우 비슷하였다. 옛 사람들은 서사의 편의를 위하여 그것들을 점차 비교적 평평하고 곧은 선으로 구성되고 상형의 정도가 비교적 낮은 부호로 개변시켰다. 이것은 "선화(線化)"라고 부를 수 있다. 고문자에서 예서로 연변하는 과정 중에서 자부의 서사법은 더욱 커다란 변화가 발생하였다. 그것들은 절대 다수는 상형의 맛을 완전히 잃어버린 점(點)・획(劃)・별(撇)[왼쪽 삐침]・날(捺)[오른쪽 삐침] 등 필획(筆劃)으로 이루어진 부호로 변하였다. 이것은 "필획화(筆劃化)"라고 부를 수 있다. 다음에 든 것은 "마(馬)"와 "어(魚)" 두 글자의 자체 연변의 간단한 상황이다(본서 70쪽) :

| 고 문 자 | | | | 예서<br>(隸書) | 해서<br>(楷書) |
|---|---|---|---|---|---|
| 기명(記名) 금문 | 갑골문 | 주대(周代) 금문 | 소전(小篆) | | |
|  |  |  |  | 馬 | 馬 |
|  |  |  |  | 魚 | 魚 |

예서를 쓰는 것은 고문자보다 훨씬 편하다. 고문자에서 예서로 변한 것은 마땅히 한자의 형체상에서 가장 중요한 한 차례의 간화(簡化)라고 보아야 할 것이다. 표면상으로 보면, 해서(楷書)의 예서에 대한 개변은 크지 않은 것 같다. 그러나 해서의 필획은 쓰는 것이 예서보다 더욱 더 편하기 때문에 예서에서 해서로 변한 것도 또한 한 차례의 중요한 간화이다.

자체의 변화와 자형의 간화는 왕왕 서로 동반되었다. 이것은 위에서 든 "馬"와 "魚" 두 글자에서 발견할 수 있다. 다음에 고문자에서 예서로 변한 2개의 예에서 이 점을 더욱 분명하게 볼 수 있다 :

 —— 寒　　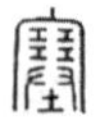 —— 塞

자체에 현저한 변화가 발생하지 않는 상황에서도 자형의 변화는 또한 끊임없이 진행되었다. 일찍이 상대의 갑골문에서 이러한 예를 매우 많이 볼 수 있다. 예컨대 다음과 같다 :

한자가 예서로 연변된 후에도 자형은 여전히 끊임없이 간화되었다. 50년대 이래 대륙에서는 또한 정부의 주도(主導) 아래 대규모의 한자 간화 사업이 진행되었다. 앞에서 든 바 있는 "馬"와 "魚"는 50년대에 "马"와 "鱼"로 간화되었다.

다른 한편으로는 한자 발전의 과정 중에는 역시 자형 번화(繁化)의 현상도 존재하고 있다. 한 가지는 순수히 외형상의 번화이고, 한 가지는 문자 결구상의 변화가 가져오는 번화이다.

앞의 번화는 때로는 자형을 명확히 하여 혼동을 피하기 위하여 진행된 것이다. 예컨대, "上"과 "下"의 두 글자는 고문자에서는 본래 대부분 "=̇"과 "=̣"라고 썼다. 상호간의 혼동을 피하고 아울러 "二"자와 서로 혼동되는 것을 피하기 위하여 후에 각각 한 세로획을 덧붙여 "上"과 "下"라고 썼다. "玉"과 "王"은 예서로 연변된 고문자(곧 전문(篆文))에는 "王"와 "王"라고 썼는데, 그 구별은 겨우 중간의 하나의 가로획의 위치가 약간 높낮음이 있다는 데 있어서 서로 혼동되기가 매우 쉬웠다. 예서는 조기에는 이러한 자형을 답습하였지만, 후에 양자를 비교적 뚜렷하게 구별하도록 하기 위하여 "玉"자에 점을 덧붙이는 방법을 사용하였다. "肉"자는 예서로 연변된 고문자에는 "[illegible]"라고 썼다. 예서와 해서에서는 "月"과 서로 혼동되는 것을 피하기 위하여 그것을 "冈"과 "肉" 등의 형으로 변화시켰다(그밖에, 또한 "肉"·"宍" 등의 서사법도 출현하였다).

그러나 다수의 상황에서는 순수한 외형상의 번화는 단지 서사 습관상의 일종의 변화였을 뿐이고 결코 무슨 의미있는 목적은 없었던 것 같다. 예컨대, "平"이 "辛"·"䇂"(신(辛))으로 변하고, "冎"이 "角"(각(角))으로 변하고, "厌"가 "庚"(후(侯))로 변하는 등이 그것이다. 의미없는 번화는 부분 고문자 단계에서 발생되었다. 적지 않은 서사법은 한 동안 사용된 후에 원형(原形)을 간직하고 있는 서사법에 의하여 도태되었다. 예컨대, 춘추(春秋) 시대에 “天”(천)・“正”(정) 등의 글자에는 일찍이 위에 짧은 가로획을 덧붙인 “[illegible]”・“[illegible]” 등의 서사법이 나타난 적이 있지만 이러한 서사법은 진(秦)・한(漢) 시대에 이르러서는 자취를 감추었다.

총체적으로 본다면, 상술한 두 가지의 외형상의 변화는 단지 전체 한자의 매우 작은 부분에만 관계될 뿐이고, 변화의 정도도 또한 매우 경미하여 통상 단지 한두 개의 필획을 덧붙인 것에 지나지 않는다.

문자의 결구상의 변화가 가져 온 번화에서 가장 흔히 보이는 것은 편방(偏旁)을 덧붙이는 것이다. 예컨대, 제1장에서 든 바 있는 {鳳}(봉황)의 상형자는 음부(音符) “凡”(범)을 덧붙인 예이다. 또 못을 본뜬 “𣶒”(연)은 의부(意符) “水”를 덧붙여 “淵”이라고 하였고(본래 “[illegible]”으로 되어 있었다), 일종의 도끼류의 무기를 본뜬 “戉”(월)(본래 “[illegible]”로 되어 있었다)은 의부 “金”을 덧붙여 “鉞”[45]이라고 하는 등등이 있다.

한자에는 대량의 편방을 덧붙인 글자가 있지만, 대부분의 편방을 덧붙인 글자는 편방을 덧붙이지 않은 원래의 글자와 모두 2개의 글자로 분화되었다. 제2장에서 든 적이 있는 “尙羊”에서 분화된 “徜徉”・“吳公”에서 분화된 “蜈蚣”・“倉庚”에서 분화된 “鶬鶊” 등의 글자가 그 예이다. 위에서 든 바 있는 “鳳”・“淵”・“鉞” 등의 글자와 같은 용법이 원래의 글자와 전혀 구별이 없는 편방을 덧붙인 글자는 수가 결코 그렇게 많지는 않다(고대에 “𣶒”과 “戉”에도 역시 “淵”과 “鉞”에는 없는 가차의 용법이 있었는지는 단언할 수 없다). 그러므로 대부분의 편방을 덧붙이는 현상은 문자의 분화나 혹은 자수(字數)의 증가로 해석할 수 있고, 반드시 자형의 번화라고 볼 필요는 없다. 그러나 만약 사(詞)를 본위(本位)로 한다면, 편방을 덧붙인 분화자의 출현은 마땅히 자형의 번화로 보아야 할 것이다. 예컨대, {蜈蚣}(지네)에 대하여 말한다면 “吳公”으로 쓰던 것이 “蜈蚣”으로 쓰는 것으로 변한 것은 확실히 자형의 번화

---

45) ≪설문・금부(金部)≫에는 “수레 방울 소리(車鑾聲)”이라고 해석한 “鉞”(월)자가 있는데, 단옥재(段玉裁)는 “鉞”(술)의 잘못이라고 의심하였다. 설사 잘못되지 않았다고 하더라도 “戉”(월)에 편방을 덧붙인 글자 “鉞”과는 관계가 없고, 단지 우연히 동형(同形)일 뿐이다. 동형자(同形字)에 관해서는 제10장 제2절에 상세하다.

이다. 한자의 간화는 때로는 또 사(詞)를 본위로 하였다. 예컨대, 50년대에 한자를 간화할 때 음이 가까운 글자 "斗"(두)로 싸울 "鬬"(투)를 대신하였다. 문자의 각도에서 본다면, 이것은 문자의 합병이나 혹은 자수 감소의 현상이다. 사(詞)의 각도에서 본다면, {鬬}를 "鬬"로 쓰는 것에서 "斗"로 쓰는 것으로 변한 것은 자형의 간화이다.

설사 "鳳"·"淵"·"鉞"과 같은 편방을 덧붙인 글자라고 하더라도 만약 그것들을 구성하고 있는 편방으로 본다면 자형 변화의 주된 방향은 여전히 간화이다. 한자의 형체 연변의 과정에서 편방의 서사법은 절대 다수는 끊임없이 번잡함에서 간단함으로 가고 있다. 어떤 편방들은 또한 일반적인 자형의 연변이 더욱 극심한 간화를 겪었다. 예컨대, 예서에서 "水"는 왼쪽 편방으로 사용될 때는 3개의 짧은 가로획으로 변하여 서사법이 독립적으로 글자를 이룰 때보다 훨씬 간단하다. 어떤 학자는 "한자의 낱개의 부호로 본다면 결코 번화(繁化)의 방향은 존재하지 않았다."라고 보았다.[46] 이것은 일리가 있다. 물론 소수의 예외는 역시 있는데, 예건대 앞에서 말한 "玉"·"肉" 따위가 그것이다.

여기에 덧붙여 한자의 자수 문제를 말하려고 한다.

한자의 총수는 끊임없이 증가되었다. 후한(後漢) 허신(許愼)이 기원 2세기에 엮은 중국의 첫 번째의 비교적 완정한 자전(字典)인 ≪설문해자(說文解字)≫에는 모두 9,353자가 수록되어 있는데, 중문(重文)을 더하면 10,516자이다.[47] 남조(南朝) 양대(梁代)의 고야왕(顧野王)이 6세기에 엮은 ≪옥편(玉篇)≫에는 16,917자가 수록되어 있다.[48] 11세기 송진종(宋眞宗) 때 엮은 ≪광운(廣韻)≫에는 26,917자가 수록되어 있다(한 글자가 서로 다른 운(韻)에 중복되어 나오는 것을 포함한 것이다). 14세기 명(明) 홍무(洪武) 연간에 엮은 ≪홍무정

46) 주유광(周有光), ≪세계자모간사(世界字母簡史)≫(상해교육출판사, 1990), 9쪽.

47) 이것은 ≪설문·서(敍)≫에 스스로 기록한 숫자이다. 어떤 사람은 금본(今本) ≪설문≫에 의거하여 통계를 내었는데, 실제로는 모두 10,700여 자라고 하였다. 호박안(胡樸安)의 ≪중국문자학사(中國文字學史)≫ 46쪽 주 (9)와 (10)에 보인다. 그 중에는 아마 후인들이 섞어 넣은 글자가 있을 것이다. ≪설문≫은 당시 실제로는 이미 고문자가 된 소전(小篆)을 표준(標準) 자체(字體)로 삼아서 적지 않은 당시 통행되던 글자가 수록되지 않았다.

48) 당대(唐代) 봉연(封演)의 ≪봉씨문견기(封氏聞見記)≫에 의거하였다. 금본(今本) ≪옥편(玉篇)≫은 당(唐)·송(宋) 사람들의 증보(增補)를 거친 것으로 수록된 글자는 23,000자에 가깝다.

운(洪武正韻)≫에는 32,200여 자가 수록되어 있다(위와 같다). 18세기 청(淸) 강희(康熙) 연간에 엮은 ≪강희자전(康熙字典)≫에는 47,043자가 수록되어 있다.[49] 20세기 60년대에 엮은 ≪중문대사전(中文大辭典)≫에는 49,888자가 수록되어 있는데 보유(補遺)를 더하면 모두 49,905자이다. 80년대에 엮은 ≪한어대자전(漢語大字典)≫에는 자두(字頭) 54,678개가 수록되어 있다. 그러나 ≪강희자전≫ 같은 대형 자전에는 매우 많은 이미 죽어 버린 글자와 극히 생소한 글자(일반적으로 사람들이 사용하지 않는 전업자(專業字)가 포함되어 있다) 및 매우 많은 이체(異體)·와체(訛體)가 포함되어 있어 일반적으로 사용하는 데 필요한 한자는 단지 상당히 작은 비례(比例)를 차지하고 있을 뿐이다.

만약 각 시대에 일반적으로 사용하던 한자를 고찰의 대상으로 한다면, 한자의 수는 상당히 안정되어 있다는 것을 발견할 수 있을 것이다. 우리가 말하는 일반적으로 사용되는 한자란 매우 생소한 글자와 비교적 전문적인 전업용자(專業用字)를 제거한 후의 실제로 사용되는 한자로서, 어떤 사람들이 말하는 "통용한자(通用漢字)"와 대체로 상당하는 것이다.

확보하고 있는 자료가 너무 적기 때문에 우리는 단지 한자 발전사의 상고(上古)와 현대의 두 끝의 상황만을 고찰할 수밖에 없다. 먼저 상고 한자를 보자. 이미 발견된 상대 후기의 갑골문 자료의 총 자수는 수 만을 헤아리는데 대체로 마땅히 상대 후기에 일반적으로 사용되던 문자의 상황을 반영할 수 있을 것이다. 1965년에 출판된 ≪갑골문편(甲骨文編)≫은 당시 이미 출판된 갑골문 자료를 근거로 하여 단자(單字) 4,672개를 정리해 내었다. 이 책의 <편집서언(編輯序言)>에는 "그중 어떤 글자들은 또한 귀속·합병(合倂)할 수 있는데, 현재 갑골 각사 중에서 볼 수 있는 전체의 단자의 총수는 대략 4,500자 정도이다"라고 보았다(인용자의 안어 : ≪갑골문편≫ 중에는 또 마땅히 나누어야 하는데 잘못 합친 글자가 있지만 그 수는 많지 않다). 그 후에 새로 발표된 갑골문 자료에는 약간의 ≪갑골문편≫에 수록되지 않은 새 글자가

49) 그 가운데 110개의 중복되어 보이는 글자가 있고, 동형이 아닌 글자는 모두 46,933개이다. 왕죽계(王竹溪), <새로운 부수자전(部首字典)을 편찬할 때의 약간의 고려(編寫新部首字典的一些考慮)>, ≪어문현대화(語文現代化)≫ 1980년 제4기, 92쪽.

출현하였는데 기껏해야 또한 수백에 지나지 않는다. 만약 상대 후기에 일반적으로 사용하던 한자의 수를 5천 정도라고 계산한다면, 대체로 사실과 아주 멀리 떨어지지는 않을 것이다. 주대(周代)가 남겨 놓은 주된 문헌은 13경(經)이다. ≪십삼경집자(十三經集字)≫의 통계에 따르면, 13경에는 모두 단자 6,544개가 사용되었다.[50] 13경은 후세의 전초(傳抄)와 간각(刊刻)으로 말미암아 사용된 글자의 상황이 이미 완전히 원래의 모습은 아니지만, 단자의 총수 면에서는 대체로 결국 역시 주대의 상황을 반영할 수 있는 것이다. 13경의 시대는 비교적 길어서 거의 전체의 양주(兩周) 시대를 포괄하고 게다가 그 중에는 또한 약간의 진·한 시대의 것도 있다. 만약 주대의 어떤 1-200년의 시간을 범위로 하여 통계를 하는 것이 가능하다면, 당시 일반적으로 사용되던 자수는 대체로 13경에서 사용되었던 자수보다 약간 낮을 것이다.

다시 대륙에서 사용하는 현대 한자의 상황을 보자. 1965년에 문화부(文化部)와 중국문자개혁위원회(中國文字改革委員會)가 함께 발포(發布)한 ≪인쇄통용한자자형표(印刷通用漢字字形表)≫에는 글자 6,196개가 수록되어 있다. 1981년 국가표준국(國家標準局)이 발포한 ≪신식교환용한자편마자부집(信息交換用漢字編碼字符集)·기본집(基本集)≫에는 글자 6,763개가 수록되어 있다. 1988년 국가어언문자공작위원회(國家語言文字工作委員會)와 신문출판서(新聞出版署)가 함께 발포한 ≪현대 한어 통용자표(現代漢語通用字表)≫에는 글자 7,000개가 수록되어 있다. 어떤 학자의 통계에 따르면, 현대의 신문·잡지와 간행물에 사용되는 자수는 6,335개이다.[51] 다른 하나의 통계에 따르면, 3,800자의 한자를 이해하면 일반적인 서간(書刊) 내용의 99.9% 정도를 보고 읽을 수 있고, 5,200자를 이해하면 일반적인 서간 내용의 99.99% 정도

50) 전현(錢玄), <진(秦)·한(漢) 백서(帛書) 간독(簡牘) 중의 통가자(秦漢帛書簡牘中的通假字)>의 전인(轉引)에 근거하였다. ≪남경사원학보(南京師院學報) : 사과판(社科版)≫ 1980년 제3기, 47쪽에 보인다. 남경사범대학(南京師範大學) 중문계(中文系)의 시사첩(施謝捷) 선생은 전현의 글이 의거한 것은 청(淸) 이홍조(李鴻藻)의 ≪십삼경집자(十三經集字)≫로서 광서(光緖) 병술(丙戌) 간본(刊本)은 이씨의 ≪십삼경불이자(十三經不二字)≫와 1책으로 합친 것이라고 알려 주었다.

51) 정림희(鄭林曦), ≪한자 자수 선별의 이론과 실천(精簡漢字字數的理論和實踐)≫(중국사회과학출판사, 1981).

를 보고 읽을 수 있다.[52] 그밖에, 한자의 구사(構詞) 능력의 각도에서 본다면, 중국인민대학(中國人民大學) 어언문자연구소(語言文字硏究所)의 통계에 따르면 4,990개의 한자가 "≪현대한어사전≫ 중의 거의 모든 사(詞)를 구성하고 있다"[53] 위에서 든 약간의 수치로 본다면, 대체로 현재 일반적으로 사용되는 한자의 수는 5-6천 정도가 된다고 말할 수 있다.

상술한 상황으로 본다면, 상대에서 현대까지 일반적으로 사용되는 한자의 수는 결코 현저한 변화가 없는 것 같고, 줄곧 5-6천 정도에서 배회할 가능성이 매우 높다. 이 3천여 년 동안에 새 글자가 끊임없이 생산되었지만, 옛 글자도 역시 끊임없이 역사의 무대에서 퇴장하였다. 양자는 서로 비슷하여 자수의 변화는 크지 않았다. 일반적으로 말한다면, 시대가 늦을수록 새로운 사(詞)는 더욱 빠르게 증가되었다. 그러나 복합사(複合詞)가 한어에서는 갈수록 더욱 우세를 차지하고 음역(音譯) 외래어(外來語)도 또 절대 다수는 가차자로 기록하기 때문에 그것들을 위하여 새 글자를 만들 필요가 있는 새로운 사(詞)는 도리어 결코 갈수록 더욱 많아지는 것은 아니다. 이것은 일반적으로 사용되는 한자의 수가 비교적 안정될 수 있는 중요한 원인일 것이다.

한자는 의부(意符) · 음부(音符)와 기호(記號)의 3가지 자부(字符)를 사용하고 결구가 복잡하여 기억하기 쉽지 않다. 만약 단자(單字)가 너무 많다면 사용하는 사람이 이해할 도리가 없을 것이다. 그러나 만약 단자가 너무 적다면 또 언어를 기록하는 명확성에 영향을 주어 사용할 때 역시 곤란이 발생할 것이다. 한자 발전의 과정에서 거의 처음부터 끝까지 문자의 분화(分化)와 문자의 합병(合倂)이라는 두 가지의 상반상성(相反相成)의 현상이 동시에 존재하고 있었다(제11장 참조). 분화가 진행된 것은 언어를 기록하는 명확성을 강화하기 위한 것이고, 합병이 진행된 것은 단자의 수를 규제하기 위한 것이다. 한자에서 일반적으로 사용되는 자수가 예로부터 이제까지 변화가 크지 않다는 것은 하나의 우연한 현상이 아니라는 것이 분명하다.

---

52) 진명원(陳明遠), <수리 통계의 한어 연구 중의 응용(數理統計在漢語硏究中的應用)>, ≪중국어문≫ 1981년 제6기, 468쪽.

53) 위의 주 (52)의 글, 469쪽.

다음에 한자의 결구상의 변화를 토론하려고 한다.

결구상으로 본다면, 한자는 주로 3가지 변화가 발생하였다.

1. 형성자의 비중이 점차 상승하였다.
2. 사용된 의부(意符)는 형부(形符)를 주로 하는 것에서 의부(義符)를 주로 하는 것으로 변하였다.
3. 기호자·반기호자가 점차 증가하였다.

다음에 각각 설명한다.

#### 1) 형성자의 비중이 점차 상승하였다.

한자 발전의 과정에서 형성자는 전체의 한자에서 차지하는 비중이 점차 상승하여 소수에서 압도적인 우세를 차지하는 다수로 변하였다(여기서 말하는 "전체의 한자"란 전체의 표의자·형성자와 기호자·반기호자를 가리키는 것이고 이러한 글자들을 빌려 충당된 가차자는 포함되지 않는다).

한자가 완정한 문자 체계를 형성한 후에 새로 증가한 글자의 다수는 편방을 덧붙이거나 혹은 편방을 고치는 등의 방법을 통하여 기존의 글자에서 분화된 것이다. 이러한 글자들의 절대 부분은 형성자였다(제8장 제1절과 제11장 제1절 1. 3) 참조). 그밖에, 도형(圖形)으로 자의(字義)를 나타내는 것이 표의자를 만드는 중요한 방법이었기 때문에 한자의 상형(象形)의 정도는 끊임없이 낮아져서 표의자를 만드는 데 매우 불리하였고, 아울러 매우 많은 기존의 표의자의 자형으로 하여금 더 이상 원래 가지고 있던 표의적 작용을 할 수 없게 하였지만, 형성자는 일반적으로 도리어 영향을 받지 않았다. 이것은 사람들이 형성자를 많이 만들고 표의자를 적게 만들게 했을 뿐 아니라 게다가 또한 사람들이 계속 어떤 표의자들을 형성자로 고치도록 촉진하였다. 간화 등의 목적을 위하여 형성자를 표의자로 고치는 현상도 역시 존재하였지만, 표의자를 형성자로 고치는 현상보다는 훨씬 적게 보인다(제8장 제1절 참조). 상술한 원인으로 말미암아 형성자는 전부의 한자에서 차지하는 비중이 점차 상승하게 되었다.

어떤 사람은 일찍이 상대 후기의 갑골문 중의 이미 인식할 수 있는 일부의 글자에 대하여 연구한 바 있는데, 형성자는 또 역시 표의자보다 뚜렷하게 적다는 것을 발견하였다.[54] 주대(周代) 특히 춘추(春秋)·전국(戰國) 시대에 형성자는 극히 빠르게 증가하고 새로 만든 표의자는 이미 매우 보기 드물다. 이것은 관계가 있는 자료에서 분명하게 볼 수 있다. 현재는 또한 주대의 고문자 중의 형성자가 차지하는 비중에 대하여 통계를 낸 사람은 없는 것 같다. 아마 일찍 춘추 시대에 형성자의 수는 이미 표의자를 뛰어 넘었을 것이다. ≪설문≫에 수록된 9,300여 개의 소전(小篆) 중의 형성자의 수에 관해서는 몇 가지의 통계 숫자가 있다. 청대 주준성(朱駿聲, 1788-1858)의 ≪육서효열(六書爻列)≫에 따르면, 형성자는 대략 82% 강(强)을 차지하고 있다. 만약 이른바 "형성을 겸하는(兼形聲)" 상형(象形)·지사(指事)와 회의자(會意字)까지 또한 형성자로 계산한다면, 비중은 86% 강까지 높아질 수 있다.[55] 남송(南宋) 정초(鄭樵)는 23,000여 개의 한자의 결구에 대하여 분석을 한 바 있다. 그의 통계 숫자를 근거로 하면, 형성자의 비중은 이미 90%를 넘는다.[56] 그러나 상용자에는 표의자와 표의자에서 변한 기호자가 비교적 많기 때문에 형성자의 비중은 약간 낮을 것이다.

한자에서 어떤 글자들의 결구의 성질은 아직 정설이 없기 때문에 위에 인용한 통계 숫자들은 그렇게 정확(精確)할 수는 없다. 그러나 이러한 숫자들이 반영하고 있는 형성자가 소수에서 점차 압도적인 우세를 차지하는 다수로 변한 상황이 역사적 사실에 부합한다는 것은 분명하다.

---

54) 이효정(李孝定), <중국 문자의 원시와 연변(상편)(中國文字的原始與演變(上篇)>, "갑골문(甲骨文)의 육서(六書) 분석(甲骨文的六書分析)" 절(節), 대북(臺北) ≪역사어언연구소집간(歷史語言研究所集刊)≫ 45본(本)(1974년), 374-380쪽 참조.

55) ≪육서효열(六書爻列)≫은 ≪설문통훈정성(說文通訓定聲)≫ 권수(卷首)에 보인다. ≪육서효열≫ 중에는 소수의 가차자(假借字)와 전주자(轉注字)가 열거되어 있다. 이 글자들에는 동시에 또 그들의 자형(字形) 본래의 결구(結構)에 따라서 기타 사서(四書)(곧 지사(指事)·상형(象形)·회의(會意)·형성(形聲))가 열거되어 있다. 우리는 백분비(百分比)를 계산할 때 이러한 글자들은 상관하지 않았다. "육서(六書)"에 관해서는 제6장 제1절 참조.

56) ≪통지(通志)·육서략(六書略)≫을 참조. 정초(鄭樵)의 작업은 비교적 거칠어서 통계 수자는 다 믿을 수는 없다(회의류(會意類) 중에는 중복되어 나오는 글자가 있다). 또 그의 전주류(轉注類)에 수록된 글자는 표의자(表意字)도 있고 또 형성자(形聲字)도 있으며, 그 가운데 어떤 글자는 동시에 또 다른 유(類)에 수록되어 있고 어떤 글자는 단지 전주류에만 보인다. 이러한 상황은 형성자의 백분비(百分比)를 통계하는 데 약간의 번거로움을 가져다 주었다. 그러므로 우리가 든 백분비는 단지 정수(整數)만을 취했을 뿐이다.

형성자는 표음 성분도 있고 또 어떤 가차자처럼 오해를 불러일으킬 가능성은 없다. 의부와 음부를 사용하는 문자 특히 한자와 같이 단음절 어소(語素)가 우세를 차지하는 언어를 기록하는 문자에서는 이것은 가장 사용하기 적절한 일종의 문자 결구이다. 형성자의 비중의 상승은 한자 발전의 주요한 표지(標識)이다.

### 2) 사용된 의부(意符)는 형부(形符)를 주로 하는 것에서 의부(義符)를 주로 하는 것으로 변하였다.

제2장에서 일찍이 형부(形符)와 의부(義符)의 구별에 대하여 언급한 적이 있지만 여기서 다시 약간의 보충을 하려고 한다. 형부는 자체의 형상에 따라 표의적 작용을 하는 것으로, 그것들은 왕왕 독립적으로 글자가 될 수는 없다. 예컨대, 옛 사람들은 2개의 하나는 앞서고 하나는 뒤서는 발을 그려서 "□"(보(步))자를 만들었다. "□"는 사람의 왼쪽 발을 본뜬 형부이지만(비교적 원시적인 서사법은 제4장 제1절의 상대(商代) 자형 대조표에 보인다), 독립적으로 사용될 때는 "지(止)"자이다("지(趾)"자의 초문(初文)이다). 그러나 오른쪽 발을 본뜬 "□"는 도리어 독립적으로 글자를 이루지 못하고(□는 후에 □로 변하고, 또 "步"자에 보이는 "少"와 "등(登)"·"발(發)"자에 보이는 "ヲ"로 변하여 단지 편방으로만 사용되었다. ≪설문≫에 "□"를 하나의 독립된 글자로 한 것은 타당하지 않다). 또 제2장에서 든 적이 있는 "□"(립(立))자에 사용된 2개의 형부는 "□"는 서 있는 사람을 본뜬 것이고 "一"은 지면(地面)을 본뜬 것으로, 표면상으로는 "大"자와 "一"자와 동형이지만 실제로는 도리어 이 2개의 글자와는 관계가 없기 때문에 역시 독립하여 글자가 될 수 없는 형부로 보아야 할 것이다.

의부(義符)는 일반적으로 모두 기존의 문자로 충당되었다. 우리가 현재 사용하고 있는 문자로 본다면, 소수의 의부(義符)는 "辶"(착)(착(辵))·"疒"(녁)·"宀"(면) 등과 같이 단지 편방(偏旁)으로만 사용될 뿐이다.[57] 그것들

57) "辵"(착)은 "彳"(척)과 "止"(지)로 합성된 것이다. 고대에 "辵"자가 있었지만 극히 드물게 보이는데(≪설문≫에 인용된 ≪공양전(公羊傳)·선공(宣公) 6년≫에는 "辵階而走(섬돌을 뛰어넘어 달아났다)"라고 하였는데, 금본(今本) ≪공양전≫에는 "躇"로 되어 있다.), 대개 먼저 "辵"방이 있고 난 후에 비로소 "辵"자가 나타났을 것이다. "彳"도 또한 사실은 독립적으로 글자가 될 수 없는 의부(義符)로 볼 수 있을 것이다. 그것은 본래 "行"이 편방(偏旁)으로

은 대부분 흔히 보이는 편방으로 그것이 대표하는 뜻은 많은 사람들이 잘 알고 있다.

그러나 형부와 의부(義符)의 경계선은 결코 언제나 매우 명확한 것은 아니다. 고문자에서 어떤 표의자들의 편방은 형부로 볼 수도 있고 또한 의부(義符)로 볼 수도 있다. 예컨대, “”(림(林))자는 이 글자를 구성하는 2개의 “”를 형부(수목의 상형 부호)로 보든지 아니면 의부(“木”자가 충당되는 표의적인 편방)로 보든지 모두 자형에서 숲의 뜻을 알 수 있다. 그러나 예서와 해서의 각도에서 본다면 이러한 편방은 단지 의부로 귀속시킬 수밖에 없다.

상형의 정도가 비교적 높은 초기 고문자에서 표의자의 절대 부분은 형부로 만든 것으로, 형부는 의부(意符)의 주류였다. 한자가 상형에서 비상형으로의 변화는 절대 부분의 형부의 표의적인 작용을 파괴하였지만, 자체의 자의(字義)에 따라 작용을 하는 의부(義符)에 대해서는 결코 큰 영향은 없었다. 이 때문에 한자의 상형의 정도의 저하에 따라 표의자를 만드는 방법은 점차 주로 형부를 사용하는 것에서 주로 의부(義符)를 사용하는 것으로 변하였다. 춘추·전국 이후에 새로 만들어진 표의자는 단지 전부의 새로 증가된 글자의 매우 작은 부분만을 차지할 뿐만 아니라, 또한 대다수는 “열(劣)”(약하여 힘[力]이 적은[少] 것이 열(劣)이다)·“전(羊臭)”(전(羶)의 이체(異體)로 양의 냄새를 가리킨다) 따위와 같이 의부(義符)로 구성된 합체자(合體字)와 “요(凹)”·“철(凸)” 등과 같이 형부로 만들어진 글자이지만 그 수는 극히 적다.

한편으로는 글자를 만들 때 형부는 갈수록 더욱 적어졌다. 다른 한편으로는 기존의 문자 중의 형부도 역시 끊임없이 감소되었다. 한자의 상형의 정도가 끊임없이 낮아지고 자형이 끊임없이 간화되는 과정 중에 사람들은 계속 약간의 준합체(準合體) 표의자 중에서 독립적으로는 글자가 될 수 없는 형부로 충당된 편방을 독립적으로 글자가 될 수 있는 표의적인 편방으로 고쳤다. 예컨대, 방수(防戍)의 “수(戍)”자는 본래 라고 하여 사람이 창[戈]을 등에 메고 있는 모양을 본뜬 것이다. 이 글자는 일찍 갑골문에서 로 간화되어

---

사용될 때의 생략된 모양으로, “彳亍”(척촉, 제자리에서 자축거리다)의 용법은 뒤에 나타난 것이다. “疒”(녁)과 “宀”(면)은 비교적 이른 고문자에서는 모두 독립적으로 글자를 이룰 수 있었다. 第7장 第1절 참조.

창을 멘 사람의 모양이 일반적인 "人"자로 고쳐지고 사람의 어깨 위에 가로 놓인 창도 또한 세워서 일반적인 "戈"자와 일치시켰다. 짝·배필(配匹)의 뜻인 "수(雔)"는 본래 라고 써서 두 마리의 새가 서로 마주하고 있는 것을 본뜬 것이다. 서주 금문의 "수(讎)"자는 로 되어 따르고 있는 "雔"도 역시 두 마리의 "隹"가 서로 마주하고 있는 모양으로 되어 있다("隹"도 역시 새를 본뜬 것이다. 제7장 제1절 참조). 후에 이 글자는 로 고쳐져 왼쪽에 있는 오른쪽으로 향한 "隹"가 일반적인 "隹"자로 고쳐졌다. 물을 건넌다는 "涉"자는 본래 이라고 써서 한 다리는 물의 남쪽에 있고 한 다리는 북쪽에 있는 것으로 뜻을 나타낸 것인데, 후에는 으로 변하여 "水"를 따르고 "步"를 따르는 글자가 되었다. 사람이 끄는 수레의 뜻인 "련(輦)"자는 본래의 서사법은 두 사람이 수레를 끌고 있는 것을 본뜬 것이지만(오른쪽의 그림에 보인다), 후에는 으로 변하여 "車"방(旁)이 일반적인 "車"자를 따라 간화되었고 손을 들어 수레를 끄는 사람의 모양도 역시 "부(夫)"자로 바뀌었다. 절단(折斷)한다는 뜻의 "절(折)"은 본래 라고 써서 도끼로 나무를 찍는 모양을 본뜬 것이지만, 후에는 나무를 끊는 모양이 2개의 "屮"로 바뀌었고 다시 후에는 2개의 "屮"가 또 외형이 그것과 서로 비슷한 (手)로 고쳐져 "手"를 따르고 "斤"을 따르는 글자가 되었다. 이러한 표의자는 개조를 겪은 후에는 대부분 이미 의부(義符)로 이루어진 합체자로 변한 것으로 볼 수 있다.

가능한 한 편방이 글자가 됨으로써 쓰기에 편하도록 하기 위하여 왕왕 자형의 표의적인 작용 방면에서 약간의 희생을 할 수밖에 없었다. "戍"·"雔"·"涉"·"折" 등의 글자들의 후세의 자형은 그 표의적인 작용이 원래의 자형만큼 명확하지 않다는 것은 분명하다. 때로는 편방이 글자가 되도록 하기 위해서는 심지어 자형의 표의적인 작용을 완전히 파괴하는 것도 아까워하지 않았다. 예컨대, (사(射))자는 활과 화살 부분을 본뜬 것으로 후에 모양이 비슷한 (신(身))으로 고쳐져 자의와는 완전히 관련을 잃어버렸다(≪설문≫의 "사(躲)"자 아래에 "화살이 몸에서 떠나 먼 곳을 맞춘다(弓弩發於身而中

於遠)”는 것으로 “身矢”자가 “身”을 따르는 뜻을 말하고 있는 것은 견강부회(牽强附會)이다. “身矢”는 “射”의 이체이다).

제2장에서 말한 바와 같이, 형성자의 형방은 일반적으로 의부(義符)이다. 이 때문에 형성자의 비중의 끊임없는 상승은 또한 의부(義符)의 중요성이 점차 증가하고 있고 형부의 중요성이 점차 낮아지고 있다는 것을 의미한다. 또한 어떤 형성자들의 생산은 직접 어떤 형부들의 소멸과 한데 관련되어 있다. 형부를 가지고 만든 회의자는 음부를 덧붙인 후에는 왕왕 형부를 의부(義符)로 고치는 방법을 통하여 일반적인 형성자로 변하였다. 예컨대, 제1장에서 든 적이 있는 “鳳”자는 본래 봉황의 모양을 본뜬 것으로 음부 “凡”을 덧붙였기 때문에 봉황을 본뜬 형부는 후에 의부(義符) “鳥”(조)방(旁)으로 대체되었다. 또 어떤 표의자들은 편방으로 사용하던 형부를 음부로 고치는 방법을 통하여 형성자로 전변(轉變)되었다. 예컨대, “昃”(측)(측(昃))자는 본래 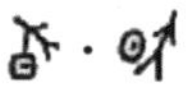 등의 모양으로 되어 사람과 해 사이의 위치 관계로 해가 이미 서쪽으로 기울었다는 뜻을 나타내었는데, 후에는 기울어진 사람의 모양을 모양이 비슷한 음부 “夨”(측)으로 고쳐 형성자로 변하였다(다시 그 후에는 또 성방 “夨”을 “측(仄)”으로 바꾸었다. “夨”과 “仄”은 모두 표의적인 작용을 겸하여 가지고 있다고 볼 수 있다. “夨”자는 ≪설문≫에는 “머리를 기울인다”(傾頭)라고 해석하였다). 상술한 이 두 가지의 표의자를 고쳐서 형성자가 되는 상황은 제8장 제1절에서 형성자의 생산 방법을 말할 때 또 언급할 것이므로 여기서는 더 예를 들지 않는다.

글자를 만들 때 형부의 사용은 갈수록 더욱 적어지고 의부(義符)의 사용은 갈수록 많아졌으며(주로 형성자의 형방으로 사용되었다) 아울러 이미 사용하던 형부도 역시 계속 의부(義符)나 혹은 음부로 대체된 것이 많았기 때문에 대체로 일찍 춘추 시대에는 의부(義符)의 중요성이 이미 형부를 뛰어넘게 되었다. 한자가 예서·해서로 연변하는 과정에서, “人”·“日” 따위와 같이 낱개의 형부로 만든 표의자 가운데 그 형부는 대부분 기호로 변하였다. 표의자의 편방으로 충당되어 독립적으로 글자가 될 수 없는 형부가 만약 예서의 형성 이전에 아직 글자가 되는 편방으로 대체되지 않았다면, 예서의 형성과 발전 과정 중에서 역시 모두 기호로 변하였다. 예컨대, “立”자를 구성하는 사람의 모양은 지면(地面)과 한데 합쳐져 하나의 기호로 변하였고, "步"자 아래의 오른쪽 발의 모양도 역시 기호로 변하였다. 그렇게 하여 일찍이 한자의 의부(義符)의 주류였던 형부는 기본적으로 역사의 무대에서 물러나게 되었다. 현대의 한자에는 "一"·"二"·"三"·"凹"·"凸" 등과 같이 진정으로 형부로 만든 것이라고 볼 수 있는 글자는 그 수가 많지 않다.

### 3) 기호자(記號字)·반기호자(半記號字)가 점차 증가하였다.

한자에는 기호로 글자를 만드는 상황은 극히 보기 드물다(제2장 참조). 그러나 자형의 상형도의 저하와 간화·와변(訛變) 등의 원인으로 말미암아 일찍 고문자 단계에서 이미 약간의 표의자와 소수의 형성자는 기호자 혹은 반기호자로 변하였다고 생각된다. 매우 많은 고문자의 자형은 우리는 해석할 방법이 없는데, 아마 그중 어떤 글자들은 당시 사람들에 대하여 말하더라도 기호자였을 것이다. 앞에서 언급한 적이 있는 "射"자는 고문자에 속하는 소전(小篆)에는 이미 "身"을 따르고 "寸"을 따르는 것으로 썼는데, 이미 기호자로 변했다고 보지 않을 수 없다.

예서의 형성 과정 중에서 많은 표의자와 약간의 형성자는 기호자나 혹은 반기호자로 변하였다. 이 방면의 상황은 제2장에서 이미 설명한 바 있으므로 여기서는 거듭하지 않는다.

예(隸)·해(楷)의 단계에서 자형의 간화와 와변(訛變) 등의 원인으로 말미암아 기호자·반기호자는 또한 계속 출현하였다(예컨대, 제10장 제1절 8에서 든 와변으로 형성된 어떤 이체들이 그것이다). 50년대의 한자 간화 중에도 역시 약간의 기호자와 반기호자를 채용하였는데, 예컨대 "두(頭)"는 기호자이고 "계(又鳥)"(鷄)와 "학(疟)"(瘧)은 반기호자이다.

자형의 구조가 결코 파괴를 당하지 않은 어떤 글자들은 어떤 원인으로 말미암아 실제로는 이미 기호자 혹은 반기호자가 되었다. 이 방면의 상황은 제2장에서 역시 이미 설명하였다.

때로는 한 글자를 기호자로 보아야 할 것인지 아닌지의 문제에서 교양이 서로 다른 사람들은 서로 다른 답안이 있을 수 있다. 예컨대, 교양이 비교적 높은 사람은 대개 "도(都)"는 형성자라고 인정할 것이다. 그는 오른쪽의 "읍

(⻏)"방(旁)은 "읍(邑)"의 변형(變形)이고 도성(都城)은 일종의 읍이라는 것을 알기 때문이다. "자(者)"와 "都"의 현재의 독음은 전혀 공통점이 없지만, 그는 "도(賭)"·"도(堵)"·"도(睹)" 등의 독음이 "都"와 서로 가까운 일련의 글자라는 것을 생각해 내고 또한 가까스로 "者"는 "都"의 성방이라고 인정할 수 있다. 그러나 이러한 지식이 없는 사람에 대하여 말한다면, "都"는 실제로는 단지 하나의 기호자일 뿐이다. 또 "지(之)"의 본의는 "간다"는 것으로, 고서(古書) 중에는 항상 이러한 뜻으로 사용하였다(예컨대, ≪맹자(孟子)·고자(告子)·하(下)≫에는 "선생은 장차 어디로 가십니까?(先生將何之?)"라고 하였다). 그러므로 고한어의 교양이 있는 사람이 "지호자야(之乎者也)"의 "之"를 가차자라고 생각하는 것은 매우 자연스럽다. 일반 사람들은 대개 단지 뒤의 "之"만을 알고 있을 뿐이다. 그들에게 대하여 말한다면, 이러한 "之"자는 실제로는 역시 단지 하나의 기호자일 뿐이다. 반기호자 방면에도 역시 유사한 문제가 존재한다.

현재 한자 중의 기호자와 반기호자의 수효를 통계한 사람은 없다. 만약 통계를 내어 이치에 따라 말한다면, 자형의 구조는 결코 파괴를 당하지는 않았으나 실제로는 이미 기호자나 혹은 반기호자가 된 그러한 글자들도 역시 마땅히 그 속에 포함되어야 할 것이다. 위에서 지적한 그러한 상황으로 말미암아 이러한 통계는 아마 일치하여 동의하는 결과를 얻기는 매우 어려울 것이다. 생각건대, 설사 비교적 보수적인 입장 곧 교양이 비교적 높은 사람의 입장을 취하여 통계를 낸다고 하더라도, 기호자·반기호자가 현대의 일반적으로 사용되는 한자 중에서 차지하는 비중은 역시 5분의 1보다 낮지는 않을 것이다. 의심할 것도 없이 상용자에서는 비중이 역시 더욱 높을 것이다.

앞에서 인용한 바 있는 형성자가 한자 중에서 차지하는 비중에 대한 통계는 모두 일부분의 형성자는 실제로는 이미 기호자 혹은 반기호자로 변한 상황을 고려에 넣지 않았다. 그러므로 그 통계 숫자들은 실제로는 모두 약간 높은 것이다.

이상에서 우리는 형체와 결구의 두 방면으로 나누어 한자의 발전 과정 중의 주요한 변화를 소개하였다. 사실상, 이 두 방면의 변화는 함께 긴밀하게 관련되어 있는 것이다. 한자의 상형도의 저하는 사람들에게 표의자를 적게 만들고 형성자를 많이 만들도록 촉구한 원인의 하나였다. 그러나 형성자가 한자의 주류가 되었다는 이 사실은 돌이켜 보면 또 한자의 상형도의 진일보의 저하를 위하여 조건을 만들어 준 것이다. 문자 결구의 변화는 객관적으로 항상 자형의 번화(繁化) 혹은 간화(簡化)라는 결과를 낳았다. 기호자의 대량적인 출현은 주로 한자 형체의 변화가 불러일으킨 것이다. 이것은 문자 결구상에서 본다면 일종의 퇴보이지만, 그러나 도리어 자형을 간화하고 문자 사용의 효율을 높이기 위해서는 필연적으로 지불해야 할 대가였다. 오늘날에 이르러서도 어떻게 자형의 간화와 문자 결구의 모순을 잘 처리할 것인가 하는 것은 여전히 진지하게 대해야 할 필요가 있는 하나의 문제이다(상형적인 고문자를 예·해로 개조하기 위하여 일부분의 글자의 결구를 파괴한 것은 어쩔 수 없는 것이었지만 또한 할 만한 가치가 있는 것이기도 하였다. 해서가 일찍이 이미 성숙한 상황에서 단지 필획을 감소시키기 위하여 어떤 글자들의 결구를 파괴하고 그것들을 기호자로 변화시키는 것이 결국 필요한 것인지 그리고 할 만한 가치가 있는 것인지는 크게 의심할 만한 것이다).

제4장

# 형체(形體)의 연변(演變)(상)

## - 고문자(古文字) 단계의 한자

제3장에서 말한 바와 같이 한자 자체(字體)의 연변은 고문자(古文字)와 예(隸)·해(楷)의 두 가지 커다란 단계로 나눌 수 있다. 앞의 단계는 상대(商代)에서 시작되어 진대(秦代)에서 끝나고 뒤의 단계는 한대(漢代)에서 시작되어 곧장 현대까지 계속된다. 이것은 한 가지 개략적인 설명 방법이다. 진대에는 이미 고문자에 속하는 전문(篆文)이 사용되고 또 예서(隸書)도 사용되어 실제로는 두 가지 단계에 아울러 가로놓여 있는 것이다. 진대에 사용된 예서는 아직 완전하게 성숙되지 못하였으니 조기(早期) 예서라고 불러도 좋을 것이다. 이 예서는 전국(戰國) 말기에 이미 진(秦) 나라에서 형성되어 서한(西漢) 초기에 이르기까지 아직 사용되었다. 만약 전국 말기에서 서한 초기까지를 고문자와 예·해 두 단계의 과도적 단계라고 구분한다면 아마 한자 자체 발전의 실제 상황과 더욱 부합될 것이다. 그러나 실마리를 줄이고 아울러 자체 발전 단계를 구분하는 낡은 습관을 고려하기 위하여, 다음에서는 한자 형체의 연변을 말할 때는 여전히 단지 고문자와 예·해의 두 단계로 나누려고 한다.

만약 상대 후기를 시작으로 하고 진대를 끝으로 한다면, 고문자 단계는 대략 기원 전 14세기에서 시작되어 기원 전 3세기말에서 끝나고 기간은 대략 1,100여 년이 된다. 당란(唐蘭) 선생의 의견에 따르면, 고문자는 시대의 전후와 형체상의 특징에 따라 (1) 상대(商代) 문자, (2) 서주(西周)·춘추(春秋) 문자, (3) 육국(六國) 문자, (4) 진계(秦系) 문자로 나눌 수 있다.[1] 이

네 가지 문자 사이의 경계선은 결코 그렇게 명확한 것은 아니다. 상대 말기와 주대 초기의 문자, 춘추 말기와 전국 초기의 문자는 모두 매우 서로 비슷하여 왕왕 구분하기가 어렵다. 진계 문자 시대의 상한(上限)은 춘추이며, 내용은 서주·춘추 문자와 부분적인 중복이 있다. 그러나 이와 같이 구분하는 것은 확실히 고문자의 형체 연변 과정의 약간의 중요한 특징을 반영할 수 있고, 아울러 고문자 자료를 소개하는 데도 매우 편리하다. 그러므로 다음에서는 이러한 분류 방법에 따라 고문자의 형체 연변의 상황을 서술하려고 한다.

본 장의 마지막 1절은 "예서의 형성(隸書的形聲)"인데, 예서는 고문자 단계가 끝나려고 할 때 형성된 것이기 때문이다.

## 제1절 상대(商代) 문자

2,400여 년 전에, 공자(孔子, 전551-전479)는 일찍이 은(殷)나라의 예(禮)는 증거가 없다고 개탄한 바 있다. 오늘날 우리는 지하의 발견에 의지하여 도리어 대량의 상대 후기가 남겨 놓은 문자 자료를 볼 수 있게 되었다. 이미 발견된 각종의 상대 후기의 문자 자료에서, 수가 가장 많은 것은 갑골문(甲骨文) 곧 점복(占卜)에 사용되었던 귀갑(龜甲)과 수골(獸骨) 위의 문자이고, 그 다음은 금문(金文) 곧 청동기 위의 문자이다. 그밖에 도(陶)·석(石)·옥(玉)·골(骨)·각(角) 등의 물품에서도 또한 문자가 발견되지만, 그 수는 모두 많지 않다. 상대의 금문은 거의 모두 동기 위에 주조된 것이다(서주·춘추시대의 금문도 마찬가지이다). 갑골문과 위에서 말한 기타 각종 문자는 절대다수는 칼로 새긴 것이고, 소수는 붓으로 먹 혹은 주사(朱砂)를 적셔 쓴 것이다.

갑골문은 상대 후기의 왕도(王都)의 유지 — 은허(殷墟)(지금의 하남성(河南省) 안양시(安陽市) 서북쪽)에서 발견되었다. 대략 기원 전 14세기에 상왕(商王) 반경(盤庚)이 은으로 천도(遷都)하였다. 그 후 기원 전 11세기에 상의

---

1) 당란(唐蘭) 선생은 고문자를 (1) 은상(殷商)·(2) 양주(兩周)(춘추(春秋)말기에서 그침)·(3) 육국(六國)·(4) 진(秦)의 4계(系)로 나누었다(≪고문자학도론(古文字學導論)≫, 제로서사(齊魯書社), 1981, 33쪽, 또 ≪중국문자학(中國文字學)≫ 149-161쪽). 우리는 명칭상 약간의 작은 변동을 하였다.

주왕(紂王)이 나라를 멸망시키기까지 270여 년 동안 이곳은 상왕조의 국도였다. 갑골문은 이 시기의 상대 통치자들의 점복(占卜)의 기록이다. 그 가운데 대부분은 상왕의 점복 기록이고 일부분은 상왕과 밀접한 관계가 있는 대귀족들의 점복 기록이다.

상대 통치자들은 매우 미신을 믿었다. 각가지의 사정에 대하여, 예컨대 1순(旬) 중에 우환이 있을 것인가? 비가 내릴 것인가? 농사가 풍년이 들 것인가? 전쟁은 승리할 수 있겠는가? 라는 것에서 생육(生育)·질병·꿈에 이르기까지 모두 점을 쳐서 길흉(吉凶)을 알려고 하였다. 점복에 사용된 재료는 거북의 복갑(腹甲)·배갑(背甲)과 소의 견갑골(肩胛骨)(가끔 또한 기타의 짐승 뼈도 사용하였다)이다. 보통 먼저 점복에 사용되는 갑골의 배면(背面)을 준비하여 약간의 작은 구멍을 뚫어 놓았다가, 점칠 때는 이 작은 구멍들에 열을 가하여 갑골의 표면이 뜨거워져서 균열이 생기게 하였다. 이러한 균열을 조(兆)라고 부른다. 점치는 사람은 조의 모양에 근거하여 길흉을 판단하였다. 상대 후기의 점복 사무를 관리하는 사람들은 왕왕 점복의 사유·복조(卜兆)의 길흉에서 후의 영험 여부에 이르기까지의 상황을 복갑(卜甲)·복골(卜骨) 위에 새겨서 기록하였다. 이러한 문자들이 바로 이른바 갑골문으로서 또한 갑골복사(甲骨卜辭)라고도 한다. 상대 사람들은 때때로 또 복갑·복골 혹은 일반적인 짐승의 뼈 위에 약간의 점복과는 관계가 없는 일을 새겨서 기록하기도 하였다. 이러한 문자도 보통 또한 모두 갑골문이라고 부른다. 그러므로 엄격하게 말한다면 갑골문의 범위는 갑골복사보다 좀 더 넓다.

상조가 멸망한 후, 문자가 새겨진 갑골은 은허의 지하에 파묻혀 오랫동안 사람들에게 잊혀졌다. 비록 이러한 갑골은 또한 불시에 파헤쳐지기도 했지만, 결코 그 위에 중요한 역사적 가치가 있는 고대의 문자가 새겨져 있다는 것을 아는 사람은 없었다. 청말 광서(光緒) 25년(1899) 혹은 그보다 약간 앞선 때에 이르러서야 갑골문의 가치가 비로소 사람들에게 인식되기 시작하였다. 80여 년 이래, 그 곳 촌민들의 사적인 발굴과 공적인 기관의 고고학적 발굴을 거쳐, 출토된 유자(有字) 갑골은 이미 10여 만 편에 이르고 있다. 그러나 그 가운데는 단지 소수만이 완전한 복갑과 복골일 뿐이고(그림 4·5, 512쪽), 절대다수는 면적이 조그만 부스러진 조각이며, 어떤 작은 부스러진 조각에는 단지 한 개의 글자만 있을 뿐이다(유자갑골과 함께 출토된 것에는 또 수많은 글자가 없는 복갑·복골이 있는데, 왜냐하면 당시 점을 친 후에 결코 매번 모두 반드시 복사를 새긴 것은 아니었기 때문이다).

한 덩어리의 완전한 유자갑골에는 왕왕 많은 조항의 복사가 새겨져 있다. 폭이 비교적 긴 복사는 한 조항에 60여 개에서 80-90개의 글자가 있다. 은허에서는 일찍이 한 덩어리의 점복에 사용되지 않은 문자가 새겨진 골판(骨板)이 출토되었는데 앞면에는 한 편의 기사(記事) 문자가 새겨져 있고, 뒷면에는 60간지표(干支表)가 새겨져 있다. 기사 문자에는 소신장(小臣墻)이라는 이름이 언급되어 있기 때문에 일반적으로 "소신장 골판"이라고 부른다(그림 6, 512쪽). 이 뼈의 윗부분은 이미 없어져 버렸지만, 간지표의 잔결(殘缺) 정도에 의거하여 추측컨대 뼈에 새겨진 기사 문자는 원래 길이가 100여 자에 달하였을 것이다. 마땅히 지하에서 발견된 가장 긴 한 편의 상대 문자일 것이지만, 애석하게도 남아 있는 것은 단지 50여 개의 글자뿐이다. 갑골문은 수도 많고 내용도 또한 매우 풍부하여 우리가 상대의 문자와 상대의 역사·문화를 연구하는 가장 중요한 자료이다.

청동기에 명문(銘文)을 주조하는 기풍은 상대 후기에 유행되기 시작하여 주대에 이르러 최고조에 달하였다. 선진(先秦)에는 구리[銅]를 금(金)이라고 불렀기 때문에 후인들은 고대의 동기상의 문자를 금문(金文)이라고 부른다. 종(鐘)과 정(鼎)은 주대의 각종의 명문이 있는 동기 가운데 비교적 중요한 지위를 차지하고 있으므로, 과거에 또 어떤 사람은 금문을 "종정문(鐘鼎文)"이라고 불렀다. 명문이 있는 선진의 동기는 역대로 모두 발견되어 일찍 송대(宋代)에는 전문적으로 수집하고 연구하는 사람이 나타났다. 추정하건대, 이미 저록된 것과 현존하지만 아직 저록되지 않은 선진(先秦)의 명문이 있는 동기는 대략 1만 수천 여 건이 될 것이다. 그 가운데 상대의 동기는 아마 4분의 1쯤 차지할 것이다.

상대 동기상의 명문은 대부분 매우 간단하여, 대다수는 단지 1자에서 5-6자만 있을 뿐이며, 주로 그릇을 만든 사람의 이름(사적인 이름을 사용하지 않고 족명(族名)을 사용한 것이 많다)과 기념할 선조의 칭호(부을(父乙)·조기(祖己) 등과 같이)가 기록되어 있다(그림 7, 513쪽). 상대 후기의 만기 단계에는 약간의 비교적 긴 명문이 나타났지만, 그러나 이미 발견된 상대 명문에서 가장 긴 것도 역시 40여 자에 지나지 않는다(그림 8, 513쪽).

≪상서(尙書)·다사(多士)≫에는 "은의 선조들은 책(冊)도 있고 전(典)도 있었다(惟殷先人, 有冊有典)"라고 하였다. 갑골문에는 "冊"자가 있고 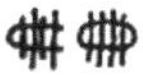 등으로 썼다. 직립(直立)한 것은 가늘고 긴 죽간·목간을 대표하고 ⊂ 혹은 ⬭은 죽간·목간 조각을 엮고 이어서 책(冊)을 만드는 끈을 대표한다. 상대의 전책의 내용은 의심할 여지도 없이 갑골문·금문보다 더욱 중요했고, 문자의 편폭도 역시 반드시 더욱 길었을 것이다. 애석하게도, 대와 나무는 썩기 쉬워서 보존될 수 없었다.

다음에, 상대 문자의 형체상의 특징을 간단히 소개하려고 한다.

먼저, 마땅히 지적해야 할 것은 갑골문과 금문은 자체상 서로 다른 특징이 있다는 것이다. 상대에 붓은 주요한 서사 도구였다. "筆"자는 "竹"을 따르고 "聿"을 따르고 있다. 갑골문에서 "聿"자는 로 되어 있는데, 바로 손으로 붓을 잡은 모양을 본뜬 것이나. 우리는 오늘날 비록 이미 붓으로 쓴 상대의 전책은 볼 수 없지만, 아직도 상대 후기가 남겨놓은 갑골과 옥(玉)·석(石)·도(陶) 등의 물품에서 소수의 붓으로 쓴 글자를 볼 수 있다(그림 9, 513쪽). 금문은 기본적으로 붓으로 쓴 글자의 모양을 간직하고 있지만 갑골문은 다르다. 상대 통치자들은 자주 점복을 행하여 갑골에 새겨야 할 복사의 수가 매우 많았다. 딱딱한 갑골에 글자를 새기는 것은 매우 시간도 들고 힘도 드는 것이다. 글자를 새기는 사람은 효율을 높이기 위하여 부득불 붓으로 쓰는 글자의 필법을 고치지 않을 수 없었는데, 주로 둥근 형을 모난 형으로 고치고 꽉찬 것을 테두리로 고치며 굵은 붓을 가는 붓으로 바꾸는 것이었다. 예컨대 다음과 같다.

| | 日(일) | 丁(정) | 子(자) | 父(부) |
|---|---|---|---|---|
| 금 문 |  |  |  |  |
| 갑골문 |  |  |  |  |

때로는 그들은 또 비교적 급격하게 자형을 간화(簡化)하였다. 예컨대, 자

축인묘(子丑寅卯)의 “子”를 에서 로 간화하였고(상고(上古)에는 자축(子丑)의 “子”와 자녀(子女)의 “子”는 쓰는 법이 서로 달랐다), “于”자를 에서 로 간화하였다. 우리는 갑골문을 당시의 일종의 비교적 특수한 속체자(俗體字)라고 볼 수 있고, 금문(金文)은 대체로 당시의 정체자(正體字)라고 볼 수 있다. 이른바 정체란 비교적 정중한 경우에 사용하는 정규(正規) 자체이고, 이른바 속체란 일상적으로 사용하는 비교적 간편한 자체이다. 상대 사람들은 때로는 또한 짐승의 뼈에 점복과는 관계가 없지만 기념적인 뜻이 있는 사건을 새겨서 기록하였다. 이러한 각사(刻辭)의 작풍(作風)은, 예컨대 유명한 <재봉골(宰丰骨)>(≪은계일존(殷契佚存)≫, 518쪽)과 같이, 갑골문과 다르고 동기명문과 비슷하다.

한자 형체의 연변을 말할 때는 마땅히 갑골문의 일종의 속체로서의 특징을 충분히 주의해야 한다. 예컨대, 갑골문에는 매우 일찍 ⊟라고 쓰는 “日”자가 나타났지만, 시대가 비교적 늦은 상대 금문에서 주대 금문에 이르는 동안에 “日”자는 도리어 여전히 비교적 상형적인 ⊙ ⊖ 등의 모양으로 썼다. 만약 기계적으로 시대의 전후에 따라서 자형의 연변표를 배열한다면 “日”자가 ⊟에서 ⊙로 연변했다는 사실에 부합하지 않는 순서를 얻을 것이다.

갑골문과 금문 각자의 자형은 또 시대의 전후 혹은 용도의 차이로 말미암아 차이가 생겨나게 되었다. 상대 후기의 갑골문은 200여 년의 역사가 있는데 자형의 특징에 따라 조기(早期)와 만기(晩期)로 나눌 수 있다. 조기의 갑골문은 일반적으로 만기보다 더욱 상형적이다(또 개별적인 예외도 있다. 예컨대 자축인묘(子丑寅卯)의 “子”는 조기 갑골에서는 왕왕 라고 썼지만 가장 늦은 시기의 갑골에는 도리어 라고 썼는데, 왜냐하면 이 글자는 갑골문에서 조기에는 간체를 많이 사용하였고 가장 늦은 시기에는 도리어 정체를 사용했기 때문이다). 금문에서 기명(記名) 금문의 상형 정도는 보통 기사에 사용된 일반 금문보다 현저하게 높다. 후자는 대부분 상대 후기의 만기 동기에 보이며 자형은 만기 갑골문과 서로 비슷하다. 기명 금문은 조기 동기에 보이는 것이나 또는 만기 동기에 보이는 것이나 보통 모두 조기 갑골문보다는 더욱 상형적이다. 기명 금문에서도 서로간의 상형 정도는 또한 높고 낮음의 구별이 있지만, 그러나 이러한 차이는 결코 완전히 시대의 전후에 의하여 결정된 것은 아닌 것으로 보인다. 다음에, 위에서 말한 몇 가지 문자를 표로 만들어 대조한다(일부분의 예는 편방에서 취한 것임).

| | 虎(호) | 犬(견) | 牛(우) | 止(지) | 戍(수) |
|---|---|---|---|---|---|
| 기명(記名) 금 문 |  |  |  |  |  |
| | |  |  |  | |
| 조기 갑골문 |  |  |  |  |  |
| 일반 금문 |  |  |  |  |  |
| 만기 갑골문 |  |  |  |  |  |

기명 금문이 주조되어 있는 동기는 시대는 왕왕 조기 갑골문보다 늦고 심지어 서주 조기의 동기에서도 모두 또한 가끔 이러한 금문을 볼 수 있다. 그러나 그것들의 자형은 도리어 조기 갑골문보다도 더욱 상형적이다. 이러한 현상은 아마 주로 옛 사람들의 족명(族名)에 대한 보수적인 태도에 의하여 생겼을 것이다. 현대의 성씨와 땅 이름에서 어떤 것들은 아직도 비교적 오래된 어음을 견지하고 있는데, 예컨대 성씨(姓氏)로서의 "冼"(xiǎn : 선)(또 "洗"으로 쓰기도 함) · 땅 이름 번우(番禺)의 "番"(pān : 번)이 그것이다. 이것은 상대 후기 사람들이 비교적 오래된 자체로 족명을 쓴 것과 동류(同類)의 현상인 것 같다. 또 어떤 학자는 기명(記名) 금문은 장식성이 있기 때문에 자형의 상형 정도가 특별히 높다고 보았다 이 두 가지 의견은 결코 완전히 서로 배척적인 것은 아니다.

위의 자형대조표에서, 상대 문자가 점차 간화되는 상황을 매우 분명하게 볼 수 있다. 위에서 인용한 기명 금문 가운데 상형 정도가 비교적 낮은 일부 글자들, 곧 "犬" · "牛" · "止"의 둘째 체(體)는 아마도 대체로는 조기 갑골문과 때가 같은 일반적인 정체를 대표할 수 있을 것이다(조기 갑골문 가운데 어떤 시대가 비교적 이른 "止"자들은 쓰는 법이 기명 금문의 둘째 체와 서로 비슷하다). 상형 정도가 매우 높은 일부 기명 금문은 아직 상대 전기나 심지어 더욱 오래된 한자의 면모를 견지하고 있을 가능성이 있다. 상형 정도가 비교적 낮은 기명 금문과 조기 갑골문은 이러한 족명 금문과 비교하면 이미 크게 간화된 것이다. 만기의 일반 금문과 갑골문은 또 한걸음 더 나아가 상형 정도가 비교적 낮은 기명 금문과 조기 갑골문을 간화시켰다. "虎"·"犬" 등은 조기에는 모두 복부를 그렸지만, 만기에는 배와 등을 합병하여 한 필획으로 만들게 되었다.

역대의 통치 계급은 모두 속체자를 경시하였다. 사실, 문자 형체의 연변 과정에서 속체의 작용은 매우 중요하다. 때로는 한 가지의 새로운 정체는 바로 앞 단계의 속체에서 발전되어 이루어진 것이다(예컨대 예서가 그렇다. 뒤에 상세하다). 비교적 흔히 보이는 상황은 속체의 어떤 서사 방법이 후에 정체에 흡수되거나 혹은 분명히 정체의 연변을 촉진하는 것이다. 위의 자형 대조표에 열거한 "虎"·"牛"·"止"·"戌" 등의 서사 방법으로 본다면, 상대 후기 문자에서 정체(표 가운데서는 금문이 대표적이다)의 연변은 갑골문과 같은 속체의 강렬한 영향을 받았다는 것이 분명하다.

상대 후기의 일반 문자의 자형은 그림과는 이미 매우 커다란 거리가 있다. 그러나 일종의 문자로서 본다면, 상형 정도는 여전히 마땅히 상당히 높았다고 해야 할 것이다. 어떤 글자들은 단지 그것들이 본뜬 사물의 특징을 나타내기만 하면 사람들이 인식하게 할 수 있었기 때문에 서사 방법이 매우 비고정적이다. 기명 금문과 조기 갑골문에서 이러한 현상은 더욱 두드러진다. 예컨대, "車"자는 ≪갑골문편(甲骨文編)≫에 수록된 자료로 본다면 조기 갑골문에는 매우 많은 종류의 서로 다른 서사 방법이 있다(531-532쪽에 보인다. 이 책의 "車"자 조에 수록된 글자는 어떤 것들은 사실은 결코 "車"자가 아니라 "車"와 관계가 있는 기타의 글자이다. 그러나 이 글자들로부터 마찬가지로 상대 문자 가운데 "車"의 자형의 다양성을 발견할 수 있다).

기명 금문에서도 또한 서사 방법이 갑골문과는 서로 다른 많은 "車"자(≪금문편(金文編)≫, 1985년판, 929-930쪽에 보인다)를 발견할 수 있다. ≪갑골문편≫에 수록된 만기 갑골문의 "車"자는 두 가지 예가 있다(왼쪽 그림).

자형의 방향이 서로 다르다는 것을 제외하면 상호간의 구별은 매우 작다. 상대 후기의 문자에서 만기의 자형은 조기보다 이미 훨씬 안정된 것으로 보인다.

상대 문자의 자형의 방향은 상당히 비고정적이다. 일반적인 글자의 서사는 좌향(左向) 혹은 우향(右向)이 모두 가능하였다. 예컨대 (人)은 또한 으로 쓸 수도 있었고, (子)는 또한 로 쓸 수 있었다. 어떤 글자는 또 거꾸로 쓰거나 혹은 옆으로 쓸 수 있었다. 예컨대 (侯)는 혹은 라고 썼고, (五)는 혹은 라고 썼다. 위에서 든 만기 갑골문의 "車"자도 역시 한 가지 예이다. 자형의 방향이 비고정적이라는 현상은 또한 상형 정도가 비교적 높다는 특징과 함께 긴밀하게 관련되는 것이다. 이러한 현상은 주대 문자에서도 여전히 볼 수 있지만 비교적 드물게 보이며, 진·한 시대에 이르면 기본적으로 자취를 감추게 된다.

미지막으로, 상대 문자의 배열 방식을 말하려고 한다. 한자의 위에서 아래로 내려가는 직행(直行) 배열법은 분명히 일찍 상대 후기 이전에 이미 확립되었다. 그러므로 갑골문에는 원래 넓이가 비교적 큰 많은 글자, 예컨대 제3절 제1장과 본 절에서 언급한 "犬"·"豕"·"疒"·"虎" 등은 이미 직행 배열의 필요 때문에 자형의 방향을 바꾸었다. 갑골 복사에는 가끔 또한 횡행(橫行)인 것도 있지만 단지 한 줄에만 한정되었을 뿐이고 아울러 복사와 복조(卜兆)가 서로 짝지어질 필요와 관계가 있었으니 일종의 특수한 상황이다. 줄의 순서의 배열상 전통적인 오른쪽에서 왼쪽에 이르는 배열법은 상대 후기, 적어도 후기의 만기 단계에 역시 이미 확립되었다. 상대 후기의 거북의 복갑(腹甲)의 좌우 두 부분의 복사나 혹은 좌우 견갑골(肩胛骨)의 복사는 그 줄의 순서의 방향이 왕왕 상호간에 서로 반대이다. 이것도 역시 일종의 특수한 상황이다. 상대 후기의 만기의 동기의 명문과 수골(獸骨)의 기사 문자는 거의 전부가 오른쪽에서 왼쪽을 향하여 배열되어 있다. 당시에 일반 문자는 좌행(左行)을 상규(常規)로 하였다는 것을 알 수 있다. 한자의 이러한 위에서 아래로 내려가고 오른쪽에서 왼쪽으로 가는 직행 배열 방식은 3,000여 년 동안 그대로 쓰였다. 20세기 초에 약간의 횡행 배열의 인쇄물이 나타나기 시작하였다. 곧장 해방 이후 50년대 중기에 이르러서야 비로소 횡행 배열법이 비로소 우세를 차지하게 되었다.

## 제2절 서주(西周)·춘추(春秋) 문자

서주·춘추 시대의 문자를 연구하는 주요한 자료는 금문이다. 서주는 동기 명문의 전성 시대였다. 서주 동기에서 편폭이 100자 이상인 명문은 상당히 흔히 보이고, 200-300자 이상의 것도 그 예가 드물지 않다. 예컨대, 서주 전기의 <대우정(大盂鼎)>에는 291자가 있고(그림 10, 514쪽), <소우정(小盂鼎)>에는 400자 정도가 있으며(일부분은 이미 잔결됨), 후기의 <산씨반(散氏盤)>에는 350자가 있고 <모공정(毛公鼎)>에는 498자가 있다(그림 11, 514쪽). 춘추 시대에도 여전히 장편 명문이 있었다. 송대에 발견된 제령공(齊靈公)의 대신(大臣) 숙궁(叔弓)(혹은 "숙이(叔夷)"로 해석함)이 만든 1건의 대박(大鎛)은 명문이 493자이다. 동시에 출토된 같은 사람이 만든 편종(編鐘)에도 역시 내용이 기본적으로 서로 같은 명문이 있는데, 7개의 편종으로 이루어진 전문(全文)이 501자에 달한다. 그러나 춘추 시대의 장편 명문의 수는 서주 시대보다 훨씬 적다. 이미 발견된 동기의 명문으로 본다면, 서주 동기는 대다수는 주 왕조의 귀족·신료(臣僚)들이 만든 것이고, 춘추 동기는 거의 모두 각 제후국에 속하는 것이다.

금문 외에도 또 약간의 서주·춘추 시대의 문자 자료가 발견되었는데, 그 가운데 갑골문(甲骨文)이 가장 중요하다.

해방 전에는 단지 은허에서 출토된 갑골문만 있었지만, 해방 이후 산서성(山西省) 홍동현(洪洞縣) 방퇴촌(坊堆村)·북경시(北京市) 창평현(昌平縣) 백부(白浮)와 섬서성(陝西省) 기산(岐山)·부풍(扶風) 2현 사이의 주원(周原) 유지에서 모두 서주 시대의 갑골문이 발견되었다. 그 가운데 주원의 발견이 가장 중요하다. 1977년 기산현 봉추촌(鳳雛村) 주원 유지의 서주 전기의 궁실 폐허의 움에서 대량의 복갑(卜甲) 조각이 발견되었다. 그 가운데 근 300편에 복사가 새겨져 있는데(≪문물≫ 1979년 제10기. 유자(有字) 갑골의 수자는 정리자의 새로운 통계에 의거하였음), 자체(字體)는 은허의 상대 만기의 갑골

복사와 상당히 접근되어 있다(그림 12, 515쪽. 주원 갑골의 글자는 매우 작다. 사진은 확대한 것이다). 내용으로 본다면, 이러한 복사들은 마땅히 주왕(周王)의 점복 기록으로서 그 시대는 일부분은 서주 전기에 속하고 일부분은 일찍 주가 상을 멸망시키기 전까지 이를 것이다. 어떤 사람은 주가 상을 멸망시키기 전의 복사에는 원래 상 왕조에 속한 복사가 있었다고 보는데, 이것은 계속 연구해야 할 문제이다. 1979년 주원의 범위에 속하는 부풍현 제가촌(齊家村) 일대에서도 역시 약간의 서주 시대의 유자 갑골이 발견되었는데(≪문물≫ 제1981년 제9기), 시대는 봉추촌에서 발견된 서주 전기의 복갑보다 약간 늦은 것 같다.

여기에서 시대가 춘추와 전국 사이에 끼어 있는 "맹서(盟書)"를 서술한다. 1965년 산서성 후마시(侯馬市)에 위치한 동주(東周) 시대의 진국(晉國) 도성(都城) 신전(新田)의 유지에서 대량의 맹세의 글이 쓰여 있는 옥・석편이 발견되었는데, 연구자들은 "후마맹서(侯馬盟書)"라고 불렀다(≪후마맹서≫, 문물출판사, 1976년 출판)(그림 13, 515쪽). 맹사(盟辭)는 모두 붓으로 쓴 것으로, 절대부분은 주서(朱書)이고 소수는 묵서(墨書)로 양자는 구덩이가 서로 다르다. 연구자들은 어떤 사람은 이 맹서들은 조앙(趙鞅)과 범씨(范氏)・중항씨(中行氏)의 투쟁과 관계가 있고 춘추 만기의 것이라고 보고, 어떤 사람은 조환자(趙桓子) 가(嘉)가 조헌후(趙獻侯)를 쫓아내고 자립한 일과 관계가 있으며 전국 조기의 것이라고 생각한다(후자의 설을 주장하는 사람은 묵서로 된 맹서의 시대가 아마 비교적 이를 것이라고 본다). 70년대 말・80년대 초에 또 하남성(河南省) 온현(溫縣) 서장계촌(西張計村)에서 대량의 묵필로 쓴 맹서가 발견되었는데, 시대는 후마 맹서와 서로 가깝다(≪문물≫ 1983년 제3기). 30-40년대에 일찍이 이 일대에서 이러한 맹서가 발견된 적이 있는데, 당시 어떤 사람은 그것을 심양(沁陽) 옥간(玉簡)이라고 불렀다(서장계촌 일대는 당시 심양현에 속하였음).

다음에는 금문에 반영된 서주・춘추 시대의 문자 형체 연변의 상황을 간단히 소개하려고 한다.

서주 금문의 형체는 최초에는 거의 완전히 상대 만기 금문의 작풍을 답습하였다. 강왕(康王)・소왕(昭王)・목왕(穆王) 등의 시대에 이르러 자형은 점차 정제(整齊)·방정(方正)함으로 향하지만, 기타 방면에서는 변화는 여전히 크지 않다. 공왕(恭王)·의왕(懿王) 이후에야 변화가 비로소 급격하게 된다. 서주 금문의 형체 연변의 주된 추세는 선형화(線型化)·평직화(平直化)이다. 상대 만기와 서주 전기의 금문의 자형은 상형 정도가 여전히 비교적 높아서 구부러진 선이 매우 많고 붓자국은 굵은 것도 있고 가는 것도 있으며, 아울러 아직도 근본적으로 붓자국으로 볼 수 없는 모와 원 등의 모양을 드러내는 많은 둥근 덩어리를 포함하고 있어서 쓰는 데 매우 번거롭다. 이러한 상황을 고치기 위해서는 문자를 선형화·평직화시켜야만 하였다.

선형화란 굵은 붓을 가는 붓으로 바꾸고 방형·원형의 둥근 덩어리를 선으로 대체하는 등의 현상을 가리킨다. 예컨대 다음과 같다(아래에 인용한 여러 "火"자는 편방에서 취한 것이다).

| | 서주(西周) 전기<br>소왕(昭王)·목왕(穆王) 이전 | 서주(西周) 후기<br>공왕(恭王)·의왕(懿王) 이후 | 춘추(春秋) |
|---|---|---|---|
| 天(천) |  |  |  |
| 古(고) |  |  |  |
| 王(왕) |  | 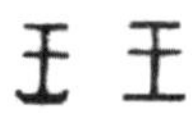 |  |
| 火(화) |  |  |  |

| | 서주 전기 | 서주 후기 | 춘추(春秋) |
|---|---|---|---|
| 隹(추) |  |  |  |
| 馬(마) |  | 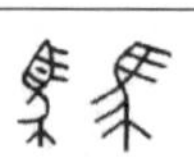 |  |
| 貝(패) |  |  |  |
| 自(비) |  |  |  |

평직화는 구부러지고 꺾인 상형적인 선을 잡아당겨 평평하게 하고, 서로 이어지지 않은 선을 연결하여 하나의 필획으로 만드는 등의 현상을 가리키는 것이다. 예컨대 위와 같다(위에 인용한 부분에서 "貝"자는 편방에서 취한 것이다).

이러한 변화를 겪고 나서 문자의 상형 정도는 현저하게 낮아져서 쓰기가 비교적 편하게 되었다.

춘추 시대의 각국의 금문은 처음에는 대체로 모두 서주 만기 금문의 서사 방법을 답습하였다. 후에 각 지역은 점차 자기의 특색을 형성하였다(하나의 지역은 진국(秦國)이 스스로 한 구역을 이루는 것처럼 하나의 국가일 수도 있고, 또한 제(齊)·노(魯) 등이 지금의 산동성 경내의 일부 국가가 하나의 구역을 이루고 초(楚)·서(徐)·오(吳) 등의 동남쪽 국가가 또한 하나의 구역을 이루는 것처럼 몇 개의 국가를 포함할 수도 있다). 각 지역의 금문의 특색은 주로 서사의 풍격에 나타나고, 자형의 구조는 대체로는 역시 서로 비슷하다. 이 때문에 다음에 언급하려고 하는 조전(鳥篆) 등 특수한 자체를 제외하면, 상호간의 차이는 결코 아주 큰 것은 아니다.

일부 춘추 중·만기의 금문에는 분명한 예술화의 경향이 나타난다. 예컨대, 어떤 동방과 남방 국가의 일부의 금문은 자형이 특별히 좁고 길며 필획을 왕왕 고의로 부드럽고 구부러진 형태로 만들었다.

|  |  |  |  |
|---|---|---|---|
| 丂(고) | 永(영) | 乍(작) | 月(월) |
| 제자중강박<br>(齊子仲姜鎛) | 서연아종<br>(徐沇兒鐘) | 채대맹희관부<br>(蔡大孟姬盥缶) | 오왕광감<br>(吳王光鑑) |

필획을 고의로 부드럽고 구부러진 형태로 만드는 것과 필획이 형체를 본떴기 때문에 구부러지고 꺾인 것처럼 보이는 것은 다른 것이다. 이러한 작풍은 도리어 문자의 상형 정도를 낮출 수 있다.

주로 춘추 만기에서 전국 조기에 이르는 동안에는 또 약간의 특수한 예술적인 자체가 유행한 적이 있다. 그 가운데 가장 중요한 것은 새의 형태 등 장식을 가한 조전(鳥篆)으로서 또한 조서(鳥書)라고도 불렸다. 예컨대, 다음과 같다.

|  |  |
|---|---|
| 王(왕)<br>월왕모(越王矛) | 用(용)<br>초왕과(楚王戈) |

그밖에도 또 벌레의 형태 혹은 기타 장식을 가한 자체도 있다.

|  |  |
|---|---|
| 之(지)<br>왕자괄이(王子遹匜) | 子(자)<br>왼쪽과 같음 |

이러한 새 모양·벌레 모양 등의 장식을 가한 예술적인 자체는 또 어떤 사람은 합쳐서 조충서(鳥蟲書)라고 부르는데, 주로 초(楚)·송(宋)·오(吳)·월(越) 등에 유행하였다.

위에서 말한 문자의 예술화의 기풍은 당시 일상적으로 사용하던 문자에 대해서는 그렇게 큰 영향은 없었던 것으로 생각된다.

서주·춘추 시대의 일반 금문의 자체는 대개 당시의 정체를 대표할 수 있는 것이다. 일부분의 비교적 거칠게 쓰여진 금문은 속체(俗體)의 약간의 상황을 반영하고 있다. 예컨대, 60년대에 무공현(武功縣)에서 출토된 2건의 <운궤(獖簋)> 뚜껑은 대략 서주 공왕(恭王)·의왕(懿王) 때의 그릇으로 같은 사람이 같은 때 만든 것이다. 명문의 내용은 서로 같지만 1건은 정제하게 쓰고 1건은 거칠게 써서 차이가 극히 분명하다(≪문물≫ 1964년 제7기, 26-27쪽). 명문 중의 "宀"(면)방(旁)은 정제한 1건은 ∩로 되어 있고, 거친 1건은 ∩로 되어 있으니, 마땅히 정체와 속체의 차이일 것이다. <운궤>보다 약간 늦은 동기에서는 설사 그 자체가 매우 정제한 명문이라고 하더라도 또한 대부분 "宀"방을 ∩이라고 썼는데 속체가 정체로 변한 것이다. 춘추 중기의 진(晉)의 동기인 <난서부(欒書缶)>의 명문은 자체가 동시대의 일반적인 금문과 비교적 분명한 차이가 있는데, 대개 역시 속체의 약간의 서사 방법을 받아들였을 것이다(그림 14, 515쪽). 부명(缶銘)의 "寚"(寶)자가 따르고 있는 "宀"은 ヘ로 되어 있는데 춘추 만기의 진(晉)의 <후마맹서(侯馬盟書)>에도 "守"·"宔"·"宗"·"定"·"宮" 등의 "宀" 방은 때로는 또 ヘ라고 썼다(≪후마맹서≫, 306, 314, 320쪽). 부명 외의 춘추 금문, 예컨대 <번군보(番君簠)>의 "寶"자·<주공학종(邾公釛鐘)>의 "寓"자도 또한 모두 "宀"을 ヘ이라고 썼다. "宀" 방의 이러한 서사 방법은 분명히 당시에 상당히 유행한 일종의 속체였을 것이다(전국 문자에서도 이러한 서사 방법을 자주 볼 수 있다).

마지막으로, 주문(籀文)의 시대 문제를 토론하려고 한다.

주문은 ≪사주편(史籀篇)≫ 중의 문자를 가리킨다. 전통적인 설명에 따르면, 사수(史籀)는 주선왕(周宣王, 선 827-전 782)의 사관(史官)이고, ≪사주편≫은 그가 엮은 자서(字書)이다. 이 자서에 사용된 자체를 후인들은 대전(大篆)이라고 불렀다(≪한서(漢書)·예문지(藝文志)≫, ≪설문(說文)≫). ≪사주편≫은 일찍이 이미 없어졌지만 그 가운데 일부분의 글자들의 자형은 아직 ≪설문≫에 보존되어 있다. 허신(許愼)은 ≪설문·서(敍)≫에서 그가 책을 엮은 체례(體例)는 "이제 전문(篆文)을 베풀고 고문(古文)·주문으로 합하였다(今敍篆文, 合以古·籀)"라고 하였다. "古·籀"는 고문과 주문을 가리키는 것이다(고문에 관해서는 다음 절 "六國文字"에 상세하게 보인다). ≪설문≫에 수록된 글자는 자형은 일반적으로 소전(小篆)을 주로 하였는데, 만약 고문과 주문의 서사 방법이 소전과 서로 다르면 고문과 주문을 아울러 채용하였다. 예컨대 다음과 같다.

> (子)…… 는 고문의 "子"로 "巛"를 따른 것은 머리털을 본뜬 것이다. 는 주문의 "子"로, 머리에 털이 있고 팔뚝과 정강이가 궤안(几案) 위에 있다는 뜻이다((子)……, 古文"子", 从"巛", 象髮也. , 籀文 "子", 囟有髮, 臂脛在几上也.).

만약 소전이 고문과 차이가 있으면 단지 고문만을 수록하였고, 고문과 차이가 없으면 단지 주문만을 수록하였다(≪설문≫에는 또한 주문이나 혹은 고문을 표제자로 삼고 소전을 뒤에 부록한 예도 있지만, 다만 그 수는 많지 않다). 허신이 본 ≪사주편≫은 이미 잔결되었기 때문에(≪한서 · 예문지≫에 따르면, ≪사주편≫은 본래 15편이었지만, 건무(建武)(광무제(光武帝)의 연호. 후 25-후 55) 때에 6편이 없어졌다), ≪설문≫중의 주문 자료는 불완전한 것이다. 금본에 의거하여 통계를 낸다면, ≪설문≫에 수록된 주문은 모두 220여 자이다(왕국유(王國維), <사주편소증(史籀篇疏證)> 참조, ≪해녕왕정안선생유서(海寧王靜安先生遺書)≫에 수록되어 있음).

전통적인 설명에 따르면, 주문은 마땅히 서주 만기의 문자이다. 근대의 고문자학이 일어난 후에는 주문의 시대에 대하여 회의가 일어났다. 청말의 오대징(吳大澂, 1835-1902)과 진개기(陳介祺, 1813-84)(곧 진보재(陳簠齋))는 이미 ≪설문≫에 수록된 주문 가운데 시대가 비교적 늦은 문자가 있다는 관점을 제기하였다.[2] 근인 왕국유(王國維, 1877-1927)와 당란은 모두 명확하게 주문은 동주(東周) 시대의 문자라고 주장하였다. 왕씨는 <사주편소증>과 <전국시진용주문육국용고문설(戰國時秦用籀文六國用古文說)>(≪관당집림(觀堂集林)≫, 권7)을 지어, 주문은 "작법이 대체로 좌우가 균일하고 약간 번잡하고 중복되어 상형(象形) · 상사(象事)의 뜻은 적지만 둥글게 돌고 모가 나게 꺾이는 뜻이 많다(作法大抵左右均一, 稍涉繁複, 象形象事之意少, 而規旋矩折之意多)"라고 하여, 체세(體勢)는 소전과 극히 가깝고 자형도 역시 이미 발견된 춘추 · 전국 시대의 진국(秦國)의 문자와 서로 같은 것이 많으므로, 마땅히 전국 시대의 진국에서 통행된 문자일 것이라고 보았으며, ≪사주편≫은 마땅히 "춘추 · 전국 사이에 진인(秦人)들이 지어서 학동(學童)들을 가르치던 책(春秋戰國之間秦人作之以教學童之書)"일 것이라고 보았다. 그는 또 사주는 사람의 이름이 아니라고 의심을 품고, ≪사주편≫의 첫째 구는 마땅히 "태사(太史)가 책을 읽다(太史籀書)"(주서(籀書)의 뜻은 곧 독서(讀書)임)로서 옛 사람들이 그 가운

---

2) 오대징(吳大澂)의 ≪설문고주보(說文古籀補)≫의 자서(自序)에는 ≪설문≫에 인용된 주문(籀文)은 어떤 것은 육서(六書)에 부합하지 않는데 주대 말기의 문자라고 보았다. 진개기(陳介祺)는 ≪설문고주보≫에 서문을 지었는데, 역시 "그러므로 주문은 지금의 <석고(石鼓)>와 같지 않은 것이 많다(故籀文則多不如今之<石鼓>)"라고 하였다(당시에는 대부분 <석고문>을 표준적인 대전(大篆)이라고 생각하였다).

데 두 글자를 취하여 책에 이름을 붙였기 때문에 "사주편"이라고 불렀을 것이라고 보았다. 당란 선생은 ≪중국문자학≫에서 주문은 "복잡하고 중복된 일종의 문자로서 서주의 여왕(厲王)·선왕(宣王) 시기의 문자와는 같지 않지만, 그러나 춘추 때로부터 전국 초기에 이르는 동기 문자와는 도리어 매우 접근되어 있다(是盡量繁複的一種文字, 和西周厲·宣期文字不一樣, 可是和春秋時到戰國初期的銅器文字卻很接近)"라고 하였다. 그는 사주는 바로 ≪한서·고금인표(古今人表)≫의 사류(史留)이고, "<고금인표>에는 사류를 춘추·전국 사이에 놓았는데 바로 ≪사주편≫의 진실하고 확실한 시대이다(<古今人表>把史留放在春秋戰國之際, 正是≪史籀篇≫的眞確時代)" (≪중국문자학≫, 155쪽)라고 보았다. 우리는 왕·당 두 사람의 설은 충분한 근거가 결여되어 있다고 생각한다.

먼저, 마땅히 지적해야 할 것은 주문의 자형은 결코 전부가 복잡하고 중복된 특징을 가지고 있는 것은 아니라는 것이다. 어떤 주문은 후의 소전보다 더욱 산난하나. 예컨대, "妣"는 "𡛷"라고 하였고, "薇"는 "𦱤"라고 하였으며, "蓬"은 "𦶃"이라고 하였고, "磬"은 "殸"이라고 하였다. 비교적 복잡하고 중복된 글자에 이르면, 그 구조는 왕왕 상대와 서주의 문자와 서로 부합한다. 예컨대 다음과 같다.

| | 주문(籀文) | 서주 금문 | 갑골문 |
|---|---|---|---|
| 囿(유) |  | |  |
| 登(등) |  |  |  |
| 員(원) |  |  |  |
| 則(칙) |  |  | |

주문의 서사 방법과 서로 비슷한 "囿"·"登"·"員"·"則" 등은 춘추·전국 시대의 문자 자료 중에서 확실히 볼 수 있다. 그러나 기왕에 이러한 서사 방법이 상과 서주 시대에 일찍 존재한 이상, 물론 이것으로 주문은 춘추·전

국 시대의 문자라는 것을 증명할 수는 없다.

주문 가운데 어떤 것들은 비교적 늦은 때에 의도적으로 더 번잡하게 한 글자로 보이는데, 사실은 역시 상당히 오래된 연원이 있다. 예컨대 다음과 같다.

| | 주문(籒文) | 서주 금문 |
|---|---|---|
| 孳(자) |  | <br>종주종(宗周鐘) |
| 矞(율) | <br>율(繘)자 편방 | <br>류생수(翏生盨) 율(遹)자 편방 |

주문 “次”자는 로 되어, 서사 방법이 진(秦)의 <석고문(石鼓文)> 중의 “次”방(旁)과 서로 같지만, <석고문>은 자체(字體)로 보면 대개 춘추 만기보다 이를 수가 없기 때문에 어떤 사람은 이 글자를 주문이 춘추 · 전국 사이의 진의 문자라는 하나의 증거로 삼았다. 1978년 보계(寶鷄)에서 춘추 조기의 진무공(秦武公, 전 697-전 678)이 만든 종(鐘) · 박(鎛)이 발견되었는데, 명문 중의 “次”방이 로 되어 주문의 “次”자와 기본적으로 서로 같다. 주선왕(周宣王)은 기원전 782년에 죽었으니, 단지 진무공보다 100년 정도가 이를 뿐이다. 주문 “次”자와 서로 비슷한 서사 방법은 주선왕 시대에 완전히 이미 존재했을 가능성이 있으며, 이 글자도 역시 주문이 늦게 나타났다는 증거로 삼을 수 없다는 것을 알 수 있다.

어떤 주문의 자형들은 비교적 이른 고문자 자료에서는 아직 발견되지 않는다. 그러나 우리가 현재 파악하고 있는 고문자 자료는 매우 유한하므로 현재 가지고 있는 비교적 이른 자료에서 이러한 글자들을 볼 수 없다고 해서 그것들이 당시에 또 존재하지 않았다고 단정할 수는 없다. 그러므로 우리는 주문의 시대를 뒤로 미루는 것은 충분한 근거가 결여된 것으로 보는 것이다. 근인들이 사주는 사람의 이름이고 사주는 바로 사류(史留)라는 등의 추측설을 믿기보다는 역시 예로부터 멀리 떨어지지 않은 한대 사람들의 옛 설을 믿는 것이 나을 것이다.

물론, ≪사주편≫의 자형은 서주에서 동한(東漢)까지의 전사(傳寫) 과정 중에 불가피하게 비교적 늦은 서사 방법의 약간의 영향을 받았을 것이다. ≪설문≫에 수록된 주문의 자형도 ≪설문≫이 전사(轉寫)되고 간각(刊刻)되는 과정에서 또한 약간의 와오(訛誤)가 생겼을 것이다. 예컨대, 고문자에서 편방 "又"를 "寸"으로 변화시키는 기풍은 춘추 만기에 이르러 비로소 유행하기 시작된 것 같지만(<석고문>·≪후마맹서≫가운데 약간의 예가 있는데 다시 위로 거슬러 올라가면 자료가 없다), 그러나 주문 (尌)(<석고문>은 "又"를 따르고 있다)와 (叟)는 도리어 모두 이미 "寸"을 따르고 있다. 그러므로 이러한 상황이 나타날 수 있는 것은 마땅히 후의 초사자(抄寫者)가 자기의 서사 습관에 따라 원래의 서사 방법을 개변시켰기 때문일 것이다. 우리는 이로 인하여 전체의 주문의 시대를 모두 뒤로 끌어내릴 수는 없다. 어떤 주문의 자형들은 분명히 이미 후인들에 의하여 쓰는 것이 대대적으로 벗어나게 되었다. 예컨대, "馬"는 라고 하고, "車"는 라고 한 것 등이 그것이다. 후자는 의심할 여지도 없이 서주 금문 중의 "車"자의 흔히 보이는 서사 방법인 의 와형(訛形)이다(손이양(孫詒讓), 1948-1908)의 ≪주경술림(籀廎述林)≫ 권3 <주문차자설(籀文車字說)>·왕국유의 <사주편소증> 참조). 이 와형은 바로 주문이 본래 서주 시대의 문자였음을 증명해 줄 수 있는 것이다. 왜냐하면 춘추·전국 시대에 여러 사람들은 모두 이미 간화된 "車"자를 사용하고 있기 때문이다.

춘추·전국 시대의 각국의 문자에서, 진(秦)의 문자는 서주 만기 문자에 대하여 행한 개변이 가장 작았는데, 이 점은 고문자학자들이 공인하는 것이다(본 장 제3·4 두 절을 참조). 진의 문자는 서주 만기로부터 전해진 ≪사주편≫과 서로 부합하는 것이 비교적 많은 것은 본래 매우 자연스러운 일이다. 왕국유가 이 때문에 ≪사주편≫은 진인들이 지은 자서라고 본 것은 이유가 불충분하다(용경(容庚, 1894-1983), ≪문자학형편(文字學形篇)≫, 41엽(葉) 뒤를 참조). 당란 선생은 이 점에서 왕씨보다 신중하여 결코 주문이 진의 문자라고 말하지 않았다.

춘추·전국 시대의 진 이외의 국가들의 문자에서 어떤 서사 방법이 비교적 특수한 자형들은 주문과 바로 서로 부합하는데, 예컨대 다음과 같다.

| | 주문(籒文) | 진(秦) 이외의 국가 문자 |
|---|---|---|
| 折(절) |  |  제후호(齊侯壺) |
| 嗌(익) |  |  후마(侯馬) 맹서(盟書)  제(齊) 원전(圓錢) 애(隘)자 편방 |
| 封(봉) |  |  제(齊) 도폐(刀幣) |

이 글자들은 진에서는 결코 이렇게 쓰지 않았다. 이러한 현상도 또한 ≪사주편≫이 진인이 지은 오로지 진 땅에서만 쓰던 자서일 리가 없다는 것을 설명해 준다(장광유(張光裕), <선진천폐문자변의(先秦泉幣文字辨疑)>, 3쪽 참조).

요컨대, 우리는 ≪사주편≫은 마땅히 한대 사람들이 말한 바와 같이 주선왕의 태사(太史) 주(籒)가 만든 자서(字書)로 주문은 바로 주선왕 시대의 문자이며, 단지 후의 전초(傳抄) 과정 중에 이미 약간의 와오가 생긴 것에 지나지 않는다고 본다. 근인들이 주문의 시대를 뒤로 미루는 설명은 성립될 수 없는 것 같다.

이른바 대전(大篆)은 본래 주문과 같은 시대가 소전보다 이르고 작풍이 소전과 서로 가까운 고문자를 가리켜 말한 것이다. 그러나 현대의 문자학을 연구하는 사람들이 대전이라는 명칭을 사용하는 상황은 비교적 혼란되어 있다. 어떤 사람은 대전으로 소전보다 이른 모든 고문자를 포괄하였고(옛 사람도 역시 이렇게 사용한 사람이 있다), 어떤 사람은 서주 만기의 금문과 <석고문> 등을 대전이라고 불렀으며(이것도 역시 비교적 오랜 방법으로, 석고(石鼓)의 어떤 글자의 서사 방법이 주문과 서로 부합하기 때문에 과거에 많은 사람들은 그것을 주선왕(周宣王) 때의 각석(刻石)이라고 보았다), 어떤 사람은 왕국유의 설명에 근거하여 춘추·전국 시대의 진의 문자를 대전이라고 불렀고, 당란 선생은 그 자신의 관점에 따라 "춘추 때로부터 전국 초기에 이르는 문자"를 대전이라고 불렀다. 오해를 피하기 위해서는 차라리 이러한 명칭을 사용하지 않는 것이 가장 좋다.

## 제3절 육국(六國) 문자

춘추 · 전국 사이에 중국 사회는 급격한 변화가 일어났다. 이것은 한자 형체의 연변에 대하여 막대한 영향을 주었다. 춘추 이전에 귀족 계급은 경제 · 정치 · 문화 등 방면에서 모두 통치 지위를 차지하였고, 문자도 물론 역시 그들이 독점하고 있었다. 춘추 · 전국 사이에, 옛 귀족 계급은 점차 신흥 계급이 대신하게 되었고 문자가 민간으로 확산되기 시작하였다. 전국 시대에 들어온 이후에는 경제 · 정치 · 문화 등 방면의 커다란 변화와 비약적인 발전에 따라서 문자의 응용도 갈수록 점점 넓어졌고, 문자를 사용하는 사람도 또한 갈수록 점점 많아졌기 때문에 문자의 형체는 전에는 없던 급격한 변화가 일어났다. 이것은 주로 속체자의 급속한 발전에 나타난다.

춘추 시대의 각각의 주요한 국가 가운데 종주(宗周)의 옛 땅에 수립된 진(秦)은 서주 왕조에서 사용한 문자의 전통을 가장 충실하게 계승한 나라였다. 전국 시대에 들어온 이후, 진은 원래 비교적 낙후되고 또 서쪽 벽지에 처하여 각방면의 발전도 동방(함곡관(函谷關) 동쪽을 가리킴)의 여러 나라보다 한 걸음 뒤떨어져 있었기 때문에 문자의 급격한 변화도 역시 비교적 늦게 시작되었다. 진의 문자에서는 대략 전국 중기로부터 속체(俗體)가 비로소 발전되기 시작하였다. 정체와 속체의 관계에서 진의 문자는 동방 각국의 문자와 역시 서로 다른 특징이 있다. 동방 각국의 속체의 자형은 전통적인 정체와의 차이가 왕왕 매우 컸고, 또 속체가 매우 광범하게 사용되었기 때문에 전통적인 정체는 거의 이미 충격을 받아 궤멸될 정도였다. 진의 속체는 비교적 방절(方折) · 평직(平直)한 필법으로 정체를 개조하는 데 편중되어 그 자형은 일반적으로 정체와는 분명한 관련이 있었다. 게다가 전국 시대의 진의 문자의 정체는 후에 소전(小篆)으로 연변되고 속체는 발전하여 예서(隸書)가 되었다. 속체는 비록 정체에 대하여 영향이 없었던 것은 아니지만 시종 정체의 계통을 문란시키지는 않았다. 전국 시대의 동방 각국에 통행된 문자는 서주 만기와 춘추 시대의 전통적인 정체와 서로 비교하면 거의 이미 면모가 전혀 달랐다. 그러나 전국 시대의 진의 문자에서는 옛 전통을 계승한 정체가 도리어 여전히 중요한 지위를 견지하고 있었다. 그러므로 당란 선생은 전국 시대의 진의 문자를 동방 각국의 문자와 구별하여, 전자는 춘추 시대의 진의 문자·진대(秦代)의 소전과 합하여 진계(秦系) 문자라고 부르고, 후자는 육국(六國) 문자라고 불렀다. 이른바 "육국 문자"는 그 범위는 실제로는 결코 제(齊)·초(楚)·연(燕)·삼진(三晉)의 여섯 나라의 문자에 국한되지 않고, 동방 각국의 문자를 전부 그 안에 포함시키는 것이다. 본 절에서는 오로지 육국 문자만을 말하고 진계 문자는 다음 절에서 말하려고 한다.

먼저, 육국 문자의 자료를 소개한다. 전국 시대가 남겨놓은 실물상의 문자 자료는 종류가 비교적 많은데, 다음에 내용이 비교적 풍부한 몇 가지를 항목으로 나누어 소개한다.

### 1) 금문(金文)

서주 후기에서 전국 조기까지 동기 명문 가운데 익히 보이는 내용은 결코 그렇게 큰 변화는 없고, 주로 그릇의 주인이 그릇을 만든 이유 및 자손이 기물을 보유하기를 축원하는 등을 서술한 말이다. 1978년 호북성(湖北省) 수현(隨縣)(지금의 수주시(隨州市))에 위치한 전국 초년의 증후을묘(曾侯乙墓)에서 명문이 있는 여러 벌의 편종(編鐘)이 발견되었다. 명문의 총 자수는 2,800자에 가깝다. 내용은 거의 완전히 음률(音律)을 말한 것이다(≪문물≫ 1978년 제7기). 이것은 선진(先秦) 금문 중의 하나의 특례이다. 전국 중기로부터 전통 형식의 동기 명문은 현저히 감소되고 "물건에 공인(工人)의 이름을 새기는"(物勒工名) 식의 명문이 대량으로 나타났다. 이러한 명문은 자수가 일반적으로 많지 않고 기록된 것은 주로 그릇을 만든 해·그릇 만들기를 주관한 관리와 그릇을 만든 공인(工人)의 이름 등등이다. 병기(兵器) 명문은 이러한 명문 가운데 상당히 큰 비중을 차지하고 있다(그림 15, 516쪽). 구식의 장편 명문은 전국 중기 이후에도 여전히 자취를 감추지 않았다. 70년대에 하북성(河北省) 평산현(平山縣)에서 기원 전 4세기 말기의 중산왕묘(中山王墓)가 발견되었다. 무덤에서 출토된 철족(鐵足) 동정(銅鼎)에는 469자에 달하는 명문이 있고, 동방호(銅方壺)에는 450자에 달하는 명문이 있다(≪문물≫ 1979년 제1기)(그림 16, 517쪽).

춘추 이전에는 동기 명문은 절대부분은 기물 위에 주조(鑄造)된 것이지만, 전국 중기 이후에는 왕왕 기물을 완성한 후에 칼로 새긴 것인데 위에서 든 중산왕의 동기상의 장편 명문도 역시 칼로 새긴 것이다.

### 2) 새인(璽印) 문자

전국 시대의 각국의 관(官)·사(私)의 새인은 남겨진 것이 그 수가 매우 많다(진시황(秦始皇) 전에는 일반 사람들이 사용하는 인장도 역시 새(璽)라고 불렀다). 그러므로 새인도 또한 전국 문자를 연구하는 중요한 자료이다(그림 17, 518쪽). 고서의 기록에 따르면, 늦어도 춘추 시대에는 이미 관새(官璽)를 사용하기 시작하였지만 그러나 이미 발견된 선진의 옛 새인에는 아직 춘추 시대에 속하는 것이라고 확실히 꼽을 만한 것이 없는 것 같다.

전국의 새인은 대다수는 동인(銅印)이고, 그밖에 비교적 흔히 보이는 것은 또 은인(銀印)·옥인(玉印) 등이 있다. 제·초·삼진 등의 옛 새인은 "璽"자를 "鉨"라고 쓴 것이 많다. 이 글자는 ≪강희자전(康熙字典)≫ 등의 옛 자서에는 보이지 않지만, 근대의 금석학자와 고고학자의 저서에서는 도리어 항상 볼 수 있다(≪현대한어사전(現代漢語詞典)≫에는 이미 이 글자가 수록되어 있다).

### 3) 화폐(貨幣) 문자

주폐(鑄幣)는 중국에서 춘추 시대로부터 응용되기 시작하여 전국 시대에 이르러서는 이미 많은 지방에서 대량으로 유통되었다. 이미 발견된 선진의 주폐의 절대부분은 전국 시대의 청동폐이다. 동방 각국의 동폐의 형제(形制)는 비교적 복잡하지만, 포(布)(삽 모양을 본뜬 것임)·도(刀)·원전(圓錢)·의비전(蟻鼻錢)(바다 조개의 모양을 본뜬 것임)의 4대류로 나눌 수 있다. 포는 주로 삼진(三晉)과 연(燕)에서 통용되었고, 도는 주로 제(齊)·연·조(趙)에서 통용되었다. 원전은 비교적 늦게 나타났는데, 삼진·제·연에 두루 사용된 적이 있는 것 같다. 의비전은 단지 초(楚)에서만 통용되었다. 초에서는 또 일종의 판상(版狀) 금폐(金幣)가 유행되었는데, 사용할 때 수시로 무게를 달았으므로 비록 문자가 주조되어 있지만 사실은 결코 진정한 주폐는 아니었다. 어떤 사람은 그것을 인자금(印子金)이라고 부르고, 또 어떤 사람은 그것을 "영원(郢爰)"(이러한 금폐상의 인문(印文)은 다수가 "영칭(郢稱)"이라고 되어 있다. 과거에는 "稱"자를 "爰"으로 잘못 해석하였는데, 일본 학자 하야시 미나오(林巳奈夫)가 처음으로 "稱"이라고 고쳐서 해석하였다)이라고 불렀다(그림 18 · 19, 518쪽 · 519쪽).

육국 화폐의 다수에는 땅 이름이 주조되어 있는데 마땅히 화폐를 발행한 도시의 이름일 것이다. 어떤 것은 또 무게 혹은 값을 표시한 문자가 주조되어 있다. 어떤 화폐는 의비전상의 문자와 같이 함축된 뜻이 아직도 그렇게 명백하지는 않다.

### 4) 도문(陶文)

전국 시대의 도기에는 왕왕 문자가 있다. 이미 발견된 도문에서 다수는 도기를 굽기 전에 새인으로 누른 것이고(인문(印文)은 대부분 도공의 이름이다), 소수는 굽기 전이나 혹은 구워서 완성한 후에 새겨 넣은 것이다(그림 20, 520쪽). 그러므로 대부분의 도문은 사실은 새인 문자이다. 이미 발견된 동방 국가의 도문에는 제와 연 두 나라의 수가 가장 많다.

### 5) 간백(簡帛) 문자

중국은 식물의 섬유인 종이를 사용하기 전에는 오랫동안 간(簡)과 백(帛)을 주요한 서사 재료로 사용하였다. 간은 늦어도 상대(商代) 초기에 이미 사용하였고, 백은 서사 재료로서는 아마 약간 늦을 것이다. 간과 백은 모두 손상 · 부패되기가 매우 쉽기 때문에 조기의 간백 문자는 매우 보존하기 어려웠는데, 이미 발견된 간백 문자는 전국 시대의 것이 가장 이르다.

서진(西晉) 때 일찍이 급군(汲郡)(지금의 하남성(河南省) 급현)에서 전국 시대의 위묘(魏墓)가 발견되어 대량의 죽간이 출토되었는데, 그 가운데 ≪기년

(紀年)≫·≪목천자전(穆天子傳)≫등 완전한 책이 있었다. 애석하게도, 이 죽간상의 문자의 원래 모양은 보존되지 않았다. 50년대 이래 호남성(湖南省) 장사시(長沙市)·상덕시(常德市)·임례현(臨澧縣)·자리현(慈利縣)·하남성(河南省) 신양시(信陽市)와 호북성(湖北省) 강릉현(江陵縣)·형문시(荊門市) 등의 약간의 초묘(楚墓)에서 죽간이 발견되었다. 1986년에서 1987년까지 발굴된 형문시 "포산(包山) 2호" 초묘에서 200매(枚) 정도의 죽간이 발견되었는데, 총자수는 1만 2천 여 자로서 이미 발견된 전국 간(簡) 중에서 수가 가장 많은 것이다(≪문물≫ 1988년 제5기. 죽간 수와 자수에 관해서는 ≪포산초간(包山楚簡)≫, 문물출판사, 1991년을 참조)(그림 21, 520쪽). 1978년에는 일찍이 위 글에서 언급한 적이 있는 전국 초년의 증후을묘(曾侯乙墓)에서 200여 매의 죽간이 발견되었다. 증(曾)은 초에 부속된 소국(小國)으로, 문자의 작풍이 초 나라와 기본적으로 서로 같기 때문에 증후묘의 죽간도 역시 초간으로 볼 수 있다. 전국 시대의 기타 국가들의 간은 아직 발견된 적이 없다.

이미 발견된 초간은 모두 붓으로 먹을 적셔 쓴 것으로, 다수는 부장된 기물 혹은 송장(送葬) 거마(車馬)에 관한 기록이고, 그밖에 또 점복의 기록과 "사법(司法) 문서(포산묘(包山墓)에 보임)와 시일(時日)에 관한 점서(占書) 등이 있다.

편(篇)으로 된 문자가 있는 전국 백서는 지금까지 단지 1건만이 발견되었는데 역시 초나라에 속하는 것이다. 이 백서는 대략 1942년 장사(長沙)의 한 초묘에서 도굴된 것으로 일찌감치 미국으로 흘러 들어갔다. 백서에는 900여 개의 붓으로 쓴 문자 및 약간의 문자와 짝지은 채색(彩色) 도상(圖象)이 있는데, 천문(天文)·사시(四時)와 관계가 있는 신화(神話)와 금기(禁忌) 등을 말한 것이다(그림 22, 521쪽).

이상에서 서술한 각 조항 외에, 육국 문자의 실물 자료에는 또 약간의 금·은·칠(漆)·나무·옥·돌 등 물품상에 보이는 문자 및 개별적인 각석(刻石)이 있지만, 여기서는 일일이 설명하지 않는다(그림 23, 521쪽).

다음에는 다시 ≪설문≫·삼체석경(三體石經) 등에 보존되어 있는 육국 문자 자료 곧 이른바 "고문(古文)"을 소개한다.

위 절에서 이미 말한 바와 같이, ≪설문≫에는 소전 외에도 또 일부분의 고문과 주문이 수록되어 있다. ≪설문・서≫의 설명에 따르면, ≪설문≫에 수록된 고문의 주된 내원은 서한 시대에 공자(孔子)의 옛 집의 담과 벽에서 발견된 것과 장창(張蒼) 등이 바친 것으로서 고대 문자로 베낀 유가 경전이다(≪상서(尙書)≫・≪춘추좌씨전(春秋左氏傳)≫ 등이 포함되어 있었음). ≪설문・서≫에는 "선왕(宣王) 태사(太史) 주(籒)가 대전 15편을 지었는데 고문과 간혹 달랐다. 공자(孔子)가 ≪육경≫을 쓰고 좌구명(左丘明)이 ≪춘추전≫을 서술하는 데 이르러서는 모두 고문으로 하였는데 그 뜻을 말할 수 있다(及宣王太史籒箸大篆十五篇, 與古文或異. 至孔子書≪六經≫, 左丘明述≪春秋傳≫, 皆以古文, 厥意可得而說)"라고 하였다. 이것으로 허신(許愼)이 고문으로 주문보다 이른 옛 자체를 지칭한 것임을 알 수 있다. 허신은 비록 고문 경서의 서사 시대는 ≪사주편≫보다 늦지만 그것들에 사용된 자체는 도리어 주문보다 이른데, 왜냐하면 공자 등은 의도적으로 비교적 오래된 자체로 경서를 베꼈기 때문이라고 본 것이다.

근대 고문자학이 일어난 후에, 고문이 주문보다 이르다는 설명은 회의를 불러일으켰다. 왜냐하면 ≪설문≫에 수록된 고문은 갑골문과 서주・춘추의 금문과는 모두 서로 가깝지 않지만, 그러나 육국 문자와는 도리어 왕왕 부합하기 때문이다. 예컨대 아래와 같다.

| | ≪설문(說文)≫ 고문(古文) | 육국(六國) 문자 |
|---|---|---|
| 鞭(편) |  |  |
| 棄(弃)(기) |  |  |
| 明(명) |  |  |
| 恆(亙)(긍) |  |  |

우리가 현재 쓰고 있는 간화자 "弃"는 고문에서 나온 것이다. "明"자는 갑골문에서는 "囧"을 따르고 "月"을 따르는 것과 "日"을 따르고 "月"을 따르는 두 가지 서사 방법이 있지만, 서주・춘추 금문과 소전은 모두 "囧"을

따르고 "日"을 따르지는 않았다(본 장 제5절 참조).

또 갑골문이 발견되기 전에 오대징(吳大澂)은 ≪설문고주보(說文古籒補)≫의 자서(自序)에서 이미 ≪설문≫의 고문이 주대 금문과 부합하지 않는 현상에 근거하여 허신의 이른바 고문은 실제로는 주대 말기의 문자라는 관점을 제기하였다. 그는 "생각건대, 허씨는 벽 속의 책을 고문이라고 하였지만, 모두 주말 7국 때 지은 것으로 언어는 소리가 다르고 문자는 형체가 다르니 다시는 공자의 ≪육경≫의 옛 죽간이 아니라고 의심된다(竊謂許氏以壁中書爲古文, 疑皆周末七國時所作, 言語異聲, 文字異形, 非復孔子六經之舊簡)"라고 하였다. 진개기(陳介祺)는 ≪설문고주보≫를 위하여 쓴 서문에서 역시 "의심컨대, 공자의 벽 중의 고문 경전은 역시 주대 말기 사람이 전사한 것이기 때문에 …… 고문은 지금의 옛 종정(鐘鼎)과 닮지 않은 것이 많다(疑孔壁古經亦周末人傳寫, 故 …… 古文則多不似今之古鐘鼎)"라고 하였다. 한대 사람들이 수집한 고문 경서는 분명히 진대에 책을 불태울 때 숨겨놓았던 것이다. 오·진 두 사람이 이 경서들은 주대 말기 사람들이 당시의 문자로 베낀 책이라고 본 것은 매우 합리적이다. 후에, 왕국유는 또 대량의 자료에 근거하여 이른바 고문이란 전국 시대의 동방 국가의 문자라고 단정하였는데, 그 설은 <동향서씨인보서(桐鄉徐氏印譜序)>(≪관당집림(觀堂集林)≫, 권6)·<전국시진용주문육국용고문설(戰國時秦用籒文六國用古文說)>(같은 책, 권7) 등의 글과 1926년 고문 문제에 관하여 용경(容庚)에게 답한 편지(≪왕국유전집(王國維全集)·서신(書信)≫, 436-438쪽. 이 서신이 쓰여진 시간은 1925년과 1926년의 두 가지 설이 있다.)에 보인다. 왕씨가 주문은 진(秦)의 문자라고 본 것은 사실은 따를 수 없지만, 그러나 그의 고문에 대한 관점은 정확한 것이다. 근 수십 년래 출토된 대량의 육국 문자 자료는 왕씨의 설명에 매우 많은 증거를 보태주었다.

한대의 경학가들은 고문에 대한 태도가 서로 달랐기 때문에 두 파로 나뉘었다. 한 파는 고문에 대하여 회의·부정의 태도를 취하여 단지 금문본(今文本) 경서, 곧 대대로 서로 전해진 한대에 통행하던 예서로 쓴 경서만이 비로소 믿을 수 있다고 보았다. 한 파는 고문을 믿고 고문본 경서를 숭앙하였다. 허신은 고문경학파에 속했기 때문에 그의 고문에 대한 관점은 결코 개인의 사견이 아니라 이 학파의 공통된 견해였다. 고문 경서는 일찍 한대 초기에 이미 나타나기 시작하였지만, 그러나 고문경학파는 서한 말기에 이르러서야 비로소 정식으로 형성되었다. 당시는 진시황이 문자를 통일한 때로부터 이미 200년쯤 지났으므로 사람들은 육국 문자에 대하여 일찍 익숙하지 않게 되었다. 고문자가 주문과 서로 다른 것을 보고 그것을 주문보다 더욱 오래된 일종의 자체라고 생각하게 되었던 것이다. 물론 고문 경학가가 이러한 잘못된 결론을 얻을 수 있었던 까닭은 또한 완전히 인식상의 원인 때문으로 보이지는 않고, 고문경의 지위를 극력 높이려고 했던 그들의 심리도 아마 역시 작용했을 것이다.

조위(曹魏)의 정시(正始, 240-248) 연간에 정부는 ≪상서(尙書)≫ · ≪춘추(春秋)≫의 두 가지 경서를 비석에 새겼다. 매 글자마다 모두 고문(古文) · 소전(小篆) · 예서(隸書)의 세 가지 자체로 세 번이나 썼다. 이것이 바로 이른바 정시석경(正始石經)으로 또한 삼체석경(三體石經) 혹은 삼자석경(三字石經)이라고도 부른다. 삼체석경의 고문은 ≪설문≫의 고문과 서로 비슷하니, 마땅히 하나의 원천에서 함께 나왔을 것이다. 삼체석경은 당대(唐代)에 이미 파괴를 당하였다. 송대 사람들은 일찍이 잔석(殘石)을 발굴하였고(문자의 모본(摹本)은 남송 홍괄(洪适, 1117-1184)이 엮은 ≪예속(隸續)≫에 보인다), 청대 말기 이래 또한 계속 약간의 잔석이 발견되었다(그림 24, 521쪽).

≪설문≫과 삼체석경 잔석상의 고문은 전국 문자를 연구하는 중요한 자료이다. 고문 경서는 원래 모두 간책(簡冊)에 쓴 것이었다. 그러므로 이러한 고문은 사실 간백 문자이고, 여러 번 전사(傳寫)를 거쳤기 때문에 불가피하게 약간의 잘못이 생겨나게 되었다.

고문은 또 "과두문(蝌蚪文)"이라는 별명이 있다. 이것은 고문의 붓자국은 일반적으로 모두 앞은 굵고 뒤는 가늘거나 혹은 두 끝은 가늘고 중간은 굵게 써서 모양이 대략 올챙이를 닮았기 때문이다. 과거에 어떤 사람들은 이러한 필법은 고문에 원래 있었던 것이 아니라 고문을 모사(摹寫)한 사람이 만들어 낸 것이라고 보았다. 그러나 유사한 필법을 초간(楚簡)에서도 또한 볼 수 있다. 고대의 고문을 모사한 사람이 결코 근거없이 멋대로 만들어 낸 것이 아니라 단지 이러한 필법의 특징을 약간 과장하고 아울러 그것을 제도화시킨 것에 지나지 않는다는 것을 알 수 있다.

다음에 육국 문자의 형체상의 특징을 간단하게 말하려고 한다.

육국 문자의 형체상의 가장 현저한 특징은 속체의 유행이었다. 속체 가운데 가장 흔히 보이는 것이 간체(簡體)이다. 예컨대 다음과 같다.

| | | | |
|---|---|---|---|
| 馬(마) | 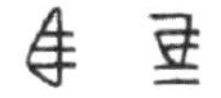 | 爲(위) | 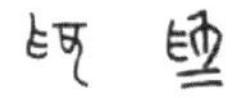 |
| 晉(진) | 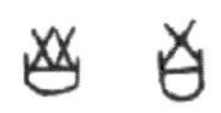 | 獻(헌) |  |
| 侯(후) |  | 區(구) |  |
| 樂(락) |  | 사(糸) 편방 |  |

앞에서 든 바 있는 "弃"자도 역시 하나의 간체자이다. 간체의 유행은 문자의 사용이 갈수록 빈번하였다는 것을 반영한 것이다. 육국 문자의 붓자국은 보통 춘추 이전의 문자보다 평직(平直)하다는 것은 위에서 든 몇 가지 예에서 볼 수 있다. 이것도 역시 일종의 간화(簡化)이다.

다른 한편으로는, 육국 문자에도 역시 약간의 점획 혹은 편방을 가하는 번화(繁化) 현상도 나타나게 되었다. 예컨대 아래와 같다.

| | | | |
|---|---|---|---|
| 平(평) | 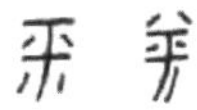 | 縈(영) |  |
| 防(방) |  | 後(후) | 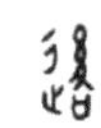 |

물론 간화에 비하면 이러한 현상은 덜 중요하다.

대량의 상당히 급격한 간화 현상 및 수가 아주 적다고 할 수 없는 번화 현상이 있기 때문에 육국 문자의 면모는 서주 만기와 춘추 시대의 문자와는 매우 서로 달라지게 되었다. 그러나 육국 문자의 어떤 특수한 자형들은 사실은 비교적 이른 시대에 이미 나타났던 속체로서, 단지 당시에 전국 시대와 같이 유행하지 않았을 뿐이다. 제(齊)의 문자의 "安"자가 바로 한 가지 예이다. 서주 시대의 <격백궤명(格伯簋銘)>은 자체가 매우 거칠고 명문 중의 "安"자는 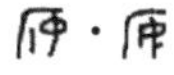 등으로 써서 일반적인 서주 금문의 "安"자의 서사 방법과는 서로 다른데, 마땅히 당시의 일종의 속체였을 것이다. 전국 시대의 제의 문자 중의 "安"자가 · 등으로 되어 있는 것은 분명히 이러한 속체에 기원했을 것이다(장광유(張光裕), <선진천폐문자변의(先秦泉幣文字辨疑)>, 116쪽). 또 예컨대 전국 시대의 연(燕)의 문자는 흔히 "宀"(면)방을 "人"으로 간화하였는데, 이러한 간화 방법은 늦어도 춘추 중기의 진(晉)의 문자에 이미 나타난다(위 절 참조).

속체가 유행한 외에, 육국 문자는 또 하나의 현저한 특징이 있으니 각국 문자는 형체가 다르다는 것이다.

춘추 시대의 문자에는 지방성을 띤 이체가 이미 나타났다. 예컨대, 금문으로 본다면 제(齊)·노(魯)·설(薛)·주(鑄)·기(杞) 등 현재의 산동성 경내에 있던 일부분의 국가에서는 "老"자의 머리를 · 등으로 쓰기 좋아하였다. 기타 지역에서는 이러한 서사 방법은 통행되지 않았다. 전국 시대에 문자는 급격하게 변화하였고 각국의 변화의 상황도 또 왕왕 같지 않았기 때문에(위에서 든 간화와 번화의 예는 대부분 단지 하나의 혹은 일부분의 국가에 보일 뿐이다), 지방성을 띤 이체가 대대적으로 증가하게 되었다. 육국 문자는 진계(秦系) 문자와 차이가 매우 클 뿐만 아니라 육국 문자 서로 간에도 역시 현저한 차이가 있었다(다만 삼진(三晉) 문자만은 서로 비교적 접근되어 있으므로 아래 글에서는 잠깐 삼진을 하나의 단위로 처리한다).

전국 중기 이후의 문자 자료로 본다면, 어떤 글자들은 서로 다른 국가에서 매우 다른 서사 방법이 있었다. 예컨대 다음과 같다(아래에 인용한 일부분의 "者"자는 편방에서 취한 것이다).

| | 진(秦) | 초(楚) | 제(齊) | 연(燕) | 삼진(三晉) |
|---|---|---|---|---|---|
| 都(도) |  |  |  |  | 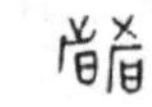 |
| 市(시) |  |  |  |  |  |

또 예컨대, 연에서는 "中"을 이라고 썼고(중산왕묘(中山王墓)에서 나온 도끼[鉞]에는 으로 되어 있다. "中"은 본래 으로 되어 있었는데, 대개 먼저 으로 간화되고, 또 으로 간화되었을 것이다), 제에서는 "馬"를 로 썼고, "大"를 로 썼으며("去"와 서로 혼동되었다), 삼진에서는 "隹"를 로 썼고, 초에서는

"隹"를 로 쓰는 등은 모두 매우 특수한 것이다.

때로는 같은 한 글자에 사용된 편방이라도 서로 다른 국가의 문자 중에서는 일치하지 않았다. 예컨대, 예서 · 해서의 "廚"(주)자는 진계(秦系) 문자에서 온 것으로 "广"(엄)을 따르고 "尌"성이었다. 이 글자는 초에서는 "脰"라고 하여 "肉"을 따르고 "豆"성이었으며, 삼진에서는 간혹 "胅" · "床"라고 하여 "肉" 혹은 "广"을 따르고 "朱"성이었다. 그밖에 또 같은 하나의 사(詞)라도 서로 다른 국가에서 혹은 본자를 사용하거나 혹은 가차자를 사용하는 경우와 서로 다른 국가에서 서로 다른 가차자를 사용하는 현상을 볼 수 있다. 예컨대, "門"자는 본래 이라고 하여 하나의 흔히 사용하는 표의자이지만, 그러나 어떤 국가들은 도리어 가차자로 그것을 대체하기를 좋아하여, 제에서는 "聞"으로 "門"을 대신하였고, 연 · 중산(中山)에서는 "閔"으로 "門"을 대신하였다. 삼진에서는 때로는 "門"을 "閅"이라고 썼는데 "門"의 이체인지 아니면 가차자인지 알 수 없다. 위에서 든 "廚"자는 삼진 지역(주(周)를 포함한다)의 문자에서는 또한 가자사 "朱"를 사용한 예가 있다.

≪설문 · 서≫에는 전국 시대의 각국은 "문자는 형체가 달랐다(文字異形)"라고 하였다. 위에서 말한 상황으로 본다면, 허신의 말은 실제에 부합하는 것이다. 물론, 이것은 결코 전국 시대의 각 국가의 문자는 상호 영향이 없었다는 일면을 말하는 것도 아니고, 더욱 매 글자마다 각국의 문자에서는 모두 형체가 같지 않았다고 말하는 것도 아니며, 전국 시대에 자형이 지역에 따라 다른 현상이 매우 심각하여 전후의 각 시대를 훨씬 뛰어넘는다는 것을 말하는 것이다. 진시황이 천하를 통일한 후에, 육국 문자로서 진의 문자와 부합하지 않는 이체는 모두 폐기되었기 때문에 그것들은 후세의 한자에 대하여 현저한 영향은 없었다. 근래, 어떤 사람은 진시황이 문자를 통일한 작용을 부정하기 위하여 전국 시대에 심각한 문자이형(文字異形)의 현상이 있었다는 것을 부정하였다. 이러한 설명은 사실과 부합하지 않는다.

육국 문자에서 정체(正體)와 속체(俗體)의 관계는 비교적 복잡하다. 어떤 속체자는 거의 이미 완전히 원래의 정체자를 밀어내 버렸다. 예컨대 위에서 든 바 있는 제(齊) 나라의 문자 가운데 "厂"(엄)을 따르고 있는 "安"자가 그것이다. 이러한 속체도 또한 이미 전변(轉變)하여 정체가 된 것이라고 볼

| | 馬(마) | 金(금) | 則(칙) |
|---|---|---|---|
| 악군계절(鄂君啓節) |  |  |  |
| 망산(望山) 죽간(竹簡) | 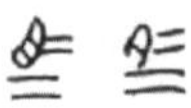 |  | <br>측(惻)자 편방 |

수 있다. 어떤 속체자는 여전히 정체자와 함께 존속하고 있었다. 왕국유는 일찍이 제나라의 <진후오대(陳侯午敦)>(그림 25, 522쪽)·<진후인제대(陳侯因脊敦)>는 "종묘의 중요한 그릇으로, 그 제작 및 문자가 특히 엄숙하기(係宗廟重器, 其制作及文字自格外鄭重)" 때문에 자체가 도기·병기·화폐와 새인상의 문자와 다른 바가 있음을 지적하였다(왕씨가 1926년 용경(容庚)에게 답한 편지, ≪왕국유전집·서신≫, 437쪽. 진후오(陳侯午)는 곧 전제(田齊)의 환공(桓公)이고 진후인제(陳侯因脊)는 곧 제위왕(齊威王)이다). 초의 문자에도 역시 유사한 상황이 있다. 예컨대, 회왕(懷王) 때 주조한 <악군계절(鄂君啓節)>(국가가 악군(鄂君) 계(啓)의 상대(商隊)를 위하여 발급한 관진(關津)을 지날 때 사용한 부절(符節))은 명문의 자체가 비교적 정제되어 있다(그림 26, 522쪽). 시대가 서로 가까운 강릉(江陵) 망산(望山) 1·2호 초묘(楚墓)에서 나온 죽간은 자체가 비교적 간솔(簡率)하다. 어떤 글자들의 서사 방법은 서로 간에 분명히 서로 다르다. 예컨대 오른쪽과 같다.

오른쪽에 든 각 글자·절명(節銘)의 서사 방법은 서주·춘추의 금문과 상당히 접근되어 있지만 죽간의 글자는 매우 다르다(죽간의 글자 "馬"자의 서사 방법은 삼진과 서로 비슷하니 삼진의 영향을 받았을 가능성이 있다). 이것은 바로 정체와 속체의 구별을 반영하는 것이다.

각국의 정체는 모두 서주·춘추의 문자와 비교적 접근되어 있기 때문에 그것들 사이의 공통성도 또한 비교적 많다. 그러나 우리가 볼 수 있는 육국의 문자 자료에는 거의 한 가지도 속체의 분명한 영향을 받지 않은 자료를 찾아낼 수 없다. 예컨대, 왕국유가 "종묘의 중요한 그릇"이라고 부른 <진후오대>는 앞에서 든 바 있는 "獻"자의 간체를 사용하였다. 방금 언급한 <악군계절>에도 역시 (爲)·(鑄) 등의 간체를 사용하였다. 그러므로 우리는 앞에서 육국 문자에서 전통적인 정체는 거의 이미 속체에 의하여 충격을 받아 궤멸되어 버렸다고 말한 것이다.

수현(壽縣)에서 발견된 전국 말기 초왕(楚王)의 묘에서 나온 동기에는, 설사 <웅한정(酓忎鼎)>(초유왕(楚幽王) 웅한(熊悍)이 만든 그릇) 등과 같은 대형의 종묘 중기(重器)라도 명문은 역시 손이 가는 대로 새겼으므로 작풍이 초의 죽간과 서로 비슷하다. 이 커다란 솥의 명문에도 역시 "爲"·"鑄" 등의 글자의 간체를 사용하였고("鑄"는 [illegible]라고 하여 <악군계절>보다 더욱 간단하다), "銅"자의 "金"방의 서사 방법도 또한 위에서 든 망산(望山) 죽간의 "金"자와 서로 같다(그림 27, 522쪽). 같은 무덤에서 나온 <웅원반(熊元盤)>의 명문은 "문각서(蚊脚書)"와 같은 종류의 예술체이다. 이러한 예의(銳意) 정묘함을 추구하는 명문까지도 또한 마찬가지로 "爲"자의 간체를 사용하였고, 게다가 또 "楚"자가 따르고 있는 두 개의 "木"을 하나는 생략해 버렸다(그림 28, 522쪽). 전국 만기에는, 적어도 어떤 국가들에서는 속체자가 이미 매우 커다란 정도에서 전통적인 정체자를 대신하게 된 것으로 보인다.

## 제4절 진계(秦系) 문자

진계(秦系) 문자는 춘추·전국 시대의 진의 문자 및 소전을 가리킨다. 먼저, 진계 문자의 자료를 소개한다. 서술의 편의를 위하여 우리는 진대 예서의 자료까지도 또한 여기에서 함께 소개한다. 다음에 먼저 당시의 남겨진 실물상의 문자 자료를 소개한다(문자가 이미 전인들에 의해서 저록되었지만 실물이 후에 이미 없어지고 파괴된 자료도 그 속에 포함되어 있다).

### 1) 석각(石刻) 문자

석각 문자는 진계 문자의 중요한 자료이다. 중국의 가장 유명한 고대의 석각인 <석고문(石鼓文)>은 진계 문자에 속하는 것이다. 당대(唐代) 초기에 천흥현(天興縣)(지금의 섬서성(陝西省) 봉상현(鳳翔縣))에서 10개의 석갈(石碣)이 발견되었는데, 매 갈마다 모두 1편에 60-70자의 4언시(言詩)가 새겨져 있었다. 이 석갈들은 모양이 다리가 높은 만두와 비슷하고, 매 1개마다 높이는 70여에서 80여 센티에 이르기까지 균등하지 않다(높이는 마토스(Gilbert

L. Mattos), ≪진석고(秦石鼓)≫, 22쪽에 의거함, ≪화예학지총서(華裔學志叢書)≫ 제19호, 1988). 그것들의 어떤 것들은 북을 닮았기 때문에 일반적으로 석고(石鼓)라고 부른다. 많은 학자들의 연구를 거쳐서 <석고문>은 이미 선진(先秦)시대의 진의 문자임이 증명되었다. 석고의 구체적인 연대에 관해서는 많은 서로 다른 설명이 있는데, 가장 이른 것은 춘추 조기에 이르고 가장 늦은 것은 전국 중기에 이른다. 자체로 본다면, <석고문>은 춘추 말기보다 이를 수도 없고 또한 전국 조기보다 늦을 수도 없으며, 대체로 춘추・전국 사이의 진의 문자라고 볼 수 있다. 현재 석고는 고궁박물원(故宮博物院)에 보존되어 있지만, 문자는 태반이 이미 잔결되었다(그림 29, 523쪽). 현존하는 가장 이른 <석고문>의 탁본은 송대의 것이지만, 당시의 석고에 이미 적지 않은 잔결된 곳이 있었다.

전국 중기 이후의 진의 석각에는 <저초문(詛楚文)>이 있다. 이것은 진왕(秦王)이 초왕(楚王)을 저주(詛呪)한 신에게 고한 글이다. 당시에 매번 한 신에게 고할 때마다 하나의 돌에 새겼는데 문자는 기본적으로 서로 같다. 북송 때, <고무함(告巫咸)>・<고대침궐추(告大沈厥湫)>와 <고아타(告亞駝)>(호타(滹沱))의 세 돌이 발견되었는데, 원석과 탁본은 후에 모두 이미 없어졌고 현재는 단지 모각본(摹刻本)을 볼 수 있을 뿐이다(그림 30, 523쪽). <저초문>의 시대에 관해서도 역시 서로 다른 설이 있다. 어떤 사람은 진혜문왕(秦惠文王)이 초회왕(楚懷王)을 저주한 것이라고 보고, 어떤 사람은 진소왕(秦昭王)이 초경양왕(楚頃襄王)을 저주한 것이라고 보았다. 전자의 설명을 믿는 사람이 비교적 많다. 구체적인 시대에 이르러서는 혜문왕 후원(後元) 13년(전312)의 설이 비교적 합리적이다.

진이 통일된 후에, 진시황(秦始皇)이 천하를 순행하여 역산(嶧山)・태산(泰山)・낭야대(琅邪(玡)臺)・지부(之(芝)罘)・갈석(碣石)・회계(會稽) 등에 돌에 공적을 새겼다. 진이세(秦二世) 때는 또 각처의 각석에 한 통의 조서(詔書)를 더 새겨서 이 돌들의 문자는 시황이 새긴 것임을 설명하였다. 이 각석들은 소전을 연구하는 가장 좋은 자료이지만 애석하게도 원물은 거의 모두 이미 파괴되었다. 단지 낭야대 각석만이 잔괴(殘塊)가 남아 있는데 보존되어 있는 것은 주로 2세의 조서 부분이다(그림 31, 524쪽). 그러나 역산 각석의 문자는 아직도 완전한 모각본이 세상에 전해지고(그림 32, 525쪽) 태산 각석은 잔문(殘文)이 있는 모각본이 세상에 전해지고 있다.

태산 각석의 모각본은 유전(流傳)되는 이른바 ≪강첩(絳帖)≫에 보인다. 이것은 대략 송(宋) 유기(劉跂)의 ≪태산진전보(泰山秦篆譜)≫(용경(容庚), ≪고석각영습(古石刻零拾)≫ 참조)에서 나온 것으로 남아 있는 글자는 146자이다("大夫"의 합문(合文) "夫="는 한 글자로 계산한다). 세상에 전해지는 명대 안국(安國)이 구장(舊藏)한 이른바 태산 각석의 송탁본(宋拓本)은 ≪강첩≫ 본보다 19자가 많지만 실은 원석의 탁본이 아니다. 그 서법이 낭야대 각석보다 훨씬 손색이 있을 뿐 아니라 또한 어떤 글자들의 서사법은 또 송인의 모각본과 차이가 있다. 예컨대 오른쪽과 같다.

| | ≪강첩(絳帖)≫ 본 | 안국(安國) 본 |
|---|---|---|
| 平(평) |  |  |
| 靡(미) |  |  |

오른쪽에 든 두 글자는 안국 본의 서사법은 금본 ≪설문≫과 서로 부합하고, ≪강첩≫본의 서사법은 한인(漢印)의 전문(篆文) 등과 서로 부합한다. 한인보다 이른 고문자 자료에서는 "平"자의 가운데 세로 획은 대다수는 곧장 머리 획과 통하고, "靡"자는 보이지 않으며, "非"자의 서사법은 완전히 모두 ≪강첩≫본 "靡"자의 편방과 서로 부합한다. 또 마형(馬衡, 1881-1955)의 연구에 따르면, ≪설문≫의 "非"자도 본래는 또한 로 되어 있는데 금본에 로 되어 있는 것은 실은 후인들이 고친 것이라고 한다(마형(馬衡), <담각인(談刻印)>, ≪범장재금석논총(凡將齋金石論叢)≫, 299쪽, 중화서국, 1977). 이것으로 태산 각석 ≪강첩≫본의 전형(篆形)은 비록 모각을 거쳤기 때문에 완전히 원래의 모습을 간직하지는 못하고 있지만 기본적으로는 믿을 만한 것이고, 안국 본의 전형은 분명히 후인의 찬개(篡改)를 거친 곳이 있음을 알 수 있다. 용경(容庚)은 <진시황각석고(秦始皇刻石考)>(≪연경학보(燕京學報)≫ 제17기)와 <진태산각석고석(秦泰山刻石考釋)>(≪고석각영습(古石刻零拾)≫)의 두 글에서 일찍 안국 본이 원석의 탁본이 아니라고 지적했는데, 이것은 매우 정확한 것이다("靡"자의 문제도 <진시황각석고> 중에서 역시 이미 지적하였다). 안국 본이 의거하여 탁본한 것은 대개 송인의 일종의 모각으로, 시황의 각문

부분은 심지어 비교적 후대의 사람이 고의적으로 위작을 만들었을 가능성이 있다. 세상에 전해지는 태산 각석의 명대 탁본은 단지 2세의 조서 중의 29개의 글자만이 남아 있을 뿐이다. 자형으로 본다면, 의거하여 탁본한 것은 대개 역시 송인의 모각일 것이다. 이 잔석(殘石)은 청 건륭(乾隆) 초에 이르러 불에 타버렸고, 가경(嘉慶, 1796-1820) 때 아직 10자가 남아 있는 부서진 조각을 발견하여 지금은 태안(泰安) 대묘(岱廟)에 보존되어 있다. 어떤 사람은 이것은 원각의 잔여 부분이라고 생각하지만 아마 믿어서는 안될 것이다. 세상에 전해지는 것으로 회계 각석의 모각본이 있다. 원인(元人)으로부터 전해진 것으로, 과거에 어떤 사람은 그 신빙성에 의심을 품은 적이 있다. 이 책 중의 "平"・"靡" 두 글자의 서사법은 태산 각석의 안국 본과 완전히 같다. 그밖에, "陳"(오른쪽 편방의 가운데 부분은 "申"을 따랐다)・"甲"(따르고 있는 가운데의 세로가 머리를 내밀지 않았다)・"中"(中으로 되어 있다)・"得"(오른쪽 편방의 윗 부분이 "見"으로 되어 있다)・"皆"("白"를 따르고 "日"를 따르지 않았다)・"同"("冂"을 따르고 "冃"을 따르지 않았다) 등의 글자의 서사법은 모두 ≪설문≫과는 서로 합치하지만 진(秦)・한(漢)의 금석에 보이는 전문(篆文)과는 합치하지 않는다. 또 "刑名"의 "刑"의 왼쪽 편방은 "幵"(견)으로 되어 있고 "井"(정)으로 되어 있지 않아 역시 진・한의 문자와는 합치하지 않는다(장서암(張書岩), <'刑'자의 발전을 말함>(試談'刑'字的發展), ≪문사(文史)≫ 제25집(輯)). 이 모각본은 매우 믿을 수 없고 전인들의 회의가 일리가 있음을 알 수 있다.

한대 이후의 석각 문자 중에도 또한 약간의 전문의 자료가 있는데, 그 중에서는 위(魏) 삼체석경(三體石經)의 전문이 비교적 중요하다.

### 2) 금문(金文)

춘추 시대의 진의 금문은 본 장 제2절에서 언급한 바 있는 춘추 조기의 진무공(秦武公)이 만든 종박(鐘鎛)(그림 33, 525쪽)과 송대에 발견되었지만 원기(原器)는 이미 없어진 <진공종(秦公鐘)> 및 청대에 발견된 <진공궤(秦公簋)> (그림 34, 525쪽)의 명문이 있다. <진공궤>와 송대에 발견된 <진공종>은 같은 한 사람인 진의 임금이 만든 것이다. 이 진나라 임금은 어떤 사람은 진경공(秦景公, 전 578-전 537)이라고 보고, 어떤 사람은 진공공(秦恭公, 전 608-전 604)이라고 보며, 그밖에도 또 약간의 다른 설명도 있다. 이 두 가지 동기의 명문은 대체로 춘추 중기의 진의 자체를 대표할 수 있다.

전국 시대의 진의 금문은 병기·권량(權量)·호부(虎符) 등의 기물에 많이 보인다. 그 가운데 가장 유명한 것은 진효공(秦孝公) 18년(전 344)에 만든 <상앙량(商鞅量)>(또는 <상앙방승(商鞅方升)>이라고 한다)의 명문이다(그림35, 526쪽).

진이 통일된 후에 시황 26년(전 221) 도량형을 통일하는 조서를 매우 많은 권(權)·량(量)에 새기거나 혹은 주조하였다. 2세 때, 이것들이 진시황의 각사(刻辭)임을 설명하기 위하여 또 매우 많은 권·량에 한 통의 조서를 더 새겼다. 2세 때 새로 만든 어떤 권·량에는 두 통의 조서를 동시에 새기거나 혹은 주조하였다. 일부분의 진대의 권·량에는 또 무게와 땅 이름을 기록한 명문이 있다. 조서가 새겨져 있는 진대의 권·량 및 원래 권·량에 박아 넣거나 혹은 못을 박아 넣은 조서가 새겨져 있는 동판(銅版) 곧 일반의 이른바 "조판(詔版)"(또한 "詔板"이라고도 한다)은 역대로 끊임없이 발견되었다(그림 36, 526쪽·그림 37, 527쪽). 이 권·량·조판상의 명문들은 이미 발견된 진대 금문의 대부분을 차지한다. 그밖에 또 약간의 명문이 있는 진대 병기(兵器)와 기타 기물도 발견되었다. 한대의 동기상의 명문에도 또한 전문이 적지 않다.

전국 시대와 통일 후의 진의 금문은 칼로 새긴 것이 매우 많고 아울러 왕왕 매우 거칠게 새겼기 때문에 예서의 형성 문제를 연구하는 중요한 자료가 된다.

진·한의 화폐상의 문자는 모두 전문이지만 사용된 글자는 적다. 예컨대, 진폐(秦幣)는 주로 다만 "반량(半量)"·"양치(兩□)"(錙) 두 가지가 있을 뿐이다. 여기에 덧붙여 서술하고 따로 항목을 세우지는 않는다.

### 3) 인장(印章)·봉니(封泥) 문자

전국 후기와 통일 후의 진대 인장은 역대로 발견된 것이 매우 많다. 인문(印文)은 다수는 전문이지만, 또한 조기 고예(古隸) 혹은 고예에 가까운 전문의 속체도 적지 않다. 이미 발견된 한대 인장은 수가 더욱 많지만 인문은 일반적으로 전문이다(그림 38, 527쪽).

종이를 사용하기 전에는 일반적으로 인장은 주로 문서·편지 혹은 기타 물품을 봉하는 봉니에 찍는 데 사용되었다. 봉니상의 인문은 간혹 봉니 문자라고 부르기도 한다. 한대의 봉니 문자는 이미 대량으로 발견되었다(그림 39, 528쪽). 전국 시대의 봉니 문자는 비록 발견된 것이 있더라도 수가 매우 적기 때문에 앞에서 문자의 자료를 소개할 때 언급하지 않았다. 진대의 봉니 문자도 발견된 것이 역시 많지 않다.

#### 4) 도문(陶文)

전국 후기의 진국(秦國)과 진대(秦代)의 도기 및 전(磚)·와(瓦) 등에는 왕왕 도공이나 혹은 관부(官府)의 인장이 찍혀 있다(그림 40, 528쪽). 어떤 진대의 도량(陶量)에는 또 4개의 문자로 된 네모난 큰 인장으로 찍어낸 시황제의 조서가 있는데 자못 후대의 활자 조판의 맛이 있다(그림 41, 530쪽). 그밖에 진대의 도기에서는 또 약간의 새긴 문자들을 볼 수 있다.

서한 전기의 도기에는 또한 왕왕 인장으로 찍어낸 문자가 있다. 한대의 와당(瓦當)의 문자는 대부분 전문(篆文)이고 어떤 전(磚)에도 또한 전문이 있다.

#### 5) 칠기(漆器)

전국 후기의 진국과 진대의 칠기에는 왕왕 낙인(烙印)되고 새겨진 문자가 있다. 서한 전기의 칠기(漆器)에도 역시 자주 낙인된 문자가 보이는데 일반적으로 모두 전문이다.

#### 6) 간백(簡帛) 문자

진간(秦簡)은 70년대에 비로소 발견되었다. 1975년 말에 호북성(湖北省) 운몽현(雲夢縣) 수호지(睡虎地) 11호 진묘(秦墓)에서 1,100여 매(枚)의 죽간이 발견되었는데, 그 내용은 진률(秦律)·대사기(大事記)와 ≪일서(日書)≫(시일(時日)과 관계가 있는 점서(占書)) 등이 있다. 이 무덤은 시황 30년 혹은 약간 뒤진 때 파묻은 것으로, 죽간의 초사(抄寫) 시간은 한결같지 않으며, 추정컨대 전국 말년에서 진대 초년에 이르는 시기를 벗어나지 않는다. 이 죽간들은 진대의 예서를 연구하는 가장 중요한 자료이다(그림 42, 529쪽). 수호지 11호 진묘와 묘지가 같은 수호지 4호 진묘에서는 두 덩어리의 가신(家信)목독(木牘)이 출토되었는데, 내용으로 보면 전국 말년 진의 통일 전야(前夜)에 쓴 것으로 자체를 연구하는 데 역시 매우 중요하다(그림 43, 530쪽). 그후 진대의 간독은 계속 발견되었다. 1979년 사천성(四川省) 청천현(青川縣)의 전국 만기의 진묘에서 율문(律文)이 베껴져 있는 목독이 발견되었다(≪문물≫ 1982년 제1기). 1986년에는 감숙성(甘肅省) 천수시(天水市) 방마탄(放馬灘)의 전국 만기의 한 진묘에서 460매의 죽간 및 4개의 문자를 주(注)로 달아 놓은 목판 지도가 발견되었다. 죽간의 내용은 주로 일서(日書)(≪문물≫ 1989년 제2기)이다. 1989년에는 운몽현(雲夢縣) 용강(龍崗)의 진대 무덤에서 또 한 묶음의 진률(秦律) 죽간과 한 덩어리의 목독이 발견되었다(≪강한고고(江漢考古)≫ 1990년 제3기). 이 간독들의 자체는 모두 수호지(睡虎地) 진간과 유형이 같다. 죽간은 일반적으로 매우 좁고 보통 단지 1행의 글자만이 쓰여 있을 뿐이다. 목독은 몇 행의 글자를 쓸 수 있는 비교적 넓은 장방형의 목판이다.

1973년 말에 한문제(漢文帝) 12년(전 168)에 파묻은 장사(長沙) 마왕퇴(馬王堆) 3호 한묘 중에서 대량의 백서(帛書)가 발견되었는데, 그 가운데는 ≪노자(老子)≫·≪주역(周易)≫ 등 중요한 전적 및 의서(醫書)·점서(占書) 등이 있고 종류가 매우 많다. 어떤 백서들은 전문 혹은 전문과 매우 가까운 조기 예서로 베낀 것으로, 그 가운데 적어도 일부분은 진대의 초본이다.

이상에서 서술한 각 항 외에도 진계 문자는 또 약간의 단편적인 실물 자료가 있지만 여기서는 소개하지 않는다.

다음에 ≪설문≫ 중의 소전을 간단히 말하려고 한다.

≪설문≫에는 9,000여 개의 소전이 수집되어 있는데, 이것은 가장 풍부하고 가장 계통이 있는 진계 문자의 자료이다. 그러나 ≪설문≫은 동한(東漢) 중기에 책이 완성되어 당시 사람들이 쓴 소전의 자형은 어떤 것들은 이미

와오(訛誤)가 있었다. 그밖에, 허신을 포함하는 문자학자들은 소전의 자형 결구에 대하여 불가피하게 약간의 잘못된 이해가 있었는데, 이러한 잘못된 이해가 때로는 또한 전형(篆形)에 대한 개찬을 가져왔다. ≪설문≫이 완성된 후에 여러 차례 베끼고 새기는 것을 겪었는데, 서수(書手)・각공(刻工) 및 뛰어나지 않은 교감자들이 또 약간의 잘못을 저지르게 되었다. 이 때문에 ≪설문≫의 소전의 자형은 일부분은 믿을 수 없으므로 반드시 진・한의 금석 등 실물 자료상의 소전으로 교정(校正)해야만 한다. 예컨대 "戎"(융)자는 ≪설문≫에는 이라고 하고 "'戈'(과)를 따르고 '甲'(갑)을 따른다(从戈, 从甲)"라고 분석하였다. 이 글자는 서주 금문에는 ・ 등으로 되어 있고, 역산(嶧山) 각석에는 으로 되어 있으며, 한대 인장의 소전에서 예서・해서에 이르기까지도 또한 모두 "十"을 따르고 "甲"을 따르지 않았다. 설문의 전형은 분명히 문제가 있다. 고문자에서 "甲"은 본래 "十"이라고 하여 "戎"자가 따르고 있는 "十"과는 확실히 어떤 차이도 없다. 그러나 위에 인용한 서주 금문으로 "戎"이 따르고 있는 "十"은 결코 "甲"자가 아니라, (毌 : guàn, 관)의 간화된 형체라는 것을 증명할 수 있다. "毌"은 본래 방패를 본뜬 것이다. 고대에는 창과 방패는 각각 공격과 방어의 주요한 무기였다. 병융(兵戎)의 "戎"자가 "戈"와 "의 두 글자로 구성된 것은 매우 합리적이다. 대개 어떤 문자학자들은 잘못하여 "戎"자가 따르고 있는 "十"이 "甲"의 옛 서사 방법이라고 생각했기 때문에(갑주(甲胄)도 역시 중요한 무기였다), "戎"의 전문을 으로 고쳤을 것이다. ≪설문≫에는 "早"자가 ""로 되어 있고, "卓"자는 ""로 되어 있어 역시 유사한 잘못을 저지르고 있다("早"・"卓"의 두 글자의 결구는 지금도 아직 확실한 해석을 할 수 없다). 그밖에 예컨대 가 로 잘못되고, 이 로 잘못되어 있는 것("走"와 "欠"의 자형의 뜻에 관해서는 제7장 제1절 5. 3)를 참조)과 앞에서 언급한 바 있는 (非)가 로 잘못되어 있는 등등은 모두 ≪설문≫의 전형이 잘못된 예이며 여기에서는 더 들지 않는다(윗글에서 태산(泰山) 각석 안국(安國) 본과 회계(會稽) 각석 모각본의 자형을 논한 부분을 참조).

당대(唐代)의 소전 서법가인 이양빙(李陽氷)은 일찍이 진의 각석에 근거하여 ≪설문≫의 전형을 고쳤다. 예컨대 위에서 든 ≪설문≫ “欠”자의 전형의 윗부분 는 그에 의하여 으로 고쳐진 것이다. 이러한 방법은 후인들의 많은 지적과 책망을 받았다. 이씨가 멋대로 고쳐 쓴 것은 옳지 않다. 그러나 자형 자체에 관하여 논한다면, 진의 각석으로 ≪설문≫을 고친 것은 결코 잘못이 아니다. 송인이 간행한 ≪설문≫은 이 전형이 이씨의 개전본(改篆本)에서 나왔는데 또 도로 고친 것으로 보인다. 그러나 왕왕 고친 것이 미진하다. 예컨대 ≪사부총간(四部叢刊)≫에 영인된 영송사본(影宋寫本) ≪설문해자계전통석(說文解字繫傳通釋)≫에는 “欠”자가 로 되어 있고 로 되어 있지 않다.

우리가 ≪설문≫의 전형은 적지 않은 잘못이 있다고 지적하는 것은 결코 그의 가치를 깎아 내리려는 것이 아니다. ≪설문≫은 가장 중요한 문자학 저서이다. 만약 ≪설문≫이 없다면 수많은 글자들의 결구는 이해할 수 없을 것이고, 수많은 글자들의 고문자에서의 서사 방법과 예서·해서의 서사 방법을 관련시킬 수 없을 것이며, 또 적지 않은 글자는 심지어 근본적으로 전해지지 않았을 것이다. 요컨대, 한자의 결구와 역사를 연구하려면 ≪설문≫을 떼어놓을 수 없다. 그러나 과거의 많은 문자학자들이 ≪설문≫을 맹신한 것도 역시 옳지 않다. 우리는 마땅히 기존의 고문자 자료를 최대한 이용하여 ≪설문≫을 교정하고 보충하여 우리에게 더욱 잘 봉사하도록 해야 할 것이다.

다음에서는 진계(秦系) 문자의 형체를 간단히 말하려고 한다.

진계 문자도 역시 기타 고문자와 마찬가지로 정체와 속체의 구분이 있다. 진계 문자의 속체는 바로 예서 형성의 기초로서, 우리는 다음 절에서 말하려고 한다. 여기서는 단지 진계 문자의 정체만을 말한다.

춘추·전국 시대의 진의 금석 문자로 본다면, 춘추 조기의 진의 문자는 서주 만기의 문자 특히 <괵계자백반(虢季子白盤)> 등으로 대표되는 자형이 비교적 정제된 한 파와 매우 접근되어 있다(그림 44, 530쪽). 전 춘추·전국시대에 진의 문자 형체의 변화는 주로 자형의 정제·균형 정도의 끊임없는 제고에 나타나고 있다. 이것은 다음에 열거한 시간 순서에 따라 배열한 자형

대조표에서 매우 명백하게 알 수 있다(표 가운데 일부분의 예는 편방에서 취한 것이다).

| | 서주 만기 금문 | 진공박(秦公鎛)<br>(무공(武公)) | 진공궤<br>(秦公簋) | 석고문<br>(石鼓文) | 저초문<br>(詛楚文) |
|---|---|---|---|---|---|
| 虎(호) |  <br>사환궤(師寰簋) 괵반(虢盤) |  |  |  |  |
| 犬(견) |  <br>모공정(毛公鼎) 괵반(虢盤) |  | |  |  |
| 隹(추) |  <br>호종(㝬鐘) 괵반(虢盤) |  |  |  |  |
| 省(성) |  <br>호종(㝬鐘) 유종정(攸從鼎) | | |  | |

진의 문자는 때로는 자형의 정제와 균형을 추구하기 위하여 붓자국을 구부러지게 하였는데, 위에 인용한 "虎"자의 머리 부분이 그것이다. 때로는 또 같은 목적으로 또는 서사의 편의를 위하여 붓자국을 평직(平直)하게 하였는데, 위에 인용한 "犬"자가 그것이다. 이 두 가지의 변화에 따라 문자의 상형 정도는 갈수록 더욱 낮아지게 되었다. 소형의 자형은 일반적으로 <석고문>·<저초문> 등보다 더욱 정제되고 균형이 잡혀 있으며 상형 정도도 또한 더욱 낮은데, 아래의 글에 상세히 보인다.

춘추 시대의 기타 국가의 문자의 자형은 어떤 것은 결코 분명한 정제화·균형화의 경향이 나타나지 않았고, 어떤 것은 비록 이러한 경향이 나타났지만 취한 구체적인 방식은 진의 문자와 서로 달랐다. 본 장 제2절에서 언급한 춘추 중·만기 금문 가운데 자형이 좁고 긴 예술화의 경향을 띠고 있는 자체가 바로 한 가지 예이다. 이 때문에 춘추 시대에 진의 문자는 작풍에 있어서 이미 기타 국가의 문자와는 상당히 분명한 차이가 있게 되었다. 전국 시대에 이르러 동방 각국의 문자의 변화는 크게 더욱 급격해져 진의 문자와 그들의 차이는 또한 갈수록 더욱 두드러지게 되었다. 위 절에서 이미 전국 시대의 "문자이형(文字異形)"의 상황을 소개했으므로 여기서는 되풀이하지 않는다.

문자이형의 현상은 각 지역 사이의 경제 · 문화 등 방면의 교류에 영향을 주었고 또 진 왕조의 본토 이외의 지역에 대한 통치에 불리하였다. 그러므로 진시황은 전 중국을 통일한 후에 신속하게 "문자를 같게 하는"(同文字) 일을 수행하여 진의 문자를 표준으로 삼아 전 중국의 문자를 통일하였다. 그전에 점차 전 중국을 통일하는 과정에서 진 왕조는 새로 점령한 지역 안에 의심할 여지도 없이 이미 이러한 성질의 일을 수행하고 있었다. ≪설문≫에는 진시황의 문자 통일을 말할 때 다음과 같이 말하였다.

> 그후(저자 : 공자(孔子) 이후를 가리킴)…… 7국으로 나뉘어…… 문자는 형체가 달랐다. 진시황제가 처음 천하를 아우르자 승상(承相) 이사(李斯)는 이에 그것을 같게 하여 진의 문자와 부합하지 않는 것을 없앨 것을 아뢰었다(저자 : 실제로는 이사는 당시에 아직 승상이 되지 않았다). 이사는 ≪창힐편(倉頡篇)≫을 짓고, 중거부령(中車府令) 조고(趙高)는 ≪원력편(爰歷篇)≫을 짓고, 태사령(太史令) 호무경(胡母敬)은 ≪박학편(博學篇)≫을 지었는데, 모두 사주(史籀)의 대전을 취하여 간혹 자못 생략하고 고쳤으니 이른바 소전(小篆)이라는 것이다.(其後 …… 分爲七國 …… 文字異形. 秦始皇帝初兼天下, 丞相李斯乃奏同之, 罷其不與秦文合者. 斯作≪倉頡篇≫, 中車府令趙高作≪爰歷篇≫, 太史令胡母敬作≪博學篇≫, 皆取史籀大篆, 或頗省改, 所謂小篆者也.)

이 단락의 말은 사람들에게 다음과 같은 인상을 준다. 곧 진시황이 온 나라의 문자를 통일하는 데 사용한 소전은 이사 등이 주문(籀文)에 대하여 간화를 행하는 것을 통하여 제정해 낸 일종의 자체인 것으로 보이는 것이다. ≪한서 · 예문지≫의 설명은 이것과 차이가 있다. <예문지>에는 ≪창일편≫ 등 3편이 "문자는 ≪사주편≫을 많이 취했지만 전체(篆體)는 또 자못 다르니 이른바 진전(秦篆)이라는 것이다(文字多取≪史籀篇≫, 而篆體復頗異, 所謂秦篆者也)"라고 하여, 단지 진전(秦篆)(곧 소전)과 주문의 형체상의 차이를 일종의 객관적인 사실로서 지적해 냈을 뿐이다. 관계 있는 고문자 자료로 본다면, 주문은 결코 진이 전 중국을 통일하기 전야에 사용하였던 문자가 아니고(본 장 제2절 참조), 소전은 춘추 · 전국 시대의 진의 문자가 점차 연변하여 이루어진 것이지 주문이 "생략되고 고쳐져서(省改)" 이루어진 것이 아니다. ≪설문 · 서≫의 설명은 타당하지 않다.

소전의 형체를 <석고문>과 대비하면, 두 가지의 비교적 현저한 변화를 발견할 수 있다. 먼저, 소전의 자형은 한걸음 더 나아가 정제·균형으로 향하고 상형 정도는 한걸음 더 나아가 낮아졌다. 예컨대 오른쪽에 보인다(소전 “爲”자는 금석에 의거한 것이다).

| | 爲(위) 角(각) 竈(조) 涉(섭) |
|---|---|
| 석고문(石鼓文) |  |
| 소전(小篆) |  |

그 다음에, 일부의 자형은 분명한 간화를 겪었다. 예컨대 오른쪽 아래와 같다(<석고문>의 “吾”자는 편방에서 취한 것이고, 소전 “中”자는 금석에 의거한 것이다).

| | 吾(오) 道(도) 中(중) 草(초) |
|---|---|
| 석고문(石鼓文) | 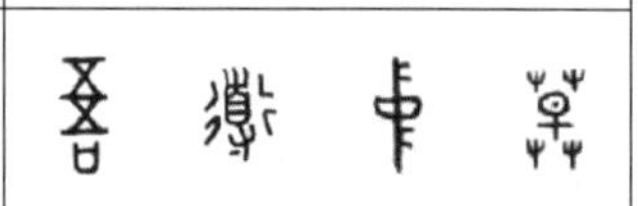 |
| 소전(小篆) |  |

위에서 말한 이 두 가지의 변화는 전국 시대의 진의 문자에서 모두 발견할 수 있다. <상앙량(商鞅量)>에는 “爲”자는 로 되어 있고, 진소왕(秦昭王) 시대에 만든 <승상촉과(丞相觸戈)>(곧 승상(丞相) 수촉(壽燭))의 “觸”자의 왼쪽 편방은 으로 되어 있는데, 서사 방법은 모두 <석고>와는 다르고 소전과 매우 가깝다. 이것은 첫째 변화의 예이다. <저초문>의 “唔”자가 따르고 있는 “吾”는 이미 “”를 “五”로 생략하였고, “中”자는 이미 이라고 써서 모두 소전과 서로 같으며, “道”자는 로 간화되어 역시 소전과 매우 가깝다. 이것은 둘째 변화의 예이다. 세상에 전해지는 <신처호부(新郪虎符)>와 근년에 발견된 <두호부(杜虎符)>는 모두 진이 통일되기 전에 주조한 것이지만, 명문의 자체는 통일된 후의 문자와 정말로 전혀 차이가 없다(그림 45, 531쪽). 예컨대 춘추·전국 시대의 진의 문자는 점차 소전으로 연변된 것이고, 소전과 통일 전의 진의 문자 사이에는 결코 판연히 분명한 경계선이 존재하지 않는다. 우리는 춘추·전국 시대의 진의 문자를 소전과 합하여 전문(篆文)이라고 부를 수 있다. ≪설문≫을 중심으로 한 전통 문자학에서는 소전은 고문자라고 생각하지 않았다. 소전과 춘추·전국 시대의 진의 문자의 실제적인 관계에서 본다면, 이렇게 처리하는 것은 분명히 타당

하지 않다.

전국 시대의 진의 문자는 변화하는 가운데 처하고 있었던 만큼 이체의 존재는 물론 피할 수 없었다. 진시황은 진의 문자로 전 중국의 문자를 통일하려면 먼저 반드시 진의 문자 자체에 대하여 한 차례의 정리를 하여 일종의 표준 자체를 선별해 내야만 하였다. 이사 등이 ≪창힐편≫ 등을 엮은 것은 마땅히 이러한 목적을 위하여 봉사했을 것이다. 그들이 한 것은 정리하고 통일하는 일이었고 새로운 것을 만드는 일이 아니었다. 전현동(錢玄同, 1887-1937)은 탁정모(卓定謀)의 ≪장초고(章草考)≫를 위하여 지은 서문에서 "허신은 이사 등의 여러 사람들이 대전을 취하여 생략하고 고쳐서 소전을 만들었다고 했지만, 실은 전국 때 진의 문자는 이미 이와 같았으니 이사 등의 여러 사람들은 단지 고유의 생략되고 고쳐진 체를 취하여 통일하고 추진한 것일 뿐이지, 결코 그들이 만든 것이 아니었음을 알 수 있다(許叔重(허신의 자)謂李斯諸人取大篆省改爲小篆, 實則戰國時秦文已如此, 可見李斯諸人但取固有的省改之體來統一推行, 並非刱(創)自他們也)"라고 하였다. 이것은 매우 정확하다.

이사 등의 정리를 거친 표준 자체는 당시에는 반드시 통일되기 전의 진계 문자와 구별되는 전문적인 명칭이 있었던 것은 아니다. "대전"과 "소전" 등의 명칭은 마땅히 한대로부터 비로소 사용되기 시작했을 것이다. 진대에는 대개 단지 "篆"(전)이라는 자체의 명칭만이 있었을 것이다. ≪설문≫에는 "篆"을 "책을 끌어당긴다(引書)"라고 풀이하였는데 그 뜻은 분명치 않다. "篆"은 "瑑"과 음이 같은데, "瑑"은 "아로새겨 무늬를 만든다(雕刻爲文)"는 뜻으로(≪한서・동중서전(董仲舒傳)≫의 안사고(顔師古)의 주. "文"은 무늬・문양을 가리킨다), 고대에 "篆"・"瑑" 두 글자는 통용할 수 있었다(장례홍(蔣禮鴻), ≪의부속초(義府續貂)≫(增訂本), 8쪽, 중화서국, 1987년판). ≪여씨춘추(呂氏春秋)・신세(愼勢)≫에는 "공명은 대야와 사발에 드러나고, 명전(銘篆)은 술병과 거울에 드러난다(功名著乎槃盂, 銘篆著乎壺鑑)"라고 하였는데, "銘篆"은 "銘刻"이라고 말하는 것과 같다. 전문의 "篆"은 마땅히 "瑑"으로 읽어야 한다고 자못 의심된다. 예서는 전아한 위치에 오르지 못하는 자체이고 전문은 금석에 새길 수 있기 때문에 "瑑"이라는 명칭을 얻었던 것이다.

사람들의 문자를 쓰는 습관은 장기간의 실천 중에 형성되는 것이며, 진왕조가 피정복 지역 백성들의 서사 습관을 고치려고 한 것은 물론 아주 쉬운 일은 아니었다. 문자의 통일은 근본적으로 전국의 백성들의 이익과 부합하고 아울러 "진법(秦法)"은 또 매우 잔혹하게 시행되었기 때문에 이 임무는 결국 비교적 짧은 시간에 완성되었다고 할 수 있다. 그러나 육국 문자의 영향은 결코 단번에 완전히 씻어버릴 수 있는 것이 아니었다. 이것은 장사(長沙) 마왕퇴(馬王堆) 3호 한묘(漢墓)에서 출토된 백서(帛書)에서 발견할 수 있다. 이 무덤에서 나온 시대가 비교적 이른 일부의 백서에서 초(楚)의 문자의 영향을 분명하게 볼 수 있다. 예컨대 대략 진의 통일 전후에 베낀 하나의 점서(占書)가 있는데(진이 통일되기 전에, 본래 초에 속했던 지금의 장사 지역은 이미 여러 해 동안 진에게 점령되어 있었다), 그 자체는 대체로 전문(篆文)으로 볼 수 있지만 많은 글자들은 분명히 초의 자형을 사용하였다.[3] 또 백서 ≪노자(老子)≫ 갑본(甲本) 같은 것은 자체는 전문에 가까운 예서이고 글 가운데 한고조(漢高祖) 유방(劉邦)·고후(高后) 여치(呂雉)의 휘(諱)를 피하지 않았으므로 대략 진대 말기에서 한대 초기의 이르는 기간에 베꼈을 것이다. 이 초본에는 여전히 초에 속하는 개별적인 자형을 볼 수 있다. 예컨대 "關"자는 [illegible]이라고 하여 진의 문자와 부합하지 않고, 앞에서 언급한 바 있는 초의 <악군계절(鄂君啓節)>과 서로 부합한다(이유민(李裕民), <마왕퇴한묘백서초사연대고(馬王堆漢墓帛書抄寫年代考)>, ≪고고와 문물(考古與文物)≫ 1981년 제4기). 초의 옛 땅에서는 초의 문자의 영향이 점차 소실되고 있었음을 알 수 있다. 기타 동방 국가의 옛 땅에서도 역시 유사한 상황이 있었을 것으로 추정된다.

---

3) 이학근(李學勤)의 <새로 나타난 간백(簡帛)과 초(楚)의 문화(新出簡帛與楚文化)>에는 마왕퇴(馬王堆) 백서(帛書) 중의 "진대 사본 ≪전서음양오행(篆書陰陽五行)≫(인용자 : 곧 우리가 말하는 점서(占書)이다)은 대량의 초 나라의 고문의 성분을 포함하고 있다. 예컨대, 권중(卷中)의 '稱'자의 서사 방법은 초 나라의 '영칭(郢稱)' 금폐(金幣)(원주 : 옛날에는 '영원(郢爰)'으로 해석하였다)의 "稱"과 완전히 서로 같다. '冠·帶劍'의 '劍'자가 '僉'으로 되어 있는데 역시 고문의 특색이다. '并天地左右之, 大吉' 1구에서 베끼는 사람이 '左'를 고문의 [illegible]로 쓰고, 아래의 '并天地而左右之, 一擊十'의 1구는 또 '左'로 개정하였다. 마찬가지로, '凡戰, 左天右地,勝'의 1구 가운데, 그는 고문의 서사 방법에 따라서 '戰'자를 '曰'을 따르는 것으로 썼고, '王戰' 1구 가운데서는 또 진 나라의 자체를 따랐다. 이 초사자(抄寫者)는 분명히 진 왕조의 법정 통일 자체(字體)를 아직 능숙하게 이해하지 못한 초 나라 사람이었을 것이다"(≪초문화신탐(楚文化新探)≫, 호북인민출판사(湖北人民出版社), 1981, 36-37쪽)라고 지적하였다.

진 왕조는 정리를 거친 전문으로 전 중국의 문자를 통일하여 기본적으로 각 지의 "문자 이형"의 현상을 소멸시켰을 뿐 아니라 또한 고문자의 이체가 많은 상황을 매우 크게 개변시켰다. 이것은 한자의 발전사상 중요한 뜻을 가지고 있다. 그러나 이것은 결코 진대 문자는 이체가 없었다는 뜻은 아니다. 또 소전과 전문의 속체·예서의 차이를 막론하고 소전 자체를 가지고 말한다면 이체는 역시 아직도 존재하였다. ≪설문≫에는 약간의 소전의 이체가 수록되어 있다. 또 예컨대, ≪설문≫에는 "則"은 소전이고, "鼎刂"은 주문(籀文)이라고 했지만, 진대의 권량(權量)·조판(詔版)의 소전에는 "則"자의 이 두 가지 서사 방법은 도리어 여전히 병존하고 있다.

고문자에는 편방의 위치가 고정되지 않은 현상이 매우 두드러졌다. 예컨대 다음과 같다.

| | | | |
|---|---|---|---|
| 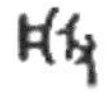 | 혹은 |  | (般 : 반) |
|  | 혹은 | 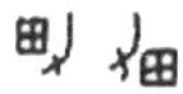 | (男 : 남)(이상 갑골문에 보임) |
|  | 혹은 |  | (旁 : 방) |
|  | 혹은 |  | (杞 : 기)(이상 금문에 보임) |
|  | 혹은 |  | (聖 : 성) |
|  | 혹은 |  | (沽 : 고)(이상 육국 문자에 보임) |

소전에서 이러한 현상은 역시 이미 현저하게 감소되었지만 아직 보기 드물다고 할 수는 없다. 과거에 자체를 말하는 어떤 사람들은 예서의 편방의 위치와 ≪설문≫의 소전이 서로 다른 현상을 "예행(隸行)"이라고 부르고, 예서는 소전의 편방의 위치를 옮겨 놓았다고 보았다. 사실은, 이른바 예행이란 왕왕 단지 소전 자체의 편방의 위치가 고정되지 않았음을 반영하는 것일 뿐이다. 예컨대, 소전에는 "和"자는 와 의 두 가지 서사 방법이 있고,

"徒"자는 와 의 두 가지 서사 방법이 있다. 이 두 글자는 ≪설문≫에는 모두 앞의 모양으로 되어 있고 일반적인 예서의 쓰는 법과 같지 않았기 때문에 모두 예행의 예로 생각되었다. 사실은, 일반적인 예서는 단지 전문 중의 ≪설문≫과는 다른 서사 방법을 개선한 것에 지나지 않는다. 편방의 위치가 고정되지 않은 현상은 예서·해서에서도 역시 여전히 모습을 감추지 않고 있는데, 후에 형성자를 말할 때 또 언급한다.

한대에 이르러 예서가 소전을 대신하여 주요한 자체가 되자, 한자 발전사는 고문자 단계를 벗어나 예·해 단계로 들어가게 되었다. 한대 이후, 소전은 주로 인장에 새기고 금석에 새기는 데 사용되는 자체가 되었다.

## 제5절 예서(隸書)의 형성

≪한서·예문지≫와 ≪설문·서≫에는 모두 예서는 진대에 나타나기 시작하였고 당시 번잡하고 바쁘던 관옥(官獄) 사무에 대처하기 위하여 만든 일종의 간편한 자체라고 말하고 있다. 그밖에 한대 이래 또 정막(程邈)이 진시황을 위하여 예서를 만들었다는 전설이 광범하게 유행되고 있다.[4] 이러한 설명은 사실과는 차이가 있는 것이다.

고고학적으로 발견된 진계(秦系) 문자의 자료로 본다면, 전국 만기는 예서가 형성된 시기였다. 앞에서 말한 바와 같이 전국 시대의 기타 국가의 문자

4) ≪설문·서≫에는 "망한 신(新) 나라의 거섭(居攝)에 이르러서는 …… 당시 육서(六書)가 있었는데 …… 셋째는 전서(篆書) 곧 소전(小篆)으로 진시황제(秦始皇帝)가 하두(下杜) 사람 정막(程邈)을 시켜 만든 것이다(及亡新居攝 …… 時有六書 …… 三曰篆書, 卽小篆, 秦始皇帝使下杜人程邈之所作也)"라고 하여, 정막을 소전을 만든 사람이라고 하였다. 그러나 일반적으로는 모두 정막이 만든 것은 예서라고 본다. 채옹(蔡邕)의 ≪성황편(聖皇篇)≫에는 "정막이 고문을 깎아 예문(隸文)을 세웠다(程邈刪古立隸文)"(≪법서요록(法書要錄)≫ 권7에 수록되어 있는 장회관(張懷瓘)의 ≪서단(書斷)≫에 인용되어 있다)라고 하였다. 남북조 시대 유송(劉宋) 양흔(羊欣)·제(齊) 왕승건(王僧虔)과 북위(北魏) 강식(江式) 등도 역시 모두 정막이 진시황을 위하여 예서를 만들었다고 하였다. 단옥재(段玉裁) 등은 위에 인용한 ≪설문·서≫ 가운데 "진시황제가 하두 사람 정막을 시켜 지은 것이다(秦始皇帝使下杜人程邈之所作也)"라는 말은 본래는 마땅히 아래의 글 "넷째는 좌서(佐書) 곧 진의 예서이다(四曰佐書, 卽秦隸書)"의 아래에 있어야 하는데 전본(傳本)에는 전서 조 아래에 잘못 둔 것이라고 보았다.

와 서로 비교한다면 진의 문자는 비교적 보수적인 것으로 보인다. 그러나 진 나라 사람들은 일상적으로 문자를 사용할 때 서사의 편의를 위하여 역시 정체(正體)의 자형을 끊임없이 파괴하고 개조하고 있었다. 이로 말미암아 생겨난 진의 문자의 속체(俗體)가 바로 예서 형성의 기초였다.

진효공(秦孝公) 시대의 동기의 명문에서 정체와 속체가 병존했던 상황을 발견할 수 있다. 진효공 18년(전 344)에 만든 <상앙량(商鞅量)>의 명문은 극히 정제(整齊)된 정체이고, 효공 16년(전 346)에 만들어진 <상앙모대(商鞅矛鐓)>(창 자루 하단의 청동 씌우개, 창 고달)의 명문은 매우 거친 속체이다(그림 46, 530쪽). 효공 후에 문자의 사용은 갈수록 더욱 빈번해졌고 속체도 또한 따라서 갈수록 유행하게 되었다. 동기(주로 병기이다)의 명문 · 칠기의 명문에서 인문(印文) · 도문(陶文)에 이르기까지 모두 속체자를 볼 수 있다.[5] 이러한 속체자에는 이미 후의 예서와 서로 같거나 혹은 서로 비슷한 서사 방법이 적지 않게 나타났다. 예컨대, 혜문군(惠文君) 13년(전 325)에 만들어진 <상방의과(相邦義戈)>(곧 장의(張儀)이다)의 "義"자가 따르고 있는 "羊"은 이미 이라고 썼다(정규의 전문은 으로 되어 있다). 혜문군 4년(전 334) 혹은 혜문왕(惠文王) 경원(更元) 4년(전 321)에 만들어진 <상방규유과(相邦樛游戈)>의 "游"자 · 장양왕(莊襄王) 3년(전 247) 혹은 진시황 3년(전 244)에 만들어진 <상군과(上郡戈)>의 "漆"자의 "水"방은 모두 이미 세 개의 짧은 가로 획 곧 라고 썼다. 소왕(昭王) 40년(전 267)에 만들어진 <상군과(上郡戈)>의 " "자가 따르고 있는 "者"는 이미 라고 썼다(정규의 전문은 로 되어 있다. 그림 40 · D 진의 도문(陶文)의 "奢"자가 따르고 있는 "者"는 로 되어 있어 예서와 더욱 가깝다). 진이 통일되기 전에 만들어진 <고노동권(高奴銅權)>의 "奴"자의 "女"방은 이미 라고 썼다(정규의 전문은 로 되어 있다).

진의 문자의 속체에는 방절(方折)의 필법으로 정규의 전문의 둥글게 도는 붓자국을 개변시키는 기풍이 자못 유행되었다. 어떤 글자들은 단지 이러한 변화 때문에 짙은 예서의 맛이 생겨나게 되었다. 소왕 21년(전 286)에 만들어

5) 졸작, <마왕퇴 1호 한묘(漢墓) 견책(遣冊)으로 고예(古隸)에 관한 약간의 문제를 말함(從馬王堆一號漢墓遣冊談關於古隸的一些問題)> 참조, ≪고고≫ 1974년 제1기에 수록. 이하에 인용한 진(秦)의 병기 등의 명문의 출처는 모두 이 글에 보이는 것이다.

진 <상방염과(相邦冉戈)>(곧 위염(魏冄)이다)의 (卄 : 입)자와 (帀 : 잡)자가 그러한 예이다.

자체를 연구하는 것에 대하여 말한다면, 70년대에 발견된 진대의 죽간은 위에서 말한 그러한 자료들보다 더욱 귀중하다. 진대 죽간상의 문자는 수가 많을 뿐 아니라 또한 모두 직접 붓으로 쓴 것이므로 이것으로 당시에 일상적으로 사용하던 문자의 진정한 면모를 볼 수가 있다. 수호지(睡虎地) 11호 진묘에서 출토된 죽간상의 문자를 자세히 관찰하면, 이 죽간이 초사(抄寫)된 시대에 예서가 이미 기본적으로 형성되었다는 것을 알 수 있다. 수호지 진간(秦簡)의 문자는 분명히 정규의 전문은 아니다. 필법으로 본다면, 죽간 문자에서는 정규 전문의 둥글게 도는 붓자국은 다수가 이미 나뉘어 풀어지거나 혹은 방절·평직한 필획으로 개변되었다. 예컨대 "又"자("又"방을 포함한다)는 정규 전문은 로 되어 있지만 죽간 문자는 대부분 로 되어 있다. 자형으로 본다면, 죽간 문자에서 많은 글자의 서사 방법은 정규 전문과 분명히 서로 다르지만, 서한 조기의 예서와는 이미 전혀 차이가 없거나 혹은 단지 매우 작은 차이만 있을 뿐이다. 예컨대 다음과 같다(뒤의 괄호 속에 쓴 것은 참고로 제공한 소전(小篆)의 자형이다).

| | | | | | |
|---|---|---|---|---|---|
| 毋(무) |  | 羊(양) | 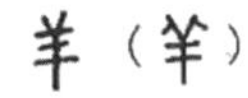 | 明(명) | 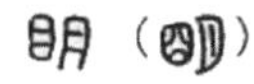 |
| 州(주) | 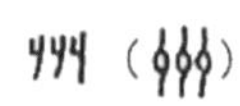 | 人(인) | 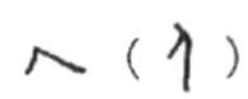 | 皆(개) | 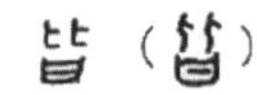 |
| 立(립) | 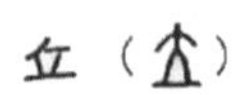 | 亦(역) | 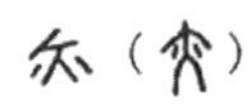 | 即(즉) | 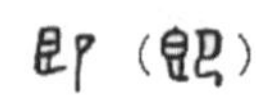 |
| 老(로) | 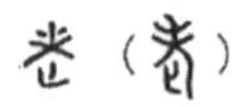 | 者(자) | 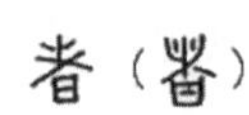 | 書(서) | 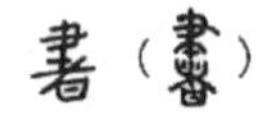 |

이러한 자형의 형성은 모두 방절·평직의 필법을 사용한 것과 관계가 있다. 마지막에 든 "書"는 본래 "聿"를 따르고 "者"성인 글자였는데, 죽간 문자는 "聿"방의 아래 부분과 "者"방의 위 부분의 필획을 합쳐서 하나로 만드는 방법을 통하여 자형을 간화시켰다. 서한 조기의 예서 중의 "書"자의 서사 방법은 대체로 이것과 서로 같다. 만약 다시 "者"방의 사필(斜筆)을 생략해 버린다면, 비교적 늦은 예서와 해서의 서사 방법과 아무런 차이도 없게 될

것이다. 죽간 문자의 자체 방면에는 또 하나의 매우 주의할 만한 현상이 있다. 왼쪽이 “水”를 따르는 글자들은 거의 모두 “水”방을 “氵”라고 쓰고 정규 전문처럼 “巛”라고 쓴 예는 극히 보기 드물다는 것이다(운몽(雲夢) 수호지(睡虎地) 진간(秦簡) ≪어서(語書)≫ 부분 가운데 “江陵”의 “江”의 “水”방은 巛로 되어 있다).

위에서 말한 이러한 상황을 근거로 하면, 진대 죽간이 대표하는 자체를 전문의 속체가 연변하여 이루어진 일종의 새로운 자체로 볼 수 있을 것이다. 진대 죽간이 출토된 후 많은 사람들은 죽간상의 문자가 바로 진예(秦隷)라고 보았는데, 이것은 마땅히 믿을 만한 것이다.

1975년 호북(湖北) 강릉(江陵) 봉황산(鳳凰山) 70호 진묘에서 2개의 문자가 같은 옥인(玉印)이 발견되었다.[6]

甲 乙

이 2개의 인장의 자체는 분명히 서로 다르다. 갑인(甲印)은 정규의 전문이고 을인(乙印)의 작풍은 진의 죽간과 서로 부합한다. 대개 무덤 주인이 의도적으로 당시의 병행하던 두 가지 자체로 각각 하나의 인장에 새겼을 것이다. 이것도 역시 진대 죽간의 자체가 이미 전문과 분가(分家)한 일종의 새로운 자체였음을 설명할 수 있다.

위 절에서 언급한 수호지 4호 진묘에서 나온 두 덩어리의 가신(家信) 목독(木牘)은 쓴 것이 비교적 거칠고 자체는 11호 묘의 죽간 문자보다 더욱 후의 예서에 가깝게 보이므로 문제없이 역시 진예(秦隷)로 볼 수 있다.

수호지(睡虎地) 11호 묘의 죽간은 전국 말년에서 진대 초년까지 쓰여졌고, 4호 묘의 목독은 진의 통일 전야에 쓰여졌다. 이것으로 예서는 전국 만기에 이미 기본적으로 형성되었음을 알 수 있다. 예서는 분명히 전국 시대의 진의 문자의 속체의 기초 위에 점차로 형성된 것이지, 진시황이 어떤 한 사람으로 하여금 창조해 내게 한 것이 아니다. 전현동(錢玄同)은 ≪장초고(章草考)≫를 위하여 쓴 서문에서, 강유위(康有爲, 1873-1929) · 양계초(梁啓超, 1873-1929)

6) 오백도(吳白匋), <출토된 진(秦)의 간백서(簡帛書)로 진 · 한의 조기 예서를 봄(從出土秦簡帛書看秦漢早期隷書)>, ≪문물≫ 1978년 제2기, 50쪽에서 인용. 봉황산(鳳凰山) 70호 묘(墓)는 또 어떤 사람은 진소왕(秦昭王) 때의 무덤이라고 보고, 어떤 사람은 진시황(秦始皇) 때의 무덤이라고 본다.

는 모두 예서는 자연적으로 형성된 것이지 개인적으로 창조한 것이 아니라고 보았다는 것을 지적하였다. 그는 동의를 표시하고, 아울러 예서는 "마땅히 역시 전국 때에 시작되어 세속에서 사용되었다(當亦始於戰國之世, 爲通俗所用)"라고 말하였다. 당란 선생은 ≪중국문자학≫에서 ≪한서≫ 등에는 진대에 "관옥(官獄)에 일이 많았기 때문에 비로소 예서를 세웠다고 말하였지만 이것은 결과를 원인으로 전도시킨 것으로서 실제로는 민간에서 이미 통행된 서체였는데 관옥에 일이 번잡하여 채용하지 않을 수 없었던 것이다(由於官獄多事, 才建隸書, 這是倒果爲因, 實際是民間已通行的書體, 官獄事繁, 就不得不採用罷了)"(165쪽)라고 지적하였다. 이러한 의견들은 모두 정확한 것이다. 그러나 예서가 점차로 형성되는 과정에서 문자를 항상 사용하던 관부의 서리(書吏) 같은 사람들이 반드시 중요한 작용을 하였고 정막은 아마 그 가운데 작용을 한 것이 비교적 컸던 한 사람이었을 것이다. 또한 진의 관부에서 예서를 정식으로 채용했을 때 일찍이 정막이 이러한 자체에 대하여 약간의 정리 공작을 한 적이 있기 때문에 정막이 진시황을 위하여 예서를 만들었다는 전설이 생겨났을 가능성도 있다.

전국 시대에는 육국 문자의 속체도 역시 예서 유형의 자체로 발전되는 추세가 있었다. 초(楚)의 간백(簡帛) 문자는 "체식이 간략하고 형태는 편평(扁平)하여 후세의 예서에 가까웠다(體式簡略, 形態扁平, 接近於後世的隸書)"(곽말약(郭沫若), <고대 문자의 변증적 발전>(古代文字之辯證的發展), ≪고고학보≫ 1972년 제3기, 8쪽). 제(齊)의 도문(陶文)에서는 "  "가 따르고 있는 "  "를 "  "라고 쓰고[7] "棠"이 따르고 있는 "  "을 "  "이라고 쓰며,  (卒)을   혹은  이라고 쓰는 등의 현상을 볼 수 있다. 이러한 간단히 쓰는 방법은 예서가 전문을 개조한 방법과 지극히 서로 비슷하다. 만약 진이 전 중국을 통일하지 않았다면, 육국 문자의 속체는 조만간에 또한 예서와 유사한 새로운 자체로 연변되었을 것이다.

진대 죽간이 대표하는 예서는 또 단지 일종의 오히려 완전히 성숙되지는

---

7)  를 大라고 쓰는 현상은 일찍 춘추(春秋) 시대의 동기 명문에 이미 나타난다. 도문(陶文) 이외의 제(齊)의 문자 및 삼진(三晉) 문자에서도 때때로 또한 이러한 현상을 볼 수 있다. 그러나 진대 예서에서는 보통 도리어 "大"자를  라고 썼다.

않은 예서일 뿐이다. 이것은 주로 다음과 같은 두 방면에 나타난다.

먼저, 매우 많은 글자의 서사 방법은 여전히 정규의 전문에 접근되어 있다. 예컨대 다음과 같다.

木(목) : 　自(자) : 　行(행) : 　塞(색) : 

앞에서 든 바 있는 ""는 후의 예서 중의 ""와 서로 비교하면, 역시 아직 비교적 전문에 가까운 것이다.

그 다음에 어떤 글자들은 비록 이미 성숙된 예서와 서로 같거나 혹은 서로 비슷한 서사 방법이 있지만, 동시에 여전히 정규의 전문에 가까운 서사 방법을 사용하였다. 예컨대 다음과 같다.

| | |
|---|---|
| 比(비) |  |
| 之(지) |  |
| 言(언 : 편방) |  |
| 辵(착 : 편방) |  |

"言"(언)과 "辵"(착)의 두 편방의 각종의 서사 방법은 실제로는 그것들이 전서로부터 예서에 이르는 연변 과정을 반영한다.

위에서 지적한 이 두 가지의 현상은 서한 조기의 예서에서 여전히 볼 수 있지만, 단지 정도에 있어서 이와 같이 심각하지 않을 뿐이다. 성숙된 예서와 서로 구별하기 위하여 진과 서한 조기의 예서를 합쳐서 조기(早期) 예서(隸書)라고 부를 수 있다.

진의 문자의 속체가 예서로 연변되는 과정에서 약간의 후세의 초서(草書)와 서로 비슷하거나 혹은 서로 같은 서사 방법이 나타났다. 이러한 서사 방법은 어떤 것은 개조를 거쳐 후의 예서의 정체에 흡수되었다. 앞에서 든 진대 죽간의 "之"자가 로 되어 있는 한 체가 바로 하나의 예이다. 이러한 "之"자는 빠른 거친 필법으로 ""자를 썼기 때문에 형성된 것이기 때문에,

후에 "정체화(正體化)" 곧 한자간화(漢字簡化) 중의 초서(草書)의 해서화(楷書化)와 같은 길을 통하여 성숙된 예서의 정체에서 흔히 보이는 그러한 "之"자 곧 로 연변되었다. 앞에서는 또 진대 죽간에서 "辵"방이 따르고 있는 "止"를 라고 쓴 예를 든 바 있다. 후의 초서 중의 "止"방은 쓰는 법이 이것과 기본적으로 서로 같다. 성숙된 예서의 정체에 흔히 보이는 그러한 "辵"방 곧 도 역시 초서의 맛을 띠고 있는 "辵"방이 "정체화"한 산물이다.

4호 묘의 목독은 쓴 것이 특히 거칠어서 "攻"자의 "工"방은 이라고 썼고, "从"(從)·"徒"·"定" 등의 글자의 "止"방은 모두 라고 썼으며, "遺"자의 "辵"방은 결국 혹은 으로 간화되었다. 이러한 거친 서사 방법은 예서의 속체의 일부분으로서 한대 사람들에게 계속 사용되었고 아울러 초서(草書) 형성의 기초가 되었다.

예서 자형의 내원에 관해서는 반드시 해석해야 할 몇 가지 문제가 있다.

논리적으로 말한다면, 예서는 기왕에 전국 시대의 진의 문자의 속체가 발전되어 이루어진 이상 그 자형 구조는 마땅히 진계(秦系) 문자의 계통에 속해야 할 것이다. 그러나 예서의 어떤 자형들은 도리어 ≪설문≫의 소전과 부합하지 않고 춘추 이전의 고문자와 어떤 육국 문자와 부합하며, 아울러 이러한 글자들은 또 아주 적다고 할 수 없다. 이 때문에 어떤 문자학자들은 예서의 "일부분은 육국 문자를 계승한 것이다(有一部分是承襲六國文字的)"라고 말하였다. 이것은 사실은 일종의 오해이다. 우리가 진계 문자를 말할 때 이미 지적한 것처럼, ≪설문≫ 중의 일부분의 소전의 자형은 진·한 시대에 실제로 사용된 전문과 결코 서로 같은 것이 아니다. 예서의 일부분이 육국 문자에서 나왔다는 것을 주장하는 사람들이 들고 있는 주요한 예증은 바로 이러한 문제가 있는 글자이다. 예컨대 앞 절에서 언급한 ≪설문≫에 "戒"로 되어 있는 "戎"자가 그것이다. 사실은, 예서 "戎"자의 자형은 진시황의 역산(嶧山) 각석의 "戎"자와 완전히 서로 부합하므로 그것이 나온 것은 의심할 여지도 없이 진계 문자이지 육국 문자가 아니다. 마찬가지로, 예서 (欠)의 자형은 비록 ≪설문≫의 전형(篆形) 과 부합하지는 않지만, 진·한의 금석 문자 중의 전형 과 분명히 또한 일맥상통하는 것이다. 요컨대,

우리는 예서의 어떤 자형들이 ≪설문≫ 중의 문제가 있는 전형과 부합하지 않는다고 해서 이러한 자형들이 육국 문자에서 왔다는 결론을 낼 수는 없다.

자형의 연변 과정에서 어떤 비교적 복잡한 현상은 또한 사람이 예서의 자형의 내원 문제에서 착각을 일으키게 하기 쉽다. 예컨대, 갑골문 “朝”자의 오른쪽 편방은 “月”을 따르고 있지만(서주 전기의 금문 “廟”자가 따르고 있는 “朝”도 또한 “月”을 따른 예가 있다), 소전의 “朝”자는 도리어 “月”을 따르지 않고 “舟”를 따르고 있다.8) 표면적으로 본다면, 예서와 해서의 “朝”자의 자형은 진계 문자에서 나온 것이 아니라, 기타의 길을 통하여 비교적 이른 고문자로부터 계승되어 내려온 것으로 보인다. 그러나 진대 죽간의 “朝”자는 모두 “舟”를 따르고 있고, 동한 비각(碑刻)의 “朝”자도 역시 여전히 “舟”를 따르고 있는 것이 적지 않다. 이것은 예서와 해서의 “朝”자의 “月”방은 “朕”·“服” 등의 글자가 따르고 있는 본래 “舟”로 되어 있는 “月”과 마찬가지로 역시 “舟”가 생략·변화되어 이루어진 것임을 설명해 준다. 그러므로 예서와 해서의 “朝”자의 자형은 노한 문세없이 진계 문자에서 나온 것이기 때문에, 그것을 비교적 이른 고문자 중의 “朝”자가 “月”을 따르고 있는 서사 방법과 관련시키는 것은 타당하지 않다.

“朝”자와 상황이 서로 비슷한 것은 또 “明”자가 있다. 진계 문자의 “明”자는 “囧”(경)을 따르고, 육국 문자는 “日”를 따르고 있다(본장 제3절 참조). 우리가 현재 사용하는 “明”자는 육국 문자와 서로 부합한다. 그러나 예서에서는 “明”자는 시종 “目”을 따르고 “日”을 따르지 않는다. 진대 권(權)·량(量)의 거친 소전은 때로는 “明”이 따르고 있는 (囧)을 이라고 간단하게 쓰는데, “”은 그것이 한걸음 더 나아가 간화되어 이루어진 것이다(눈 “目”자와 서로 혼동된다). 후에는 대개 한 획을 생략하기 위하여 혹은 자형이 육서(六書) 중의 회의(會意)의 원칙에 맞도록 하기 위하여 비로소 고문의 자형을 보편적으로 채용하였다.

그러나 우리는 비록 원칙적으로 예서의 어떤 부분이 육국 문자를 계승한

---

8) ≪설문≫에 “朝”자는 “倝”(건)을 따르고 “舟”(주)성이다. 한대 인장의 “朝”자의 전문(篆文)도 역시 “舟”를 따르고 있지만, “倝”을 따르지 않고 “卓”(건)을 따르고 있다. “舟”·“朝”는 고음(古音)은 서로 가까웠다.

것이라는 설명에 동의하지는 않지만, 예서가 나온 전문 혹은 전문의 속체에서 예서 자체에 이르기까지 일찍이 동방 국가 문자의 어떤 영향을 받았을 가능성은 결코 부정하지는 않는다. 설사 진에 의하여 통일된 동방 국가의 백성들이 전문과 예서를 쓸 때 때로는 본국의 옛 자형을 사용하는 상황을 배제한다고 하더라도 여전히 이러한 영향의 어떤 자취들을 찾아낼 수 있다. 예컨대, 진과 동방 국가의 문자에는 모두 "則"자가 따르고 있는 "鼎"방이 "貝"방으로 간화되는 현상이 나타난다. 동방에서는 일찍 춘추 · 전국 사이에 진(晉)의 후마(侯馬) 맹서(盟書)에 이미 "貝"를 따르는 "則"자가 나타났다(맹서에서 다수의 "則"자는 여전히 "鼎"자를 따르고 있다). 진계 문자에서 "鼎"방을 "貝"방으로 생략한 것은 동방 국가의 문자의 영향 때문일 가능성이 있다. 또 예컨대 "於"자는 진대 죽간에서는 대부분 로 간화하였고 거칠게 새긴 권량(權量) 명문에는 간혹 로 되어 있으며(유사한 서사 방법이 동한의 비각에서도 모두 또 볼 수 있다), 전국 시대의 초(楚)의 문자 중의 "於"자에도 또한 로 쓴 것이 있다(장사(長沙) 앙천호(仰天湖) 초간(楚簡)에 보인다). 진계 문자의 "於"자의 서사 방법이 초의 문자의 영향을 받았는지의 여부는 또한 고려할 만한 것이다.

진대에는 소전이 주된 자체였고, 예서는 단지 일종의 새로 일어난 보조적인 자체로서 사회적 지위는 매우 낮았다. "예서"라는 명칭이 그 신분을 나타내는 것이다. 어떤 사람은 예서는 "도예(徒隸)에 시행된"(施之於徒隸) 것이기 때문에 이름을 얻었다고 말하였고(≪한서 · 예문지≫), 어떤 사람은 예서는 진의 관부에서 "예인(隸人) 등에게 명하여 좌서(佐書)하게(令隸人佐書)" 한 것이기 때문에 이름을 얻었다고 하였다(진(晉) 위항(衛恒), <사체서세(四體書勢)>, ≪진서(晉書) · 위항전(衛恒傳)≫에 보인다). 요컨대, 예서는 상층 통치 계급이 깔보았던 것이다. 진대의 통치자들이 관부에서 일상 사무를 처리하도록 허용한 것은 어쩔 수 없는 형세 때문이었다는 것은 결코 그들이 이러한 자체를 좋아하거나 혹은 중요시했음을 설명해 주는 것은 아니다. 비교적 정중한 경우에는 일반적으로 예서를 사용하지 않았던 것이다.

그러나 예서는 쓰는 것이 소전보다 훨씬 편리했기 때문에 장기에 걸쳐 그 발전을 억제하려는 것은 불가능하였다. 진대의 권량의 명문으로 본다면 예서가 소전의 영역으로 침범해 들어가는 상황을 분명히 볼 수 있다. 권량 명문의 내용은 통치자가 영원히 전하려고 한 도량형을 통일한 조서(詔書)로서, 논리적으로는 물론 마땅히 정규의 소전으로 새겨야만 할 것이다. 그러나 남아 있는 권량 명문은 도리어 매우 거칠게 새긴 예가 적지 않다. 어떤 권량 명문에서는 "毋"·"明"·"皆"·"者" 등의 서사 방법이 앞에서 든 바 있는 진대 죽간의 예서와 완전히 서로 같다. 총체적으로 고려한다면, 이러한 거친 명문은 아마 아직은 예서로 볼 수 없을 것이다. 왜냐하면 이러한 명문 중에는 "法"자가 따르고 있는 "水"방이 예서처럼 "三"라고 쓴 예가 하나도 발견된 적이 없기 때문이다. 이러한 예서의 성분이 포함되어 있는 많은 조서의 명문은 확실히 소전이 장차 예서에 의하여 대체될 운명을 예시(預示)하는 것이다.

진대에는 예서가 실제로는 이미 소전의 통치 지위를 동요시키게 되었다. 서한에 이르러서는 진 왕조가 소전으로 전 중국의 문자를 통일한 지 오래되지 않았지만 예서가 정식으로 소전을 대신하여 주된 자체가 되었다. 그러므로 우리는 또 아닌게 아니라 진 왕조는 실제로는 예서로 전 중국의 문자를 통일하였다고 말할 수도 있을 것이다.

## 제5장

# 형체(形體)의 연변(演變)(하)

### – 예(隸)・해(楷) 단계의 한자

예(隸)・해(楷) 단계는 한대에 시작되어 곧장 현대까지 이어진다. 성숙한 예서는 자형이 해서와 매우 가깝다. 그러므로 비록 예서(隸書)는 일찍 이미 해서(楷書)로 대체되었지만 습관적으로는 도리어 그것을 일종의 고문자로 보지 않는다.

양한(兩漢) 시대에 통행된 주된 자체는 예서였고, 보조 자체는 초서(草書)였다. 대략 동한(東漢) 중기에 일상적으로 사용하던 예서로부터 일종의 비교적 간편한 속체(俗體)가 연변되어 나왔는데, 우리는 잠깐 그것을 신예체(新隸體)라고 부른다. 동한 만기에 이르러서는, 신예체와 초서의 기초 위에 행서(行書)가 형성되었다. 대략 한(漢)・위(魏) 사이에 또 행서의 기초 위에 해서가 형성되었다. 해서가 나타난 후, 예서와 신예체는 결코 매우 급속하게 그들의 지위를 상실하지는 않았다. 위(魏)・진(晉) 시대 200년 정도의 시간을 지나서야 해서는 비로소 최종적으로 통치 지위를 차지하는 주된 자체로 발전되었다.

## 제1절 예(隸)・해(楷) 단계의 문자 형체를 연구하는 자료

서술의 편의를 위하여, 우리는 예(隸)・해(楷)의 각종 자체의 자료를 한데 모아 소개한다. 이 단계 가운데 비교적 급격한 문자 형체상의 변화는 양한・위・진 시대에 집중되어 있기 때문에, 우리가 자료를 소개하는 데도 역시 양한 · 위 · 진의 것을 주로 하고, 남북조의 것을 덧붙여 약간 언급하고 수(隋) · 당(唐) 이후의 것은 생략하려고 한다. 다음에 서사(書寫) 혹은 명각(銘刻) 문자의 재료의 성질에 따라서 항목을 나누어 소개하려고 한다.

#### 1) 석각(石刻)과 묘지(墓誌) 문자

청대 말년에 양한과 위 · 진 시대의 목간(木簡)이 발견되기 전에는 석각 문자가 이 시기의 문자 형체를 연구하는 가장 중요한 자료였다.

이 시기의 석각 문자는 비문(碑文)이 가장 중요하다. 비문을 새기는 기풍은 대개 동한 시대에 이르러 비로소 일어났고, 동한 중기와 만기는 이러한 기풍이 가장 성행한 시기였다. 그러므로 전인들이 수집한 한대의 석각 문자는 절대부분이 동한 중 · 만기에 속한다. 서한의 석각 문자는 단지 약간의 단편적인 발견이 있을 뿐이고, 동한 조기의 석각 문자의 수도 역시 많지 않다.

명확한 연대가 있는 서한의 석각 문자 가운데, <조입이년군신상수각석(趙廿二年羣臣上醻刻石)>(조왕(趙王) 유수(劉遂) 22년[전 158년]에 새긴 것임)과 <노육년북폐석(魯六年北陛石)>의 제자(題字)(노공왕(魯恭王) 6년[전 149년]에 새긴 것임)는 모두 소전(小篆)이다. 명확한 연대가 있는 가장 이른 서한의 예서 각석은 지절(地節) 2년(전 68)의 파주(巴州) 백성 양량(楊量)의 <매산기(買山記)>와 오봉(五鳳) 2년(전 56)의 각석으로 모두 선제(宣帝) 때의 것이다(그림 47, 532쪽).

동한의 비각은 일반적으로 예서를 사용하였다. 동한 후기의 비각의 예서는 서법이 왕왕 매우 아름답다. 예컨대, <석문송(石門頌)>(곧 <양맹문송(楊孟文頌)>으로, 마애(摩崖)이다) · <을영비(乙瑛碑)>(곧 <공묘치수묘백석졸사비(孔廟置守廟百石卒史碑)>이다) · <예기비(禮器碑)>(곧 <한칙조공묘예기비(韓勅造孔廟禮器碑)>이다) · <공주비(孔宙碑)> · <화산비(華山碑)>(곧 <서악화산묘비(西岳華山廟碑)>이다) · <사신전(후)비(史晨前(後)碑)> · <서협송(西狹頌)>(마애(摩崖)이다) · <한인명(韓仁銘)> · <조전비(曹全碑)> · <장천비(張遷碑)>와 <희평석경(熹平石經)> 등은 모두 후대의 서법가들이 추앙하는 것이다(그림 48, 533쪽).

위와 서진(西晉)의 비각도 일반적으로 역시 예서를 사용하였고 자체는 대부분 매우 공정(工整)하다. 동진의 비각은 이미 신예체를 사용한 것이 많다. 남북조 이후에는 해서가 비각상의 주된 자체가 되었다.

묘지(墓誌)의 성질은 묘비(墓碑)와 서로 가깝다. 그러나 비는 땅 위에 세우는 것이고 묘지는 무덤 속에 파묻는 것이다. 묘지의 재료는 어떤 것은 돌을 사용하였고 어떤 것은 전(磚)을 사용했기 때문에 석각 문자라는 이 명칭은 또한 전체의 묘지 문자를 포함할 수 없다.

진·한 시대의 형도(刑徒) 같은 사람들의 묘장(墓葬) 가운데는 죽은 사람의 신분·적관(籍貫)·이름이 새겨진 전와(磚瓦)가 발견된 적이 있다. 이것은 원시적인 묘지로 볼 수 있다. 친족이 죽은 사람의 무덤 속에 묘지를 넣어두는 기풍은 진대(晉代)로부터 비로소 유행하기 시작한 것이다(당시의 정부가 개인이 비를 세우는 것을 금지한 것과 관계가 있을 가능성이 있다). 남북조 때는 묘지가 성행하여 비교적 고정된 규격이 형성되었는데, 일반적으로 모두 지문(誌文)을 석질(石質)이나 혹은 전질(磚質)의 네모난 판에 새겼다. 지문에는 죽은 사람의 가세(家世)와 생애의 줄거리를 기록하고 글 뒤에는 또한 단락의 운(韻)이 있는 명(銘)이 있기 때문에 묘지는 또 묘지명(墓誌銘)이라고 한다.

동진·남북조 시대의 비각과 묘지는 신예체와 해서를 연구하는 중요한 자료이다.

### 2) 간독(簡牘) 문자

양한 시대에는 간(簡)이 여전히 주된 서사 재료였고 독(牘)도 역시 상당히 보편적으로 사용되었다. 동한 중기에 채륜(蔡倫)이 종이를 만드는 방법을 개량한 후는 종이가 서사 재료로 비교적 많이 사용되기 시작하였다. 그러나 곧장 남북조 시대에 이르러서야 종이가 비로소 비교적 철저하게 간독을 배제하게 되었다. 진대(晉代)에는 비록 종이가 이미 매우 보편적으로 사용되었지만 정부의 문서·부적(簿籍)은 왕왕 여전히 간독을 사용하였다.

청대 말기(20세기 초년) 이래 서북 지역의 양한과 위·진 시대의 변방 유지(遺址)에서 잇달아 매우 많은 한대 죽간과 약간의 위·진 죽간이 발견되었다. 50년대 이후 또 호남(湖南)·호북(湖北)·안휘(安徽)·산동(山東)·하북(河北)·감숙(甘肅)·청해(靑海)·강소(江蘇) 등의 한대 무덤에서 매우 많은 간책(簡冊)이 발견되었다.

변방 유지에서 출토된 한대 죽간은 관습적으로 출토 지역에 따라 세 가지로 나눈다.

(1) 돈황(敦煌) 한간(漢簡)

감숙성(甘肅省)의 돈황 · 안서(安西) · 주천(酒泉) · 정신(鼎新)(모목(毛目)) 등에서 발견되었다. 이 지방들은 한대에는 돈황 · 주천의 두 군(郡)에 속하였지만, 일반적으로 이 지방에서 출토된 한간을 통틀어 돈황간이라고 한다(그림 49, 534쪽 · 그림 50, 535쪽).

(2) 거연(居延) 한간

감숙과 내몽고(內蒙古) 두 지방의 액제납하(額濟納河)(곧 약수(弱手)) 양안(兩岸) 등에서 발견된 것이다. 이 지방의 변경은 서한 때 장액군(張掖郡)의 견수(肩水)와 거연의 두 도위(都尉)의 관할에 속했지만, 일반적으로 이 지방에서 출토된 한간을 통틀어 거연간이라고 부른다(그림 51 · 52, 536쪽 · 537쪽).

(3) 나포박(羅布泊 : Lop-Nor) 한간

신강(新疆) 나포박 북안(北岸)에서 발견되었으며 죽간의 수는 많지 않다. 이 죽간의 출토지는 이른바 누란(樓蘭)의 유지에 가깝기 때문에 또 어떤 사람은 이것을 누란 한간이라고 부른다.

위에서 말한 이 한간들은 보통 한대 변방 지역의 관서(官署)와 봉수(烽燧) 유지에서 발견된 것으로, 대부분은 둔수(屯戍)하던 이졸(吏卒)들이 남겨 놓은 문서 · 부적(簿籍) 및 개인 서신 등이다. 그 시대는 서한의 무제(武帝) 만기에서 비롯되어 동한 만기에서 끝난다(다만 동한 만기의 죽간 수는 많지 않다).

묘장(墓葬)에서 발견된 한간은 다수는 서적과 부장된 물품을 기록한 "견책(遣冊)"이다. 변방 한간에는 서한 조기의 간은 없다. 묘장 한간에는, 예컨대 산동(山東) 임기(臨沂) 은작산(銀雀山) 1호묘, 호남(湖南) 장사(長沙) 마왕퇴(馬王堆) 1호와 3호묘, 안휘(安徽) 부양(阜陽) 쌍고퇴(雙古堆) 1호묘 · 호북(湖北) 강릉(江陵) 장가산(張家山) 247호묘와 강릉 봉황산(鳳凰山) 한묘군(漢

墓群) 등에서 나온 한간은 모두 서한 조기에 속하는 것이다(무제 초년 이전을 가리킨다)(그림 53 · 54, 538쪽).

변방 한간은 기본적으로는 목간(木簡)이다. 묘장 한간 중에는 죽간이 비교적 많다. 그밖에, 변방 유지와 묘장에서는 또 약간의 목독(木牘)이 나왔다. 위 · 진의 간은 주로 나포박 서쪽의 북쪽으로 치우친 "누란 유지" 및 신강(新疆) 민풍(民豐) 북부의 옛 유지에서 출토되었다. 간문 중에 기록되어 있는 연호는 조위(曹魏)에서 동진 초기까지 이어지는데 서진의 것이 많다(그림 55 · 56, 539쪽 · 540쪽). 소수의 위 · 진 묘장에서도 역시 약간의 간이 발견된 적이 있다.

금석의 명각은 자체를 선택하는 데 왕왕 비교적 보수적이다. 간독상의 문자는 보통 일상적으로 사용하는 자체로 쓴 것으로 한자 형체의 연변을 연구하는 것으로 말한다면 그 가치는 비지상(碑誌上)의 문자를 뛰어 넘는다. 서한 간에서는 예서가 점차 성숙되고 초서가 점차 형성되는 상황을 볼 수 있나. 동한 중 · 만기의 간에시는 조기의 신예체를 볼 수 있다. 위 · 진의 간은 신예체와 행서 · 초서의 연구에 대하여 모두 매우 가치가 있다.

### 3) 백지(帛紙) 문자

제4장 제4절에서 이미 언급한 바와 같이, 1973년 서한 조기의 마왕퇴 3호묘에서 대량의 백서(帛書)가 발견되었다. 이 백서들은 소수가 전문(篆文)을 사용한 것을 제외하면 모두 조기 예서로 썼다. 그 가운데 일부의 자체가 전문과 비교적 가까운 것은 초사(抄寫) 시간이 일찍 진대 말기 · 한대 초기에 이를 가능성이 있고, 그밖의 것은 대개 모두 문제(文帝) 시대에 초사한 것이다(그림 57 · 58, 541쪽 · 542쪽).

과거에 한대의 돈황 · 거연(견수(肩水)를 포함한다)이 있었던 변방 유지에서 일찍이 소수의 비단 위에 쓴 예서가 발견된 바 있는데 내용은 서신과 제서(題署)였다.

위 · 진 시대의 "누란 유지"에서는 목간 외에도 또 약간의 글자가 기록된 종이가 나왔는데 연대의 범위는 함께 나온 위 · 진의 간과 큰 차이가 없다. 그 가운데는 서신 · 문서와 부적(簿籍)의 잔편 등이 있다. 자체를 연구하는

데 대하여 말한다면 이러한 글자가 기록된 종이의 가치는 목간보다는 더 높다(그림 59-65, 543쪽-545쪽).

과거에 돈황 한간이 나온 어떤 지점에서는 또한 극소수의 글자가 기록된 종이가 발견되었는데, 동한 만기의 것일 가능성이 있다(그림 66, 546쪽). 고고(考古) 보도(報導)에 따르면, 1990년에 발굴되기 시작한 돈황 동쪽의 한대 현천치(懸泉置) 유지의 서한 선제(宣帝)와 원제(元帝) 시기의 지층(地層)에서는 또한 소수의 잔결된 글자가 기록된 종이가 발견되었다(≪중국문물보(中國文物報)≫ 1992년 1월 5일).

돈황 막고굴(莫高窟)과 신강 토로번(吐魯番) 등에서는 적지 않은 진대(晉代)와 남북조의 두루말이와 글자가 기록된 종이가 발견된 바 있다. 그 가운데는 불교·도교의 경전, 고서의 초본과 문서·계약 등이 있는데, 신예체와 해서를 연구하는 데 대하여 역시 중요한 자료이다(그림 67-69, 546쪽).

예로부터 전해 내려온 위·진 이래의 명인들의 글씨도 또한 백지 문자에 넣을 수 있다. 애석하게도 현존하는 것은 일반적으로 모두 임모본(臨摹本)이나 혹은 임모본의 각본이다.

#### 4) 기 타

이상에서 서술한 것 외에도 또한 양한과 위·진 시대의 문자 자료가 매우 많이 있다. 예컨대, 동기·칠기·도기·자기 등의 기물과 전와(磚瓦) 위의 문자, 매지권(買地券)·진묘권(鎭墓券)·의물권(衣物券) 위의 문자 및 무덤 벽의 제자(題字) 등이 그것이다. 다음에 중요한 것을 가려서 소개한다.

서한 동기 위에 새겨진 명문은 일부분은 예서로서 서한 예서의 연변을 연구하는 데 참고 가치가 크다(그림 70·71, 547쪽).

동한 중·만기 주로 만기에는 무덤 속에 진묘문(鎭墓文)이 쓰여 있는 도병(陶瓶)을 놓아두는 기풍이 있었다. 이러한 진묘문은 신예체를 연구하는 중요한 자료이다(그림 72, 548쪽).

70년대에 안휘성(安徽省) 박현(亳縣)(지금의 박주시(亳州市))에서 동한 만기의 조씨(曹氏)의 종족(곧 조조(曹操)의 친족이다)의 묘장군(墓葬群)이 발굴되었다. 그 가운데 두 개의 무덤의 일부 묘전(墓磚) 위에 임의로 새겨놓은 문자가 있는데, 당시의 각종 자체를 연구하는 데 대하여 매우 중요한 가치가 있다(<안휘 박현에서 한 무더기의 한대의 자전(字磚)과 석각을 발견하다(安徽亳縣發現一批漢字磚和石刻)>, ≪문물자료총간(文物資料叢刊)≫ 2)(그림 73 · 74, 548쪽 · 549쪽). 80년대에 박주시에서는 또 같은 종류의 자전(字磚)이 있는 조씨 종족 무덤이 발굴되었다(≪고고(考古)≫ 1988년 제1기).

## 제2절 한대 예서의 발전

우리는 자형의 구조와 서체의 두 방면에서 한대 예서의 발전을 설명하려고 한다. 다음에 먼저 자형 구조의 변화를 말한다.

제4장 제5절에서 우리는 주로 자형 구조상의 특징에 근거하여 진대(秦代)와 서한 조기의 예서는 아직 미숙한 조기(早期) 예서임을 지적하였다. 서한 무제(武帝) 시대는 예서가 미성숙에서 성숙으로 발전한 시기로 볼 수 있다.

서한 조기(무제 초년 이전)의 간백상(簡帛上)의 예서 가운데는 분명히 전문(篆文)에 가까운 자형이 여전히 매우 많다. 거연(居延) · 돈황(敦煌) 등에서 발견된 무제 만기 이후의 한간(漢簡)의 예서에는 이러한 자형은 크게 감소하게 된다. 예컨대, "斗"자는 서한 조기의 간백에는 일반적으로  ·  등으로 되어 있지만, 거연 간에는  ·  · 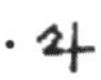 · 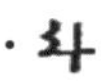 등으로 되어 있다. "自"자는 서한 조기의 간백에는 일반적으로  ·  등으로 되어 있지만, 거연 간에는 일반적으로  · 自 등으로 되어 있다. "它"자는 서한 조기의 간백에는 일반적으로  ·  등으로 되어 있지만 거연 간에는 일반적으로  ·  등으로 되어 있다. "地" · "池" 등의 글자가 따르고 있는 "它"까지도 또한 대부분 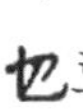로 간화된 것이 많기 때문에 후에는 변하여 "也"방과 뒤섞여 분명치 않게 되었다("地" · "池" · "施" 등은 본래는 모두 "它"를 따랐는데 "池"와 "沱"는 후에 비로소 두 개의 글자로 분화되었다. ≪설문≫의 "地" · "施" 등이 "也"성을 따르고 있는 것은 ≪설문≫의 전문 자형이 와오(訛誤)된 예이다). "大" · "木" 등은 서한 조기에는  ·  등으로 쓴 것도 있고 또한  ·  등으로 쓴 것도 있다. 거연 간에는 전자의 서사법은 이미 자취를 감추어 버린 것 같다.

무제 후 동한 만기에 이르는 기간에 예서의 자형은 여전히 많은 변화가 있었다. 예컨대, "其"자는 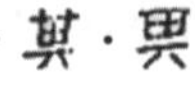 등의 형체에서 "其"로 변하였고, "五"자는 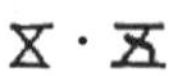 등의 형체에서 "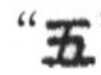"로 변하였다. 요컨대, 후세의 해서와 갈수록 더욱 가깝게 변하였다.

만약 자형의 번간(繁簡)의 각도에서 본다면, 예서의 자형은 대부분 번잡함에서 간단함의 방향으로 연변한 것이다.

예서의 자형 연변의 과정에서 새로운 자형이 출현한 후에도 옛 자형은 왕왕 시간을 끌며 역사의 무대에서 퇴장하지 않았다. 조기 예서에서 이러한 현상이 있을 뿐 아니라(제4장 제5절 참조) 가령 성숙된 예서에서도 역시 늘 이러한 현상을 볼 수 있다. 예컨대, 동한 만기의 비각(碑刻)에는 "其"자는 "其"로 되어 있기도 하고 또한 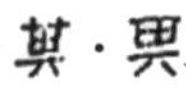로 되어 있기도 하며, "五"자는 로 되어 있기도 하고 또한 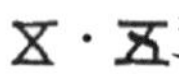로 되어 있기도 하며, "恭"·"慕" 등의 "心"방은  등의 여러 종류의 서사법이 있다. 또 "口"방은 일찍 진대(秦代) 예서 중에 소수의 ""로 되어 있는 서사법이 나타났지만, 서한 중·만기의 한간에는 여전히 로 되어 있는 서사법이 익히 보이며("知"·"如" 등의 "口"방은 왕왕 이러한 모양으로 되어 있다), 심지어 동한 만기의 비각에서도 모두 또한 약간의 이러한 서사법을 볼 수가 있다.

소수의 동한 만기의 비각에서도 또한 의도적으로 소전의 자형에 따라 예서를 쓰는 복고적 현상을 볼 수 있다. 예컨대, "農"은 으로 쓰고(<사농유부인비(司農劉夫人碑)>), "壹"은 로 쓴(<축목비(祝睦碑)>) 것 등이 그것이다. 위작(僞作)된 공안국(孔安國)의 ≪상서(尙書)·서(序)≫에는 "예고정(隸古定)"이라는 설이 있는데(어떤 사람은 "예고(隸古)"와 "정(定)"은 연독(連讀)해서는 안 된다고 말하지만, 여기서는 일반적인 독법을 사용하였다), 예서의 필법을 사용하여 "고문(古文)"의 자형을 쓰는 것을 가리킨다. 후인들은 해서의 필법으로 고문자의 자형을 쓰는 것을 "예정(隸定)"이라고 부른다.

다음에는 한대 예서의 서체상의 변화를 말하려고 한다.

우리가 동한 만기의 서법이 공정(工整)한 비각에서 보는 예자(隸字)는 결체(結體)가 일반적으로 모두 편방형(扁方形)으로 되어 있고 용필(用筆)에도 또한 일련의 규격이 있다. 우하방으로 향하는 사필(斜筆)은 거의 모두 날각

(捺脚)이 있고, 날각은 왕왕 약간 위를 향하여 삐쳐[挑] 있다. 어떤 좀더 긴 가로획은 수필(收筆)할 때 역시 약간 위를 향하여 삐쳐서 위로 우러러보는 날각식(捺脚式)의 꼬리를 형성하고 있다. 선수후횡(先竪後橫)의 구부러진 붓을 수필할 때는 대부분 위로 삐치고 또한 폭은 왕왕 비교적 넓다. 좌하방으로 향하는 사필(곧 삐침[撇])은 수필할 때 대부분 역시 약간 위를 향하여 삐친다. 수필할 때 위로 삐치는 가로 획은 기필(起筆)할 때 역시 왕왕 아래로 드리우는 돈세(頓勢)가 있어 전체의 필획은 약간 잔물결이 기복(起伏)하는 추세를 보이며, 비교적 긴 날(捺)도 〜 · ㇏와 같이 때때로 또한 이러한 필세가 있다. 서법가들이 예서의 서법 특징을 형용하는 데 사용하는 "도법(挑法)" · "파세(波勢)"와 "파책(波磔)"(책(磔)은 날(捺) 따위의 필세(筆勢)를 가리킴) 등의 말은 이러한 필법을 가리켜 말하는 것이다.

위에서 서술한 예서 서체의 특징은 하나의 형성 과정이 있었다. 습관상 이러한 특징들을 갖추고 있는 예서를 한예(漢隸)라고 하고, 한예가 형성되기 이전의 예서는 진예(秦隸)라고 한다. 신예는 또한 고예(古隸)라고도 한다. 진예는 또한 한예가 형성되기 전의 한대의 예서를 포함하고 있기 때문에 그것을 고예라고 부르는 것이 비교적 합리적이다. 주의해야 할 것은 고예라는 말은 다른 뜻이 있다는 것이다. 그것은 또한 해서(楷書)의 별명 곧 "금예(今隸)"와 상대되는 명칭으로 사용할 수도 있다. 이러한 용법의 "고예"는 일반적으로 말하는 예서와 뜻이 같다.

한예는 또한 팔분(八分)이라고도 한다. 이 명칭은 대개 한 · 위 사이에 이미 나타났을 것이다. 당시 일반 사람들이 일상적으로 사용하던 예서는 우리가 앞에서 언급한 바 있는 신예체(新隸體)로서, 그 면모는 정규의 예서와 이미 현저한 구별이 있었기 때문에 정규의 예서를 위해서는 따로 하나의 이름을 붙일 필요가 있었다(계공(啓功), ≪고대자체논고(古代字體論稿)≫ 34쪽 참조, 문물출판사(文物出版社), 1979). 줄곧 당대(唐代)에 이르기까지 일반 사람들은 아직 당시 통행된 자체(곧 해서)를 예서라고 불렀고 한예(漢隸)를 팔분이라고 불렀다.

팔분(八分)이라는 이름을 얻게 된 원인에 관해서는 옛 사람들의 설은 일치하지 않는다. 어떤 사람은 이 서체는 "글자가 사방 팔분(字方八分)"인 것을 크기의 표준으로 삼았기 때문이라고 보았고, 어떤 사람은 이 서체를 자형이 비교적 납작하고 필획이 양 곁으로 뻗어 있어서 필세가 "'八'자가 분산된 것 같았기(若'八'字分散)" 때문이라고 보았으며, 또 어떤 사람은 채문희(蔡文姬)(이름은 염(琰))의 이름에 가탁하여 이 서체는 "정막(程邈)의 예서를 8분을 잘라 내버리고 2분만을 취하고 이사(李斯)의 소전을 2분을 잘라 내버리고 8분만을 취했기(割程隷八分取二分, 割李篆二分取八分)" 때문에 팔분이라고 불렀다고 보았다(당란(唐蘭), ≪중국문자학≫, 169-170쪽 참조). 마지막의 한 가지 설에서 언급한 "정예(程隷)"는 사실은 결코 진정한 진예(秦隷)를 가리켜 말한 것이 아니다. 옛 사람들은 자체 발전의 역사적 관념이 결여되어 그들이 예서라고 부른 신예체나 혹은 해서를 정막이 "만든(作)" 예서와 같은 말로 혼동하기가 매우 쉬웠다(예컨대, ≪법서요록(法書要錄)≫ 권2에 수록되어 있는 양(梁) 유견오(庾肩吾)의 <서품론(書品論)>에는 "살펴보건대, 예체는 진대(秦代)에 발원(發源)한 것으로 예인(隷人)인 하비(下邳)의 정막이 만든 것이다. …… 그러므로 예서라고 하였으니 지금의 정서(正書)가 이것이다(尋隷體發源秦時, 隷人程邈所作 …… 故曰隷書, 今時正書是也)"라고 하였는데, 그가 말한 정서는 바로 우리가 말하는 해서이다). 그러나 그들은 또 팔분의 형체가 실제로는 이 "정막의 예서(程隷)"보다 더욱 소전에 가깝다는 것을 인정하지 않을 수 없었기 때문에 비로소 "정막의 예서"의 2분을 취하고 "이사의 소전(李篆)"의 8분을 취한다는 설이 나타나게 된 것이다. 이상의 각각의 설은 결국 어떤 설이 팔분을 명명한 사람의 원래의 뜻에 부합하는가 혹은 가장 가까운가 하는 것은 현재 이미 확정하기 어렵다. 또한 이러한 설들이 모두 부정확한 것일 가능성도 있다. 한예는 또한 분서(分書)·분예(分隷)라고도 부르는데, 이 두 가지 명칭은 팔분에서 파생되어 나온 것이다.

팔분은 결국 언제 형성된 것인가? 다음에 이 문제를 토론하려고 한다.

한간(漢簡)이 발견되기 전에는 석각 문자가 거의 예서를 연구하는 유일한 자료였다. 이미 발견된 한대 비각의 예서 중에는 팔분 서체의 특색은 동한 중기 이후에 이르러서야 비로소 충분히 나타나기 때문에 전인들은 왕왕 팔분이 형성된 시간을 비교적 늦게 정하였다. 후의 연구자들은 의거할 만한 대량의 한간상의 예서가 있었으므로 관점이 그들과는 매우 다르게 되었다.

팔분 필법의 맹아는 매우 일찍 나타났다. 정규의 전문의 필법을 포기한 후에, 만약 글자를 빨리 써서 수필(收筆)할 때 재빨리 붓을 당긴다면 가로획과 아래쪽으로 향한 사필(斜筆)에는 끝이 위쪽으로 치우치는 꼬리가 나타나기가 매우 쉽다. 만약 이러한 필법을 "정체화(正體化)"한다면 팔분의 도법(挑法)이 형성될 것이다. 위건공(魏建功, 1901-1980) 선생은 팔분의 도법은 초서의 필법이 정제화(整齊化)된 산물이라고 보았다(<초서의 문자학상의 새로운 인식(草書在文字學上之新認識)>, ≪보인학지(輔仁學志)≫ 14권 제1-2기(期) 합간(合刊)). 이것은 매우 정확한 견해이다.

일찍 진대(秦代)의 예서에서도 소수의 날각(捺脚)을 띠고 있는 사필과 도법을 약간 가지고 있는 가로획을 볼 수 있다. 서한 조기의 예서 중에 이러한 필법의 사용이 분명히 증가되었다. 예컨대, 마왕퇴(馬王堆) 3호 무덤에서 출토된 문제(文帝) 시대에 베낀 일부 백서(帛書)에는 적지 않은 글자의 서사풍격이 팔분과 매우 가깝다(그림 58, 542쪽). 강릉(江陵) 봉황산(鳳凰山) 9호 무덤에서 출토된 한문제 때의 목독(木牘)의 어떤 글자들은 필법이 또한 상당히 팔분을 닮았다(그림 75, 548쪽. 둘째 줄의 "上"에 주의할 것). 그러나 서한 조기의 예서에는 세로로 긴 자형과 전문에 가까운 서사법이 아직도 흔히 보이고, 팔분식의 필법은 아직 지배적인 지위를 차지하지 못하였다. 그러므로 서한 조기의 예서는 진대 예서와 마찬가지로 역시 고예의 범위에 속하는 것이다.

돈황과 거연 등에서 발견된 무제(武帝) 만기에서 선제(宣帝) 시대에 이르는 간에서 팔분이 점차 형성되는 과정을 볼 수 있다. 돈황 간 가운데 무제 천한(天漢) 3년(전 98)의 간(그림 49. A, 534쪽)과 왕국유(王國維)가 무제 태시(太始) 3년(전 94) 이전의 것으로 고증하여 확정한 "사사거속상여(使莎車續相如)" 간(그림 49. B, 534쪽)은 그 서체는 모두 고예에 속하지만, 태시 3년 간의 서체는 이미 팔분과 커다란 차이가 없다(그림 49. C, 534쪽). 거연 간 가운데 무제 정화(征和)에서 소제(昭帝) 시원(始元) 연간에 이르는 적지 않은 식부(食簿) 산간(散簡)은 서체는 대부분 고예에서 팔분으로 가는 과도기의 면모가 드러나 있다(그림 51. A · B, 536쪽). 또 한 건의 소제 시원 7년(전 80)의 출입부(出入符)는 비록 쓴 것이 공정(工整)하다고 할 수는 없지만, 그 서체는 도리어 이미 팔분으로 볼 수 있다(그림 51. C, 536쪽). 그밖에, 거연 간 중에는 또 서체가 팔분을 매우 닮은 약간의 소제 시대의 간이 있지만 낱낱이 들지 않는다. 선제(宣帝) 시대의 간에는 상당히 표준적인 팔분서가 나타난다. 예컨대 거연의 본시(本始) 2년(전 72)의 <수문수장윤야간(水門燧長尹野簡)>(그림 51. D, 536쪽)과 돈황의 오봉(五鳳) 원년(전 57) 간(그림 49. D, 534쪽) 등이 그것이다. 이것으로 늦어도 소제와 선제 사이에는 팔분이 이미 완전히 형성되었다는 것을 알 수 있다.

팔분이 형성된 이후에도 서법상 팔분의 영향을 크게 받지 않고 필획의 서사법이 비교적 간편한 예서는 여전히 흔히 보인다. 선제 이후의 비교적 거칠게 쓰여진 한간에서 이러한 예서를 볼 수 있다(그림 76, 550쪽). 근년에 어떤 학자들은 이러한 예서를 "통속 예서"라고 불렀다(뇌비(賴非)·왕사례(王思禮), <한대 통속 예서의 유형(漢代通俗隸書類型)>, ≪한비연구(漢碑硏究)≫, 192-212쪽 참조, 제로서사(齊魯書社), 1990). 그 서체는 조기에는 고예에 가까웠고 후에 점차 발전하여 앞에서 언급한 바 있는 신예체가 되었다.

서한의 동기의 예서(隸書)의 명각(銘刻)에 반영된 서체 변화의 상황은 한간과 기본적으로 서로 합치된다. 서한 조기의 동기의 예서는 서한 조기의 간의 고예와 유형이 같다. 무제에서 선제 시대에 이르는 동기에서 같은 시기의 한간과 서로 유사한 예서 서체의 연변을 발견할 수 있다. 그러나 동기에 새겨진 예서는 대부분 붓으로 쓴 팔분의 특색을 충분하게 나타내지 못하고 있다. 예컨대, 선제 때의 <양천사자사훈로(陽泉使者舍熏爐)>의 명문은 글자의 결체(結體)로 보면 팔분과 서로 가깝지만 필획은 뚜렷한 파책(波磔)이 없다(그림 71, 547쪽).

서한의 석각 문자의 서체는 약간 보수적이다. 선제 때의 지절(地節) 2년 <매산기(買山記)>에는 고예에서 팔분으로 넘어가는 과도적인 면모가 드러나 있고, 오봉(五鳳) 2년의 각석(刻石)은 고예와 여전히 매우 가깝다(그림 47, 532쪽).

우리는 앞에서 자형 구조에 근거하여 조기의 예서와 성숙된 예서를 구분하였고, 아울러 무제 시대는 예서가 미성숙에서 성숙으로 발전되는 시기라는 것을 지적하였다. 서체상에서 본다면, 무제 만기에는 역시 이미 고예가 팔분으로 한창 연변하려고 하는 추세였다. 그러므로 조기 예서와 고예·성숙된 예서와 팔분은 그 범위가 대체로 중첩되는 것이다. 아마도 우리는 무제의 중·만기를 예서 발전의 전후 두 단계 사이의 과도기라고 볼 수 있을 것이다. 앞 단계의 예서는 조기 예서라고 부를 수도 있고 또한 고예라고 부를 수도 있다. 뒤 단계의 예서는 성숙된 예서라고 부를 수도 있고 또한 팔분이라고 부를 수도 있다(소제 시대의 예서는 어떤 것들은 아직도 비교적 농후한 고예의 맛을 띠고 있으므로, 아마 소제 시대까지도 역시 과도기에 포함시킬 수 있을 것이다).

예서(隸書)는 또한 좌서(佐書)라고도 불렀다. ≪설문 · 서≫에는 왕망(王莽) 때 육서(六書)가 있었는데(여섯 가지의 자체를 가리킨 것으로, 상형(象形) · 형성(形聲) 등의 육서와는 관계가 없다) "넷째 좌서라고 하는데, 곧 진의 예서이다.(四曰佐書, 卽秦隸書)"라고 하였다. 한대 사람들은 또 흔히 관부(官府)의 문서 등에 사용하던 예서 서체를 사서(史書)라고 불렀다. 예컨대, ≪한서 · 왕존전(王尊傳)≫에는 "왕존은 몰래 학문에 힘쓰고 사서(史書)에 능하여 나이 열 셋에 구(求)하여 옥소리(사?)(獄小吏(史?))가 되었으며 몇 년만에 대수부(大守府)에 급사(給事)하였고 …… 제수되어 서좌(書佐)에 보(補)하고 수속(守屬)에 서(署)하고, 옥(獄)에 감(監)하였다(尊竊學問, 能史書, 年十三, 求爲獄小史(史?), 數歲, 給事大守府 …… 除補書佐, 署守屬, 監獄)"라고 하였다. 진인들은 왕왕 ≪사주편(史籒篇)≫도 또한 ≪사편(史篇)≫이라고 불렀기 때문에 잘못하여 사서(史書)가 곧 주문(籒文)이라고 여겼다. 단옥재(段玉裁)(1735-1815)는 ≪설문 · 서≫의 주에서 이미 이 잘못을 지적하고 있는데, 그는 ≪한서≫에 "혹은 사서(史書)를 잘 한다고 하고 혹은 사서에 능하다고 한 것은 모두 예서에 익숙하여 때맞추어 쓰는 데 알맞다는 것을 말한 것으로, 지금 사람들의 해서에 정교하다는 것과 같다(或云善史書, 或云能史書, 皆謂便習隸書, 適於時用, 猶今人之工楷書耳)"라고 하였다. 이것은 정확한 것이다. 한대 관부에서 문서 사무에 종사한 관리는 서좌(書佐)와 사(史)였다(≪논형(論衡) · 효력(效力)≫에는 "책을 다스리고 장부를 정하는 것은 좌(佐)와 사(史)의 힘이다(治書定簿, 佐 · 史之力也)"라고 하였고, ≪후한서(後漢書) · 백관지(百官志)≫에는 "서좌(書佐)는 문서를 처리 · 주관한다(書佐幹主文書)"라고 하였다). 계공(啓功) 선생은 좌서와 사서는 곧 이 때문에 이름을 얻은 것이라고 보았는데(≪고대자체논고(古代字體論稿)≫, 32-33쪽), 그 설은 틀림없이 믿을 만한 것이다. 그러므로 팔분 서체는 먼저 관부의 좌(佐)와 사(史) 같은 사람들의 수중에서 형성된 다음에 다시 전체 사회에 확대되었을 가능성이 매우 높다. 우리가 팔분의 형성 과정을 연구하는 주요한 근거로 사용하는 돈황 간(簡)과 거연 간 및 비교적 긴 명각이 있는 동기는 대부분 관부의 것이므로 문자는 마땅히 좌와 사의 손에서 나왔을 것이다. 그러나 일반적인 석각 문자는 반드시 그들의 손에서 나오지는 않았을 것이다. 이것이 아마도 비교적 표준적인 팔분이 석각상에 나타난 것이 비교적 늦은 원인의 하나일 것이다.

"좌서"·"사서"의 두 가지 명칭에서 본다면, 예서라는 이름이 생긴 원인은 마땅히 "예인(隷人)에 명하여 글씨를 돕게 하였다(令隷人佐書)"는 설을 옳다고 해야 할 것 같다(제4장 제5절 참조). 수호지(睡虎地)의 진(秦)의 무덤에서 나온 "법률답문(法律答問)"에는 다음과 같은 1조가 있다.

> 무엇을 "복예(卜隷)를 견디고"·"사예(史隷)를 견딘다"고 하는가? 복·사를 마땅히 견딘다는 것은 모두 복·사예로 삼을 만하다는 것이다. ㅇ후에 그 법률을 그와 같이 고쳤다.(何謂"耐卜隷"·"耐史隷"? 卜·史當耐者, 皆耐以爲卜·史隷. ㅇ後更其律如它.)(≪수호지진묘죽간(睡虎地秦墓竹簡)≫, 234쪽, 문물출판사, 1978)

이른바 "사예(史隷)"라는 것이 "예인으로 글씨를 돕는(隷人佐書)" 자가 아니겠는가? "그 법률을 그와 같이 고치기(更其律如它)" 전에는 "예인에게 명하여 글씨를 돕게 한(令隷人佐書)" 것은 반드시 진의 관부에서 보편적으로 존재한 현상이었을 것이다. 그러므로 관옥(官獄)의 문서에 사용하던 간편한 자체가 예서의 명칭을 갖게 되었던 것이다.

## 제3절 예서(隷書)의 전문(篆文) 자형에 대한 개조

한자의 형체가 연변되는 과정에서 전문에서 예서로 변한 것은 가장 중요한 한 차례의 변혁이었다. 이 변혁은 한자의 면모에 극히 커다란 변화를 일으켰고, 한자의 결구에 대해서도 역시 매우 커다란 영향을 끼쳤다(제3장 제2절 참조). 그러므로 예서의 전문 자형에 대한 개조를 좀 더 구체적으로 소개할 필요가 있다. 앞에서 이미 말한 바와 같이 예서의 자형은 끊임없이 변화하였다. 고문자(古文字) 단계에 속하는 전문의 자형과 예(隷)·해(楷) 단계의 자형의 차이를 좀 더 충분히 설명하기 위하여, 우리는 예서에 이체가 있는 것을 만날 때는 일반적으로 만기 예서 중에서 해서와 가장 가까운 자형을 가지고 전문과 대비를 한다. 그러므로 여기에 든 예서가 전문을 개조한 예는 어떤 것들은 또한 만기의 예서가 비교적 이른 예서를 개조한 예라고 볼 수도 있다.

예서의 전문 자형에 대한 개조는 주로 다음의 몇 방면에 나타난다.

1) 전체(篆體)를 풀어서 구부러진 것을 곧은 것으로 고쳤다.

상대 문자에서 소전까지 한자의 상형도(象形度)는 끊임없이 낮아졌지만, 그러나 상형의 원칙은 시종 진정으로 포기하지는 않았다. 예서는 더 이상 상형의 원칙을 돌아보지 않고 고문자의 "형체를 따라 굴곡되는(隨體詰詘)" 선을 분해(分解)하거나 혹은 개변시켜 평직(平直)한 필획으로 만듦으로써 서사(書寫)하기에 편하게 하였다. 예컨대, 예서에서는 전문의 Θ을 日로 고쳐서 해를 본뜬 바깥 테두리를 "丨·一·丨·一"의 4개의 필획이나 혹은 "丨·㇕·一"의 3개의 필획으로 분해하였다. 전문의 를 女로 고쳐서 꿇어 앉아 있는 몸을 본뜬 구부러진 선을 직필(直筆)로 고쳤다("女"자는 전문에서 예서로 변할 때 90도에 가까운 각도로 바뀌었기 때문에 이 하나의 필획이 가로획으로 변하였다). 이것은 예서가 전문을 개조한 가장 중요한 방법이다.

2) 생병(省併)

예서는 왕왕 전문의 두 획을 하나의 획으로 합병하거나 혹은 두 개 이상의 편방 혹은 편방이 포함하고 있는 부분을 합병하여 좀 더 간단한 필획 결구로 고쳤다. 예컨대 다음과 같다.

 — 大 두 팔뚝은 "一"로 합병되고, 몸과 왼쪽 다리는 "丿"로 합병되었다.

 — 襄 ""이 ""로 간화되었다.

 — 遷 은 ""로 간화되고, 은 "大"로 간화되었다.

 — 無 전면적으로 생병되었다.

제3장 제2절에서 든 바 있는 "寒"과 "塞"도 또한 생병의 예이다. 생병은 보통 동시에 "구부러진 것을 곧은 것으로 고치는(改曲爲直)" 작용을 하였다.

### 3) 생략(省略)

예서는 때로는 전문 자형의 일부분을 간단히 생략하였다. 예컨대 다음과 같다.

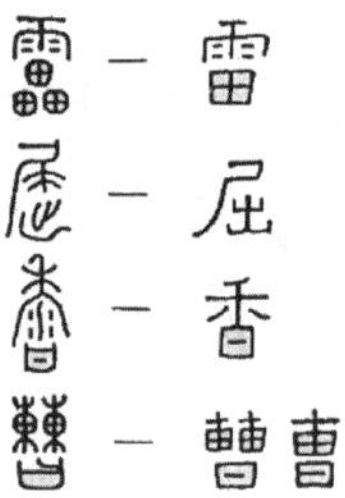

(𣍘는 또 𣍘·曹로 생병되었다)

### 4) 편방(偏旁)의 변형(變形)

전문에서는 한 글자가 편방으로 사용될 때의 서사법은 보통 독립적으로 글자를 이룰 때와 뚜렷한 구별이 없다. 예서에서는 독립적으로 글자를 이루는 것과 편방으로 사용되는 서사법이 분명하게 서로 다른 상황을 흔히 볼 수 있다. 예컨대, "人"자는 왼쪽 편방으로 사용될 때는 "亻"이 되고(이러한 서사법은 실제로는 "人"보다 더욱 전문에 가깝다), "犬"자는 왼쪽 편방으로 사용될 때는 "犭"이 되고, "邑"자는 오른쪽의 형방(形旁)으로 사용될 때는 "阝"이 되고(성방(聲旁)으로 사용되는 경우, 예컨대 "浥"·"挹" 등의 글자의 오른쪽 편방은 여전히 "邑"이라고 한다), "阜"자는 왼쪽 편방으로 사용될 때는 역시 "阝"가 된다…… 등등. 앞에서는 또한 일찍이 "水"가 "氵"로 변하고, "艸"가 "++"로 변하는 등의 예를 언급한 바 있다. 편방의 서사법은 왕왕 처한 위치에 따라 다르다. 예컨대, "水"방의 위치는 위 혹은 아래에 있을 때는 "畓"·"漿"처럼 여전히 "水"라고 하고 "氵"라고 하지는 않는다. 때로는 가령 위치가 서로 같더라도 서사법은 또한 서로 다르다. 이 때문에 같은 하나의 편방이라도 서로 다른 문자에서는 분화되어 매우 많은 종류의 서로 다른 서사법으로 될 수 있다. 예컨대 다음과 같다.

예서에서는 편방의 서사법이 아직도 고정되지 않은 것이 매우 많아서, 같은 한 글자의 같은 하나의 편방이라도 또한 왕왕 여러 종류의 서사법이 있다. 예컨대, 윗 절에서 든 바 있는 “恭”·“慕”등의 “心”방이 그것이다. 조기의 해서에서도 편방의 서사법은 또한 아직 완전히 고정되지는 않았다. 간명함을 추구하기 위하여, 위에서 든 편방 변형의 예는 단지 후세의 성숙된 해서에 의하여 계승된 서사법만을 취하였을 뿐이다. 예컨대, 만기의 예서에서는 “赤”자와 “尉”자가 따르고 있는 “火”는 모두 “灬”라고 되어 있는 서사법이 있는데 여기서는 모두 채용하지 않았다.

5) 편방(偏旁)의 혼동(混同)

예서는 간편함을 추구하기 위하여, 어떤 생소하거나 혹은 필획이 비교적 많은 편방들을 모양이 서로 비슷하고 필획이 비교적 적으며 또 비교적 흔히 보이는 편방으로 고쳤다. 예컨대, “敦”·“淳”·“醇”·“鶉” 등의 편방 [illegible](𦎫, chún : 순)과 “郭”의 편방 [illegible](성곽(城郭) “郭”의 옛 글자)은 모두 “享”으로 고쳐졌다(≪설문≫의 “孰”자도 역시 “𦎫”을 따르고 있지만, 고문자에서 본다면 이 글자는 본래 “享”의 고체(古體) “亯”을 따르고 “𦎫”을 따르지 않았다). “活”·“括”·“适”(남궁괄(南宮适)의 “适”) 등의 글자의 편방 [illegible](𠯑, kuò : 괄)은 “舌”로 고쳐졌다.

그밖에, 생병과 생략과 편방 변형은 또한 편방 혼동의 현상을 일으킬 수 있었다. 예컨대, 편방 변형으로 말미암아 왼쪽에 있는 “肉”방, 아래에 있는 일부분의 “肉”방, “朕”·“服” 등의 “舟”방과 “靑”자의 “丹”방은 모두

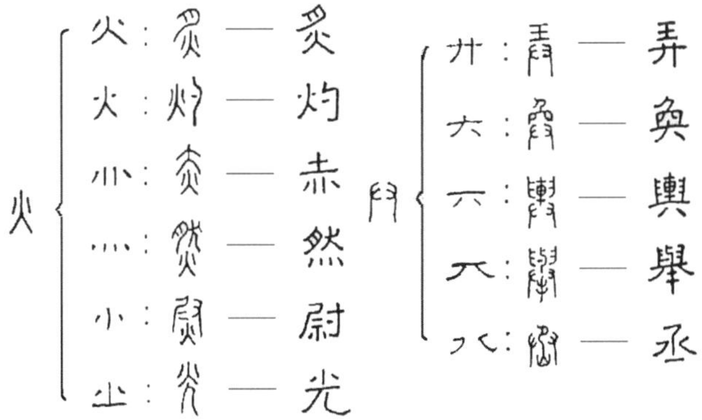

"月"(달 월)방과 혼동되었다. 또 "寒"자가 따르고 있는 "𡨄"과 "塞"자가 따르고 있는 "𡨄"은 생병으로 말미암아 모두 "共"로 변하였다. "屈"·"尿" 등의 글자는 본래 "尾"를 따랐지만 생략으로 말미암아 "尸"를 따르는 글자로 변하였다. 다음에 다시 주로 생병으로 말미암아 만들어진 편방 혼동의 두 가지의 예를 든다.

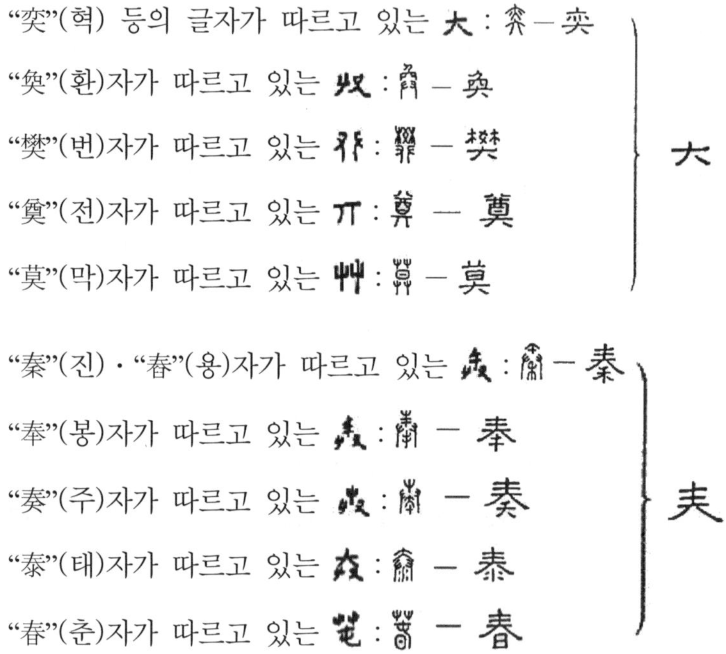


예서의 전문 자형에 대한 개조는 주로 위에 서술한 이 다섯 방면에 나타난다.

예서의 형성은 한자에 사용되는 "형체를 따라 굴곡시켜(隨體詰詘)" 반드시 그려야 하는 자부(字符)로 하여금 약간의 평직(平直)한 필획으로 이루어진 비교적 간단한 자부로 변하게 하여 서사의 속도를 크게 높였다. 이것은 진보적 의의가 있는 한 차례의 변혁이었다. 봉건 사회의 사대부들은 예서가 일부 한자의 결구를 파괴한 것을 발견하고 전문에서 예서로 변한 것은 나쁜 일이라고 보았는데, 이러한 태도는 정확하지 않은 것이다.

## 제4절 한대(漢代)의 초서(草書)

한대에 통용된 자체는 예서 외에 또 초서가 있다. "草"자는 고대에는 거칠다·간편하다로 풀이할 수 있었다. 초서의 "草"는 대개 이러한 뜻을 취했을 것이다. "초서"에는 넓은 뜻과 좁은 뜻의 두 가지가 있다. 넓은 뜻의 초서는 시대를 막론하고 거칠게 쓴 것은 모두 포함시킬 수 있다. 좁은 뜻의 초서 곧 일종의 특정한 자체로서의 초서는 한대에 비로소 형성된 것이다(계공(啓功), ≪고대자체논고(古代字體論稿)≫, 38쪽). 대략 동진(東晉) 시대로부터 당시의 신체(新體) 초서와 서로 구별하기 위하여 한대의 초서를 장초(章草)라고 불렀다. 신체 초서는 상대적으로 말하여 금초(今草)라고 불렀다.

제4장 제5절에서 이미 말한 바와 같이 일찍 진국(秦國) 문자의 속체가 예서로 연변되는 과정에서, "止"방을 "Z"리고 쓰는 따위와 같이, 약간의 후세의 초서와 서로 같거나 혹은 서로 비슷한 거친 서사법이 나타났다. 예서가 형성된 후 이러한 거친 서사법은 예서의 속체로서 계속 사용되었고, 그밖에 또 약간의 새로운 거친 서사법이 나타났다. 초서는 바로 이러한 신·구의 거친 서사법의 기초 위에서 형성된 것이다.

고예(古隸)를 사용한 간독(簡牘) 가운데 전체의 간(簡)과 전체의 독(牘)의 글자를 모두 상당히 거칠게 쓴 예를 볼 수 있다. 예컨대, 제4장 제5절에서 언급한 수호지(睡虎地) 4호 무덤의 목독(木牘)과 또 임기(臨沂) 은작산(銀雀山) 한대 무덤에서 출토된 일부의 고서의 초본(抄本)이 그것이다(그림 77, 550쪽). 이러한 간독에서 서사법이 후세의 초서와 서로 같은 약간의 편방을 볼 수 있지만, 절대다수의 글자들은 비록 쓴 것이 거칠더라도 자형의 구조는 도리어 여전히 일반적인 고예와 커다란 구별은 없다. 그러므로 이 간독들의 자체는 다만 거친 예서라고 볼 수밖에 없고 좁은 뜻의 초서라고 볼 수는 없다. 고대에는 "䢱"이라고 부르는 서체가 있었다. ≪옥편(玉篇)·착부(辵部)≫에는 "'䢱'은 사흡절(士洽切)(지금 음은 zhá)로 행서(行書)의 모양이다(䢱, 士洽切, 行書貌)"라고 하였고, ≪광운(廣韻)≫ 흡운(洽韻)에는 "'䢱'은 행서(行書)이다(䢜, 行書)"라고 하였으며, ≪집운(集韻)≫ 흡운(洽韻)에는 "'䢜'은 행서이다. 진(秦)은 도예(徒隷)로 하여금 관리를 도와 䢜을 쓰게 하고 행사(行事)라고 하였는데, 초(艸)와 행(行) 사이에 그 신속함을 취하고 해법(楷法)에 뜻을 두지 않은 것을 말한다. '聿'(필)을 따르고 '辵'(착)을 따른다(䢜, 行書也. 秦使徒隷助官書䢜, 以爲行事, 謂艸行之間, 取其疾速, 不留意楷法也. 从'聿'从'辵')"라고 하였다. ≪집운≫에 따르면, 이 서체는 진대에 이미 출현하였다. 위에서 서술한 것과 같은 거친 예서는 아마 "삽서(䢜書)"라고 부를 수 있을 것이다.

거연(居延) 간(簡) 가운데 명확한 기년(紀年)이 있는 간으로 본다면, 무제(武帝) 만기와 소제(昭帝) 시대의 간에는 단지 거친 예서만이 있을 뿐이고, 선제(宣帝) 간 가운데 등기 번호가 <271 · 17>인 신작(神爵) 2년(전 60) 간(그림 52. A, 537쪽)과 원제(元帝) 간 가운데 등기 번호가 <562 · 3A>인 영광(永光) 원년(전 43) 간(그림 52. B, 537쪽), 특히 후자는 그 자체는 이미 매우 농후한 초서의 맛이 있고, 성제(成帝) 간 가운데 <284 · 8A> 양삭(陽朔) 원년(전 24) 간과 <170 · 5A> 원연(元延) 2년(전 11) 간(그림 52. C와 52. D, 537쪽)은 그 자체는 이미 상당히 순수한 초서이다. 이것으로 추측컨대, 초서의 형성은 늦어도 원제와 성제 사이보다 늦을 수 없고 선제와 원제 시대에 이미 형성되었을 가능성이 매우 높다.

당(唐) 장회관(張懷瓘)의 ≪서단(書斷) · 상(上)≫ "장초(章草)" 조에는 남조(南朝) 송(宋) 왕음(王愔)의 말을 인용하여 "한원제(漢元帝) 때 사유(史游)는 ≪급취장(急就章)≫을 지어 예서를 풀어 헤쳐서 거칠게 썼는데 한의 풍속이 가볍고 타락하여 점차 유행하게 되었다(漢元帝時史游作≪急就章≫, 解散隷書麤書之, 漢俗簡墮, 漸以行之)"(≪법서요록(法書要錄)≫ 권7)라고 하여, 장초(章草)의 출현을 ≪급취장≫과 관련시켰다. 이것은 믿을 수 없다. ≪급취장≫은 사유가 엮은 자서 ≪급취편≫의 속명이다. ≪급취편≫은 31장(章)(매 장마다 63자임)으로 나누었기 때문에 어떤 사람은 그것을 "급취장"이라고 불렀다. 이 명칭은 한대에는 아직 나타나지 않은 것 같다. 위 · 진 시대의 서법가들은 장초로 ≪급취편≫을 쓰기 좋아하였지만, 이미 발견된 돈황 간과 거연 간 중의 ≪급취편≫의 한대의 초본은 도리어 모두 예서로 쓴 것이다. 그러므로 장초는 결코 사유가 ≪급취편≫을 지을 때 창조한 자체일 리가 없다. 한 가지 책을 엮기 위해서 일종의 자체를 만든다는 것은 실제로는 역시 있을 수 없는 일이다(당란, ≪중국문자학≫, 172쪽). 그러나 사유의 시대는 도리어 공교롭게도 우리가 추측하는 초서 형성의 시대와 대체로 서로 부합한다. 한대 말기의 채옹(蔡邕, 133-192)과 조일(趙壹)은 모두 초서는 진대(秦代)에 만들어졌다고 말하고 있지만 확실한 증거는 없는 것 같다(채옹의 설은 ≪서단 · 상≫ "초서" 조에 인용된 양무제(梁武帝)의 <초서장(草書狀)>에 보인다. 조일의 설은 그가 지은 <비초서(非草書)>에 보이는데, ≪법서요록≫ 권1에 수록되어 있다). 과거에 많은 사람들이 초서가 동한에 일어났다고 본 것은 또 너무 늦다는 잘못이 있다.

초서의 형성은 팔분보다 약간 늦다. 그러나 초서 형성의 기초로서의 거친 예서의 속체는 대부분은 고예의 단계에 이미 존재하였다. 그러므로 역시 팔분과 장초는 각각 고예의 정체와 속체에서 발전되어 이루어진 것이라고 말할 수 있다. 이것은 전국 시대의 진국(秦國) 문자의 정체는 소전으로 연변되고 속체는 예서로 발전된 상황과 매우 서로 비슷하다(제4장의 주(5)에 인용된 글, 54쪽을 참조).

초서의 자형이 성숙된 예서에서 나오지 않고 고예에서 나온 예는 흔히 보는 것이지만, 편방의 서사법 뿐만이 아니라 전체 글자의 서사법도 또한 왕왕 고예로부터 변하여 나왔다. 예컨대, "夫"의 초서 는 틀림없이 고예의 초체(草體) 에서 변하여 나왔고, "天"의 초서 은 고예의 초체 에서 변하여 나왔고, "可"의 초서 는 고예의 초체 에서 변하여 나왔고, "鹿"의 초서 은 고예 에서 변하여 나왔을 것이다(위에 인용한 글을 참조). 고예의 형성은 전문의 속체를 기초로 하였으므로 양자의 자형은 왕왕 매우 서로 가깝다. 과거의 학자들, 예컨대 청의 손성연(孫星衍, 1753-1818) 등은 초서의 자형이 소전에서 나왔다는 설을 주장하였다(손씨의 ≪급취장고이(急就章考異)≫ 참조). 그들이 이미 사실의 진상에 접촉하였다는 것을 마땅히 인정해야 할 것이다.

초서는 예서를 보조하는 일종의 간편한 자체로서, 주로 원고와 통신을 기초(起草)하는 데 사용되었다. 초서 형성의 과정에서 관부(官府)의 좌(佐) ·

사(史) 같은 사람들도 아마 역시 매우 커다란 작용을 했을 것이다. 왜냐하면 그들은 항상 반드시 문서를 기초해야 하였고 초서 같은 자체는 그들에 대하여 가장 유용했기 때문이다. 서한 시대의 일반 사람들이 사용하던 예서의 속체 중에 포함되어 있는 초서의 요소는 전국 시대의 진(秦) 나라의 일반 사람들이 사용하던 전문의 속체에 포함되어 있는 예서의 요소보다 훨씬 적었다. 그러므로 초서의 형성은 예서처럼 자연스럽지 못하고 대중적 기초는 예서처럼 광범하지 못하였다. 초서가 형성된 후의 서한 간(簡)에는 비록 초체의 글자가 섞여 있는 예서의 간이 매우 흔하게 보이지만 순수한 초서의 간은 도리어 결코 많이 보이지 않는다.

돈황(敦煌)・거연(居延) 등에서 출토된 왕망(王莽)의 간과 동한 간에 보이는 초서는 서한 간의 초서보다 성숙되어 있다(그림 50. A・B, 535쪽). 동한 간 중에는 초서 간이 차지하고 있는 비중이 또한 분명히 높아졌다. 이것은 고서에 반영되어 있는 초서가 동한 때 비교적 유행된 상황과 서로 부합되는 것이다.

한대 후에 역대의 서법가들은 장초(章草)를 쓰기 좋아하는 사람이 자못 없지 않았다. 전하는 바에 의하면 위・진 시대에 많은 유명한 서법가들은 장초로 ≪급취편≫을 쓴 적이 있다고 하지만, 단지 오(吳) 황상(皇象)이 쓴 1본(本)만이 임모본(臨摹本)이 있어 전해진다. 북송 때의 섭몽득(葉夢得, 1077-1148)은 일찍이 황상 본 ≪급취편≫을 영창(潁昌)(지금의 하남성(河南省) 허창(許昌))에서 돌에 새겼다. 명 정통(正統) 연간에 또 어떤 사람이 이미 잔결(殘缺)이 있는 섭씨의 석각 탁본에 근거하여 다시 송강(宋江)에서 돌에 새겼는데, 근거한 탁본의 잔결된 부분은 명대 초기의 서법가 송극(宋克)의 사본으로 보완하였다. 이것이 일반의 이른바 송강 본 ≪급취장≫으로서, 우리가 현재 볼 수 있는 내용이 가장 풍부하고 가장 계통이 있는 장초의 자료이다(아래 글에 인용한 ≪급취장≫은 ≪길석암총서(吉石盦叢書)≫ 3집(集)에 수록되어 있는 영인된 송강 본에 의거한 것이다. 소수의 글자의 서사법은 문물출판사에서 영인한≪명송극서급취장(明宋克書急就章)≫에 의거하였다)(그림 78, 551쪽). 그밖에 또 약간의 고대의 서법가들이 쓴 장초가 세상에 전해지는 법첩 가운데 보존되어 내려온다.

황상 본 ≪급취장≫은 여러 차례 모사(摹寫)를 거쳤으므로 물론 와오(譌誤)가 있음을 면할 수 없었다. 그러나 단지 고고학적으로 발견된 한대의 초서 자료와 대조해 보기만 하더라도 현존본이 대체로 한대 초서의 면모를 반영하고 있음을 발견할 수 있다. 황상 본 ≪급취장≫ 중의 많은 글자와 편방의 서사법은 한간(漢簡)에서 모두 서로 같거나 혹은 극히 서로 닮은 예를 찾아낼 수 있다. 예컨대, "君"은 으로 되어 있고 "卿"은 으로 되어 있으며, "得"은 으로 되어 있고 "與"는 로 되어 있으며, "樂"은 으로 되어 있고 "器"는 로 되어 있으며, "等"은 으로 되어 있고 "尉"는 로 되어 있으며, "長"은 으로 되어 있고 "書"는 로 되어 있으며, 왼쪽에 있는 "言"방은 으로 되어 있고, 왼쪽에 있는 "糸"방은 로 되어 있으며, 아래에 있는 "止"방은 로 되어 있고, 아래에 있는 "皿"방은 으로 되어 있으며, 오른쪽에 있는 "月"방은 로 되어 있고, 위에 있는 "門"방은 으로 되어 있으며, 아래에 있는 "心"방은 간혹 으로 되어 있다. …… 황상 본 ≪급취장≫의 어떤 글자들은 팔분과 서로 비슷한 도법(挑法)을 사용하였는데, 이것은 한간의 초서의 상황과 또한 서로 부합되는 것이다.

한대 초서의 자형은 어떤 것들은 전후로 변화가 있다. 황상 본 ≪급취장≫은 물론 한대의 비교적 늦은 시기의 초서에 가까운 것이다. 예컨대, "受"자의 초체는 서한 간에는 대부분 로 되어 있지만(고예의 속체 에서 간화된 것이다. 예서의 "爪"방은 때로는 "日"로 변하였는데, 예컨대 "爭"자는 왕왕 으로 되어 있다), 동한 간은 · 등의 형으로 되어 있다. 황상 본 ≪급취장≫에는 로 되어 있어서 동한 간과 서로 가깝다. 박현(亳縣)의 동한 만기의 조씨(曹氏) 묘군(墓群) 중의 원보갱(元寶坑) 1호 무덤의 한 묘전(墓磚)에 초서 "회계조군(會稽曹君)"의 4글자가 새겨져 있는데, "稽"자를 제외하면 자형이 황상 본 ≪급취장≫과 기본적으로 서로 같다(그림 74. C, 549쪽. ≪급취장≫에는 "稽"자가 로 되어 있다).

다음에 황상 본 ≪급취장≫에 근거하여 초서가 예서를 개조한 방법을 간단히 말하려고 한다(전문이 고예로 연변되는 과정에서 이미 나타난 초체에 대해서도 역시 초서가 전문을 개조한 방법이라고 말할 수 있을 것이다).

초서가 예서를 개조한 주요한 방법은 다음과 같다.

### 1) 자형의 일부분을 생략하였다.

예컨대, "時"는 로 되어 "寺"방의 윗부분을 생략하였다(간화자 "时"는 초서의 해화자(楷化字)로 볼 수 있다). "尉"는 로 되어 왼쪽의 오른쪽 아랫부분을 생략하였다. "盧"는 로 되어 중간 부분을 생략하였다(초서 "虍"방은 로 되고, "皿"방은 으로 되었다). "尙"은 으로 되어 왼쪽의 한 세로 획을 생략하였다.

### 2) 필획을 생병(省倂)하여 자형의 윤곽을 보존하거나 혹은 점·획으로 자형의 일부분을 대체하였다.

예컨대, "長"은 으로 되고, "爲"는 로 되고(간화자 "长"·"为"는 모두 초서의 해화자이다. 한간의 "長"자는 또 · 등의 형으로 간화된 것도 있다), "彊"은 으로 되고, "君"은 으로 되고, "論"은 으로 되었다(간화자 "論"도 역시 초서의 해화자로 볼 수 있다).

### 3) 필법을 개변하였다.

초서는 빨리 쓰기 때문에 매우 자연스럽게 예서의 필법을 개변시켰다. 예컨대, 예서의 비교적 긴 삐침[撇]은 꼬리 부분이 왕왕 좀 굵고, 초서의 삐침은 꼬리 부분이 일반적으로 뾰족하다. 예서는 기본적으로 단지 만필(彎筆)만을 사용하고 갈고리[鉤]를 사용하지 않으며 구부림[彎]이 일반적으로 매우 완만하게 돌지만, 초서의 구부림은 매우 빠르게 돌아서 어떤 전절(轉折) 이후의 일부의 비교적 짧은 만필은 간화하여 갈고리를 가진 필획으로 되었다. 예컨대, 예서의 (宀)·(冖) 등의 편방 중의 는 초서에서는 대부분 로 변하였다. 이러한 필법은 후에 행서(行書)에 흡수되고 아울러 해서의 딱딱한 갈고리로 발전되었다. 초서의 가로획은 도법(挑法)을 사용한 것은 팔분보다 적고, 점과 누름[捺] 등의 필획의 서사법도 역시 모두 예서와는 약간의 차이가 있다. 그밖에, 초서에는 또 연필(連筆)을 대량으로 사용하였다. 예컨대, 위에서 든 "時"자의 제2필 ""와 "尉"자의 제1필 ""이 그것이다. 어떤 글자들은 심지어 하나의 필획으로 쓸 수 있었다. 예컨대 (卿) · (門) 등이 그것이다. 그러나 금초(今草)와 비교한다면 장초에서 사용하는 연필(連筆)은 아직 적다고 할 수 있다. 장초는 매 글자마다 스스로 처음과 끝이 갖추어져 있는데, 이것은 금초의 글자와 글자가 때때로 서로 구련(鉤連)되는 상황과는 또한 같지 않은 것이다.

초서의 편방에 관해서는 몇 가지 점을 설명할 필요가 있다.

초서 가운데 어떤 편방들의 서사법은 비교적 복잡한 형성 과정을 갖고 있다. 예컨대 다음과 같다.

(皿)  　 (止)   

위에 든 예는 동시에 또한 초서의 자형은 왕왕 전문의 속체에서 나온 고예의 초체가 연변하여 이루어진 것이지 성숙된 예서가 초화(草化)되어 이루어진 것이 아니라는 것을 설명할 수 있다.

어떤 편방은 초서에서 몇 가지 형식으로 분화되었는데, "口"방은 비교적 두드러진 예이다. 황상 본 ≪급취장≫에 따르면, "口"방은 적어도 "口" · "" · "" · "" · ""의 다섯 가지의 서사법이 있다.

古 : 　杏 : 　合 : 　谷 : 　君 : 

""는 ""의 간체 ""가 변한 것이다.

다른 한편으로는, 본래 분명한 구별이 있었던 어떤 편방들은 초서에서 혼동되거나 혹은 이미 서로 혼동되기 매우 쉽게 변하였다. 예컨대, 황상 본 ≪급취장≫으로 본다면 다음의 몇 글자의 편방에 이러한 상황이 있다.

| | | |
|---|---|---|
| 糸(사) | 約(약) :  | 綢 :  |
| 歹(알)(본래는 "歺"이라고 하였다) | 列(렬) :  | |
| 另(령)(본래는 ""라고 하였다) | 別(별) :  | |
| 車(차)(소수의 "車"방에 국한되어 있다) | 斬(참) :  | |
| 子(자) | 孫(손) :  | |
| 月(월)("肉"방 · "舟"방) | 膾(회) :  | 勝 :  |

(能)자의 왼쪽도 역시 위에 든 이러한 편방들과 매우 서로 비슷하다. 초서는 자형이 너무 간단하고 상호간에 혼동되기 쉽기 때문에 예서가 전문을 대신한 것처럼 예서를 대신하여 주요한 자체가 될 수 없었다.

장초(章草)의 명명의 이유에 관해서는 과거에 몇 가지의 설이 있었다. 앞에서 이미 언급한 바 있는 장초를 ≪급취장≫과 연관시킨 설 외에 또 동한 장제(章帝)가 제창했기 때문에 이러한 이름을 얻었다든가, 장주(章奏)에 시행할 만하기 때문에 이러한 이름을 얻었다는 등의 설이 있다. 이러한 설들은 모두 사람들을 믿게 하기가 매우 어렵다. "章"자에는 조리(條理)·법칙 등의 뜻이 있다. 근인들은 대부분 장초는 서법(書法)이 금초(今草)보다 법도에 맞기 때문에 이러한 이름을 얻은 것이라고 생각하는데 이것은 대체로 정확한 것이다.

## 제5절 신예체(新隷體)와 조기(早期) 행서(行書)

팔분(八分)의 형성은 예서(隷書)의 서법으로 하여금 비교적 명확한 규범을 갖게 했지만, 이 자체는 쓰기는 도리어 상당히 힘이 들기 때문에 사람들이 일상적으로 문자를 사용할 때는 결코 반드시 이 자체의 요구에 따라서 쓰지는 않았다. 대략 동한 중기에 일상적으로 사용한 예서로부터 일종의 고예(古隷)와 팔분과는 모두 뚜렷하게 구별되는 비교적 간편한 속체(俗體)가 연변되어 나왔다. 동한 후반기에 비록 사대부들은 서로 다투어 공정(工整)한 팔분서(八分書)로 돌과 비석에 새겼지만, 일반 사람들이 일상적으로 사용하는 예서는 도리어 대부분 이미 이러한 속체였다.

위에서 서술한 이러한 속체 예서는 일반적으로 팔분처럼 수필(收筆)할 때 위로 삐치는[挑] 필법을 사용하지 않았고, 동시에 또 뾰족한 삐침[尖撇] 등을 비교적 많이 사용한 초서의 약간의 영향을 받아 팔분에서 해서로 향하는 과도적 면모를 나타내었다. 동한 중·만기의 목간(木簡)과 진묘(鎭墓)의 도병(陶瓶)에서 모두 이러한 자체를 볼 수 있다. 그 가운데 예컨대 돈황에서 발견된 영화(永和) 2년(137)의 간(簡)(그림 50. D, 535쪽)과 세상에 전해지는 희평(熹平) 원년(172)의 도병(陶瓶)(그림 79, 552쪽)은 항상 자체를 말하는 사람들이 인용하는 예이다. 전자의 자체의 풍격은 나진옥(羅振玉, 1855- 1940)은 "해서가 7할이고 예서가 3할이다(楷七而隸三)"(≪유사추간(流沙墜簡)≫ 고석(考釋))라고 평하였다. 어떤 동한 만기의 무덤 벽의 제자(題字)와 묘전(墓磚)의 각문(刻文)들, 예컨대 화림격이(和林格爾)에서 발견된 호오환교위묘(護烏桓校尉墓)의 제자(題字)(그림 80, 552쪽)와 박현(亳縣) 조씨묘(曹氏墓)의 어떤 묘전(墓磚) 각문(刻文)(그림 73. B, 548쪽) 및 80년대에 발견된 하북(河北) 창현(滄縣) 북탑촌(北塔村) 동한 묘전의 붉은 글씨로 쓴 문자(≪서법(書法)≫ 1987년 제1기)도 또한 이러한 자체에 속하는 것이다. 정규의 예서와 구별하기 위하여, 우리는 잠깐 이러한 자체를 신예체(新隸體)라고 부른다. 신예체는 위·진 시대에 여전히 유행되었는데 다음 절에서 또 언급할 것이다.

후한 만기에는 또 일종의 새로운 자체 곧 행서(行書)가 나타났다. 전하는 바에 따르면, 행서는 환제(桓帝)·영제(靈帝) 시대의 유덕승(劉德昇)이 창조한 것으로, 그가 쓴 행서는 "비록 처음 만들었지만 또한 풍부하고 아름다우며 풍류스럽고 부드러워 당시에 독보(獨步)였고(雖以草創, 亦豊姸美, 風流婉約, 獨步當時)"(장회관(張懷瓘), ≪서단(書斷)·중(中)≫, ≪법서요록(法書要錄)≫ 권8), 한·위 사이의 유명한 서법가 종요(鍾繇)와 호소(胡昭)는 모두 일찍이 그에게 이러한 자체를 배운 적이 있다(위항(衛恒), <사체서세(四體書勢)>에 보이는데 ≪진서(晋書)·위항전(衛恒傳)≫에 수록되어 있다. ≪서단·중≫을 참조).

우리가 잘 알고 있는 행서는 해서와 금초 사이에 끼어 있는 일종의 자체이다. 유덕승 등의 시대에 금초는 아직 존재하지 않았으니, 그들이 쓴 행서는 물론 우리가 잘 알고 있는 행서와 완전히 같지는 않았을 것이다. 애석하게도 유씨와 호씨 두 사람의 글씨는 현재 모두 이미 볼 수 없게 되었다. 현존하는 비교적 믿을 수 있는 종요의 자첩(字帖) 중에서 <묘전병사첩(墓田丙舍帖)>은 아마 행서일 것이지만(그림 81, 553쪽. 왕희지(王羲之)의 임본(臨本)의 모각본(摹刻本)이다), 또한 어떤 사람은 해서라고 보기도 하며(저수량(褚遂良)의 ≪진우군왕희지서목(晉右軍王羲之書目)≫에는 이 첩(帖)을 정서(正書)에 열거하였다. ≪법서요록≫ 권3에 보인다), 또 어떤 사람은 그것이 종씨 서법의 진면목을 반영할 수 있는가의 여부에 의심을 품는다. 그러므로 조기 행서의 진상을 분명하게 알려고 하는 것은 결코 그렇게 쉬운 것이 아니다.

우리가 볼 수 있는 위·진 시대가 남겨 놓은 문자 자료 중에 조기 행서를 대표할 수 있는 글자가 있을까? 다음에 우리의 미숙한 관점을 말하려고 한다.

위·진 시대에 일상적으로 사용하던 문자, 예컨대 누란(樓蘭) 유지(遺址)에서 출토한 간(簡)·지(紙) 문자 중에는 비교적 정제된 신예체(그림 55. A·B, 539쪽 ; 59. A·B·C, 543쪽)와 장초에서 금초로 향하는 과도적 단계에 처한 초서(그림 56. C·D, 540쪽 ; 65. A·B·C, 545쪽) 외에도 또 자체의 풍격이 양자 사이에 끼어 있는 문자가 적지 않다. 그것들은 자형의 구조 방면에서 소수의 초서의 편방을 채용한 것을 제외하면 신예체와 그렇게 큰 차이가 없지만, 서체상으로는 초서의 영향을 비교적 크게 받아 정제된 신예체보다 훨씬 활발하다. 그것들의 상황은 결코 일치하지 않는다. 어떤 간(簡)·지(紙)의 글자들은 단지 비교적 거친 신예체로 볼 수밖에 없을 것 같다. 어떤 간·지의 글자들은 비교적 뚜렷하게 일종의 독특한 풍격을 드러내고 있다. 필획의 서사법과 문자의 결체(結體)가 모두 분명하게 신예체보다 더욱 해서에 가깝기 때문에 신예체에 대해서나 혹은 장초에 대해서나 모두 일종의 "풍류스럽고 부드러운(風流婉約)" 신체(新體)라고 말할 수 있다. 예컨대, 조위(曹魏) 만기의 경원(景元) 4년(263)의 간(그림 55. C, 539쪽) 및 시대가 대략 동진(東晋) 초기보다 늦지 않는 "제영(濟逞)"이라고 서명된 두 통의 편지(그림 62. A·B, 544쪽)와 "초제(超濟)"라고 서명된 한 통의 편지(그림 63, 545쪽)는 비교적 전형적인 예이다. 우리는 이러한 자체가 바로 조기의 행서라고 본다.

지금 전해지는 왕희지(王羲之)의 행서는 거의 모두 해서와 금초 사이에 끼어 있는 그러한 행서이고, 단지 <이모첩(姨母帖)>(또한 <십일월십삼일첩(十一月十三日帖)>이라고도 함)만이 비교적 고졸(古拙) 할 뿐이다(그림 82, 553쪽). 그러나 <이모첩>의 자체는 위에서 언급한 제영(濟逞)의 서신과 공교롭게도 매우 서로 닮았다. 이것으로 위에서 서술한 그러한 자체가 바로 조기 행서라는 하나의 증거로 삼을 수 있다.

위·진에서 위로 거슬러 올라가면, 박현 조씨묘의 소수의 각자(刻字) 묘전(墓磚)에서도 역시 풍격이 위에서 든 조기 행서와 서로 비슷한 자체를 발견할 수 있다(그림 74. A · B, 549쪽). 그 시대는 대체로 유덕승과 상당한다. 행서의 형성도 또한 대중적 기초가 있는 것이고 결코 유씨 한 사람의 공로가 아니라는 것을 알 수 있다.

동한 후기에는 이미 초서의 필의(筆意)를 비교적 많이 띠고 있는 신예체가 나타났는데, 앞에서 든 바 있는 희평(熹平) 원년의 도병(陶甁)의 문자가 한 가지 예이다. 조기의 행서는 마땅히 이러한 자체를 기초로 하고 필획의 서사법과 문자의 결체에서 미화(美化)를 행하는 것을 통하여 형성되었을 것이다.

조기 행서는 일종의 독특한 풍격을 가진 새로운 자체이다. 그것은 어떤 글자는 신예체로 쓰고 어떤 글자는 초서로 쓰는 잡다한 자체도 아니고, 또한 신예체의 초체도 아니었다. 어떤 조기 행서, 예컨대 위에서 든 초제(超濟)의 서신은 쓴 것이 상당히 정제되어 있지만, 필법과 결체에서 자신의 특징을 가지고 있기 때문에 여전히 신예체와 구별하기는 매우 쉽다. 1976년 안휘(安徽) 마안산시(馬鞍山市)에서 동진(東晋) 태원(太元) 원년(376)의 <맹부군묘(孟府君墓)>가 발견되었고 무덤 중에서 다섯 개의 전각(磚刻) 묘지(墓誌)가 나왔는데 문자의 내용은 완전히 서로 같고 자체는 두 가지가 있다. 하나는 고졸한 신예체이다(그림 83. A, 554쪽). 다른 하나의 자체는 비교적 수려(秀麗)하여(그림 83. B, 554쪽), 어떤 사람은 진서(眞書)(곧 우리가 말하는 해서)라고 보았지만 사실은 역시 비교적 정제된 조기 행서이다.

앞에서 언급한 바 있는 종요(鍾繇)의 <묘전병사첩(墓田丙舍帖)>은 분명히 위에서 든 조기 행서보다는 더욱 해서를 닮았지만, 그러나 전체적인 풍격은 그것들과 역시 비교적 일치한다. 남조(南朝) 송대(宋代)의 양흔(羊欣)은 "종요의 글씨는 세 가지 체가 있다. 첫째는 돌에 새긴 글씨로 가장 정묘한 것이다. 둘째는 장정서(章程書)로 귀중한 책을 전하고 소학(小學)을 가르치는 것이다. 셋째는 행압서(行押書)로 서로 알리는 것이다(鍾書有三體 : 一曰銘石之書, 最妙者也. 二曰章程書, 傳秘書 · 教小學者也. 三曰行押書, 相聞者也)"(양흔(羊欣), <채고래능서인명(采古來能書人名)>, ≪법서요록≫ 권1)라고 하였다. 행압서가 곧 행서이다(≪법서요록≫ 권1에 수록되어 있는 남조 제(齊) 왕승건(王僧虔)의 <논서(論書)> 중에는 위에 인용한 양흔의 말과 대동소이한 한 단락의 문자가 있다. "三曰行押, 相聞者也"에 상당하는 한 구절은 "셋째는 행압서(行狎書)로 행서가 그것이다(三曰行狎書, 行書是也)"라고 하였다. 행압서(行狎書)는 후인들은 대부분 행압서(行押書)라고 하였다). <묘전병사첩>은 바로 서계(書啓) 같은 "서로 알리는(相聞)" 문자이다. 현재의 전본(傳本)은 임모(臨摹)하여 참된 모습을 잃어버린 곳이 있을 가능성이 있지만, 그러나 대체로는 아마도 아직 종요의 행서의 면모를 반영할 수 있는 것이다. 종요의 행서는 비교적 해서에 가까운데 그의 일종의 창조였을 가능성이 있다. 위항의 <예서세(隸書勢)>에는 종요와 호소(胡昭) 두 사람의 행서는 "모두 유덕승에게 배웠지만 종씨는 약간 다르다(俱學之於劉德昇, 而鍾氏小異)"라고 하였는데, 아마 이러한 특징을 가리켜 말했을 것이다.

조기 행서는 비록 결코 신예체의 일종의 초체는 아니었지만, 결국 초서의 필의를 비교적 많이 띠고 있는 신예체의 기초 위에서 발전되어 나온 일종의 자체였기 때문에, 그것은 거친 신예체와는 불가피하게 약간의 서로 비슷한 특색을 가질 수 있었다. 게다가 조기 행서가 나타난 후 필연적으로 신예체에 대하여 영향을 주었을 것이고, 일부 사람들이 쓴 신예체는 필연적으로 행서에 가까워졌을 것이다. 이 때문에 조기 행서와 신예체 사이에 매우 명확한 한계선을 그으려고 하는 것은 역시 어려움이 많다. 우리가 현재 쓰고 있는 글자를 가지고 말한다면, 어떤 글자들은 결국 거친 해서로 보아야 할 것인가? 혹은 행서로 보아야 할 것인가? 하는 것은 두 가지가 가능하다. 위·진 시대 사람들이 쓴 글자도 어떤 것들은 역시 거친 신예체로 볼 수도 있고 또한 조기 행서로 볼 수도 있을 것 같다. 예컨대, 누란(樓蘭)에서 출토된 전량(前涼) 서역장사(西域長史) 이백(李柏)의 서신고(書信稿)가 그러한 것이다(그림 61, 544쪽). 아마도 비교적 타당한 처리 방법은 이러한 종류의 글자를 신예체와 조기 행서 사이에 끼어 있는 자체로 보는 것이다.

제4절에서 말한 바와 같이, 초서가 형성되기 전에 일찍이 "𨔶"이라고 하는 서체가 있었다. 자서와 운서의 해석에 따르면, 그 성질은 후세의 행서에 가까웠다. "辵"(착)을 따르는 글자의 뜻은 "가다"(行走)와 관계가 있는 것이 많다. "𨔶"자는 "筆"을 따르고 "辵"을 따르며 회의(會意)로 대체로 서사할 때의 행필(行筆)이 비교적 빠르다는 뜻을 나타냈을 것이다. 행서는 아마 역시 행필이 비교적 빠르기 때문에 이러한 이름을 얻었을 것이다.

## 제6절 해서(楷書)의 형성과 발전·초서(草書)와 행서(行書)의 연변

우리가 알고 있는 가장 이른 해서(楷書)의 서법가는 종요(鍾繇)이고, 볼 수 있는 가장 오래된 해서는 종요가 쓴 <선시표(宣示表)> 등의 첩(帖)의 임모본(臨摹本)의 각본(刻本)이다(그림 84, 553쪽)(<천계직표(薦季直表)>는 아마 믿어서는 안 될 것이다).

<선시표> 등의 첩의 자체는 분명히 조기 행서에서 탈태(脫胎)한 것이다. 만약 정제파(整齊派)의 조기 행서를 조금 단장(端莊)하게 쓰고 조기 행서에 이미 나타난 가로획의 수필(收筆)에 돈세(頓勢)를 사용하는 필법을 보편적으로 응용하고 다시 약간의 날필(捺筆)과 경구(硬鉤)의 사용을 더한다면 <선시표>와 같은 자체가 형성될 것이다. 종요의 행서는 본래 일반적인 조기 행서보다는 더욱 해서에 가까웠을 가능성이 있다. 그는 약간의 비교적 정중한 경우에는, 예컨대 황제에게 상표(上表)할 때와 같이, 글자를 쓰는 것이 평시에 사용하던 행서보다 더욱 단장(端莊)하게 썼고 그렇게 하여 최초의 해서가 형성된 것이다.

위에서 말한 것이 만약 기본적으로 사실과 부합한다면, 우리는 참으로 조기의 해서를 조기 행서의 한 갈래로 볼 수 있을 것이다. 명(明) 손광(孫鑛)은 <서화발발(書畫跋跋)> 중에서 "나는 일찍이 한·위 때는 예서가 정서(正書)이고 종요·왕희지의 소해(小楷)는 예서의 행서라고 생각하였다(余嘗謂漢魏時, 隷乃正書, 鍾·王小楷乃隷之行)"라고 하였다. 이것은 매우 정확한 견해이다.

"종(鍾)·왕(王)"의 "王"은 동진의 유명한 서법가 왕희지(王羲之)를 가리킨다. 그와 그의 아들 왕헌지(王獻之)의 해서는 종요의 해서의 기초 위에 또 발전시켜 더욱 아름답게 보인다(그림 85·86, 555쪽).

마땅히 지적해 두어야 할 것은 비록 해서가 한·위 사이에 이미 형성되었다고 하지만, 전(全) 위·진 시대에 해서를 사용한 사람은 도리어 줄곧 상당히 적었고 아마 주로 약간의 문인 학자들이었다는 것이다. 당시 일반 사람들이 사용한 것은 여전히 신예체라든가 혹은 신예체와 조기 행서 사이에 끼여 있는 자체였다. 우리가 현재 볼 수 있는 위・진의 간(簡)・지(紙)에서 일반적으로 사용된 자체는 행서와 초서를 제외하면 거의 모두 이러한 자체이다. 진대(晉代)의 고서(古書)와 불경(佛經) 등의 초본도 역시 대부분 신예체를 사용하였고, 또한 어떤 것은 또 의도적으로 약간의 팔분의 필의(筆意)를 가하였다(본 장 제1절에 인용한 관련된 그림을 참조). ≪수서(隋書)・경적지(經籍志)≫에는 "중원에는 전쟁이 서로 이어지고 전투를 일삼아서 문교(文敎)의 융성함은 부(苻)와 요(姚) 뿐이었다(부(苻)는 부씨(苻氏)의 전진(前秦)을 가리키고, 요(姚)는 요씨(姚氏)의 후진(後秦)을 가리키며, 그 시대는 동진(東晋)에 상당한다). 송무제(宋武帝)가 함곡관(函谷關)에 들어가서 그 도적(圖籍)을 거두어 들였는데, 창고에 있는 것은 겨우 4천 권으로 붉은 축(軸)과 푸른 종이에 문자가 고졸(古拙)하였다(其中原, 則戰爭相尋, 干戈是務, 文敎之盛, 苻・姚而已. 宋武入關, 收其圖籍, 府藏所有, 才四千卷, 赤軸青紙, 文字古拙)"라고 하였다. 이른바 "문자가 고졸하다(文字古拙)"는 것은 대개 전・후진의 고서의 초본에 사용된 것이 해서가 아니라 신예체라는 것을 가리켜 말했을 것이다.

비각(碑刻)은 자체를 선택하는 것이 고서의 초본 따위보다 더욱 보수적이다. 위와 서진의 비각은 일반적으로 여전히 팔분을 사용하였다. 그러나 동한 비각상의 팔분은 풍격이 다양하여 서수(書手)에 따라 다르지만, 위와 서진의 비각의 팔분은 대다수가 판에 박은 듯하고 조작적이며 천편일률로 보인다. 이것은 틀림없이 팔분이 신예체의 배척으로 말미암아 이미 오로지 금석(金石)에 새기는 데만 사용되고 통행되지 않는 자체로 변했다는 것을 반영하는 것이다(계공(啓功), <범식비발(范式碑跋)>, ≪계공총고(啓功叢稿)≫, 344쪽, 중화서국, 1981). 위와 서진 시대의 개별적인 비각, 예컨대 위(魏) 경원(景元) 4년(263)의 <탕구장군이포통각도(盪寇將軍李苞通閣道)>의 제자(題字)(그림 87, 555쪽)와 오(吳) 봉황(鳳凰) 원년(진(晉) 태시(泰始) 8년, 272)의 <구진태수곡랑비(九眞太守谷朗碑)>(그림 88, 556쪽)는 이미 신예체를 사용하였다. 다만 <곡랑비>는 가끔 의도적으로 옛것을 모방한 상황이 있는데, 예컨대 "之"자가 "㞢"로 되어 있는 따위가 그것이다.

이미 발견된 동진 비각에 사용된 자체는 대부분 신예체이다. 그 가운데 전진(前秦) 건원(建元) 4년(동진 태화(太和) 3년, 368)의 <광무장군비(廣武將軍碑)>는 비교적 편하게 쓴 것으로, 대개 당시 일반적으로 사용하던 신예체와 비교적 가까웠을 것이다. 그러나 이 비에도 역시 소수의 의도적으로 옛것을 모방한 곳이 있다. 예컨대 "之"가 "㞢"로 되어 있고, 초두(草頭)가 "艸"로 되어 있는 따위가 그것이다(그림 89, 556쪽). 융안(隆安) 3년(399)의 <양양신도궐(楊陽神道闕)>의 제자(題字)(그림 90, 556쪽)와 의희(義熙) 원년(405)의 <찬보자비(爨寶子碑)> 등(그림 91, 557쪽)은 모두 팔분을 모방하려고 했지만 또 흉내낸 것이 닮지 않아서 자체가 매우 부자연스럽게 보인다.

동진 시대의 묘지(墓誌)는 일부는 팔분이나(예컨대, <사곤묘지(謝鯤墓誌)>가 그렇다. ≪문물≫ 1965년 제6기, 36쪽) 혹은 행서(예컨대 위 절에서 든 행서 <맹부군묘지(孟府君墓誌)>가 그렇다)를 사용하였지만 대다수는 신예체를 사용하였다. 묘지상의 신예체는 어떤 것은 쓴 것이 비교적 졸렬하고(예컨대 윗 절에서 인용한 신예체 <맹부군묘지>), 어떤 것은 행서・해서와 이미 상당히 가깝고(그림 92, 557쪽)(예컨대 영화(永和) 원년(345)의 <안겸부유씨묘지(顔謙婦劉氏墓誌)>), 또 어떤 것들은 <양양신도궐(楊陽神道闕)>등과 서로 비슷한데 이것은 팔분을 모방하려고 한 신예체이다(예컨대 함강(咸康) 7년(341)의 <왕흥지묘지(王興之墓誌)>(그림 93, 557쪽)와 승평(升平) 원년(357)의 <유극묘지(劉克墓誌)>(그림 94, 558쪽) 따위).

자체를 말하는 어떤 사람들은 위・진 시대의 비지(碑誌)에 사용된 것은 팔분과 신예체이고 일반 사람들이 사용한 것도 역시 신예체 같은 자체라는 것을 발견했기 때문에 당시에는 근본적으로 해서와 해서에 가까운 행서의 존재가 있을 수 없었고 세상에 전하는 종요와 왕희지의 해서와 행서는 기본적으로 모두 믿을 수 없다고 보았다. 이것은 타당하지 않다. 어떤 사람은 심지어 진정한 왕희지의 글자는 그 풍격이 반드시 <찬보자비(爨寶子碑)>와 같은 자체와 서로 비슷했을 것이라고 말하는데 그것은 더욱 가소롭다. 그들은 옛 사람들이 서로 다른 용도에서는 왕왕 서로 다른 자체를 사용하였고 또한 문인・학사 특히 기풍을 선도(先導)한 서법가들이 쓴 글자는 일반 사람들이 쓴 글자와는 또한 왕왕 매우 커다란 거리가 있다는 것을 모르는 것이다. 종요와 왕희지의 해서가 신예체와 동시에 나란히 존재하였다는 것은 조금도 이상할 것이 없다.

위・진 시대의 누란(樓蘭) 유지에서 출토된 시대가 동진 초기보다 늦을 리가 없는 글자가 있는 묘지(墓誌)에서 조기 행서를 볼 수 있을 뿐 아니라, 게다가 또 작품이 종요・왕희지와 서로 비슷한 해서도 볼 수 있다(그림 64, 545쪽). 위・진 시대에는 해서가 있을 수 없고 세상에 전하는 종요와 왕희지의 자첩(字帖)은 모두 믿을 수 없다는 그러한 말은 전혀 성립될 수 없는 것이다.

남북조(南北朝)에 들어 온 후에 해서는 마침내 주요한 자체가 되었다.

앞에서 말한 바와 같이 동진 시대의 어떤 신예체들은 행서・해서와 이미 상당히 가깝다. 남북조에 이르자 종요와 왕희지의 영향 아래 신예체에서 연변되어 이루어진 일종의 해서가 나타났다. 남북조의 조기의 비각(碑刻)과 묘지(墓誌)에서 지배적인 지위를 차지한 자체는 이미 신예체가 아니라 이러한 해서였다. 이러한 해서는 결체(結體)와 필법에서 신예체의 약간의 좀더 분명한 흔적이 남아 있고, 또한 비각과 묘지에 사용될 때는 동진 시대의 비각과 묘지상의 신예체와 마찬가지로 왕왕 옛것을 모방하는 경향이 있으며 필법은 약간 팔분의 맛을 띠고 있다. 이 때문에 그 면모는 종요와 왕희지의 해서보다 좀더 고졸(古拙)하다. 남조 유송(劉宋) 시대의 비지(碑誌), 예컨대 대명(大明) 2년(458)의 <찬룡안비(爨龍顔碑)>(그림 95, 558쪽)와 대명 8년(464)의 <유회민묘지(劉懷民墓誌)>(그림 96, 558쪽) 등은 모두 이러한 해서를 사용하였다. 북조의 비지 중에 이러한 해서는 비교적 장기적으로 지배적 지위를 차지하고 있다. 이러한 해서를 사용한 북위(北魏) 비지의 수가 매우 많기 때문에(그림 97・98, 559쪽) 후인들은 이러한 해서를 위비체(魏碑體)라고 불렀다.

남조는 제(齊)・양(梁) 시대에 이르러 비지상에는 종요와 왕희지의 체와 매우 가까운 해서가 나타났다(그림 99・100, 559쪽). 북조는 후기에 이르러 비지상의 해서에 역시 종요와 왕희지에 가까워지는 현상이 나타났다. 어떤 비각, 예컨대 동위(東魏) 무정(武定) 원년(543)의 <고귀언조상기(高歸彦造像記)>의 자체는 정말로 이미 완전히 종왕계(鍾王系)의 해서였다(그림 101, 560쪽). 당(唐) 이후에는 위비체는 기본적으로 역사의 무대에서 퇴장하였고, 청대에 이르러 비로소 서법가들의 제창으로 말미암아 새로이 중시를 받게 되었다.

남북조의 비지에서 약간의 팔분을 모방한 글자를 발견할 수 있다(그림 102, 560쪽). 이러한 글자는 단지 팔분의 필의를 약간 띠고 있는 데 지나지 않는 위비체와는 성질이 다른 것이다. 어떤 사람은 그것들을 한예에서 해서로 가는 연변(演變) 과정 중의 자체로 보고, 어떤 사람은 그것들을 위비체와 같은 얘기로 혼동하고 있는데 모두 정확하지 않은 것이다.

종·왕의 해서는 행서에서 탈태되어 비각상의 정체(正體)로 사용하면 결체와 필법이 모두 장엄(莊嚴)·온중(穩重)함이 부족한 점이 있다. 남북조 때의 사람들은 이미 이러한 원인 때문에 종·왕의 해서에 대하여 약간의 개조를 하였다. 그러나 곧장 당대 초기의 구양순(歐陽詢)에 이르러서야 비로소 이러한 개조가 비교적 훌륭하게 완성되었다(그림 103, 561쪽). 이 때문에 또 어떤 사람은 해서는 당대 초기에 이르러 비로소 진정으로 성숙되었다고 본다. 예컨대, "종·왕의 소해(小楷)는 예서의 행서이다(鍾王小楷乃隸之行)"라고 본 손광(孫鑛)은 "해서에 이르러서는 단연 구양순으로부터 비롯되었다. 점과 획이 모두 법도를 갖추어 억지로 갖다 맞추거나 임의로 한 것은 하나의 필획도 없으며, 뜻은 바로 예서와 같고 법은 바로 행서·초서와 서로 짝을 이루고 있다(若楷書則斷自歐陽始, 點點畫畫, 皆具法度, 無一筆遷就從便, 意正與隸同, 法正與行草相配也)"(<서화발발(書畫跋跋)>)라고 하였다.

해서의 "楷"는 본보기의 뜻으로, "楷書"의 원래의 뜻은 본보기로 삼을 수 있는 글자 혹은 법도가 있는 글자로서 본래는 결코 어떤 자체의 고유한 이름이 아니었다. 위·진 시대 사람들은 일찍이 공정(工整)한 팔분 서체를 "팔분의 본보기(八分楷法)"라든가 혹은 "해법(楷法)"이라고 불렀다. 행서에서 탈태한 종요의 해서는 당시에는 분명히 "해서"라고 부를 자격이 없었다. 많은 자체를 말하는 사람들은 양흔(羊欣)이 말한 종요의 3가지 글씨 중의 장정서(章程書)가 우리가 말하는 해서에 상당한다고 보고 있지만 확실한 지의 여부는 알 수 없다. 우리가 말하는 종요의 해서는 당초에 본래 행압서(行狎書) 속에 포함되어 있던 것으로 후에 비로소 독립되어 나왔는지도 모른다(이른바 장정서는 아마 본래는 일종의 비교적 정제된 신예체였을 것이다). 남북조에서 당대까지 해서는 정서(正書)·진서(眞書)·예서(隸書) 등의 명칭이 있었다. "정서"와 "진서"는 모두 "행서"와 "초서"에 상대시켜 말하는 것이고, "예서"는 "팔분"에 상대시켜 말한 것이다(본 장 제2절 참조). "해서"라는 명칭도 또한 일찍이 "해법"과 마찬가지로 팔분을 일컫는 데 사용되었다. 당 장회관

(張懷瓘)의 ≪서단(書斷)·상≫ "팔분" 조에는 팔분은 "본래 해서라고 하였다. 해(楷)는 법이고 식(式)이고 모(模)의 뜻이다(本謂之楷書. 楷者, 法也, 式也, 模也)"(≪법서요록≫ 권7)라고 하였다. 그러나 당대에는 "해서"는 대개 또한 이미 우리가 말하는 해서를 가리키는 데 사용되었다. 송 이후 "해서"는 우리가 말하는 해서의 고유한 명칭이 되었다.

위·진 시대에 조기 행서와 해서의 서법의 영향으로 말미암아 장초(章草)는 점차 금초(今草)로 연변되었다. 계공(啓功) 선생은 일찍이 세상에 전해지는 서진(西晉) 육기(陸機, 261-303)의 <평복첩(平復帖)>(그림 104, 561쪽)은 장초에서 금초로 가는 과도적 초서라고 지적하였다(≪계공총고(啓功叢稿)≫, 27쪽). 누란에서 발견된 간(簡)·지(紙)의 초서도 역시 대부분 이러한 면모를 나타내고 있다(그림 56. C·D, 540쪽 ; 그림 65, 545쪽). 금초의 정식 형성에 대하여 왕희지는 아마 매우 커다란 작용을 했을 것이다. 남제(南齊) 왕승건(王僧虔)의 <논서(論書)>에는 "돌아가신 증조부(曾祖父) 영군(領軍) 왕흡(王洽)께서 우군(右軍)(왕희지를 가리킨다. 그는 벼슬이 우군장군(右軍將軍)·회계내사(會稽內史)에 이르렀다)에게 보낸 편지에 '모두 옛 모습을 변화시켰으니, 그렇지 않았다면 지금까지도 오히려 종요와 장지(張芝)(동한의 초서 서법가)를 본받을 것이다.'라고 하였다(亡曾祖領軍洽與右軍書云 : '俱變古形, 不爾, 至今猶法鍾·張')"(≪법서요록≫, 권1)라고 하였다. ≪서단≫에 인용된 구양순의 <여양부마서장초천문비후(與楊駙馬書章草千文批後)>에도 역시 왕희지와 왕흡이 장초를 금초로 변화시켰다고 하였다(≪법서요록≫, 권7). 그들의 설은 마땅히 근거가 있었을 것이다. 세상에 전해지는 왕희지의 초서는 <표노첩(豹奴帖)> 외에는 모두 금초이다(그림 105, 562쪽).

| | 장초(章草) | 금초(今草) |
|---|---|---|
| 其(기) |  |  |
| 眞(진) | 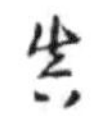 | 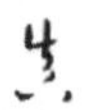 |
| 書(서) |  |  |
| 亭(정) |  |  |

금초의 자형은 대부분 장초를 답습하였지만, 예서와 서로 가까운 필법을

고치고 때로는 필획에 대해서도 또한 생병(省併)을 약간 행하여 쓰기가 장초보다 더욱 편하다. 예컨대 앞의 그림과 같다.

그밖에 금초 중에 또 어떤 글자들은 이미 간화되어 장초와 크게 달라진 것이 있다. 예컨대 "亦"은 로 되어 있고, "上"은 으로 되어 있으며, "下"는 로 되어 있는 것 등등이 그것이다. 어떤 글자들은 금초 중에 장초의 서사법에서 온 것도 있고 또한 해서가 초화(草化)된 서사법도 있다. 예컨대 "卿"은 이라고 할 수도 있고 또한 이라고 할 수도 있으며, "介"는 라고 할 수도 있고 또한 라고 할 수도 있는 등등이 그것이다. 금초의 연필(連筆)은 장초보다 많고 글자와 글자도 또한 항상 서로 구련(鉤連)되어 있다. 요컨대, 장초보다 더욱 "거칠기"(草) 때문에 장초보다 알아보기가 더욱 어렵다. 금초를 사용하는 사람들은 범위가 매우 좁아 주로 약간의 문인·학사들이었다. 당 이후에는 또 이른바 광초(狂草)가 있지만 써 놓아도 다른 사람들은 대부분 알 수 없기 때문에 완전히 일종의 감상에 제공되는 예술품으로 되어 버렸다.

왕희지 등의 손에서 해서의 발전과 금초의 형성에 따라 행서도 또한 상응하여 해서와 금초 사이에 위치하는 일종의 자체가 되었는데 면모는 조기 행서와 분명한 차이가 있다(그림 106·107, 562쪽).

행서는 엄격한 서사 규칙이 없다. 약간 법에 맞게 써서 해서에 가까운 것은 진행(眞行) 혹은 행해(行楷)라고 부른다. 약간 호탕하게 써서 초서의 맛이 비교적 농후한 것은 행초(行草)라고 부른다. 행서는 쓰는 것이 해서보다 빠르고 또 초서처럼 알아보기 어려운 결점이 없기 때문에 실용적 가치가 매우 높다. 우리는 현재 해서를 정체(正體)로 삼고 있지만 지식인들이 평소에 쓰는 글자는 대부분 행서에 가까운 것이다.

예서와 해서 두 단계의 시간적 경계선은 확정하기가 그렇게 쉽지는 않다. 각 방면에서 종합적으로 고려한다면, 남북조를 해서 단계의 시작으로 보고 위·진 시대를 예서와 해서의 두 단계 사이의 과도적 단계로 볼 수 있을 것이다.

한자는 해서 단계로 들어온 후에도 자형은 아직 계속 간화되고 있지만 자체는 커다란 변화는 없다.

제6장

# 한자의 기본 유형(類型)의 구분

## 제1절 육서설(六書說)

과거의 문자학자들은 한자의 구조를 말할 때 일반적으로 모두 육서(六書)의 설을 따라서 한자를 상형(象形)·지사(指事) 등 여섯 가지로 나누었다.

"육서"라는 말은 ≪주례(周禮)≫에 최초로 보인다. ≪주례·지관(地官)·보씨(保氏)≫에는 주대(周代)의 귀족의 자제들을 교육하는 데 사용된 "육예(六藝)"의 항목이 열거되어 있는데, 그 가운데 "육서"가 있다.

> …… 육예(六藝)는 첫째 오례(五禮), 둘째 육악(六樂), 셋째 오사(五射), 넷째 오어(五御), 다섯째 육서(六書), 여섯째 구수(九數)이다.(…… 六藝 : 一曰五禮, 二曰六樂, 三曰五射, 四曰五御, 五曰六書, 六曰九數.)

그러나 ≪주례≫에는 결코 육서의 내용을 구체적으로 설명하지는 않았다.

한대 학자들은 육서를 한자 구조에 관한 여섯 가지 기본 원칙이라고 해석하였다. ≪한서·예문지≫에는 말하였다.

> 옛날에는 8세에 소학(小學)에 들어갔으므로 주관(周官) 보씨(保氏)는 국자(國子)를 기르는 것을 관장하고 그들에게 육서를 가르쳤다. 상형(象形)·상사(象事)·상의(象意)·상성(象聲)·전주(轉注)·가차(假借)를 말하는데 글자를 만드는 근본이었다.(古者, 八歲入小學, 故周官保氏掌養國子, 敎之六書, 謂象形·象事·象意·象聲·轉注·假借, 造字之本也.)

정중(鄭衆)은 ≪주례・지관・보씨≫에 주를 달았다.

> 육서는 상형・회의(會意)・전주・처사(處事)・가차・해성(諧聲)이다.(六書, 象形・會意・轉注・處事・假借・諧聲也.)

허신(許信)의 ≪설문・서≫에는 육서에 각각 정의를 내리고 아울러 예자(例字)를 들었다.

> 주례(周禮)에는 8세에 소학에 들어가서 보씨(保氏)가 국자(國子)를 가르치는 것을 관장하였는데 먼저 육서로 하였다. 첫째는 지사(指事)이다. 지사란 보고 알 수 있고 살펴서 뜻을 보는 것으로(지금의 책에는 "察而可見"으로 되어 있는데, ≪단주(段注)≫는 ≪한서・예문지≫의 안사고(顔師古)의 주를 근거로 하여 고쳤다), "上"(상)・"下"(하)가 그것이다. 둘째는 상형(象形)이다. 상형은 그 물건을 그려서 이루어 형체를 따라 구부러지고 꺾이는 것으로("詘"(굴)은 "屈"(굴)과 통한다. "詰詘"(힐굴)은 "曲折"(곡절)의 뜻이다), "日"(일)・"月"(월)이 그것이다. 셋째는 형성(形聲)이다. 형성은 일을 이름으로 삼아 비유를 취하여 서로 이루는 것으로(일반적으로 앞의 구는 형방(形旁)을 가리켜 말한 것이고, 뒤의 구는 성방(聲旁)을 가리켜 말한 것이라고 본다), "江"(강)・"河"(하)가 그것이다. 넷째는 회의(會意)이다. 회의란 종류를 나란히 하고 뜻을 합하여("誼"는 "義"와 통한다) 가리키는 바를 보이는 것으로("撝"(휘)는 "麾"(휘)와 통한다. "지휘(指撝)"는 여기에서는 "뜻이 가리키는 바(意之所指)"의 뜻으로 쓰였다), "武"(무)・"信"(신)이 그것이다. 다섯째 전주(轉注)이다. 전주란 하나의 머리를 세워서 뜻이 같으면 서로 받는 것으로, "老"(로)・"考"(고)가 그것이다(≪설문≫에는 "老"를 회의자라고 하여 "考"라고 풀이하였다. "考"자는 "老"부(部)에 있고 "'老'의 생략을 따르고 '丂'(고)성(聲)이다(从'老'省, '丂'聲)"라고 하여 "老"라고 풀이하였다). 여섯째는 가차(假借)이다. 가차란 본래는 그 글자가 없는데 소리에 의하여 일을 부친 것으로, "令"(령)・"長"(장)이 그것이다.(周禮八歲入小學, 保氏敎國子, 先以六書. 一曰指事. 指事者, 視而可識, 察而見意, "上"・"下"是也. 二曰象形. 象形者, 畫成其物, 隨體詰詘, "日"・"月"是也. 三曰形聲. 形聲者, 以事爲名, 取譬相成, "江"・"河"是也. 四曰會意. 會意者, 比類合誼, 以見指撝, "武"・"信"是也. 五曰轉注. 轉注者, 建類一首, 同意相受, "考"・"老"是也. 六曰假借. 假借者, 本無其字, 依聲託事, "令"・"長"是也.)(괄호 안의 것은 원저자의 주이다)

한대의 경학자들은 고문(古文)과 금문(今文)의 두 파로 나뉜다(제4장 제3절 참조). ≪주례≫는 고문학파의 경전이다. 위에 인용한 ≪한서・예문지≫는 서한(西漢) 말기의 고문학파의 대사(大師) 유흠(劉歆, 전 53?-23)의 ≪칠략(七略)≫을 근거로 하여 엮어 만든 것이다. 정중과 허신도 역시 고문학파에 속하였다. 정중은 정흥(鄭興)의 아들이고, 정흥은 유흠의 제자였다. 허신은 가규(賈逵)의 학생이고, 가규의 부친 가휘(賈徽)도 역시 유흠의 학생이었다.

그러므로 위에 인용한 이 세 사람의 육서설은 마땅히 하나의 근원에서 나왔을 것이다. 그러나 육서의 명칭과 순서에서 그들 사이에는 도리어 약간의 차이가 있는데 상황은 아래의 표와 같다.

| <예문지> | 1.상형 | 2.상사 | 3.상의 | 4.상성 | 5.전주 | 6.가차 |
|---|---|---|---|---|---|---|
| 정 중 | 1.상형 | 4.처사 | 2.회의 | 6.해성 | 3.전주 | 5.가차 |
| 허 신 | 2.상형 | 1.지사 | 4.회의 | 3.형성 | 5.전주 | 6.가차 |

후인들 가운데 대다수는 허신의 육서 명칭을 답습하였다.

≪주례≫에는 육서를 구수(九數)와 아울러 들고 있는데, 양자는 모두 어린이가 학습하던 과목이었다. 구수는 곧 구구표(九九表)이므로 육서의 내용도 역시 마땅히 매우 평이했을 것이고, 아마 단지 약간의 흔히 사용하던 문자였을 것이다(장정랑(張政烺), <육서고의(六書古義)> 참조, ≪중앙연구원역사어언연구소집간(中央語言歷史硏究所集刊)≫ 제10본(本)). 육서를 "글자를 만드는 근본(造字之本)"이라고 해석한 것은 대개 한대의 고문경학파의 "탁고개제(託古改制)"였을 것이다.

육서설은 최초의 한자의 구조에 관한 계통적 이론이다. 한대의 학자들이 육서설을 창립한 것은 문자학의 발전에 커다란 공적이 있다. 육서의 명칭으로서의 상형・회의・형성・가차 등의 술어는 줄곧 오늘날까지도 여러 사람들은 모두 여전히 사용하고 있다. 그러나 한대는 문자학의 발전에서는 결국 조기 단계에 속하므로 한대 학자들의 한자의 구조에 대한 연구는 완벽할 수 없었다. 게다가 "육(六)"이라는 숫자를 맞추기 위하여 그들이 한자의 구조에 분류를 할 때 완전하게 실제에서 출발하기가 매우 어려웠다는 것은 명백하다. 이 때문에 육서설의 문제는 역시 상당히 많다. 다음에 몇 가지의 주요한 문제들을 간단히 소개하려고 한다. 먼저 상형・지사・회의의 세 가지 문제를 말하고 다시 전주의 문제를 말하고 마지막으로 가차의 문제를 말하려고 한다.

육서설에 따르면, 의부(意符)로 만든 글자 곧 우리가 말하는 표의자(表意字)는 상형・지사・회의의 세 가지로 나누지만, 그러나 이 삼자 사이의 한계선은 실제로는 결코 명확하지 않다.

≪설문 · 서≫에는 “日” · “月”은 상형자이고, “上” · “下”는 지사자라고 하였다. “日” · “月”은 본래 ⊙ · ☽로 되어 있고, “上” · “下”는 본래 二 · 二라로 되어 있다. 전자에 사용된 자부(字符)는 실물의 형체를 본떴는데, 대표되는 사(詞)는 본뜬 실물의 명칭이다. 후자에 사용된 것은 추상적인 형부(形符)로서 대표되는 사는 “실물”[物]의 명칭이 아니라 “일”[事]의 명칭이다. 이 두 부류의 글자의 구별은 매우 명확한 것 같다. 그러나 실제로는 도리어 적지 않은 글자들을 그것들이 결국 마땅히 어떤 부류에 귀속시켜 넣어야 할 것인가를 확정하기는 매우 어렵다. 예컨대, (大)라는 글자는 그것들에 사용된 자부는 “日” · “月”과 마찬가지로 또한 실물의 형태를 본뜬 것이지만, 그러나 대표되는 사(詞)는 결코 본뜬 실물의 명칭이 아니라 본뜬 실물과 관계가 있는 “일”[事]의 명칭이며, 이 점은 도리어 “上” · “下”와 서로 가깝다. 이 때문에 육서를 말하는 사람들은 어떤 사람은 이러한 글자들을 지사에 넣지만, 어떤 사람은 이러한 글자들을 상형에 넣는다. ≪설문≫에는 “대(大)는 하늘이 크고 땅이 크고 사람도 역시 크기 때문에 대(大)는 사람의 형체를 본뜬 것이다(大, 天大, 地大, 人亦大, 故大象人之形)”라고 하여, 허신 자신은 “大”를 상형자로 본 것 같다. 허신은 또 어떤 추상적인 형부로 구성된 글자들을 또한 상형자로 보았다. 예컨대, ≪설문≫의 (叕 : 철)자에 대한 해석은 “꿰매어 잇는다는 뜻으로 상형이다(綴聯也, 象形)”라는 것이다(진간(秦簡)에는 “叕”자가 로 되어 있으며 서사법이 ≪설문≫과는 차이가 있다. 허신의 “叕”자 자형에 대한 해석은 반드시 정확하지는 않지만, 그러나 이 점은 여기에서는 긴요하지 않다). ≪설문≫ 중의 “叕”자는 여섯 개의 곡선이 서로 이어져 뜻을 나타내었는데, 이것은 “上” · “下”가 짧은 선과 긴 선의 위치 관계로 뜻을 나타낸 것과 얼마나 큰 구별이 있는가? “叕”을 상형자로 볼 수 있다면 “上” · “下”는 무엇 때문에 상형자로 볼 수 없는가? 남송(南宋) 정초(鄭樵, 1104-1062)는 ≪통지(通志) · 육서략(六書略)≫에서 “上” · “下”를 상형 중의 “상위(象位)”류에 넣었는데, 그렇게 한 것은 일리가 없다고 할 수는 없다. 그러나 그렇다면 상형 · 지사의 한계선은 실제로는 전혀 없는 것이 될 것이다.

≪설문 · 서≫에서 회의를 위하여 든 예는 “武” · “信”이다. “武”는 본래 “止”를 따르고 “戈”를 따르는 글자이다. “창[戈]를 그치는(止戈)” 것이

"武"로서, 전쟁을 정지시킬 수 있어야 비로소 진정한 "武"라는 말이다. "사람의 말[人言]"이 "信"으로 사람이 하는 말은 마땅히 신용이 있어야 한다는 말이다. 그러나 상고 문자에는 후세의 "歪"(왜)자와 같은 완전히 편방의 자의(字意)를 합치는 방법에 의하여 뜻을 나타내는 이러한 글자는 극히 보기 드물다. ≪설문 · 서≫에서 든 이 두 개의 글자도 모두 문제가 있다. 현대의 학자들은 대다수가 "信"은 본래 "言"을 따르고 "人"(인)성인 형성자라고 본다(당란(唐蘭) 선생은 "人"을 따르고 "言"성이라고 보았다). "武"자는 갑골문에 보이는데, 아주 일찍 나타난 한 글자이다. "창을 그치는 것이 무(武)이다(止戈爲武)"라는 설은 ≪좌전(左傳)≫(선공(宣公) 12년에 보인다)에서 나온 것으로 역사가 상당히 오래된 것이지만, 그러나 이러한 사상은 당초에 "武"자를 만들었던 사람이 가질 수 있는 것이 아님은 분명하다. 상고 문자에서 두 개 이상의 의부로 구성된 표의자는 다수는 형부를 사용하고 자형은 왕왕 그림의 맛이 있다. 예컨대 우리가 제3장 제2절에서 든 바 있는 "立" · "步" 등의 글자가 그것이다. 육서를 말하는 사람들은 다수는 이러한 글자를 회의자로 보지만, 그러나 그것들의 성질은 "歪" 같은 회의자와는 분명히 구별이 있다. 정초는 ≪육서략≫에서 "立"과 "步"를 상형자에 넣었다. 그는 "立"자는 "사람이 땅 위에 서 있는 모양을 본떴고(象人立之象)", "步"자는 "두 발이 서로 앞서고 뒤지는 것을 본떴다(象二趾前後)"라고 하였는데, 자형을 해석한 것이 ≪설문≫보다 뛰어나다. 근대의 임의광(林義光)은 ≪문원(文源)≫에서 오직 "창을 그치는 것이 무(武)이다(止戈爲武)" · "사람의 말이 신(信)이다(人言爲信)"라는 것과 같이 "말의 뜻을 취하여 연결한(取其詞義連屬)" 글자들만이 비로소 회의자라고 할 수 있고, (射 : 사) · (涉 : 섭) · (舂 : 용, 두 손으로 절구공이를 들어 올려 절구 안의 물건을 찧는 것을 본뜬 것이다) · (爭 : 쟁, 두 손으로 하나의 물건을 다투는 것을 본뜬 것이다) 등의 글자와 같이 "형체를 따라 물건을 그리고 그 모아서 합치는 것을 뜻으로 하지 않고 형체로 하는(隨體畫物, 其會合也不以意而以形)" 글자들은 모두 마땅히 상형자로 보아야 한다고 더욱 명확하게 주장하였다. 이러한 설은 일리가 있다. 그러나 이러한 "그 모아서 합치는 것을 형체로 한(其會合也以形)" 글자들은 두 개 이상의 의부를 합쳐서 하나의 새로운 뜻을 나타낸다(곧 사용된 각각의 의부

자체가 나타내는 뜻과는 서로 다른 하나의 뜻)는 점에서는 "日"·"月" 같은 상형자와는 서로 다르지만, "모아서 합치는 것을 뜻으로 하는(其會合也以意)" 회의자와는 일치한다. 그러므로 그것들을 회의자라고 하더라도 또한 일리가 없는 것은 아니다. 한자가 이미 완전히 비상형적으로 변한 후에도 사람들은 때로는 또 "모아서 합치는 것을 형체로 하는" 방법으로 합체표의자(合體表意字)를 만들었는데, 이것은 또한 의부(義符)를 억지로 형부로 사용한 것을 말한다. 예컨대, "人"이 "水" 위에 있는 것으로 뜬다는 것을 나타내는 "氽"(tún, 탄)자는 바로 아주 늦게 서야 비로소 만들어졌다. 이러한 글자는 마땅히 상형자로 보아야 할 것인가? 요컨대, 회의와 상형의 한계선도 역시 명확하지 않다.

또 어떤 표의자들의 성질은 ≪설문·서≫에서 상형·지사·회의를 위하여 들고 있는 예자(例字)와는 모두 서로 다르다는 것이 분명하다. 예컨대, 어떤 이른바 변체자(變體字) 곧 "叵"(파)와 같은 부류의 글자가 그렇다("叵"의 뜻은 "불가(不可)"이고, 자형은 바로 좌우가 거꾸로 된 "可"이다). 많은 사람들은 이러한 글자를 정의가 비교적 애매모호한 지사류로 귀속시켜 넣는데, 이것은 본래 어쩔 수 없는 방법이다. 또 어떤 사람들은 이러한 글자들을 회의자로 귀속시켜 넣는데, 이것은 ≪설문≫에서 회의에 대하여 내리고 있는 정의와는 분명히 모순된다.

육서설로 표의자의 결구를 분석하는 어떤 사람들은 또 무슨 "상형 겸 지사(象形兼指事)"·"회의 겸 지사(會意兼指事)" 등의 명목을 생각해 내었는데, 이것은 바로 육서설로 표의자의 유별(類別)을 구분하는 불합리함을 설명해 준다.

육서 중의 전주(轉注)는 문제가 더욱 크다. "전주"라는 명칭의 글자 그대로의 뜻은 육서 가운데 가장 애매모호하다. ≪설문·서≫의 전주에 대한 해석도 역시 명백하지 않다. 이 때문에 후인들은 전주에 대한 이설이 가장 많다. 다음에 몇 가지의 비교적 대표성을 가진 것을 간단하게 소개한다.

#### 1) 자형의 방향을 전변(轉變)시키는 방법을 전주라고 한다.

송·원 사이의 대동(戴侗)(≪육서고(六書故)≫)·원대의 주백기(周伯琦)(≪육서정와(六書正訛)≫) 등이 이 설을 주장하였다. "正"( : 정)을 거꾸로 하면 "乏"( : 핍)이 된다(反'正'爲'乏')"는 등 자형의 방향을 전변시키는 조자(造字) 방법이 곧 전주라고 보았다(당(唐) 배무제(裵務齊)의 ≪절운(切韻)·서(序)≫에는 "'考'(고)자는 왼쪽으로 돌고 '老'(로)자는 오른쪽으로 돈다('考'字左回, '老'字右轉)"라고 하여 "考"와 "老"의 두 글자의 가장 아랫부분의 한 필획이 향하고 있는 차이로 이 두 글자의 "전주" 관계를 해석하였다 일반적으로 배씨를 자형의 방향 전환을 전주라고 하는 설의 창시자로 본다. 그러나 그의 "考"·"老" 두 글자에 대한 해석은 지나치게 황당하기 때문에 후인들은 그대로 따르는 경우가 극히 적다.)

### 2) 형방(形旁)과 호훈(互訓)할 수 있는 형성자를 전주자(轉注字)라고 한다.

남당(南唐)의 서개(徐鍇, 921-975)(≪설문해자계전통석(說文解字繫傳通釋)≫) 등이 이 설을 주장하였다. 전주자는 "형성과 비슷하지만(類於形聲)" 다만 일반 형성자는 형방과 호훈할 수 없으나(예컨대, "江"·"河"는 모두 "물[水]"이라고 할 수 있지만 "물[水]"은 모두 "江"·"河"라고 할 수 없다) 전주자는 형방과 호훈할 수 있다(예컨대, "壽"(수)·"耋"(질)·"耄"(모)·"耆"(기)는 똑같이 "老"라고 할 수 있고 "老"도 역시 똑같이 "耆"라고 할 수 있으니 오고 가는 것이 모두 통한다)(서개의 책 권1 "上"(상)자의 주에 보인다. 서씨의 전주설은 비교적 복잡하므로 여기서는 단지 주된 뜻만을 취하였다).

### 3) 부수(部首)와 부수 중의 글자와의 관계를 전주라고 한다.

청 강성(江聲, 1722-1799)(<육서설(六書說)>) 등이 이 설을 주장하였다. 강씨는 "≪설문해자≫는 모두 540부로서 그 분부(分部)가 곧 '건류(建類)'이고 그 '一'(일)에서 시작하여 '亥'(해)로 끝나는 540부의 머리가 곧 이른바 '一首'(일수)이다. 아래에 '凡某之屬皆从某'(범모지속개종모)라고 한 것이 곧 '同意相受'(동의상수)이다(≪說文解字≫一書凡五百四十部, 其分部卽'建類'也, 其始'一'終'亥'五百四十部之首, 卽所謂'一首'也. 下云'凡某之屬皆从某', 卽'同意相受'也)"라고 하였다.

### 4) 다의자(多義字)에 의부(意符)를 가하여 형성 결구의 분화자(分化字)를 자생(滋生)시키는 것을 전주라고 한다.

청 정진(鄭珍, 1806-1864) · 정지동(鄭知同) 부자 등이 이 설을 주장하였다. 정지동의 <육서천설(六書淺說)>에는 "전주는 성방을 주로 하고 한 글자를 나누어 사용하지만, 다만 각각 형방으로 주를 단다. 전주와 형성은 서로 반대이지만 실은 서로 이루는 것이다(轉注以聲旁爲主, 一字分用, 但各以形旁注之. 轉注與形聲相反而實相成)"라고 하였다. 예컨대, "齊"(제)자가 "齋"(재) · "齍"(자) · "劑"(제) 등의 글자를 자생시키는 것이 곧 전주라고 하였다({齋}(재계(齋戒)하다) · {齍}(제기(祭器) · 제수(祭需)) · {劑}(약을 짓다) 등의 사(詞)들은 본래 모두 "齊"자로 나타내었다).

### 5) 기존의 문자에 의부 혹은 음부를 가하여 번체(繁體) 혹은 분화자를 만드는 것을 전주라고 한다.

청 요형(饒炯)(≪문자존진(文字存眞)≫) 등이 이 설을 주장하였다. 요씨는 "전주는 본래 글자를 사용한 후의 조자(造字)이다. 하나는 전체(篆體)의 형이 불분명하고 뜻이 그렇게 뚜렷하지 않기 때문에 본 전(篆)에 따라 형을 가하고 성을 가하여 그것을 밝히는 것이다(인용자 : 예컨대, 제3장 제2절에서 든 바 있는 "𣶒"(연)에 "水"(수)를 가하여 "淵"(연)이 되는 따위가 그것이다). 이것이 곧 왕씨의 ≪석례(釋例)≫(왕균(王筠)(1784-1854)의 ≪설문석례≫를 가리킨다)의 이른바 누증자(累增字)이다. 하나는 뜻에 추광(推廣)하는 바가 있고 문자에 분변이 없기 때문에 본 전(篆)에 따라 형을 가하고 성을 가하여 구별하는 것이다(인용자 : 예컨대, 위 조에서 든 "齊"에 형방을 가하여 "齋" · "齍" · "劑" 따위가 되는 것이 그것이다). 하나는 방언이 전변하여 음을 판별할 도리가 없기 때문에 본 전(篆)에 따라 성을 가하여 구별하는 것이다. 이것은 곧 왕씨의 ≪석례≫의 이른바 분별문(分別文)이다(轉注本用字後之造字. 一因篆體形晦, 義不甚顯, 而從本篆加形加聲以明之. 是卽王氏≪釋例≫之所謂累增字也. 一因義有推廣, 文無分辨, 而從本篆加聲加形以別之. 一因方言轉變, 音無由判, 而從本篆加聲以別之. 是卽王氏≪釋例≫之所謂分別文也)"라고 하였다. 그는 "考"자는 "방언에 '老'성을 변화시켜 '丂'(고)라고 부른 것이 있기(方言有變'老'聲而呼'丂'者)" 때문에 "老"자 위에 "'丂'를 가하여 구별하여(加'丂'而別之)" 만든 것이라고 보았다.

6) 문자가 전음(轉音)하여 다른 뜻을 나타내는 것을 전주라고 한다.

송 장유(張有)(≪복고편(復古編)≫)·명 양신(楊愼)(<전주고음략(轉注古音略)>) 등이 이 설을 주장하였다. 문자를 다른 음으로 전독(轉讀)하여 다른 하나의 뜻을 나타내는 것이 전주라고 보았다. 예컨대, "其"(기)는 본래 "箕"(기)자의 초문(初文)이지만 전음(轉音)하여 허사 "其"로 사용되고, "少"(소)는 본래 상성(上聲)으로 읽는데 거성(去聲)으로 전독(轉讀)하여 젊을 "少"로 사용된다.

7) 자의(字義)의 인신(引伸)을 전주라고 한다.

청 강영(江永)(<여대진서(與戴震書)>)·주준성(朱駿聲)(≪설문통훈정성(說文通訓定聲)≫) 등이 이 설을 주장하였다. 문자의 본의가 전전(展轉)·인신하여 다른 뜻으로 되는 것이 전주라고 보았다. 예컨대, 명령의 "令"(령)은 전(轉)하여 벼슬 이름의 "令"이 되었고, 길 "長"(장)은 전하여 어른 "長"이 되고 또 전하여 벼슬 이름(우두머리)의 "長"이 되었다.

8) 훈고(訓詁)를 전주라고 한다.

청 대진(戴震, 1723-1777)(<답강신수선생논소학서(答江愼修先生論小學書)>)·단옥재(≪설문해자주≫) 등이 이 설을 주장하였다. 문자가 전전하여 서로 훈석(訓釋)하거나 혹은 여러 글자가 훈(訓)을 같이 하여 하나의 뜻이 되는 것(예컨대, ≪이아(爾雅)·석고(釋詁)≫에 "초(初)·재(哉)·수(首)·기(基)·조(肇)·조(祖)·원(元)·태(胎)·숙(俶)·낙(落)·권여(權輿)는 비롯한다는 뜻이다(初·哉·首·基·肇·祖·元·胎·俶·落·權輿, 始也.)라고 한 것이 그것이다)"이 전주라고 보았다.

9) 언어의 자유(孳乳)를 반영하는 조자(造字)를 전주라고 한다.

장병린(章炳麟, 1869-1936)(<전주가차설(轉注假借說)>) 등이 이 설을 주장하였다. 장씨는 "대개 자(字)는 자유(孳乳)하여 점차 많아졌다. 자가 만들어지기 전에 언어가 그것에 앞서는 것이다. 문자로 언어를 대신하여 각각 그

소리를 따랐다. 방어(方語)에는 다름이 있지만 이름과 뜻은 하나인 것이다. 그 음이 간혹 쌍성(雙聲)으로 서로 전(轉)하고 첩운(疊韻)으로 서로 이어지면 다시 하나의 자를 만든다. 이것이 이른바 전주이다(蓋字者孳乳而寖多. 字之未造, 語言先之矣. 以文字代語言, 各循其聲. 方語有殊, 名義一也. 其音或雙聲相轉, 疊韻相迆, 則爲更制一字. 此所謂轉注也)"라고 하였다. 그는 예컨대 울타리 "屏"(병)과 울타리 "藩"(번), 없을 "亡"(망)과 없을 "無"(무) 등등은 상호간에 음이 전(轉)하고 뜻이 서로 통하므로 비록 자형은 관련이 없지만 마찬가지로 전주의 예로 볼 수 있다고 보았다.

이상의 여러 설은 대부분 한대 학자들의 원의와 부합하지 않는 것이 분명하다. (1)·(6)·(7)·(8)·(9)에서 말한 전주는 ≪설문≫에서 말한 전주와 전혀 공통점이 없다. 그 중에 (7)·(8)·(9)의 설은 사실은 언어학상의 문제를 말하고 있다. 이러한 문제들은 물론 연구할 만한 가치가 있지만, 그러나 "조자(造字)의 근본(造字之本)"으로서의 육서의 범위에 넣는다면 도리어 단지 혼란만을 불러일으킬 뿐이다. 제(3)설은 거의 모든 글자를 전주의 범위에 넣은 것이다. 이러한 설명 방법은 물론 어떤 각도에서 보더라도 모두 전혀 무의미하다. 제(2)설은 아마도 ≪설문≫의 원의에 비교적 부합할 것이다. 그러나 이 설명 방법에 따른다면, 전주자는 단지 비교적 특수한 일종의 형성자일 뿐이니 육서의 하나로 독립시킬 필요가 없을 것 같다. 또한 엄격하게 말한다면, "老"자는 "考"·"壽"·"耋"·"耄"·"耆" 등의 글자와는 역시 결코 완전히 뜻이 같은 것은 아니다. (4)·(5)의 설을 제기한 사람들은 대개 일반적인 형성자는 직접 의부와 음부로 구성되는 것이라고 보았기 때문에 기존의 문자에 편방을 가하여 만든 형성자를 따로 전주자라고 불렀을 것이다. 사실은 형성자는 대부분 편방을 가하는 것을 통하여 만들어지는 것이기 때문에 이러한 형성자를 일반적인 형성자와 나누는 것은 불합리하다. 만약 단지 기존의 문자에 음부를 가하여 만든 형성자만을 전주자라고 부르고 기존의 문자에 의부를 가하여 만든 형성자는 여전히 형성자라고 부른다면, 그것이 도리어 또 형성과 전주의 구분을 좀 더 합리적으로 보이게 할 수 있을 것이다. 그러나 이것은 ≪설문≫의 원의와 아마 부합하지 않을 것이다.

우리는 오늘날 한자를 연구할 때 근본적으로 전주라는 용어를 상관할 필요가 없다고 본다. 전주를 말하지 않더라도 완전히 한자의 구조를 분명하게 말할 수 있다. 종전의 전주설 가운데 가치가 있는 내용에 대해서는 어떤 것은 문자학 중의 적당한 부분에 넣어 말할 수 있고, 어떤 것은 언어학 중에 넣어 말할 수 있다. 요컨대, 우리는 끝도 없는 전주의 정의에 관한 논쟁에 말려 들어갈 필요가 전혀 없다.

≪설문・서≫의 가차(假借)에 대한 정의는 "본래는 그 글자가 없는데 소리에 따라 일을 부치는(本無其字, 依聲託事)"는 것으로, 우리가 말하는 가차(어떤 글자를 차용하여 이 글자와 음이 같거나 혹은 음이 가까운 사(詞)를 나타내는 것)와 완전히 서로 부합되는 것 같다. 사실은 결코 그렇지 않다. 왜냐하면 ≪설문・서≫에서 들고 있는 가차의 예자(例字)는 "令"・"長"으로, 그것들은 단지 자의(字義)의 인신(引伸) 현상을 설명하는 데만 사용할 수 있을 뿐이고, 차자(借字) 표음(表音)의 현상을 설명하는 데는 사용할 수 없기 때문이다. 전주가 인신이라고 주장한 청대 학자는 "令"・"長"을 전주의 예자로 전용(轉用)하였던 것이다.

아마 한대 학자들의 마음 속의 가차는 어떤 글자를 사용하여 그것의 본의(글자를 만들 때 그것으로 하여금 나타내게 하려고 한 뜻) 이외의 어떤 뜻을 나타내려고 한 것이었다. 이런 현상은 결국 자의의 인신으로 일어나는 것인가? 아니면 차자 표음으로 일어나는 것인가? 하는 데 대해서는 그들은 결코 분변하려고 하지 않았다. 또 그들이 근본적으로 "본래 그 글자가 없는" 가차 중에 자의의 인신과 관계가 없는 차자 표음의 현상이 있다는 것을 인정하지 않았을 가능성도 있다. ≪설문・서≫에서 차자 표음의 현상을 억지로 자의의 인신 현상이라고 말하기를 좋아하는 상황에서 본다면(제9장 제5절 1. 1) 참조), 후자의 추측이 아마 정확할 것이다. 그러나 자의의 인신과 관계가 없는 "본래 그 글자가 없는(本無其字)" 차자(借字) 표음(表音)의 현상은 객관적으로 존재한다. 일반 문자학의 각도에서나 아니면 한자의 사실에서 본다면, 모두 반드시 이 점을 인정해야 한다(제1장 참조). 자의의 인신은 일종의 언어 현상이고, 차자 표음은 문자로 언어를 기록하는 일종의 방법으로서 양자는 본질적인 차이가 있다. 구체적인 예를 가지고 본다면, 자의의 인신이 일으키고 있는 것과 차자 표음이 일으키는 일자다용(一字多用)의 현상은 때로는 분간하기가 매우 어렵다는 것은 분명하다. 그러나 원칙적으로 말한다면, 도리어 반드시 그것들을 구분해야 한다. 그러므로 차자 표음의 존재를 부인하는 것은 잘못된 것이며, 자의의 인신이 일으키는 것과 차자 표음이 일으키는 일자다용의 현상을 같은 말로 혼동하여 모두 가차라고 부르는 것도 역시 타당하지 않다.

고대의 문자학자 중에 이미 어떤 사람은 자의의 인신과 차자 표음을 혼동하는 것이 타당하지 않음을 지적하였다. 예컨대, 대동(戴侗)은 ≪육서고(六書故)≫에서 가차는 마땅히 인신을 포함해서는 안 된다는 주장을 명확하게 제기하였다. 그는 가차를 해석하여 "이른바 가차란 뜻은 따르는 바가 없고 단지 그 소리만을 빌린 다음에 가차라고 한다(所謂假借者, 義無所因, 特借其音, 然後謂之假借)"라고 하였다. 이 때문에 그는 "令"·"長"은 가차의 예자로 사용할 수 없고, "豆"(두)자 같은 것은 본래 일종의 음식을 담는 그릇의 뜻으로 사용하였고(조두(俎豆)의 "豆") 또 콩 "豆"로 빌렸는데, 이것이야말로 진정한 가차라고 보았다. 전주를 인신으로 해석한 문자학자들도 대체로 역시 인신과 가차를 구분하였다.

그러나 청대 이전의 문자학자들은 절대 다수는 인신을 가차 속에 포함시켰다. 설사 자의의 인신과 차자 표음이라는 두 가지 현상의 서로 다른 성질을 이미 상당히 명확하게 인식한 사람이라고 하더라도 다수는 역시 아직도 그랬다. 예컨대, 대진(戴震)은 "한 글자가 몇 가지의 쓰임을 갖고 있는(一字具數用)" 데는 "뜻에 따라 인신하는(依於義以引申)" 것과 "소리에 따라 두루 부치는(依於聲以旁寄)" 것의 두 가지의 상황이 있다고 보았다. "두루 부친다(旁寄)"는 것은 차자 표음을 가리켜 말한 것이 틀림없다. 그러나 그는 여전히 인신과 "방기(旁寄)"를 모두 가차라고 부를 것을 주장하고 인신을 가차에서 갈라내는 것을 반대하였다(<답강신수선생논소학서(答江愼修先生論小學書)>, ≪대동원집(戴東原集)≫에 보인다).

현재도 많은 사람들은 여전히 인신과 가차를 같은 말로 혼동하고 있다. 어떤 사람은 아울러 본래 그 글자가 없는 가차 중에는 자의의 인신과 관계가 없는 차자 표음의 현상은 존재하지 않는다고 명확하게 주장하고 있다. 한대

학자들의 가차설이 줄곧 지금까지도 여전히 상당히 커다란 영향이 있다는 것을 알 수 있다.

앞에서 말한 바와 같이, 한대 학자들이 육서설을 제기한 것은 공로가 크다. 그러나 육서설은 권위로 화한 후에는 점차 문자학의 발전을 얽어매는 질곡(桎梏)으로 변하였다. 경전을 숭배하고 옛것에 아첨하던 봉건 시대에 문자학을 연구하던 사람들은 모두 육서를 어겨서는 안 되는 지침으로 받들었다. 아무리 그들이 상형·지사 등 육서에 대한 이해가 왕왕 각각 서로 다르더라도 도리어 감히 육서의 테두리를 벗어나서 연구를 한 사람은 하나도 없었다. 마치 한자는 하늘이 내려 준 것으로 상형·지사 등 여섯 종류로 나누지 않으면 안 되는 것 같다. 여러 사람들은 수많은 책과 문장을 써서 결국 마땅히 어떻게 전주에 정의를 내려야 하고, 어떤 글자들을 상형에 넣어야 하며, 어떤 글자들을 지사에 넣어야 하고, 어떤 글자들을 회의에 넣어야 할 것인가 등등을 논쟁하였다. 그러나 이 문제들은 실제로는 도리어 대부분 논쟁하더라도 어떤 의미있는 결과를 얻을 수 있는 것이 아니다. 많은 정력이 쓸데없이 낭비되었다고 말할 수 있다. 다른 한편으로는, 문자학상 마땅히 연구해야 할 매우 많은 문제는 도리어 왕왕 연구하는 사람이 없다. 곧장 오늘날까지도 이러한 연구 기풍은 우리에 대하여 여전히 아직도 영향을 끼치고 있다. 이것은 경계해야 할 만한 것이다. 당란(唐蘭) 선생은 ≪중국문자학≫에서 "……육서설은 우리에게 무엇을 줄 수 있는가? 첫째, 그것은 종래 명확한 정의가 없었기 때문에 각자는 각자의 설이 있을 수 있다는 것이다. 그 다음에, 매 문자마다 만약 육서로 분류한다면 항상 그것이 마땅히 어떤 부류에 속해야 할 것인가를 단정할 수 없다는 것이다. 단순히 이 두 가지 점만으로 말하더라도 우리는 단지 육서만을 맹신할 뿐 다른 해석을 찾지 않을 수는 없을 것이다."라고 하였다. 이 말은 아마도 말이 좀 지나친 점은 있지만 결코 일리가 없는 것은 아니다.

## 제2절 삼서설(三書說)

당란(唐蘭) 선생은 육서설을 비판했을 뿐 아니라 또한 한자 구조에 관한 새로운 이론 곧 삼서설(三書說)을 제기하였다. 그는 1935년에 쓴 ≪고문자학도론(古文字學導論)≫과 1949년에 출판한 ≪중국문자학≫에서 모두 삼서설을 언급하였다. 다음은 ≪중국문자학≫에서 뽑아낸 주요한 논점이다.

> 필자는 ≪고문자학도론≫에서 새로운 계통 곧 삼서설을 내세웠다.
> 1. 상형(象形) 문자
> 2. 상의(象意) 문자
> 3. 형성(形聲) 문자
> ……
>
> 상형 문자는 하나의 물체나 혹은 약간의 관용적(慣用的)인 기호를 그려내어(주의 : 여기서 말하는 기호란 우리가 말하는 기호와 뜻이 서로 다르다) 사람이 한번 보기만 해도 이것이 무엇인지를 인식할 수 있게 한다. 한 마리의 호랑이의 형상을 그려낸 것이 "虎"(호)자이고, 코끼리의 형상이 "象"(상)자이며, 하나의 획과 두 개의 획이 "一"(일)·"二"(이)이고, 모난 형태[方]와 둥근 형태[圓]가 "□○"이다. 상형 문자는,
> 1. 반드시 독체자(獨體字)이다.
> 2. 반드시 명자(名字)이다.
> 3. 반드시 본명(本名) 이외에 다른 뜻을 포함하지 않는다.
>
> 옛 "大"(대) 자는 비록 정면의 사람의 형체를 본뜬 것이지만, 언어 중의 "大"는 사람의 형체와는 관계가 없다. …… 이 글자는 이미 사람의 형체 이외의 뜻을 포함하고 있으므로 그것은 단지 상의자(象意字)일 뿐이다.
> 상의 문자는 그림[圖畵] 문자의 주된 부분이고 …… 그러나 상의 문자는 한번 보고 알 수는 없고 사람이 생각해야 한다.
> 상형(象形)·상의(象意)·형성(形聲)을 삼서라고 부르는데, 일체의 중국 문자를 포괄할 수 있다. 형으로 돌아가지 않으면 반드시 의로 돌아가고, 의로 돌아가지 않으면 반드시 성으로 돌아간다. 형·의·성은 문자의 세 방면으로, 우리가 삼서로 분류한다면 더 이상 뒤섞여서 분명하지 않은 점이 있는 것을 허용하지는 않을 것이다(≪중국문자학≫, 75-78쪽).

당 선생이 육서설을 비판한 것은 문자학의 발전에 촉진 작용을 하였지만,

그의 삼서설은 도리어 특별한 가치는 없다.

삼서설은 다음과 같은 약간의 문제가 있다.

1) 삼서를 문자의 형(形)・의(意)・성(聲) 세 방면과 서로 견주어 억지로 갖다 부쳤다.

당 선생이 말한 문자의 형・의・성은 일반적으로 말하는 형(形)・음(音)・의(義)이다. 상의자와 형성자를 각각 자의와 자음과 관련지은 것은 어느 정도는 그래도 약간의 일리가 있다. 왜냐하면 상의자의 자형은 자의를 나타내는 것이고, 형성자의 성방은 자음을 나타내는 것이기 때문이다. 그러나 상형자를 문자의 형(形)과 관련시킨 것은 사람들을 이해하기 어렵게 한다. 이른바 자음・자의란 실제로는 글자가 대표하는 사(詞)의 음과 의이다. 자형은 사(詞)의 서사 형식이라고 할 수 있다. 상형자가 본래 사의 서사 형식이라면 상의자와 형성자는 또 어떻게 그렇지 않겠는가? 무엇 때문에 단지 상형자만을 자형과 관련시키겠는가? 만약 자형과 대표되는 사가 관련이 생기는 경로를 본다면, 상형자와 상의자는 결코 커다란 차이가 없을 것이다. 왜냐하면 상형자가 본뜬 형체는 사가 가리키는 사물의 형체이지만 사가 가리키는 사물은 곧 사의(詞義)의 내용이기 때문이다. 상형자의 자형도 상의자의 자형과 마찬가지로 역시 자의를 나타내는 것이다. 사는 결코 상형자가 본뜨고 있는 "형체"[形]가 될 수 있는 사의(詞義)의 밖에 독립하는 것은 하나도 없는 것이다.

2) 비도화문자(非圖畵文字) 유형인 표의자(表意字)에 자리를 남겨 두지 않았다.

당 선생의 상형자와 상의자는 모두 그림 문자에 속한다(대체로 우리가 말하는 형부(形符)로 만든 표의자(表意字)에 상당한다). 그러므로 그의 삼서설에는 비도화 문자 유형의 표의자는 자리가 없다. 대개 당 선생은 그러한 글자들은 모두 뒤에 나타난 것이고 또한 수도 역시 많지 않기 때문에 그것들을 상관하지 않아도 좋다고 보았을 것이다. 그러나 한자의 구조에 관한 일종의 기본

이론으로서 이러한 글자들을 고려에 넣지 않은 것은 결국 하나의 결함이라고 할 수 있다. 당 선생은 일찍이 이러한 글자를 "변체(變體) 상의자"(≪중국문자학≫, 93쪽)라고 불렀다. 이것은 물론 문제를 진지하게 해결하는 방법이 아니다.

실제로 시대가 비교적 이른 상(商)·주(周) 시대의 문자를 가지고 말한다면, 어떤 표의자들은 또한 이미 그림 문자라고 말하기는 매우 어렵다. 예컨대, "명(明)"·"명(鳴)" 등의 글자들은(갑골문에는 "日"을 따르고 "月"을 따르는 "明"자와 닭을 본뜬 형부와 "口"로 이루어진 "鳴"자가 있다) 비록 후세의 "歪"(왜)와 같은 회의자와는 또 매우 큰 거리가 있지만, 그것들을 그림 문자라고 말하는 것은 역시 상당한 억지임이 분명하다. 또 예컨대, (宦 : 환)자는 자형은 남의 집에서 신복(臣僕)이 된다는 뜻을 나타내고 있는데, "宀"(면) 아래의 "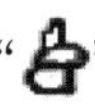"은 단지 "臣"(신)자로 이해할 수밖에 없고, 하나의 세로로 서 있는 눈동자로 볼 수는 없다. (去 : 거)자는 "大"(대)를 따르고 "口"(구)를 따르고 있는데, "呿"(거)의 초문(初文)으로서 뜻은 입을 벌리고 있는 것이지만(≪장자(莊子)·추수(秋水)≫에 "공손룡(公孫龍)은 입이 벌어져 다물지 못하였다(公孫龍口呿而不合)"라고 하였다), 그것이 따르고 있는 "大"는 역시 사람의 정면의 모양을 본뜬 형부로 쓰인 것이 아니라 "크게 벌린다(張大)"는 뜻을 나타내는 데 사용된 것이다. 요컨대, "그림 문자"로 한자의 표의자를 개괄하는 것은 전면적인 것이 아니다.

### 3) 상형(象形)과 상의(象意)의 구분은 의미가 크지 않다.

당란 선생은 스스로 삼서설의 분류는 매우 명확하여 조금도 분명치 않은 점이 없다고 보았다. 사실은 상형·상의의 한계선은 결코 그렇게 명확한 것은 아니다. 당란 선생은 ≪고문자학도론(古文字學導論)≫ 상편(上編)에서 "雨"(우)를 상형자라고 하였지만, 상편의 "정와(正訛)"에서는 바로잡아 "雨"는 틀림없이 상의자라고 하였다. ≪고문자학도론≫에는 "上"(상)·"下"(하)를 상의자라고 하였지만, ≪중국문자학≫에서는 "上"·"下"·"□"(方 : 방)·"○"(圓 : 원)은 모두 상형자로 변하였다. 그는 상형자는 모두 "명자(名

字)"(틀림없이 명사(名詞)의 뜻일 것이다)이지만, "方" · "圓"이 대표하는 사(詞)는 아마도 "명자"라고 할 수 없을 것이다. 그 자신도 상형과 상의를 구분할 때는 역시 주저하는 상황이 있었음을 알 수 있다.

4) 가차자(假借字)를 한자의 기본 유형 밖으로 제외시켰다.

삼서에는 가차자가 포함되어 있지 않은데, 왜냐하면 당란 선생은 가차자는 조자(造字)의 방법이 아니라고 보았기 때문이다. 가차가 조자의 방법이 아니라는 것은 가능하다. 그러나 이 때문에 가차자를 한자의 일종의 기본 유형으로 보지 않는 것은 도리어 타당하지 않다. 하나의 표의자 혹은 형성자가 가차되어 하나의 음이 같거나 혹은 음이 가까운 사를 나타낼 때는 음부로서 작용을 하는 것이다. 그러므로 가차자(예컨대, 돈을 쓴다는 뜻의 "花")는 피차자(被借字)(꽃이라는 뜻의 "花")는 문자의 외형상에서는 비록 완전히 서로 같지만 문자의 구조상에서는 도리어 성질이 서로 다르다(꽃 "花"는 의부와 음부로 구성된 형성자이고, 돈을 쓴다는 "花"는 완전히 음부로 사용한 가차자이다). 과거에 어떤 사람이 가차는 조자하지 않는 조자라고 한 것도 역시 이러한 뜻이다. 가차자는 구조상 자신의 특성이 있을 뿐 아니라 또한 수도 매우 많고 작용도 매우 중요하다. 한자 구조에 관한 이론을 정립할 때는 반드시 가차자를 일종의 기본 유형으로 보아야 한다. 그렇지 않다면 한자의 본질을 진정으로 반영할 수 없을 것이다.

진몽가(陳夢家, 1911-1966)는 1956년에 출판된 ≪은허복사종술(殷墟卜辭綜述)≫의 "문자(文字)" 장(章)에서 이미 위에서 든 당란의 삼서설의 셋째와 넷째의 두 가지 문제를 지적하고, 동시에 또한 자신의 새로운 삼서설을 제기하였다. 그는 가차자는 반드시 한자의 기본 유형의 하나로 열거해야 하고 상형과 상의는 마땅히 상형으로 합병(合併)해야 한다고 보았다. 그래서 그의 삼서는 상형(象形) · 가차(假借) · 형성(形聲)이다.

우리는 진씨의 삼서설은 기본적으로는 합리적이라고 보지만, 단지 상형만은 마땅히 표의(表意)로 고쳐야 할 것이다(의부(意符)로 글자를 만드는 것을 가리킨다). 그렇게 해야만 비로소 한자 중의 모든 표의자가 삼서설 중에 모두 그들의 위치를 갖게 할 수 있다. 진씨는 ≪은허복사종술≫에서 당란이 고대에는 단지 상의자만 있고 회의자는 없었다고 하는 설을 비판한 바 있는데(과학출판사, 1956년판 75쪽), 어째서 자신은 여전히 "상형"으로 전체의 표의자를 개괄했는지 알 수 없다.

여기에서 또 마땅히 통가(通假)를 가차에 포함시켜야 할 것인가? 라는 문제를 언급해야 할 것이다. 통가는 또 "통차(通借)"라고도 하는데, 넓은 뜻과 좁은 뜻의 구분이 있다. 우리가 여기에서 말하는 것은 좁은 뜻의 통가이다. 하나는 하나의 음이 같거나 혹은 음이 가까운 글자를 빌려서 하나의 본래 그 글자가 있는 사를 나타내는 것을 가리킨다. 예컨대 간화자(簡化字)에서 말 "斗"(두)를 싸울 "鬥"(투)로 빌리는 것이 그것이다. ≪설문≫의 "본래 그 글자가 없는데 소리에 따라 일을 부친다(本無其字, 依聲託事)"라는 가차의 정의에 따른다면, 본래 그 글자가 있는 글자인 통가는 가차에 포함시킬 수 없다. 우리는 이미 ≪설문≫의 가차에 대한 관점에 동의하지 않으므로 물론 이러한 구속을 받을 필요는 없다. 통가와 본래 그 글자가 없는 현상 중에 가차된 글자는 모두 음부로 사용된 것이다. 문자의 구조에서 본다면 통가자와 본래 그 글자가 없는 가차자의 성질은 완전히 서로 같은 것이다. 그러므로 우리는 삼서 중의 가차는 본래 그 글자가 없는 가차의 범위에 제한해서는 안 되고, 마땅히 통가까지도 포함시켜 넣어야 한다고 본다. "통가"라는 문자학 술어가 나타난 것은 상당히 늦어서 근대에 이르러서야 사용하는 사람들이 비로소 많아지게 되었다. 과거에 일반 문자학자들이 말한 가차는 모두 본자(本字)가 있는 가차 곧 후의 이른바 통가를 그 속에 포함시켰다.

삼서설은 한자를 표의자(表意字)·가차자(假借字)와 형성자(形聲字)의 세 가지로 나눈다. 표의자는 의부를 사용하므로 또한 의부자(意符字)라고 부를 수도 있다. 가차자는 음부를 사용하므로 또한 표음자(表音字) 혹은 음부자(音符字)라고 부를 수도 있다. 형성자는 동시에 의부와 음부를 사용하므로 또한 반표의·반표음자(半表意半表音字) 혹은 의부·음부자(意符音符字)라고 부를 수도 있다. 이러한 분류는 조리가 분명하고 논리에 부합하여 육서설보다 훨씬 낫다.

삼서에 대하여 각각 연구를 행할 때는 물론 또 작은 종류로 나눌 수 있다. 만약 필요가 있다면 또한 서로 다른 표준을 근거로 하여 몇 종류로 나눌 수도 있을 것이다.

## 제3절 삼서(三書)에 넣을 수 없는 문자

삼서는 결코 모든 한자를 개괄할 수 없다. 앞에서 말한 바와 같이, 한자 발전의 과정에서 형체 연변 등의 원인으로 말미암아 적지 않은 글자들은 기호자 · 반기호자로 변하였다. 삼서설은 육서설과 마찬가지로 단지 이 글자들의 본래의 구조와 상관될 따름이고 그것들의 현상(現狀)과 상관되지는 않는다. 그밖에, 한자 중에는 또 삼서에 넣을 수 없는(마찬가지로 역시 육서에도 넣을 수 없는) 소수의 문자가 있는데, 다음에 분류하여 예를 들어 설명하려고 한다.

### 1) 기호자(記號字)

형체 연변 등의 원인으로 말미암아 형성된 기호자 외에도 한자 중에는 또 소수의 기호자가 있다. 예컨대, 제1장에서 언급한 바 있는 "五"(오) · "六"(육) · "七"(칠) · "八"(팔) 등이 그것이다.

### 2) 반기호자(半記號字)

형체 연변 등의 원인으로 말미암아 형성된 반기호자 외에도 한자 중에는 또 소수의 반기호자가 있다. 예컨대, 현대에 "叢"(총)자를 위하여 만든 간화자 "丛"(총)은 반기호 · 반표음자로 볼 수 있다. "从"방은 음부이고 "一"방은 기호이다. 송 · 원 때는 "乂"(예)를 "義"(의)로 빌렸는데, 후세에는 "乂"에 점을 찍어 "义"(의)자를 만들어 "義"의 간체로 전용(專用)하였다. 이 글자도 역시 반기호 · 반표음자로 볼 수 있다. 그러나 "乂"자의 독음(讀音)을 모르는 사람에 대하여 말한다면 "义"는 단지 하나의 기호자로 볼 수밖에 없다.

### 3) 변체(變體) 표음자(表音字)

때때로 사람들은 어떤 글자의 자형을 약간 개변(改變)시켜 새로운 글자를 만들어 내어 그 글자의 본래의 독음과 서로 가까운 음을 나타내었다. 그렇게 만들어진 글자를 우리는 변체 표음자라고 부른다. 예컨대, "兵"(병) 자의 자형을 약간 변화시켜 만든 "乒乓"(pīngpāng : 핑퐁)이 그것이다. 모자(母字)와 겨우 필획상의 미세한 차이만이 있을 뿐인 어떤 분화자들, 예컨대 "刀"(도)에서 분화된 "刁"(조)(제11장 제1절 1. 2) 참조)도 역시 이러한 종류에 넣을 수 있을 것 같다.

### 4) 합음자(合音字)

합음자는 독음이 편방으로 사용된 두 글자의 반절(反切)로 이루어진 글자이다. 중고 시대의 불교도들은 범음(梵音)의 경주(經呪)를 번역하기 위하여 일찍이 약간의 합음자를 만들어 내어 한어에는 없는 음절을 나타낸 적이 있다. 예컨대, "𠸪"(명양반(名養反)) · "𠐊"(정야반(亭夜反)) 등이 그것이다(양동한(梁東漢), ≪한자의 결구 및 그 유변(漢字的結構及其流變)≫, 상해교육출판사, 1959년판, 150쪽). 현재 사용하고 있는 한자 중에 "不用"(불용)을 나타내는 합음사인 "甭"(béng), 오(吳) 방언(方言) 중의 "勿要"(물요) · "勿曾"(물증)을 나타내는 합음사인 "嫑"[fiæ˨˦] · "朆"[fən˥˧]은 모두 회의자이기도 하고 또한 합음자이기도 한 것이다. 화학용 글자 중에 수산기(水酸基 : 히드록실(hydroxyl))를 가리키는 "羟"(qiǎng : 강)과 카르보닐(carbonyl) 기를 가리키는 "羰"(tāng : 당) 따위의 글자들은 성질이 "甭" 등과 서로 비슷하지만, "氢"(qīng, 경 : 수소) · "氧"(yǎng, 양 : 산소)이 따르고 있는 "气"(기)와 "碳"(탄)이 따르고 있는 "石"(석)은 모두 이미 생략되어 버렸다. "羟"자의 독음은 "氧"(양)의 성조(聲調)를 취하고, "羰"자의 독음은 "羊"의 성조를 취하여("羰"의 성모(聲母)는 청음(淸音)이기 때문에 양평(陽平)을 음평(陰平)으로 변화시킨 것이다) 자례(字例)가 통일되어 있지 않다.

과거의 어떤 문자학자들은 일찍 반절의 표음 방법을 사용하기 전에 한자에는 이미 약간의 합음자의 성질을 띠고 있는 글자들이 나타났다고 보았다. 예컨대, "矧"(신 : 시인반(矢引反)) · "羑"(유 : 양구반(羊久反)) · "眇"(묘 : 목소반(目少反)) 따위가 그것이다. 사실은 이 글자들은 일반적인 형성자로서, 단지 이것들과 이것들이 따르고 있는 형방의 독음에서 성모(聲母)가 공교롭게 서로 같았던 것에 지나지 않는 것이다.

### 5) 양성자(兩聲字)

모두가 음부인 두 개의 편방으로 이루어진 글자이다. 예컨대, "牾"(오)의 고체(古體) "啎"(오)는 ≪설문≫에는 "午"(오)를 따르고 "吾"(오)성인 형성자로 보고 있지만, 사실은 양성자로 볼 수 있다. 고대에는 일찍이 "午"자를 빌려 거스른다는 {啎}를 나타내었는데, "啎"는 가차자 "午"에 음부 "吾"를 가하여 이루어진 글자이다(제11장 제1절 1. 3) (3) 참조). 고문자에 보이는 "㚸"("台"(태)와 "司"(사)는 고음이 서로 가까웠다) · "曩"(기) 등의 글자들은 성질이 "啎"와 서로 비슷했을 가능성이 있다(≪설문≫에는 "'曩'는 길게 뻗어 앉는다는 뜻이다. '己'(기)를 따르고 '其'(기) 성이다(曩, 長踞也. 从'己', '其'聲)"라고 하였지만, 이 설은 반드시 믿을 수는 없다). 임의광(林義光)의 ≪문원(文源)≫ 권12의 이른바 "이중형성(二重形聲)"자가 바로 우리가 말하는 양성자이다(그러나 임씨가 수록한 글자들 가운데 약간은 아마 진정한 양성자가 아닐 것이다).

제2장에서 언급한 바 있는 "耻"(치)자 및 본래 "榦"(간)자의 속체인 "幹"(간)자의 편방도 역시 모두 음부이다("榦"자는 "木"을 따르고 "倝"성이다). 그러나 일반인은 결코 "耳"(이)와 "倝"(건)이 음부라는 것을 모르기 때문에 이 두 글자는 실제로는 단지 반기호 · 반표음자일 뿐이다.

어떤 글자는 매우 특수한 내원(來源)이 있었을 가능성이 있다. 예컨대, 송(宋) · 원(元) 사이에 나타난 "好歹"(호태)의 "歹"(태)자가 그것이다(이 "歹"는 "死"(사) · "殘"(잔) 등의 글자가 따르고 있는 "歺"(태)에서 변한 è(알)이라고 읽는 "歹"(알)자와 동형자(同形字)이다. 동형자에 관해서는 제10장 제2절 참조). 어떤 학자의 연구에 근거하면, 현재 dǎi라고 읽는 "歹"자는 [ta]라고 읽는 장문(藏文) 자모(字母) ད가 변한 것이다. 이 글자의 고서에서의 비교적 이른 서사 방법은 歹로서(원(元) 간본(刊本) ≪남촌철경록(南村輟耕錄)≫ 권1에 보이는데, ≪사부총간삼편(四部叢刊三編)≫ 영인본이 있다), 위에서 든 장문 자모와 매우 가깝고, 후에 "歹"로 변형되었으며, 마지막에 비로소 "死"·"殘" 등의 글자의 왼쪽 편방과 섞여서 분명치 않게 변하였다(≪강희자전(康熙字典)≫에는 여전히 "歹"는 정체(正體)이고 "歹"는 와체(訛體)라고 하였다). 송·원 사이에 몽고인(蒙古人)들은 서장(西藏)과 이미 밀접한 관계가 있었고, 그들은 몽고의 사람·땅 등의 고유명사를 기록할 때 대개 항상 ཏ라는 장문 자모를 채용하여 [ta] 같은 음을 나타내었다(≪남촌철경록(南村輟耕錄)≫·≪원조비사(元朝秘史)≫ 등에는 몽고의 사람 이름과 종족 이름을 기록할 때 자주 "歹"(태) 자를 사용하였다). "好歹"의 {歹}는 본래 한어가 몽고어에서 빌려 온 하나의 사(詞)로서 원래의 독음은 [ta]와 매우 가까웠기 때문에 역시 이 글자를 채용하여 기록했던 것이다(서복(徐復), <태자원출장문설(歹字源出藏文說)>, ≪동방잡지(東方雜誌)≫ 40권 22기. 이사순(李思純)의 ≪강촌십론(江村十論)·설태(說歹)≫를 참조).

총체적으로 본다면, 형체 연변 등의 원인으로 말미암아 형성된 기호자와 반기호자 외에 삼서 중에 포괄시킬 수 없는 글자는 수가 많지 않다. 만약 단지 일반 한자의 본래의 구조만을 설명하려고 한다면 삼서설은 기본적으로 사용하기에 적합한 것이다. 다음의 세 장에서 우리는 표의자·형성자 및 가차와 관계가 있는 문제에 대하여 각각 약간의 고찰을 하려고 한다.

# 제7장
# 표의자(表意字)

## 제1절 표의자의 분류와 예시(例示)

표의자의 구조와 방법은 다양하고 상황이 매우 복잡하다. 표의자를 분류하는 것은 매우 번거로운 일이다. 우리는 일찍이 육서설에서 표의자를 상형·지사·회의의 세 종류로 나누는 것이 합리적이 아니라고 비판한 바 있다. 이것은 결코 우리 자신이 표의자를 위하여 매우 합리적인 종류를 나눌 수 있다는 것을 의미하는 것은 아니다.

다음에 잠깐 표의자를 (1) 추상자(抽象字), (2) 상물자(象物字), (3) 지시자(指示字), (4) 상물자식(象物字式)의 상사자(象事字), (5) 회의자(會意字), (6) 변체자(變體字)의 여섯 종류로 나누고 각각 약간의 예자(例字)를 들고자 한다.

예자의 귀류(歸類)는 일반적으로 비교적 오래된 자형을 기준으로 삼았다. 인용된 자형은 비교적 그림에 가까운 기명(記名) 금문(金文)에서 취한 것은 "도(圖)"라고 주를 달았고, 은허(殷墟)의 갑골문에서 취한 것은 "갑(甲)"이라고 주로 달았고, 상(商)·주(周) 시대의 일반 금문에서 취한 것은 "금(金)"이라고 주를 달았고, 진(秦)·한(漢)의 전문(篆文)(≪설문≫은 전문을 포함한다)에서 취한 것은 "전(篆)"이라고 주를 달았고, 한대의 예서(隸書)에서 취한 것은 "예(隸)"라고 주를 달았다. 일부분의 자형은 편방(偏旁)에서 취하고 그 뒤에 "편(偏)"자를 가하였다. 예컨대 갑골문의 편방에서 취한 것은 "갑편

(甲偏)"이라고 주를 달았다(그러나 갑편을 인용한 것은 결코 갑골문 중에 이 글자가 없다는 것을 반드시 의미하지는 않는다. 금편(金偏) 등도 마찬가지로 유추할 수 있다). 자형을 인용한 것은 단지 조자(造字)의 의도를 설명하고 아울러 자형 연변의 가장 주요한 고리를 제공할 수 있는 것만을 구하였고 각체(各體)가 구비되기를 구하지는 않았다.

## 1. 추상자(抽象字)

이 부류의 글자는 추상적인 형부(形符)로 만든 것으로 그 수는 많지 않다. 앞의 몇 장에서 언급한 바 있는 一(一)・二(二)・三(三)・亖(四)・𠄟(上)・𠄞(下)・□(方)・○(圓) 등의 글자들이 모두 이것에 속한다. 만약 ≪설문≫의 해석이 믿을 만하다면, 叕(叕 : 철)자도 역시 이 부류에 넣을 수 있을 것이다.

수사 {四}는 서주(西周) 이전에는 모두 "亖"자로 나타냈고, 춘추(春秋)・전국(戰國) 시대에는 "亖"와 "四"를 아울러 사용하였고, 진(秦) 이후에는 기본적으로 "四"자를 사용하였는데 다만 신망(新莽) 시대에는 일찍이 "亖"자를 사용하는 것으로 회복되었다. ≪설문≫에 "四"자는 "넷으로 나누어진 모양을 본뜬 것이다(象四分之形)"라고 한 것은 믿을 수 없는 것 같다. "四"자가 수를 나타내는 데 사용된 것은 대개 가차의 용법일 것이지만, 그 본의는 우리는 이미 알 수 없다. 옛 사람들이 "四"로 "亖"를 대신한 것은 분명히 "二"・"三" 등의 글자와 서로 혼동되는 것을 피하기 위한 것이었다.

"□"(方)은 고문자에서는 "●"(丁 : 정)의 테를 그리는 서사 방법인 "口"과 "○"(圓)자 등과 서로 혼동되기가 쉬웠기 때문에 매우 일찍 가차자 "方"에 의하여 대체되었다. "方"자의 비교적 이른 서사 방법은 "才"으로서 본의는 역시 분명하지 않다(≪설문≫에서는 "方"의 본의가 "배를 나란히 한다"(併船)는 것으로 보았는데 믿을 수 없다. 근인들은 "方"자의 본의에 대해서 새로운 설이 있지만, 아직도 정설은 없다). "四"와 "方"은 실제로는 모두 일찍 기호자가 되어 버렸다.

"○"과 "圓"은 같은 한 글자의 초문(初文)과 후기자(後起字)이다. "圓"자는 “□”를 따르고, “員”(원)성이다. “□”은 전문(篆文)에는 ○이라고 썼는데 ≪설문≫에는 “도는 모양을 본뜬 것이다(象回帀(匝)之形)”라고 하였다. 전해져 내려오는 음독에 따르면 “□”은 “圍”와 음이 같다. “圍”와 “圓”의 두 글자는 고음에 서로 가까운데(두 글자는 음양대전(陰陽對轉)이다), “□”자는 마땅히 “○”자가 변한 것이다. 진(秦)・한(漢)의 간백(簡帛)에는 대부분 “員”으로 {圓}을 나타내었고, ≪맹자(孟子)≫・≪회남자(淮南子)≫ 등의 책에도 역시 이러한 예가 있다. “員”자는 “鼎”이 간화(簡化)되어 이루어진 것으로 본래는 마땅히 “鼎”을 따르고 “○”(圓)성인 글자였을 것이다. “○”자는 위에서 언급한 “□”(方)자와 “丁”자의 간체 등과 서로 혼동되기 쉬웠기 때문에 옛 사람들은 아마 매우 일찍 “員”자를 빌려 그것을 대체했을 것이다(또 어떤 사람은 “員”은 “○”의 번체(繁體)라고 보았다. 솥[鼎]의 절대다수는 입이 둥글기 때문에 “○” 아래에 “鼎”자를 가함으로써 그것이 다른 글자와 서로 혼동되는 것을 피하였다). “員”자는 “○”자를 대체한 것 외에도 또 약간의 다른 용도가 있었다. 예컨대 머리의 수를 나타내는 {員} 등이 그것이다. 그러므로 후에는 또 “員”자의 바깥에 하나의 “□”방(旁)을 가하여 “圓”자를 분화시켜 오로지 {圓}이라는 사(詞)를 나타내었다.

아래에 다시 몇 개의 추상자를 든다.

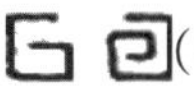(甲, 甲偏) (篆) 回(회)

≪설문≫의 “回”자는 고문은 로 되어 있어 갑골문과 대략 같다. 자형은 도는 선으로 뜻을 나타내었다.

(篆) 丩(규)

≪설문≫에는 “丩는 서로 얽혀 있다는 뜻이다(丩, 相糾繚也)”라고 하였다. 자형은 두 개의 곡선이 서로 갈고리처럼 이어져 있는 것으로 뜻을 나타내었다. “糾”는 본래 “丩”에서 분화되어 나온 글자이다(≪설문≫에서는 “糾는 줄이 셋이 합친 것이다(糾, 繩三合也)”라고 하였다). 후에 “丩”자는 폐기되어 보이지 않고 “糾”자가 그 기능을 대신하였다.

(甲) (篆) 小(소)

서너 개의 작은 점으로 작다는 뜻을 나타내었다. "小"와 "少"의 두 글자는 본래 한 글자에서 분화된 것이다. "少"자는 네 개의 점인 "小"자가 연변하여 이루어진 것이다.

추상자는 대부분 매우 일찍 나타났으며, 진 · 한 이후에 나타난 것은 대개 단지 "凹"(요) · "凸"(철) · "丫"(아 : 갈라진 모양을 본뜬 것이다) 등 매우 적은 몇 개만이 있을 뿐이다.

## 2. 상물자(象物字)

이 부류의 글자의 자형은 어떤 실물을 본떴는데, 그들이 대표하는 사(詞)가 바로 본뜬 실물의 명칭이다. 육서를 말한 다수의 사람들이 말하는 상형자는 우리의 상물자에 상당하는 것이다. 앞의 몇 장에서 언급한 바 있는 "日" · "月" · "鹿" · "虎" · "馬" · "魚" · "犬" · "人" · "自" · "止" · "肉" · "角" · "車" · "冊" 등의 글자는 모두 상물자이다. 다음에 다시 약간의 예를 든다.

(甲) (金) (篆) 山(산)

높아졌다 낮아졌다 하는 산봉우리를 본뜬 것이다.

(甲) (篆) 丘(구)

산보다 낮고 작은 언덕을 본뜬 것이다.

(金) 厂(엄)

음부를 가한 번체(繁體)는 "厈"(hǎn : 한)으로 되어 있다. ≪설문≫에는 "厂은 산의 돌의 벼랑으로 사람이 거처할 수 있다는 뜻으로, 모양을 본뜬 것이다(厂, 山石之厓(崖)巖(岩), 人可居, 象形)"라고 하였다.

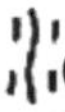(甲) 水(수)

흐르는 물을 본뜬 것이다. 해서에서는 왼쪽의 "水"방은 일반적으로 "氵"라고 하고, 아래에 있는 "水"방은 어떤 것은 "泰" · "黍"와 같이 "氺"라고 쓴다.

(甲) (金) 川(천)

하천(河川)을 본뜬 것이다. 본래는 두 뚝 사이에 물이 꿰뚫어 흐르는 모양으로 되어 있었는데, 후에는 중간의 물을 본뜬 점들이 이어져서 하나의 선이 되었다.

(甲) (篆) (隸) 泉(천)

샘물이 흘러나오는 샘의 구멍을 본뜬 것이다. 인용된 전문은 신망(新莽)의 화폐(貨幣) 문자에서 취하였다. ≪설문≫에는 전문 자형의 중간 부분이 "T"로 되어 있다.

(甲) (金偏) 火(화)

옛 사람들은 일반적으로 불을 구체적인 것으로 보았기 때문에 "火"는 상물자로 열거할 수 있다. 해서에서는 "火"방은 아래에 있을 때는 왕왕 네 개의 점으로 썼다("火"방의 각종 변형에 관해서는 제5장 제3장 참조).

(甲) 木(목)

나무를 본뜬 것이다. 위는 가지를 본떴고 아래는 뿌리를 본떴다. "木"의 본의가 바로 나무이다.

(甲偏) (篆) 艸(초)

"艸"는 풀 "草"의 본자이다(하나의 사를 본의 혹은 인신의로 나타낸 글자는 이 사(詞)의 가차자에 대하여 말한다면 본자이다. "草"는 풀 {草}의 가차자이다. 제9장 제1절을 참조). 풀의 뿌리 부분은 일반적으로 매우 가늘고 작기 때문에 "艸"의 자형은 뿌리 부분을 나타내지 않음으로써 "木"자와 서로 구별하였다. 고대에는 "艸"자는 또한 "屮"(철)로 쓸 수 있었으며 홑과 겹을 구별하지 않았다. 해서는 "艸"자의 머리를 "++"(4획)로 쓰고 현재는 "++"(3획)로 고쳤다.

(甲) (篆) 禾(화)

"禾"의 본의는 조이다(열매는 좁쌀이라고 한다). 자형의 윗부분은 조의 이삭과 잎을 본떴고 아래 부분은 뿌리를 본떴다.

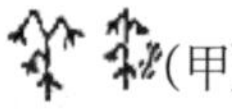(甲) (金) (篆) 黍(서)

기장의 이삭은 흩어져 있는데, 이것은 그것이 조와는 다른 중요한 특징이다. 글자를 만든 사람은 이러한 특징을 잘 파악하였다. 갑골문의 "黍"자는 "水"를 가하지 않은 것과 "水"를 가한 것의 두 가지의 서사 방법이 있는데 "水"를 가한 원인은 미상이다. 주대 금문에는 기장의 모양을 "禾"방으로 간화하였다. 이것은 형부(形符)를 의부(義符)로 고친 한 가지 예이다.

(甲) (金) 來(래)

본래는 "麥"(보리)을 본뜬 것이다. 보리 이삭은 곧게 위를 향하고 있으므로 "來"자의 윗 끝은 아래로 늘어져 있지 않다. 윗 끝에 가한 비낀 획 혹은 가로획은 전혀 깊은 뜻은 없는 군더더기의 획일 가능성이 있다. ≪시경(詩經)・주송(周頌)・사문(思文)≫에 "나에게 밀과 보리를 주셨네(貽我來牟(麰))"라고 한 것은 "來"자의 본의를 사용한 것이다.

(甲) (篆) (隸) 桑(상)

윗부분은 뽕나무의 무성한 가지와 잎을 본뜬 것이다. 인용된 전문의 첫째 형은 한대의 인장(印章)에서 취한 것이고, 둘째 형은 ≪설문≫에서 한 것이다.

(甲) (石鼓文) (篆) 栗(률)

윗부분은 본래 밤나무의 위로 자란 밤을 본뜬 것이다. 후에 밤의 모양이 "𠧪"자로 고쳐졌다. "𠧪"와 "卣"는 본래 한 글자로 음은 tiáo(조) 혹은 yǒu(유)이다. ≪설문≫에는 "𠧪는 풀과 나무의 열매가 드리워 있다는 뜻으로 형체를 본뜬 것이다(𠧪, 艸木實垂𠧪𠧪然, 象形)"라고 하였다. ≪설문≫의 "栗"자의 고문(소서본(小徐本)에는 "籒文"으로 되어 있다)에는 로 되어 있는데 위의 "𠧪"가 "西"로 와변(訛變)되었다.

(甲) (篆) 象(상)

코끼리의 긴 코의 특징을 부각시킨 것이다.

(甲) (篆) 豕(시)

갑골문의 "豕"와 "犬"의 구별은 "豕"는 꼬리가 짧고 "犬"은 꼬리가 길며, "豕"는 배가 기름지고 "犬"자는 배가 야위었다는 데 있다(갑골문의 "犬"자는 제4장 제1절에 보인다). "象"과 "豕"는 족명(族名) 금문 가운데 모두 매우 상형적인 서사 방법이 있다(≪금문편(金文編)≫, 과학출판사, 1985년 판, 673쪽과 1077쪽 196호 등에 보인다).

(圖) (甲) (金) (篆) 龍(룡)

본래 입이 크고 몸이 긴 일종의 괴상한 짐승을 본뜬 것이다. 간화자는 "龙"으로 되어 있다.

(甲) (金) (篆) 鳥(조)

간화자는 "鸟"로 되어 있다.

 (金) (篆) 隹(추)

"隹"(zhuī, 추)도 역시 새를 본뜬 것이기 때문에 "隹"와 "鳥"는 뜻을 나타내는 편방으로 사용될 때는 왕왕 통용할 수 있다. 예컨대 "雛"는 또한 "鶵"라고 쓰기도 하고, "鶏"는 또한 "雞"라고 쓰기도 한다. ≪설문≫에는 "隹"는 "새의 꼬리가 짧은 것의 총칭(總稱)이고(鳥之短尾總名)", "鳥"는 "꼬리가 긴 새의 총칭이다(長尾禽總名)"라고 하였는데, 단지 자형에만 근거하여 추측한 것일 가능성이 있다.

(甲) (篆) 龜(귀)

본래 거북의 측면을 본뜬 것이다.

 (甲) (篆) 虫(충)

일종의 작은 독사를 본떴다. "虫"은 본래 마땅히 huǐ(훼)로 읽어야 하며, 고대에는 일반적으로 "虺"(훼)자로 이 사(詞)를 나타내었다. 그러나 늦어도

진·한 시대에는 이미 어떤 사람은 “虫”을 “蟲”자로 사용하였다(진대(秦代)의 죽간과 한대의 비문 등에 보인다). 그러므로 우리가 현재 “虫”을 “蟲”의 간화자로 하는 것은 또한 매우 오래된 근거가 있다.

(金) (篆) 它(타)

“蛇”의 초문이다. “它”(蛇)의 형체는 “虫”(虺)의 형체보다 굵고 크다. “它”자의 형체의 예서에서의 연변 상황은 제5장 제2절에 보인다.

(圖) (甲) (篆) 蠆(채)

본래 전갈을 본뜬 것이다. “蠆”와 “萬”은 고음이 서로 가까웠으며 한 글자에서 분화된 것이다. 갑골문 자는 이미 빌려서 천만(千萬)의 {萬}을 나타낸 예가 있다. 주대 금문의 “萬”자는 · 등의 모양으로 되어 있는데 본래 의 번체였다. 후에는 “萬”은 오로지 수를 나타내는 데만 사용되고 “”는 오로지 본의를 나타내는 데만 사용되어 두 개의 글자로 분화하였다. ≪설문≫에는 비록 “萬”을 “蟲”이라고 뜻을 달았지만 이미 “萬”과 “”는 본래 한 글자에서 분화된 것임은 몰랐다. 간화자는 “虿”로 되어 있다.

(圖) (甲) 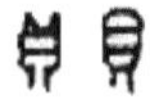(金) 貝(패)

본래 일종의 해패(海貝)를 본뜬 것이다. 옛 사람들은 그것을 장식과 화폐로 삼았기 때문에 재물과 관계가 있는 글자는 대부분 “貝”를 따랐다.

(金) 子(자)

어린아이를 본뜬 것이다. 글자를 만든 사람은 어린아이의 머리가 크고 두 팔뚝은 항상 움직이며 다리 부분이 발달하지 않은 등의 특징을 잘 파악하였다.

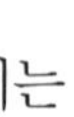(甲) 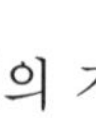(金) 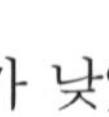(隸) 女(녀)

고대에는 여성의 지위가 낮았기 때문에 “女”자는 두 손을 거두어들이고 꿇어앉아 있는 사람을 본떴다. “女”와 “奴”는 음이 가깝기 때문에 어떤 사람

은 "女"자는 본래 여자 노예를 본뜬 것이라고 보았다.

(甲) (金) (篆) 首(수)

사람의 머리를 본떴다. ≪설문≫에는 머리털이 없는 는 소전이고, 머리털이 있는 는 고문이라고 하였다. 그러나 진·한 금석의 전문의 "首"(수)자는 대부분 머리털이 있으므로 ≪설문≫의 설명은 사실과 부합하지 않는다. 머리를 그릴 때 만약 사람의 몸을 덧붙여 그린다면 (頁 : 혈)자가 된다. "頁"은 본래 "首"의 이체(異體)로서 yè라는 독음은 대개 후에 나타난 것이다. "頁"을 가지고 뜻을 나타내는 편방으로 삼은 글자들은 뜻이 대부분 머리와 관계가 있다.

(圖) (甲) (金) (篆) 耳(이)

사람의 귀를 본떴다.

(金, 金偏) (篆) 目(목)

사람의 눈을 본떴다.

(甲) 口(구)

사람의 입을 본떴다.

(金) (篆) 心(隸) 心(심)

해서에서는 왼쪽의 "心"방은 일반적으로 "忄"이라고 쓰고, 아래에 있는 "心"방은 어떤 것은 "忝"·"恭"·"慕"와 같이 "㣺"이라고 쓴다.

(金) 手(수)

손의 모양을 본뜬 것으로 위에 다섯 개의 손가락이 있다. 그러나 고문자의 합체(合體)와 준합체(準合體) 표의자에서는 손을 나타내는 편방은 보통 손의 측면의 모양을 본뜬 "ㅋ"(又)이지 "手"가 아니다. 해서에서는 왼쪽의 "手"방은 일반적으로 "扌"("拜"(배)·"掰"(배)는 예외이다)라고 쓰고, 아래에 있는 "手"방은 어떤 것은 "干"("舉"·"奉"과 같이)라고 쓴다.

(圖) (甲) (金) (篆) 疋(족)

“止”(趾 : 지)는 사람의 발을 본뜬 것이고(“止”의 고문자에서의 서사법은 제4장 제1절 등에 보인다), “疋”자는 다리에서 발까지의 전체의 하지(下肢)를 본뜬 것이다. ≪관자(管子) · 제자직(弟子職)≫에는 “발은 어디에 두십니까 하고 물었다(問疋何止?)”라고 하였는데 “疋”자의 본의를 사용한 것이다. “足”(전문은 으로 되어 있다)과 “疋”은 모양이 비슷하므로 아마 한 글자에서 분화되었을 것이다.

(金) (篆) 衣(의)

웃옷을 본뜬 것이다. ≪시경(詩經) · 패풍(邶風) · 녹의(綠衣)≫에는 “푸른 웃옷에 누런 치마라네(綠衣黃裳)”라고 하였는데 ≪모전(毛傳)≫에는 “위는 ‘衣’라고 하고 아래는 ‘裳’이라고 한다(上曰‘衣’, 下曰‘裳’)”라고 하였다.

(甲) (金) 絲(사)

본래 두 가닥의 짠 실을 본뜬 것이다. 비교적 이른 고문자에서는 “糸”와 “絲”는 한 글자로서 홑과 겹을 구별하지 않았다. 후에 “糸”(간화자의 편방은 “纟”로 되어 있다)는 다른 한 글자로 여겨서 mì(멱)이라고 읽었다.

(圖) (甲) (金) (篆) 鼎(정)

세 발이 달린 둥근 솥을 본뜬 것이다. “鼎”은 고대의 음식을 찌고 담는 데 사용하던 일종의 그릇이다.

(甲) (金) (篆) 鬲(력)

“鬲”은 고대의 물을 데우고 죽을 끓이는 데 사용하던 일종의 그릇이다. “鬲”과 “鼎”의 주요한 구별은 다리 부분에 있는데 “鬲”의 다리는 속이 비어 있고 다리의 벽과 그릇의 벽이 서로 이어져 있으며 다리의 벽이 또한 그릇의 밑바닥이기도 하다.

(甲) (金) (篆) 壺(호)

본래 그릇 위에 뚜껑(덮개)이 있고 그릇의 몸에는 귀가 있는 일종의 용기를 본뜬 것이다(옛날에는 “壺”는 입이 없었다).

(金偏) (篆) 皿(명)

일종의 둥근 발이 있는 입이 큰 용기를 본뜬 것이다. 분(盆) · 우 (盂) · 반(盤) 등은 “皿”과 같은 종류이므로 그 글자들은 모두 “皿”을 따르고 있다.

(甲偏) (金) 豆(두)

일종의 높고 둥근 발이 있는 음식을 담는 그릇을 본뜬 것이다. ≪설문≫에는 “‘豆’는 옛날의 음식과 고기를 담는 그릇이다(豆, 古食肉器也)”라고 하였다.

 (甲) (篆) 酉(유)

술을 빚고 술을 담는 밑이 둥근 술동이를 본뜬 것이다. “酉”와 “酒”는 고음이 서로 가깝고, 고문자에서는 왕왕 “酉”를 가지고 “酒”라고 하였다. “酉”를 가지고 뜻을 나타내는 편방으로 삼은 글자는 뜻이 대부분 술과 관계가 있다.

(甲) 爿(장)

“牀”(床)의 초문으로 자형은 가로로 보아야 한다(이 글자의 해서 “爿”은 pán(반)으로 읽는 “爿”과 동형자이다. 뒤의 “변체자(變體字)” 부분을 참조). “壯”(장) · “狀”(장) · “妝”(장) · “牆”(장) 등의 글자들은 모두 “爿”(장)성을 따른다.

(甲)  (金偏) 宀(면)

집을 본뜬 것이다. 자서의 음 mián(면)은 아마 후에 나타난 음일 것이다.

(甲偏)  (金偏) 广(엄)

“宀”보다 간단한 건축을 본떴다. 자서의 음은 yǎn(엄)이다. 현재는 “廣”을 “广”으로 간화하여 고대의 “广”과 동형자가 되었다. 건축물의 명칭을 나타내는 “宀”이나 혹은 “广”을 가지고 뜻을 나타내는 편방으로 삼는 것은 매우 많다. 만약 가리키는 건축이 비교적 간단한 것이거나 혹은 주로 사람의 거주

에 제공되는 것이 아니라면 자형은 왕왕 "广"을 따른다. 예컨대 "廬"(려) · "廊"(랑) · "廡"(무) · "府"(부) · "庫"(고) "廚"(주) · "廐"(구) · "廁"(측) 등이 그것이다.

(甲) (篆) 戶(호)

외쪽 문을 본떴다.

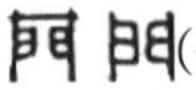(金) (篆) 門(문)

두쪽 문을 본떴다.

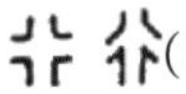(甲) (金) 行(행)

네거리(십자로)를 본떴다. "行"의 본의는 길이고, 걷는다는 것은 인신의이다. ≪설문≫의 "行"자의 전문에 이라고 한 것은 와변된 형체이고 "사람의 걸음걸이(人之步趨)"가 본의라고 한 것도 역시 잘못된 것이다. "行"자가 뜻을 나타내는 편방으로 사용될 때는 왕왕 으로 생략되었다. 후인들은 따라서 "行"자를 "彳"(chì, 척)과 "亍"(chù, 촉)의 두 글자로 분해(分解)하였다. 뜻이 간다는 것과 관계가 있는 글자는 왕왕 "彳"을 따르기도 하고 또 "止"를 따르기도 하는데 양자는 후에 합쳐져 하나의 편방 곧 일반적으로 말하는 편방의 이름 "주지(아)(走之(兒))" – "辶"(척)(본래는 "辵"(착)으로 되어 있다. "辵"방의 형체 연변에 관해서는 제4장 제5절 참조)이 되었다.

(甲) (金) (篆) (隸) 舟(주)

간단한 나무배를 본뜬 것이다.

(圖) (甲) (篆) 戈(과)

"戈"는 상 · 주 시대의 가장 흔히 사용하던 일종의 무기이다. 자형은 자루가 붙은 "戈"를 본뜬 것이다.

(圖) (甲) (篆) 刀(도)

해서에서는 오른쪽의 "刀"방은 일반적으로 "刂"라고 쓴다("切"은 예외이

다. 성방(聲旁)으로 사용되는 "刀"는 "魛" · "叨" 등 비교적 늦게 나타난 글자에서는 여전히 "刀"라고 쓰지만, "釗" · "到" 등의 글자에서는 이미 "刂"로 변하였다).

(甲) (金偏) 斤(근)

도끼[斤]는 고대에 흔히 사용하던 목공의 도구로서 후대의 "錛"(분 : 자귀)과 유사하다. "↙"는 도끼의 몸과 측면을 본뜬 것이고, "𠃌"은 도끼의 구부러진 자루를 본뜬 것이다.

(甲) (金) (篆) 弓(궁)

첫째의 모양은 활을 당겼을 때의 모양을 본뜬 것이고, 둘째의 모양 이하는 활을 풀어놓았을 때의 모양을 본뜬 것이다.

(甲) (金) (篆) 矢(시)

화살의 모양을 본뜬 것이다.

(圖偏) (甲) (篆偏, 篆) 㫃 (언)

고대의 일종의 깃발을 본뜬 것이다. 깃발과 관계가 있는 글자는 대부분 "㫃"을 따른다. 동기와 명문에는 간혹 "㫃"을 "旂"라고 하였는데, "㫃"은 "旂"의 초문일 가능성이 있다. 자서에 의거하면 이 글자는 yǎn(언)이라고 읽는데 후에 나타난 음이라고 의심된다. 인용된 전문의 편방은 한대의 인장에서 취한 것이다.

(甲) (篆) 网(망)

"网"의 후기자(後起字)는 "網"으로, "糸"(사)를 따르고 "罔"(망)성이다. "罔"은 본래 으로 "网"을 따르고 "亡"(망)성이다. ≪설문≫에 따르면 "罔"과 "網"은 모두 "网"의 이체이다. 진 · 한의 문자 자료와 고서 중에는 모두 "罔"으로 그물 {網}을 나타낸 예가 있다. "罔"자는 또 부정을 나타내는 등의 용법이 있기 때문에 또 "糸"방을 가하여 오로지 {网}만을 나타내는 글자를 분화시켰다. 현재 우리가 "網"을 "网"으로 간화한 것은 복고(復古)라고 할 수 있다. 해서에서는 "网"은 음을 나타내는 편방으로 사용될 때는 "岡"(강)과 같이 "罓"이라고 쓰고, 뜻을 나타내는 편방으로 사용될 때는 일반적으로 "罟"·"罩" 등과 같이 "罒"로 간화되었다. 단지 "网"과 음이 같은 "罔"자만은 여전히 "罓"을 따른다. "罓"은 "网"의 간체인 "罓"이 변한 것이다.

상물자에는 약간의 변례(變例)가 있다. 극소수의 상물자의 자형은 단지 본뜬 실물의 일부분만을 나타낼 뿐이다. 예컨대 제4장 제1절에서 든 바 있는 "牛"는 단지 소의 머리 부분만을 나타낸 것이다. "羊"자의 상황은 "牛"와 서로 비슷하다.

또 어떤 상물자의 자형은 비교적 복잡하다. 이러한 글자들이 본뜨고 있는 것은 고립적으로 그려내기가 매우 어렵거나 혹은 고립적으로 그려내더라도 기타의 것과 서로 혼동되기 쉽다. 그러므로 그것들을 위하여 상물자를 만들 때는 반드시 어떤 관계가 있는 사물, 예컨대 주위의 환경·덧붙어 있는 주체에 간혹 포함되어 있는 것 등을 함께 나타내거나 혹은 자의(字義)를 분명하게 하는 데 사용되는 의부(意符)를 따로 가해야 한다. 이러한 상물자는 복잡상물자(複雜象物字)라고 부를 수 있다. 예컨대 다음과 같다.

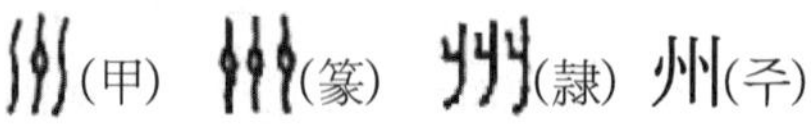


"洲"의 초문이다. 본의는 "물 가운데의 거처할 수 있는 것(水中可居者)"(≪설문≫)이고 자형은 강 가운데의 육지를 본뜬 것이다.

만약 단독으로 과일을 나타낸다면 자형이 명확하지 않기 때문에 과실을 생장시키는 나무까지도 역시 함께 나타낸 것이다.

≪설문≫에는 "枼"과 "葉"을 두 글자로 나누었지만 사실은 "枼"은 "葉"의 초문이다. 나뭇잎은 단독으로 나타내기가 매우 어렵기 때문에 "枼"자는

"果"자와 마찬가지로 역시 나무를 함께 나타낸 것이다. 나뭇잎은 일년에 한 번 나기 때문에 "枼"은 인신하여 세대의 뜻을 갖게 되었다(≪시경(詩經)·상송(商頌)·장발(長發)≫에는 "옛날 중엽에(昔在中葉)"라고 하였고 ≪모전(毛傳)≫에는 "'葉'은 '世'이다(葉, 世也)"라고 하였다). "世"와 "葉"은 고음이 서로 가까웠으므로 {世}는 마땅히 {葉}에서 분화되어 나온 하나의 사(詞)일 것이다. 자형상으로 본다면 "世"도 역시 마땅히 "葉"에서 분화되어 나왔을 것이다. 주대 금문 가운데 시대가 비교적 이른 "世"자는 라고 썼는데 분명히 "枼"자의 상반부이다. "世"자가 통행된 후에 "枼"자는 도리어 "本"을 따르고 "世"성인 형성자로 보여지게 되었다. ≪설문≫의 30년을 1세라고 견강부회한 설명은 "世"의 자형을 "'卅'을 따르고 그것을 길게 당긴 것이다(从'卅'而曳長之)"라고 해석한 것으로 믿을 수 없다.

(甲) (篆) 朿(치)

나무의 가시 혹은 무기의 끝 부분을 본뜬 것이다. ≪설문≫에 "'朿'는 나무의 끝이다(朿, 木芒也)"라고 하였고 "'刺'(자)는 임금이 대부를 죽이는 것을 '刺'라고 한다. '刺'는 곧장 해치는 것이다. '刀'를 따르고 '朿'를 따르고 '朿'는 역성(亦聲)이다('刺', 君殺大夫曰刺. 刺, 直傷也. 从'刀', 从'朿', '朿'亦聲.)"라고 하였다. 후에는 가시의 {朿}나 또는 찌른다는 {刺}나 모두 "刺"자로 나타내었다. 위에 인용한 "朿"자의 전문은 ≪설문≫에 보이는데 위 끝은 이미 와변되었다(진(秦) <태산각석(泰山刻石)>의 "迹"(적)자가 따르고 있는 "朿"도 같다). 한대 인장의 "刺"자가 따르고 있는 "朿"는 혹은 로 되어 있는데 아래 부분은 비록 이미 와변되었지만 위의 끝은 여전히 원형을 간직하고 있다. "刺"자의 속체 "刾"(자)는 이러한 전문에서 변한 것이다. "朿"와 "束"(속)은 한 글자가 아니므로 마땅히 분간에 주의해야 한다(예컨대 위에 인용한 "迹"자는 "迹"의 이체로서 신속하다는 "速"과는 한 글자가 아니다).

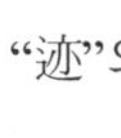(金) 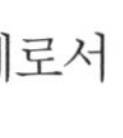(篆) 瓜(과)

외를 나타내기 위하여 외의 덩굴까지 그린 것이다.

(圖) 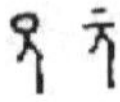(甲) (篆) 元(원)

"元"의 본의는 사람의 머리이다(≪좌전(左傳)·희공(僖公) 33년≫에 "적인(狄人)이 그 머리를 돌려보내었는데 얼굴이 살아 있는 것 같았다(狄人歸其元, 面如生)"라고 하였다). 자형은 사람의 머리를 나타내기 위하여 사람의 몸까지 그렸다.

(甲) (金) (篆) 身(신)

"身"의 본의는 아마 배일 것이다(≪주역(周易)·간괘(艮卦)≫에 "그 배에 머문다(艮其身)"라고 하였는데, 우번(虞翻)의 주에는 "'身'은 배이다. 혹은 임신이라고 한다(身, 腹也. 或謂妊身也)"라고 하였다). 자형은 배 부분을 나타내기 위하여 사람의 몸까지 그렸다.

(甲) (金) (篆) 眉(미)

눈썹을 나타내기 위하여 사람의 눈까지 그렸다.

(金) (篆) 須(수)

수염 "鬚"자의 초문이다. 수염은 늘 얼굴에 있기 때문에 수염의 모양을 "頁"방의 얼굴을 대표하는 부분에 그린 것이다.

(甲) (金) (篆偏) 食(식)

"簋"(궤) 가운데 담겨 있는 음식물을 본뜬 것이다. "簋"는 고대에 흔히 사용된 일종의 식기이다. 는 궤의 몸을 본떴고 은 뚜껑을 본뜬 것이다. "簋"자 중간의 "艮"은 가 와변(訛變)된 것이다.

(甲) (篆) (隸) 牢(뢰)

"牢"는 소와 염소를 가두는 우리이다. 는 우리의 모양을 본뜬 것으로(≪설문≫에는 "牢"자는 "'冬'의 생략을 따른다(从'冬'省)"라고 잘못 생각하였다), "자형의 뜻을 명확히 하기 위하여 하나의 "牛"방을 가하였다. 예서에서 흔히 보이는 "宀"방으로 우리의 상형 부호를 대신하였다. 이것은 의부(義符)로

형부(形符)를 대신한 하나의 예이다.

 (甲) (石鼓文) (金) 囿(유)

"囿"는 고대의 사냥용으로 제공된 큰 동산이다. 동산 안에는 대량의 초목을 두고 보호하여 새와 짐승의 서식에 제공하였다. 만약 단독으로 에워싸인 땅을 그려낸다면 동산의 특징을 넉넉히 나타낼 수 없기 때문에 안에 네 개의 "木" 혹은 "屮"(草)를 가한 것이다. 이 글자는 후에 "口"를 따르고 "有"성인 형성자로 고쳐졌다.

(金) (篆) 胃(위)

는 밥통[胃]의 모양을 본떴는데 형상이 명확하지 않기 때문에 하나의 "肉"방을 가한 것이다. 아마 는 본래 "胃"의 초문이고, "肉"방은 후에 가했을 것이다.

상물자는 거의 모두 나타난 것이 매우 이르나. 반기에 나타난 표의자 가운데 "罒"(빗장 산)은 아마도 복잡상물자라고 할 수 있을 것이다("一"은 빗장을 본뜬 것이다). 그밖에 어떤 사람은 "傘"은 상형자라고 본다(곧 우리가 말하는 상물자이다).

### 3. 지시자(指示字)

이 부류의 글자는 상물자 혹은 실물을 본뜬 형부(形符)에 지시 부호를 가함으로써 뜻을 나타낸 것으로서 수는 매우 적다. 예컨대 다음과 같다.

(篆) 本(본)

"本"자의 본의는 나무 뿌리이고, 자형은 "木"의 뿌리 부분에 하나의 지시 부호를 가함으로써 뜻을 나타내었다.

 (金) (篆) 末(말)

"木"의 꼭대기에 지시 부호를 가함으로써 끝이라는 뜻을 나타내었다.

(篆) 刃(인)

“刀”자에 지시 부호를 가함으로써 칼날의 뜻을 나타내었다.

(甲) (篆) 亦(역)

“腋”(겨드랑이)의 초문으로(“腋”자는 비교적 늦게 나타났고 고대에는 “掖”으로 {腋}을 나타내었다. “亦”은 “掖”·“腋”과 고음이 서로 가까웠다. “掖”·“腋”은 “夜”성을 따르는데, “夜”는 본래 “夕”을 따르고 “亦”성인 형성자이다. 제8장 제3절 참조), 자형은 바로 서 있는 사람의 모양의 두 겨드랑 부분에 지시 부호를 가함으로써 뜻을 나타내었다. 당란(唐蘭) 선생은 “亦”은 “液”의 초문이며 금문에 자가 있는데 “亦”자의 비교적 원시적인 서사 방법으로서 사람의 겨드랑 아래에 땀이 있는 것을 본뜬 것이라고 보았다. 이 설이 만약 정확하다면 “亦”은 마땅히 주체(主體)까지를 나타낸 복잡상형자로 보아야 할 것이다.

지시 부호는 일종의 특수한 의부(意符)로 볼 수 있고 지시자는 준합체자(準合體字)로 볼 수 있다.

지시자의 성질은 사실은 주체까지도 표시하는 복잡상형자와 매우 가깝다. 다만 이러한 글자들이 나타내려고 하는 사물이 그것들의 주체와 구분하기가 매우 어렵기 때문에 반드시 주체를 나타내는 자형의 상응하는 부분에 지시 부호를 가함으로써 뜻을 나타내는 것일 뿐이다. 고문자 중에서 어떤 글자들의 상황은 주체까지도 나타내는 상물자와 지시자 사이에 위치하는 것이라고 말할 수 있다. 예컨대 다음과 같다.

(金偏) (篆) (隸) 面(면)

“面”은 본래 사람의 머리 부분의 표면을 가리켰기 때문에 자형은 “首” 앞에 곡선을 가함으로써 뜻을 나타내었다. 이 곡선은 지시의 작용을 하는 것으로 볼 수도 있고 또한 사람의 얼굴의 세로로 자른 면을 본뜬 것으로 볼 수도 있다.

(圖) (甲) (篆) (隸偏) 厷(굉)

"肱"의 초문으로 뜻은 팔뚝이다. 는 전체의 상지(上肢)를 본떴다. 팔뚝을 본뜬 부분에 가한 "ㅇ"는 지시 작용을 하는 것으로 볼 수도 있고 또한 팔뚝의 가로로 자른 면을 본뜬 것으로 볼 수도 있다.

(金) (篆) 叉(조)

≪설문≫에는 "'叉'는 손톱과 발톱이다. '又'를 따르고 '叉'의 모양을 본떴다('叉', 手足甲也. 从'又', 象叉形)"라고 하였다. "叉"자의 손가락의 끝 부분에 가한 두 필획은 지시 작용을 하는 것으로 볼 수도 있고 또한 손톱의 모양을 본뜬 것으로 볼 수도 있다. 후세에는 "爪"를 "叉"로 빌렸는데, 예컨대 "爪牙"는 "叉牙"이다. 현재 "叉"성을 따르는 "蚤"(조, 벼룩)는 이미 "蚤"로 고쳐졌는데 이것은 편방이 혼동된 하나의 예이다.

### 4. 상물자식(象物字式)의 상사자(象事字)

이 부류의 글자들은 외형상으로 보면 상물자를 매우 닮았지만, 양자의 차이점은 상물자가 대표하는 사는 "物"의 명칭이지만 이 부류의 글자들이 대표하는 사는 "事"(속성 · 상태 · 행위 등과 같이)의 명칭이라는 데 있다. 이 부류의 글자는 수가 많지 않고 나타난 시대는 대부분 매우 이르다. 예컨대 다음과 같다.

(甲) 又(우)

(甲) (楷偏)(좌)

"ナ"와 "又"는 방위를 가리키는 "左"와 "右"의 본자로서 각각 왼손과 오른손을 본뜬 형부를 가지고 왼쪽과 오른쪽의 뜻을 나타낸 것이다.

(甲) (篆) 夨(측)

"夨"과 "仄"은 음이 같고 뜻도 역시 서로 가깝다. ≪설문≫에는 "'夨'은 머리를 기울인다는 뜻이다('夨', 傾頭也)"라고 하였다. 자형은 머리를 기울이고 있는 사람을 본뜬 것이다.

(甲) (篆) (역)

거스른다는 "逆"의 본자이다("逆"의 본의는 맞아들인다는 것이고, 거스른다는 {逆}을 나타내는 데 사용된 것은 "屰"으로 가차된 것이다). 자형은 거꾸로 선 사람을 가지고 순종하지 않는다는 뜻을 나타내었다.

비교적 이른 고문자 중에 어떤 자형들은 상물자와 상사자의 이중의 역할을 아울러 가지고 있었다. 제1장에서 말한 바와 같이 "月"과 "夕"의 두 글자는 본래는 모두 ☽라고 쓸 수도 있고 또한 ☽라고 쓸 수도 있었다. ☽혹은 ☽은 "月"자가 되면 마땅히 상물자에 넣어야 하지만 "夕"자가 되면 마땅히 상사자에 넣어야 할 것이다. 어른이 된 사람을 본뜬 大는 본래는 "大"자로 사용할 수도 있고 또한 "夫"자로 사용할 수도 있었다. "夫"자가 되면 마땅히 상물자에 넣어야 하지만 "大"자가 되면 마땅히 상사자에 넣어야 할 것이다.

어떤 몇 개의 형부를 모아 합쳐서 어떤 "事"를 나타내는 도형식(圖形式) 표의자, 예컨대 앞에서 언급한 바 있는 (射)·(立) 등의 글자는 논리적으로 말한다면 역시 상사자라고 부를 수도 있다. 그러나 우리는 분류의 편의를 위하여 그것들을 회의자 속에 귀속시켰다. 우리가 위에서 든 "𠂇"·"又" 등의 글자를 상물자식의 상사자라고 부르고 간단하게 상사자라고 부르지 않은 것은 "射"·"立"과 같은 글자와 서로 구별하기 위한 것이다.

## 5. 회의자(會意字)

추상자·지사자 외에 두 개 이상의 의부(意符)를 모아 하나의 의부 자체의 뜻과는 전혀 서로 다른 글자를 나타내는 것을 우리는 모두 회의자로 본다. (果 : 과)와 ⊕는 뜻이 같고 (胃 : 위)와 는 뜻이 같기 때문에 "果"·"胃"와 같은 글자는 비록 2개의 의부로 구성되어 있지만 도리어 여전히 상물자이지 회의자가 아니다.

회의자를 구성하는 의부(意符)는 형부(形符)일 수도 있고 또한 의부(義符)일 수도 있다. 논리적으로 말한다면 형부로 구성된 글자와 의부(義符)로 구성된 글자를 같은 부류에 넣는 것은 부적절하다. 그러나 우리가 제3장 제2절에서 이미 말한 바와 같이 어떤 2개 이상의 의부(意符)로 구성된 글자들은 그들이 사용하고 있는 의부가 결국 마땅히 형부(形符)로 보아야 하는가 아니면 의부(義符)로 보아야 하는가 하는 것은 두 가지가 가능하다. 그러므로 단지 현재의 분류 방법을 채용할 수밖에 없다.

회의자는 수도 많고 상황도 또한 매우 복잡하므로 다음에 그것들을 여섯 종류로 나누고 각각 예를 들어 설명하고자 한다. 이 여섯 종류는 결코 하나의 완전히 통일된 분류 표준은 없다. 이렇게 분류하는 것은 단지 잠정적인 처리 방법일 뿐이다.

### 1) 도형식(圖形式) 회의자

이러한 글자들은 대체로 임의광(林義光)이 마땅히 상형자에 넣어야 한다고 본 회의자에 상당하는 것이다(제6장 제1절 참조). 예컨대 다음과 같다.

(甲) (篆) 宿(숙)

사람이 방안의 자리에서 자고 있는 것을 나타낸 것이다. ""은 "簟"의 상형 초문으로 소전에서는 (자서의 음은 tiàn으로 "簟"(점)과 음이 극히 가깝다)으로 와변되었는데, ≪설문≫에서 "혀의 모양(舌皃(貌))"을 본뜬 것이라고 한 것은 확실하지 않다.

(甲) 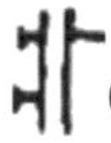(金偏) (篆) 疒(녁)

사람이 병이 들어 침상 위에 누워 있는 것을 나타낸 것이다. 갑골문의 "疒"자는 때로는 사람 모양의 곁에 작은 점을 가하였는데 아마 병자가 땀을 내고 있는 것을 나타냈을 것이다. 병과 관계가 있는 글자는 대부분 "疒"을 따르고 있다. 자서에 따르면 "疒"자의 음은 niè이지만 사실은 "疒"은 아마 "疾"의 초문일 것이다.

(金) (篆) 臽(함)

사람이 함정 속에 빠져 있는 것을 나타낸다. 인용한 금문 "臽"자의 사람의 모양에 덧붙인 ""은 "止"형이 와변된 것일 가능성이 있다(또 고문자의 "人"방의 아랫부분은 왕왕 "女"를 따르는 것으로 변했는데, 이 글자의 "人"방도 역시 아마 이러한 상황에 속했을 것이다). "臽"과 "陷"은 음이 같고 뜻이 가까우므로 아마 "臽"은 "陷"의 초문일 것이다.

(甲) 从(종)

한 사람이 다른 한 사람을 뒤따르는 것을 나타낸다.

(甲) 北(북)

"背"(배)의 초문으로 자형은 두 사람이 서로 등지고 있는 것을 본떴다. 북방은 그늘(응달)이 지는 곳으로 방위사 북녘 {北}은 {背}에서 파생되어 나온 것이다. 후에는 "北"은 주로 방위를 나타내는 데 사용되고, 따로 "北"에 "肉"방을 덧붙여 "背"자를 분화시켜 본의를 나타내었다.

(甲)   (金) (篆) 無(무)

"無"와 "舞"는 본래 한 글자였다. 자형은 사람이 쇠꼬리 같은 것을 잡고 춤추는 것을 나타내는데(≪여씨춘추(呂氏春秋)·고악(古樂)≫에는 "옛날 갈천씨(葛天氏)의 음악은 세 사람이 쇠꼬리를 잡고 발을 굴러 8결(闋)을 노래하였다(昔葛天氏之樂, 三人操牛尾, 投足以歌八闋)"라고 하였다), "舞"의 아랫부분의 "舛"은 본래 두 발을 본뜬 것이다. "舞"자는 보통 없을 {無}를 나타내는 데 가차되었기 때문에 단지 본의만을 나타내는 "舞"와 분화되어 두 개의 글자가 되었다.

(甲) 夾(협)

자형은 두 사람이 한 사람을 끼고 돕는 것을 나타낸다. 옛 사람들은 그림을 그릴 때 왕왕 높은 사람을 낮은 사람보다 크게 그렸기 때문에 "夾"자 중간의 사람의 형체는 크고 두 곁의 사람의 형체는 작다.

(甲) (金) 卽(즉)

사람이 먹을 것에 나아가는 것을 나타낸다. 옛 사람들은 땅에 자리를 깔고 꿇어앉았는데 ""(절)은 꿇어앉아 있는 사람을 본뜬 것이다.

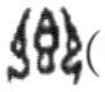(甲) (金) 卿(경)

"饗"(향)의 초문으로 자형은 두 사람이 서로 마주 향하여 먹는 것을 나타낸다. 그것으로 경대부(卿大夫)의 {卿}을 나타낸 것은 마땅히 인신 혹은 가차의 용법일 것이다. 고대에는 또 "卿"으로 방향의 {向}을 나타내었다. 본장 제2절을 참조.

(金) (篆) 埶(예)

심는다는 "藝"의 초문으로 자형은 땅에 식물을 심는 것을 나타낸다. "丮"(jí)는 사람이 두 손을 뻗고 있는 것을 본떴는데 해서에서는 "丮"방이 "丸"(환)과 서로 혼동되었다. "埶"자는 고대에는 또 {勢}를 나타내는 데 사용되었다. 후에 {勢}를 나타내는 "埶"는 "力"을 덧붙여 "勢"가 되었다. "藝"를 나타내는 "埶"는 먼저 "艸"를 덧붙여 "蓺"가 되었고 또 "藝"로 변하였다. 간화자에서는 "埶"방이 "执"로 간화되었는데("势(勢)"·"热(熱)"·"亵(褻)"과 같이), "執"(집)의 간화자 "执"과 서로 혼동되었다.

 (甲) (篆) 鬥(투)

자형은 두 사람이 서로 치며 싸우는 것을 나타낸다.

(圖) 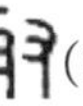(篆) 取(취)

손으로 귀를 잡는 것을 나타낸다. 고대에는 사냥에서 짐승을 잡거나 혹은 전쟁에서 적을 죽이면 일반적으로 왼쪽 귀를 잘라내어 공적을 헤아리는 증거로 삼았다.

(圖)  (甲) 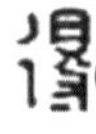(篆) 得(득)

재물을 얻은 것을 나타내는데 "彳"(척)방을 가하여 길을 갈 때 얻었다는

것을 나타내었다. ≪설문≫에는 "亻"을 덧붙이지 않은 것을 고문이라고 하였다. "又"방은 전문에서는 "寸"방으로 변하였다. 고문자에서는 "又"(손을 대표한다)를 따르는 글자들은 후에 왕왕 "寸"을 따르는 것으로 변하였다. "貝"(패)방이 ≪설문≫의 전문에서는 "見"으로 와변되었다. 위에 인용한 전문은 한대의 인장에서 취한 것이다.

(甲) (金) (篆) 隻(척)

한 마리의 새를 움켜쥐고 있는 것을 나타낸다. 상·주 시대의 문자에서는 "隻"이 나타내는 사는 잡을 {獲}(획)이었다. 후에는 또 "隻"으로 {雙}과 상대되는 {隻}을 나타내고, 따로 "犬"을 따르고 "蒦"(wò, 획)성인 "獲"자를 만들어(전문은 으로 되어 있고 간화자는 "获"으로 되어 있다) {獲}을 나타내었다. "隻"은 "獲"의 초문이기도 하고 또한 홑이라는 뜻의 "隻"의 본자이기도 하다. 이것은 조기의 표의자의 일형다용(一形多用)의 현상과 매우 서로 비슷하다. 그러나 "隻"으로 홑{隻}을 나타내는 것은 "隻"(獲)자가 이미 매우 오랫동안 사용된 후에야 일어난 일이기 때문에 이 현상은 기존의 문자에 대한 일종의 비교적 특수한 차용이라고 해석할 수 있다. 가차는 일반적으로 단지 피차자(被借字)의 원래의 음만을 취할 뿐인데, 이러한 차용은 단지 피차자의 형만을 취하고 그 원래의 음과 뜻은 상관하지 않는다. 우리는 이것을 "형차(形借)"라고 부를 수 있다.

(甲) (篆) 及(급)

사람을 뒤쫓아서 그를 움켜잡는 것을 나타낸다.

(金) 秉(병)

손안에 벼(여기에서는 "禾"(화)로 한 줌의 벼를 대표시켰다)를 잡고 있는 것을 나타낸다. ≪시경(詩經)·대아(大雅)·대전(大田)≫에는 "저기에는 떨어진 한 줌의 벼가 있고, 여기에는 남겨진 이삭이 있네(彼有遺秉, 此有滯穗)"라고 하였는데 ≪모전(毛傳)≫에는 "'秉'은 잡는다는 뜻이다(秉, 把也)"라고 하였다.

(篆) 兼(겸)

동시에 두 줌의 벼를 쥐고 있는 것을 나타낸다.

 (甲) (篆) 采(채)

나무 위의 잎을 따는 것을 나타낸 것으로, "採"의 초문이다. "爪"(조)는 물건을 움켜쥐거나 혹은 잡고 있는 손을 본뜬 것이다. 현재 간화자에는 "採"는 이미 "采"자에 합병되어 들어갔다.

(甲) (篆) 孚(부)

"孚"는 "俘"의 초문이다("孚"를 "信"이라고 해석하는 것은 가차 용법이다). 비교적 원시적인 시대에는 전쟁에서 이긴 자는 왕왕 상대방의 성년 남자들을 모두 죽이고 단지 여자와 아이들만을 볼모로 삼았기 때문에 "孚"의 자형은 한 아이를 잡고 있는 것을 나타낸 것이다.

(篆) 舀(요)

손으로 절구 속에서 물건을 꺼내는 것을 나타낸다. "稻"(도)·"蹈"(도)·"滔"(도) 등의 글자는 "舀"(yǎo, 요)를 성방(聲旁)으로 하고 있고, "陷"(함)·"餡"(함)·"閻"(염)·"諂"(첨) 등의 글자는 "臽"(xiàn, 함)을 성방으로 하고 있으므로 마땅히 분간하는 데 주의해야 한다.

 (甲)  (金)  (篆) 受(수)

줄 {授}와 받을 {受}의 두 사는 본래 모두 "受"자로 나타내었다. 자형은 "舟"의 주고받음을 나타내어 윗쪽의 손의 모양은 주는 사람을 대표하고 아래의 손의 모양은 받는 사람을 대표하였다. 주고받을 수 있는 것이 매우 많은데 무엇 때문에 글자를 만든 사람은 "舟"를 선택했을까? 대개 "舟"의 음이 "受"와 서로 가까웠기 때문에 아울러 표음의 작용을 했을 것이다. ≪설문≫에는 "'受'는 서로 준다는 뜻이다. '𠬪'를 따르고 '舟'의 생성(省聲)이다('受', 相付也. 从'𠬪', '舟'省聲)"라고 하였다. 이것은 마땅히 예로부터 전해지던 구설(舊說)일 것이다. "受"자가 "舟"를 따르는 비교적 오래된 자형에

관하여 말한다면 사실은 그것을 회의 겸 형성자로 볼 수 있다. 위에 인용한 전문의 첫째 모양은 한대의 인장에서 취한 것이고 둘째 모양은 ≪설문≫에서 취한 것이다.

(圖) (篆) 共(공)

고서에는 대부분 "共"으로 이바지할 {供}을 나타내었다. "共"의 자형은 두 손으로 그릇을 베푸는 것을 나타내는데 아마 "供"의 초문일 것이다. ≪설문≫에 "同"을 "共"자의 본의라고 한 것은 확실하지 않은 것 같다. " "(廾; 공)이 단독으로 글자가 될 때는 대개 "拱"의 초문이었을 것이다.

(甲) (金) 戒(계)

두 손으로 창[戈]을 잡고 경계하고 있는 것을 나타낸다.

(金) 弄(롱)

두 손으로 옥을 잡고 노는 것을 나타낸다.

(金) 盥(관)

물로 손을 씻는 것을 나타낸다. "皿"(명, 그릇)은 물을 받는 대야를 대표한다.

(甲) (金) 興(흥)

"興"자의 옛 뜻은 "起"(기, 일어나다)로서 자형은 여러 사람의 손이 공동으로 한 물건을 들어올리는 것을 나타낸다. 후에는 들고 있는 물건을 본뜬 형부 " "(본래는 무거운 물건을 드는 데 사용된 담가(擔架)를 본떴을 가능성이 있다)가 의부(義符) "同"으로 고쳐졌다. ≪설문≫에는 "' '(yú, 여)는 "함께 든다는 뜻이다(' ', 共擧也)." · "'興'은 일어난다는 뜻이다. '舁'(여)를 따르고 '同'을 따르며 힘을 합한다는 뜻이다('興', 起也. 从'舁', 从'同', 同力也)."라고 하였다.

(金) (篆) 闢(벽)

"闢"은 본래 표의자로서 자형은 두 손으로 문을 밀어서 여는 것을 나타내었는데(≪설문≫의 고문도 같다), 후에 비로소 "門"을 따르고 "辟"성인 형성자로 고쳐졌다(아마 먼저 "辟"자를 빌려 "閞"을 대체하고 후에 또 "門"을 덧붙여 "闢"이 되었을 것이다).

(圖) (甲偏) (篆) 攴(복)

≪설문≫에는 "'攴'(pū, 복)은 살짝 친다는 뜻이다('攴', 小擊也)"라고 하였다. 자형은 손으로 몽둥이 같은 것을 잡고 있는 것을 나타내는데, 후에는 몽둥이의 모양이 "卜"(복)자와 동형인 것으로 변하였다. "攴"과 "卜"은 음이 가까우므로 당시 아마 "攴"의 자형이 표음 작용까지도 갖도록 하기 위하여 고의적으로 몽둥이의 모양을 "卜"으로 고쳤을 것이다. "攴"방을 따르는 글자들은 뜻이 왕왕 때리는 것과 관계가 있다. 해서의 "攴"방은 대부분 "攵"로 변하였는데(예서의 "攵"에서 변한 것이다) 일반적으로 "반문(反文)"이라고 부른다.

(甲偏) (篆) 殳(수)

때리는 데 사용할 수 있는 망치 · 몽둥이와 같은 것을 손으로 쥐고 있는 것을 나타낸다.

(金) (篆) 寇(구)

어떤 사람이 손으로 무기를 쥐고 집으로 들어가 사람을 습격하는 것을 나타낸다.

(圖) (甲) (篆) 伐(벌)

창[戈]으로 사람의 머리를 자르는 것을 나타낸다. ≪설문≫에서 "伐"자는 "사람이 창을 가지고 있는 것을 따른다(从人持戈)"라고 한 것은 확실하지 않다.

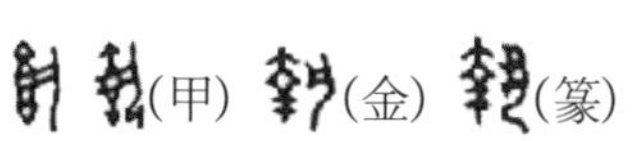
(甲) (金) (篆) 執(집)

자형은 볼모 혹은 범인의 손에 수갑 [梏 : 곡]을 채우는 것을 나타낸다.

“㚔”는 본래 수갑의 모양을 본뜬 것으로(수갑[梏]은 고대의 일종의 나무로 만든 고랑이다), 자서의 음은 niè(녈)인데, 예서와 해서에서는 “幸”으로 변하여 해서의 행복의 “幸”자와 동형이 되었다(행복의 “幸”은 ≪설문≫에 따르면 본래 “夭”(요)를 따르고 “屰”(역)을 따르는 글자로 한예(漢隸)에는 대부분 “㚔”으로 되어 있다).

(金) (篆) 縣(현)

“縣”은 “懸”(현)의 초문으로 자형은 잘라낸 머리를 나무에 매달아 놓은 것을 나타낸 것이다. 위에 인용한 전문은 한대의 인장에서 취한 것이다. ≪설문≫에는 “縣”자의 전문이 으로 되어 있고 “系”를 따르고 거꾸로 된 “首”를 따르고 있다. “縣”은 ≪설문≫의 자형을 그대로 이어 받은 것이다.

(甲) (篆) 毓(육)

≪설문≫에는 “毓”을 “育”(육)의 혹체(或體)라고 하였다. 자형은 어머니가 아이를 낳아 기르는 것을 나타낸다. 후에는 “母”방이 “每”방으로 변하고 거꾸로 된 “子”와 피를 대표하는 작은 점이 합병하여 “㐬”방이 되었다.

(甲) (籀文) 棄(기)

“棄”의 자형은 키를 가지고 어린아이를 담아서 갖다가 버리는 것을 나타낸다. 옛 사람들은 아이를 나은 후에 미신이나 혹은 생활의 곤란 등의 원인으로 버리고 기르지 않는 상황이 비교적 많았다. 주(周) 나라의 시조(始祖) 후직(后稷)의 이름은 기(棄)로서 전설에 따르면 출생한 후에 일찍이 버림을 받았기 때문에 이러한 이름이 붙여졌다고 한다. 간화자는 “弃”로 되어 있는데 본래는 고문이다(제4장 제3절 참조).

(甲) (金) 曰(왈)

사람의 입에서 소리와 숨이 나오는 것을 나타낸다.

(甲) (篆) 益(익)

"溢"(일, 넘치다)의 초문으로 자형은 물이 그릇에서 넘쳐 나오는 것을 나타낸다.

(甲) (篆) 析(석)

도끼로 나무를 쪼개는 것을 나타낸다. "析"과 모양이 같은 "折"자는 본래 도끼로 나무를 자르는 것을 본뜬 것이다. 제3장 제2절에 보인다.

(甲) (篆) 至(지)

화살을 쏘아 한 곳에 이르는 것을 나타낸다.

(甲) (篆) 彘(체)

고대에는 멧돼지를 "彘"라고 불렀다. 멧돼지는 활쏘기와 사냥의 대상이었기 때문에 자형은 돼지 "豕"(시)에 화살 "矢"(시)를 덧붙임으로써 뜻을 나타내었다. "彘"로 대표되는 사(詞)는 일종의 실물의 명칭으로, 이 섬은 상물자와 서로 같다. 그러나 갑골문의 "彘"자는 "矢"형을 버린 후에 남은 것은 멧돼지의 상형 부호가 아니라 일반적인 "豕"자이므로 우리는 그것을 상물자에 넣지 않고 도형식 회의자에 넣은 것이다.

앞의 몇 장에서 언급한 바 있는 "射"(사)·"立"(립)·"並"(병)·"輦"(련)·"折"(절)·"戍"(수)·"雔"(수) 등의 글자들은 그것들의 비교적 오래된 서사 방법에 따라 본다면 모두 마땅히 도형식 회의자에 넣어야 할 것이다. 이러한 회의자들은 대부분 매우 일찍 나타난 것이다.

### 2) 편방(偏旁) 사이의 위치 관계를 이용한 회의자

이 부류의 회의자는 사실은 대부분이 역시 도형으로 자의를 나타내는 원칙에 의하여 만들어진 것이기 때문에 그것들의 편방 사이의 위치 관계는 자의를 나타내는 데 있어서 중요한 작용이 있다. 그러나 글자를 만들 때 어떤 것은 분명히 상징 수법을 사용하고(예컨대 제3장 제2절에서 언급한 "止"형으로 사람이 앞으로 나아가는 것을 나타낸 "步"(보)·"涉"(섭) 등의 글자), 어떤 것은 의부(義符)를 억지로 형부(形符)로 사용하기(예컨대 제6장 제1절에서 언급한 "臣"(신)자로 주인의 집에서 일에 종사하는 신복(信僕)을 대표시킨 "宦"(환)자) 때문에 자형의 그림의 맛이 약화되었다. 이것이 우리가 그것들을 도형식 회의자와 구별하는 원인이다. 다음에 약간의 예를 든다.

(甲) 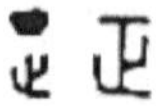(金) 正(정)

"征"의 초문으로 본의는 멀리 가는 것이다. "口"는 가는 목적지를 대표하고 "止"가 "口"를 향하고 있는 것은 목적지를 향하여 나아가는 것을 나타낸다.

(甲) (篆) 之(지)

"之"의 본의는 "往"에 가깝다. 어떤 사람은 자형은 "一"로 사람이 떠나는 곳을 대표시키고 앞을 향한 "止"로 사람이 여기를 떠나 다른 곳으로 가는 것을 나타낸 것이라고 하지만 고증이 필요하다.

(甲) (篆) 韋(위)

"違"의 초문이다. "止"가 "口"를 향하지 않은 것은 그 곳을 떠나가는 것을 나타낸다. 일설에는 이 글자는 본래 로 되어 있어(갑골문에 보인다), 많은 사람들이 한 곳을 에워싸고 있는 것을 상징하고 있으므로 "圍"(위)의 초문이라고 한다.

(甲) (金) 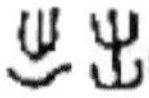(篆) 出(출)

옛 사람들은 움집에 살았는데 ∪ 혹은 은 움을 본뜬 것이다("坎"(감, 구덩이)의 상형 초문은 본래 "∪"으로 되어 있다). 전체의 자형은 발이 움집을 떠나는 것으로 밖으로 나가는 것을 나타내었다. 인용한 전문은 앞의 모양은 ≪설문≫에서 취한 것이고 뒤의 모양은 한대의 인장에서 취한 것이다.

(甲) (金) 各(각)

"络"(격)의 초문이다. ≪방언(方言)·일(一)≫에는 "'络'은 이른다는 뜻이다('络', 至也)"라고 하였다. ≪방언·이(二)≫에는 "'络'은 온다는 뜻

이다 (‘彳各’, 來也)”라고 하였다. 자형은 발이 움을 향하고 있는 것으로 온다는 것을 나타내었다. 고서에서는 대부분 “格”(격)을 “狢”으로 빌렸다.

(甲) (篆) 陟(척)

“”는 “阜”(부)자로서 일반적으로 산 언덕의 모양을 본뜬 것으로 보지만 고증이 필요하다. 발의 모양이 위를 향하고 있는 것은 사람이 높은 곳을 향하여 오르는 것을 나타낸다.

(甲) (篆) 降(강)

발 모양이 아래를 향한 것은 사람이 높은 곳에서 내려가는 것을 나타낸다.

(甲) (金) (篆) 逐(축)

“止”가 “豕”를 향하고 있는 것은 사람이 돼지 따위의 동물을 뒤쫓고 있는 것을 나타낸다.

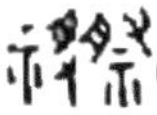(金) 祭(제)

고기를 가지고 귀신에게 제사하는 것을 나타낸다. 갑골문 “示”자의 비교적 원시적인 서사 방법은 로 되어 있는데 고대의 일종의 신주(神主)를 본뜬 것일 가능성이 있다.

(甲) (篆) 相(상)

“相”의 본의는 살펴본다는 것으로 자형은 눈으로 나무를 관찰하는 것을 나타낸다.

(甲) (篆) 朙(명)

옛 “明”자의 이체이다(“明”자의 형체에 관해서는 제4장 제3절과 제5절을 참조). 자형은 달빛이 창에 비치고 있는 것을 나타낸다. “囧”(경)은 곧 “囪”(형)자로 구멍이 뚫려 있는 창을 본뜬 것이다(“囧”이 구멍이 뚫려 있는 창문이라는 설은 아마 문제가 있을 것이다).

(金) (篆) 間(한)

"間"의 원래의 서사법이다. 자형은 문에 틈이 있고 문 안에서 달빛을 볼 수 있다는 것을 나타낸다.

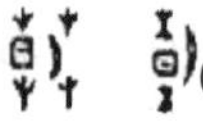(甲) (篆) 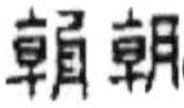(隸) 朝(조)

하현(下弦) 달일 때 해가 막 돋았지만 달을 아직 볼 수 있는 새벽의 모습을 나타낸다. "朝"자의 형체의 연변에 관해서는 제4장 제5절을 참조.

(甲) (篆) 莫(모)

"暮"의 초문으로, 자형은 해가 숲이나 혹은 풀 속에 있는 것으로 해가 장차 지려고 하는 것을 나타내었다.

(篆) 杲(고)

≪설문≫에는 "'杲'는 밝다는 뜻이다. 해가 나무 위에 있는 것을 따랐다('杲', 明也. 从日在木上.)"라고 하였다.

(篆) 杳(묘)

≪설문≫에는 "'杳'는 어둡다는 뜻이다. 해가 나무 아래에 있는 것을 따랐다('杳', 冥也. 从日在木下.)"라고 하였다.

(篆) 竄(찬)

≪설문≫에는 "'竄'은 숨는다는 뜻이다. 쥐가 구멍 속에 있는 것을 따랐다('竄', 匿也. 从鼠在穴中.)"라고 하였다.

(篆) 突(돌)

≪설문≫에는 "'突'은 개가 구멍 안에서 갑자기 나오는 것이다("暫"은 "猝"(갑자기)의 뜻이다). 개가 구멍 안에 있는 것을 따랐다('突', 犬从穴中暫出也. 从犬在穴中.)"라고 하였다.

(金) 閑(한)

≪설문≫에는 "'閑'은 난간이다(≪설문≫에는 "'闌'(란)은 문의 가리개이다(闌, 門遮也)"라고 하였다). 문 가운데 나무가 있는 것을 따랐다('閑', 闌也. 从門中有木.)"라고 하였다.

(金) 原(원)

"源"의 초문으로 "泉"(천, 샘)이 "厂"(엄) 아래에서 나오는 것으로 수원(水源)의 뜻을 나타내었다. 해서의 "原"자가 따르고 있는 "泉"은 서사법이 예서의 "泉"자의 일반적인 서사법과 가깝다.

(篆) 庫(고)

≪설문≫에는 "'庫'는 병거(兵車)를 간수하는 곳이다. 수레가 집 아래에 있는 것을 따랐다('庫', 兵車藏也. 从車在广下.)"라고 하였다.

(篆) 囷(균)

≪설문≫에는 "'囷'은 곳집의 둥근 것이다. 벼가 口 가운데 있는 것을 따랐다('囷', 廩之圜者. 从禾在口中.)"라고 하였다.

만약 "도형식"이라는 말의 뜻을 좀 더 넓게 이해한다면 위에서 든 이러한 회의자들은 대부분 도형식 회의자 속에 합병할 수 있을 것이다. 반대로 말한다면, 만약 "도형식"이라는 말의 뜻을 더욱 좁게 이해한다면 앞에서 든 도형식 회의자는 마땅히 이러한 부류에 합병해야 할 것이 매우 많다. 이 두 부류 사이에는 결코 명확한 한계선은 없다.

편방의 위치 관계를 이용한 회의자는 일반적으로 고문자 단계에서 만들어진 것이다. 그러나 한자가 완전히 비상형적인 것으로 변한 후에도 가끔 역시 또 이러한 회의자를 만들었는데, 예컨대 제6장 제1절에서 든 바 있는 "氽(찬)"이 그것이다. 또 예를 들면 다음과 같다.

嬲(뇨)

두 사람의 "男"이 한 "女"를 끼고 있는 것으로 희롱하다 · 뒤얽히다의 뜻을 나타내었다.

尖(첨)

아래가 크고 위가 작은 것이 "尖"이다(뾰족할 {尖}은 본래 "鑯"자로 나타냈고 "尖"자는 후에 나타난 것이다). 또 "㚘"자가 있는데 음은 yǎn(염)으로 ≪광운(廣韻)≫에는 "'㚘'은 위가 크고 아래가 작다는 뜻이다('㚘', 上大下小.)"라고 하였다. 어린이의 완구 가운데 두 끝은 뾰족하고 중간은 크며 "嘎嘎"(gága)라고 하는 것이 있는데 또한 "尜"라고 쓸 수도 있다.

灭(멸)

"滅"(멸)의 간화자로, 자형은 불을 눌러서 끄는 것을 나타낸다. "火" 위의 "一"은 실제로는 형부의 작용을 하는 것으로 결코 하나 · 둘의 "一"(일) 자가 아니다.

근대에 영어 pump(펌프)에서 온 음역 외래어를 위하여 만든 "泵"(bèng)자는 또한 하나의 편방의 위치 관계를 이용하여 뜻을 나타낸 글자일 가능성이 있다. "泵"은 물을 누르는 데 사용할 수 있으므로 자형은 아마 "石"이 "水" 위에 있는 것으로 물을 누른다는 뜻을 나타내었을 것이다. 어떤 사람은 "泵"자를 이렇게 만든 까닭은 큰돌이 물에 떨어지는 소리가 pump라는 발음과 서로 비슷하기 때문이라고 보았다. 이러한 설명에 따른다면 "泵"의 자형은 회의의 방법으로 음을 나타낸 것이므로 "泵"은 마땅히 삼서(三書)에 포함될 수 없는 일종의 특수한 표음자라고 보아야 할 것이다.

### 3) 주체(主體)와 기관(器官)의 회의자

이 부류의 글자는 사람이나 혹은 동물을 본뜬 글자 혹은 형부를 어떤 기관을 본뜬 글자나 혹은 형부와 짝지음으로써(때로는 또 기타의 관계가 있는 사물을 본뜬 편방을 덧붙인다), 이 기관과 관계가 있는 어떤 행위 혹은 정상(情狀)

을 나타낸다. 양수달(楊樹達, 1885-1956)은 이러한 글자를 “주명(主名)과 관명(官名)의 회의자”(≪적미거소학술림(積微居小學述林)≫, 중국과학원, 1954년 판, 207쪽)라고 불렀다. 우리는 “주명”·“관명”이 알기 어렵기 때문에 “주체”와 “기관”으로 고쳤는데 실제로는 주체와 기관을 본뜬 글자 혹은 형부를 가리켜 말하는 것이다. 다음에 약간의 예를 든다.

(甲) (篆) 見(견)

보는 것은 눈의 기능이므로 자형은 “人”에 “目”을 덧붙여 뜻을 나타내었다.

(甲) (金) 𦣠(망)

바라본다는 {望}은 고대에는 본래 “𦣠”자로 나타내었다. 눈의 모양이 세로로 서서 일반적으로 보는 것이 아니라 시선이 다하는 데까지 멀리 바라보는 것임을 나타내었다. 사람의 모양 아래에 혹은 “土”를 가하는데 “人”과 “土”를 합하면 “𡈼”(tìng, 정)이 된다(천간(天干)의 “壬”(임)과는 한 글자가 아니다). ≪설문≫에는 을 “朢”의 고문이라고 하였다. “朢”자는 금문에는 朢朢으로 되어 “月”을 따르고 “”을 따르고 있는데(“𦣠”은 음부(音符) 겸 의부(意符)이다), 본래는 “𦣠”자에서 분화시켜 오로지 삭망(朔望)의 {望}만을 나타낸 것이다(음력은 매 달 15일이 보름[望日]으로 이 날에는 해와 달이 서로 바라보고 있기 때문에 이러한 이름을 얻었다). “望”은 본래 “朢”의 이체 혹은 분화자로서 “朢”자의 “臣”방을 모양이 가까운 성방 “𠃊”(亡)으로 고쳐서 만든 것이다. 후에는 “𦣠”과 “朢”은 모두 폐기되어 사용되지 않고 단지 “望”자만을 사용하게 되었다.

(甲) (金) (篆) 監(감)

자형은 물이 담겨 있는 그릇에 머리를 숙여 얼굴을 비추는 것을 나타낸다. ≪상서(尙書)·강고(康誥)≫에는 “옛 사람의 말에 ‘사람은 물에 비춰보지 말고 마땅히 백성들에게 비춰보아야 한다’고 하였다(古人有言曰：‘人無于水監, 當于民監’)”라고 하였다. “于水監”은 물 속에 자신을 비춰 본다는 뜻이다(“監”의 이러한 본의는 후에는 대부분 “鑒”자로 나타내었다. “鑒”자는 “鑑”이라고

도 쓴다). 감시한다는 것은 "監"자의 인신의이다.

(甲) (金偏) (隸偏) 欠(흠)

"欠"의 본의는 입을 벌리고 숨을 내쉬는 것이다(하품한다는 "欠"은 곧 이 뜻을 사용한 것이다). 자형은 사람의 모양의 윗 부분에 세워 놓은 "口"를 덧붙임으로써 입을 벌린다는 뜻을 나타내었다. "欠"을 따르는 매우 많은 글자들, 예컨대 "吹"(취)·"飮"(음)·"歎"(탄)·"歌"(가) 등등은 자의(字義)는 모두 입을 벌리는 것과 관계가 있다. "欠"자의 형체에 관해서는 제4장 제5절을 참조.

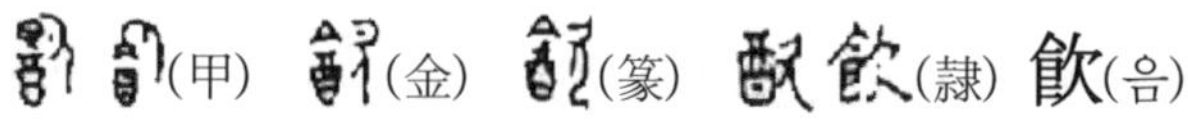
(甲) (金) (篆) (隸) 飮(음)

자형은 고개를 숙이고 입을 벌려 술잔 속의 술을 마시는 것을 나타낸다. 고문자에는 "舌"(설)자는 · 등의 모양으로 되어 있다. 위에 인용한 첫째 모양에서 거꾸로 선 입 아래의 는 혀를 대표한다는 것을 알 수 있다. 이 글자는 후에 "今"(금)성을 덧붙여 형성자가 되었지만, 그러나 예서에서는 또 회의자로 간화되었다. 위에 인용한 전문은 한대의 인장에서 취한 것이고, ≪설문≫에는 "欠"의 모양이 이미 와변되었다.

(甲) (篆) 旣(기)

먹고 마시는 것이 끝났음을 나타내기 때문에 사람의 모양의 윗 부분의 세로로 된 입"口"가 음식을 향하지 않고 몸의 뒷부분을 향하고 있다. 위에 인용한 전문은 삼체석경(三體石經)에서 취한 것이고, ≪설문≫에 로 되어 있는 것은 와변된 형체이다.

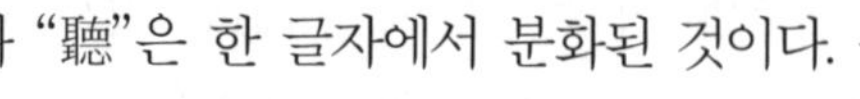
(甲) (金) (篆) 聖(성)

"聖"과 "聽"은 한 글자에서 분화된 것이다. 두 글자는 고음이 서로 가깝고 고서 중에서는 통용된 예가 있다. 위에 인용한 갑골문은 사실은 또한 "聽"으로 해석할 수도 있다. 갑골문의 "聽"자는 일반적으로 "耶"으로 되어 있는데(≪삼체석경(三體石經)≫의 고문도 같다) 귀로 남의 입에서 나는 소리를 듣는 것을 나타낸다. 위에 인용한 갑골문 "聖"자의 둘째 모양과의 차이는 단지 사람의 형체가 있는가의 여부에 달려 있을 뿐이므로 양자는 본래 마땅히 한 글자의 이체였을 것이다. 위에 인용한 갑골문의 첫째의 모양은 사람의 형체에 "耳"를 덧붙였다. 조자 방법이 서로 비슷한 "見"자로 유추한다면 바로 마땅히 "聽"의 초문일 것이다. 이 글자가 따르고 있는 사람의 형체는 후에 "壬"으로 변하여 "𦔻"자와 예가 같다("聽"자의 왼쪽 반이 耳이다. ≪편해(篇海)≫에 "耳壬"을 고문의 "聽"자라고 한 것은 아마 근거로 삼은 것이 있을 것이다). 언어의 각도에서 본다면, 성인 {聖}은 들을 {聽}에서 파생되어 나온 하나의 사(詞)이고 본의는 아마 밝을 {聰}에 가까웠을 것이다.

(甲) (篆) 企(기)

≪설문≫에는 "'企'는 발뒤꿈치를 든다는 뜻이다(企, 擧踵也)"라고 하였다. 기망(企望)은 본래 발을 딛고 바라본다는 뜻이다. 자형은 사람의 모양 아래 발 모양을 덧붙임으로써 뜻을 나타내있다.

(金) (篆偏) 走(주)

大는 사람이 급히 걸어갈 때 두 팔을 매우 심하게 흔드는 모양을 본뜬 것으로 후에는 "夭"(요)자로 변하였다. "走"의 본의는 종종걸음을 치는 것에 가까웠기 때문에(≪석명(釋名)·석자용(釋姿容)≫에는 "천천히 가는 것을 '步'라고 하고(徐行曰步)" "빨리 가는 것을 '趨'라고 하고(疾行曰趨)" "빨리 달리는 것을 '走'라고 한다(疾趨曰走)"라고 하였다), 자형은 "大" 아래에 "止"를 덧붙임으로써 뜻을 나타내었다. ≪설문≫중에는 "夭"자 및 "走"자가 따르고 있는 "夭"는 모두 이미 大로 와변되었다. 위에 인용한 전문의 편방은 한대의 인장에서 취한 것이다.

(金) (石鼓文) (隷) 奔(분)

"奔"은 "走"보다 더욱 급하고 빠르기 때문에 자형은 "夭" 아래에 세 개의 "止"를 덧붙임으로써 뜻을 나타내었다. 후에 세 개의 "止"는 형체가 가까운 "卉"으로 고쳐졌다(≪설문≫에는 "奔"은 "賁"의 생성(省聲)을 따른다고 하였는데, "賁" 자체가 "卉"성을 따른 글자이므로 "奔"자도 또한 마땅히 "卉"성을 따르는 것이라고 분석해야 할 것으로 보이지만 "卉"과 "奔"·"賁"의 음은 그렇게 서로 어울리지는 않는다). "夭" 방은 예서와 해서에서는 "大"로 간화되었다.

(甲) (篆) 臭(취)

냄새맡을 "嗅"(후)(≪설문≫에는 "齅"(후)라고 되어 있다)의 초문이다. 개는 후각이 예민한 것으로 유명하기 때문에 "臭"자는 "犬"을 따르고 "自"를 따른 것이다. "自"는 본래 코[鼻]의 모양을 본뜬 것이다(제1장 참조). 향취(香臭)의 {臭}는 냄새맡을 {臭}(嗅)의 인신의이다.

(甲) (金) (篆) 鳴(명)

닭은 잘 우는 것으로 유명하기 때문에 갑골문의 "鳴"자는 닭의 모양의 곁에 "口"를 덧붙임으로써 뜻을 나타내었다. 후에는 닭의 모양이 "鳥"방으로 대체되었다.

(篆) 吠(폐)

≪설문≫에는 "'吠'는 개가 운다는 뜻이다. '犬'과 '口'를 따른다('吠', 犬鳴也. 从'犬'·'口')"라고 하였다.

(篆) 狊(격)

≪설문≫에는 "'狊'은 개가 노려보는 모양이다. '犬'과 '目'을 따른다('狊', 犬視皃. 从'犬'·'目')"라고 하였다. "狊"은 음이 jú(격)으로 숙어 "고요하여 한 사람도 없다(闃無一人)"의 "闃"(격)은 "狊"을 성방으로 삼은 것이다.

(篆) 瞿(구)

≪설문≫에는 "'瞿'는 매와 새매가 노려본다는 뜻이다('瞿', 鷹隼之視也)"(이러한 뜻은 jù(구)라고 읽는다)라고 하였다. <모공정(毛公鼎)>의 "趯"(구)자가 따르고 있는 "瞿"는 로 되어 있어 하나의 "目"을 따르고 있다.

(六國古印) 皐(촉)

"觸"(촉)의 이체이다(또한 "觸"의 초문일 가능성이 있다). 소는 뿔로 서로 부딪치는 것을 좋아하기 때문에 자형은 "牛"에 "角"을 덧붙임으로써 뜻을 나타내었다.

이러한 회의자들은 일반적으로 역시 고문자 단계에서 만들어진 것이다. 그 가운데 주체와 기관을 본뜬 글자나 혹은 형부를 연결시켜 하나의 체로 만든 글자들, 예컨대 "見"(견)·"𦣻"(정)·"欠"(흠)·"旣"(기)·"監"(감)·"飮"(음) 등의 자형에 상당히 농후한 그림의 맛이 있는 것은 나타난 시대가 모두 매우 이르다. 한자가 완전히 비상형적인 것으로 변한 후에도 가끔 또 "鳴"(명)·"吠"(폐)와 같은 글자들을 만들었는데, 예컨대 염소가 우는 소리라고 풀이하는 "咩"(미)자가 그러한 것이다.

#### 4) 같은 편방을 중복시켜 만든 회의자

같은 편방을 중복시켜 만든 표의자는 결코 모두가 회의자는 아니다. 어떤 글자, 예컨대 "艸"와 "絲"는 그것들의 편방과 번체·간체의 관계이므로 마땅히 상물자(象物字)로 보아야 한다. 설사 회의자라도 또한 반드시 이 부류에 속하는 것으로 보이지는 않는다. 예컨대 한 사람이 다른 한 사람을 따라가는 것을 본뜬 "从"자는 도형식 회의자이다. 그러나 대다수의 같은 편방을 중복시켜 만든 글자들은 이 부류에 넣을 수 있다. 다음에 약간의 예를 든다.

(篆) 玨(각)

≪설문≫에는 "두 개의 옥이 서로 합한 것을 한 '玨'이라고 한다(二玉相合爲一玨)"라고 하였다.

(甲) 林(림)

나무가 무리를 지어 나 있는 것을 '林'이라고 하는데 두 개의 "木"을 따랐다.

(篆) 卉(훼)

≪설문≫에는 "'卉'는 풀의 총칭이다(卉, 艸之總名也)"라고 하였다. 세 개

의 "屮"(초)를 따랐다.

(篆) 茻(망)

≪설문≫에 따르면 "茻"은 풀 "莽"의 본자이지만(≪설문≫에는 "莽"자의 본의에 대하여 "남창(南昌)에서는 개가 풀 속에서 토끼를 잘 뒤쫓는 것을 '莽'이라고 한다(南昌謂犬善逐兔艸中爲莽)"라고 하였다). 그러나 고서 가운데는 이 글자가 보이지 않는다. 이미 발견된 고문자에서는 "茻"은 단지 편방으로만 사용되었을 뿐이고 또 뜻은 "艸"와 차이가 없는 것 같다.

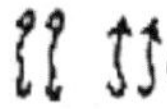(甲) (篆) 蚰(곤)

≪설문≫에 따르면 "蚰"은 곤충 "昆"(곤)의 본자이지만, 고서 가운데는 이 글자가 보이지 않는다. 갑골문의 "蚰"과 ≪설문≫의 "蚰"이 결국 한 글자인지의 여부는 아직 연구해야 할 것이다.

(篆) 蟲(충)

세 개의 "虫"을 따랐다. 간화자에는 "虫"으로 되어 있다.

(金) (篆) 毳(취)

≪설문≫에는 "'毳'는 짐승의 가는 털이다. 세 개의 '毛'를 따랐다('毳', 獸細毛也. 从三毛)"라고 하였다.

(篆) 磊(뢰)

≪설문≫에는 "'磊'는 돌이 많다는 뜻이다(단옥재의 주에는 "也"를 "皃"로 고쳤다). 세 개의 '石'을 따랐다('磊', 衆石也. 从三石)"라고 하였다. ≪설문≫에는 "石"자의 전형(篆形)이 ""으로 되어 있는데 금석상의 전문과 부합하지 않으므로 이제 바로잡았다. "石"은 본래는 으로 되어 상물자(象物字)로 볼 수 있다. "口"방은 후에 덧붙인 것으로써 아마 단지 "石" 자와 모양이 비슷한 글자를 서로 구별하는 작용을 했을 것이다.

(篆) 森(삼)

≪설문≫에는 "'森'은 나무가 많은 모양이다('森', 木多皃)"라고 하였다. 세 개의 "木"을 따랐다.

淼(묘)

물이 큰 모양으로 세 개의 "水"를 따르고 있는데 또한 "渺"라고도 쓴다(그러나 "渺小"는 "淼小"라고 쓸 수 없다). "淼"자는 ≪설문≫의 본문에는 보이지 않고 대서본(大徐本) ≪설문≫에는 "신부자(新附字)" 중에 수록되어 있다.

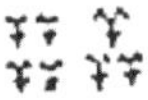(甲) (篆) 羴(전)

"膻"(전)의 초문이다. ≪설문≫에는 "'羴'은 염소의 냄새이다. 세 개의 '羊'을 따랐다(羴, 羊臭也. 从三羊)"라고 하였다. 갑골문의 "羴"자와 ≪설문≫의 "羴"자가 결국 한 글자인지의 여부는 아직 연구해야 할 것이다.

(金) (篆) 鱻(선)

신선하다는 "鮮"의 본자이다(≪설문≫에 따르면 "鮮"은 본래는 일종의 물고기의 이름이다. 신선하다는 "鮮"은 "鱻"으로 가차된 것이다). "鱻"자의 원시적인 뜻은 신선한 물고기의 냄새로서 "羴"이 염소의 냄새인 것과 마찬가지였을 가능성이 있다.

(篆) 猋(표)

≪설문≫에는 "'猋'는 개가 달리는 모양이다. 세 개의 '犬'을 따랐다(猋, 犬走皃. 从三犬)"라고 하였다.

(篆) 麤(추)

≪설문≫에는 "'麤'는 아주 멀리 간다는 뜻이다. 세 개의 '鹿'을 따랐다(麤, 行超遠也, 从三鹿)"라고 하였다. 고서 중에서 "麤"자는 대부분 거칠다는 {粗}(조)를 나타내는 데 가차되었다. 현재는 이미 그것을 이체로 생각하여 "粗"자에 합병하여 넣었다.

犇(분)

≪광운(廣韻)≫에는 "소가 놀란다는 뜻이다(牛驚)"라고 풀이하였지만 일

반적으로는 달아날 "奔"(분)의 이체로 사용한다.

(篆) 轟(굉)

≪설문≫에는 "'轟'은 여러 수레들의 소리이다. 세 개의 '車'를 따랐다(轟, 群車聲也. 从三車)"라고 하였다. 간체자는 "轰"으로 되어 있다.

같은 편방을 중복시켜 만든 회의자에서 어떤 글자들의 자형은 또한 편방 사이의 위치 관계를 이용하였다. 예컨대, 같은 "朿"(cì : 치)로 구성된 글자라도 편방이 병렬된 것은 "棘"(극)자이고 위와 아래가 중첩된 것은 대추 "棗"(조)자이다("棘"은 곧 멧대추나무[酸棗(산조)]로서 가시가 많은 떨기 나무이다. "棗"는 멧대추나무보다 훨씬 크다. 그러나 금문의 "女棗"·"𣞗" 등의 글자로 본다면 "棗"자는 원래 2개의 "朿"를 따르지 않은 것 같다). "炎"(염)자는 ≪설문≫에는 "불빛이 올라간다는 뜻이다(炎光上也)"라고 풀이하였고, "矗"(촉)자는 "곧게 서 있다(直立)"·"높이 솟아 있다(高聳)"라고 풀이하고 있으므로 편방의 위와 아래의 중첩도 역시 모두 의미가 있는 것으로 볼 수 있다. 이러한 글자들은 또한 아닌 게 아니라 B류의 회의자 중에 넣을 수도 있다.

### 5) 편방을 연독(連讀)하여 말을 이루는 회의자

이것은 제2장에서 언급한 바 있는 "歪"(왜)와 같은 글자이다. 그것들은 2개 이상(절대다수가 2개다)의 연독하여 말을 만들 수 있는 글자로 구성되어 있는데 연독하여 이루어진 말은 자의를 설명하거나 혹은 암시할 수 있다. 예컨대 다음과 같다.

(篆) 凭(빙)

≪설문≫에는 "'凭'은 궤(几)에 기댄다는 뜻이다. '几'를 따르고 '任'을 따른다('凭', 倚几也. 从'几'从'任')"(단옥재의 주에는 "任·几를 따른다(从任·几)"라고 고치고 아울러 "'任几'는 '倚几'라고 하는 것과 같다(任几猶言倚几也)"라고 하였다)라고 하였다.

(篆) 劣(렬)

≪설문≫에는 "'劣'은 약하다는 뜻이다. '力'과 '少'를 따른다('劣', 弱也. 从'力'·'少')"라고 하였다.

(篆) 扁(편)

≪설문≫에는 "'扁'은 쓴다는 뜻이다. '戶'와 '冊'을 따른다. '戶冊'이란 문에 쓰는 글자이다('扁', 署也. 从'戶'·'冊'. 戶冊者, 署門戶之文也)"라고 하였다. 이러한 뜻은 현재는 "匾"자로 나타낸다.

(篆) 尟(선)

드물다는 "鮮"(선)의 본자이다. ≪설문≫에는 "'尟'은 이것이 적다는 뜻이다. …… '是'·'少'를 따른다('尟', 是少也. …… 从'是'·'少')"라고 하였다. "尟"은 이체로 "尠"(선)이라고 되어 있는 것이 있는데 "甚·少"를 따르고 회의이다. "尟"과 "尠"은 현재는 모두 이미 "鮮"자에 합병되었다.

暹(섬)

≪광운≫에는 "'暹'은 햇빛이 올라간다는 뜻이다(暹, 日光升也)"라고 하였다. "日·進"을 따르고 회의이다.

昶(창)

≪설문≫ 신부자(新附字)에는 "'昶'은 해가 길다는 뜻이다. '日'과 '永'을 따르고 회의이다(昶, 日長也. 从'日'·'永'會意)"라고 하였다.

甦(소)

소생하다의 "蘇"는 혹은 "甦"라고 쓰는데 "更·生"을 따르고 회의이지만 현재는 이미 "蘇"자에 합병되었다.

楞(릉)

가(결)의 뜻인 "棱"의 이체로서("威棱"·"模棱" 등의 사(詞) 중의 "棱"은 일반적으로 "楞"이라고 하지 않는다), "四·方·木"의 세 글자로 구성되어 있다.

그밖에, 예컨대 "挐"자에서 분화된 "拿"(나)("合·手"를 따른다), "膻"(전)

의 이체인 "鞵", 좋지 않다는 뜻으로 쓰는 "孬"(nāo, 노), 완자탕의 "汆"(cuān, 찬), "塵"(진)의 간화자인 "尘"("塵"을 세속에서 "尘"이라고 쓰는 것은 이미 ≪집운(集韻)≫에 보인다), "糴"(적)과 "糶"(조)의 간화자인 "籴"("糴"을 세속에서 "籴"라고 쓰는 것은 이미 ≪광운≫과 ≪집운≫에 보인다)과 "粜"(≪강희자전(康熙字典)≫에는 "粜"는 ≪광운≫에 보인다고 하였지만 ≪광운≫에 수록된 "糶"자의 속체는 실은 "粜"로 되어 있고, ≪집운≫도 역시 같으며, ≪용감수감(龍龕手鑑)·출부(出部)≫에 비로소 "粜"자가 수록되어 있다) 등등은 모두 이 부류에 속하는 회의자이다.

≪설문≫에는 또 연독하여 말을 만들 수 있는 네 개의 글자를 합쳐서 만든 회의자 곧 "曝(폭)"의 초문 "㬥"과 사나울 "暴(포)"의 본자 "暴"가 있다.

㬥(폭)

"'㬥'은 마른다는 뜻이다. '日'을 따르고 '出'을 따르고 '廾'를 따르고 '米'를 따른다('㬥', 晞也. 从'日'从'出'从'廾'从'米')"(단옥재의 주에는 "해가 나와서 손을 받들어 쌀을 들고 그것을 말리는 것으로 네 글자를 합친 회의이다(日出而竦手擧米曬之, 合四字會意)"라고 하였다)라고 하였다.

暴(포)

"'暴'는 빨리 가는 바가 있다는 뜻이다. '日'과 '出'을 따르고 나아가서 받드는 것이다('暴', 疾有所趣也. 从'日'·'出', 夲廾之)"("夲"는 음이 tāo(도)로서 "本"과는 다른 글자이다. ≪설문≫에는 "夲"를 "나아가다(進趣)"라고 풀이하였다)라고 하였다.

"㬥"자는 예서에서는 대부분 "暴"이라고 생략되었고, 빠르다는 {暴}도 예서에서는 또한 대부분 "暴"자로 나타내었다. 후에는 "暴"은 또 "暴"로 간화되었다.

그러나 ≪설문≫의 "曝" 자의 초문과 빠르다는 "暴"의 본자에 대한 분석은 모두 문제가 있다. 이 두 글자가 따르고 있는 "㞢"은 ≪설문≫의 "出"자의 전문과 동형이 아니다(청인(淸人)들이 간행한 ≪설문≫에는 대부분 "㞢"을 "出"로 고쳤는데 송본은 결코 그렇지 않다). <증후을묘(曾侯乙墓)>의 죽간 문자에는

"市"를 따르고 "𣆉"성인 글자가 있다. 𣆉는 두 손으로 초목 따위의 물건을 쥐고 해 아래에서 쪼이는(말리는) 것을 본뜬 것이다. 마땅히 "暴"의 초문으로 "㬥"라고 예정(隸定)할 수 있을 것이다(연(燕)의 옛 인장에는 "日"을 따르고 "𡴘"을 따르고 있는 글자가 있는데, 의심컨대 역시 마땅히 "㬥"라고 풀이해야 할 것이다). ≪설문≫에는 "𣋡"(포)자와 "㬧"자를 모두 "暴"의 생성(省聲)을 따르는 것으로 분석하고 있는데, 이 두 글자는 본래는 모두 "㬥"성을 따랐을 가능성이 있다. "暴"은 마땅히 "㬥"에 "米"방을 덧붙여 만든 후기자(後起字)이지 결코 "'日'·'出'·'収'·'米'를 따르는(从'日'·'出'·'収'·'米')" 회의가 아니었을 것이다. "暴"도 또한 마땅히 "㬥"성을 따르는 글자이지 결코 "'日'·'出'을 따르고 나아가 그것을 받드는(从'日'·'出', 夲収之)" 회의가 아니었을 것이다(이 글자는 <역산각석(嶧山刻石)>에는 𣉷로 되어 있는데 가운데의 세로가 서로 잇닿아 있고 끊어지지 않았으므로 또한 본래는 "㬥"의 이체였을 가능성이 있다). 그러므로 연독하여 말을 이룰 수 있는 네 글자를 합하여 만든 회의자는 실제로는 존재하지 않는다("暴"자가 "㬥"의 모양으로 되어 있는 것은 이미 한대 초기의 문자 자료에 보이므로 그 출현 시기는 마땅히 한대보다 이를 것이다. 진대(秦代) 죽간의 "暴"자는 "暴"으로 썼는데 중간의 "共"은 마땅히 "𡴘"이 생략되고 변하여 만들어졌을 것이다. 그러나 한대 인장의 "暴"의 전문은 도리어 다수는 𣉷, 𣉷 등의 모양으로 되어 있고 "日" 아래에 "𡳿"이 없다. 그 자형은 두 손으로 쌀을 받들어 해 아래에서 쪼이는 것으로 A류 혹은 B류의 회의자로 볼 수 있다. 한대 예서의 "暴"자가 간혹 "㬧"로 되어 있는 것은 이러한 자형을 계승한 것이다. 만약 이러한 자형이 "暴"의 간체가 아니고 비교적 이른 내원이 있다면 "暴"은 또한 "㬥"와 "㬧"의 두 종류의 자형이 뒤섞여 만들어졌을 가능성도 있다).

이미 폐기된 고대의 속체자(俗體字)에는 이 부류에 속하는 회의자가 적지 않다. 예컨대, 선인(先人)이 "老"(𠒎)이고, 교묘한 말[巧言]이 "辯"("䛒"는 또 잘못하여 "䛒"이라고도 하였다)이고, 좇아오는[追來] 것이 "歸"("𨑨"는 "歸"와 모양이 가깝다)이고, 백 되[百升]가 "斛"(𣁶, 이상은 남북조 때에 통행되었다)이고, 적지 않은[不少] 것이 "多"(𡭗)고, 길지 않은[不長] 것이 "矮"(𠀋)이고, 밝지 않은[不明] 것이 "暗"(𣉙)이고, 큰 옷이 "寬"("㚒", 이상은 ≪용감수감(龍龕手鑑)≫에 보인다)이고, 집안을 망치는[敗門] 것이 "嫖"(𨳝)이고, 처음 낳은[初生] 것이 "嫩"(𣃦)이라는 등등이 그러한 것들이다.

편방을 연독하여 말을 만드는 회의자의 절대다수는 한자가 완전히 비상형적인 것으로 변한 후에 비로소 만들어진 것으로 고문자에서는 매우 보기 드물다.

6) 기 타

회의자에는 또 이상의 각각의 부류에 넣을 수 없는 글자들이 적지 않다. 예컨대 다음과 같다.

(甲) 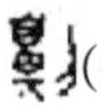(篆) 劓(의)

"劓"는 코를 벤다는 뜻이다. 갑골문의 "劓"자는 "刀"를 따르고 "自"를 따르는 회의인데, 전문에서는 "自"를 "鼻"로 고쳤다("鼻"가 따르고 있는 "畀"(비)가 ≪설문≫에는 로 되어 있는 것은 와변(訛變)된 형체로서 이미 한대 인장 등의 전문에 의거하여 바로잡았다).

(篆) 删(산)

고대에는 죽간과 목간에 문자를 썼고 깎아내고 고칠 때는 칼로 글자를 삭제하였기 때문에 "删"자는 "刀"를 따르고 "冊"을 따르며 회의이다.

(篆) 魝(계)

≪설문≫에는 "'魝'는 초(楚) 사람들은 물고기를 다스리는 것이라고 한다. '刀'를 따르고 '魚'를 따른다('魚刂', 楚人謂治魚也. 从'刀'从'魚')"라고 하였다. "魝"의 음은 jiè(계)이고 "薊"(계)자는 "魝"성을 따르는 것이다(형성자인 "魛魚"의 "魛"는 "刀"방이 모양이 변하지 않았기 때문에 "魚刂" 자와는 구별된다). 만약 "도형식(圖形式)"이라는 말의 함의를 좀 더 넓게 이해한다면 "劓"·"删"·"魝"와 같은 글자는 또한 아닌게 아니라 A류의 회의자에 넣을 수도 있다.

掃(소)

"手"를 따르고 "帚"(추)를 따르며 비를 가지고 쓸어낸다는 뜻을 나타낸다.

≪설문≫에는 "埽"(소)로 되어 있는데 비로 더러운 흙을 쓸어 없앤다는 뜻을 나타낸다(≪설문≫의 "埽"와 제소(堤埽 : 대나무로 엮은 가마니 같은 것에 흙을 채워 넣은 것으로 호안공사(護岸工事) 등에 사용된다)의 "埽"는 동형자(同形字)이다. 선진(先秦)의 고음으로 본다면 "帚"와 "掃"는 음이 가깝기 때문에 "掃"와 "埽"는 또한 회의 겸 형성자로 볼 수도 있을 것이다).

**擤**(형)

"擤"(xǐng)의 이체이다. "手"를 따르고 "鼻"를 따르며 손으로 코를 푼다는 뜻을 나타낸다.

**掰**(배)

손으로 물건을 나누거나 혹은 절단한다는 뜻이다. 두 개의 "手"를 따르고 "分"을 따르며 회의이다("掰"의 음은 bāi이고 쪼갠다는 "擘"(벽)의 구어음(口語音)이다. ≪신화자전(新華字典)≫·≪현대한어사전(現代漢語詞典)≫ 등에는 "擘"을 "掰"의 이체라고 하였다).

(甲) (篆) 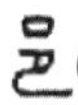(隸) **邑**(읍)

"邑"은 사람들이 사는 곳이므로 구역을 나타내는 "口"의 아래에 꿇어앉아 있는 사람의 모양을 덧붙임으로써 뜻을 나타내었다. 해서 중에서는 의부(意符)로 사용되는 오른쪽의 "邑"방은 일반적으로 "阝"라고 쓴다.

(甲) (篆) **啚**(비)

"鄙"의 초문이다(≪설문≫에서 "啚"와 "鄙"를 두 글자로 나눈 것은 타당하지 않다. 속자에는 "啚"를 "圖"라고 한 것이 있다. 한자가 간화되기 전에도 많은 사람들은 "啚"를 "圖"의 가차로 사용하였다). 고대에는 도읍의 사방 주위의 땅을 "鄙"라고 불렀는데 "鄙"의 사람들은 주로 농업 생산에 종사했기 때문에 자형은 "口" 아래에 "亩"("倉廩"(창름 : 곳간)의 "廩"의 초문이다)을 덧붙임으로써 뜻을 나타내었다.

(篆) **占**(점)

"占"의 본의는 복조(卜兆)를 관찰함으로써 길흉을 점치는 것으로서 "卜"

을 따르고 "口"를 따르며 회의이다.

(篆) 銜(함)

≪설문≫에는 "'銜'은 말굴레가 입 속에 있다는 뜻이다(말굴레가 말의 입 속에 있는 부분을 가리키는데 현재의 이른바 재갈에 해당한다). "金"을 따르고 "行"을 따른다. "銜"은 말을 가게 하는 것이다(銜, 馬勒口中. 从'金'从'行'. 銜, 行馬者也)"(선진 시대의 고음으로 본다면 "金"·"銜"은 음이 가깝기 때문에 "銜"은 또한 회의 겸 형성자로 볼 수도 있다)라고 하였다.

(甲) 明(명)

갑골문에는 "囧"(경)을 따르는 "明"도 있고 또한 "日"을 따르는 "明"도 있다. 육국(六國) 문자에는 "明"자를 사용하였다(제4장 제3절 · 제5절 참조).

(甲) (金) (篆) 名(명)

≪설문≫에는 "'名'은 스스로 이름을 부른다는 뜻이다. '口'를 따르고 '夕'을 따른다. '名'이란 '冥'의 뜻이다. 어두우면 서로 보이지 않기 때문에 입으로 스스로 이름을 부르는 것이다(名, 自命也. 从'口'从'夕'. 名者, 冥也. 冥不相見, 故以口自名)"라고 하였다.

斌(빈)

"彬"의 이체이다. 고대에는 "彬彬"으로 사람이 문채(文)와 바탕(質)이 함께 갖춰져 있는 것을 형용하였다. 의심컨대 "斌"자를 만든 사람은 "文 · 武"로 "文 · 質"을 대신했을 것이다.

灶(조)

"竈"의 속자(俗字)로 ≪오음집운(五音集韻)≫에 보이는데 간화자에 채용되었다. 아궁이를 쌓는 데는 흙을 사용하고 아궁이 속에서 불이 생기기 때문에 이 글자는 "火"를 따르고 "土"를 따르며 회의이다.

芼(필)

"筆"의 혹체(或體)로 ≪집운≫에 보이는데 간화자에 채용되었다. 붓자루는 대로 만들고 붓끝은 털로 만들기 때문에 이 글자는 "竹"을 따르고 "毛"를 따르며 회의이다.

회의자의 예는 여기까지 든다.

## 6. 변체자(變體字)

이 부류의 글자들은 어떤 한 글자의 자형을 개변시키는 방법으로 뜻을 나타내는 것으로서 수는 많지 않다. 자형을 개변시키는 방법은 주로 두 가지 곧 필획을 증감시키는(일반적으로는 필획을 줄이는 것이다) 것과 방향을 개변시키는 것이 있다.

먼저 첫째의 예를 든다.

(篆) 片(편)

≪설문≫에는 "'片'은 쪼갠 나무이다. 반쪽 나무를 따른다('片', 判木也. 从半木)"라고 하였다. "木"자의 전문은 으로 되어 있는데 그 오른쪽만을 취하면 (片)자가 된다. 나무 조각은 나무를 쪼개어 만드는 것이기 때문에 "片"의 자형은 "木"자의 한 쪽을 취하였다. 그밖에 전국 시대에서 한대 초기까지에 또 어떤 사람은 반쪽 "木"의 모양을 "析"자로 사용하였다(장사(長沙) 앙천호(仰天湖) 초간(楚簡)과 마왕퇴(馬王堆) 백서(帛書) ≪노자(老子)≫ 을본(乙本) 가운데 "策"(책)자의 이체인 "箖"이 따르고 있는 "析"방은 모두 반쪽 "木"의 모양으로 되어 있다. 그밖에 <증후을묘(曾侯乙墓)>에서 나온 과명(戈銘)에는 "析"이 으로 되어 있고, 전국(戰國) <중산왕묘(中山王墓)>의 동호(銅壺)의 명문(銘文)에는 "箖"자의 "析"방이 으로 되어 모두 반쪽 "木"을 따르고 "斤"을 따르고 있다. 동한 비각(碑刻)의 예서에는 "析"자는 여전히 "片斤" 혹은 "木片"이라고 쓴 것이 있다. 이것은 아마도 육국 문자가 예서에 영향을 미친 하나의 예로 볼 수 있을 것이다).

㝵(礙)(애)

고문자에서 본다면 "得"과 "㝵"는 한 글자의 이체이다(회의자의 A류 "得"자 조를 참조). 그러나 동한 이후 어떤 사람들은 도리어 "㝵"를 "礙(碍)"의 이체로 사용하였다(동한의 비각 <양군석문송(楊君石門頌)>에는 "㝵"를 "礙"라고 하였는데 "㝵"는 곧 예서의 "得"자의 오른쪽 편방이다. 남북조 이후 사람들은 때때로 "礙"를 "㝵"라고 썼다. 후에는 또 "㝵"에 "石"방을 덧붙여 "碍"자를 만들었으며 현재는 이미 간화자에 채용되었다). "礙"자로 사용된 "㝵"는 "得"자의 "彳"방을 없애버림으로써 장애가 있으면 얻을 수 없다는 뜻을 나타냈기 때문에 마땅히 변체자로 보아야 할 것이다.

### 㥁(惡)(악)

"㥁"은 "德"자의 오른쪽 편방의 속된 서사법이다. ≪설문≫에 따르면 "德"은 본래 "彳"(척)을 따르고 "㥀"(덕)성인 글자로서 본의는 "升"이다. "㥀"자는 "直"을 따르고 "心"을 따르며 회의로(단옥재의 주에는 "直"은 역성(亦聲)이라고 하였다), 도덕의 "德"의 본자이다(고문자로 본다면 "德"은 "心"을 따르고 "徝"성인 글자인 것 같고, "升"은 결코 그 본의가 아니며, "㥁"은 "德"의 생략된 형체인 것 같다). 그러나 남북조 사람들은 때로는 도리어 "惡"을 "㥁"이라고 썼다. "惡"은 "德"의 반대로서 "德"자의 "彳"방을 없애버림으로써 "惡"을 나타내었는데 그 뜻은 "㝵"을 "礙"라고 한 것과 서로 비슷하다(남북조 시대의 "惡"자의 비교적 흔히 보이는 속체는 "㥁"이다. ≪안씨가훈(顔氏家訓)・서증(書證)≫에서 말하고 있는 "'惡' 위에 '西'를 둔다('惡'上安'西')"는 것은 이러한 속체를 가리켜 말한 것이다. 동한의 비각에는 또 "悪"이라고 되어 있는 "惡"자가 있는데 <양군석문송> 등에 보인다. 이 두 가지의 "惡"자의 상반부는 "亞"의 와형(訛形)일 가능성도 있고 또 "㥁"이 따르고 있는 "㐭"의 와형일 가능성도 있다. 동한 비각상의 "德"자는 때로는 "德"이라고 썼는데 <형방비(衡方碑)>・<장천비(張遷碑)> 등에 보인다. 그러므로 "㥁"을 "惡"으로 한 것은 동한 시대에 이미 시작되었을 가능성이 있다).

앞에서 복잡상물자(複雜象物字) "枼"을 말할 때 언급한 바 있는 "世"자는 그 탄생의 경로로 말한다면 "枼"자의 필획을 감소시킨 변체자로 볼 수 있다. ≪설문≫에는 밭도랑 "畎"(견)은 "𡿨"로 되어 있고 봇도랑 "澮"(회)는 "巜"로 되어 있는데 "巛"(川 : 천)자의 필획을 감소시킨 변체자로 볼 수 있다.

(孑 : 혈)과 (孓 : 궐)은 (子)자의 필획을 감소시킨 변체자로 볼 수 있다. 그밖에, 예컨대 동한 이후에 한 번 사용된 적이 있는 "寂"자의 속체 "冡"("家"자에서 "豕"방의 오른쪽의 "人"자와 모양이 가까운 두 필획을 제거하여 집안에 사람이 없음을 나타낸 것이다)와 근대 방언의 글자 가운데 없다고 해석하는 "冇"("有"자에서 "月"방의 중간의 두 획을 없애버린 것이다)도 또한 모두 이 부류에 넣을 수 있다.

어떤 사람은 "甩"(shuǎi) 역시 변체자로서 '用'자의 중간의 한 세로 획을 오른쪽으로 길게 당겨 방향을 크게 바꾸어 "甩"자를 만들어 쓸모 없는 물건을 내버리는 것을 나타낸 것이라고 보았다(양동한(梁東漢), ≪한자의 결구 및 그 유변(漢字的結構及其流變)≫, 112쪽).

다음에는 또 자형의 방향을 개변시킨 변체자를 말한다.

≪설문≫의 해석에 따르면 적지 않은 글자들은 어떤 글자를 거꾸로 써서 만든 것이다(여기에서 말하는 거꾸로 쓴다[反寫]는 것에는 좌우와 상하가 포함되어 있다). 그러나 실제로는 이러한 글자들은 대부분 결코 이와 같이 만든 것이 아니다. 그 상황은 대체로 세 종류로 나눌 수 있는데 다음에 각각 예를 들어 설명한다.

1) 어떤 글자는 비교적 이른 고문자의 자형에서 본다면 ≪설문≫에서 그것이 따라 나왔다고 보는 그 자형과 결코 일정일반(一正一反)의 관계가 없다.

예컨대, ≪설문≫에는 "㠯"( : 以)는 "巳"( : 사)를 거꾸로 한 것을 따랐다고 하였다. 그러나 갑골문의 "㠯"자는  혹은 로 되어 있고(""는 후에 "以"로 연변되었다. "以"와 "㠯"는 본래 한 글자다. 어떤 사람은 "以"와 "似"의 고체 "佀"는 한 글자라고 생각하는데 확실하지 않다), "巳"자는 로 되어 있어 양자의 자형은 결코 관계가 없다. ≪설문≫에는 "帀"(은 지금은 "匝"(잡)으로 되어 있다)는 "之"()를 거꾸로 한 것을 따랐다고 하였다. 그러나 갑골문의 "之"자는 로 되어 있고, "帀"은 로 되어 있어 양자의 자형도 역시 관계가 없다. ≪설문≫에는 "旡"(, 곧 "旣"자의 오른쪽 편방으로 "无"(無)와는 차이가 있다)는 "欠"()을 거꾸로 한 것을 따랐다고 하였다. 사실은 "欠"은 본래 [glyph] 혹은 [glyph]로 되어 있고, "旡"는 본래 [glyph]로 되어 있어 이 두 글자는 단지 윗부분의 "口"형의 방향만이 상호간에 거꾸로 되어 있을 뿐이고 전체의 자형은 결코 일정일반(一正一反)의 관계는 없다. 전국 시대의 중산왕묘(中山王墓)의 동호(銅壺)에는 "乏"(핍)자는 [glyph]으로 되어 있다. 살펴보건대 ≪좌전(左傳)·선공(宣公) 15년≫에 보이고 아울러 ≪설문≫에 채용되어 있는 "'正([glyph])'을 거꾸로 한 것이 '乏([glyph])'이다(反'正'([glyph])爲'乏'([glyph]))"라는 설명은 대개 역시 믿을 수 없는 것이다.

2) 어떤 글자는 실제로는 단지 뜻을 나타내는 편방으로만 사용될 뿐이고 결코 독립하여 글자가 될 수 없다.

예컨대, ≪설문≫에는 "[glyph]"는 "止"를 거꾸로 한 것을 따른 것이라고 하였다. 사실은 "止"와 "[glyph]"는 각각 사람의 왼발과 오른발을 본뜬 것으로 "[glyph]"는 결코 독립하여 글자가 될 수 없다(제3장 제2절 참조). ≪설문≫에는 "[glyph]"은 "邑"을 거꾸로 한 것을 따른 것이라고 하였다. "[glyph]"은 단지 현재는 "[glyph]"(鄉) 등의 개별적인 글자에만 나타날 뿐이므로 역시 독립하여 글자가 될 수 없다.

3) 어떤 글자는 ≪설문≫에서 그것이 따라 나온 것이라고 본 그 글자와는 본래는 서로 같은 자형을 사용했지만, 후에 비로소 자형의 방향을 이용하여 그것들을 두 개의 글자로 분화시켰다.

예컨대, ≪설문≫에는 "𠂢"([glyph], 곧 "派"의 초문이다)는 "永"([glyph])을 거꾸로 한 것을 따른 것이라고 하였다. 사실은 고문자에서는 정사(正寫)·반사(反寫)는 왕왕 구별하지 않았으므로 "永"과 "𠂢"는 본래 마땅히 두 글자이어서는 안 되는데 금문 중에는 "永"자는 [glyph]라고 쓴 예가 자주 보인다. [glyph] 혹은 [glyph]는 물에 지류가 있음을 본뜬 것으로, {𠂢}(派)에 대하여 말한다면 그것의 상물자(象物字)라고 볼 수 있지만, 물이 길다로 풀이하는 {永}에 대하여 말한다면 그것의 상사자(象事字)라고 할 수 있다. 이것은 [glyph]과 [glyph]이 "月" 자이기도 하고 또 “夕”자이기도 한 것과 같은 종류의 현상이다. 대개 후에 자의를 명확하게 하기 위하여 비로소 자형이 왼쪽을 향한 것은 “永”자이고, 오른쪽을 향한 것은 “𠂢”자라고 규정했을 것이다(그러나 “脈”은 여전히 “脉”이라고 할 수 있다).

다음에는 어떤 글자의 자형의 방향을 개변시켜 만든 변체자일 가능성이 있는 두 가지의 예를 든다.

“今”은 대개 “吟”(噤)의 초문으로 본의는 입을 다물고 소리를 내지 않는다는 것이다(≪사기(史記)·회음후전(淮陰侯傳)≫에는 “비록 순(舜)·우(禹)의 지혜가 있다고 하더라도 입을 다물고 말하지 않는 것보다는 벙어리와 귀머거리가 손가락질하는 것이 낫다(雖有舜·禹之智, 吟而不言, 不如瘖聾之指麾也)”라고 하였다. 이러한 “吟”자는 음과 뜻이 신음(呻吟)하다의 “吟”과는 서로 다른 것이다). 자형은 대개 본래는  등의 모양으로 되어 있던 “曰”자를 거꾸로 써서 만들었을 것이지만 서사의 편의를 위하여 둥근 머리를 뾰족한 머리로 변화시켰을 것이다.

爿(pán : 반)

어떤 방언에서는 쪼개어 조각으로 만든 대나무를 “爿”(반)이라고 부르는데, 하나의 상점을 일반점(一爿店)이라고 부르는 것처럼 또 양사로 인신되었다. 이 글자는 비교적 늦게 나타났는데 대개 “片”(편)자를 거꾸로 써서 만들었을 것이다(이 “爿”(반)은 “床”(상)자의 초문의 해서 “爿”(qiáng : 장)과 동형자이다).

제6장 제1절에서 언급한 바 있는 “可”자를 거꾸로 써서 만든 “叵”(파)도 역시 이러한 종류의 변체자이다. “曰”과 “今”(吟), “可”와 “叵”는 뜻이 모두 꼭 서로 반대가 된다. “片”과 “爿”의 뜻은 서로 유사하다.

이상에서 우리는 표의자를 여섯 종류로 나누고 각각 약간의 예자를 들었다. 이 여섯 종류는 아직 전체의 표의자를 모두 그 안에 포함하지 못할 가능성이 있다. 그밖에 또 마땅히 지적해야 할 것은 어떤 표의자들의 귀속은 실제로는 두 가지가 가능하다는 것이다. 예컨대, 우리는 “牢”(뢰)자를 복잡상물자(複雜象物字)에 귀속시키고, "彘"(체)자를 회의자의 1)류에 귀속시켰다. 왜냐하면 일반적으로 "牢"가 따르고 있는 冂는 "牢"자에만 오로지 사용되는 형부이지만, "彘"가 따르고 있는 豕는 보통의 "豕"이기 때문이다. 그러나 갑골문에서는 冂 가운데 "牛"를 덧붙여 만든 "牢"자가 있을 뿐 아니라 게다가 또 冂 가운데 "羊"을 덧붙여 만든 𦍒와 冂 가운데 "馬"를 덧붙여 만든 𩧢도 있다. "羊"을 덧붙인 것은 아마도 "牢"의 이체로 볼 수 있고, "馬"를 덧붙인 것은 "廄"(구)의 초문일 가능성이 매우 높다(고문자 학자들은 대부분 이 글자를 "廄"라고 해석한다). 冂는 결코 반드시 "牢"자에만 사용된 형부가 아니었음을 알 수 있다. 만약 "彘"를 회의자에 넣을 수 있다면 "牢"도 역시 아닌게 아니라 회의자에 넣을 수 있을 것이다. 반대로 말한다면 만약 "牢" 자를 복잡상물자로 볼 수 있다면 "彘"도 역시 아닌게 아니라 복잡상물자로 볼 수 있다. 우리가 복잡상물자에 넣은 田(囿 : 유)와 회의자의 2)류에 넣은 "困"(균)은 구조 방식에서는 또한 매우 비슷하다. 만약 전자가 따르고 있는 "田"을 "田"자로 본다면 그것을 회의자에 넣을 수 있다. 만약 후자가 따르고 있는 "○"를 wéi(위)라고 읽는 "口"로 보지 않고 (둥근) 곳집을 본뜬 간단한 형부로 본다면 그것을 복잡한 상물자에 넣을 수 있을 것이다. 또 예컨대 "雨"자는 본래 雨로 되어 있다. 고한어에서는 "雨"는 명사로 사용할 수도 있고 또한 동사로 사용할 수도 있다. 명사의 각도에서 본다면 "雨"자는 빗방울을 표시하기 위하여 하늘(곧 위의 하나의 가로 획)까지 나타낸 복잡상물자이다. 동사의 각도에서 본다면 "雨"자는 마땅히 하나의 상물자식의 상사자나 혹은 1)류의 회의자일 것이다. 그러므로 표의자는 분류 문제에 있어서 반드시 지나치게 얽매일 필요는 없다. 우리가 표의자를 말하는 주된 목적은 표의자의 자형을 이해하고 분석하는 능력을 높이려는 것이다. 어떤 표의자는 마땅히 어떤 종류에 넣어야 한다고 꼬치꼬치 따지는 것은 큰 뜻은 없다.

## 제2절 자형(字形)의 사의(詞義) 연구에 있어서의 작용

본 절에서는 주로 표의자의 자형의 사의(詞義) 연구에 있어서의 중요성 및 표의자의 자형을 이용하여 사의를 연구할 때 반드시 주의해야 할 약간의 문제를 말하려고 한다. 형성자의 형방에도 역시 표의적 작용이 있다. 자형과 사의의 관계에 있어서 형성자와 표의자는 유사한 점이 있다. 우리는 본 절에서 소수의 형성자의 예를 덧붙여 들고, 형성자의 장에서 형방의 표의적 작용을 토론할(제8장 제5절) 때는 더 이상 본 절에서 말한 그러한 문제들을 언급하지 않으려고 한다.

표의자의 자형의 사의 연구 중에 있어서의 중요성은 주로 그것들이 우리가 글자의 본의를 확정시키는 데 도움을 줄 수 있다는 데 있다. 글자의 본의는 글자를 만들 때 그것으로 하여금 나타내게 하려던 뜻으로서 보통은 또한 조자(造字)의 대상으로서의 사의 당시에 있어서의 흔히 쓰이던 뜻이기도 하다. 본의를 확정하는 것은 자의의 발전・변화 곧 조자의 대상으로서의 사의 뜻의 후대의 연변과 새로운 사의 파생 등의 현상을 정확히 이해하는 데 대하여 매우 커다란 도움이 된다. 아래에 두 가지의 예를 든다.

### 行(행)

"行"자는 가다・길・행렬 등의 뜻이 있다. 우리가 앞에서 상물자를 말할 때 이미 언급한 바와 같이, 고문자의 자형에서 본다면 "行"의 본의는 마땅히 길일 것이다(≪이아(爾雅)・석궁(釋宮)≫에는 "'行'은 길이다(行, 道也)"라고 하였다. 고서 중에는 길이라고 풀이하는 "行"자가 흔히 보인다. 예컨대 ≪시경(詩經)・소아(小雅)・소반(小弁)≫에는 "길에 죽은 사람이 있다면, 혹시라도 그를 묻기를 바라네(行有死人, 尙或墐之)"라고 하였고, ≪시경・빈풍(豳風)・칠월(七月)≫에는 "저 작은 길을 따라가네(遵彼微行)"라는 등이 있다). 간다는 것과 행렬의 이 두 가지 뜻은 분명히 각각 길이라는 본의에서 인신되어 나온 것이다. 간다는 뜻에서 또 유행하다・통행하다・시행하다・지나다(≪국어(國語)・진어(晉語) 사(四)≫에는 "행년(行年)이 쉰이 되었다(行年五十矣)"라고 하였고 위소(韋昭)의 주에는 "'行'은 지난다는 뜻이다(行, 歷也)"라고 하였다) · 순시하다(≪여씨춘추(呂氏春秋) · 계하기(季夏紀)≫에는 "이에 우인(虞人)에게 명하여 산에 들어가 나무를 살펴보게 하였다(乃命虞人入山行木)"라고 하였고, 고유(高誘)의 주에는 "'行'은 살핀다는 뜻이다(行, 察也)"라고 하였다) · 행위(명사로 사용하는 것은 옛날에는 xìng으로 읽었다. 예컨대 품행의 "行"이 그것이다) 등의 뜻이 인신되어 나왔다. 행렬이라는 뜻에서는 또 배항(排行)(옛날에는 háng으로 읽었다) · 항업(行業) 등의 뜻이 인신되어 나왔다. 상행(商行) · 은행(銀行)의 {行}은 대개 또 항업의 {行}의 인신의일 것이다. 자의의 발전 · 변화의 길이 매우 분명하다. 만약 ≪설문≫과 같이 간다는 것을 본의로 생각한다면, "行"자의 뜻의 발전 · 변화는 확실한 설명을 할 수 없을 것이다.

## 休(휴)

"休"자는 고대에는 일반적으로 잘 아는 휴식하다 · 멈추다 등의 뜻 외에도 또한 그늘 · 아름답다는 등의 뜻이 있었다. 서주 금문 중의 "休"자는 또 늘 하사하다와 같은 뜻을 나타내는 데 사용되었다(예컨대 <효유명(效卣銘)>에는 "왕(王)이 공(公)에게 패(貝) 50붕(朋)을 내렸고 공은 그 □자(□子) 효왕(效王)에게 왕이 내린 패(貝) 20붕(朋)을 내렸다(王錫公貝五十朋, 公錫厥□子效王休貝二十朋)"라고 하였는데, 공이 그의 아들에게 내린 "王休貝二十朋"은 곧 왕이 공에게 내린 "貝五十朋" 중에서 나온 것으로 "休" · "錫"은 뜻이 가깝다). 이러한 뜻 사이의 관계를 분명히 하려고 한다면 반드시 먼저 자형에 도움을 빌림으로써 "休"자의 본의를 확정해야 할 것이다.

갑골문의 "休"자는 로 되어 있는데 사람이 나무 곁에서 쉬는 것을 나타낸다. "休"는 고대에는 나무 그늘이라고 풀이하였고(≪한서 · 효성반첩여전(孝成班婕妤傳)≫에는 "소나무 · 잣나무의 남은 그늘에 의지한다(依松柏之餘休)"라고 하였고, 안사고(顏師古)(581-645)의 주에는 "'休'는 그늘이다(休, 蔭也)"라고 하였다), 글자는 또한 "庥"라고도 썼다(≪이아(爾雅) · 석언(釋言)≫에는 "'庇' · '庥'는 그늘이다(庇 · 庥, 蔭也)"라고 하였고, 곽박(郭璞)의 주에는 "지금의 속어에는 나무 그늘을 '庥'라고 부른다(今俗語呼樹廕爲庥)"라고 하였다. "廕"자는 현재는 이미 합병되어 "蔭"자에 들어가 있다). 당(唐) 장삼(張參)의 ≪오경문자(五經文字)≫에는 "사람이 나무 그늘에서 쉬고 있는 것을 본떴다(象人息木陰)"

라고 하였다. "休"자는 나무 그늘이라고 풀이할 수 있다는 점과 결합하여 본다면 장삼의 설명은 분명히 취할 만한 것이다. 금문 "休"자는 왕왕 𠇇라고 썼는데 "사람이 나무 그늘에서 쉰다(人息木陰)"는 뜻을 더욱 분명하게 나타내었다(용우순(龍宇純), ≪중국문자학(中國文字學)≫, 학생서국, 1984년 판, 256쪽 참조). 일반적으로 금문 "休"자는 간혹 "和"를 따르고 있다고 보는 것은 확실하지 않다. 그러므로 "休"의 본의는 마땅히 사람이 나무 그늘 아래에서 쉬는 것이다. ≪시경(詩經)·주남(周南)·한광(漢廣)≫에는 "남쪽에 높은 나무가 있지만, 쉴 수가 없네(南有喬木, 不可休思)"라고 하였는데 "休"자는 바로 본의를 사용한 것이다. ≪회남자(淮南子)·정신훈(精神訓)≫에는 "이제 요역(徭役)하는 자는 가마·가래를 들고 삼태기의 흙을 등에 지고 소금·땀이 교대로 흐르고 가쁜 숨이 목구멍을 메운다. 이 때를 당하여 나무 그늘 아래에서 쉴 수 있다면 상쾌하여 좋아할 것이다(今夫繇(徭)者揭钁臿, 負籠土, 鹽汗交流, 喘息薄喉. 當此之時, 得茠越下, 則脫然而喜矣)"라고 하였고, 고유(高誘)의 주에는 "'茠'는 그늘이다. 삼보(三輔) 사람들은 꽃나무 아래에서 쉬는 것을 '茠'라고 한다. 초(楚) 사람들은 나무 위의 큰 줄기가 작은 것이 수레 덮개의 모양과 같은 것을 '越'이라고 하는데(인용자 : 이 글자는 또한 "樾"이라고도 쓴다) 그늘이 많음을 말한다(茠, 蔭也. 三輔人謂休華樹下爲茠也. 楚人樹上大本小如車蓋狀爲越, 言多蔭也)"라고 하였다. 이 "茠"자는 "休"자의 본의를 나타내는 분화자이다(≪회남자≫의 이 곳의 아래 글은 "바위 구멍 사이는 나무 그늘 아래의 그늘만은 아니다(巖穴之間非直越下之休也)"라는 것으로 글자는 여전히 "休"로 되어 있다. ≪집운(集韻)≫에는 "休"·"庥"·"茠"를 한 글자라고 하였다. "薅"(호 : 김매다)자에는 이체인 "茠"가 있는데 이 "茠"자와 동형자이다). 고유의 주에서 동한 말기에는 아직 적지 않은 사람들이 "休"자의 본의를 사용하고 있었음을 알 수 있다.

"休"자의 본의에서 각각 단순한 휴식(休息)의 뜻 및 나무 그늘과 존귀한 자가 비천한 자를 비호(庇護)한다는 등의 뜻이 인신되어 나왔다. 휴식의 뜻은 또 휴가(休暇)·휴지(休止)·말다(休要) 등의 뜻이 인신되어 나왔다. 나무 그늘로 풀이하는 "休"자는 이미 앞의 인용에 보인다. 존귀한 자가 비천한 자를 비호한다로 풀이하는 "休"는 ≪좌전≫ 등의 책에 보인다. ≪좌전·소공(昭公) 3년≫에는 “백성들이 아프고 병이 들면 혹은 그들을 따뜻하고 시원하게 한다(民人痛疾, 而或燠休之)”라고 하였고 ≪정의(正義)≫에 인용된 가규(賈逵)의 주에는 “‘燠’은 두텁다는 뜻이다. ‘休’는 아름답다는 뜻이다(燠, 厚也. 休, 美也)”라고 하였다. 이 “休”자는 위・아래의 글에서 본다면 마땅히 비호하다의 뜻으로 해석해야 하고 “美”라고 해석하는 것은 적절하지 않다. “燠”은 본래 “暖”(난 : 따뜻하다)로 풀이하는데 여기서는 마땅히 따뜻하게 하다로 해석해야 하고, “休蔭”에는 본래 사람을 시원하게 한다는 뜻이 있으므로 뜻이 서로 이루어 주는 것이다. 복건(服虔)・두예(杜預, 222-284) 등은 “燠休”가 입으로 소리를 내어 고통이 있는 사람들을 위로하는 것을 가리킨다고 보았는데, 아마 역시 문제가 있을 것이다. ≪한서・왕망전(王莽傳)・상≫에는 “참으로 위로는 폐하의 남은 빛에 비호를 받고 아래로는 벽공(辟公)에 의지했기 때문이다(誠上休陛下餘光而下依辟公之故也)”라고 하였고 안사고의 주에는 “‘休’는 비호하다의 뜻이다(休, 庇廕也)”라고 하였다. “休陛下餘光”은 “폐하의 남은 빛에 붙어서 비호를 받는다”는 뜻이다.

“비호하다”로 풀이하는 “休”는 동사로 사용할 수도 있고 또한 명사로 사용할 수도 있었다. 예컨대, ≪시경・상송(商頌)・장발(長發)≫에는 “하늘의 비호를 입는다(何(荷)天之休)”라고 하였고 ≪좌전・양공(襄公) 28년≫에는 “예(禮)로 하늘의 비호를 받는다(以禮承天之休)”라고 한 것으로부터, 서주 금문에 흔히 보이고 동시에 또한 ≪시경・대아(大雅)・강한(江漢)≫에도 보이는 “왕의 비호를 마주하여 드날린다(對揚王休)”라는 등에 이르기까지의 말 가운데의 “休”자는 모두 마땅히 비호하다 혹은 돕는다로 해석해야 한다. ≪시경≫의 정현(鄭玄)의 ≪전(箋)≫에는 “休”를 “美”라고 해석하고, ≪좌전≫의 두예(杜預)의 주에는 “休”를 “福祿”으로 해석한 것은 모두 합당하지 않다(왕력(王力, 1900-1986), ≪요일소자전초고(了一小字典初稿)≫ “休”자 조 참조. ≪왕력문집(王力文集)≫ 19권, 98쪽, 산동교육출판사(山東教育出版社), 1990). 금문과 고서에 보이는 “休命”(예컨대 <사유궤(師酉簋)>의 “對揚天子丕顯休命”과 ≪좌전・희공(僖公) 28년≫의 “奉揚天子丕顯休命”)은 그 본래의 뜻은 역시 마땅히 아래에 있는 자를 비호한다는 명령이지 주석가들이 말하는 아름다운 명령은 아닐 것이다.

앞에서 말한 바와 같이 금문 중의 "休"자는 늘 "내린다"와 같은 뜻을 나타내는 데 사용되었다. 이것은 마땅히 "비호한다"는 뜻의 인신의일 것이다. 양수달(楊樹達)은 이러한 "休"자는 "好"로 가차한 것이라고 보았는데(≪적미거소학술림(積微居小學述林)·시대양왕휴해(詩對揚王休解)≫) 아마 믿을 수 없을 것이다. 고서 중의 어떤 "休"자들은 확실히 마땅히 "美"로 해석해야 할 것으로 보인다. 이러한 뜻은 또한 "비호하다" 같은 뜻에서 인신되어 나왔을 가능성이 있다.

요컨대, "休"자의 각 가지의 뜻을 연구할 때, 만약 그 자형을 충분하게 주의한다면 그 대다수의 뜻을 하나의 합리적인 계통으로 정리해 낼 수 있고 아울러 또 약간의 전인들의 고서 중의 어떤 "休"자에 대한 부정확한 해석을 바로잡을 수 있을 것이다.

형성자의 형방은 때로는 또 우리가 본의를 확정하고 자의의 발전·변화의 과정을 이해하는 데 도움이 될 수 있다. 예컨대, "理"자는 "玉"을 따르므로 본의는 마땅히 옥의 결[紋理]일 것이다. 옥의 결에 따라서 그것을 쪼개고 다스리는 것도 또한 "理"라고 부르기 때문에 ≪설문≫에는 "理"를 "옥을 다스린다(治玉)"라고 해석하였다. 앞의 뜻에서 일반적인 결 및 조리(條理)·도리(道理) 등의 뜻이 인신되어 나왔다. 뒤의 뜻에서 다스리다·정리하다 등의 뜻이 인신되어 나왔다. 자의의 발전·변화의 경로는 또한 매우 분명하다. 그러나 형방의 뜻과 형성자의 자의(字義)의 관계는 대부분 밀접하지는 않다. 총체적으로 본다면 그것들의 사의의 연구에 있어서의 가치는 표의자의 자형보다 훨씬 적다.

표의자의 다수는 매우 일찍 만들어졌기 때문에 때로는 어떤 표의자의 자형에서 도움을 빌려 오랫동안의 그것이 대표하고 있는 사의 함의에 대한 확실하지 않은 이해를 바로잡을 수 있다. 예컨대, 고대의 사람의 용감함을 형용한 "暴虎馮河"(포호빙하)라는 말 중의 "暴"(포)는 ≪시경·소아(小雅)·소민(小旻)≫의 ≪모전(毛傳)≫과 ≪이아(爾雅)·석훈(釋訓)≫에는 "맨손으로 치다(徒搏)"라고 해석하였는데 이것은 대개 전해오던 옛 훈(訓)일 것이다. ≪모전≫을 비롯하여 "徒搏"을 맨손으로 호랑이를 친다로 해석하였다(≪시경·정풍(鄭風)·태숙우전(大叔于田)≫의 ≪모전≫에는 "'暴虎'는 맨손으로 친다는 뜻이다(暴虎, 空手以搏之)”라고 하였다). 관련된 고문자의 자형에서 이러한 이해는 문제가 있음을 알 수 있다. “暴虎”의 “暴”는 가차로서, 보통 “暴”자의 이체로 사용되는 “虣”(포)는 “武”를 따르고 “虎”를 따르는데 이 “暴”자의 본자이다. “虣”자는 갑골문에서는 “”라고 썼고, <저초문(詛楚文)>에서는 라고 썼는데 창[戈]으로 호랑이를 치는 것을 나타낸다. “暴虎”는 마땅히 맨 걸음으로 호랑이를 치는 것이지 결코 꼭 무기를 잡지 않는 것은 아님을 알 수 있다. 고대에는 수레를 타고 사냥하는 것이 성행하였고 호랑이와 같은 사나운 야수에 대하여 수레로 사냥하지 않고 맨 걸음으로 그것과 치고 싸우는 것은 매우 용감한 행위였다. “馮河”는 배도 없이 강을 건너가는 것이고 “暴虎”는 수레가 없이 호랑이를 치는 것으로 이 두 가지 일은 완전히 대응하는 것이다.

때로는 심지어 또 표의자의 자형에서 도움을 빌려 일찍 이미 사람들에게 잊혀진 본의를 찾아낼 수 있다. 다음은 두 가지의 예이다.

### 保(보)

≪설문≫에는 “‘保’는 기른다는 뜻이다(保, 養也)”라고 하였다. 이것은 사실은 결코 “保”의 본의는 아니다. ≪상서(尙書)·소고(召誥)≫에는 “남자들은 다만 처와 자식들을 품에 안고 등에 업고 끌고 잡고 하며 슬피 하느님을 부를 줄만 알고 있다.(夫知保抱攜持厥婦子, 以哀籲天 …… )”라고 하여 “保”를 “抱”와 나란히 들었다. 고문자에서는 “保”자의 비교적 원시적인 서사법은 “”(기명(記名) 금문에 보임)로, 한 사람이 아이를 등에 업고 있는 것을 나타내었다. 이 때문에 당란(唐蘭) 선생은 “保”자의 본의는 등에 아들을 업고 있는 것으로 <소고>의 “保”자는 바로 이 뜻을 사용한 것이라고 보았다. 이것은 매우 정확하다. 보양(保養)·보호(保護)는 이 본의에서 인신되어 나온 뜻이다. 어린아이를 등에 두르고 싸는 천을 강보(襁褓 : 포대기)라고 한다. “褓”(≪설문≫에는 “緥”로 되어 있다)는 대개 역시 “保”에서 파생되어 나왔을 것이다(당란, ≪은허문자기(殷虛文字記)·석보(釋保)≫ 참조. 중화서국, 1981년판, 58-59쪽). 만약 근거로 삼을 고문자의 자형이 없었다면 “保”자의 진정한 본의는 아마도 발견할 수 없었을 것이다.

## 追(추) · 逐(축)

≪설문≫에는 "追"와 "逐" 두 글자는 호훈(互訓)이지만 고서에서는 또한 이 두 글자의 용법에 어떤 뚜렷한 차이가 있는지 알 수 없다. 그러나 양수달(楊樹達)은 이 두 글자의 자형과 그것들의 갑골 복사(卜辭)에서의 용법에 근거하여 그것들의 진정한 본의를 찾아내고 그것들 사이의 원래의 차이를 분명히 하였다. 갑골 복사에서는 적을 쫓는 것을 말할 때 "강(姜)을 쫓았다(追姜)" · "용(龍)을 쫓았다(追龍)"(용(龍)도 또한 나라 이름이다) 등과 같이 반드시 "追"를 사용하였다. 들짐승을 쫓는 것을 말할 때는 "사슴을 쫓았다(逐鹿)" · "돼지를 쫓았다(逐豕)" 등과 같이 반드시 "逐"자를 사용하였다. 갑골문의 자형에서 본다면 "逐"은 으로 되어 사람이 돼지를 쫓는 것을 나타내었고, "追"는 로 되어 사람이 를 쫓는 것을 나타내었다. (𠂤)는 갑골 복사에서는 보통 무리[師]의 {師}를 나타내는 데 사용되었다. "追"자가 "𠂤"를 따르고 있는 것은 대개 그 음을 취하고("𠂤"는 본래 "堆"(퇴)라고 읽었고 ≪설문≫에는 "追"는 "𠂤"성을 따른다고 하였다) 또한 그 뜻을 취했을 것이며, 자형은 무리를 쫓는다는 뜻을 나타낸 것이다. 이 두 글자의 복사 중의 용법은 그것들의 자형과 바로 꼭 서로 부합한다. "追"의 본의는 사람을 쫓는 것이고 "逐"의 본의는 짐승을 쫓는 것이며 후에 비로소 혼동되어 나누어지지 않게 되었다(양수달, ≪적미거갑문설(積微居甲文說) · 설추축(說追逐)≫, 중국과학원, 1954년판, 15~16쪽 참조).

위에서 말한 것은 자형의 사의 연구에 있어서의 중요성이고, 다음에는 자형을 이용하여 사의를 연구할 때 반드시 주의해야 할 문제를 말하려고 한다.

먼저 반드시 시대가 비교적 이른 와변되지 않은 자형을 근거로 삼아야 한다. 그렇지 않으면 정확한 결론을 얻을 방법이 없다. ≪설문≫에서 말한 본의는 적지 않은 잘못이 있는데, 그 주된 원인은 근거로 삼은 자형에 문제가 있다는 것이다. 예컨대 앞에서 언급한 바 있는 "行"자는 ≪설문≫은 근거로 삼은 자형이 이미 와변된 이었기 때문에 잘못하여 "사람의 걸음걸이(人之步趨)"를 그 본의로 생각하게 되었다. 또 예컨대 ≪설문≫에는 "慶"(경)자의 전형(篆形)이 으로 되어 있는데 아래는 "止"(趾)의 변형(變形) 를 따르고 있기 때문에 ≪설문≫에는 "慶"의 본의는 "가서 남을 축하한다(行賀人)"라고 하였다. 그러나 고서 중의 "慶"자의 용법에서는 전혀 그 뜻이 "行"과 어떤 필연적인 관련이 있는지 발견할 수 없다. 사실은 "慶"자는 본래 (금문에 보인다)으로 되어 있고 후에 비로소 "夊"를 따르는 것으로 와변되었다. 만약에 허신(許愼)이 정확한 자형을 근거로 삼았다면 터무니없이 "慶"자의 해설에서 "行"자를 덧붙이지는 않았을 것이다. 어떤 자형들은 결코 뚜렷한 잘못은 없지만 원시적인 형태와 이미 매우 멀리 떨어져 있다. 이러한 자형도 또한 자의를 연구하는 근거로 사용하기는 매우 어렵다. 예컨대 "保"자는 만약 그 뜻을 연구할 때 근거로 삼은 것이 고문자에서 흔히 보이는 이미 급격한 간화를 겪은 · 등의 모양이라면 아이를 등에 업고 있다는 본의는 아마 역시 발견하기 어려울 것이다.

그 다음은 그러나 결코 부차적으로 중요한 점은 아니지만 반드시 문자와 언어의 관계에 대하여 정확한 인식이 있어야 한다는 것이다. 문자는 언어를 기록하는 부호라는 것도 꼭 기억해야 하고 또한 문자는 언어에 대하여 어느 정도의 독립성이 있다는 것도 인식해야 한다. 예컨대 글자의 출현과 폐기는 사의 출현과 폐기와는 결코 낱낱이 서로 대응하는 것이 아니고, 자형은 왕왕 사의를 확실하게 나타낼 수 없으며, 갑(甲) 사를 위하여 만든 글자라도 또한 을(乙) 사를 나타내는 데 차용할 수 있다는 등등이 그것이다. 요컨대, 자형을 이용하여 사의를 연구할 때는 관련된 언어 자료를 벗어나서 자형에 의하여 억지로 끌려 다니는 것을 극력 피해야 한다. 구체적으로 말하면 이 방면에서는 적어도 다음과 같은 약간의 문제를 반드시 주의해야 한다(아래에 든 앞의 세 가지 문제는 표의자와 형성자에 공통적으로 있는 것이다).

### 1) 글자의 본의는 사의 본의와 같지 않다

어떤 하나의 사(詞)를 위하여 만든 글자는 결코 반드시 이 사가 나타난 후에 즉각 만들어 낼 수 있는 것은 아니다. 문자의 체계가 형성되기 전에 이미 나타난 사는 본래 말할 필요도 없지만, 가령 문자의 체계가 형성된 후에 나타난 사라도 또한 먼저 장기간에 걸쳐 가차자를 쓴 다음에야 비로소 본자를 만들어 그것을 나타냈을 가능성이 있다. 그러므로 어떤 사를 위하여 글자를 만들 때는 이 사의 당시에 있어서의 뜻은 이미 그것의 원시적인 뜻과 어떤 종류의 거리가 있을 가능성이 매우 크다.

글자의 본의는 그것이 대표하는 사의 글자를 만들 때에 있어서의 뜻이다. 다수의 글자에 관하여 말한다면 그것들의 본의는 그것들이 대표하는 사가 우리가 거슬러 올라갈 수 있는 가장 오래된 뜻이다. 그러나 위에서 말한 상황이 존재하기 때문에 이러한 뜻은 결코 반드시 이 사들의 가장 원시적인 뜻은 아니다. 그러므로 사의를 연구할 때는 마땅히 간단하게 글자의 본의와 그것이 대표하는 사의 본의를 동일시해서는 안 되는 것이다.

### 2) 자형이 나타내는 뜻과 글자의 본의 사이에는 임의로 같음표[=]를 그을 수 없다.

사전(詞典)에는 때로는 매우 많은 말을 사용하더라도 여전히 하나의 사의 뜻을 매우 확실하고 전면적으로 표현·전달할 수 없는 경우가 있다. 간단한 자형으로 사의를 나타내는 것은 물론 이러한 것까지 한다는 것이 더욱 어렵다. 형성자의 형방의 뜻과 형성자의 자의의 연계는 왕왕 매우 완만할 뿐 아니라 가령 표의자의 자형이라고 하더라도 또한 왕왕 단지 자의에 대하여 어떤 종류의 제시(提示) 작용만 할 수 있을 뿐이다. 그러므로 우리는 결코 무조건적으로 자형이 나타내는 뜻과 글자의 본의 사이에 같음표를 그을 수는 없다. 이 방면에서 가장 마땅히 주의해야 할 점은 자형이 나타내는 뜻은 왕왕 글자의 본의보다 좁다는 것이다. 이러한 "형체는 좁고 뜻은 통하는(形局義通)" 현상은 전인들이 일찍 이미 지적한 바 있다. 예컨대, 청대의 진례(陳澧, 1810-82)는 ≪동숙독서기(東塾讀書記)≫ "소학(小學)" 조에서 일찍이 어떤 표의자는 "자의는 오로지 한 물(物)에만 속하지는 않지만 자형은 하나의 물을 그렸다(字義不專屬一物, 而字形則畵一物)"라고 지적해 내었다. 또 적지 않은 사람들은 형성자의 형방의 표의적(表意的) 편면성을 언급하였다. 다음에 약간의 실례를 들어 설명하려고 한다.

먼저 표의자의 예를 든다. 우리가 앞에서 말한 바와 같이 "大"의 자형은 성인이 된 어른을 본뜬 것이다. 이것은 일종의 "大"라는 특징을 갖추고 있는 구체적인 사물로 일반적인 "大"를 나타낸 것이다. 만약 "大"의 자형에 근거하여 결론을 얻어서 "大"의 본의는 오로지 사람의 큼만을 가리키며 기타 사물의 큼을 또한 "大"라고 부르는 것은 사의의 인신의 결과라고 본다면 그것은 잘못된 것이다. 또 예컨대 본 장 제1절 5. 2)에서 든 바 있는 "相"자는 자형은 사람이 나무를 살펴보는 것을 나타내지만 그 본의는 대개 또한 이렇게 좁을 리가 없을 것이다. ≪시경≫에는 "쥐가 가죽이 있는 것을 보라(相鼠有皮)"(≪시경·용풍(鄘風)·상서(相鼠)≫)·"저 새를 보라(相彼鳥矣)"(≪시경·소아(小雅)·벌목(伐木)≫)·"너의 창을 보라(相爾矛矣)"(≪시경·소아·절남산(節南山)≫)·"저 샘물을 보라(相彼泉水)"(≪시경·소아·사월(四月)≫) 등의 말이 있다. 살펴보는 것은 임의로서 어떤 것이라도 모두 "相"이라고 부를 수 있는 것 같다. ≪설문≫에는 "'相'은 살펴본다는 뜻이다. '目'을 따르고 '木'을 따른다". ≪주역(周易)≫에는 '땅에서 살펴볼 만한 것은 나무보다 더 살펴볼 만한 것이 없다'고 하였다('相', 省視也. 从'目'从'木'. ≪易≫ 曰 : 地可觀者, 莫可觀於木)"라고 하였고, 단옥재의 주에는 "눈으로 보는 것은 많은데 '木'을 따른 것은 땅 위에 볼 만한 것은 나무만한 것이 없다는 것이다(目所視多矣, 而从木者, 地上可觀者莫如木也)"라고 하였다. 만약 "相"자가 "木"을 따르고 있다고 해서 "相"의 본의는 나무를 살펴보는 것이라고 말한다면 그것은 잘못된 것이다. 마찬가지로 우리는 또한 "受"자가 "舟"를 따르고 있다고 해서 "受"의 본의는 배를 주고받는 것이라고 말할 수 없고, "臭"자가 "犬"을 따르고 있다고 해서 "臭"의 본의는 개가 냄새를 맡는 것이라고 말할 수 없으며, "逐"자가 "豕"를 따르고 있다고 해서 "逐"의 본의는 돼지를 쫓는 것이라고 말할 수 없다. 유사한 예는 이루 다 들 수가 없다.

다시 두 개의 형성자의 예를 든다. ≪설문≫에는 "'羣'은 무리의 뜻이다. '羊'을 따르고 '君'성이다('羣', 輩也. 从'羊', '君'聲)"라고 하였다. 양은 무리를 짓기를 좋아하기 때문에 "羣"자는 "羊"을 따른 것이다. 이것은 "臭"자가 "犬"을 따르는 것과 같은 종류의 현상이다. 우리는 그렇다고 해서 "羣"은 본래 오로지 양이 무리를 짓는 것만을 가리키고 "羣"으로 기타 동물들이 무리를 짓는 것을 가리키는 것은 모두 인신의 용법이라고 말할 수는 없다. ≪설문≫에는 "'瑱'은 옥으로 귀를 막는다는 뜻이다. '玉'을 따르고 '眞'성이다('瑱', 以玉充耳也. 从'玉', '眞'聲)"라고 하였다. 옥은 단지 고대에 귀막이에 사용한 재료의 하나였을 뿐이다. 옛 사람들은 옥귀막이에 대하여 비교적 중시했기 때문에 "瑱"자는 "玉"을 형방으로 삼았을 가능성이 있다. 단옥재의 주에는 "'瑱'은 모두 옥으로 하지는 않는데 허신의 책에 옥으로 한다고 말한 것은 그 글자가 '玉'을 따르고 있기 때문이다(瑱不皆以玉, 許書云以玉者, 爲其字之从玉也)"라고 하였다. 이것은 ≪설문≫에서 말하는 "옥으로 한다(以玉)"는 것은 단지 "瑱"자가 "玉"을 따르고 있는 것에 대한 해석임에 지나지 않으므로 읽는 이들은 마땅히 직접 "옥으로 귀를 막는다(以玉充耳)"는 것을 "瑱"의 본의로 보아서는 안 된다는 것을 말한 것이다. 이 의견은 매우 정확하다. 그러나 단옥재의 주는 어떤 곳에서는 도리어 자형이 나타내는 뜻을 본의와 하나의 이야기로 혼동하였다. 예컨대, 위에서 든 "羣"자는 단옥재의 주에는 오로지 양이 무리를 짓는 것만을 가리키는 것으로부터 "모든 무리짓는다는 명칭으로 인신된(引伸爲凡類聚之稱)" 것으로 보았다.

요컨대, 우리는 한 글자의 본의를 확정시킬 때 마땅히 관계가 있는 언어자료를 충분히 주의해야 하며 지나치게 자형에 얽매일 수는 없다. 그렇지 않으면 근본적으로 존재한 적도 없는 본의를 날조할 가능성이 있다. 우리는 앞 절에서 표의자의 실례를 말할 때 때로는 단지 자형이 나타내는 뜻만을 해석했을 뿐이고 본의는 해석하지 않았다. 자형이 나타내는 뜻을 본의라고 생각하지 말도록 독자들이 주의하기를 바란다.

### 3) 사의의 발전 · 변화를 연구할 때는 본의가 곧 가차의인 인신의의 글자에 의하여 다른 길로 빠지지 않아야 한다.

어떤 사는 그것의 어떤 인신의(여기서 말하는 것은 파생사(派生詞)를 그 속에 포함하는 넓은 뜻의 인신의이다)를 위하여 만든 글자 곧 본의가 이 사의 인신의인 한 글자를 가차자로 사용하였다. 만약 이러한 가차자의 성질에 대하여 정확한 이해가 없다면 사의의 발전 · 변화의 순서를 뒤바꾸게 될 가능성이 있다. 다음에 몇 가지 예를 든다.

#### 糾(규)

≪설문≫에는 “‘丩’(규)는 서로 뒤얽힌다는 뜻이다(‘丩’, 相糾繚也)”·“‘糾’는 끈이 셋이 합쳐져 있다는 뜻이다. ‘糸’와 ‘丩’를 따른다(‘糾’, 繩三合. 从‘糸’·‘丩’)”라고 하였다. “繩三合”은 세 가닥의 끈이다. “丩”와 “糾”는 음이 같고 “繩三合”은 분명히 “서로 뒤얽힌다(相糾繚)”의 인신의로서 “糾”는 마땅히 “丩”에서 분화되어 나온 글자일 것이다. 후에 “丩”자는 폐기되어 사용되지 않고 “서로 얽혀 있다”는 뜻은 “糾”자를 빌려 나타내었다(또한 “丩”자가 “糾”자에 합병되어 들어간 것이라고 말할 수도 있다). 만약 “丩”자를 소홀히 하고 고립적으로 “糾”자에 관하여 고려한다면 “서로 뒤얽힌다(相糾繚)”는 것이 도리어 “糾”자의 인신의인 것처럼 될 것이다. 1979년 판 ≪사해(辭海)≫와 1981년 판 ≪사원(辭源)≫(삼(三)) “糾”자 조에는 모두 “糾纏(뒤얽히다)”을 “繩三合”(세 가닥의 끈)의 인신의라고 하였다.

## 向(향)

≪설문≫에는 “‘向’은 북쪽으로 난 문이다. ‘宀’을 따르고 ‘口’를 따른다. ≪시경≫에는 ‘북쪽으로 난 문을 막고 창에 진흙을 바르네(塞向墐戶)’라고 하였다(‘向’, 北出牖也. 从‘宀’从‘口’. ≪詩≫曰 : ‘塞向墐戶’)”라고 하였다. 과거의 적지 않은 문자학자들, 예컨대 단옥재·주준성(朱駿聲) 등은 모두 “向”자의 방향의 뜻은 “북쪽으로 난 문”이라는 본의의 인신의라고 보았다. 그러나 “向”자로 방향의 뜻을 나타낸 것은 상당히 늦은 일이므로 단옥재·주준성의 설은 실은 믿을 수 없다. 방향의 {向}은 갑골문·금문에는 모두 “饗”의 초문인 “卿”자로 나타내었고(본 장 제1절 5. 1) “卿”자 조를 참조), 고서에는 대부분 “鄉”자로 나타내었다. “鄉”자의 전문(篆文)은 鄉으로 되어 있는데 “卿”에서 분화되어 나온 글자이다(후인들은 또 “嚮”자를 만들어 오로지 방향의 {向}을 나타내는 데만 사용하였고, 현재는 이미 “向”자에 합병되어 들어가 있다). “卿”은 본래 두 사람이 서로 마주 향하여 먹는 것을 본뜬 것이지만, 방향의 뜻은 역시 서로 마주 향하여 먹는다는 뜻에서 인신되어 나온 것 같지는 않다. ≪설문≫에는 卯자가 있는데 “일의 통제이다(事之制也)”라고 해석하고 있다. 근대인들은 대부분 卯은 두 사람이 서로 향하고 있는 것을 본뜬 것으로 방향의 {向}의 본자라고 보는데 이 설은 마땅히 믿을 수 있다.

{饗}·{鄕}과 북쪽으로 난 문으로 풀이하는 {向}은 모두 마땅히 방향의 {向}에서 파생되어 나온 사일 것이다(향리(鄕里)의 {鄕}과 방향의 {向}의 의미상의 관련도 역시 매우 분명하다. 고대의 "鄕"은 대부분 방위로 이름을 삼았다. 예컨대 한 읍(邑)의 동쪽에 가까운 지구는 동향(東鄕)인 것이 그것이다). 방향의 {向}의 본자인 은 후에 폐기되어 사용되지 않고 "向"자를 차용하여 이 뜻을 나타내었기 때문에 사람들은 방향의 뜻은 북쪽으로 난 문의 뜻의 인신의라고 잘못 생각하게 된 것이다.

덧붙여 말한다면, "向"자의 본의가 결국 북쪽으로 난 문인가 아닌가 하는 것도 사실은 또한 하나의 문제이다. "向"의 자형은 방안에서 입으로 소리를 내어 메아리가 생기는 것을 나타냈을 가능성이 있는데 아마 본래는 "響"의 초문이었을 것이다(마왕퇴(馬王堆) 백서(帛書) ≪경법(經法)·명리(名理)≫의 "메아리가 소리를 따르는 것 같다(如向之隋聲)"는 것은 마땅히 "如嚮之隨聲"으로 읽어야 할 것이다. 이 "向"자가 나타낸 것이 바로 본의였을 가능성이 있다).

函(함)

"函"자는 갑골문에는 이라고 썼는데 본의는 화살을 간수하는 그릇이었다(이것은 자형 및 "函"자의 <소신장(小臣墻)> 골판(骨版) 각사(刻辭) 중의 용법에서 증명할 수 있다. ≪설문≫에 와변된 전형(篆形)에 근거하여 "函"의 본의를 "舌"이라고 한 것은 믿을 수 없다. 이것도 역시 고문자에 의지하여 잊혀져 버린 본의를 찾아낸 하나의 예이다). 고서에서는 왕왕 "函"자로 머금을 {含}을 나타내었다(≪한서·예악지(禮樂志)≫에는 "사람은 하늘과 땅의 음양의 기운을 머금고 있다(人函天地陰陽之氣)"라고 하였고, 안사고의 주에는 "'函'은 싸서 넣는다는 뜻으로 독음이 '含'과 같으며, 기타 모두 이와 같다(函, 包容也, 讀與含同, 它皆類此)"라고 하였다). 화살 그릇을 제외하고도 갑옷(≪주례·고공기(考工記)≫에는 "연(燕)은 갑옷이 없다(燕無函)"라고 하였고 정현(鄭玄)의 주에는 "'函'은 갑옷이다(函, 鎧也)"라고 하였다)·봉투(예컨대 편지 봉투[信函]) 및 물건을 담아두는 합[盒子](예컨대 검함(劍函)·경함(鏡函)) 등의 물건들도 또한 모두 "函"이라고 부를 수 있다. 이러한 것들은 모두 기타의 물건을 싸는 데 사용되는 것이다(갑옷은 사람의 몸을 싸는 것이다). 만약 우리가 머금는다는 것을 "函"자의 본의의 하나의 인신의라고 본다면 이치에 맞을 것 같다. "口"를 따르고 "今"성인

“含”자는 분명히 “函”자보다 늦게 나타났다. 이것은 위에서 말한 관점을 더욱 합리적인 것으로 보이게 한다. 그러나 사의의 발전의 일반적인 상황에서 본다면, 화살 상자의 뜻에서 포함하다(머금다)의 뜻이 인신되어 나왔다기보다는 포함하다의 뜻에서 화살통 · 갑옷 · 봉투 · 합(盒) 등의 뜻이 인신되어 나왔다는 것이 더 자연스러울 것이다. “含” · “甘”(감)은 고음이 서로 가까웠다. “甘”자는 본래 로 되어 있는데 입에 하나의 물건을 머금고 있는 것을 나타낸다. 어떤 사람은 “甘”은 본래 “含”의 뜻을 나타내는 초문으로서 감미로운 것은 사람이 머금기를 좋아하는 것이기 때문에 {含}에서 {甘}이라는 사가 파생되어 나왔고, 후에 “甘”자는 오로지 이 파생사만을 나타내는 데 사용되고 포함한다는 뜻은 따로 “含”자를 만들어 나타내었다고 보았다. 이것은 대개 정확할 것이다. “甘”자는 이미 갑골문에 보이는데 그것의 출현은 완전히 “函”자보다 이를 가능성이 있다. 대개 “甘”자의 달다는 한 가지 뜻이 자주 사용된 후에 비로소 일반적으로 모두 {含}의 인신의를 위하여 만든 “函”자를 차용하여 {含}이라는 이 사를 나타냈을 것이다. “含”자가 나타난 후에 비로소 이러한 상황이 바뀌었지만 “函”자의 이러한 가차 용법은 여전히 부분적으로 보존되어 왔다. 요컨대, 표면적으로 본다면 “函”자의 “포함하다”의 뜻은 매우 “화살 상자”(矢函)의 뜻의 인신의인 것 같지만, 실제로는 “화살 상자”는 도리어 마땅히 “포함하다”의 인신의였을 것이다. “函”자의 갑옷 · 봉투 · 합 등의 뜻은 대개 또한 모두 “포함하다”의 인신의이지 “화살 상자”의 인신의는 아니었을 것이다.

위에서 든 “糾”자가 따르고 있는 “丩”는 “糾”를 낳은[孳生] 모자(母字)이기 때문에 “糾”를 “丩”로 빌림으로 말미암아 생긴 자의(字義) 관계상의 가상(假象)은 식별하기가 쉽다. “向”자 · “函”자의 문제는 비교적 좀 더 복잡하다. 만약 그것의 인신의를 위하여 만든 글자를 가차자로 사용한 사가 원래 사용한 것이 후인들은 이미 근본적으로 모르는 글자라면, 예컨대 일찍 이미 사용하지 않는 가차자 따위와 같이, 생겨난 가상은 더욱 식별하기가 어렵게 된다. 우리는 자형을 이용하여 사의를 연구할 때 마땅히 위에서 말한 이러한 상황이 존재할 가능성까지 충분히 고려하여 사의의 발전 · 변화의 순서를 뒤바꾸는 것을 방지해야 한다.

### 4) 일찍이 뜻을 나타내는 같은 자형을 사용한 두개의 사(詞)라도 결코 반드시 친속 관계가 있는 것은 아니다.

시대가 비교적 이른 고문자에서는 두 개의 독음에 매우 큰 차이가 있는 사라도 뜻을 나타내는 같은 자형을 사용할 수 있었다. 앞에서 이미 몇 개의 이러한 예를 든 바 있는 것처럼, 예컨대 (또 이라고도 되어 있다)은 "月"자이기도 하고 또한 "夕"자이기도 하며, (또 라고도 되어 있다)는 "大"자이기도 하고 또한 "夫"자이기도 하며, (또 이라고도 되어 있다)는 "𠂢"자이기도 하고 또한 "永"자이기도 하다. 자형의 원류(源流)를 연구하는 각도에서 본다면, 물론 "月"과 "夕", "大"와 "夫", 혹은 "𠂢"와 "永"은 본래 한 글자였다(사실은 하나의 모양을 똑같이 사용한 것이다. 제10장 제2절 참조). 그러나 어원(語源)을 연구하는 각도에서 본다면 도리어 이에 근거하여 "月"과 "夕", "大"와 "夫" 혹은 "𠂢"와 永"은 상호간에 친속 관계가 있다는 결론을 얻을 수는 없다. 이 점을 증명하려고 한다면 반드시 따로 확실한 언어학상의 증거가 있어야 할 것이다. 어떤 사람은 자형의 원류와 어원을 같은 말로 혼동하여, 두 개의 사가 일찍이 뜻을 나타내는 같은 하나의 자형을 사용한 적이 있다면 이 두 개의 사가 하나의 근원에서 함께 나왔다는 충분한 증거가 된다고 보았다. 이것은 잘못된 것이다.

요컨대, 자형을 이용하여 사의를 연구할 때는 반드시 신중한 태도를 가져야 하고 위에서 언급한 문제들을 주의해야 할 것이다. 그렇지 않으면 자형을 이용하는 이 일은 사의의 연구 작업에 대하여 무익할 뿐 아니라 도리어 손해를 끼칠 것이다.

# 제8장
# 형성자(形聲字)

형성자와 표의자는 구조상 서로 다른 특징이 있기 때문에 우리는 본 장에서는 표의자의 구조를 말할 때 사용한 분류하고 예시(例示)하는 방식을 취하지 않고, 문제를 강(綱)으로 삼는 방식을 취하여 형성자 탄생의 경로·형방(形旁)과 성방(聲旁)이 결합하는 각종 상황 및 형방과 성방의 표의(表意)와 표음(表音) 작용 등의 방면에서 형성자의 구조를 설명하려고 한다.

## 제1절 형성자 탄생의 경로

제1장에서 말한 바와 같이 가장 이른 형성자는 직접 의부(意符)와 음부(音符)로 구성된 것이 아니라 가차자에 의부를 가하거나 혹은 표의자에 음부를 가하는 것을 통하여 생겨났다. 가령 형성자가 대량으로 나타난 후라고 하더라도 직접 의부와 음부로 형성자를 구성하는 상황, 예건대 청대 말기 이래 서양의 자연과학 특히 화학의 어떤 전문적인 술어를 번역하기 위하여 "鋅"[xīn, 신 : 아연(Zn)]·"鐳"[léi, 뢰 : 라듐(Ra)]·"鈾"[yóu, 유 : 우라늄(U)] 등의 형성자를 만들어내는 상황은 아직 많이 보이지는 않는다. 대부분의 형성자는 기존의 표의자와 형성자로부터 분화(分化)되어 나온 것이거나(여기에서 말하는 표의자와 형성자에는 가차자로 사용된 것 및 이미 기호자·반기호자로 변한 그러한 글자들이 포함되어 있다) 혹은 표의자에서 개조(改造)되어 이루어진 것이다. 개조와 분화의 방법은 주로 다음에 말하는 네 가지가 있다.

### 1. 표의자에 음부(音符)를 덧붙인다.

우리는 제1장에서는 "鳳"(봉)의 뜻을 나타내는 초문에 "凡"(범)성을 덧붙인 예를 든 바가 있고, 제7장 제1절에서는 "厈"(한)의 뜻을 나타내는 초문에 "干"(간)성을 덧붙이고 "㱃"(飮 : 음)의 뜻을 나타내는 초문에 "今"(금)성을 덧붙이는 등의 예를 언급한 바 있다. 다음에 다시 몇 가지의 이러한 예를 든다.

(甲偏) (甲) (篆) 鷄(계)

"鷄"의 초문은 상물자(象物字)로서 후에 음부 "奚"(해)를 덧붙였고, 그 후에는 닭을 본뜬 형부가 또 "鳥"방으로 바뀌어 일반적인 형성자로 바뀌었다. "鷄"자가 상물자에서 일반적인 형성자로 연변된 과정은 "鳳"자와 매우 서로 비슷하다.

(甲) 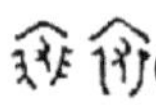(金) (篆) 裘(구)

"裘"의 본의는 가죽옷이다. 초문은 상물자로서 후에 음부 "又"를 덧붙였고, 그후에는 가죽옷을 본뜬 형부가 또 "衣"방으로 바뀌어 일반적인 형성자가 되었다. 대개 어음의 변화에 맞추기 위하여 성방 "又"는 후에 또 "求"로 바뀌었을 것이다.

(甲) (篆) 齒(치)

"齒"의 초문은 주체(主體)까지 나타낸 복잡상물자(複雜象物字)로서 후에는 초문에 음부 "止"를 덧붙였다. "齒"자에는 어금니를 본뜬 형부가 남아 있는데 상황이 "厈"(한)자와 서로 비슷하다. 과거에는 대부분 이러한 글자를 성부(聲符)를 덧붙인[加聲] 상형자라고 보았다.

(甲) (金) (篆) 耤(적)

"耤"의 초문은 하나의 도형식 회의자로서 사람이 쟁기를 잡고 밭을 가는 것을 본떴다. 후에는 초문에 음부 "昔"을 덧붙였고, 그 후에는 또 간화하여

“耒”를 따르고 “昔”성인 일반적인 형성자가 되었다.

(金) (≪說文≫古文) (野)(야)

“野”의 초문은 “埜”(야)로 되어 있는데 “土”를 따르고 “林”을 따르며 회의이다. ≪설문≫의 “野”자는 고문이 “壄”로 되어 있는데 “予”(여)는 덧붙여진 음부이다. 수호지(睡虎地) 진간(秦簡)의 “野”자도 또한 이렇게 되어 있다. 세상에 전해지는 고서에는 대부분 “壄”로 되어 있는데 “矛”(모)는 “予”의 와형(訛形)이다. 전문에는 (<역산각석(嶧山刻石)> 등에 보인다)로 되어 있는데 “田”을 따르고 “土”를 따르며 “予”성이다. 후에 “田”과 “土”가 합병되어 “里”자가 되었다(≪설문≫의 전형(篆形)은 이미 이와 같다).

음부를 덧붙여 만든 형성자는 원래의 표의자와 일반적으로 일자이체(一字異體)의 관계이다. 음부를 덧붙인 형식이 통행된 후에는 원래의 표의자는 보통 폐기되었다. 그러나 또한 두 가지가 두 개의 글자로 분화되는 상황도 있다. 예컨대 “晶”과 “星”이 그것이다. “晶”은 갑골문에서는 · 등의 모양으로 되어 있는데 본래는 별 {星}의 상물자였다. 별은 해와 달보다 작게 보이고 또한 해와 달은 모두 단지 하나뿐이지만 별은 매우 많기 때문에 옛 사람들은 세 개 이상의 비교적 작은 “”으로 별을 나타내었다(갑골문에는 때로는 별의 모양을 “”이라고 새겨 놓았는데 이것은 해의 모양을 “”이라고 새겨 놓은 것과 같은 예이다). 비교적 늦은 고문자에서는 별 모양을 본뜬 “”은 비로소 “日”로 고쳐졌다. “生”성을 가한 “星”은 갑골문에 이미 나타나는데 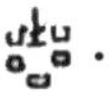· 등의 모양으로 되어 있다. 주대 이후에는 으로 변하였고 또 으로 간화되었다. “晶”자는 후에 오로지 별 {星}의 동원사(同源詞) 곧 별빛을 형용하는 {晶}을 나타내는 데만 사용되었고 음부를 덧붙인 “星”과 두 개의 글자로 분화되었다. 우리가 제7장 제1절 2의 “网”(망)자 조에서 말한 바와 같이 ≪설문≫에 근거하면 “罔”(망)은 “网”자에 “亡”성을 덧붙인 이체이다. 후에 “罔”은 오로지 “없다” 등의 가차의를 나타내는 데만 사용되었고 그물 “网”(網)과는 또 두 개의 글자로 분화되었다. 때로는 표의자에 음부를 덧붙여 직접 문자를 분화시키는 작용을 하였다. 예컨대, “食”(식)자에 “司”(사)성을 가하여 “飼”(사)자가 분화되어 나왔는데, 제11장 제1절 1. 3) (3)에 상세하다.

## 2. 표의자 자형의 일부분을 음부(音符)로 바꾼다.

어떤 표의자들은 자형의 일부분을 음부로 바꾸는 경로를 통하여 형성자로 개조한 것이다. 예컨대, 제7장 제1절 2에서 언급한 바 있는 ""를 "囿"(유)로 고친 예가 그것이다. 또 예컨대 토끼를 잡는 그물로 해석하는 "罝"(저)는 갑골문에는 (冤)로 되어 있고 표의자이다. 후에 "兎"(토)방이 "且"(저) 방으로 바뀌어 "网"을 따르고 "且"성인 형성자가 되었다.

마땅히 비중을 두어 지적해야 할 점은 옛 사람들은 신·구의 자형에 비교적 분명한 관련이 있도록 하기 위하여 왕왕 표의자 자형의 일부분을 형상(形狀)이 이 일부분의 자형과 서로 가까운 하나의 성방으로 고쳤다는 것이다. 예컨대 제3장 제2절에서 언급한 바 있는 을 "昃"(측)으로 고친 예가 그것이다. 다음에 또 몇 가지의 같은 종류의 예를 든다.

(甲) 何(하)

"何"는 짐을 진다는 "荷"(하)의 본자이다("荷"의 본의는 연잎[荷葉]으로서 짐을 진다는 것을 나타내는 {荷}는 가차 용법이다). "何"의 뜻을 나타내는 초문은 사람이 어깨에 물건을 지고 있는 것을 본떴는데, 후에 물건을 진 사람의 모양이 일반적인 "人"방으로 간화되었고 지고 있는 물건을 본뜬 형부 "ㄱ"는 모양이 비슷한 "可"로 고쳐져서 "人"을 따르고 "可"성인 형성자가 되었다(이효정(李孝定)은 갑골문의 "何"자의 자형 가운데 지고 있는 물건을 본뜬 ㄱ은 곧 "柯"(가)자의 초문이고 동시에 또한 표음 작용도 한다고 지적하였다. ≪갑골문자집석(甲骨文字集釋)≫, 2,629쪽에 보인다. 그렇다면 이 글자는 마땅히 우리가 제7장 제1절 5. 1)에서 언급한 적이 있는 "受"자와 동일한 유형에 속하는 것이고, "何"로 변한 것은 회의 겸 형성자에서 순형성자(純形聲字)로 변한 것이다).

(圖) 聝(馘)(괵)

옛 사람들은 전쟁 중에 죽인 적의 왼쪽 귀를 잘라내어 공적을 헤아리는 증거로 삼았는데 그것을 "聝"(괵)이라고 부른다. 뜻을 나타내는 초문은 "戈"를 따르고 "耳"를 따르며 회의였지만, 후에 "戈"가 "戈"를 따르는 "或"으로

고쳐져서 “耳”를 따르고 “或”(혹)성인 형성자가 되었다.

(甲) 羞(수)

“羞”의 본의는 먹을 것을 바치는 것으로, 뜻을 나타내는 초문은 “又”로 “羊”을 잡고 있는 것을 따르고 있는데 후에 “又”를 모양이 비슷한 “丑”(추)로 고쳐서(전문에는 “丑”가 로 되어 있다) “羊”을 따르고 “丑”성인 형성자가 되었다.

(篆) 弦(현)

≪설문≫에는 “‘’는 활줄이다. ‘弓’을 따르고 활줄이 팽팽한 모양을 본떴다(‘’, 弓弦也. 从‘弓’, 象絲軫之形)”(‘軫’(진)은 어긋난다(戾 : 려)는 뜻이다. 여기서는 위로 줄을 팽팽히 당기는 것을 가리킨다)라고 하였다. 한대의 인장의 “弦”자는 대부분 “弓”을 따르고 “絲”를 따르고 있는데 역시 표의자이다. 후에 활줄을 팽팽히 당긴 모양을 본뜬 “”이 모양이 비슷한 “玄”으로 고쳐져서 “弓”을 따르고 “玄”성인 형성자가 되었다.

위에서 든 각 예의 형성 결구의 후기자(後起字)에서 “何”(하)·“聝”(괵)·“羞”(수)는 고문자 단계에서 이미 나타났고 “弦”(현)은 예서·해서의 단계에서 비로소 나타난 것이다.

어떤 속자들도 또한 자형의 일부분을 모양이 비슷한 음부로 고치는 것을 통하여 만들어졌다. 예컨대 제2장에서 언급한 이미 현재의 간화자에 채용되어 있는 “恥”(치)의 속체 “耻”(치)(한예(漢隸)에서 “心”과 “止”의 두 모양은 서로 비슷하다)와 “肉”(육)의 속체 “宍”(“肉”과 “六”은 중고 이전에는 음이 가까웠다)·“曼”(만)의 속체 “㬅” 등이 그것이다. 그러나 “恥”자는 사실은 본래 형성자이고, “曼”자는 ≪설문≫의 분석에 따르면 역시 형성자였다(≪설문≫에는 “曼”자는 “又”를 따르고 “冒”(모)성이라고 했지만 그러나 반드시 믿을 만한 것은 아니다).

### 3. 기존의 문자에 의부(意符)를 덧붙인다.

대량의 형성자는 기존의 문자에 의부를 덧붙임으로써 만들어진 것이다. 의부를 덧붙이는 것은 보통 자의(字義)를 명확하게 하기 위한 것이다. 명확하게 하려는 자의의 성질에 따라 의부를 덧붙이는 현상은 세 가지로 나눌 수 있다.

1) 가차의를 명확하게 하기 위하여 의부를 덧붙인다.

이것은 가차자에 의부를 덧붙이는 것이다. 예컨대, "師"(사)자는 본래 무리로 해석하였는데, 한대 사람들은 그것을 가차하여 사자의 {獅}를 나타내었고(≪한서 · 서역전(西域傳)≫ 오익산리국(烏弋山離國)에는 "도발(桃拔) · 사자 · 무소가 있다(有桃拔 · 獅子 · 犀牛)"라고 하였다), 후에 "犬"(견)방을 덧붙여 "犬"을 따르고 "師"성인 "獅"(사)자를 분화시켜서 전문적으로 이 가차의를 나타내었다(≪설문≫에는 "獅"자가 없고, 전 · 후 ≪한서≫ 가운데 {獅子}는 모두 "師子"로 썼으며, ≪옥편(玉篇)≫ · ≪광운(廣韻)≫에는 "獅"자가 있다). 제1장에서 언급한 갑골문 중의 ""(翼 : 익)자와 제2장에서 언급한 "徜徉"(상양) · "蜈蚣"(오공) · "鶬鶊"(창경) 등의 글자들은 모두 가차자에 의부를 덧붙여 만든 형성자이다.

2) 인신의를 명확하게 하기 위하여 의부를 덧붙인다.

예컨대 "取"(취)자는 인신되어 아내를 맞는다[娶妻]는 뜻이 있는데(≪시경(詩經) · 빈풍(豳風) · 벌가(伐柯)≫에는 "아내를 맞으려면 어떻게 할 것인가"(取妻如之何)라고 하였다), 후에 "女"(녀)방을 덧붙여 "娶"자를 분화시켜서 전문적으로 이 인신의를 나타내었다. 이렇게 생겨난 글자는 일반적으로 모두 형성겸 회의자이다. 예컨대 "娶"자는 "女"를 따르고 "取"성이라고 분석할 수도 있고 또한 "取 · 女"를 따르고 회의라고 분석할 수도 있다(≪설문≫에는 "'娶'는 아내를 맞는다는 뜻이다. '女'를 따르고 '取'를 따르며 '取'는 역성(亦聲)이다('娶', 取婦也. 从'女'从'取', '取'亦聲)"라고 하였다).

위에서 말한 두 가지의 의부를 덧붙여 분화자를 만드는 현상은 흔히 보이는 것이다. 뒤에서 가차자의 후에 나타난 본자[後起本字](제9장 제1절에 보인다)와 문자의 분화(제11장 제1절 1. 3)에 보인다)를 말할 때 또 언급할 것이기 때문에 여기서는 더 예를 들지 않는다.

3) 본의를 명확히 하기 위하여 의부를 덧붙인다.

제7장 제1절에서 표의자의 실례를 말할 때 일찍이 언급한 바와 같이, "它"(타)는 "蛇"(사)의 초문이고, "爿"(장)은 "牀"(床 : 상)의 초문이고, "止"(지)는 "趾"(지)의 초문이고, "州"(주)는 "洲"(주)의 초문이고, "須"(수)는 "鬚"(수)의 초문이고, "厷"(굉)은 "肱"(굉)의 초문이고, "北"(북)은 "背"(배)의 초문이고, "采"(채)는 "採"(채)의 초문이고, "孚"(부)는 "俘"(부)의 초문이고, "埶"(예)는 "蓺"(藝 : 예)의 초문이고, "縣"(현)은 "懸"(현)의 초문이고, "益"(익)은 "溢"(일)의 초문이고, "正"(정)은 "征"(정)의 초문이고, "韋"(위)는 "違"(위)의 초문이고, "各"(각)은 "洛"(격)의 초문이고, "莫"(모)는 "暮"(모)의 초문이고, "原"(원)은 "源"(원)의 초문이고, "臭"(취)는 "嗅"(후)의 초문이다. "蛇"·"牀"·"趾"·"洲" 등의 글자는 모두 "它"·"爿"·"止"·"州" 등의 글자의 본의를 명확히 하기 위하여 이 글자들에 의부를 덧붙여 만든 후기자(後起字)이다. 어떤 형성자는 또한 의부를 덧붙인 후기자가 있다. 예컨대 "然"(연)자는 "火"를 따르고 "肰"성으로("肰"은 음이 rán(연)으로, ≪설문≫에는 "'肰'은 개고기이다. '犬'·'肉'을 따른다('肰', 犬肉也. 从'犬'·'肉')"라고 하였다), 본래는 {燃}(태우다)을 위하여 만든 것이지만 후에는 또 "火"방을 덧붙여 "燃"자가 되었다(≪설문≫에는 "燃"자가 없고, ≪옥편≫·≪광운≫에는 "燃"을 "然"의 속체라고 하였다. 형성자에 의부를 덧붙여 만들어진 후기자에 관해서는 다음 절의 "다형(多形)"을 말한 부분을 참조).

반드시 의부를 덧붙여 본의를 명확히 해야 하는 글자는 다수는 비교적 통행되는 인신의 혹은 가차의가 있고, 의부를 덧붙인 후기자가 나타난 후에는 초문은 보통 점차 더 이상 본의를 나타내는 데 사용되지는 않고 단지 인신의 혹은 가차의를 나타내는 데 사용되는 것으로 변하였다. 예컨대, "蛇"자가 나타난 후에는 "它"는 점차 단지 지시대사 등의 가차의를 나타내는 데만 사용되는 것으로 변하였다. "趾"자가 나타난 후에는 "止"는 점차 단지 정지하다 등의 인신의만을 나타내는 데 사용되는 것으로 변하였다. 이러한 후기자는 실제로는 분화자의 작용을 하므로 의부를 덧붙여 본의를 나타내는 분화자라고 볼 수 있다. 그것들에 포함된 초문, 예컨대 "蛇"·"趾" 등의 글자에 포함된 "它"·"止" 등의 편방은 일반적인 사람들은 모두 초문이라고 생각하지 않고 단지 성방이라고만 볼 뿐이다. 그러므로 마땅히 그것들은 형성자라는 것을 인정해야 할 것이다.

어떤 의부를 덧붙여 만든 후기자들은 초문과 두 개의 글자로 분화되지 않았다. 예컨대 위에서 방금 든 바 있는 "牀"과 "肱" 및 제3장 제2절에서 든 바 있는 "淵"과 "鉞"이 그것이다. 여기에서 언급한 몇 개의 글자들은 그것들의 초문은 모두 상물자이다. 이러한 후기자들은 논리적으로 말한다면 마땅히 제7장 제1절 2에서 든 바 있는 "胃"자와 마찬가지로 의부를 덧붙인 복잡상물자(複雜象物字)로 보아야 할 것이다(자형의 내력을 모르는 사람에 대하여 말한다면 반기호·반표의자(半記號·半表意字)이다). 그러나 만약 그것들의 초문이 동시에 또한 어떤 흔히 사용되는 형성자에서 성방으로 충당된다면 일반 사람들은 여전히 그것들을 형성자로 볼 것이다. 예컨대, "爿"(장)은 "壯"(장)·"狀"(장) 등의 글자에서는 성방이고(제7장 제1절 2를 참조), "厷"(굉)은 "宏"(굉)·"雄"(웅) 등의 글자에서는 성방이며, "戉"(월)은 "越"(월)자에서는 성방이기 때문에 일반 사람들은 "牀"·"肱"·"鉞" 등의 글자도 역시 모두 형성자로 보는 것이다("㶜"(연)은 "姻"(인)의 이체인 "婣"(인)과 "淵"(연)·"蜵"(연) 등의 글자에서는 성방이지만 이러한 글자들은 현재는 모두 흔히 사용되지는 않는다).

요컨대, 본의를 명확히 하기 위하여 의부를 덧붙여 만든 후기자는 절대부분은 모두 형성자로 볼 수 있다.

본의를 명확히 하기 위하여 덧붙인 의부는 때로는 덧붙여진 초문의 하나의 편방과 중복된다. 예컨대, "益"자의 전문(篆文)의 윗부분은 가로 누워 있는 "水"인데 "溢"자에는 또 "水"방을 덧붙였다. "莫"자는 "日"을 따르고 있는데 "暮"자에는 또 "日"방을 덧붙였다. "然"자는 "火"를 따르고 있는데 "燃"자에는 또 "火"방을 덧붙였다.

어떤 후기자는 초문에 편방을 두 번 덧붙여 만들었다. 예컨대, "㐭"(름)은 곳집 "廩"(름)의 초문으로(갑골문에는 으로 되어 있는데, 본래는 거적 덮개가 있는 곡물 더미를 본뜬 것으로 의심된다), 먼저 "禾"를 덧붙여 "稟"이 되었고(지금은 대부분 "禀"이라고 쓴다), 또 "广"(엄)을 덧붙여 "廩"이 되었다(지금은

대부분 “廩”(름)이라고 쓴다. “廩”자가 생겨난 후에 “稟”은 일반적으로 양식을 발급하다·받다 등의 뜻으로 사용하게 되었다. ≪설문≫에는 이미 “稟”·“廩”을 두 글자로 구분하였다. 후에 “稟”(품)은 단지 받다[稟受]·받들다[稟承] 등의 변음(變音)된 인신의에만 사용하게 되었고, 양식을 발급하다·받다 등의 뜻도 역시 “廩”자로 나타내게 되었다). “网”(망)은 “網”의 초문으로 먼저 “亡”성을 가하여 “罔”이 되었고 또 “糸”방을 가하여 “網”이 되었다(제7장 제1절 2의 “网”조를 참조). 그러나 ≪설문≫에서 “肱”(굉)자는 본래 로 되어 있었는데 먼저 “又”를 덧붙여 “厷”이 되었고 또 “肉”을 덧붙여 “肱”이 되었다고 본 것은 도리어 문제가 있다. 제7장 제1절 2에서 이미 말한 바와 같이 “肱”은 본래 으로 되어 있었으므로 고문자에는 결코 “又”를 벗어나 단독으로 존재할 수 있었던 “”자는 없었다.

의부를 덧붙인 후기자에서 어떤 것들은 시종 초문을 대신하지 못하였다. 예컨대, “湶”(천)(한비(漢碑)에 보인다)·“薗”(원)·“菓”(과)·“菲”(비) 등이 그것이다.

청대의 문자학자 왕균(王筠, 1784-1854)은 의부를 덧붙여 만든 분화자를 분별문(分別文)이라고 부르고, 의부를 덧붙여 만든 후기자 가운데 분화자의 작용을 하지 못하는 그 일부분의 글자를 누증자(累增字)라고 불렀다(≪설문석례(說文釋例)≫ 권8에 보인다. 그러나 왕균이 든 누증자에서 어떤 것은 실제로는 여전히 본의를 나타내는 분화자로 볼 수 있다).

## 4. 형성자의 편방을 바꾼다.

한자에서는 어떤 형성자의 한 편방을 바꾸어 하나의 새로운 형성자를 분화시켜 전문적으로 그것의 어떤 뜻을 나타내는 현상도 또한 흔히 보인다. 예컨대, 떨친다는 “振”자는 인신되어 진제(賑濟)의 뜻을 갖게 되었고(≪예기(禮記)·월령(月令)≫ 계춘(季春)의 달에는 “유사(有司)에게 명하여 곳집을 열어 빈궁한 사람들에게 내려주고 결핍하고 끊긴 사람들을 먹여 주었다(命有司發倉廩, 賜貧窮, 振乏絕)”라고 하였다. 또 어떤 사람은 이것이 “振”의 본의라고 보았다), 후에는 “振”자의 “手”방을 “貝”방으로 바꾸어 “賑”자를 분화시켜 전문적으로 이 뜻을 나타내었다. 문자의 분화를 말할 때 또 이러한 현상을 언급할 것이므로 여기서는 더 예를 들지 않는다.

표의자를 형성자로 개조하는 것과 기존의 문자에서 형성자를 분화시키는 길은 주로 이상의 네 가지이다. 셋째의 경로로 생긴 형성자가 수가 가장 많다.

어떤 형성 결구의 후기자들은 외형상 뜻을 나타내는 초문과 전혀 관련이 없기 때문에 직접 의부와 음부로 구성되어 있는 것 같지만, 실제로는 도리어 비교적 곡절이 많은 형성 과정이 있다. 예컨대, "箙"(복 : 전통(箭筒))의 초문은 으로(화살을 담는 그릇을 본뜬 것으로 후에 "𤰈"(비)로 와변(訛變)되었다), 양자는 자형상 전혀 관련이 없지만 "箙"은 도리어 결코 직접 "竹"방과 "服"방으로 구성된 것은 아니다. 고대에는 대부분 "服"을 "𤰈"로 빌렸으므로(≪시경(詩經)・소아(小雅)・채미(采薇)≫에는 "상아 활고자에 물고기 가죽 전통이라네"(象弭魚服)라고 하였는데, 어복(魚服)은 일종의 물고기 가죽으로 만든 화살집이다), "箙"은 마땅히 가차자인 "服"에 "竹"방을 덧붙여 만든 분화자일 것이다.

간화 등의 원인으로 말미암아 또한 약간의 형성자가 표의자로 바뀌는 현상도 존재한다. 예컨대 다음과 같다.

㱃(음) — 飲　　[illegible]([illegible])(산) — 閂
糴(적) — 糴　　巖(암) — 岩

또 어떤 형성 결구의 후기자들은 뜻을 나타내는 초문과 경쟁할 수 없었기 때문에 도태를 당하였다. 예컨대 "珏"(각)은 형성 결구의 후기자 "瑴"('玉'을 따르고 "㱿"(각)성이다)이 있고, "鬲"(력)은 형성 결구의 후기자 "𤮍"('瓦'를 따르고 '厤'(력)성이다)이 있었는데 이 두 글자는 모두 매우 일찍 통행하지 않게 되었다.

## 제2절 다성(多聲)과 다형(多形)

한자는 단음절적이다. 논리적으로 말한다면, 하나의 형성자는 단지 하나의 성방만 있더라도 충분하다. 형방은 일반적으로 형성자의 자의(字義)의 유별(類別)을 가리키는 데 사용되므로 또한 한 가지를 넘을 필요가 없다. 그러나 ≪설문≫의 분석에 따르면 어떤 형성자들은 도리어 두 가지의 성방이나 혹은 두 가지 이상의 형방을 가지고 있다. 우리는 이러한 상황을 다성・다형이라고 부른다. 다음에 각각 다성과 다형의 형성자에 대하여 약간의 고찰을 하려고 한다.

### 1. 다성(多聲)

≪설문≫에서 두 가지 성(聲)을 따른다고 명확히 말한 형성자는 "竊"과 "䪢"(齏)가 있다.

(竊)(절)

도둑이 안에서 나오는 것을 "竊"이라고 한다. "穴"(혈)을 따르고 "米"(미)를 따르며 "禼"(설)・"廿"(질)은 모두 성이다. '廿'은 고문의 "疾"(질)이다. "禼"은 고문의 "偰"(xiè, 설)이다(, 盜自中出曰竊. 从"穴", 从"米", "禼"・"廿"皆聲. "廿", 古文"疾". "禼", 古文"偰").

(제)

"䪢"이다. "韭"(구)를 따르고, "次"(차)・"𠂔"(zǐ, 자)는 모두 성이다. , "䪢"는 혹은 "齊"(제)를 따른다(, 䪢也. 从"韭", "次"・"𠂔"皆聲. , 䪢或从"齊").

≪설문≫의 "竊"자에 대한 분석은 분명히 믿을 수 없다. 왜냐하면 고문자에서 본다면 "廿"은 결코 "疾"의 고문일 수 없기 때문이다. 어떤 사람은

"竊"은 본래 회의자로서 "쥐가 구멍을 뚫고 물건을 물고 쌀을 훔쳐 나오는 모양(乃鼠穿穴咬物盜米之象)"(고형(高亨), ≪문자형의학개론(文字形義學概論)≫, 산동인민출판사, 1963년판, 214쪽)이라고 보았는데 참고할 만하다. "𩐁"자가 따르고 있는 "次"와 "𠂔" 두 글자는 확실히 모두 성방이 될 자격이 있다. 그러나 글자를 만들 때는 대개 옥상가옥(屋上架屋) 격으로 두 개의 성방을 동시에 모두 사용했을 리는 없다. 앞에서 지적한 바와 같이 어떤 표의자들은 사용 과정 중에 음부를 덧붙이게 되었다. 형성자도 또한 음부를 덧붙이는 상황이 있었다. 예컨대 서주 금문 가운데 "示"(시)를 따르고 "畐"(복)성인 "福"(복)자는 때로는 "北"(북)성를 덧붙여 이라고 하였고(≪금문편(金文編)≫ 9쪽), 또 "𨘳"(포)자(<소신포정(小臣𨘳鼎)>에 보인다)는 "夫"(부)성을 덧붙인 "逋"(포) 자인 것 같다. "𩐁"자는 본래 "韭"를 따르고 "𠂔"성이거나 혹은 "韭"를 따르고 "次"성인 일반 형성자였는데 후에 하나의 음부를 덧붙여 성이 둘인 형성자가 되었을 가능성이 있다. <석고문(石鼓文)>에는 "𣢇"자가 있는데, 왕국유(王國維)는 "𩐁"자는 이 글자를 성방으로 삼은 것이라고 보았다(≪관당집림(觀堂集林)≫, 권6 <석욱(釋昱)>). 만약 확실히 그렇다면 "𩐁"는 단지 일형일성(一形一聲)의 형성자일 뿐이다.

요컨대 진정한 성이 둘인 글자는 극히 드물고 또한 대개 형성자에 음부를 덧붙임으로써 만들어진 것이다.

## 2. 다형(多形)

≪설문≫에는 두 개 이상의 형방을 따르는 형성자로 분석한 것이 비교적 많다. 이 글자들의 상황은 상당히 복잡하다.

어떤 글자는 본래는 표의자인데 ≪설문≫에는 와변(訛變)된 형체에 근거하여 그것을 다형의 형성자로 분석하였다. 예컨대 "彘"(체)자는 본래 화살이 배를 꿰뚫고 있는 돼지를 본뜬 것이다. 그러나 "≪설문≫에는 그것을 '彑'(체)를 따르고 두 개의 '匕'(비)를 따르며 '矢'(시)성인 것으로 잘못하여 이른바 삼형일성(三形一聲)이 되었다."(당란, ≪중국문자학≫, 107쪽. "矢"・"彘"는 음이 가까우므로 "矢"는 역시 표음 작용을 겸하여 가지고 있는 것으로 볼 수도

있다)

어떤 글자는 실제로는 일형일성(一形一聲)의 형성자이지만 ≪설문≫에는 그것의 형방이나 혹은 성방으로 충당된 합체자(合體字)를 갈라놓았기 때문에 그것을 다형의 형성자로 잘못 분석하였다. 다음은 몇 가지 예이다.

### 㝱(몽)

≪설문≫에는 "'㝱'은 자면서 느끼는 것이다. '宀'(면)을 따르고 '疒'(녁)을 따르며 '夢'(몽)성이다('㝱', 寐而覺也. 从'宀', 从'疒', '夢'聲)"("㝱"(몽)은 마땅히 갑골문의 [illegible]에서 연변되어 이루어졌을 것이다. ≪설문≫에서는 "夢"을 "밝지 않다(不明也)"라고 해석하였고, "㝱"(몽)을 꿈꾼다는 뜻의 "夢"의 본자라고 하였다)라고 하였다. "㝱"자가 따르고 있는 "疒"은 본래는 마땅히 "爿"(장)이라고 해야 하는데 ≪설문≫의 전형(篆形)은 잘못이 있다. ≪설문≫에 [illegible]로 되어 있는 "寐"(매)자가 진시황(秦始皇)의 <태산각석(泰山刻石)>에는 [illegible]로 되어 있으니 증거로 삼을 수 있다. 갑골 · 금문에는 [illegible]자가 있고 어떤 사람은 이것이 "㝱"자가 따르고 있는 "[illegible]"라고 지적하였는데(≪금문편≫, 543쪽에 인용된 고경성(高景成)의 설) 마땅히 믿을 만한 것이다. "[illegible]"의 자형은 방 안에 상(床)이 있는 것을 나타내고, 자의는 마땅히 "寢"(침)과 서로 가까울 것이며 또한 "寢"의 초문일 가능성도 있다. "㝱"은 본래는 마땅히 "[illegible]"을 따르고 "夢"성인 일반 형성자였을 것이다. ≪설문≫에는 "[illegible]"를 "[illegible]"라고 잘못하였고, 또 이것이 본래는 하나의 독립적으로 사용될 수 있는 글자라는 것을 몰랐기 때문에 "㝱"자를 잘못 분석하게 되었다.

### 𢼸(미)

≪설문≫에는 "'𢼸'는 교묘하다는 뜻이다. '人'을 따르고 '攴'(복)을 따르며 '豈'(기)의 생성(省聲)이다('𢼸', 妙也. 从'人', 从'攴', '豈'省聲)"라고 하였다. 고문자에는 [illegible]자가 있는데 "𢼸"자의 왼쪽 편방은 그것에서 변한 것이다. "𢼸"는 본래 마땅히 "攴"을 따르고 "[illegible]"성인 일반 형성자였을 것이다. ≪설문≫에는 "[illegible]"자가 수록되어 있지 않기 때문에 그것을 잘못 분석하게 되었다.

### 飭·蝕(칙)

≪설문≫에는 "'飭'은 딱딱하게 한다는 뜻이다. '人'을 따르고 '力'을 따르며 '食'성이다('飭', 致堅也. 从'人', 从'力', '食'聲)"라고 하였고, "'蝕'은 썩는다는 뜻이다. '虫'·'人'·'食'을 따르고 '食'은 역성(亦聲)이다('蝕', 敗創也. 从'虫'·'人'·'食', '食'亦聲)"라고 하였다. 옛날에는 "飤"(사)자가 있었으므로 (금문에는 익히 보이며, 또 ≪설문·식부(食部)≫에도 보인다) "飭"은 마땅히 "力"을 따르고 "飤"성이라고 분석해야 하고, "蝕"은 마땅히 "虫"을 따르고 "飤"성이라고 분석해야 할 것이다(대동(戴侗), ≪육서고(六書故)≫ 참조). ≪설문≫에서 "'巾'을 따르고 '人'을 따르며 '食'성이다(从'巾', 从'人', '食'聲)"라고 분석한 "飾"(식)자에 이르러서는 본래는 "飭"·"蝕"과 서로 비슷하게 "巾"을 따르고 "飤"성인 글자였을 가능성도 있고, 또한 아래에서 곧 언급할 "寶"(보)·"埜"(야) 등의 글자와 같은 종류에 속했을 가능성도 있다. 아래의 글에 상세하다.

어떤 글자는 회의자에 음부를 덧붙여 만든 형성자이다. 예컨대 다음과 같다.

### 寶(보)

≪설문≫에는 "'寶'는 보배라는 뜻이다. '宀'을 따르고 '玉'을 따르고 '貝'를 따르며 '缶'(부)성이다('寶', 珍也. 从'宀', 从'玉', 从'貝', '缶'聲)"라고 하였다. "寶"자는 갑골문에서는 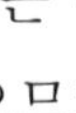라고 썼는데 방 안에 조개·옥 등의 보물이 있는 것을 나타내고 있으므로 본래는 회의자이다. 주대의 금문에 비로소 "缶"성을 덧붙여 형성자가 되었다. ≪설문≫의 "寶"자에 대한 분석은 잘못된 것이라고 할 수는 없다. 그러나 "'宀'을 따르고 '玉'을 따르고 '貝'를 따르며 회의이고 '缶'성이다(从'宀'从'玉'从'貝'會意, '缶'聲)"라고 분석하는 것이 타당할 것이다. 위 절에서 말한 바 있는 "埜"(野)자·"㱃"(飮)자는 상황이 "寶"와 서로 비슷하다. ≪설문≫에는 "㱃"자를 "欠"(흠)을 따르고 "酓"(암)성이라고 분석하였지만 사실은 마땅히 "'欠'을 따르고 '酉'(유)를 따르며 회의이고, '今'(금)성이다(从'欠'从'酉'會意, '今'聲)"(고전종주(高田宗

周), ≪고주편(古籒篇)≫, 권수(卷首) “건수계보(建首系譜)” 20 하(下))라고 분석해야 할 것이다. 위에서 방금 언급한 바 있는 “飾”자는 본의는 닦는다는 것이다(“拭”(식)은 대개 그 본의를 나타내는 분화자일 것이다. 단옥재의 주를 참조). 이 글자는 또한 본래는 “人”이 “巾”을 잡고 있는 것을 따름으로써 닦는다는 뜻을 나타내는 표의자였는데(금문에 “人”이 “巾”을 잡고 있는 것을 따른 글자가 있다), 후에 비로소 “食”성을 가하여 형성자로 변했을 가능성이 있다.

어떤 글자는 일형일성의 형성자에 의부를 덧붙여 만든 후기자이다. 예컨대 다음과 같다.

奉(봉)

≪설문≫에는 “‘奉’은 받든다는 뜻이다. ‘手’를 따르고 ‘廾’를 따르며 ‘丰’(봉) 성이다(‘奉’, 承也. 从‘手’, 从‘廾’, ‘丰’聲)”라고 하였다. “廾”은 두 손을 본뜬 것이다. 논리적으로 말한다면 “奉”자를 만들 때는 “廾”과 “手”의 두 개의 형방을 함께 사용할 필요는 없었을 것이다. “丰”자는 금문에는 “丰”으로 되어 있다. <산씨반(散氏盤)>의 명문(銘文)에는 “奉”자가 있고 고문자 학자들은 대부분 “奉”의 초문이라고 보는데 마땅히 믿을 만한 것이다(이 글자가 따르고 있는 “丰”은 음부의 작용을 할 뿐 아니라 동시에 또한 두 손으로 받들고 있는 물건을 대표하며, 갑골·금문의 “受”자가 따르고 있는 “舟”와 서로 비슷하다. 그러므로 이 글자는 또한 회의 겸 형성자로 볼 수도 있다). “奉”자의 “手”방은 확실히 후에 덧붙인 것임을 증명할 수 있다. “奉”자의 구조는 윗절에서 말한 바 있는 “燃”자와 서로 비슷하다. 그러나 “燃”자가 나타난 이후에도 “然”자는 여전히 빈번하게 사용되었다(그 가차의를 나타내는 데 사용되었다). “奉”자가 나타난 후에는 그 초문은 점차 잊혀지게 되었다.

≪설문≫에는 형성자에 의부를 덧붙이는 현상에 대하여 때로는 명확하게 지적하기도 하였다. 예컨대 다음과 같다.

菹(저)

“菹”는 초로 담근 채소이다. “艸”를 따르고 “沮”성이다. “薀”은 혹은 “皿”을 따르기도 한다(“菹”, 酢(醋)菜也. 从“艸”, “沮”聲. “薀”, 或从“皿”).

匡(匡)(광)

"匡"은 밥그릇으로 광주리이다. "匚"(방)을 따르고 "㞷"성이다("㞷"은 자서의 음은 huáng(황)이다. 본 장 제6절 3을 참조). 筐(筐), "匡"은 혹은 "竹"을 따르기도 한다("匡", 飯器, 筥也. 从"匚", "㞷"聲("㞷"字書音 huáng), "筐"(筐), "匡"或从"竹").

그러나 허신은 "奉"자가 "𠦬"에서 변한 것임을 몰랐기 때문에 그것을 처리하는 방법이 "薀"·"筐" 등의 글자를 처리하는 것과 서로 다르게 되었다. "筐"·"燃"과 같이 실제로는 초문과 이미 분화되어 두 개의 글자가 된 후기자는 일형일성의 형성자로 보는 것이 타당하다. "奉"자와 같이 초문이 일찌감치 이미 폐기된 후기자는 그것들을 다형(多形)의 형성자로 분석하더라도 또한 안 될 것이 없다(이것은 "奉"자의 전문(篆文)의 자형에 대하여 말하는 것이며, 예서·해서의 자형은 이미 표음의 작용을 잃어버렸다). 그러나 우리가 마땅히 알아야 할 것은 그것들의 형성에는 하나의 과정이 있고 결코 처음부터 두 개의 형방을 사용한 것이 아니라는 것이다.

또 어떤 두 가지 형방을 따르는 형성자들은 완전히 형성자에 의부를 덧붙여 만든 후기자인 것 같지만 확실한 증거가 부족하기 때문에 아직도 단언하기가 어렵다. 예컨대 다음과 같다.

⿱艹⿰氵毒(독)

≪설문≫에는 "'⿱艹⿰氵毒'은 마디풀이다. '艸'를 따르고 '水'를 따르며 '毒'성이다('⿱艹⿰氵毒', 水萹茿也. 从'艸', 从'水', '毒'聲)"라고 하였다. 이 글자는 또 이체 "⿱艹毒"이 있고 ≪옥편≫ 등의 책에 보이는데 그 "水"방은 또한 후에 덧붙인 것일 가능성이 있다. 그러나 ≪옥편≫ 등의 책은 ≪설문≫보다 늦기 때문에 이 점은 아직도 수긍할 수 없다. "⿱艹⿰氵毒"자 외에 "薻"(藻)(조)·"蕅"(藕)(우) 등의 글자는 ≪설문≫에는 역시 "艸"를 따르고 "水"를 따르는 형방이 둘인 글자로 보았다.

碧(벽)

≪설문≫에는 "'碧'은 돌로서 푸르고 아름다운 것이다. '玉'·'石'을 따르고

'白'성이다('碧', 石之靑美者. 从'玉'·'石', '白'聲)"라고 하였다. ≪설문·옥부(玉部)≫에는 "돌 가운데 옥을 닮은 것이다(石之似玉者)"·"돌 가운데 옥에 다음가는 것이다(石之次玉者)" 혹은 "돌 가운데 아름다운 것이다(石之美者)"라고 해석한 글자가 매우 많다. 이러한 글자들은 "碧"자를 제외하면 모두 "玉"을 따르는 일형일성(一形一聲)의 형성자이다. "碧"자도 본래는 또한 단지 "玉"만을 따랐고 "石"방은 후에 덧붙였을 가능성이 있다(그러나 "琥珀"의 "珀"은 "碧"자와는 관계가 없다. "琥珀"은 본래는 "虎魄"으로 되어 있었으므로 "珀"은 "魄"의 분화자이다).

요컨대 다형(多形)이라고 볼 수 있는 형성자는 대개 절대다수는 표의자에 음부를 덧붙이거나 혹은 형성자에 의부를 덧붙여 이루어진 것이다.

## 제3절 생성(省聲)과 생형(省形)

글자를 만들거나 혹은 사용하는 사람들은 자형의 정제(整齊)·균형과 서사의 편의를 구하기 위하여 어떤 형성자들의 성방 혹은 형방의 자형을 일부분 생략하였다. 이러한 현상은 문자학에서는 생성(省聲)·생형(省形)이라고 부른다. 다음에서 각각 설명한다.

### 1. 생성(省聲)

생성의 상황은 대체로 세 가지로 나눌 수 있다.

#### 1) 자형이 번잡하고 중복되거나 혹은 면적을 너무 크게 차지하는 성방을 일부분 생략한다.

**襲**(습)

≪설문≫에는 "'衣'를 따르고 '龖'(tà, 답)의 생성이다(从'衣', '龖'省聲)"라고 분석하였는데, 수록되어 있는 주문(籀文)은 "龖"을 따르고 생략하지

않았다.

### 秋(추)

≪설문≫에는 "'𥤚'는 …… '禾'를 따르고 '𪏰'(jiāo : 초)의 생성이다. '𥤚'는 주문에는 생략하지 않았다(𥤚…… 从'禾', '𪏰'省聲. '𥤚', 籒文不省)"라고 하였다. {秋}는 갑골문에는 [illegible](𪛖, 음 qiú, 비교적 늦은 자서에는 대부분 𪛖로 잘못되어 있다) 혹은 [illegible](𪏰, 마땅히 𪛖를 따라 소리를 얻었을 것이다. ≪설문≫의 𪏰자는 곧 그 와체(訛體)일 가능성이 있다)라고 썼는데 모두 가차자이다. 후에 비로소 "𪏰"자에 "禾"방을 덧붙여 {秋}의 전용자(專用字)를 만들었다. ≪설문≫에 수록되어 있는 주문에는 이미 "𪛖"가 "龜"로 변하였고, 한대 비문에는 "秋"자가 혹은 [illegible](<양저비(楊著碑)>)로 되어 있어 아직 옛 모양을 간직하고 있다. ≪설문≫에는 "秋𪏰"자는 "의 생성이다"라고 하였는데 마땅히 "𪏰의 생성이다"라고 고쳐야 할 것이다(당란, ≪은허문자기(殷墟文字記)·석초초(釋𪛖𪏰)≫를 참조).

### 潸(산)

≪설문≫에는 "'水'를 따르고 '散'(散)의 생성이다(从'水', '散'省聲)"라고 분석하였다.

### 珊·姍(산)

≪설문≫에는 "'玉'을 따르고 '删'의 생성이다(从'玉', '删'省聲.)"·"'女'를 따르고 '删'의 생성이다(从'女', '删'省聲)"라고 분석하였다. ≪설문≫에 수록되지 않은 "跚"(산)자도 역시 마땅히 "删"의 생성을 따랐을 것이다. "栅"(책)자의 상황은 비교적 복잡하다. ≪설문≫의 "栅"자는 "冊"(책)성을 따랐다(목부(木部)에 "'栅'은 나무를 엮은 것이다. '木'을 따르고 '冊'을 따르며 '冊'은 역성(亦聲)이다('栅', 編樹木也. 从'木', 从'冊', '冊'亦聲)"라고 하였다). ≪광운≫ 중에는 "冊"성을 따르는 "栅"도 있고(입성(入聲) 맥운(麥韻) 초혁절(楚革切)에는 "'栅'은 나무를 세우고 울짱을 세우는 것이며, 또 촌책(村栅)이다(栅, 豎木立栅, 又村栅)"라고 하였고, 입성 맥운(陌韻) 측극절(測戟切)에는 "'栅'은 촌책으로 ≪설문≫에는 나무를 세워서 엮은 것이라고 하였다고 하였다('栅', 村栅, ≪說文≫曰'豎編木')"라

고 하였다), 또 "刪"의 생성을 따르는 "柵"(산)도 있다(거성(去聲) 동운(凍韻) 소안절(所晏切)에는 "'柵'은 울짱이다('柵', 籬柵)"라고 하였다). 현재 울짱의 "柵"을 zhà(책)로 읽는 것은 "冊"성을 따르는 음에서 변한 것이다. 전기학(電氣學)의 "柵極"(그리드(grid))의 "柵"을 shān(산)으로 읽는 것은 "刪"음을 취한 것이지만 성조(聲調)는 중고 한어에서 소안절(所晏切)(거성(去聲))로 읽었던 "柵"과는 서로 다르다.

일반 사람들에 대하여 말한다면 이 부류의 생성자의 성방의 다수는 이미 표음 작용을 상실한 것이다.

### 2) 성방의 일부분을 생략해 버리고 빈 자리는 형방을 두는 데 사용한다.

#### 夜(야)

≪설문≫에는 "'夜'는 …… '夕'을 따르며 '亦'의 생성이다('夜' …… 从'夕', '亦'省聲)"라고 하였다. 이러한 서사법의 "夜"자는 이미 서주 금문에 보이며 역사가 매우 오래된 것이다. 해서(楷書)의 "夜"자는 이미 근본적으로 "亦"성을 따르는 흔적을 찾아낼 수 없는 것으로 변하였다. 고문자 "夜"자는 또 "亦"성을 따르고 생략되지 않은 것이 있다. 예컨대 초간(楚簡)의 "⿱亦夕"가 그것이다.

#### 畿(기)

≪설문≫에는 "'田'을 따르고 '幾'의 생성이다(从'田', '幾'省聲)"라고 분석하였다.

#### 徽(휘)·黴(霉)(매)

≪설문≫에는 "'糸'를 따르고 '微'의 생성이다(从'糸', '微'省聲)"·"'黑'을 따르고 '微'의 생성이다(从'黑', '微'省聲)"라고 분석하였다.

#### 蹇·褰·騫(건)·鶱(헌)

이상의 각 글자들은 ≪설문≫에는 모두 "寒"의 생성을 따른다고 분석하였다. "搴"(건)자도 역시 "寒"의 생성을 따르는 것이지만, ≪설문≫에는 "攓

”으로 되어 있어 “寒”성을 따르고 생략되지 않았다. ≪설문≫에 수록되지 않은 “謇”(건)자도 역시 “寒”의 생성을 따르는 것이다.

3) 성방과 형방이 부분 필획이나 혹은 하나의 편방을 합병하여 사용한다.

**齋**(재)

≪설문≫에는 “‘示’를 따르고 ‘齊’의 생성이다(从‘示’, ‘齊’省聲)”라고 분석하였다. “齋”자 중간의 두 가로획은 “示”의 윗부분으로 볼 수도 있고 또한 “齊”의 아랫부분으로 볼 수도 있지만, 실제로는 성방과 형방을 합병하여 사용한 필획이다. 한대 비석에는 간혹 “𥙿”라고 되어 있어 생략하지 않았다.

**黎**(려)

≪설문≫에는 “‘黍’(서)를 따르고 ‘𥝢’(고문의 “利”)의 생성이다(从‘黍’, ‘𥝢’省聲)”라고 분석하였다. 사실은 “黎”자의 왼쪽 윗부분의 “禾”는 “黍”의 윗부분으로 볼 수도 있고 또한 “𥝢”의 왼쪽 편방으로 볼 수도 있다.

**羆**(비)

≪설문≫에는 “‘熊’(웅)을 따르고 ‘罷’(피)의 생성이다(从‘熊’, ‘罷’省聲)”라고 분석하였다. 사실은 “羆”자 중간의 “能”(능)은 “熊”의 윗부분으로 볼 수도 있고 또한 “罷”의 아랫부분으로 볼 수도 있다.

**桌**(탁)

≪광운≫에는 “桌”은 “卓”(탁)자의 고문이라고 하였는데 ≪설문≫ “桌”자의 고문 𣓌의 변형(變形)일 가능성이 있다. 후인들은 대부분 “桌”을 탁자의 “棹”(탁)의 간체로 사용하였다(이 “棹”은 배[船]의 노(키)라고 풀이하는 “棹”(도)와 동형자이다. 제10장 제2절 참조). 이러한 용법에 따르면 “桌”은 형방 “木”과 성방 “卓”이 부분 필획을 합병하여 사용한 형성자로 볼 수 있다. 이 부류의 글자들의 상황은 본래는 생성과 생형 사이에 위치하는 것이다. 그러나 습관상 모두 ≪설문≫의 처리 방법에 따라서 그것들을 생성자로 처리한다.

위에서 든 예에서 볼 수 있는 바와 같이, 생성자는 결코 모두 처음부터 생성한 것은 아니다. 어떤 글자들은 사용 과정 중에 일반적인 형성자에서 생성자로 고쳐진 것이다. 예컨대 전문(篆文) "襲"자·"秋"자는 비교적 이른 고문자 중의 일반 형성자가 생략되어 이루어진 것이다. 또 적지 않은 글자들은 전문에서는 결코 생성하지 않았지만 예서 혹은 해서에 이르러 비로소 생성자로 변하였다. 예컨대 다음과 같다.

가 "𧯠"(두)로 생략됨. 가 "島"(도)로 생략됨

가 "釜"(부)로 생략됨. 이 "薔"(장)으로 생략됨.

"釜"는 성방·형방에 부분적인 필획을 합병하여 사용한 생성자로 볼 수 있다. 한간(漢簡)의 예서에는 "𨥥"로 되어 있어 생략하지 않았다(한대의 초서(草書)에도 또한 생략하지 않았다). ≪설문≫에 수록되지 않은 "嬙"(장)·"檣"(장) 등의 글자 및 "牆"(장)의 이체 "墻"(장)(현재는 간제사에 채용되어 있다)은 "薔"자와 마찬가지로 또한 "牆"의 생성을 따르는 글자들이다. 한대 석경(石經)에는 "蘠"(장)이 있는데 생략하지 않았다.

근대의 외국어의 여성 제3인칭대사를 번역한 글자는 막 나타났을 때는 "他[女]"라고 썼는데(1918년 ≪신청년(新青年)≫ 제6권에 실려 있는 안데르센(Andersen, 安徒生 : 1805-75)의 <성냥팔이 소녀(賣火柴的女孩)>의 번역문에 보인다), 후에 유복(劉復, 1891-1934 : 호 반농(半農))은 그것을 "她"로 고쳤다. 이것도 역시 비생성(非省聲)에서 생성으로 변한 하나의 예라고 볼 수 있다.

어떤 형성자들은 생성자로 볼 것인가 아닌가가 둘 다 가능하다. 이러한 글자는 두 가지로 나눌 수 있다 :

(1) 어떤 글자들의 성방은 본래 단독으로 글자를 이루는 것이지만 후에 단지 의부를 덧붙인 후기자에서는 편방으로서만 존재할 뿐이다. 이 글자들은 일반적인 형성자로 볼 수도 있고 또한 성방을 따른 후기자가 생성된 글자로 볼 수도 있다.

예컨대, 선진에는 자가 있고 홰나 초가 타는 모양을 본떴는데, "熒"(형)

의 초문으로 "𤇾"이라고 예정(隸定)할 수 있다. ≪설문≫의 시대에 "𤇾"은 일찍 이미 "火"방을 덧붙인 후기자 "熒"으로 대체되었다. ≪설문≫에는 "熒"자를 "'焱'(염)·'冖'(면)을 따른다(从'焱'·'冖')"라고 잘못 분석하였는데, 허신은 옛날에 이미 "𤇾"자가 있었다는 것을 몰랐음을 알 수 있다. 그러므로 "𤇾"성을 따르는 "榮"(영)·"營"(영) 등의 글자는 ≪설문≫에서는 대부분 모두 "熒"의 생성을 따른다고 하였다. 당시의 글자 사용의 실제 상황에 관하여 말한다면 이렇게 분석하는 것을 또한 잘못이라고 할 수는 없을 것 같다(진세휘(陳世輝), <≪설문해자(說文解字)≫ 중의 생성(省聲)을 약론함(略論≪說文解字≫中的省聲)>, ≪고문자연구(古文字硏究)≫ 제1집 참조).

**(2) 어떤 글자들은 어떤 형성자의 형방을 개변시켜 만들어진 분화자이다. 이 글자들은 대부분 모두 일반적인 형성자로 볼 수도 있고 또 모자(母字)(곧 그것들이 따르고 있는 분화된 글자)의 생성을 따르는 글자로 볼 수도 있다.**

예컨대, 위 절에서 든 바 있는 "振"(진)자에서 분화되어 나온 "賑"(진)자는 "貝"(패)를 따르고 "辰"(진)성이라고 분석할 수도 있고 또한 "貝"를 따르고 "振"의 생성이라고 분석할 수도 있다. 우리는 또 근대에 만들어진 몇 개의 화학용자(化學用字)를 들 수 있을 것이다. 근대에 외국의 화학 저작을 번역할 때 처음에는 산소[氧]는 양기(養氣), 수소[氫]는 경기(輕氣), 질소[氮]는 담기(淡氣), 염소[氯]는 녹기(綠氣)라고 불렀다. 후에 비로소 형성 결구의 "氧"(yǎng : 양)·"氫"(qīng : 경)·"氮"(dàn : 담)·"氯"(lǜ : 록) 등의 글자를 만들어 내었다. 이 네 개의 글자는 "羊"성·"巠"성·"炎"성·"彔"성을 따르는 것으로 분석할 수도 있고 또한 "養"·"輕"·"淡"·"綠"의 생성을 따르는 것으로 분석할 수도 있다(은환선(殷煥先), <한자의 교학과 한자의 간화(漢字的敎學與漢字的簡化)>, ≪산동대학학보(山東大學學報)≫ 1964년 제2기 참조). 생성의 분석 방법을 채용하면 이러한 글자의 내력을 반영할 수 있고, 아울러 왕왕 자음을 더욱 잘 나타낼 수 있다. 그러나 만약 이러한 글자의 내력을 확실하게 이해하지 못한다면 이러한 분석을 수행할 도리가 없을 것이다.

비록 생성이 결코 드물게 보이는 현상은 아니지만 우리는 ≪설문≫의 생성에 관한 설명 방법에 대해서는 도리어 임의로 믿어서는 안 된다. ≪설문≫의 생성에 관한 설명 방법은 잘못된 것이 매우 많다. 이러한 잘못들은 대체로 세 종류로 나눌 수 있다.

A. 자형을 잘못 분석하였다.

예컨대, "監"(감)은 본래 회의자이지만(제7장 제1절 5. 3)에 보인다), ≪설문≫에 수록되어 있는 전형(篆形)은 監로 되어 있는데 "'臥'(와)를 따르고 岎(감)의 생성이다(从'臥', '岎'省聲)"라고 잘못 분석하였다. "龍"(룡)은 본래 상물자이지만(제7장 제1절 2에 보인다), ≪설문≫에 수록되어 있는 전형은 龍으로 되어 있고 "'肉'을 따르고 나르는 모양이며 '童'의 생성이다(从'肉', 飛之形, '童'省聲)"라고 잘못 분석하였다. "𢼸"(미)는 본래 "攴"(복)을 따르고 "𡵂"성인 글자이지만 ≪설문≫에는 "𢼸"자가 수록되어 있지 않기 때문에 그것을 "'人'을 따르고 '攴'을 따르며 '豈'의 생성이다(从'人', 从'攴', '豈'省聲)"(윗 절에 보인다. ≪설문≫의 "豈"(기)자 아래서는 또 "'豆'를 따르고 '微'(마땅히 단옥재의 구를 따라 "𢼸"라고 고쳐야 한다)의 생성이다(从'豆', '微'省聲)"라고 하여 스스로 서로 모순된다)라고 잘못 분석하였다.

B. 일반적인 성방을 생략된 성방으로 잘못 보았다.

예컨대, ≪설문≫에는 "咺"(훤)자는 "'口'를 따르고 '宣'(선)의 생성이다(从'口', '宣'省聲)"라고 하였는데, 사실은 "宣"자 자체가 "亘"(훤)성을 따르고 있으므로 "咺"도 역시 마땅히 "亘"성을 따르는 것이어야 할 것이다(이 "亘"은 음이 xuān(훤) 우음(又音)이 huán(환)으로 "亙"(긍)에서 변한 음이 gèn(긍)인 "亘"(긍)과는 동형자이다). ≪설문≫에는 "犢"(독)자는 "'牛'를 따르고 '瀆'(독)의 생성이다(从'牛', '瀆'省聲.)"라고 하였는데, 사실은 "瀆"자 자체가 "賣"(육)성을 따르고 있으므로 "犢"도 또한 마땅히 "賣"성을 따르는 것이어야 할 것이다(이 "賣"은 본래는 "𧶠"으로 되어 있고 음은 yù(육)으로 본래 "𧷗"로 되어 있는 팔 "賣"(매)와는 동형자가 아니다. "𧶠"과 "𧷗"는 예서 · 해서에서 모두 "賣"로 변하였고, 현재는 또 모두 "卖"로 간화되었다). 이러한 잘못은 어떤 것들은 ≪설문≫의 원래의 잘못이 아니라 후인들의 개찬(改竄)으로 말미암아 이루어졌을 가능성이 있다.

C. 갑자(甲字)의 생성을 따르는 글자를 을자(乙字)의 생성을 따르는 것이라고 하였다.

예컨대, 당란 선생은 고대에는 "㫃"(언)을 따르고 "昜"(양)성인 "𣄴"자가 있었는데(주대의 금문에 보인다), "傷"(상)·"殤"(상)·"慯"(상)·"觴"(상) 등은 모두 마땅히 "𣄴"의 생성을 따랐을 것이라고 지적하였다. ≪설문≫에 "傷"은 "殤"의 생성을 따르고, "殤"은 "傷"의 생성을 따른다고 한 것은 스스로 서로 모순되고, "慯"은 "殤"의 생성을 따르고, "觴"은 "𥏫"의 생성을 따른다고 한 것도 역시 모두 정확하지 않다("慯"은 "傷"자의 가슴아프다는 뜻을 나타내는 분화자이고, "殤"도 아마 역시 "傷"에서 분화되어 나왔을 것이다. 이 방면에서 본다면 ≪설문≫에서 "殤"은 "傷"의 생성을 따른다고 한 것은 가능하다. "慯"자는 또한 "傷"의 생성을 따르는 것이라고 분석할 수도 있다). 또 ≪설문≫에는 대다수의 "𤇾"성을 따르는 글자들을 "熒"(형)의 생성을 따른다고 하였다. 앞에서 이미 말한 바와 같이, 이렇게 하는 것도 또한 아닌게 아니라 가능하다. 그러나 ≪설문≫에는 또 "禜"(영)·"䁝"(형·영)·"鶯"(앵)을 "榮"(영)의 생성을 따른다고 하였고, "𤋱"은 "瑩"(영·형)의 생성을 따른다고 하였고, "煢"(경)은 "營"(영)의 생성을 따른다고 하였다. 이것은 스스로 그 예(例)를 혼란시킨 것이다.

## 2. 생형(省形)

생형자의 수는 비교적 적다. 생형의 상황은 대체로 두 종류로 구분할 수 있다.

### 1) 자형이 번잡하고 중복된 형방을 일부분 생략해 버린다.

**星**(성)

≪설문≫에는 "'曐'은 …… '晶'을 따르고 '生'성이다. …… '星'은 '曐'의 혹생(或省)이다('曐', …… 从'晶', '生'聲. …… '星', '曐'或省)"라고 하였다.

### 晨(신)

≪설문≫에는 "'曟'은 방성(房星)으로 백성들의 밭갈 때를 위한 것이다. '晶'은 따르고 '辰'(신)성이다. '晨'은 '曟'의 혹생(或省)이다('曟', 房星爲民田時者, 从'晶', '辰'聲, '晨', '曟'或省)"(이것은 본래 진성(辰聲)의 "辰"의 전용자(專用字)였다. 새벽 "晨"의 전문은 晨으로 되어 있다. 예서・해서에서는 모두 "晨"으로 되었다)라고 하였다.

2) 형방의 일부분을 생략해 버리고 빈 자리는 성방을 두는 데 사용한다.

### 考(고)

≪설문≫에는 "'考'는 늙었다는 뜻이다. '老'의 생략을 따르고 '丂'(고)성이다('考', 老也. 从'老'省, '丂'聲)"라ㄱ 하였다.

### 耆(기)

≪설문≫에는 "'耆'는 늙었다는 뜻이다. '老'의 생략을 따르고 '旨'(지)성이다('耆', 老也. 从'老'省, '旨'聲)"라고 하였다. 전문 "老"자의 아래 부분은 "匕"로 되어 있어 "旨"자의 윗 부분과는 서로 다르다. 해서에는 섞여서 구분되지 않는다. 그러므로 해서의 "耆"자는 형방과 성방이 부분적인 필획을 합병하여 사용한 형성자로 볼 수 있다.

### 屨(구)

≪설문≫에는 "'履'(履)의 생략을 따르고 '婁'(루)성이다(从'履(履)'省, '婁'聲)"라고 분석하였다. ≪설문≫의 "履"(리)부에 수록되어 있는 글자, 예컨대 "屩"(갹)・"屐"(극) 등은 모두 "履"의 생략을 따르고 있다.

### 弑(시)

≪설문≫에는 "'殺'(살)의 생략을 따르고 '式'(식)성이다(从'殺'省, '式'聲)"라고 분석하였다.

≪설문≫의 생형에 관한 설명 방법은 또 약간은 문제가 있다. 예컨대, ≪설문≫에는 "鹼"(감)자를 "'鹽'(염)의 생략을 따르고 '僉'(첨)성이다(从'鹽'省, '僉'聲)"라고 하였다. 사실은 "鹽"자 자체가 "鹵"(로)를 따르고 "監"(감) 성인 형성자이므로 "鹼"도 또한 마땅히 "鹵"를 따르는 일반 형성자여야 한다. 또 ≪설문≫에는 "橐"(탁 : 전대)을 "'槖'의 생략을 따르고 '石'성이다(从'槖'省, '石'聲)라고 분석하였다. "囊"(낭)·"櫜"(구)·"橐"(부) 등의 글자도 역시 모두 "槖"의 생략을 따른다고 하였다. 전문에는 이 글자들의 형방은 모두 로 되어 있다. 금문에는 "橐"자가 있고 형방은 로 되어 있는데 두 끝부분을 묶은 주머니를 본떴으니 마땅히 "橐"의 상형(象形) 초문(初文)일 것이다(고전종주(高田宗周), ≪고주편(古籒篇)≫ 권수(卷首) <건수계보(建首系譜)> 44 상(上) 및 87·31 "橐"자 조 참조. ≪사기·역생육가전(酈生陸賈傳)·색은(索隱)≫에는 ≪비창(埤倉)≫을 인용하여 "밑이 있는 것을 '囊'이라고 하고 밑이 없는 것을 '橐'이라고 한다(有底曰'囊', 無底曰'橐')"라고 하였다. "橐"은 밑이 없기 때문에 물건을 담을 때 반드시 두 끝부분을 묶어야 하는 것이다). 의 윗부분에 윗 입을 묶은 새끼(줄)의 모양을 본뜬 작은 동그라미를 덧붙여 이 되었다. 그러므로 "橐"은 "齒"(치)·"厈"(한) 등의 글자와 같은 종류의 것으로서 상형 초문에 음부를 덧붙여 만든 형성자이지 "槖"의 생략을 따른 글자가 아니다. (槖)(hùn : 혼)은 도리어 "橐"의 상형 초문을 따르고 "圂"의 생성을 따른 글자이다(실제로는 형방·성방의 부분적인 필획을 합병하여 사용한 것이다. ≪설문≫에 "槖"을 "'束'(속)을 따르고 '圂'(혼)성이다(从'束', '圂'聲)"라고 분석한 것은 잘못이다). "櫜"와 "㯻"도 또한 모두 "橐"의 상형 초문을 형방으로 삼은 것이다. "橐"의 상형 초문이 일찍 이미 "石"성을 덧붙인 후기자로 대체되었기 때문에 또한 그것들을 "橐"의 생략을 따른 것이라고 할 수도 있다. "𤇾"성을 따른 글자도 역시 "熒"의 생성을 따른 것이라고 할 수 있는 것과 마찬가지이다. "槖"도 또한 아닌게 아니라 "'橐'의 생략을 따르고 '圂'성이다(从'橐'省, '圂'聲)"라고 분석할 수도 있다. "囊"의 초문은 마땅히 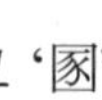로 되어야 하고 하나의 윗구멍(입)을 묶은 밑이 있는 주머니를 본떴는데(상대의 금문에 자가 있는데 조개가 담겨 있는 주머니를 본뜬 것이다. ≪고주편≫ 90·40에 은 곧 의 생략이라고 한 것은 아마 잘못일 것이다), 후에 비로소 "橐"의 상형

초문을 따른 형성자 䡴으로 변했을 것이다(≪설문≫에는 "囊"은 "襄의 생성(襄省聲)"을 따른다고 했지만 단옥재의 주에는 후인들의 개찬(改竄)을 겪었으며 허신의 원문은 마땅히 '𩏩聲'으로 되어야 한다고 보았다. "𩏩"은 바로 "襄"의 성방이다).

고문자에서 본다면 "彳"(척)방은 실제로는 "行"방의 생략이고("彳"방은 단지 의부(意符)로 사용되었을 뿐이다), "虍"(호)방은 실제로는 "虎"방의 생략이다("虍"방은 의부로도 사용되고 또한 음부로도 사용되었다). ≪설문≫에서 "彳"(자서의 음은 chì(척)이다)과 "虍"(자서의 음은 hū(호)이다)를 독립된 글자로 보았기 때문에 일반적으로 "彳"을 따르고 "虍"를 따르는 것이 생형・생성이라고 말하지 않았다.

표의자도 또한 편방의 자형을 생략하는 현상이 있다. 여기에 덧붙여 말하려고 한다. 예컨대, "塵"(진)의 전문(篆文)은 세 개의 "鹿"(록)을 따르고 "土"를 따르며(자형은 여러 사슴들이 달려가서 티끌이 날리는 것을 나타낸다), 주문(籀文)은 세 개의 "声"(사슴의 머리 모양)을 따르고 두 개의 "土"를 따르고 있으며 "声"은 "鹿"의 생형이다(≪설문≫에는 "塵"자의 전문은 "'麤'(추)를 따르고 '土'(토)를 따른다(从'麤'从'土')"라고 분석하였다. 이 분석에 따른다면 "塵"이 따르고 있는 "鹿"은 또한 "麤"의 생형으로 볼 수도 있다). "尿"(뇨)자의 전문(篆文)은 "尾"(미)를 따르고 "水"를 따르며 회의(會意)이지만 예서・해서에서는 "尾"를 "尸"(시)로 생략하였으므로 이것도 역시 생형이다.

그러나 ≪설문≫에서 표의자를 분석할 때 사용한 생형의 설명 방법도 또한 왕왕 믿을 수 없다. 예컨대, 본 장 제1절에서 든 바 있는 "箙"(복)의 상형 초문은 후에 葡(𤰈)로 와변(訛變)되었는데, ≪설문≫에는 그 본의는 갖춘다(구비하다)는 뜻이라고 잘못 생각하고 그 자형을 "'用'(용)을 따르고 '苟'의 생략이다(从'用', '苟'省)"라고 분석하였다. 이것은 전혀 믿을 수 없다. "苟"은 음이 jí(극)으로 ≪설문≫에는 "스스로 급히 삼가다(自急敕)"라고 해석하였다. 고문자에서 본다면 이것은 본래 "𦍌"을 따르고 "口"를 따르는 하나의 글자였다. "𦍌"은 어떤 사람은 "羌"(강)자라고 보았는데 그 아랫부분은 분명히 사람의 모양을 본뜬 것이다. ≪설문≫에서 "苟"자를 "'羊'의 생략을 따르고 '包'의 생략을 따르고 '口'를 따랐다(从'羊'省, 从'包'省, 从'口')"라고 분석한 것도 역시 잘못이다.

## 제4절 형방(形旁)과 성방(聲旁)의 위치

제4장 제4절에서 이미 말한 바와 같이, 고한자의 편방의 위치는 매우 비고정적이다. 형성자에는 이러한 현상이 더욱 두드러진다. 성숙한 해서에 이르면 상황은 매우 커다란 변화가 생겨서 형방과 성방은 한 가지의 배치 방식에 그치지 않는 형성자가 비록 여전히 있지만, 이미 아주 많지는 않다(제10장 제1절 5를 참조). 그러나 전체의 형성자에서 본다면 형방과 성방의 배치 방식은 여전히 다양하다. 대체로 다음과 같은 여덟 가지의 유형으로 나눌 수 있다.

### 1) 좌형우성(左形右聲)

防(방) "'阜'(부)를 따르고 '方'(방)성이다(从'阜', '方'聲)"
祥(상) "'示'(시)를 따르고 '羊'(양)성이다(从'示', '羊'聲)"
靳(근) "'革'(혁)을 따르고 '斤'(근)성이다(从'革', '斤'聲)"
峽(협) "'山'(산)을 따르고 '夾'(협)성이다(从'山', '夾'聲)"
肌(기) "'肉'(육)을 따르고 '几'(궤)성이다(从'肉', '几'聲)"

### 2) 우형좌성(右形左聲)

祁(기) "'邑'(읍)을 따르고 '示'(시)성이다(从'邑', '示'聲)"
欣(흔) "'欠'(흠)을 따르고 '斤'(근)성이다(从'欠', '斤'聲)"
斯(사) "'斤'(근)을 따르고 '其'(기)성이다(从'斤', '其'聲)"
雌(자) "'隹'(추)를 따르고 '此'(차)성이다(从'隹', '此'聲)"
胡(호) "'肉'(육)을 따르고 '古'(고)성이다(从'肉', '古'聲)"

### 3) 상형하성(上形下聲)

宇(우) "'宀'(면)을 따르고 '于'(우)성이다(从'宀', '于'聲)"
楚(초) "'林'(림)을 따르고 '疋'(소)성이다(从'林', '疋'聲)"

芹(근) “‘艸’(초)를 따르고 ‘斤’(근)성이다(从‘艸’, ‘斤’聲)”
崔(최) “‘山’(산)을 따르고 ‘隹’(추)성이다(从‘山’, ‘隹’聲)”
霖(림) “‘雨’(우)를 따르고 ‘林’(림)성이다(从‘雨’, ‘林’聲)”

4) 하형상성(下形上聲)

盂(우) “‘皿’(명)을 따르고 ‘于’(우)성이다(从‘皿’, ‘于’聲)”
禁(금) “‘示’(시)를 따르고 ‘林’(림)성이다(从‘示’, ‘林’聲)”
斧(부) “‘斤’(근)을 따르고 ‘父’(부)성이다(从‘斤’, ‘父’聲)”
岱(대) “‘山’(산)을 따르고 ‘代’(대)성이다(从‘山’, ‘代’聲)”
肓(황) “‘肉’(육)을 따르고 ‘亡’(망)성이다(从‘肉’, ‘亡’聲)”

5) 성(聲)이 한 모퉁이를 차지한다.

旗(기) “‘㫃’(언)을 따르고 ‘其’(기)성이다(从‘㫃’, ‘其’聲)”
房(방) “‘戶’(호)를 따르고 ‘方’(방)성이다(从‘戶’, ‘方’聲)”
病(방) “‘疒’(녁)을 따르고 ‘丙’(병)성이다(从‘疒’, ‘丙’聲)”
徒(도) “‘辵’(착)을 따르고 ‘土’(토)성이다(从‘辵’, ‘土’聲)”
近(근) “‘辵’(착)을 따르고 ‘斤’(근)성이다(从‘辵’, ‘斤’聲)”

6) 형(形)이 한 모퉁이를 차지한다.

疆(강) “‘土’(토)를 따르고 ‘畺’(강)성이다(从‘土’, ‘畺’聲)”
載(재) “‘車’(차)를 따르고 ‘𢦏’(재)성이다(从‘車’, ‘𢦏’聲)”
(𢦏는 ‘災’(재)와 통한다)
穎(영) “‘禾’(화)를 따르고 ‘頃’(경)성이다(从‘禾’, ‘頃’聲)”
滕(등) “‘水’(수)를 따르고 ‘朕’(짐)성이다(从‘水’, ‘朕’聲)”
修(수) “‘彡’(삼)을 따르고 ‘攸’(유)성이다(从‘彡’, ‘攸’聲)”

7) 형외성내(形外聲內)

圓(원) “‘囗’(위)를 따르고 ‘員’(원)성이다(从‘囗’, ‘員’聲)”

閣(각) "'門'(문)을 따르고 '各'(각)성이다(从'門', '各'聲)"
匪(비) "'匚'(방)을 따르고 '非'(비)성이다(从'匚', '非'聲)"
衷(충) "'衣'(의)를 따르고 '中'(중)성이다(从'衣', '中'聲)"
衙(아) "'行'(행)을 따르고 '吾'(오)성이다(从'行', '吾'聲)"

8) 성외형내(聲外形內)

齏(재) "'韭'(구)를 따르고 '齊'(제)성이다(从'韭', '齊'聲)"
聞(문) "'耳'(이)를 따르고 '門'(문)성이다(从'耳', '門'聲)"
篡(찬) "'厶'(사)를 따르고 '算'(산)성이다(从'厶', '算'聲)"
("厶"는 공사(公私)의 "私"의 본자이다)
哀(애) "'口'(구)를 따르고 '衣'(의)성이다(从'口', '衣'聲)"
辯(변) "'言'(언)을 따르고 '辡'(변)성이다(从'言', '辛辛 '聲)"

위에 서술한 여덟 가지의 유형 가운데 가장 흔히 보이는 것은 좌형우성이다. 위에서 든 예자에 사용된 어떤 편방들은 서사법이 그것들이 독립적으로 글자가 될 때와는 서로 다르다. 일반적으로 잘 알려져 있는 왼쪽에 있는 "阝"(阜 : 부)・오른쪽에 있는 "阝"(邑 : 읍) 및 "月"(肉 : 육)・"礻"(示)・"艹"(艸)・"氺"(水 : 수) 등의 편방을 제외하고도 또 "滕"(등)이 따르고 있는 "朕"("騰"(등)・"縢"(등)・"勝"(승)・"謄"(등)이 따르고 있는 "朕"(짐)성도 또한 모두 이렇게 쓴다)・"篡"(찬)이 따르고 있는 "算"(산)("篡"이 따르고 있는 "算"성도 또한 이렇게 쓴다)이 있다.

어떤 개별적인 형성자의 성방은 후인들에 의하여 부적절하게 갈라지게 되었다. 예컨대 "衣"를 따르고 "集"성인 "襍"(잡)은 일반적으로 모두 "雜"이라고 썼다(현재는 "雜"으로 간화되었다). "匚"(방)을 따르고 "淮"(회)성인 "匯"(회)는 또한 어떤 사람은 "滙"(회)라고 쓴다(현재는 "匯"로 간화되었다). "門"을 따르고 "活"성인 "闊"(활)은 또한 어떤 사람은 "濶"(활)이라고 쓴다.

때로는, 같은 형방과 성방이라도 배치 방식의 차이 때문에 서로 다른 형성자가 되었다. 예컨대 다음과 같다.

忡(충) ≠ 忠(충)　　怡(이) ≠ 怠(태)

吟(음) ≠ 含(함)　　旰(한) ≠ 旱(한)

枷(가) ≠ 架(가)　　裸(라) ≠ 裹(과)

이러한 편방의 배치 방식에 따라 성분이 같은 형성자를 구분하는 방법은 선진(先秦)의 고문자에서는 보통 볼 수 없는 것이다. 위에서 든 몇 쌍의 성분이 같은 형성자는 어떤 것은 세상에 전해지는 고서에서는 여전히 구별하지 않은 용례가 남아 있다. 예컨대, ≪예기(禮記)·곡례(曲禮)·상(上)≫에는 "남자와 여자는 섞여 앉지 않으며 시렁을 함께 하지 않는다(男女不雜坐, 不同椸枷)"라고 하였는데, "椸枷"는 마땅히 시렁[架]으로 풀이해야 하는데 이 "枷"는 바로 시렁 {架}를 나타내는 데 사용된 것이다.

## 제5절 형방(形旁)의 표의(表意) 작용

### 1. 형방(形旁)과 자의(字義)의 관계

소수의 형성자는 형방과 뜻이 같다. 예컨대 "船"(선)·"頭"(두)·"爹"(다)·"爸"(파) 등이 그것이다. 절대다수의 형성자의 형방은 단지 자의와 어떤 관련만이 있을 뿐이다. 예컨대 다음과 같다.

**黝**(유)

"黝"는 "엷은 청흑색(微青黑色)"(≪설문≫에 보인다)이기 때문에 이 글자는 "黑"(흑)을 따른 것이다.

**楓**(풍)

"楓"은 일종의 나무이므로 이 글자는 "木"을 따른 것이다.

**郰**(주)

"郰"는 도읍의 이름이므로 이 글자는 "邑"을 따른 것이다.

**缸**(강)

"缶"(부)는 고대에 흔히 사용된 일종의 용기이고, "缸"은 "缶"와 서로 비슷한 기물이므로 이 글자는 "缶"를 따른 것이다.

**軸**(축)

"軸"은 수레의 한 부분이므로 이 글자는 "車"를 따른 것이다.

**紈**(환)

"紈"은 명주로 짠 것이므로 이 글자는 "糸"를 따른 것이다("糸"에 관해서는 제7장 제1절 2를 참조). 자의가 명주와 관계가 있는 외에도 자의가 끈(술)과 관계가 있는 글자도 역시 대부분 "糸"를 따른다.

**逃**(도)

"逃"는 반드시 길을 걸어야 하므로 이 글자는 "辵"을 따른 것이다("辵"에 관해서는 제7장 제1절 2 "行"자 조를 참조).

**歐**(구)

"歐"는 본래 "嘔"(구)의 이체로서 토하려면 반드시 입을 벌려야 하므로 이 글자는 "欠"(흠)을 따른 것이다("欠"에 관해서는 제7장 제1절 5. 3)을 참조).

**刻**(각)

새길 때는 보통 칼을 사용하므로 이 글자는 "刀"를 따른 것이다.

**銷**(소)

"銷"의 본의는 금속을 녹이는 것이므로 "金"을 따른 것이다.

**醉**(취)

취하는 것은 술을 마신 결과이므로 이 글자는 "酉"(유)를 따른 것이다("酉"에 관해서는 제7장 제1절 2를 참조).

**禍**(화)

"示"(시)자는 본래 신주(神主)를 본뜬 것이다. 옛 사람들은 귀신이 사람에게 화복(禍福)을 내린다고 보았기 때문에 화복과 관계가 있는 글자는 대부분 "示"를 따른다.

### 啤(비)

"啤酒"(맥주)의 "啤"(pí)는 본래 영어 beer의 음을 나타낸 것이다. 외래어를 음역하기 위하여 만든 형성자는 대부분 "口"를 따른다. 예컨대 "咖啡"(kāfēI 커피) · "咖喱"(gālí : 카레) · "噻唑"(sāizuò : 티아졸(thiazole)) 등등이 그것이다. 그밖에, 어기조사 · 감탄사(感嘆詞) 등을 위하여 만든 형성자도 역시 왕왕 "口"를 따른다. 예컨대 "哪"(na) · "吧"(ba) · "唷"(yo) · "嗳"(ai) 등이 그것이다.

위에 인용한 이러한 예들을 통하여 형방 자체의 뜻과 형성자의 자의 사이의 관계는 다양하고 상황이 매우 복잡하다는 것을 알 수 있다.

형방의 표의(表意)는 왕왕 편면성(片面性)이 있는데 우리는 제7장 제2절에서 이 문제를 언급한 바 있으므로 여기서는 되풀이하지 않는다.

사의(詞義)의 인신(引伸)과 문자의 가차 등의 원인으로 말미암아 적지 않은 형성자의 형방은 이미 표의 작용을 잃어버렸다. 이 문제는 제2장에서 이미 언급한 만큼 여기서는 역시 되풀이하지 않는다.

때로는 사물 자체나 혹은 사람의 사상 · 의식의 변화가 또한 형방의 표의 작용에 영향을 미칠 수도 있다. 예컨대 고대에는 청동 거울을 사용했기 때문에 "鏡"(경)자는 "金"을 따랐다. 우리가 사용하는 유리 거울에 대하여 말한다면 "金"을 따르는 것은 맞지 않는다. 고대의 통치 계급은 여성을 무시했기 때문에 어떤 악덕을 나타내는 글자들은 "女"를 따랐다. 예컨대 "妄"(망 : 망녕되다) · "婪"(람 : 탐하다) · "嬾"(懶)(란 : 게으르다) 등이 그것이다. 이것은 오늘날에는 매우 불합리한 것으로 보인다(장유숭(蔣維崧), ≪한자천설(漢字淺說)≫, 산동인민출판사, 1959년판, 84쪽 참조).

## 2. 형방(形旁)의 대체(代替)

적지 않은 형성자의 형방은 갑자(甲字)로 충당할 수도 있고 또한 을자(乙字)로 충당할 수도 있으며, 혹은 먼저 갑자를 사용하다가 후에 을자로 고쳐 사용할 수 있다. 우리는 이러한 현상을 형방의 대체(代替)라고 부른다.

뜻이 가까운 어떤 형방은 때로는 서로 대체할 수 있다. 예컨대 제7장 제1절 1에서 언급한 바 있는 "鳥"와 "隹"가 그것이다. 아래에 다시 몇 가지 예를 든다.

| | |
|---|---|
| 豻(한) = 犴 | 貛(환) = 獾 |
| 稉(갱) = 粳 | 穅(강) = 糠 |
| 幝(혼) = 褌 | 帬(군) = 裙 |
| 歗(소) = 嘯 | 歎(탄) = 嘆 |
| 詠(영) = 咏 | 譁(화) = 嘩 |
| 迌(조) = 徂 | 跡(적) = 迹 |

≪설문≫에는 "歎"과 "嘆"을 두 개의 글자로 나누었다. 실제로는 그 사용 상황은 결코 차이가 없으므로 마땅히 일자이체(一字異體)로 보아야 할 것이다.

형성자를 위하여 형방을 선택할 때, 만약 문자가 가리키는 사(事)나 혹은 물(物)에 대하여 서로 다른 착안점이 있다면 선택되는 형방은 서로 다르게 될 것이다. 이것도 역시 형방의 대체 현상을 만드는 하나의 원인이다. 예컨대 다음과 같다.

**鍊**(련) = **煉**　　**鎔**(용) = **熔**

녹인다는 행위의 대상은 금속이고 금속을 녹이는 데 사용하는 것은 불이다. 전자에 착안한다면 "金"을 형방으로 선택할 것이다. 후자에 착안한다면 "火"를 형방으로 선택할 것이다.

**缾**(병) = **瓶**　　**罌**(앵) = **甖**

"缾"·"罌"은 "缶"(부)와 같은 용기이기 때문에 이 글자들은 "缶"를 따를 수 있다. 그것들은 대부분 질그릇이기 때문에 이 글자들은 또 "瓦"(와)를 따를 수도 있다. 같은 종류의 예에는 또 "杯"(배)는 또한 "盃"라고도 하고, "槃"(반)은 또한 "盤"이라고도 하는 등등이 있다.

그밖에, 기물의 재료 혹은 성능의 개변 혹은 다양성도 역시 형방 대체의 현상을 불러일으킬 수 있다. 예컨대, "盤"자는 "槃"이라는 이체를 제외하고도 또 "金"을 따르는 이체 "鎜"이 있다. 또 대포의 "炮"(포)자는 본래 "礮"라고 썼고 또 "砲"로 생략하였는데 모두 "石"을 형방으로 삼았다. 왜냐하면 원시적인 대포는 일종의 투석기(投石機)에 지나지 않았기 때문이다. 후에 투석기가 화포(火炮)로 연진되어 점차 어떤 사람은 "火"방으로 "砲"의 "石"방을 대신하게 되었다. 현재는 "炮"가 이미 정체가 되었다(대포의 "炮"는 고기를 굽는다는 "炮"와 동형자(同形字)이다).

어떤 개별 형성자의 형방은 심지어 4-5개의 서로 다른 글자로 서로 대체할 수 있다. 후에 이체자를 말할 때 이러한 예를 들 것이다(제10장 제1절 4에 보인다).

## 제6절 성방(聲旁)의 표음(表音) 작용

### 1. 성방(聲旁)과 자음(字音)의 관계

논리적으로 말한다면 성방은 마땅히 형성자의 독음을 가능한 한 정확(精確)하게 나타내야 할 것이다. 그러나 아래의 소절(小節)에서 언급할 갖가지 원인으로 말미암아 대다수의 형성자는 모두 성방과 동음(同音)이 아니고 또한 상호간의 차이는 때로는 또한 매우 크다.

어떤 사람이 일찍이 ≪신화자전(新華字典)≫ 중의 7,504개의 편방을 분석해 낼 수 있는 글자에 의거하여(절대다수는 형성자이다) 통계를 냈다. 결과는 독음이 성방과 완전히 같은 형성자는 단지 355개로서 4.7%를 차지할 뿐이고, 성모(聲母)·운모(韻母)는 같지만 성조(聲調)가 다른 것은 단지 753개로서 10%를 차지할 뿐이다. 두 가지를 더하더라도 또한 단지 15%약을 차지할 뿐이다(섭초강(葉楚强), <현대의 통용한자 독음의 분석 통계(現代通用漢字讀音的分析統計)>, ≪중국어문≫ 1965년 제3기). 성방과 성모·운모가 서로 같은(성조가 다른 것을 그 안에 포함하여) 형성자를 추정한다고 하더라도 전체 형성자에서 차지하는 비중은 5분의 1을 넘을 수 없을 것이다.

어떤 형성자들의 성방은 이미 전혀 표음 작용이 없는 것으로 변하여, 실제로는 이미 단지 기호라고 볼 수밖에 없다. 제2장에서 일찍이 이 문제를 언급한 바가 있으므로 여기서는 되풀이하지 않는다.

성방의 표음 작용이 온전하지 못함은 또한 똑같이 하나의 성방을 따르는 형성자라도 왕왕 매우 많은 종류의 독음이 있다는 점에 나타난다. 예컨대 "者"성을 따르는 형성자는 10여 종의 독음이 있다.

赭(zhě : 자) 䗪(zhē : 자)
諸(zhū : 제) 煮(zhǔ : 자) 箸(zhù : 저)
奢(shē : 사) 闍(shé : 사)(범어(梵語) "闍梨(사리)"의 "闍")
暑(shǔ : 서) 書(shū : 서)(본래는 "書"라고 하였다)
楮(chǔ : 저)
都(dū : 도) 睹(dǔ : 도)
屠(tú : 도)
緒(xù : 서)
觰(zhā : 다)

만약 다시 "都"자의 [dōu]라고 읽는 음 및 과거에는 또한 "著"라고 쓸 수도 있었던 "着"자의 [zhuó]·[zháo]·[zhāo]·[zhe](경성(輕聲)) 등의 음("着"은 본래 "著"의 와체(訛體)이다. 제11장 제1절 1. 1)을 참조)을 더한다면 모두 20종의 독음이 있다. 유사한 예는 또 좀 더 들 수 있다. 똑같이 하나의 성방을 따르는 형성자가 많은 종류의 독음이 있는 예는 이루 다 들 수 없다.

그러나 절대적인 수에서 본다면 성방과 동음인 형성자는 역시 상당히 많다. 가끔 또한 똑같이 하나의 성방을 따르는 매우 많은 형성자는 대부분 성방과 동음인 현상을 발견할 수 있다. "皇"(황)성을 따르는 "湟"·"惶"·"煌"·"遑"·"喤"·"蝗"·"篁"·"鍠"·"徨"·"艎"·"凰"·"鰉"·"餭"·"隍" 등의 글자를 모두 "皇"으로 읽는 것은 하나의 전형적인 예이다. 게다가 형성자는 성방의 운모·성모와 설사 서로 같지는 않더라도 다수의 상황 아래에는 결국 역시 비교적 접근되어 있다. 예컨대 "空"의 성모는 [k]이고 성방 "工"의 성모는 [g]로서 양자는 모두 설근색음(舌根塞音)이다. "貓"의 운모는 [ao]이고 성방 "苗"의 운모는 [iao]로서 구별은 단지 [i]개음(介音)의 유무에 있을 뿐이다. 특히 운미(韻尾)의 보음(輔音) 방면에서는 형성자와 성방은 대다수는 일치한다. "朕"(zhèn : 짐)과 "滕"(téng : 등)·"騰"(téng : 등), "兵"(bīng : 병)과 "賓"(빈)의 간화자 "빈宾"(bīn) 등과 같은 예외는 수가 그렇게 많은 것은 아니다.

어떤 형성자의 독음은 성방과 매우 서로 다르지만, 그것과 똑같이 하나의 성방을 따르는 형성자 중에서 음이 같거나 혹은 음이 가까운 글자를 찾아낼 수 있다. 예컨대, "堊"(è : 악)은 "亞"(아)성을 따르는데 양자의 독음은 차이가 매우 크지만, 똑같이 "亞"성을 따르는 "惡"(악)은 "堊"과 음이 같다. 만약 "惡"과 연계한다면 "堊"자의 독음은 기억하기가 매우 쉽다. 어떤 성방은 이미 그것과 완전히 동음이 아닌 하나의 글자로 고쳐졌지만, 그것을 사용하는 형성자가 한 개에 그치지 않기 때문에 실제로는 역시 아직도 일정한 표음 작용을 할 수 있다. 예컨대, 성방 "𦎫"(순)은 이미 "享"으로 고쳐져서(제5장 제3절 참조), 이 성방을 따르는 "淳"(순)·"醇"(순)·"鶉"(순)·"敦"(돈)·"惇"(돈)·"諄"(순)·"埻"(순) 등의 글자는 독음이 "享"자와는 모두 전혀 공통점이 없다. 그러나 "淳"·"醇"과 "鶉"(chún), "敦"과 "惇"(dūn)은 모두 완전히 동음이고, "諄"(zhūn)과 "埻"(zhǔn)은 단지 성조만이 서로 다를 뿐이다. 만약 그것들은 모두 같은 하나의 성방을 따르고 있다는 것에 주의한다면 단지 어떤 한 조(組)의 글자 중의 어떤 한 글자의 독음을 이미 알기만하더라도 이 조의 글자 중의 다른 글자의 독음을 기억하기가 매우 쉬울 것이다. 이 세 조의 글자의 운모는 성조를 제외하면 완전히 서로 같으므로 만약 그 중의 한 조의 글자의 독음을 이미 알고 있다면 기타의 두 조의 글자의 독음도 역시 기억하기 쉬울 것이다. 이 글자들 중의 "享"방이 여전히 일정한 표음 작용을 할 수 있음을 알 수 있다.

요컨대, 우리는 한편으로는 "글자를 읽는 데 반쪽을 읽는(讀字讀半邊)" 잘못을 막는 데 주의해야 하고 다른 한편으로는 여전히 마땅히 가능한 한 성방을 이용하여 자음의 기억을 도와야 한다.

형성자의 독음은 때로는 성방이나 혹은 똑같이 하나의 성방을 따르는 기타 형성자의 독음의 영향 때문에 고금의 음변(音變) 규율에 맞지 않는 변화가 생길 수 있다. 예컨대, "怖"(포)자는 ≪광운≫의 음이 "보고절(普故切)"이므로 금음(今音)은 마땅히 [pù]가 되어야 하지만 성방 "布"(포)의 영향 때문에 [bù]로 변하였다. "礦"(광)자는 ≪광운≫의 음이 "고맹절(古猛切)"이므로 금음은 마땅히 [gǒng]이 되어야 하지만 "曠"(광)·"壙"(광)·"纊"(광) 등의 글자의 영향 때문에 [kuàng]으로 변하였다. 현재 많은 사람들이 "蕁"(qián)을 "尋"(xún)으로 읽고, "檔"(dàng)을 "擋"(dǎng)으로 읽는 …… 것도 역시 같은 종류의 현상이다. 이것은 문자의 언어에 대한 반작용(反作用)을 나타낸다(여신제(黎新第), <형성자의 독음(讀音) 유화(類化) 현상 탐색(形聲字讀音類化現象探索)>, 중국음운학연구회, ≪음운학연구(音韻學硏究)≫ 제1집 참조, 중화서국, 1984년).

## 2. 성방(聲旁)과 형성자(形成字)의 독음(讀音)에 차이가 생기는 원인

성방과 형성자의 독음은 왜 대다수가 차이가 있고, 또 때로는 차이가 또한 매우 큰 것인가? 그 원인은 두 방면으로 나누어 이야기할 수 있다.

먼저, 형성자를 만들 때 완전히 동음은 아닌 글자로 성방에 충당하는 상황이 존재한다. 이것은 주로 두 가지의 원인이 있다.

### 1) 성방은 생소한 글자나 혹은 자형이 번잡한 글자로 충당하는 것은 마땅치 않다.

성방을 선택할 때는 이 방면의 조건을 만족시키기 위하여 때로는 어음의 조건에서 좀 더 완화하지 않을 수가 없다. 현대인이 형성 결구의 간화자를 위하여 선택한 성방은 결코 반드시 이 글자와 완전히 동음은 아니다. 예컨대 "审"(審)과 "申"은 성조가 서로 다르고, "灿"(燦)과 "山"은 성모·성조가 모두 서로 다르고, "袄"(襖)와 "夭"는 하나는 운두(韻頭) i가 없고 하나는 운두 i가 있으며 성조도 역시 서로 다르다. 고대 사람들이 형성자를 만들 때도 물론 또한 유사한 상황이 있었을 것이다.

2) 형성 결구의 분화자는 생겨날 때 성방과 완전히 동음이 아닌 경우가 적지 않다.

이 점은 비교적 많은 설명을 해야 할 필요가 있다. 고한어 중의 사(詞)는 왕왕 어음상의 미세한 변화를 통하여 새로운 사를 파생시켰다. 이러한 어음이 모사(母詞)와 약간 구별이 있는 파생사는 문자학상 변음(變音)된 인신의라고 부를 수 있다. 본장 제1절에서 말한 바와 같이, 의부(意符)를 덧붙여 인신의를 나타내는 분화자를 만드는 것은 형성자 탄생의 경로의 하나이다. 이러한 분화자 중에서 많은 글자들은 그것들이 분화된 모자(母字)의 변음된 인신의를 나타내는 것이다. 이러한 글자들은 그것들의 모자로 충당된 성방과 필연적으로 완전히 동음일 수는 없다. 예컨대 "懈"(해)와 "解"(해)가 그러한 것이다. {懈}는 심리상의 풀어짐을 가리키는데 "解"자의 변음 인신의이다. "懈"는 "解"자에 "心"방을 덧붙여 만든 분화자이다. 그것은 성방 "解"의 독음과 거성(去聲)과 상성(上聲)의 차이가 있다(후에는 "懈"(xiè)와 "解"(jiě)의 성모도 또한 서로 다른 것으로 변해버렸다).

한 글자의 원래의 독음은 그것이 가차자로 사용될 때의 독음과 반드시 완전히 서로 같지는 않기 때문에, 가차자에 의부를 덧붙여 만든 형성 결구의 분화자도 또한 성방과 동음이 아닐 가능성이 있다. 예컨대 고대에는 늙은이 "耆"(기)를 빌려 즐길 {嗜}(기)를 나타내었다(≪맹자(孟子)·고자(告子)·상(上)≫에는 "진인(秦人)들의 구운 고기를 즐기는 것은 나의 구운 고기를 즐기는 것과 다를 것이 없다고 말하였다"(曰 : 耆秦人之炙, 無以異於耆吾炙)라고 하였다). {耆}(qí)와 {嗜}(shì)는 동음이 아니기 때문에 "耆"자에 "口"방을 덧붙여 만든 "嗜"자는 또한 성방과 동음이 아니다.

초문에 의부를 덧붙여 만든 후기자 중에는 분화자의 성질을 가지고 있는 일부분의 글자, 곧 본의를 나타내는 분화자는 일반 사람들은 보통 단지 그것들의 초문이 가차의 혹은 인신의를 나타낼 때의 독음만을 알고 있을 뿐이기 때문에, 또 일부분(곧 초문의 본의와 가차의 혹은 인신의가 동음이 아닌 일부분의 글자)은 성방과 동음이 아닌 형성자로 보일 수가 있다. 예컨대 본장 제1절에서 든 바가 있는 "蛇"(사)·"懸"(현) 등의 글자가 그것이다.

형성자의 형방을 바꾸어 만든 분화자도 또한 성방과 동음이 아닌 것이 적지 않다. 예컨대 본장 제1절에서 든 바가 있는 "賑"(진)자는 그것과 동음이 아닌 모자(母字) "振"의 형방을 변화시켜 만든 분화자이다. "振"(zhèn)은 성방("辰"(chén))과 동음이 아니므로 "賑"(zhèn)도 물론 또한 성방과 동음이 아니다.

요컨대, 분화자 중에는 탄생될 때 성방과 동음이 아닌 형성자가 상당히 많다.

이상에서 말한 것은 성방과 형성자의 독음에 차이가 있는 첫째 방면의 원인이다. 우리가 말하려고 하는 둘째 방면의 원인은 고금 어음의 연변이다.

고금 어음의 연변은 성방과 형성자의 독음의 차이를 만들거나 혹은 확대할 수가 있다.

소수의 형성자는 본래 성방과 완전히 동음이었지만 후에 상호간의 어음의 연변 상황이 서로 달랐기 때문에 독음에 차이가 있게 되었다. 예컨대 "衡"(형)과 그의 성방 "行"(행)은 중고(中古) 시대에는 모두 합모(匣母) 경운(庚韻) 개구(開口) 2등(二等)의 글자로서 서로 완전히 동음이었다. 후에 "衡"자의 독음은 큰 변화가 생기지 않았지만 "行"자의 운모의 원음(元音)이 i로 변하고 성모도 또한 설근음(舌根音)에서 설면음(舌面音)으로 변하였다. 그리하여 "衡"(héng)과 "行"(xíng)은 성모 · 운모가 모두 다른 것으로 변하였다.

비교적 흔히 보이는 상황은 성방과 형성자의 독음이 본래 좀 차이가 있는데 어음의 연변이 차이를 더욱 확대시키는 것이다. 예컨대, "分"은 비모자(非母字)(f)이고 "分"성을 따르는 "頒"(반)은 방모자(幫母字)(p)인 것이 그것이다. 상고(上古) 시대에서 중고 초기까지 경순음(輕脣音)(f)는 아직 중순음(重脣音)(p)에서 분화되어 나오지 않았으므로 비모(非母)는 방모(幫母)와 같이 읽었다. 그러므로 "分"과 "頒"의 관계는 성모는 같고 운모는 다른 것이다. 현재는 그들의 관계는 이미 성모와 운모가 모두 다르게 되었다. 윗 절에서 든 적이 있는 "者"(zhě)자와 그것을 성방으로 삼은 "諸"(zhū) · "都"(dū) 등의 글자는 현재의 운모는 하나는 "e"이고 하나는 "u"이다. 상고에는 그것들은 모두 어부(魚部)의 글자로서 운모 사이의 거리도 물론 그렇게 크지 않았을 것이다. 현재의 국면은 역시 어음 연변의 결과이다. 같은 종류의 예는 수두룩하므로 여기서는 더 들지 않는다.

어음 연변의 과정 중에는 또 형성자와 성방의 독음이 반대로 원래보다 접근되거나 혹은 서로 다른 것에서 서로 같은 것으로 변하는 현상이 있다. 예컨대, 받을 "受"(수)는 선모(禪母) 상성자(上聲字)이고, 줄 "授"(수)는 선모(禪母) 거성자(去聲字)였다. 선모는 탁음(濁音) 성모이다. 후에는 탁상성(濁上聲)이 거성으로 변했기 때문에 "授"·"受"는 구분되지 않게 되었다. 탈 "焦"(초)는 정모(精母) 소운자(宵韻字)이고 씹을 "噍"(초)는 종모(從母) 소운자(笑韻字)로서 성모와 성조가 모두 서로 달랐다. 탁성모의 소실로 말미암아 이 두 글자는 현재는 이미 단지 성조의 차이만 있을 뿐이다("焦"[jiāo]와 "噍"[jiào]).

형성자와 성방 사이에 글자를 만들 때 존재하는 차이는 일반적으로 모두 비교적 미세하다. 비교적 큰 차이는 대부분 모두 어음의 역사적 연변이 초래한 것이다.

이상에서 말한 두 방면의 원인 외에 또 방언이 문자에 대한 영향을 고려할 수 있다.

오늘날에는 다음과 같은 현상을 볼 수 있다. 곧 어떤 방언 지역에서 만든 형성 간체자가 전 국민이 사용하는 간화자에 흡수되었다는 것이다. 이 글자는 그것을 만들어 낸 그 지방 사람들이 읽는다면 성방과 완전히 혹은 기본적으로 동음이지만, 보통화(普通話)나 혹은 어떤 다른 방언으로 읽는다면 성방과 완전히 혹은 조금도 동음이 아니다. 예컨대, 남방의 어떤 방언 지역들에서는 "占"(점)과 "鑽"(鉆)(찬)이 동음이므로(과거 상해(上海) 등의 시계 가게에서는 왕왕 "十七鑽"을 "十七占"이라고 썼다), "鑽"의 간화자 "鉆"은 마땅히 이러한 지역들의 사람이 만들어 냈을 것이다. 그러나 보통화에서는 "鉆"(zuàn)과 성방 "占"(zhān)은 성모와 운모가 모두 다르다. 그밖에, 예컨대 "柜"(櫃 : guì)·"价"(價 : jià) 등 보통화로 읽으면 성방과 자음이 비교적 큰 거리가 있는 형성 간화자는 원래는 대개 모두 어떤 방언에 근거하여 만들어 낸 것이다. 고대에 형성자의 창조자들은 아마 또한 전부 한 가지 방언을 말하는 사람이었을 리는 없을 것이다. 고대로부터 전해져 내려온 형성자와 성방의 독음 사이의 관계가 이와 같이 복잡한 까닭은 아마 얼마간 방언의 영향과 약간의 관계가 있을 것이다.

### 3. 성방(聲旁)의 대체(代替)

성방은 형방과 마찬가지로 또한 대체 현상이 있다. 다음은 성방 대체의 약간의 예이다.

䑛(지 : 본음 시) = 䑙 = 舐

詾(흉) = 誽 = 訩

| | |
|---|---|
| 蔍(록) = 麓 | 讇(첨) = 諂 |
| 秔(갱) = 稉(粳) | 勛(훈) = 勳 |
| 矜(긍) = 矜 | 枏(남) = 楠("冄"(염)은 곧 "冉"(염)이다) |
| 嗁(제) = 啼 | 鞵(혜) = 鞋 |
| 鞾(화) = 靴 | 椶(종) = 棕 |
| 擣(도) = 搗 | 燈(등) = 灯 |
| 嬭(내) = 奶 | 蔕(체) = 蒂 |
| 蹤(종) = 踪 | 袴(고) = 褲 |

위에서 든 각 조(組)의 형성자의 이체는 뒤에 놓은 자형은 나타난 시간이 일반적으로 모두 앞에 놓은 것보다 늦다.

서로 대체되는 성방의 다수는 동음이 아니다. 옛 성방과 동음이 아닌 새로운 성방을 사용하는 것은 왕왕 형성자의 이미 변화된 실제 독음을 더욱 잘 반영시키기 위한 것 같다. 위에서 든 예는 대부분 이러한 상황에 속한다.

때로는 성방의 대체는 완전히 필획을 간화하기 위한 것이다. 위에서 든 "灯"(등)자는 분명히 이 부류에 속하고, "鞋"(혜)자・"靴"(화)자도 아마 역시 이러한 부류에 속할 것이다("燈"의 간체 "灯"과 자서 중의 "丁"과 동음이고 불 "火"라고 풀이하는 "灯"(정)은 동형자이다).

어떤 성방은 주로 이 성방에 충당되는 글자가 이미 더 이상 독립적으로 사용되지 않기 때문에 대체된 것 같다. 예컨대 "匡"(광)・"狂"(광)・"汪"

(왕)·“枉”(왕) 등의 글자는 전문(篆文)에서는 모두 “㞷”성을 따르고 있다. 예서·해서에서는 “㞷”자는 더 이상 독립적으로 사용되지 않았고, 이 글자들의 “㞷”방도 또한 모두 “王”방으로 고쳐졌다(“㞷”자는 자서에 따르면 음이 [huáng](황)이지만 사실은 “往”의 초문으로서 갑골문에는 로 되어 있다. “往”자는 옛날에는 “往”으로 되어 있는데 그 오른쪽 편방은 “㞷”의 변형이다. 한예(漢隷) “枉”자는 또한 “主”를 따른 서사법도 있다).

## 4. 성방(聲旁)의 파괴(破壞)

자체의 연변·자형의 와변(訛變)과 편방의 혼동 등의 원인으로 말미암아 어떤 형성자들의 편방은 파괴를 당하였다. 예컨대 제2장에서 든 바가 있는 “年”(년)·“春”(춘) 등의 글자 및 제5장 제3절 5와 위의 “성방과 자음의 관계”라는 소절(小節)에서 언급한 바가 있는 “昏”(괄)방이 “舌”(설)방으로 고쳐지고 “𦎫”(순)방이 “享”(향)방으로 고쳐진 글자들이 그것이다. 아래에 다시 약간의 예를 들고 매 글자의 뒤에 본래의 편방 결구를 주를 달아 밝힌다.

泰(태) “‘廾’(공)을 따르고 ‘水’(수)를 따르며 ‘大’(대)성이다(从‘廾’, 从‘水’, ‘大’聲)”

賊(적) “‘戈’(과)를 따르고 ‘則’(칙)성이다(从‘戈’, ‘則’聲)”

隆(륭) ≪설문≫에는 “‘生’(생)을 따르고 ‘降’(강)성이다(从‘生’, ‘降’聲)”라고 하였다. 고문자 및 한간(漢簡)의 예서에 따르면 마땅히 “‘土’를 따르고 ‘降’성(从‘土’, ‘降’聲)”이라고 해야 한다.

責(책) “‘貝’(패)를 따르고 ‘朿’(척)성이다(从‘貝’, ‘朿’聲)”

在(재) “‘土’(토)를 따르고 ‘才’(재)성이다(从‘土’, ‘才’聲)”

布(포) “‘巾’(건)을 따르고 ‘父’(부)성이다(从‘巾’, ‘父’聲)”

那(나) “‘邑’(읍)을 따르고 ‘冄’(冉 : 염)성이다(从‘邑’, ‘冄’(冉)聲)”

抛(포) “‘手’(수)를 따르고 ‘尥’(páo : 포)성이다(从‘手’, ‘尥’聲)”

志(지) “‘心’(심)을 따르고 ‘㞢’(之 : 지)성이다(从‘心’, ‘㞢’聲)” “志”는 또한 “士·心”을 따르고 회의라고 볼 수도 있다.

寺(시) "'寸'(촌)을 따르고 '㞢'(之 : 지)성이다(从'寸', '㞢'聲)"

細(세) "'糸'(사)를 따르고 '囟'(xìn : 신)성이다(从'糸', '囟'聲)"

屑(설) "'尸'(시)를 따르고 '肖'(xì : 힐)성이다(从'尸', '肖'聲)"

龕(감) "'龍'을 따르고 '今'성이다(从'龍', '今'聲)"

稚(치) 본래는 "稺"(치)라고 하여 "'禾'(화)를 따르고 '屖'(xī : 서)성(从'禾', '屖'聲)"이었다. 한대 사람들은 때로는 "屖"방을 隹로 간화시켰기 때문에(한대 인장에 보인다) "稚"로 와변(訛變)되었다.

辭(사) 본래는 "辝"라고 하여 "'辛'(신)을 따르고 '台'(이)성(从'辛', '台'聲)"이었다. "辝"와 "辭"는 옛날 통용되었다. 현재는 "辞"를 "辭"의 간화자로 정하였다.

廏(구) "'广'(엄)을 따르고 '𣪘'(궤)성이다"(간화자는 "厂"(엄)을 따른다). "𣪘"는 "簋"(궤)의 초문이다.

蛋(단) "'虫'(충)을 따르고 '延'(연)성이다(从'虫', '延'聲)"

查(사) 본래 "柤(사)"(또한 "樝(사)"라고도 하고 지금은 "楂"라고 한다)와 한 글자로 "'木'(목)을 따르고 '且'(저)성(从'木', '且'聲)"이었다. "柤"는 혹은 "査"라고 쓰는데 또 "查"로 잘못되었다.

어음의 연변으로 말미암아 위에 든 이 글자들은, 많은 글자의 성방은 현재 설사 아직 파괴되지 않았다고 하더라도, 또한 이미 아무런 표음 작용도 할 수 없게 되었다.

## 第7절 성방(聲旁)과 자의(字義)의 관계

### 1. 뜻을 가진 성방(聲旁)

어떤 형성자들의 성방은 표의(表意) 작용을 겸하여 가지고 있으므로 뜻을 가진 성방이라고 부를 수 있다. 우리가 형성자의 탄생 경로를 말할 때 이미 말한 바와 같이, 만약 어떤 글자에 의부(意符)를 덧붙여 한 글자를 분화시켜 이 글자의 인신의를 나타낸다면 분화된 글자는 일반적으로 모두 형성 겸 회의자이다. 뜻을 가진 성방은 주로 이러한 글자의 성방을 가리켜 말하는 것이다. 예컨대, 앞에서 이미 든 바가 있는 "娶"자의 "取"방 · "懈"자의 "解"방이 그것이다. 다음에 다시 약간의 성방이 뜻을 가진 약간의 형성자의 예를 든다.

惛(혼) : 해가 밝지 않은 것이 "昏"이고 마음이 밝지 않은 것이 "惛"이다.

駟(사) : 한 대의 수레에 매단 네 필의 말이다.

牭(사) : 네 살된 소이다.

鈁(방) : 가로로 자른 면이 네모난 모양인 종(鍾)이다(여기에서 말하는 "鍾"은 고대의 일종의 호류(壺類)의 용기이다. "鈁"은 동형자가 있다. 제10장 제2절 3)을 참조)

誹(비) : 말로 남을 그르다고 하고 헐뜯는 것이다.

琀(hàn : 함) : 죽은 사람의 입 속에 넣는 패(貝) · 옥(玉) 등의 물품이다(고서에서는 대부분 "含"으로 {琀}을 나타내었다).

菜(채) : 사람이 따서 먹는 풀 따위의 식물이다(수호지(睡虎地) 진간(秦簡)과 어떤 고서에서는 "采"로 {菜}를 나타내었다).

祫(xiá : 협) : 멀고 가까운 조상들을 합사(合祀)하는 것이다.

鯿(biān : 편) : 일종의 몸이 매우 넙적한 물고기(방어(魴魚))이다.

輛(량) : 수레의 단위로, 고대의 수레는 두 개의 바퀴를 사용하였기 때문에 이름이 붙여졌다(고서에서는 대부분 "兩"으로 {輛}을 나타내었다).

이러한 형성자들은 대개 모두 모자(母字)에 의부를 덧붙임으로써 그 인신의를 나타낸 분화자로서, 적어도 그것들이 나타낸 뜻은 문제없이 그것들의 성방으로 충당된 그 글자의 인신의이다(이것은 그 글자의 본의의 인신의일 수도 있고, 또한 그 글자의 흔히 사용되는 가차의의 인신의일 수도 있다. 예컨대 {鈁}은 "方"자의 가차의인 모 {方}의 인신의이다).

만약 모자(母字) 자체가 하나의 형성자라면 왕왕 그것의 형방을 개변시키는 방법으로 인신의를 나타내는 분화자를 만들었다. 앞에서 든 바 있는 “賑”(진)·“氫”(경)·“氧”(양)·“氮”(담)·“氯”(록) 등의 글자들은 바로 그렇게 만들어 낸 것이다. 우리가 생성(省聲)을 말할 때 말한 바와 같이, “賑”·“氫” 등의 글자는 일반 형성자로 볼 수도 있고 또한 모자(母字)의 생성을 따른 글자로 볼 수도 있다. 만약 후자의 관점을 취한다면 이 글자들의 성방은 또한 표의(表意) 작용이 있다고 볼 수도 있을 것이다.

한자에는 대량의 어떤 글자의 인신의를 위하여 만든 형성자가 있지만, 그것들은 결코 반드시 모두 그 글자를 성방으로 삼지는 않는다. 곧 그들의 성방은 결코 반드시 모두 뜻을 가지고 있는 것은 아니라는 뜻이다. 만약 어떤 인신의가 일찍이 가차자를 사용하였고 후에 가차자에 의부를 덧붙여 하나의 형성자를 분화시켜 오로지 그것만을 나타냈다면 그 형성자의 성방은 뜻이 없는 것이다. 예컨대, 칠한다는 {塗}는 중고 시대에 {搽}라는 인신의가 생겨났는데 처음에는 “塗”자로 그것을 나타내었고(≪광운≫의 “塗”자에는 “택가절(宅加切)”의 음이 있는데 나타내는 것은 바로 {搽}였다), 중간에 일찍이 “茶”자를 빌려 그것을 나타내었으며(송(宋)·금(金) 사이의 무명씨가 지은 ≪유지원제궁조(劉知遠諸宮調)≫ 제12 <선려조(仙呂調)·수대아(繡帶兒)>에 “강한 자 5백 명이 범처럼 위엄있고 사나운데 재를 바르고 흙을 칠하였다(强人五百威猛如虎, 茶灰抹土)”라고 하였다), 마지막에는 “茶”자에 “手”방을 가하여 “搽”자를 분화시켜 그것의 전용자(專用字)로 삼았다(이영(李榮), <한자 연변의 몇 가지 추세(漢字演變的幾個趨勢)>, ≪중국어문≫ 1980년 제1기, 12쪽 참조). “搽”가 따르고 있는 “茶”는 단지 표음 작용만이 있을 뿐이다. 모자에 의부를 덧붙임으로써 그 인신의를 나타낸 어떤 분화자들은 후에 하나의 동음이거나 혹은 음이 가까운 글자를 가지고 따르고 있는 모자를 대신하였기 때문에 성방에 뜻이 없는 형성자가 되었다. 예컨대, “柄”(병)자는 본래 “棅”(병)이라고 하여 “秉”을 성방으로 삼았다. “柄”은 기물에서 사람이 손으로 잡고 있는 곳으로서, {柄}은 {棅}의 인신의이고 “秉”은 “棅”의 모자이다. 후에 “棅”이 따르고 있는 “秉”이 동음인 “丙”자로 대체되어 “丙”이라는 성방은 표의 작용이 없게 되었다. 그밖에도 물론 또한 어떤 글자의 인신의를 나타내는 형성자로 하여금 그 글자를 성방으로 삼지 못하게 한 약간의 다른 원인이 있을 수 있다. 그러므로 성방이 뜻이 있는 형성자가 전체 형성자 중에서 차지하는 비중은 결코 그렇게 큰 것은 아니다.

뜻이 있는 성방은 사의(詞義)를 연구하는 데 특히 어원(語源)을 연구하는 데 매우 유용하다. 그러나 만약 뜻이 없는 성방을 뜻이 있는 것으로 잘못 본다면 잘못된 길로 빠져 들어가서 사의의 연구에 불필요한 번거로움을 더할 수 있다. 그러므로 우리는 반드시 매우 신중한 태도로 성방이 뜻이 있는가 없는가의 문제를 대해야 한다.

마지막으로 현대에 만들어진 화학용자 가운데 성방이 뜻이 있는 몇 개의 극히 특수한 형성자를 덧붙여서 말하려고 한다. 그것은 질량수가 각각 1・2・3인 세 종류의 수소[氫]의 동위소(同位素)를 나타내는 명칭인 "氕"(piē : 별)・"氘"(dāo : 도)・"氚"(chuān : 천)이다. 그것들의 성방 "丿"(별)("撇"(삐치다)의 표의자이다)・"刂"(도)("刀"의 변형이다)・"川"은 표음 작용을 하는 외에 또 각각 질량 수 1・2・3을 나타내고 있기 때문에 뜻이 있는 것으로 볼 수 있다. 그러나 이러한 뜻은 완전히 성방의 형상(形象)에 의하여 나타내고 있으므로 성방이 대표하는 사와는 전혀 관계가 없다. 과거에 어떤 사람은 한자가 비상형적인 것으로 변한 후에 비로소 만들어 낸 형부자(形符字) "凹"(요)・"凸"(철)을 "자요(字妖)"라고 불렀다. 그것들의 요기(妖氣)가 "氕"・"氘"・"氚"을 만난다면 깜짝 놀라 기절할 것이다.

## 2. 우문설(右文說)

때로는 똑같이 하나의 근원에서 나온 친속사(親屬詞)(곧 동원사(同源詞))를 나타내는 약간의 형성자들은 모두 같은 하나의 글자를 성방으로 사용한다. 이러한 성방은, 그것이 윗 절에서 말한 뜻이 있는 성방인가 아닌가 하는 것과는 상관없이, 모두 이 조(組)의 형성자의 뜻 특히 그것들이 대표하는 사(詞)의 어원을 연구하는 중요한 실마리가 된다. 성방의 다수는 글자의 오른쪽에 위치하기 때문에 위에 서술한 이러한 문자 현상을 연구하는 학설을 우문설(右文說)이라고 부른다.

진대(晋代) 양천(楊泉)의 <물리론(物理論)>에는 이미 "쇠와 돌에서는 견(堅)이라고 하고 풀과 나무에서는 긴(緊)이라고 하고 사람에서는 현(賢)이라고 한다(在金石曰堅, 在草木曰緊, 人曰賢)"라는 설명 방법이 있었다(≪태평어람(太平御覽)≫ 권402 <인사부(人事部)> 43에 보인다. "堅"·"緊"·"賢"의 세 글자는 모두 "臤"(현)성을 따르고 있다). 송대 사람들이 우문설을 정식으로 제기하였다. 심괄(沈括, 1030-1094)의 ≪몽계필담(夢溪筆談)≫ 권14에는 "왕자소(王子韶)(자는 성미(聖美))는 자학(字學)을 공부하여 그 뜻을 풀어 우문(右文)이라고 하였다. 옛날의 자서는 모두 왼쪽의 문자를 따랐다. 글자의 류(類)는 왼쪽에 있고 그 뜻은 오른쪽에 있다. 예컨대 나무 종류는 그 왼쪽은 모두 '木'을 따랐다. 이른바 우문이란, '戔'(잔)은 작다는 뜻으로서 물이 작은 것은 '淺'(천)이라고 하고 쇠가 작은 것은 '錢'(전)이라고 하며 '歹'(알 : 부서진 뼈)이 작은 것은 '殘'(잔)이라고 하고 '貝'가 작은 것은 '賤'(천)이라고 하는 것과 같다. 이와 같은 류는 모두 '戔'을 뜻으로 삼는다(王聖美治字學, 演其義爲右文. 古之字書皆从左文. 凡字類在左, 其義在右. 如木之類其左皆从木. 所謂右文者, 如戔, 小也, 水之小者曰淺, 金之小者曰錢, 歹而小者曰殘, 貝之小者曰賤. 如此之類, 皆以戔爲義也)"라고 하였다. 그러나 송인들의 "우문(右文)"에 대한 연구는 아직 매우 거칠어 심괄이 인용한 실례에는 문제가 있다. 아래의 글에 상세하다.

청대와 근대의 학자들은 일찍이 적지 않은 비교적 전형적인 "우문" 현상의 예를 든 바 있다. 예컨대 왕념손(王念孫, 1744-1832)의 ≪광아소증(廣雅疏證)≫에는 "彗"(혜)를 따르는 글자는 그 뜻이 대부분 "가늘고 작다(細小)"는 것과 관계가 있다고 지적하였다.

> ≪설문≫에는 "軎"(위)는 굴대 끝으로 혹은 "轊"(위)라고 쓴다. …… "轊"는 "銳"(예)라는 말이다. 소공(昭公) 16년 ≪좌전(左傳)≫의 주에는 "'銳'는 가늘고 작다는 뜻이다"라고 하였다. 굴대의 두 끝은 바퀴통 밖으로 나와 있고 가늘고 작다. 가냘픈 소리를 "嚖"(혜)라고 하고, 작은 솥을 "鏏"(혜)라고 하고, 작은 관을 "槥"(혜)라고 하고, 작은 별의 모양을 "嘒"(혜)라고 하고, 촉(蜀)의 가는 베를 "繐"(혜)라고 하고, 새의 날개쭉지의 끝을 "翽"(혜)라고 하고, 굴대의 두 끝을 "轊"라고 하는데 뜻은 모두 같다.(≪說文≫ : 軎, 車軸耑(端)也, 或作轊. …… 轊之言銳也. 昭十六年≪左傳≫注云 : "銳, 細小也." 軸兩耑出轂外細小也. 小聲謂之嚖, 小鼎謂之鏏, 小棺謂之槥, 小星貌謂之嘒, 蜀細布謂之繐, 鳥翮末謂之翽, 車軸兩耑謂之轊, 義並同也.)(권7 하(下))

이 예는 상당히 믿을 만하다. 이 "彗"성을 따르는 글자들은 마땅히 한 조(組)의 동원사를 대표하고 있는 것이다.

우문설을 가지고 사의를 연구하려면 또한 매우 신중한 태도를 가져야 하며, 결코 어떤 글자들이 똑같이 하나의 성방을 따르고 있다고 해서 경솔하게 하나의 틀로 이 글자들의 뜻을 해석해서는 안 된다. 예컨대, 송인이 들고 있는 몇 개의 "戔"을 따르는 글자들은 그것들의 뜻은 사실은 마땅히 두 가지 계통으로 나누어야 한다. 하나는 잔손(殘損)의 뜻과 관계가 있고 하나는 천소(淺小)의 뜻과 관계가 있다. "戔"자는 갑골문에서는 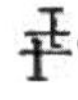이라고 썼는데, 두 개의 창[戈]이 서로 향하고 있는 것을 본뜬 것이다. 전인들 가운데 어떤 사람이 "戔"을 "殘"의 초문이라고 생각한 것은 믿을 만하다. 그러므로 "殘"의 본의는 마땅히 잔해(殘害)(해치다)일 것이며 "부스러진 뼈로서 작은 것을 '殘'이라고 한다(歹而小者曰殘)"는 설명은 전혀 근거가 없다. "錢"(전 : 가래)은 본래 상고 시대의 일종의 중요한 생산 도구의 명칭이었다. 후세의 호미("鏟" : 산)는 "錢"이 변한 것이다. 이 도구는 분명히 주로 흙을 깎는(剗(전) : 鏟(산)) 데 사용되었기 때문에 이름을 얻었을 것이다. "錢"·"剗"·"殘"이 동원사임은 문제가 없다. 그것들은 모두 잔손(殘損)의 뜻과 관계가 있다. 정식의 화폐가 나타나기 전에는 "錢"이라는 도구는 대개 교역 중에서 등가물(等價物)의 작용을 했기 때문에 조기의 쇠붙이로 주조한 화폐는 왕왕 그 형상을 모방하였다. 이것이 쇠붙이로 주조한 화폐를 "錢"이라고 불렀던 원인이다. "쇠붙이가 작은 것을 '錢'이라고 한다(金之小者曰錢)"는 설명도 또한 전혀 믿을 수 없다. 단지 "淺"과 "賤"의 자의만은 송인과 같이 해석할 수 있다. 토층(土層)은 가래로 깎인 후에 원래보다 얇아지고 물건은 잔손된 후에 원래보다 작아지므로 천소(淺小)의 뜻과 잔손의 뜻은 관련이 있을 가능성이 있다. 다시 말하면 위에서 말한 "戔"을 따르는 글자가 대표하는 두 가지 계통의 사(詞)는 여전히 동원(同源)일 가능성이 있다. 그러나 설사 상황이 확실히 그렇다고 하더라도 "'金'이 작은 것을 '錢'이라고 하고 부스러진 뼈가 작은 것을 '殘'이라고 한다(金之小者曰錢, 歹而小者曰殘)"는 설명은 역시 잘못된 것이다.

사실상 똑같이 하나의 성방을 따르는 형성자가 분명히 동원 관계가 없는 서로 다른 계통의 자의를 갖고 있는 예는 흔히 보인다. 근대의 심겸사(沈兼士, 1886-1947)는 <우문설의 훈고학상의 연혁 및 그 추천(右文說在訓詁學上之沿革及其推闡)>이라는 글에서 "우문의 글자는 변화와 연진의 길이 많아서 동성(同聲)의 글자지만 뜻은 자못 차이가 있는 것이 있다. 예컨대 비성(非聲)의 글자는 대부분 분배(分背)(갈라지고 어긋나다)의 뜻을 가지고 있지만 '菲'·'翡'·'痱' 등의 글자는 또 붉다는 뜻이 있고, 오성(吾聲)의 글자는 대부분 밝다는 뜻을 가지고 있지만 '齬'·'語'(論難)·'圄'·'牾' 등의 글자는 또 역지(逆止)(어그러지다)의 뜻이 있다(夫右文之字, 變衍多途, 有同聲之字而所衍之義頗歧別者, 如非聲字多有分背義, 而'菲'·'翡'·'痱'等字又有赤義; 吾聲字多有明義, 而'齬'·'語'·'圄'·'牾'等字又有逆止義)"(≪경축채원배선생육십오세논문집(慶祝蔡元培先生六十五歲論文集)≫, 809쪽. 또, ≪심겸사학술논문집(沈兼士學術論文集)≫, 120쪽, 중화서국, 1986)라고 지적하였다. 심씨가 지적한 "非"를 따르는 글자와 "吾"를 따르는 글자의 각자의 두 가지 자의(字義)의 사이, 적어도 "非"자의 두 가지 자의의 사이에는 분명히 동원 관계가 없다. 우문을 말하는 어떤 사람들은 "어떤 성을 따르는 것은 모두 어떤 뜻이 있다(凡从某聲, 皆有某義)"와 같은 말을 하기 좋아한다. 이것은 실제와 부합되지 않는다.

한편으로는 똑같이 하나의 성방을 따르는 형성자라도 의미상 모두 관련이 있는 것으로 보이지는 않으며, 다른 한편으로는 의미상 분명한 관련이 있는 동원사를 위하여 만든 형성자라도 또한 모두 같은 하나의 성방을 따르는 것으로 보이지는 않는다. 그것들은 완전히 동음이거나 혹은 음이 가까운 서로 다른 성방을 사용할 수 있다. 심겸사는 위에서 인용한 문장에서 "與"성·"余"성과 "予"성을 따르는 약간의 글자들은 모두 "관완(寬緩)"의 뜻과 관계가 있고, "禁"성과 "今"성을 따르는 약간의 글자들은 모두 "함온(含蘊)"의 뜻과 관계가 있다는 등의 예를 들었다(≪경축채원배선생육십오세논문집≫, 810쪽; ≪심겸사학술논문집≫ 121쪽 등). 비록 서로 다른 성방을 사용하고 있지만 음과 뜻이 모두 서로 가까운 이러한 글자들은 그것들이 대표하는 사는 일반적으로 또한 마땅히 동원 관계가 있는 것이어야 한다. 그러므로 우리는 성방을 동원사를 연구하는 실마리로 사용할 때 안목을 똑같이 하나의 성방을 따르는 형성자의 범위에 국한시켜서는 안 되는 것이다.

# 제9장
# 가차(假借)

우리는 앞에서 여러 번 가차(假借)를 말한 바 있다. 약간의 이미 밝혀진 관점, 예컨대 가차는 동음이거나 혹은 음이 가까운 글자를 차용하여 하나의 사(詞)를 나타내는 것이고, 인신과 가차는 마땅히 구분해야 하며, 좁은 뜻의 통차(通借)는 마땅히 가차 속에 포함시켜야 한다는 등등은 여기에서 더 이상 서술하지 않는다. 다음에서는 몇 가지 전제(專題)로 나누어 가차 현상에 대하여 한 걸음 더 나아가 토론한다.

## 제1절 본자(本字)와 가차(假借)

문자학상 "본자(本字)"라는 명칭을 사용하는 상황은 결코 그렇게 단순한 것은 아니다. 때로는 본자는 한 글자의 비교적 원시적인 서사(書寫) 형식을 가리킨다. 예컨대 "𦰩"(순)은 "舜"의 본자라고 말하는 것이 그것이다. 때로는 본자는 분화자가 나온 모자(母字)를 가리킨다. 예컨대 "取"는 "娶"의 본자라고 하는 것이 그것이다. 우리가 여기에서 토론하려고 하는 것은 가차자와 상대되는 본자이다.

일반적으로 자신의 본의를 나타내는 데 사용되는 글자가 본자라고 본다. 만약 사(詞)의 각도에서 본다면 어떤 사를 본의로서 나타내는 글자가 이 사의 본자이다. 이러한 정의는 인신을 가차 속에 포함시키는 문자학자에 대하여 말한다면 완전히 합당하다. 그러나 우리는 인신과 가차를 나누는 것을 주장하기 때문에 이러한 정의에 완전히 동의할 수는 없다. 우리의 관점에 따른다면, 설사 하나의 사를 인신으로서 나타내는 글자라고 하더라도 이 사의 가차자에 대하여 말한다면 역시 똑같이 본자인 것이다. 예컨대, “間”(간)자는 본래 “閒”으로 되어 있고 본의는 공간상에 틈이 있음을 가리켰다. 사의의 인신으로 말미암아 또 시간상에 틈이 있음을 가리키는 데 사용되었고(≪맹자(孟子)·공손추(公孫丑) 상(上)≫에는 “어진 사람이 자리에 있고 능한 사람이 직에 있으면 국가가 한가롭다(賢者在位, 能者在職, 國家閒暇)”라고 하였다) 독음도 또한 변화가 생기게 되었다. 후에는 막는다는 “閑”(한)을 빌려서 이 인신의를 나타내었다(“閒”과 “閑”의 본의에 관해서는 제7장 제1절 5. 2)를 참조). “閒”자의 이 인신의 곧 한가롭다는 {閑}이라는 사에 대해서 말한다면 “閑”은 가차자이고, 상대하여 말한다면 “閒”은 본자이다. 그러나 A자를 가차하여 B자의 본의를 나타낼 때는 우리는 “A”는 “B”(곧 본자)로 가차되었다고 간단히 말할 수 있다. A자를 가차하여 B자의 하나의 인신의를 나타낼 때는 오해를 피하기 위하여 “A”는 가차되어 “B”의 이 인신의를 나타내었다든가 혹은 “A”는 가차되어 이 인신의를 나타내는 “B”가 되었다고 말하는 것이 가장 좋을 것이다. 예컨대 “閒”자를 예로 한다면, “閑”은 가차되어 “閒”의 인신의인 한가로울 {閒}을 나타낸다든가 혹은 “閑”은 가차되어 한가로울 {閒}이 되었다고 말하는 것이 가장 좋고, 간단히 “閑”은 “閒”으로 가차되었다고 말해서는 안 될 것이다.

어떤 글자의 인신의를 위하여 만든 분화자를 이 뜻의 본자로 볼 수 있는가의 여부도 또한 하나의 토론해야 할 문제이다. 우리는 제8장 제1절 3. 2)에서 “取”의 인신의를 위하여 분화자 “娶”를 만든 예를 든 바 있다. 인신을 가차 속에 포함시키는 관점에 따라서 본다면, {娶}라는 뜻을 나타내는 “取”자는 가차자이고 “娶”는 그것의 후에 만든 본자(後起本字)이다. 우리의 관점에 따라서 본다면, 만약 {娶}라는 뜻에 따로 하나의 가차자가 있다면 “娶”는 이 가차자에 대하여 말한다면 마땅히 본자라고 불러야 할 것이지만, “娶”는 그것이 분화된 “取”자에 대하여 말한다면 도리어 본자라고 부를 수는 없다. {娶}는 “取”자의 본의에서 인신되어 나온 뜻이다. “取”로 {娶}를 나타내는 것은 가차가 아니라 어의(語義) 인신의 결과이다. 만약 “娶”자가 {娶}를 나타내는 “取”자의 본자라고 인정한다면 “取”로 {娶}를 나타내는 것은 가차가 되어 인신과 가차가 혼동되어 구분되지 않게 될 것이다.

우리가 제6장 제1절에서 일찍이 언급한 바와 같이, 주준성(朱駿聲)은 인신(그는 전주(轉注)라고 불렀다)과 가차를 구분할 것을 주장하였다. 그러나 그는 ≪설문통훈정성(說文通訓定聲)≫에서 여전히 “取”는 “娶”로 가차하였다는 설명 방법을 사용하였는데, 이것은 그 자신의 주장과 모순된다. 주씨가 이렇게 한 까닭은 그는 기타의 청대의 문자학자들과 마찬가지로 ≪설문≫을 지나치게 숭배하여 분석을 하지도 않고 ≪설문≫을 문자를 사용하는 표준으로 받들었기 때문이다. 그들은 보통 만약 하나의 뜻(실제로는 우리가 말하는 사(詞)이다)이 ≪설문≫에서 그것을 본의로 하는 이른바 “정자(正字)”가 있다면 고서상의 기타의 이 뜻을 나타내는 데 사용된 글자는 모두 마땅히 이 정자의 가차자로 보아야 한다고 보았다. ≪설문≫에는 “娶”자가 있기 때문에 {娶}를 나타내는 “取”는 단지 가차자로 볼 수밖에 없다. 가령 ≪설문≫에 “娶”자가 수록되어 있지 않았다면 주씨는 의심할 것도 없이 “取”로 {娶}를 나타내는 것을 그가 말한 전주 곧 어의(語義) 인신의 현상으로 보았을 것이다. 주씨는 가끔 또한 ≪설문≫의 정자를 사용하지 않은 경우가 있다. 예컨대, ≪설문≫에는 “荒”은 “蕪”로 해석하였고, “穅”은 “비어서 먹을 것이 없다(虛無食)”라고 해석하였다. ≪설문해자통훈정성≫의 “荒”자 조에는 도리어 기황(飢荒)의 뜻을 전주의(轉注義)라고 하고 단지 “허신의 책에 근거하면 “穅”으로 가차되었다(據許書則借爲禾荒)”는 한 구절을 덧붙여서 말했을 뿐이다. 이것은 대개 “穅”자를 사용한 사람이 참으로 너무 드물었기 때문일 것이다. 사실은 “取”와 “娶”의 관계는 “荒”과 “穅”의 관계와 결코 차이가 없다.

이상의 서술에 근거하여 본자의 정의는 다음과 같이 내릴 수 있다. 곧 자신의 본의나 혹은 인신의를 나타내는 데 사용되는 글자는 이 뜻을 나타내는 데 가차된 글자에 대하여 말한다면 본자이다. 사의 각도에서 본다면 하나의 사를 본의 혹은 인신의로서 나타내는 글자는 이 사의 가차자에 대하여 말한다면 이 사의 본자이다.

아마도 어떤 사람은 물을 것이다. 우리의 설명 방법에 따르면 본의를 나타내는 글자가 만약 그것과 상대되는 가차자가 없다면 근본적으로 본자라고 부를 자격이 없는 것인가? 그것은 도리어 또한 그렇지 않다. 만약 이러한 글자는 가차자가 아니라는 것을 설명하려고 한다면, 물론 그것들을 본자라고 부를 수 있을 것이다. 우리가 토론하는 "본자"는 "가차자"와 상대되는 하나의 명칭으로서, 가차자라는 이 개념을 벗어나서 본자를 말하는 것은 무의미한 것이다. 그러나 이것은 결코 하나의 글자가 만약 실제로 그것과 상대되는 가차자가 없다면 근본적으로 본자라고 부를 자격이 없다는 것을 의미하지는 않는다.

앞에서 말한 바와 같이 "본자"라는 이 명칭의 용법은 한 가지에만 그치지는 않는다. 우리는 마땅히 서로 다른 뜻의 "본자"를 혼동해서는 안 된다는 것을 주의해야 할 것이다. 어떤 사람은 자신이 이해하는 본자의 정의를 표준으로 삼아 다른 사람의 본자에 관한 설명 방법을 비판한다. 예컨대, 자신은 본자는 분화자・후기자와 상대하여 말하는 것이라고 보기 때문에 다른 사람이 모자(母字)의 가차의를 나타내는 분화자(예컨대 제8장 제1절 3. 1)에서 든 바 있는 "瓣"자가 그것이다)를 본자라고 부르는 것을 불합리하다고 비판한다. 이것은 타당하지 않다. 우리가 분화자가 나온 글자를 본자라고 부르지 않고 그것들을 모자라고 부르는 것은 가차자와 상대되는 본자와 서로 구별하기 위한 것이다.

가차는 나타낸 사가 본자인가의 여부에 따라 "본자가 없는(無本字)" 가차・"본자가 후에 나타난(本字後起)" 가차와 "본래 본자가 있는(本有本字)" 가차의 세 가지로 구분하고 아래에서 각각 예를 들어 설명한다(제2장에서 이미 말한 바와 같이 적지 않은 가차자는 실제로는 이미 기호자나 혹은 반기호자로 변하였다. 예자를 들 때 이러한 상황에 대해서는 다시 설명하지 않는다).

## 1. 본자가 없는(無本字) 가차(假借)

어떤 사는 시종 단지 가차자로만 표시할 뿐인데, 이것은 본자가 없는 가차이다. 예컨대, 앞에서 언급했던 고한어의 허사(虛詞) {其}・{之} 및 쌍음절사 {猶豫}는 시종 가차자를 사용한 것이다. 또 구말(句末) 어기사(語氣詞) {耳}는 귀 "耳"자를 가차하였고, 어기사 {夫}와 지시대사 {夫}는 모두 지아비 "夫"자를 가차하였고, 의문대사 {何}는 등질 "荷"의 본자 "何"를 가차하였고, 의문대사 {奚}는 본래 일종의 노예로 풀이하는 "奚"(해)자를 가차하였고("奚"는 본래 로 되어 있는데, 대개 한 사람에게 머리털(상투)을 잡히거나 혹은 그를 묶은 노끈에 잡혀 있는 노예를 본떴을 것이다. ≪설문≫에 "奚"를 "큰 배"(大腹)라고 해석한 것은 옳지 않은 것 같다), 부사 {亦}은 본래는 "腋"(액 : 겨드랑이)이나 "液"(액)자의 초문인 "亦"자를 가차하였고, 쌍음절사 {陸離}는 육지의 "陸"(륙)자와 본의가 새와 관계가 있는 "離"(리)자를 가차하는 등등도 역시 모두 본자가 없는 가차이다.

외래사(外來詞)를 음역한 것은 시종 가차자로 기록한 것이 매우 많다. 예컨대 제2장에서 언급한 적이 있는 "達魯花赤"(다루가치)·"沙發"(소파)·"尼龍"(나일론)·"蘇維埃"(쏘베뜨)·"布爾什維克"(볼셰비키) 등이 그것이다. 또 중고 시대에 불교를 따라 전래된 "羅漢"(나한)·"比丘"(비구)·"頭陀"(두타)·"夜叉"(야차) 등의 사와 현대에 서양에서 들어온 "巧克力"(초콜렛)·"麥克風"(마이크)·"法西斯"(파시스트)·"阿司匹林"(아스피린 : 혹은 "阿斯匹靈"이라고도 쓴다) 등의 사 및 고금의 매우 많은 외래의 지명·인명 등등이 있다.

## 2. 본자가 후에 만들어진 가차(假借)

어떤 사는 본래는 가차자로 나타내었지만 후에 또 그것을 위하여 본자를 만들었다. 예컨대 앞에서 언급한 "獅"·"蜈蚣"·"鶺鴒"·"徜徉"이 그것이다. 다음에 다시 몇 가지 예를 든다.

### 栗(률) — 凓·慄

"凓冽"(뜻은 "凜冽"과 서로 가깝다)의 {凓}과 "戰慄"의 {慄}은 본래는 모두 밤나무 "栗"자를 빌려 나타내었는데(≪시경(詩經)·빈풍(豳風)·칠월(七月)≫에는 "둘째날은 쌀쌀하네(二之日栗烈)"라고 하였고, ≪논어(論語)·팔일(八佾)≫에는 "백성을 떨게 한다(使民戰栗)"라고 하였다), 후에 비로소 각각 "仌"(冰 : 빙)방과 "心"(심)방을 덧붙여 본자 "凓"과 "慄"을 만들어 내었다(≪설문≫에는 "凓"은 있지만 "慄"은 없다). 현재는 "凓"과 "慄"은 또 이체로서 "栗"자에 합병되어 들어갔다(≪현대한어사전≫에는 여전히 "凓"을 표제자로 열거하고 있다).

### 戚(척) — 慼

"憂慼"의 {戚}은 본래 도끼류의 무기로 풀이하는 "戚"자로 나타내었는데(≪시경·소아(小雅)·소명(小明)≫에는 "스스로 너에게 근심을 끼쳐주네(自詒伊戚)"라고 하였고, ≪논어·술이(述而)≫에는 "소인들은 늘 걱정한다(小人長戚戚)"라고 하였다), 후에 비로소 "心"방을 덧붙여 본자 "慼"을 만들어 내었으며 ≪설문≫에는 "慽"이라고 되어 있다. 현재는 "慼"과 "慽"은 또 이체로서 "戚"자에 합병되어 들어갔다.

### 胃(위) — 謂

"云謂"의 {謂}는 본래 "胃"자를 빌려 나타내었는데(동주(東周) 시대의 <길일임오검명(吉日壬午劍銘)>에는 "그것을 소거(少簴)라고 하였다(胃之少簴)"라는 글이 있고, 장사(長沙) 초백서(楚帛書)에도 역시 "胃"를 빌려 {謂}를 나타낸 예가 있다), 후에 비로소 "言"방을 덧붙여 본자 "謂"를 만들어 내었다("謂"자는 이미 진간(秦簡)과 ≪설문≫에 보이지만, 서한 전기에 베낀 죽서·백서에는 여전히 "胃"를 "謂"로 빌린 것이 많다).

### 毒冒(대모) — 瑇(玳)瑁

{玳瑁}는 본래 "毒冒"의 두 글자를 빌려 나타내었는데(≪한서·사마상여전(司馬相如傳)·상≫에는 "대모·자라·큰 자라(毒冒鼈黿)"라고 하였다), 후에 비로소 "玉"방을 덧붙여 본자 "瑇瑁"를 만들어 내었다. "玳"는 "瑇"의 이체이다(≪설문≫에는 "瑇"가 없고, 수록되어 있는 "瑁"자는 천자가 제후들이 쥐고 있는 규(圭)를 덮는 데 사용하는 일종의 옥기라고 풀이하고 있으므로 대모의 "瑁"와는 동형자(同形字)이다).

일반적으로 후에 만들어진 본자는 후기본자(後起本字)라고 부른다.

어떤 후기본자들은 만들어진 후에 사용하는 사람이 많지 않으면 매우 일찍 사자(死字) 혹은 벽자(僻字)가 되었다. 예컨대 다음과 같다.

### 須(수) — 盨

"須"의 본의는 수염이고, 기다릴 {須}를 나타내는 것은 가차 용법이다. ≪설문≫에는 "'㵾'는 기다린다는 뜻이다. '立'을 따르고 '須'성이다('㵾', 待也. 从'立', '須'聲)"라고 하였다. 이것은 기다릴 "須"의 후기본자로서 단지 ≪한서≫(<적방진전(翟方進傳)>) 등의 개별적인 고서에만 보일 뿐이다.

## 無(무) — 𣞤

"無"와 "舞"는 본래 한 글자로서, 없을 {無}를 나타내는 것은 가차 용법이다. ≪설문≫에는 "'𣞤'는 없다는 뜻이다. '亡'을 따르고 '無'성이다(𣞤, 亡也. 从'亡', '無'聲)"라고 하였다. 이것은 없을 "無"의 후기본자로서 고서 중에는 극히 보기 드물지만 한비(漢碑)에는 자주 보인다.

## 衰(쇠) — 㾓

"衰"자는 전문(篆文)은 𧘧로 되어 있어 옷 위에 풀이 있는 것을 본떴는데 "蓑"의 초문으로서 쇠약·쇠감(衰減)의 {衰}를 나타내는 것은 가차 용법이다. ≪설문≫에는 "'㾓'는 던다(감소한다)는 뜻이다. '疒'(녁)을 따르고 '衰'성이다('㾓', 減也. 从'疒', '衰'聲)"라고 하였다. 이것은 쇠약·쇠감의 "衰"의 후기본자로서 고서 중에서는 극히 보기 드물다.

## 然(연) — 嘫

"然"은 "燃"의 초문으로, 그러할 {然}을 나타내는 것은 가차 용법이다. ≪설문≫에는 "'嘫'은 말소리이다. '口'를 따르고 '然'성이다(从'口', '然'聲)"라고 하였다. 이것은 그러할 "然"의 후기본자로 고서 중에는 극히 보기 드물다.

≪설문≫에는 또 흔히 보이지 않는 후기본자가 적지 않지만 여기서는 열거하지 않는다.

### 3. 본래 본자가 있는(本有本字) 가차(假借)

많은 본래 본자가 있는 사도 역시 가차자를 사용한다. 이러한 가차자는 어떤 것은 후에 완전히 혹은 기본적으로 본자를 대신하게 되었다. 가차자가 본자를 대신한다고 하는 것은 가차자가 그것이 나타내는 뜻의 범위 안에서 그것의 본자인 그 글자를 대신함을 가리키는 것이다. 이 글자에 대하여 말한다면 가차자가 대신하는 것은 아마도 제7장 제2절에서 언급했던 “糾”(규)가 “丩”(규)를 대신하는 예와 같이 그것의 전체적인 기능일 것이고, 아마도 앞에서 언급한 “荷”(하)가 “何”(하)를 대신하고 “閑”(한)이 “閒”(한)을 대신하는 등의 예와 같이 단지 부분적인 기능일 것이다(“荷”는 단지 본의를 나타내는 “何”만을 대신할 뿐이지 의문대사를 나타내는 “何”를 대신하지는 않는다. “閑”은 후에 일반적으로 “間”이라고 쓰는 “閒”을 대신하지는 않는다).

다음에 다시 가차자가 본래 있는 본자를 대신하는 예를 몇 가지 든다.

### 艸(초) — 草

“艸”는 풀 “草”의 본자이다(제7장 제1절 2 참조. ≪주례(周禮)·추관(秋官)·서씨(庶氏)≫에는 “좋은 풀로 그것을 태웠다(嘉草燒之)”라고 하였는데, ≪석문(釋文)≫이 의거한 책에는 “草”가 “艸”로 되어 있다. ≪한서≫에는 때로는 “艸”의 이체 “屮”(초)를 사용하였다). “草”자는 “艸”를 따르고 “早”성이며 본의는 “草(zào)頭” 곧 상수리나무(櫟 : 력)의 열매이다(≪설문≫에는 “‘草’는 ‘草頭’로서 상수리나무의 열매이다(草, 草頭, 櫟實)”라고 하였다. “草頭”의 “草”는 후에는 “皁”(조)라고 썼고 또 “皂”(조)로 변하였다). 세상에 전하는 고서에는 대부분 이미 “草”를 “艸”로 빌렸고, 현재 “艸”는 이미 이체로서 “草”자에 합병되었다.

### 耑(단) — 端

≪설문≫에는 “‘耑’(耑)은 물(物)이 처음 생기는 이마(머리)이다. 위는 낳은 모양을 본떴고 아래는 그 뿌리를 본떴다(‘耑’, 物初生之題也. 上象生形, 下象其根也)”라고 하였다. 이것은 단서의 “端”의 본자이다(≪한서·예문지≫에는 “물에 느끼어 단서를 만들고 재주와 지혜가 깊고 아름다움을 말한다(言感物造耑, 材知深美)”라고 하였고 안사고(顔師古)의 주에는 “‘耑’은 옛 ‘端’자이다(耑, 古端字也)”라고 하였다). “端”자는 “立”을 따르고 “耑”성이며 본의는 바르다는 것이다. 세상에 전하는 고서에는 대부분 이미 “端”을 “耑”으로 빌렸다(과거에는 간혹 “耑”자를 빌려 오로지 {專}을 나타내었는데 지금 사람들은 거의 사용하지 않는다).

### 猒(염) — 厭

≪설문≫에는 "'猒'은 배부르다는 뜻이다. '甘'(감)을 따르고 '肰'(연)을 따른다('猒', 飽也. 从'甘', 从'肰')"라고 하였다. 이것은 "饜"(염)의 초문이다(금문에는 "猒"이 𤞻으로 되어 있어 하나의 주체와 기관(器官)의 회의자일 가능성이 있는데, 자형은 개가 고기를 먹는 것으로 배부르다는 뜻을 나타내었다). 배부르다는 본의에서 또 물리다·꺼리다 등의 뜻이 인신되었다(동한의 <누수비(婁壽碑)>에는 "배우기를 좋아하여 만족하지 않았다(好學不猒)"라고 하였고, ≪회남자(淮南子)·주술훈(主術訓)≫에는 "그러므로 임금과 신하는 더욱 오래되어도 서로 싫어하지 않는다(是以君臣彌久而不相猒也)"라고 하였다). "厭"(압)자는 "厂"(엄)을 따르고 "猒"(염)성이며 본의는 누른다는 것이다(≪설문≫에는 "'厭'은 누른다는 뜻이다(厭, 笮也)"라고 하였고, 단옥재의 주에는 "죽부(竹部)에는 '笮'이란 누른다는 뜻이라고 하였다. 이 뜻은 지금 사람들은 글자는 '壓'이라고 하는데 고금자의 차이이다(竹部曰 : 笮者迫也. 此義今人字作'壓', 乃古今字之殊)"라고 하였다. "壓"자는 "土"를 따르고 "厭"이며, ≪설문≫에는 "壞"(무너지다)라고 해석하였는데, 간화자는 "压"으로 되었다.). 세상에 전하는 고서에는 대부분 이미 "厭"을 "猒"으로 빌렸다. 후에는 또 "厭"에 "食"방을 덧붙여 "饜"자를 분화시켜 "猒"의 본의를 나타내었지만, 물리다·꺼리다 등의 뜻은 여전히 "厭"자를 빌려 나타내었다.

## 陜(협) — 狹

≪설문≫에는 "'陜'은 좁다는 뜻이다. '阜'(부)를 따르고 '夾'(협)성이다('陜', 隘也. 从'阜', '夾'聲)"라고 하였다. 이것은 좁을 "狹"의 본자이다(≪이아(爾雅)·석궁(釋宮)≫에는 "좁고 길게 구부러진 것을 '樓'(루)라고 한다(陜而脩曲曰樓)"라고 하였다. 은작산(銀雀山) 죽간본(竹簡本) ≪손자(孫子)·계(計)≫에는 "廣狹"의 "狹"이 "陜"으로 되어 있다. 고서 가운데 "陜"은 이체 "陿"(협)이 있다. "陜"은 섬서(陝西)의 "陝"과는 한 글자가 아니고 "陝"은 본래 음이 shǎn(섬)인 "夾"을 따른다). 세상에 전하는 고서에는 대부분 이미 "狎"(압)의 이체인 "狹"을 "陜"으로 빌렸다(≪옥편(玉篇)≫의 "狎"자 아래에는 중문(重文) "狹"이 있는데 주에는 "지금은 넓고 좁다의 뜻이다"(今爲闊狹)라고 하였다).

## 刱(창) — 創

≪설문≫에는 "'刱'은 법을 만들고 일을 만드는 것이다. '井'(정)을 따르고

'刅'(창)성이다('刱', 造法刱業也. 从'井', '刅'聲)"라고 하였다. 이것은 창조한다는 "創"의 본자이다. "㓅"은 그 와체(訛體)이다. "創"자는 "刀"를 따르고 "倉"성이며 본의는 상처이다(≪설문≫에는 "創"을 "刅"의 후기자라고 하였다). 세상에 전하는 고서에는 대부분 이미 "創"을 "㓅"으로 빌렸다("㓅"은 이미 서주금문에 보이는데 형초(荊楚)의 {荊}을 나타내는 데 사용하였다. 그 본의가 결국 창조인지의 여부는 사실 아직도 문제이다).

## 毬(구) — 球

가죽공[皮球]의 "球"는 본자는 "毬"로 되어 있다(가죽공은 옛날에는 {鞠}(국)이라고 불렀는데 음이 바뀌어 {毬}가 되었다. "毬"자는 ≪설문≫의 본문에는 보이지 않지만, 대서본(大徐本) "신부자(新附字)" 중에는 이미 수록되어 있다). "球"자는 "玉"을 따르고 "求"성이며 본래는 일종의 아름다운 옥이라고 풀이하였다(≪상서(尙書)·우공(禹貢)≫에는 "그 공물은 다만 구(球)·림(琳)·낭간(琅玕)이다"(厥貢惟球·琳·琅玕)라고 하였다). "球"를 "毬"로 빌린 것은 매우 늦은 일로서 ≪강희자전(康熙字典)≫의 "球"자 아래에는 아직도 이 용법을 주를 달지 않았다. 현재는 "毬"는 이미 이체로서 "球"자에 합병되었다.

본래 본자가 있는 어떤 가차자들은 본자와 일반적으로 길던 짧던 간에 나란히 사용된 후에 완전히 혹은 기본적으로 사용이 중지되었다. 다음에 여러 사람들이 비교적 잘 아는 몇 가지 예를 든다.

## 冊(책) — 策

≪설문≫에 따르면 "策"의 본의는 말채찍으로 일종의 말을 모는 막대기이다(≪예기(禮記)·곡례(曲禮) 상(上)≫에는 "임금의 수레에 장차 멍에를 씌우면 마부가 채찍을 잡고 말 앞에 선다(君車將駕, 則僕執策立於馬前)"라고 하였다). 고대에는 늘 "策"을 "冊"으로 빌렸다(≪의례(儀禮)·빙례(聘禮)·기(記)≫에는 "백 글자 이상은 '策'에 썼다(百名以上書于策)"라고 하였다. 고서 중의 책명(冊命)·간책(簡冊)의 {冊}은 보통 "策"이라고 썼다). 현재는 일반적인 "冊"자는 이미 "策"으로 대체할 수 없고, 단지 "簡冊"·"遣冊"(견책) 등의 고대의 사어(詞語)를 사용할 때만 여전히 "策"을 "冊"으로 빌릴 수 있다.

## 飛(비) — 蜚

≪설문≫에 따르면 "蜚"의 본의는 일종의 벌레이다(≪좌전(左傳)·은공(隱公) 원년(元年)≫에는 "'蜚'가 있었지만 재앙은 되지 않았다(有蜚不爲災)"라고 하였다). 고대에는 늘 "蜚"를 "飛"로 빌렸다(≪한비자(韓非子)·외저설좌상(外儲說左上)≫에는 "묵자(墨子)는 나무 연을 만들어 삼 년만에 완성하였는데 하루를 날고 망가졌다(墨子爲木鳶, 三年而成, 蜚一日而敗)"라고 하였다. 한대의 문자 자료에는 "蜚"를 "飛"로 빌리는 현상이 극히 보편적이었다). 현재는 일반적인 "飛"자는 이미 "蜚"로 대체할 수 없고 단지 "流言蜚語"·"蜚聲海內" 등 숙어를 사용할 때만 여전히 "蜚"를 "飛"로 빌릴 뿐이다(제2장 제12절 1을 참조).

## 眉(미) — 麋

고대에는 늘 "麋"를 "眉"로 빌렸지만(≪순자(荀子)·비상(非相)≫에는 "이윤(伊尹)의 형상은 얼굴에 수염과 눈썹이 없었다(伊尹之狀, 面無須麋)"라고 하였다) 현재는 이미 이렇게 사용할 수 없다.

또 본래 본자가 있는 어떤 가차자들은 일찍 더 이상 사용되지 않을 뿐 아니라 또한 고서에서도 역시 우연히 나타난다. 예컨대, ≪주례(周禮)·춘관(春官)·창인(鬯人)≫에는 "사당에는 수(脩)를 사용한다(廟用脩)"라는 글이 있는데 뜻은 묘제(廟祭)에서는 울창주 담는 그릇은 "脩"(수)를 사용한다는 것을 말하는데, 정현(鄭玄) 주에는 "'脩'는 '卣'(유 : 단지)라고 읽는다('脩'讀爲'卣')"라고 하였다. "脩"자의 이러한 가차 용법은 극히 보기 드물다("卣"는 고대의 술을 담던 일종의 그릇이다. 제7장 제1절 2의 "栗"자 조에서 이미 지적한 바와 같이, "卣"와 "鹵"(유)는 본래 한 글자의 이체였다. 그러므로 술그릇으로 풀이하는 "卣"자는 사실은 또한 가차자이다. 고문자에는 "皿"(명)을 따르는 "𥁕"자가 있는데 이것이 바로 술그릇으로 풀이하는 {卣}의 진정한 본자이다).

이미 본자가 있는 사(詞)가 무엇 때문에 또 가차자를 쓰려고 하는가? 원인은 매우 복잡하다.

고서에서는 본래 본자가 있는 어떤 가차자들은 성질이 현재의 동음별자(同音別字)와 결코 차이가 없었다. 위에서 든 "脩"(卣)자와 같은 종류의 것은 단지 가끔 나타나는 가차일 뿐이고 아마 다수는 이러한 성질에 속할 것이다. 정현은 일찍이 경전의 전본(傳本) 중의 어떤 글자들은 "처음 쓸 때에 갑자기 그 글자가 없으면 혹은 음류(音類)로 견주고 가차하여 그렇게 하였는데 그것과 가까운 것을 취했을 뿐이다(其始書之也, 倉卒無其字, 或以音類比方, 假借爲之, 趣於近之而已)"(≪경전석문(經典釋文)·서록(叙錄)≫에 보인다)라고 지적하였는데, 이러한 글자를 가리키는 것이다. 설사 광범하게 사용되는 것이라도 심지어 마지막에 본자를 대신한 그러한 가차자들은 본래는 아마 역시 일부분은 동음별자였을 것이다. 후에 사용하는 사람이 많아지자 신분이 변하게 되었다.

본래 본자가 있는 어떤 가차자들은 문자의 기능을 분산시키는 작용이 있다. 예컨대 앞에서 언급한 바와 같이 "何"는 등질 "荷"의 본자이다. 그러므로 "何"자의 본의를 나타내는 데 "荷"자를 가차한 것은 아마 "何"자로 하여금 주로 흔히 사용되는 가차의 곧 의문대사 {何}를 나타내는 데 사용될 수 있도록 하기 위한 것이다. 제11장 제1절 2에서 문자의 기능을 분산시키는 방법을 토론할 때 이러한 현상을 비교적 충분하게 말하려고 한다.

가차자로 문자의 기능을 분산시키는 것은 왕왕 분명히 문자로 하여금 어음을 더욱 잘 반영하게 할 수 있는 목적이 있었다. 예컨대 "閑"을 빌려 "閒"자의 변음(變音) 인신의인 한가로울 {閑}을 나타내고, "茶"를 빌려 "塗"자의 변음 인신의인 {搽}를 나타내었다. 이 두 가지 예는 앞에서 모두 이미 언급한 바 있다(후자의 예는 제8장 제7절 1에 보인다). 앞으로 제4절에서 가차와 관련된 자음(字音) 문제를 토론할 때 이러한 현상을 언급한다.

어떤 가차자들은 본자의 분화자로 충당되었다. 예컨대 제7장 제2절에서 언급한 바 있는 "丩"로 빌린 "糾"자는 "丩"의 하나의 분화자이다. 사람들이 이러한 가차자를 사용하는 까닭은 주로 그것들을 구분할 필요가 없다고 보는 글자를 합병하기 위한 것일 가능성이 있다. 제11장 제2절에서 문자의 합병을 토론할 때 이러한 현상을 비교적 충분하게 말할 것이다.

때로는 본래 본자가 있는 가차자를 사용하는 것은 자형을 간화하기 위한 것이었다. 예컨대 간화자에서 "斗"(두)를 "鬪"(투)로 빌린 것이 그것이다. 역사상, 이러한 상황은 주로 이른바 속자(俗字)에 보인다. 예컨대, "只"(지)로 "隻"(척)을 대신하고, "參"(삼)으로 "蔘"(심)을 대신하고, "姜"(강)으로 "薑"(강)을 대신하고, "灵"(령)으로 "靈"(령)을 대신하고(≪광운≫ 평성(平聲) 청운(靑韻) 낭정절(郎丁切)에는 "灵은 ≪자류(字類)≫에 '약간 뜨거운 모양'이라고 하였다(灵, 字類云小熱皃)"라고 하였다. 이 글자는 "靈"과 음이 같다. ≪정자통(正字通)≫의 "灵" 아래의 주에는 "세속의 '靈'자이다(俗靈字)"라고 하였다. 간화자에서는 "灵"의 서사법을 취하였다), "杰"(걸)로 "傑"(걸)을 대신하고("杰"자는 옛날에는 인명으로 사용된 경우가 많고, "傑"과 음이 같으며 ≪옥편≫·≪광운≫에 보인다. ≪강희자전≫의 "杰" 아래의 주에는 "세속에서는 '豪傑'의 '傑'자로 빌렸다(俗借爲豪傑傑字)"라고 하였다), "勾"(구)로 "夠"(구)를 대신하고(명대 사람들의 희곡 등에 보인다), "吊"(조)로 "掉"(도)를 대신하는(≪노잔유기(老殘遊記)≫ 등에 보인다) 등등이 그것이다. 이러한 글자는 어떤 것은 줄곧 그대로 사용되어 중국 대륙의 50년대의 이체자(異體字) 정리(整理)와 한자(漢字) 간화(簡化) 중에 정체(正體)로 채용되었다. 예컨대 위에서 든 앞의 다섯 글자가 그것이다. 어떤 것은 한 동안 사용된 후에 통행하지 않게 되었다. 예컨대 위에서 든 뒤의 두 글자가 그것이다. "球"를 "毬"로 빌린 것은 역시 간화를 목적으로 한 것일 가능성이 매우 높은데, 왜냐하면 "玉"방은 "毛"방보다 쓰기 쉽기 때문이다(손상서(孫常叙), ≪한어사회(漢語詞滙)≫, 389쪽, 길림인민출판사, 1956년 판). "毬"로 빌린 "球"는 과거에는 또한 속자로 여겨졌다.

다른 한편으로는 자형으로 하여금 서로 혼동하기 어렵게 하기 위하여 의도적으로 필획이 비교적 많은 글자를 빌려서 본자를 대체하는 현상도 또한 존재하였다. 예컨대 제7장 제1절 1에서 언급한 "四"로 "亖"를 대신하고 "員"으로 "○"를 대신하는 등의 예가 그것이다. 우리가 현재 사용하고 있는 역사가 상당히 유구한 수자(數字)의 대사(大寫)("壹"·"貳"·"參" 등의 갖은자)는 모두 가차자이다(그 가운데 어떤 글자들의 본의는 그것을 빌려서 대체한 수자와 의미상 연관이 있다. 다음 절에 상세하다. "柒"(칠)의 상황은 비교적 특수하다. "七"의 대사는 한대에는 "桼"(칠)자를 빌려서 충당하였고 후에는 "漆"(칠)을 빌려서 충당하였다. "柒"은 본래 "漆"의 이체이지만, 현재는 이 두 개의 글자는 이미 분화되어 "柒"은 오로지 "七"의 대사에만 사용된다). 고대에는 어떤 단위자(單位字)들도 또한 대사(大寫)가 있었다. 진인(秦人)들은 일찍이 "尊"(존)으로 "寸"(촌)을 대신하였다(<상앙량(商鞅量)>의 명문(銘文) 및 수호지(睡虎地) 진간(秦簡) 중의 ≪일서(日書)≫에 보인다). 당대(唐代) 전후에는 흔히 "觔"(근)(본래 "筋"의 이체였다)으로 "斤"(근)을 대체하였고, "碩"(석)으로

"石"(석)을 대신하였고, "勝"(승)으로 "升"(승)을 대신하였다("斗"(두)의 대사는 대부분 음부(音符)를 덧붙인 "豆斗"를 사용하였다). "觔"으로 "斤"을 대신하는 방법은 줄곧 최근까지 그대로 계속되었다. 근대에 사용되기 시작한 화폐 단위 {元}은 본래 원형의 은폐(銀幣)였기 때문에 이러한 이름을 얻었다. 이 단위사에 대하여 말한다면 "圓"은 본자이고 "元"은 간화 작용을 하는 가차자이다. 현재는 "圓"을 "元"의 대사로 생각하여 대사가 반대로 본자가 되었는데, 이것은 하나의 특례이다(어떤 사람은 "元"의 명칭은 "元寶"에서 온 것이라고 하는데, 이 설에 따른다면 "圓"은 가차자이다).

"草"・"策"・"蜚"・"糜" 등의 글자로 "艸"・"冊"・"飛"・"眉" 등의 글자를 대체한 것은 사람들이 형성자로 표의자(특히 회의자가 아닌 표의자)를 대체하기를 좋아하는 심리와 관계가 있다. "草"의 "艸"방은 그것을 빌려서 나타내는 풀 {草}의 본자이고, "策"의 "竹"방은 그것을 빌려서 나타내는 {冊}과 분명한 의미상의 관련이 있고, "蜚"자의 "虫"방은 또한 억지로 {飛}의 뜻과 관련시킬 수 있다(왜냐하면 적지 않은 벌레는 날아다닐 수 있기 때문이다). 이것은 아마 역시 사람들이 이 몇 개의 가차자를 좋아하는 원인일 것이다. 제10장 제2절에서 또 동형자(同形字)의 각도에서 이러한 현상을 토론하려고 한다.

그밖에, 본래 본자가 있는 가차자는 또 약간의 특수한 원인이 있다. 때로는 피휘(避諱) 때문에 가차자를 사용하였다. 예컨대, 민국(民國) 이전에는 공자(孔子)의 휘(諱)를 피하기 위하여 "邱"로 "丘"를 대신하고, 강희제(康熙帝) 현엽(玄燁)의 휘를 피하기 위하여 "元"으로 "玄"을 대신한 것 등등이 그것이다. 때로는 기타의 기휘(忌諱) 때문에 가차자를 사용하였다. 예컨대, 낡은 옷은 본래 고의(故衣)라고 불렀지만 구시대에는 낡은 옷을 파는 고의포(故衣鋪)는 모두 "故衣"를 "估(여전히 "故"라고 읽었다)衣"라고 썼다. 이것은 아마 사람이 죽는 것을 "故"라고 불러 "故衣"는 쉽게 죽은 사람의 옷을 연상시키기 때문일 것이다. 명대는 원대의 뒤를 이어받아서 사람들이 "元來"・"元曲"의 "元"을 원대의 "元"으로 오해할까 두려워하여 "原"으로 그것을 대체하였다(다음 절 참조). 이것도 또한 기휘 때문에 가차자를 사용한 예라고 볼 수 있다. 때로는 사람들은 또 전아(典雅)함을 추구하기 위하여 가차자를 사용하였다. 예컨대, ≪시경·소아(小雅)·상체(常棣)≫는 형제 사이에는 마땅히 우애해야 한다는 것을 말한 시이기 때문에 "常棣(상체)"는 "兄弟"와 관계가 있는 전고(典故)가 되었다. "弟"(제)와 "棣"(체)의 두 글자는 중고음은 단지 상성(上聲)·거성(去聲)의 차이만이 있었지만 탁상성(濁上聲)이 거성으로 변한 후는 완전히 동음이 되었다. 옛 사람의 시와 문장 중에는 때로는 "棣"로 아우[弟]를 가리켰다("棣"는 일반적으로 여전히 본음으로 읽는다). 후에 사람들은 편지 중에서 상대방을 아우라고 부를 때 왕왕 "賢弟"를 "賢棣"라고 쓰는 것과 같이 직접 "棣"를 "弟"로 빌렸다. 이것은 전아함을 추구하기 위한 것이지만 실제로는 도리어 일종의 속투가 되었다.

요컨대, 본래 본자가 있는 가차자를 사용하는 원인은 다양하다.

본래 본자가 있는 소수의 가차자는 후에 또 그것들을 위하여 후기본자를 만들었다. 예컨대, 위에서 든 "猒"으로 빌린 "厭"은 후에 또 그것을 위하여 후기본자 "饜"을 만들었다. 제8장 제1절에서 언급한 바 있는 가차자 화살통 "服"은 원래 본자 𤰈(葡)가 있었지만 후에는 또 그것을 위하여 후기본자 "箙"을 만들었다. 제8장 제7절 1에서 언급한 바 있는 가차자 곧 분을 바른다는 "荼"는 원래 분을 바른다는 {荼}를 인신의로 나타내는 본자 "塗"가 있었지만 후에는 또 그것을 위하여 후기본자 "搽"를 만들었다.

만약 본자와 가차자가 앞에서 든 "艸"와 "草"·"謂"와 "胃" 등의 예와는 달리 자형상 서로 내포하고 있는 관계가 있고, 동시에 그것들의 사용 상황에 관하여 또 충분한 역사 자료가 결여되어 있다면, 두 가지가 사용되기 시작한 시간의 선후를 확정하기는 매우 어려울 것이다. 예컨대 고서에는 "疲"(피)자와 그 가차자 "罷"(피)는 모두 흔히 보인다. 그러나 "疲"자의 출현은 결국 "罷"자를 빌려 {疲}를 나타내기 전인가 아니면 후인가 하는 것은 단정하기가 쉽지 않다("疲"자가 후에 나타났을 가능성이 비교적 큰 것으로 보이지만 유력한 증거는 결여되어 있다). 또 고서에는 이를 {早}는 왕왕 "蚤"(조)자를 빌려 나타내었다. 과거에는 일반적으로 "早"가 본래 있던 본자라고 보았다. 그러나 이미 발견된 진대(秦代)와 서한의 간책과 백서는 "早"라는 사(詞)를 나타낼 때 대부분 "蚤"자를 차용하고 가끔 또한 "棗"(조)자도 차용하였지만, 도리어 이제까지 "早"자를 사용하지는 않았다. 이 때문에 과거의 "早"자에 대한 관점은 또한 새로이 고려할 필요가 있게 되었다(서주(西周) 시대의 <어궤명(敔簋銘)>에는 ♀자가 있고 일반적으로 "早"라고 해석하지만 명문에서는 지명으로 사용한 것이다. "早"는 결국 이를 {早}의 본자인가 아닌가 하는 것은 사실은 여전히 하나의 문제이다. 아마도 {早}라는 사에 대하여 말한다면 "早"는 역시 가차자이고 또한 사용되기 시작한 시간은 "蚤"보다 더 늦었을 것이다. 평산(平山) 전국(戰國) 중산왕묘(中山王墓)에서 나온 대정(大鼎)의 명문에는 {早}를 "𣋽"라고 썼다. 이것은 도리어 틀림없는 본자이지만 그것은 아마 가차자 "棗"에 "日"방을 덧붙여 만든 후기본자일 것이다). 본자가 나타나는 선후는 왕왕 확정하기 매우 어렵기 때문에 때로는 어쩔 수 없이 본래 있는 본자와 본자의 후기라는 두 가지 상황을 구별하지 않고 비교적 뭉뚱그리는 "본자가 있는 가차"라는 설명 방법을 사용할 수밖에 없다.

제6장 제2절에서 이미 말한 바와 같이, 좁은 뜻의 통가(通假)는 동음이거나 혹은 음이 가까운 글자를 가차하여 본래 그 글자가 있는 사를 나타내는 것을 가리킨다. 그러므로 본래 본자가 있는 가차는 전형적인 통가 현상이다. 본자가 후에 만들어진 가차는 후기본자가 나타나기 전에는 본자가 없는 가차이다. 후기본자가 나타난 후에 가차자가 만약 아직 계속 사용된다면 통가자로 볼 수 있을 것이다. 그러나 후기본자가 나타난 확실한 시간은 단정하기가 쉽지 않기 때문에 위에서 말한 이 두 가지 상황은 때로는 또한 분명하게 나누기 어렵다. 그러므로 또한 어떤 사람은 사용된 시간의 선후는 상관하지 않고 뭉뚱그려 후기본자가 있는 가차자를 전부 통가자로 본다.

후기본자가 극히 드물게 사용되기 때문에 일반 사람들이 모르는 가차자에 대해서 그것들을 통가자라고 부르는 것은 실제로는 불합리한 것이다. 만약 이러한 글자의 특징을 명확하게 나타내려고 한다면 그것들을 후기본자가 통행되지 않은 가차자라고 부를 수 있을 것이다.

## 제2절 피차자(被借字)의 뜻이 가차의(假借義)와 관련이 있는 현상

우리는 앞에서 이미 약간의 이러한 가차 현상을 언급하였다. 예컨대 "糾"자를 빌려서 얽힐 {ㄐ}를 나타내고, "函"자를 빌려서 머금을 {含}을 나타내고, "卿"(饗)이나 혹은 "鄉"자를 빌려서 방향의 {向}을 나타내는 것이 그것이다(제7장 제2절에 보인다). 다음에 다시 몇 가지 예를 든다.

**"衷"**(충)을 빌려서 {中}을 나타내었다.

≪설문≫에는 "'衷'은 속옷이다. '衣'를 따르고 '中'성이다('衷', 裏褻衣. 从'衣', '中'聲)"라고 하였다. "衷"의 본의는 몸에 붙는 속옷이고, 이것은 마땅히 가운데 "中"의 하나의 인신의일 것이다. 고서에서는 심리・도덕 등의 방면의 "中"을 말할 때는 왕왕 "衷"자로 그것을 나타내었다. 예컨대 ≪국어(國語)・주어(周語)・상(上)≫에는 "나라가 일어나려고 하면 그 임금은 밝고 마음이 올바르다(國之將興, 其君齊明衷正)"(위소(韋昭)의 주에는 "'衷'은 '中'이다(衷, 中也)"라고 하였다)라고 하였고, ≪좌전・소공(昭公) 6년≫에는 "초(楚)나라에서는 나의 올바름을 간사하다고 여겼다(楚辟我衷)"(두예(杜預)의 주에는 "'辟'(벽)은 간사하다는 뜻이다. '衷'은 바르다는 뜻이다(辟, 邪也. 衷, 正也)"라고 하였다)라고 하였다. 곧장 현재에 이르기까지 이러한 "衷"자는 여전히 "折衷"(또한 "折中"이라고도 한다)・"衷心"・"言不由衷"(말이 마음에서 우러나오지 않다) 등의 말의 서면 형식에 남아 있다. 이러한 "衷"자가 나타내는 것은 분명히 "衷"자의 본의의 인신의가 아니라 "中"자의 본의 혹은 인신의이며, 그것들은 {中}을 나타내는 데 가차된 것이다. 이것은 "糾"를 "ㄐ"로 빌리는 것과 매우 서로 비슷하다.

**"畔"**(반)을 빌려서 {叛}을 나타내었다.

≪설문≫에는 "'畔'은 밭의 경계이다. '田'을 따르고 '半'성이다('畔', 田界也. 从'田', '半'聲)"라고 하였다. "田界"는 밭을 나누는 것으로 {畔}은 마땅

히 {判}의 동원사(同源詞)일 것이고, 또한 {判}에서 파생된 사일 가능성도 있다. 고서에는 대부분 "畔"으로 {判}을 나타내었는데(≪논어(論語)·양화(陽貨)≫에는 "공산불요(公山不擾)가 비읍(費邑)으로 반란하였다(公山不擾以費邑畔)"라고 하였고, ≪맹자(孟子)·공손추(公孫丑)·하(下)≫에는 "친척이 등졌다(親戚畔之)"라고 하였다), "叛"은 마땅히 형방을 바꾸는 방법으로 "畔"에서 분화되어 나왔을 것이다(≪좌전·장공(莊公) 18년≫에는 "처음에, 초무왕(楚武王)이 권(權)을 이기고 투민(鬪緡)으로 하여금 그 권을 다스리게 하였는데 그것으로 반란하였다(初, 楚武王克權, 使鬪緡尹之, 以叛)"라고 하였는데, ≪석문(釋文)≫이 의거한 책에는 "叛"이 "畔"으로 되어 있고 주에는 "어떤 책은 혹은 '叛'으로 되어 있는데 속자이다(本或作叛, 俗字)"라고 하였다. ≪설문≫에는 "'叛'은 '半'을 따르고 '反'성이다(从'半', '反'聲)"라고 분석하였지만 "'反'을 따르고 '半'성이다(从'反', '半'聲)"라고 분석하는 것이 더 타당할 것 같다). {叛}의 원의는 현재의 이른바 분열을 일으킨다는 것과 거의 같다. 그것은 대개 {判}에서 파생된 하나의 사(詞)일 것이다(≪좌전·양공(襄公) 26년·정의(正義)≫에는 "'叛'이란 '判'이다. 임금의 땅을 갈라서 다른 나라를 따라가려고 하는 것이므로 '叛'으로 이름을 붙였다(叛者, 判也. 欲分君之地以從他國, 故以叛爲名焉)"라고 하였다). 그러므로 {畔}과 {判}도 또한 마땅히 동원(同源)일 것이고, {叛}을 나타내는 "畔"은 마땅히 원래의 자의와 가차의가 관련이 있는 가차자일 것이다(또한 어떤 사람은 {叛}은 {反}과 동원사이지만 {判}과는 동원사가 아니라고 본다. "畔"과 "叛"의 관계는 또한 한걸음 더 나아가 연구할 만하다).

"說"(설)을 빌려서 {悅}을 나타내고 {脫}을 나타내었다.

≪논어≫의 첫째 구에는 "공자께서는 배우고 때로 익히니 즐겁지 않은가? 라고 말씀하였다(子曰：學而時習之, 不亦說乎?)"라고 하였는데 "說"은 마땅히 "悅"(열)이라고 읽어야 한다. 이것은 고문을 읽는 사람들은 모두 알고 있다. 고서에서는 "說"로 {悅}을 나타내는 것은 흔히 보이는 현상이다. "悅"자는 형방을 바꾸는 방법으로 "說"에서 분화되어 나온 것이다. {說}은 본래 말로 풀이(解釋)하는 것을 가리키고(≪묵자(墨子)·경상(經上)≫에는 "'說'은 밝힌다는 것이다(說, 所以明也)"라고 하였다), {悅}은 본래 마음 속으로 맺힌 것을 푸는 것을 가리켰고 {釋}에서 파생된 {懌}과 뜻이 가깝다(왕념손(王念孫),

≪광아소증(廣雅疏證)·석고(釋詁) 삼(三)≫ “‘忲愉’·‘兌’·‘解’는 즐겁다는 뜻이다(忲愉·兌·解, 說也)” 조를 참조). {說}과 {悅}은 분명히 동원사이다. 고서 가운데는 또 때때로 {說}자로 풀어서 벗긴다는 {脫}을 나타내었다(≪역(易)·몽(蒙)≫에는 “그것으로 수갑과 차꼬를 풀어서 벗겼다(用說桎梏)”라고 하였는데, 간보(干寶)의 주에는 “‘說’은 푼다는 뜻이다(說, 解也)”라고 하였다. ≪시경·대아(大雅)·첨앙(瞻卬)≫에는 “너는 도리어 그것을 벗었다네(女覆說之)”라고 하였는데, ≪후한서(後漢書)·왕부전(王符傳)≫에는 “汝反脫之”라고 인용하였다. ≪설문≫에는 “‘挩’는 풀어서 벗긴다는 뜻이다(挩, 解挩也)”라고 하였다. 이것은 풀어서 벗긴다는 “脫”의 본자이다. ≪설문≫에 따르면 “脫”의 본의는 야위었다는 뜻이다). {說}과 {脫}도 역시 의심할 것도 없이 동원사이다. {說}·{悅}·{脫}은 모두 마땅히 뜻이 {解}·{釋}과 서로 가까운 하나의 모사(母詞)에서 나왔을 것이다. 이 세 개의 사는 아마 처음에는 모두 “兌”로 나타냈을 것이지만, 상호간에는 결코 본의와 인신의의 관계는 없는 것 같다. 자형에서 본다면 “言”을 따르는 “說”은 마땅히 해설한다는 {說}을 위하여 만든 글자일 것이다. “說”을 빌려서 {悅}을 나타내고 {脫}을 나타내는 것은 “畔”을 빌려서 {叛}을 나타내는 것과 매우 서로 비슷하다.

“原”을 빌려서 {元}을 나타내었다.

“原”과 “元”은 자음이 서로 같고 뜻도 또한 서로 가까운 점이 있다. “元”의 본의는 사람의 머리이다(제7장 제1절 2 참조). {首}·{頭} 등의 사는 처음·으뜸 등의 뜻을 인신시켰고 {元}도 또한 처음·근원 등의 뜻을 인신시켰다. “原”은 “源”의 초문으로(제7장 제1절 5. 2)를 참조), 수원(水源)의 뜻에서 근원의 뜻이 인신되어 나왔는데 “元”의 인신의와 극히 가깝다. 동중서(董仲舒, 전179-전93)의 ≪춘추번로(春秋繁露)·중정(重政)≫에는 “그러므로 ≪춘추≫는 ‘一’을 변화시켜 그것을 ‘元’이라고 했는데 ‘元’은 ‘原’과 같다(是以≪春秋≫變‘一’謂之‘元’, 元猶原也)”라고 하여 “原”을 “元”의 성훈자(聲訓字)로 사용하였다. 원래·원유(原由)의 {原}은 고대에는 본래 “元”자로 나타내었는데 “元”의 인신의이고 명대 초기에는 원대의 “元”과 서로 혼동되는 것을 꺼렸기 때문에 비로소 “原”자로 고쳐 사용하여 나타내었다(고염무(顧炎武, 1613-

1682), ≪일지록(日知錄)≫ 권32 "元" 조를 참조. 학의행(郝懿行,1757-1825)의 ≪진송서고(晉宋書故)≫ "元由" 조에는 "'元'은 시초이다. '由'는 싹이다. 일의 일어난 바를 논할 때 혹은 '元起'라고 하고 혹은 '元來'라고 하며 혹은 '元舊'라고 하는 것이 모두 이것이다. 지금 사람들은 글씨를 쓸 때 '元'은 모두 '原'자로 쓴다. …… 대개 전명(前明) 초기에 나타났는데 일이 원조(元朝)에 관계되면 문자와 부서(簿書)는 모두 '元'을 '原'으로 바꾸었다(元, 始初也. 由, 萌蘖也. 論事所起, 或言元起, 或言元來, 或言元舊, 皆是也. 今人爲書, 元俱作原字. ……蓋起於前明初造, 事涉元朝, 文字簿書率皆易元爲原)"라고 하였다). 이러한 "元"을 대신하는 데 사용된 "原"자는 또한 원래의 자의와 가차자가 관련이 있는 가차자로 볼 수도 있다. 그러나 "原"자는 본래 대체된 "元"자와 극히 서로 가까운 뜻이 있었기 때문에 설사 그것을 가차자로 보지 않더라도 관련된 사어(詞語)의 뜻은 역시 오해하는 데 이르지는 않는다. {元}과 {原}이 동원 관계가 있는가의 여부는 현재 아직도 수긍할 수 없다.

앞 절에서 말한 숫자의 대사(大寫)는 또 원래의 자의와 가차의가 관련이 있는 가차자가 적지 않다. 예컨대, "壹"(일)(≪설문≫에는 "'壹'은 한결같다는 뜻이다(壹, 專壹也)"라고 하였다. 한결같을 "壹"은 현재 일반적으로 "一"이라고 쓴다)・"貳"(이)(≪설문≫에는 "'貳'는 버금으로 덧붙인다는 뜻이다. '貝'를 따르고 '弍'성이다. '弍'는 고문 '二'이다('貳', 副益也. 从'貝', '弍'聲. '弍', 古文'二')"라고 하였고, 단옥재의 주에는 "마땅히 '버금가다, 덧붙이다(副也, 益也)'라고 해야 한다. …… 형성 겸 회의이다(當云'副也, 益也' …… 形聲兼會意)"라고 하였다)・"參"(삼)(본래는 "曑"으로 되어 있는데, 후에 "參"으로 변하였고 또 "参"으로 간화되었다. 본의는 별 이름이다. 삼수(參宿)는 세 개의 밝은 별이 있으므로 마땅히 그 때문에 이름이 붙었을 것이다. ≪시경・당풍(唐風)・주무(綢繆)≫에는 "삼성(三星)이 하늘에 있네(三星在天)"라고 하였고, ≪모전(毛傳)≫에는 "'三星'은 '參'이다(三星, 參也)"라고 하였다)・"伍"(오)(≪주례・지관(地官)・소사도(小司徒)≫에는 "다섯 사람이 '伍'이다(五人爲 '伍')"라고 하였다)・"佰"(백)(≪설문≫에는 "'佰'은 서로 열이 되고 백이 된다는 뜻이다. '人'・'百'을 따른다('佰', 相什佰也. 从'人'・'百')"라고 하였다)・"仟"(천)(≪광운≫ 평성(平聲) 선운(先韻) 창선절(蒼先切)에는 "'仟'은 천 사람의 우두머리이다(仟, 千人長也)"라고 하였다)이 그것이다.

피차자와 그것을 빌려 나타낸 사가 의미상 또한 관련이 있는 현상은 마땅히 무의식중에 만들어진 것이 매우 많을 것이다. 이 점은 제2장에서 이미 말한 바 있다.

의도적으로 뜻이 서로 관련되는 글자를 선택하여 가차자로 하는 상황도 역시 존재하였다. 예컨대 옛 사람들이 "說"자를 빌리고 독음이 그것들의 어음과 더욱 가까운 글자를 빌려서 {悅}과 {脫}을 나타내지 않은 것은 {說}과 {悅}·{脫}이 동원사이기 때문이었을 가능성이 매우 높다. 명대 사람들이 "原"을 빌려서 "元"을 대신한 것은 아마 또한 이 두 글자의 뜻이 서로 가까운 것과 관계가 있을 것이다. 그밖에 "糾"를 "ㄐ"로 빌리는 것과 마찬가지로 인신의를 나타내는 분화자로 모자(母字)의 전체적인 기능을 대신하는 문자 사용의 방법은 그 목적이 주로 문자를 합병하는 데 있었을 가능성이 있다. 이것은 앞 절에서 이미 언급한 바이다.

위에서 토론한 그러한 가차자의 원래의 자의와 가차의 사이의 관련을 깨닫지 못하는 사람에 대하여 말한다면 이러한 가차자는 일반적인 가차자와 결코 차이가 없다. 예컨대 {畔}과 {叛}의 의미상의 관련은 일반 사람들은 대개 주의할 수 없을 것이다. 그러므로 그들은 대개 "畔"을 빌려서 {叛}을 나타내는 것이 일반적인 동음 가차와 어떤 차이가 있는 지를 느낄 수 없을 것이다.

그러나 원래의 자의와 가차의가 분명한 관련이 있는 어떤 가차자들, 특히 그 가운데 이미 본자를 배제해 버린 그 글자들은 왕왕 일반 사람들에 의하여 본자로 보일 수 있다. 예컨대 원래 "原"과 얽힐 "糾"("糾"자의 형방 "糸"와 가차의도 또한 관련시킬 수 있다)가 그것이다.

그밖에 또한 동음이거나 혹은 음이 가까운 글자를 본자로 잘못 인식했기 때문에 그것으로 진정한 본자를 대체하는 현상을 발견할 수 있다. 이러한 현상은 대부분 쌍음절 복합사의 하나의 어소(語素)에 발생한다. 예컨대 격렬하다·사납다로 풀이하는 "利害"(리해)는 현재 일반적으로 모두 그것을 "厲害"(려해)라고 쓴다. "利害"는 본래 좋은 점과 나쁜 점을 가리켰는데 인신되어 엄중하다는 뜻을 갖게 되었고(이해관계가 있는 일은 왕왕 비교적 엄중하다), 또 인신되어 격렬하다·사납다 등의 뜻을 갖게 되었다. 일반 사람들은 "利"

자의 뜻은 격렬하다 · 사납다 등의 뜻과 관련시킬 수 없다고 느꼈기 때문에 "厲"자로 그것을 대체하기를 좋아한다. 그들은 분명히 "厲"를 본자로 보는 것이다(많은 사람들은 이미 근본적으로 "厲害"는 또한 "利害"라고 쓸 수도 있다는 것을 모르게 되었다). 그밖에 "年輕"을 "年靑"이라고 쓰고, "交代"를 "交待"라고 쓰고, "流連"을 "留連"이라고 쓰고, "照相"을 "照像"이라고 쓰는 등은 모두 이러한 예이다("相" · "像"은 청(淸) · 탁음(濁音)을 구분하는 방언에서는 동음이 아니다. 이러한 방언 지역의 사람들은 일반적으로 "照相"을 "照像"이라고 쓸 리가 없다). 위에서 든 이러한 서사법은 과거에는 일찍이 동음의 별자(別字)를 사용하는 것으로 보여졌지만 현재는 도리어 대부분 이미 사전에 의하여 인정받고 있다. 우리는 "厲害"의 "厲" · "年靑"의 "靑"과 같은 글자들을 "속본자(俗本字)"라고 부를 수 있다. 어떤 단음절사는 또한 속본자가 있다. 예컨대 "동쪽으로"(望東) · "서쪽으로"(望西)의 "望"(wàng)은 현재는 일반적으로 모두 "往"이라고 쓴다. 게다가 또 적지 않은 사람들은 본래는 마땅히 거성(去聲)으로 읽어야 하는 이러한 "往"(wàng)을 "往"의 본음(wǎng)에 따라서 상성(上聲)으로 읽는다. 이것은 그들이 그것을 본자로 본다는 것을 충분히 설명해 준다(중국 대륙에서 1985년 12월에 수정하여 공포(公佈)한 ≪보통화 이독사 심음표(普通話異讀詞審音表)≫에는 "往"자는 모두 상성(上聲)(곧 3성(聲))으로 읽는다고 규정하여 이미 이러한 속독(俗讀)을 인정하였다). 또 해친다(곤경에 빠뜨리다)는 {坑}(kēng)은 본래는 "傾"자로 나타낸 것이므로 마땅히 "傾"의 변음(變音) 인신의(引伸義)일 것이다. 명 이후에 많은 사람들은 이 사를 "坑"이라고 썼다(이영(李榮), <한자 연변의 몇 가지 추세(漢字演變的幾個趨勢)>, ≪중국어문≫ 1980년 제1기, 18-19쪽). 현재 일반 사람들은 일찍 이미 이 사에 "傾"의 서사법이 있다는 것을 모르게 되었다. "坑"으로 "傾"을 대신하는 것도 또한 "坑"을 이 사의 본자라고 잘못 인식한 것과 관계가 있을 가능성이 있다.

## 제3절 하나의 사(詞)가 여러 글자를 차용하는(一詞借用多字) 것과 한 글자를 빌려서 많은 사를 나타내는(一字借表多詞) 현상

하나의 사가 두 개(쌍음절와 다음절사에 대하여 말한다면 두 조(組)이다) 이상의 서로 다른 가차자를 사용하는 현상은 흔히 보이는 것이다. 때로는 같은 하나의 사를 나타내는 서로 다른 가차자 사이에는 비교적 분명한 전후로 서로 이어받는 관계가 있다. 예컨대 다음과 같다.

### 女(여) — 汝

제2인칭대사 {汝}는 먼저 "女"자를 빌려 나타내었고(선진 고문자 자료는 모두 이와 같고, 고서 중에도 또한 매우 많은 예가 있다. ≪한서 · 외척전(外戚傳) · 하≫에는 "네 스스로 알 것이나"(女自知之)라고 하였는데, 안사고의 주에는 "'女'는 '汝'로 읽는다('女'讀曰'汝')"라고 하였다), 후에는 고쳐서 여수(汝水)의 "汝"를 빌려서 나타내었다(세상에 전하는 선진 고적 중에 "汝"를 빌린 예는 모두 후인들이 고친 것으로 보인다. 한(漢) ≪희평석경(熹平石經)≫과 위(魏) ≪삼체석경(三體石經)≫ 중에는 제2인칭대사 {汝}는 모두 "女"라고 썼다. ≪상서(尙書) · 요전(堯典)≫에는 "너는 임금의 자리에 오르라(汝陟帝位)"라고 하였는데 ≪사기 · 오제본기(五帝本紀)≫에는 "女登帝位"로 되어 있고, 같은 편에는 "너는 질종(秩宗)이 되라(汝作秩宗)"라고 하였는데 ≪주례(周禮) · 춘관(春官) · 서관(序官)≫ 정사농(鄭司農)(정중(鄭衆))의 주에는 이 글을 인용하여 "汝"는 "女"라고 하였다. 같은 종류의 예는 아직도 많다).

### 皮(피) — 彼

지시대사 {彼}는 먼저 "皮"자를 빌려서 나타내었고(<석고문(石鼓文)>의 "丞皮淖淵"은 "저 진흙 못을 받아(承彼淖淵)"라고 읽는다), 후에는 ≪설문≫에서 "가서 더하는 바가 있다(往有所加)"라고 해석한 "彼"자를 빌려서 나타내었다(마왕퇴(馬王堆) 백서(帛書) ≪노자(老子)≫ 을본(乙本) <도경(道經)>에는 "그러므로 저것을 버리고 이것을 취한다(故去彼而取此)"라고 하였다. 마왕퇴 백서에는 또 여러 번 "罷"(피)를 빌려 {彼}를 나타내었다. ≪노자≫ 갑본(甲本) 중에는 {彼}는 "罷"·"皮" 혹은 "被"라고 썼다. ≪노자≫ 을본 중에서는 {彼}는 "罷" 혹은 "彼"라고 썼다).

### 可(가) — 何(하)

의문대사 {何}는 먼저 ≪설문≫에서 "肯"(긍)이라고 해석한 "可"자를 빌려서 나타내었고(<석고문>의 "其魚隹可"는 "그 물고기는 무엇인가(其魚惟何)"라고 읽는다. 진간(秦簡)에도 또한 "可"를 빌려서 {何}를 나타내었다), 후에는 짊어질 {荷}의 본자 "何"를 빌려서 나타내었다(마왕퇴 백서 ≪노자≫ 갑본 <덕경(德經)>에는 "夫何故也(무엇 때문인가)"라고 하였다).

### 㬎頁(원) — 願

바랄 {願}은 먼저 ≪설문≫에서 "이마의 꼭대기"(顚頂)라고 해석한 "㬎頁"자를 빌려서 나타내었다. 한대 사람들은 왕왕 이 글자를 "顯"(은작산(銀雀山) 한간(漢簡) 등에 보인다)·"顏"·"顏"(이상 한비(漢碑)에 보인다) 등의 모양으로 간화하여 썼고, 남북조와 당대 사람들은 한 걸음 더 나아가 "顛"으로 간화하였다. ≪설문≫에서 "큰 머리"(大頭)라고 해석한 "願"은 한대에 역시 이미 가차하여 바랄 {願}을 나타내었는데(정현(定縣) 40호(號) 한묘(漢墓) 간문(簡文)에 보인다. ≪문물≫ 1981년 제8기, 9쪽, 그림 십일(十一) 94호(號) 간(簡)), 사용한 사람은 많지 않았던 것 같다. 육조 이후 "願"자의 사용이 점차 보편화되었다. 송대에 이르기까지 일반 사람들은 대개 "顛"자를 사용하지 않고 단지 "願"자만을 사용하게 되었다.

때로는 서로 다른 가차자 사이에는 분명한 전후로 서로 이어받은 관계가 없다. 예컨대 다음과 같다.

### 衹(秖)(지) — 只

제한성 부사 {只}는 고대에는 혹은 "緹"(제)의 이체 "衹"를 빌려서 나타내거나(≪시경·소아(小雅)·아행기야(我行其野)≫의 "亦衹爲異"의 "衹"(지)는 당석경(唐石經)에는 "衤氏"로 되어 있다. 장삼(張參)의 ≪오경문자(五經文字)≫ 참조), 혹은 ≪설문≫에서 "어이사(語已詞)"라고 해석한 "只"자로 나타내었다(≪세설신어(世說新語)・임탄(任誕)≫에는 "양양(襄陽) 나우(羅友)는 대범한 운치가 있었다(襄陽羅友有大韻)" 조의 주에는 ≪진양추(晉陽秋)≫를 인용하여 "나는 단지 네가 사람을 보내어 군(郡)을 다스리는 것만 보았을 뿐이다(我只見汝送人作郡)"라고 하였다). "衹"는 또한 "秖"라고 쓰기도 한다(≪간록자서(干祿字書)≫ 등에 보인다). 세상에 전하는 고서에서 이 글자는 대부분 "衹"·"秖" 등의 모양으로 잘못되어 있고 혹은 "祗"자・"祇"(기)자로 잘못되어 있다(전대흔(錢大昕)(1728- 1804)은 "祇"라고 한 것은 잘못이 아니고 "衤氏"는 육조의 속체라고 보았다. ≪십가재양신록(十駕齋養新錄)≫ 권1 "祇"자 조에 보인다. ≪옥편≫에는 "곡식이 처음으로 익는다(穀始熟)"라고 해석한 "秖"자가 있는데 또한 어떤 사람은 {只}를 나타내는 "秖"는 이 글자를 가차한 것이라고 보았다). 과거에는 "只"와 "衹"의 잘못된 체가 장기간 아울러 사용되었지만 간화자에는 "只"를 채용하였다(≪광운≫에 따르면 "전사(專辭)"라고 해석하는 "只"(오직)와 "適"(마침)이라고 해석하는 "衤氏"는 함께 평성(平聲) 지운(支韻) 장이절(章移切) 지소운(支小韻)에 속하고, "어사(語辭)"라고 해석하는 "只"는 상성(上聲) 지운(紙韻)에 속한다. ≪오음집운(五音集韻)≫에는 "只"는 세속에서 "질(質)"처럼 읽는다고 하였고, 양신(楊愼)(1488-1559)의 ≪단연잡록(丹鉛雜錄)≫ 권3 "'祇'는 두 가지 음이 있다(祇有兩音)" 조에도 역시 "適"이라고 풀이하는 "衤氏"는 "세속에서 '質'이라고 읽는다(俗讀曰質)"라고 하였다. 현재 보통화에서 "오직"이라고 해석하는 "只"는 상성(上聲)으로 읽는데 입성(入聲) "質"음에서 변한 것인지는 알 수 없고, 그것과 고대에 전사(專辭)라고 풀이한 "只"의 확실한 관계는 한걸음 더 나아가 연구해야 할 것이다).

## 纔(재) — 裁 — 財 — 才

"겨우"라고 풀이하는 {才}는 고대에는 혹은 ≪설문≫에서 "참새의 머리 빛깔(帛雀頭色)"이라고 해석한 "纔"자를 빌려서 나타내거나(≪한서・조조전(晁錯傳)≫에는 "먼 현(縣)에서 겨우 이르면 오랑캐는 또 이미 가버렸다(遠縣纔至則胡又已去)"라고 하였는데, 안사고의 주에는 "이기(李奇)는 '纔'는 음이 '裁'라고 하였다. 나는 '纔'는 얕다는 뜻으로 겨우 이른다고 말하는 것과 같다고 생각한다(李奇曰 : '纔'音'裁'. 師古曰 : '纔', 淺也, 猶言僅至)"라고 하였다), 혹은 ≪설문≫에서 "옷을 마른다(制衣)"라고 해석한 "裁"자를 빌려서 나타내거나(≪한서・고혜고후문공신표(高惠高后文功臣表)≫에는 "겨우 열에 두셋이었다(裁什二

三)"라고 하였는데, 주에는 "'裁'는 '纔'와 같다('裁'與'纔'同)"라고 하였다. 같은 책 <왕공양공포전(王貢兩龔鮑傳)·서(序)>에는 "겨우 하루에 몇 사람만 보았다(裁日閱數人)"라고 하였는데, 주에는 "'裁'는 '才'와 같다('裁'與'才'同)"라고 하였다), 혹은 ≪설문≫에서 "사람이 보배로 여기는 것이다(人所寶)"라고 해석한 "財"자를 빌려서 나타내거나(≪한서·두주부손흠전(杜周附孫欽傳)≫에는 "높이와 넓이가 겨우 두 치였다(高廣財二寸)"라고 하였는데, 주에는 "'財'는 '纔'와 같은데, 옛날에는 통용하는 글자였다('財'與'纔'同, 古通用字)"라고 하였다. 같은 책 <이광리전(李廣利傳)>에는 "병사가 겨우 수 천이 있을 뿐이었다(士財有數千)"라고 하였는데 주에는 "'財'는 '才'와 같다('財'與'才'同)"라고 하였다), 혹은 본의가 분명하지 않은 "才"자를 빌려 나타내었다(≪삼국지(三國志)·오지(吳志)·오주전(吳主傳)≫ 손호(孫皓) 천기(天紀) 4년의 배송지(裴松之)의 주에는 간보(干寶)의 ≪진기(晉紀)≫를 인용하여 "무리가 겨우 7천이었다(衆才七千)"라고 하였다. ≪설문≫에는 "'才'는 풀과 나무의 처음이다(才, 艸木之初也)"라고 하였다. 이 설에 따르면 "겨우"라고 풀이하는 {才}는 "才"자의 인신의로 볼 수 있다. 그러나 갑골문의 "才"는 혹은 ↓로 되어 있어 분명히 초목이 처음 생겨나는 모양을 본뜨지 않았으므로 이 설은 믿을 수 없다). 수호지(睡虎地) 진간(秦簡)과 마왕퇴(馬王堆) 백서(帛書) 중의 ≪오십이병방(五十二病方)≫ 등에는 "毚"(재)를 빌려서 {才}를 나타내었다. 세상에 전하는 고서에서는 아직 보지 못하였지만, ≪옥촉보전(玉燭寶典)≫에 같은 용례가 있다(권2 : "≪역전(易傳)≫에는 '태양(太陽)이 겨우 땅 위에 나와서 소양(少陽)이 나란히 하여 뇌성(雷聲)이 징험된다'(≪易傳≫曰 : 太陽毚(原注 : 古纔字也)出地上少陽得並而雷聲徵)"라고 하였다). 근대에는 일반적으로 "纔" 혹은 "才"를 사용하였고 간화자는 "才"를 사용한다.

## 猗儺(의나) — 猗那 — 阿那(아나)

자태의 부드럽고 아름다움을 형용하는 쌍음사 {婀娜}(ē nuó, 옛날에는 또 ě nuǒ라고 읽었고 고음은 첩운(疊韻)이다)는 고대에는 혹은 ≪설문≫에서 "불깐 개(犗犬)"라고 해석한 "猗"(의)자와 ≪설문≫에서 "행하는 데 절도가 있다(行有節)"라고 해석한 "儺"(나)자를 빌려서 나타내거나(≪시경·회풍(檜風)·습유장초(隰有萇楚)≫에는 "그 가지가 부드럽고 아름답다네(猗猗其枝)"라고 하였다), 혹은 "猗"자와 ≪설문≫에서 "서쪽 오랑캐의 나라이다(西夷國)"라고 해석한 "那"(나)자를 빌려서 나타내거나(≪회남자(淮南子)·수무훈(修務訓)≫에는 "지금 북 치고 춤추는 사람들은…… 부드러운 것을 붙든다(今鼓舞者…… 扶於猗猗)"라고 하였다), 혹은 ≪설문≫에서 "큰 언덕(大陵)"이라고 해석한 "阿"(아)자와 "那"자를 빌려서 나타내었다(≪문선(文選)≫ 권4 장형(張衡)(78-139)의 <남도부(南都賦)>에는 "阿阿蓊茸"이라고 하였고, 권30 육기(陸機)의 <의고시십이수(擬古詩十二首)·의청청하변초(擬靑靑河邊草)>에는 "하얀 저 아름다운 여인, 얌전하게 문에서 짜고 있네(皎皎彼姝女, 阿阿當軒織)"라고 하였다). 윗 글자는 "猗" 혹은 "阿"로 되어 있고 아래 글자는 "儺" 혹은 "那"로 되어 있다. ≪시경·소아(小雅)·습상(隰桑)≫에는 "진펄의 뽕나무는 아름답고, 그 잎은 부드럽다네(隰桑有阿, 其葉有難(nuó : 나))"라고 하였는데 아마 {婀娜}를 나누어 사용한 하나의 예일 것이고 아랫 글자는 또 "難"로 되어 있다(또 어떤 사람은 먼저 나누어 사용한 {阿}와 {難}이 있었고 그후에 비로소 합쳐서 사용한 {猗儺}가 생겼다고 본다). "婀娜"는 이 사의 후기본자이다. 현재는 {婀娜}라는 사는 기본적으로 단지 서면어에만 존재하고 서사법은 이미 "婀娜"로 통일되었다.

## 猶豫(유예) — 猶預 — 猶與(유여)
## 由豫(유예) — 由與(유여)

≪설문≫에는 "猶"는 "원숭이"(玃屬)라고 해석하고 "豫"는 "코끼리 중 큰 것"(象之大者)이라고 해석하였다. 이 두 글자는 모두 쌍음사 {猶豫}를 기록하는 데 가차된 것이다(≪초사(楚辭)·이소(離騷)≫에는 "영분(靈氛)의 길한 점(占)을 따르고 싶지만, 마음은 망설이며 의심한다네(欲從靈氛之吉占兮, 心猶豫而狐疑)"라고 하였다). 이 사는 고서에는 또 "猶預"(≪사기·노중련전(魯仲連傳)≫에는 "평원군(平原君)은 망설이며 결정하지 못하였다(平原君猶豫未有所決)"라고 하였다)·"猶與"(≪예기(禮記)·곡례(曲禮)·상(上)≫에는 "복서(卜筮)란…… 백성으로 하여금 혐의를 판결하고 망설임을 결정하게 하는 것이다(卜筮者…… 所以使民決嫌疑定猶豫也)"라고 하였는데, ≪석문(釋文)≫에는 "'與'의 음은 '預'로 어떤 책에는 또한 '豫'로 되어 있다('與'音'預', 本亦作'豫')"라고 하였다)·"由豫"(≪여씨춘추(呂氏春秋)·논위(論威)≫에는 "마음에 근심이 없다(心無有慮)"라고 하였는데 고유(高誘)의 주에는 "망설이는 걱정이 없다(無由由之慮)"라

고 하였다)・"由與"(≪여씨춘추・하현(下賢)≫에는 "就就乎"라고 하였는데 고유의 주에는 "'就就'는 '由與'의 '由'와 같이 읽는다('就就'讀如'由由'之'由')"라고 하였고, 필원(畢沅, 1730-1797)의 교주(校注)에는 "'由與'는 곧 '猶豫'이다('由與'卽'猶豫')"라고 하였다) 등의 서사법이 있는데, 위 글자는 "猶" 혹은 "由"를 빌렸고 아래 글자는 "豫"・"預" 혹은 "與"를 빌렸다. 현재는 단지 "猶豫"의 한 가지 서사법만을 사용할 뿐이다.

외래의 고유 명사의 음역은 서로 다른 가차자를 사용한 것이 적지 않다. 예컨대 한대 전후에 중국 북방에는 "丁零"이라고 부르는 유목 민족이 있었다(≪한서・흉노전(匈奴傳)・상≫). 이 종족의 이름은 고서에는 또 "丁靈"(≪사기・흉노전≫・≪한서・이릉전(李陵傳)≫)・"丁令"(≪한서・흉노전・상≫)・"釘靈"(≪산해경(山海經)・해내경(海內經)≫) 등의 서사법이 있었다. 수・당・송・원 때는 대만(臺灣)을 "流求"라고 불렀다. 이 지명은 고서에는 또 "流虬"・"留仇"・"留求"・"琉求"・"瑠求" 등의 서사법이 있다. 근대・현대의 역명(譯名)의 서사법은 또 점차 고정된 것이 매우 많다. 예컨대 "馬克思"(마르크스)는 "馬克斯"・"馬克司" 등의 서로 다른 서사법이 있다(동음이 아닌 번역 방법은 그 수가 더욱 많다. 예컨대 "馬格斯"・"馬爾格時"・"麥喀士" 등이 있다).

본자가 없는 사에 사용되는 서로 다른 가차자에는 일반적으로 모두 하나의 글자(쌍음절사와 다음절사에 대하여 말한다면 한 조(組)의 글자이다)는 비교적 사람들이 잘 아는 것이다. 사람들이 왕왕 기타의 가차자를 이러한 가차자의 통가자로 보는 것은 본자가 있는 가차자를 본자의 통가자로 보는 것과 마찬가지이다. 우리는 이러한 가차자를 준본자(準本字)라고 부를 수 있다.

한편으로는 같은 하나의 사는 서로 다른 가차자를 사용할 수 있다. 다른 한편으로는 같은 하나의 글자라도 또한 서로 다른 사를 나타내는 데 가차될 수 있다. 다음에 두 가지 예를 든다.

### 匪(비)

"匪"는 대나무 상자 "篚"의 초문이다(≪주례・춘관(春官)・사사(肆師)≫에는 "함께 대나무 상자・옹기의 예를 베푼다(共設匪瓮之禮)"라고 하였다. ≪설문≫에는 "車笭"(수레의 먼지를 막는 가리개)이라고 해석하는 "篚"자가 있는데 대나무 상자 "篚"와는 동형자인 것 같다). 고서에는 "匪"자는 다음과 같은 약간의 가차

용법이 있다.

(1) **부정사 {匪}를 나타낸다.**

용법은 {非}와 같다. ≪시경·위풍(衛風)·맹(氓)≫에는 "비단을 팔러 온 것이 아니라, 와서는 나를 꾀다네(匪來貿絲, 來卽我謀)"라고 하였는데 정현의 전(箋)에는 "'匪'는 '非'이다(匪, 非也)"라고 하였다.

(2) **지시대사 {匪}를 나타낸다.**

용법은 {彼}와 같다. ≪시경·소아(小雅)·소민(小旻)≫에는 "저 멀리 가는 사람이 (나그네에게) 상의하는 것처럼, 그래서 길을 얻지 못한다네(如匪行邁謀, 是用不得於道)"라고 하였고, ≪좌전·양공(襄公) 8년≫에는 이 글을 인용하였는데 두예의 주에는 "'匪'는 '彼'이다(匪, 彼也)"라고 하였다.

(3) **"문채가 있다"(有文采)라고 해석하는 "斐"로 가차된다.**

≪시경·위풍(衛風)·기욱(淇澳)≫에는 "문채있는 군자(有匪君子)"라고 하였고 ≪예기(禮記)·대학(大學)≫에는 이 글을 인용하였는데 "匪"는 "斐"로 되어 있다.

(4) **"分" 혹은 "龚"으로 가차된다.**

≪주례(周禮)·지관(地官)·늠인(廩人)≫에는 "구곡(九穀)의 수를 관장하여 나라의 비반(匪頒)·주사(賙賜)·초식(稍食)을 기다린다(掌九穀之數, 以待國之匪頒·賙賜·稍食)"라고 하였는데 정현의 주에는 "'匪'는 '分'으로 읽는다('匪', 讀爲'分')"라고 하였다. "匪"·"分"은 고음은 음양대전(陰陽對轉)이다. 또 어떤 사람은 이러한 "匪"자는 "龚"으로 가차된 것이라고 보았다. ≪설문≫에는 "'龚'은 일을 나누어주는 것이다 …… '頒'처럼 읽는데 어떤 사람은 '非'처럼 읽는다고 하였다('龚', 賦事也 …… 讀若'頒', 一曰讀若'非')"라고 하였다. "賦"에는 분배한다는 뜻이 있다. ≪옥편≫·≪집운(集韻)≫ 등에 따르면, "龚"에는 "頒"·"匪"의 두 가지 음이 있다.

(5) **첩음사 {匪匪}(fēi fēi)를 나타내는데 "騑騑"와 통한다.**

≪예기(禮記)·소의(少儀)≫에는 "수레와 말의 아름다움이여, 쉬지 않고

가며 엄숙하다네(車馬之美, 匪匪翼翼)"라고 하였고, 정현의 주에는 "'匪'는 '四牡騑騑'와 같이 읽는다('匪'讀如'四牡騑騑')"라고 하였다. "四牡騑騑"는 ≪시경·소아(小雅)·사모(四牡)≫에 보이는데 ≪모전(毛傳)≫에는 "'騑騑'는 가고 쉬지 않는 모양이다(騑騑, 行不止之貌)"라고 하였다.

"匪"자의 이러한 가차 용법들은 현재는 대부분 이미 더 이상 존재하지 않는다. 다만 부정사 {匪}만은 아직도 "匪夷所思"(쉽게 생각할 수 없다)·"獲益匪淺"(소득이 적지 않다) 등과 같이 서면어의 소수 숙어 중에 남아 있다. 그밖에 도비(盜匪)·비도(匪徒)의 {匪}는 부정사 {匪}에서 파생된 사로 볼 수 있다("盜匪"의 {匪}는 마땅히 본래 "사람도 아니다(非其人)"라고 해석하는 "匪人"이라는 말에서 연화(演化)되어 나왔을 것이다).

### 干(간)

≪설문≫에 따르면 "干"자의 본의는 거스른다(犯)는 것이다(≪설문≫에는 "'干'은 거스른다는 뜻이다. '入'을 거꾸로 한 것을 따르고 '一'을 따른다('干', 犯也. 从反'入', 从'一')"라고 하였다. 간구(干求)·간섭(干涉) 등의 뜻은 대개 모두 간범(干犯)의 인신의일 것이다). 고서와 한비(漢碑)에서는 "干"자는 다음과 같은 약간의 가차 용법이 있다.

(1) "盾"(방패)과 뜻이 같은 {干}을 나타낸다.

≪시경·대아(大雅)·공류(公劉)≫에는 "방패·창·큰 도끼가 날아오르네(干戈戚揚)"라고 하였는데 정현의 전(箋)에는 "'干'은 방패다(干, 盾也)"라고 하였다. ≪방언(方言)≫ 9에는 "'盾'(순)은 관(關)의 동쪽에서는 …… 혹은 '干'이라고 한다('盾', 自關而東 …… 或謂之'干')"라고 하였다. 우리는 제4장 제4절에서 "戎"(융)자를 말할 때 일찍이 본래 방패의 모양을 본뜬 "毌"(관)자를 언급하였다. 이 글자는 "干"과 음이 같고 방패라고 풀이하는 "干"의 본자일 가능성이 있다. ≪설문≫에는 "盾"이라고 해석한 "戰"(간)자가 있는데 마땅히 후기본자일 것이다("干"은 고대에는 또 막을 '扞'(한)을 나타내는 데 사용할 수 있었다. 막는다는 뜻은 마땅히 방패의 뜻의 인신의일 것이다. "扞"은 "干"자의 가차의인 방패 {干}의 인신의를 나타내는 하나의 분화자이다).

(2) "岸"과 뜻이 같은 {干}을 나타낸다.

≪시경・위풍(魏風)・벌단(伐檀)≫에는 "황하의 가에 두었네(寘之河之干兮)"라고 하였는데, ≪모전(毛傳)≫에는 "'干'은 '厓'(崖)이다(干, 厓也)"라고 하였다.

(3) "澗"과 뜻이 같은 {干}을 나타낸다.

≪시경・소아(小雅)・사간(斯干)≫에는 "맑은 산간수는(秩秩斯干)"이라고 하였는데 ≪모전≫에는 "'干'은 산간수이다(干, 澗也)"라고 하였다.

(4) "豻"(án : 한)으로 가차한다.

≪의례(儀禮)・대사(大射)≫에는 "대후(大侯)(과녁)는 90이고 삼후(參侯)는 70이고 한후(干侯)는 50이다(大侯九十, 參七十, 干五十)"라고 하였는데 정현의 주에는 "'侯'는 과녁을 말한다 …… '干'은 '豻'으로 읽는다. 한후란 들개의 가죽 과녁으로 들개의 가죽으로 장식한 것이다(侯謂所射布也 …… '干'讀爲'豻'. 豻侯者, 豻鵠豻飾也)"라고 하였다. "豻鵠"(한곡)은 들개 가죽으로 만든 과녁이다.

(5) 마를 "乾"으로 가차한다.

≪장자(莊子)・전자방(田子方)≫에는 "노담(老聃)은 새로 머리를 감고 막 머리를 풀고 말리려고 하였다(老聃新沐, 方將被髮而乾)"라고 하였는데, ≪석문(釋文)≫이 의거한 책에는 "乾"이 "干"으로 되어 있다(어떤 사람은 마를 {乾}에 대하여 말한다면 "乾"은 또한 가차자라고 보았다). 현재는 이미 "干"자에 합병되었다.

(6) 깃대 {杆}을 나타낸다.

≪시경・용풍(鄘風)・간모(干旄)≫에는 "높디높은 깃대의 소꼬리 털(孑孑干旄)"이라고 하였고 ≪모전≫에는 "깃대 머리에 소꼬리 털을 단 것은 대부(大夫)의 깃발이다(注旄於干首, 大夫之旃也)"라고 하였다. 깃대 {杆}은 고대에는 대부분 "竿"이라고 썼는데 ≪좌전・정공(定公) 9년≫에 인용된 <간모>에

는 "干"이 "竿"으로 되어 있다. 그러므로 또한 어떤 사람은 깃대라고 풀이하는 "干"은 "竿"으로 가차한 것이라고 하였다. 그러나 깃대 {杆}에 대하여 말한다면 "竿"자를 사용한 것은 분명히 "干"자를 사용한 것보다 늦다("干"은 또한 깃대 {杆}의 본자일 가능성이 있다. 아래의 글에 상세하다).

(7) 간지(干支)의 {干}을 나타낸다.

"干支"는 본래 "榦枝"에서 이름을 얻은 것이다(천간(天干)은 뿌리로서 나무의 뿌리와 같다. 지지(地支)가 천간과 짝지은 것은 나무의 가지와 같은 것이다. "榦"은 본래는 "幹"으로 되어 있다). ≪광아(廣雅)·석천(釋天)≫에는 "갑(甲)·을(乙)은 뿌리이다. '榦'이란 해의 신이다. 인(寅)·묘(卯)는 가지이다. '枝'란 달의 신령이다(甲乙爲榦. 榦者, 日之神也. 寅卯爲枝. 枝者("者"자는 ≪광아소증(廣雅疏證)≫에 의거하여 보충하였다), 月之靈也)"라고 하였다. 그러므로 간지의 "干"은 "榦"의 인신의를 나타내는 데 가차된 것이다(간지의 "干"은 일반적인 "干"자와 마찬가지로 평성(平聲)으로 읽지만 "榦"은 거성자(去聲字)이다. 인신의가 본의와 완전히 동음은 아닌 것은 흔히 보이는 현상이다. 그러나 또한 간지의 "干"은 본래 거성으로 읽었는데 후에 비로소 평성자로 변했을 가능성도 있다).

(8) 일을 처리하는 작은 관리라고 해석하는 "榦"으로 가차한다.

동한(東漢) 이후 관부(官府) 중에는 "榦"이라고 부르는 일을 처리하는 작은 관리가 있었다. 한(漢)·진(晋)의 비각(碑刻)에는 대부분 "干"을 간리(榦吏)의 "榦"으로 빌렸다. 예컨대 <정계선비음(鄭季宣碑陰)>에는 "直事干"이 있고, <사마정비음(司馬整碑陰)>에는 제조간(諸曹干) 13인이 있다. 간리는 사무를 주간(主榦)하기 때문에 이러한 이름이 붙었다. 나무는 뿌리를 주로 하므로 주간한다·처리한다는 것은 마땅히 나무 뿌리의 인신의일 것이다. 그러므로 이러한 "干"자는 역시 "榦"의 인신의를 나타내는 데 가차된 것이다. 한간(漢簡)에는 또 흔히 "干"을 화살대 "榦"으로 빌렸는데 "榦"자의 각각의 뜻은 고대에는 대부분 "干"을 빌려 나타냈을 가능성이 있다. 현재는 이미 "干"자에 합병되었다.

(9) "丹干"의 {干}을 나타낸다.

≪순자(荀子)·왕제(王制)≫에는 "丹干"과 "曾靑"을 아울러 들었고, 같은 책 <정론(正論)>편에는 "丹矸"이라고 하였다. "丹干"은 주사(朱砂)의 다른 이름이었을 가능성이 있다(≪순자≫ 양량(楊倞)의 주 참조).

(10) "若干"의 {干}을 나타낸다.

≪한서·식화지(食貨志)·하≫에는 "혹은 가벼운 돈을 사용하여 백에 약간을 더하였다(或用輕錢, 百加若干)"라고 하였는데, 안사고의 주에는 "'若干'은 또 수를 베푼다는 말이다. '干'은 '箇'와 같은데 마땅히 이 개수와 같다고 말한 것이다('若干', 且設數之言也. '干'猶'箇'也, 謂當如此箇數耳)"라고 하였다.

(11) "종횡으로 뒤섞이다(縱橫交錯)" 등으로 해석하는 쌍음사 {闌干}의 아래 음절을 나타낸다.

그밖에 "干"자에는 또 기타의 가차의가 있지만 일일이 열거하지 않는다.

우리는 위에서 "干"자의 본의를 말할 때 ≪설문≫을 근거로 삼았다. 그러나 ≪설문≫의 "干"자의 자형에 대한 분석은 억지가 매우 많으며 "犯"을 "干"자의 본의라고 한 것은 대개 잘못된 것이다. 갑골문에는 깃발의 모양을 본뜬 "㫃"(언)자는 라고 썼는데 (干)자가 본뜬 것은 깃대일 가능성이 있다(서호(徐灝)의 ≪설문단주전(說文段注箋)≫에는 이미 "의심컨대 '干'은 곧 옛 '竿'자이고 또한 옛 '杆'자일 것이다(疑'干'卽古'竿'字, 亦卽古'杆'字)"라고 하였다). 만약 확실히 그렇다면 위에서 든 (6)조의 가차의는 마땅히 "干"자의 본의일 것이고, 간범(干犯)은 "干"자의 가차의일 것이다. 그러나 "干"자는 일찍 이미 기호자로 변하여 결국 어떤 뜻이 그 본의인 지는 이미 중요한 문제가 아니다.

간화자는 "干"자를 빌려서 "乾"(건곤(乾坤)의 "乾"은 포함되지 않는다)과 "幹"(이미 "榦"이 포함되어 있다)을 대신하였다. 그러므로 비록 "干"자의 고대에 있어서의 가차 용법은 적지 않은 것은 이미 더 이상 존재하지 않는다고 하더라도 우리가 현재 사용하는 한자에서는 그것은 여전히 가차의가 비교적 많은 하나의 글자이다.

## 제4절 가차(假借)와 관련된 자음(字音) 문제

피차자(被借字)의 독음(또한 가차자의 원래의 독음이라고 말할 수도 있다)은 그것을 빌려서 나타낸 그 사의 음과 다만 서로 가까운 것일 수는 있지만 완전히 서로 같은 것은 아니다. 그러므로 한 글자의 본의와 가차의의 독음은 왕왕 차이가 있다. 때로는 한 글자는 또한 두 개 이상의 본의와 동음도 아니고 상호간에도 또한 동음이 아닌 가차의가 있을 수 있다. 요컨대 가차는 흔히 일자이음(一字異音)의 현상을 만든다. 다음에 몇 가지 예를 든다. 편의를 위하여 잠깐 보통화의 어음으로 설명한다. "夫"자는 본래 [fū]라고 읽지만 빌려서 어기사 혹은 지시대사를 나타낼 때는 [fú]라고 읽는다(이 두 가지 음의 차이는 본래 성모(聲母)의 청탁(淸濁)에 있는데 후에 비로소 음평(陰平)과 양평(陽平)의 차이로 변하였다). "女"자는 본래 [nǚ](녀)라고 읽지만 빌려서 제2인칭대사 {汝}를 나타낼 때는 [rǔ](여)라고 읽는다. "干"자는 본래 [gān](간)이라고 읽지만 "幹"으로 빌릴 때는 [gàn](간)으로 읽고 "豻"으로 빌릴 때는 [án](한)이라고 읽는다.

성방과 형성자의 독음과 마찬가지로 한 글자의 본의와 가차의의 독음은 처음에는 설사 결코 완전히 같지는 않더라도 적어도 또한 매우 서로 가까운 것이다. 양자 사이의 비교적 분명한 차이는 일반적으로 후세의 어음 연변이 만들어낸 것이다. 예컨대 현대의 어음에 따라서 본다면 "女"와 "汝" 두 글자의 성모의 차이는 매우 분명하다. 그러나 "女"는 니모자(泥母字)이고 "汝"는 일모자(日母字)로서 상고 시대에는 일모(日母)의 독음과 니모(泥母)의 독음은 극히 가깝기(또 어떤 사람은 완전히 서로 같았다고 본다) 때문에 당시에는 "女"는 {汝}를 나타내는 데 가차될 수 있었다. 본의와 가차의의 독음이 완전히 서로 같은 것에서 차이가 있는 것으로 변하는 현상은 가끔 또 볼 수 있다. 예컨대 고대에는 왕왕 "麋"(미)를 "眉"(미)로 빌렸고(본 장 제1절 참조) 때로는 또 "麋"를 "湄"(미)로 빌렸다(≪시경·소아(小雅)·교언(巧言)≫에는 "황하의 물가에 있네(居河之麋)"라고 하였다). 중고 시대의 운서(韻書)에 따르면 이 세 글자는 모두 무비절(武備切)로 읽었다. 그러나 보통화에서는 "麋"는

[mí]라고 읽고 “眉”와 “湄”는 [méi]라고 읽어 “麋”자의 본의와 가차의의 독음에 차이가 생기게 되었다. 1979년 판 ≪사해(辭海)≫에서 “眉”와 “湄”로 빌린 “麋”를 또한 [mí]라고 읽은 것은 잘못이다.

때로는 가차도 역시 일자이음(一字異音)의 현상을 감소시켜 문자로 하여금 어음을 더욱 잘 반영하게 하는 작용을 할 수 있다. 예컨대 한 글자에 변음(變音)된 인신의가 생긴 후에 만약 분화자를 만들지 않는다면 때로는 이 인신의와 동음인 하나의 글자를 빌려서 그것을 나타내었다. 본 장 제1절에서 본래 본자가 있는 가차자를 말할 때 이미 “閑”자를 빌려서 “間”자의 변음 인신의를 나타내고, “荼”자를 빌려서 “塗”자의 변음 인신의를 나타낸 예를 든 바 있다. 제2절에서 속본자(俗本字)를 말할 때 든 “坑”으로 “傾害”의 “傾”을 대신한 예도 역시 이러한 작용을 한 것이다. 앞에서 말한 바와 같이, “女”와 “汝”의 성모는 본래는 매우 가까웠지만 후에는 어음의 연변으로 말미암아 분명한 차이가 생기게 되었다. “汝”자를 바꾸어 빌려서 본래 “女”자로 나타낸 제2인칭대사 {汝}를 나타내는 것은 역시 가차를 통하여 문자로 하여금 어음을 더 잘 반영하게 한 하나의 예이다. 제11장 제2절 2에서 문자의 기능을 분산시키는 방법을 말할 때 역시 이 방면의 예를 만날 수 있을 것이다.

어떤 사는 어떤 복합사의 한 성분으로 사용되거나 혹은 기타의 특수한 원인으로 말미암아 음변(音變)이 생긴다(때로는 실제로는 비교적 오래된 어음을 간직하고 있다). 이러한 상황을 만날 때 때로는 또한 실제의 어음을 반영할 수 있는 하나의 글자를 가차하여 원래 사용하던 글자를 대체할 수도 있다. 예컨대 현대 사람들은 “張家(ge)莊”·“龐家莊”의 “家”를 “各”으로 고치고, “叫化(huā)子”(거지)의 “化”를 “花”로 고치고, “木樨肉”(계란 볶음 요리)(“樨”는 또한 “犀”라고도 쓰는데 음은 xū이다)·“木樨湯”(계란탕) 중의 “樨”를 “須”로 고치는 등등이 그것이다(“木須”에 관해서는 이영(李榮)의 <어음 연변 규율의 예외(語音演變規律的例外)>, ≪중국어문≫ 1965년 제2기, 117쪽 참조).

가차자의 독음 방면에는 또 하나의 논쟁이 있는 문제가 있다. 통가자(通假字)는 반드시 본자와 같이 읽어야 하는가 하는 것이다. 예컨대 어떤 본래

A음으로 읽는 글자가 현재 B음으로 읽는 글자로 가차되었다. 이 글자는 반드시 B음으로 고쳐 읽어야 하는가? 아니면 여전히 A음으로 읽을 수 있는가? 논리적으로 말한다면 이것은 마땅히 문제가 되지 않을 것이다. 자음은 글자가 대표하는 사(詞)의 음이다. 통가자는 가차되어 그것의 본자가 대표하는 사를 나타내는 것이다. 그것과 본자의 독음은 마땅히 완전히 서로 같아야 한다. 원래의 독음, 곧 가차되지 않았을 때의 독음이 본자의 독음과 차이가 있는 통가자는 반드시 본자와 같이 읽어야 한다. 그러나 실제로는 도리어 적지 않은 사람들은 통가자는 반드시 본자와 같이 읽을 필요는 없다는 관점을 가지고 있다. 위에서 일찍이 언급한 바와 같이, ≪사해≫에서 "眉"와 "湄"로 가차된 "麋"를 [mí]라고 읽는 것은 하나의 실례(實例)이다. 통가자는 통용자의 일부분이다. 제12장 제2절에는 통용자의 독음 문제를 전문적으로 말한 소절(小節)이 있다. 중복을 피하기 위하여 여기서는 통가자는 반드시 본자와 같이 읽어야 하는가 하는 문제에 대해서는 깊이 있게 토론하지 않는다.

## 제5절 어문(語文) 연구 중 가차(假借)와 관련된 몇 가지 잘못된 경향

어문 연구 중에 존재하는 잘못된 경향에서 어떤 것들은 사람들이 가차 현상에 대하여 정확한 인식이 결여되어 있다는 것과 관계가 있다. 다음에 사의(詞義) 연구와 고적(古籍) 해독(解讀)의 두 가지 방면으로 나누어 몇 가지 주요한 잘못된 경향을 간단히 이야기하려고 한다.

### 1. 사의(詞義) 연구 방면의 잘못된 경향

사의의 연구 방면에서 반드시 지적해야 할 잘못된 경향은 주로 두 가지가 있다.

1) 견강부회(牽强附會)하여 가차의(假借義)를 인신의(引伸義)라고 말한다.

가차자는 자체가 뜻을 가지고 있는 기성의 문자로 충당하는 것이기 때문에 사람들은 쉽게 가차가 불러일으키는 일자다의(一字多義) 현상을 어의(語義) 인신의 결과라고 잘못 인식한다.

문자학의 비조(鼻祖)로서 인신을 가차라고 부른 허신(許愼)은 여러 번 우리가 가차라고 부르는 현상을 어의의 인신이라고 곡해하였다. 예컨대 원래 보리라고 풀이하는 "來"자로 올 {來}를 나타낸 것은 분명히 어의의 인신과는 관계가 없는 가차 현상이지만, 허신은 도리어 "'來'는 주(周) 나라가 받은 상서로운 보리인 내모(來麰)로서 …… 하늘에서 온 바이기 때문에 가고 온다는 '來'가 되었다('來', 周所受瑞麥來麰 …… 天所來, 故爲行來之'來')"라고 하였다. 또 "韋"는 "違"의 초문으로(제7장 제1절 5. 2) 참조), 본의는 떨어진다(違離)는 것이고 인신하여 어긋난다(違背)의 뜻이 생겼으니(≪설문≫에서 "離"를 "違"자의 본의라고 하고, "相背"를 "韋"자의 본의라고 한 것은 타당하지 않다) 그것으로 다룬 가죽 {韋}를 나타낸 것은 역시 분명히 가차 현상이지만, 허신은 도리어 "'韋'는 서로 어긋난다는 뜻이다 …… 짐승의 가죽 '韋'는 구부러지고 틀어져 서로 어긋난 것을 묶을 수 있기 때문에 빌려서 가죽이라고 한 것이다(韋, 相背也 …… 獸皮之韋可以束枉戾相韋背, 故借以爲皮韋)"라고 하여 결국 가죽은 "구부러지고 틀어지고 서로 어긋난(枉戾相韋背)" 것을 묶는 데 사용될 수 있기 때문에 이러한 이름이 붙은 것이라고 보았다.

허신이 가차를 인신으로 곡해한 설명은 후인들에게 매우 커다란 영향을 미쳤다. 단옥재의 주는 자주 유사한 잘못을 범하고 있다. 예컨대 "莫"자의 주에는 본의가 "날이 저문다(日且冥)"는 "莫"("暮"자의 초문)이고 "인신의는 유무(有無)의 무(無)이다(引申之義爲有無之無)"라고 결국 부정사 {莫}을 {暮}의 인신의라고 보았다. "格"자의 주에는 "나무가 자란 모양이 '格'의 본의이고 인신하여 자라면 반드시 이르는 바가 있기 때문에 ≪이아(爾雅)·석고(釋詁)≫에는 '格'은 이른다는 뜻이라고 한 것이다(木長皃(貌)者, 格之本義, 引申之, 長必有所至, 故<釋詁>曰 : 格, 至也)"라고 하였다. 사실은 "至"라고 풀이하는 "格"은 "各"으로 가차된 것이고(제7장 제1절 5. 2) 참조) "나무가 자란 모양

(木長皃)"과는 전혀 관계가 없다.

현재까지도 또 어떤 사람은 문장을 써서 "胡須"의 "須"(수)가 "必須"의 "須"로 사용될 수 있는 까닭은 "옛 사람의 마음 속에는 '髭須'는 남자에 대하여 '必須'적인 것이고(在古人心目中, '髭須'對男子是'必須'的)", 벼룩 "蚤"(조)가 "蚤(早)晩"의 "蚤"로 사용될 수 있는 까닭은 고대의 위생 조건이 뒤떨어져서 벼룩과 이가 멋대로 다녀 날이 새면 침상에서 일어나 벼룩과 이를 잡아 죽여야만 하였는데 "오래되자 벼룩과 이를 잡아 죽일 때를 '蚤時'라고 불렀기(久而久之, 捉殺蚤虱之時, 便稱爲蚤時)" 때문이라고 하였다. 옛 사람에 비할 때 참으로 지나침은 있지만 모자람은 없는 격이다.

사의의 연구 중에 결국 어의의 인신인가 아니면 문자의 가차인가 하는 것을 확정하기가 어려운 그러한 현상들에 대해서는 의문으로 남겨두는 태도를 취하는 것이 가장 좋다. 차라리 약간의 어의의 인신 현상을 그대로 둘지언정 또한 가차를 인신으로 곡해하는 잘못을 범해서는 안 된다. 우리는 마땅히 가능한 한 객관적으로 언어 현상을 연구해야지 언어 현상을 "창조"해서는 안 된다.

덧붙여서 말할 것은 사의의 연구 중에는 또한 위에서 말한 그러한 경향과 상반(相反)되는 다른 하나의 잘못된 경향, 곧 지나치게 깊이 추구하기 때문에 어떤 글자의 본의 혹은 인신의를 억지로 가차의라고 말하는 것이 존재한다는 것이다. 예컨대 종이(紙張)의 {張}은 분명히 벌릴 {張}에서 파생된 하나의 사이다. 종이는 "張"을 단위사(單位詞)로 할 뿐 아니라 벌릴 수 있는 기타의 것도 또한 왕왕 "張"을 단위사로 한다. 그러나 어떤 사람은 도리어 억지로 "종이의 '張'은 본자는 '箈'(전 : 솜 돗자리)으로 종이를 베끼는 데 쓰는 대나무 발이다"라고 하였다("張"과 "箈"의 고운(古韻)은 운부(韻部)가 서로 다르므로, 가령 어음 조건에서 보더라도 이 두 개의 글자가 서로 통할 가능성은 또한 매우 적다). 이러한 긁어 부스럼을 만드는 일은 역시 마땅히 방지하는 데 주의를 해야 할 것이다.

2) 동원사(同源詞) 사이의 관계와 본자(本字)·가차자(假借字)의 관계를 같은 말로 혼동한다.

가차자는 어떤 것은 근본적으로 본자가 없고 어떤 것은 비록 본자가 있다고 하더라도 일찍 이미 사람들에게 잊혀졌다. 이 때문에 적지 않은 가차자들은 그것들을 위하여 본자를 찾아낼 방법이 없거나 혹은 매우 어렵다. 청대의 어떤 문자학자들은 가차자를 위하여 진정한 본자를 찾아낼 수 없을 때는 음과 뜻이 모두 가까운 글자를 찾아서 본자에 충당하였다. 예컨대 단옥재의 주에는 처소의 "所"자는 "處"로 가차된 것이라고 보았고("所"자는 "斤"을 따르고 "戶"성이며, ≪설문≫에 따르면 본의는 "나무를 치는 소리(伐木聲)"이다), ≪설문통훈정성≫에는 부정사로 풀이하는 "莫"은 "𣞤"(無)로 가차된 것이라고 하였다(≪설문통훈정성≫의 "所"에 대한 관점은 단옥재의 주와 같다). 이렇게 본자를 찾는 것이 불합리하다는 것은 분명하다.

아마도 어떤 사람은 물을 것이다. 곧 앞에서 일찍이 "閑"자를 가차하여 "閒"자의 변음 인신의를 나타내는 현상을 말한 바가 있는데, "所"와 "處" 및 "莫"과 "無"의 관계에는 "閑"과 "閒"의 관계와 서로 유사한 점이 있을 가능성이 있는가? 다시 말하면, 처소의 "所"자에는 가차하여 "處"자의 변음 인신의를 나타내는 데 가차된 것일 가능성이 있는가? 부정사로 풀이하는 "莫"에는 없을 "無"의 변음 인신의를 나타내는 데 가차된 것일 가능성이 있는가? 이러한 가능성은 물론 완전히 배제할 수는 없다. 그러나 설사 사실이 확실히 이와 같다고 하더라도 오해를 피하기 위해서 또한 마땅히 "所"는 "處"를 나타내는 데 가차된 것이고, "莫"은 없을 "無"의 인신의를 나타내는 데 가차된 것이라고 설명해야지 간단히 "所"는 "處"로 가차되었고 "莫"은 "𣞤"(無)로 가차되었다고 말해서는 안 될 것이다. 하물며 이것은 또한 사실임이 증명되지 않은 추측인 것이다! 만약 처소 {所}와 {處}, 부정사 {莫}과 {無}가 동원사일 가능성이 있다고 본다면 그것은 도리어 또한 하나의 고려할 만한 가설(假說)임에 틀림없다. "所"는 "處"로 가차되고 "莫"은 "𣞤"(無)로 가차된 것이라고 말한다면 무단적(武斷的)이고 불합리하다.

≪설문통훈정성≫에는 때로는 또한 하나의 가차의에 두 개 이상의 본자

를 찾아 내었다. 예컨대, "庸"자 조에는 "庸"자는 범용(凡庸)이라고 해석하는 것은 "'中'과 '衆'으로 가차된(假借爲'中'爲'衆')" 것이라고 하였다. 이것은 더욱 불합리하다. 범용의 {庸}과 {中} · {衆}은 대개 동원사의 관계까지 반드시 있었을 리는 없다.

위에서 지적한 청대 사람들이 가차를 말한 그러한 잘못된 경향은 후인들에게 상당히 큰 영향을 미쳤다. 현대의 언어문자학 방면의 저작에서 너 "爾"(이)는 "你"(니)로 가차되었고, 콩 "豆"(두)는 "菽"(숙)으로 가차되었다는 것과 같은 설명 방법을 여전히 뜻밖에 발견할 수 있다. 제2인칭대사 {爾}와 {你}는 의심할 것도 없이 극히 가까운 친속 관계가 있는 동원사이다. {菽}은 콩 {豆}와 역시 유사한 관계가 있다("菽" · "豆"의 두 글자는 고음이 비교적 가까웠다). 그러나 그것들은 일찍 기왕에 서면어와 구어의 분기(分歧) 혹은 기타의 원인으로 말미암아 분화된 이상, 우리는 "爾"는 "你"로 가차되고, "豆"는 "菽"으로 가차되었다고 간단히 말할 수는 없다. 만약 콩 {豆}와 {菽} 사이 · 너 {爾}와 {你} 사이의 관계를 설명하고자 한다면 마땅히 언어학의 술어를 사용해야지 문자학상의 가차의 설명 방법을 사용해서는 안 될 것이다.

그밖에 또 위에서 말한 두 가지의 예보다 훨씬 더 불합리한 약간의 설명 방법을 볼 수 있다. 어떤 사람은 "身"(신)을 "我"(아)라고 풀이하는 "朕"(짐)의 본자라고 말한다. 사실은 "身"과 "朕"의 두 글자는 고음이 결코 서로 가깝지 않다(상고음에서 "身"은 진부(眞部)에 속하고 "朕"은 침부(侵部)에 속하며, 성모도 역시 서로 다르다). "身"은 "朕"의 본자였을 가능성이 없을 뿐 아니라, {身}과 {朕}의 두 개의 사는 또한 동원 관계가 있었을 리도 없는 것 같다. 어떤 사람은 "跋扈"(발호)는 "暴橫"(포횡)의 차자(借字)라고 한다. 고한어에서 {暴}와 {横}은 비록 연용(連用)된 예가 있지만 결코 하나의 복합사를 이루지는 않았고 {跋扈}는 나누어 사용할 수 없는 쌍음사이므로 상황은 매우 다르다. 고음에서 본다면 "扈"와 "横"은 또 음양대전(陰陽對轉)의 관계가 있다고 할 수 있지만, "跋"과 "暴"는 운부(韻部)가 결코 서로 가깝지 않다(상고음에서 "跋"은 월부(月部)에 속하고 "暴"는 소부(宵部)에 속한다). "暴横"과 "跋扈"는 문자에서 본다면 정차(正借) 관계가 있을 가능성도 없고 언어에서 본다고 해도 또한 동원 관계가 있을 가능성도 없다.

어떤 사람은 ≪설문통훈정성≫의 "匃"(丏 : 개)를 빈다는 "乞"(걸)의 본자라고 한 설명을 비판하고 "乞"의 본자는 "祈"(기)라고 본다. 사실은 가차를 말하는 각도에서 본다면, "乞"은 "祈"로 가차되었다고 말하는 것은 "乞"은 "丏"로 가차하였다고 말하는 것과 마찬가지로 불합리한 것이다. 어원을 연구하는 각도에서 보더라도 이 두 가지 설의 우열은 역시 확정하기가 매우 어렵다. 이러한 비판은 단지 초학자들을 갈수록 헷갈리게 할 뿐이다.

청대 이래 많은 사람들은 방언과 속어 중의 사를 위하여 본자를 찾아내었다. 찾아낸 것이 근본적으로 맞지 않은 것은 잠깐 제쳐두고 가령 비교적 잘 찾아낸 것이라고 하더라도 찾아낸 것은 또한 왕왕 결코 진정한 본자가 아니고 단지 동원사를 대표하는 글자일 뿐이다.

옛 사람들은 근대의 언어학을 접촉한 적이 없기 때문에 어원의 연구와 가차의 설명을 명확하게 구분할 수 없었다. 이것은 이해할 만하다. 지금 사람들은 마땅히 그들의 뒤를 더 이상 따라서는 안 될 것이다(옛 사람의 상황도 또한 일치하지 않는다. 왕념손(王念孫)은 이 방면에서 단옥재 · 주준성(朱駿聲) 등보다 뛰어나다. 제12장 제2절 3의 "農"과 "努"의 관계에 관한 설명을 참조).

근년 이래 방언을 연구하는 적지 않은 사람들은 방언사(方言詞)를 위하여 본자를 찾을 때 찾아낸 본자의 음과 방언사의 음에는 엄격한 대응 관계가 있어야 한다고 요구하고 있다. 그리고 매우 커다란 수준에서 위에서 서술한 잘못된 경향을 바로잡고 있다. 이것은 매우 칭찬할 만하다. 애석하게도 어떤 사람들은 아직도 전인들의 구태(舊態)를 벗지 못하고 있다.

## 2. 고적(古籍) 해독(解讀) 방면의 잘못된 경향

고적 해독 방면에서 반드시 지적해야 할 잘못된 경향은 주로 또한 두 가지가 있다.

### 1) 통가자(通假字)를 일반적인 글자로 생각한다는 것이다.

고서에는 매우 많은 통가자가 있다(여기서 말하는 통가자에는 본 장 제3절에서 말한 바 있는 준본자(準本字)에 대하여 말하는 통가자가 포함되어 있다). 만약 그것들은 일반적인 글자로 잘못 대한다면 고서를 읽어서 통할 수 없거나 혹은 고서의 글의 뜻을 잘못 이해할 것이다. 흔히 보이지 않는 동음별자(同音別字)의 성질을 가진 통가자는 자서에는 왕왕 실려 있지 않다. 어떤 고대에 통행된 통가자들은 사용이 중지된 시간이 매우 이르기 때문에 또한 왕왕 후인들이 모르게 되었다. 이러한 통가자들이 고서를 읽는 사람들에게 주는 곤란은 더욱 크다.

청대 학자들의 고적을 해독하는 수준은 전인들을 크게 뛰어넘었다. 그 주된 표현의 하나는 그들은 고서에서 전인들이 정확하게 이해할 수 없었던 많은 통가자에 본자를 찾아냈다는 것이다. 이 방면의 예는 왕념손(王念孫)·왕인지(王引之, 1766-1834) 부자의 ≪독서잡지(讀書雜志)≫·≪경의술문(經義述聞)≫ 등의 저서에서 매우 쉽게 찾아낼 수 있는데 여기서는 인용하지 않는다. 다음에는 우리가 은작산(銀雀山) 한묘(漢墓) 죽서의 정리 공작에 참가했을 때 만났던 하나의 문제를 통하여 통가자를 정확하게 이해하는 중요성을 구체적으로 설명하려고 한다.

은작산 한묘에서 출토된 ≪제손자(齊孫子)≫ (곧 ≪손빈병법(孫臏兵法)≫)의 <위왕문(威王問)> 등의 편에는 "篡卒"이라는 사(詞)가 있는데 위 아래의 글에서 본다면 "진(陣)을 끊고 장수를 취할(絶陣取將)" 수 있는 정예 사졸(士卒)을 가리키는 것임을 알 수 있다. 처음에는 우리는 "篡"자는 본의를 사용한 것이라고 보고 "篡卒"에 다음과 같은 주를 달았다.

> "篡"은 강제로 빼앗는다는 뜻이다. "篡卒"은 깃발을 빼앗고 장수를 죽일 수 있는 사납고 날랜 사졸을 가리킨다.(篡, 强取. 篡卒指能搴旗斬將的剽悍士卒.)

후에 같은 무덤에서 나온 죽간 가운데 관계가 있는 자료의 계시(啓示)로 말미암아 비로소 이 "篡"자는 마땅히 선택한다는 "選"의 통가자여야 한다는 것을 생각하게 되었다(≪안자춘추(晏子春秋)·내편(內篇)·문상(問上) 제20장(章)≫의 "選賢進能"의 "選"이 은작산 죽간본에는 "篡"으로 되어 있다). "選"과 "算"은 음이 가깝고 고서 중에는 서로 통하는 예가 있다(≪논어(論語)·자로(子路)≫에는 "어떻게 가릴 수 있겠는가(何足算也)"라고 하였는데 ≪염철론(鹽鐵

論)·잡사(雜事)≫의 인용에는 "何足選哉"라고 하였다). "食"을 따르고 "算"성인 "籑"(찬)이 혹체(或體)는 "饌"(찬)으로 되어 있다. 무위(武威) 한묘(漢墓)에서 출토된 간본(簡本) ≪의례(儀禮)·특생(特牲)≫ 43호(號) 간(簡)에는 "選"자가 세 번 보이는데 금본(今本)은 모두 "籑"으로 되어 있다. "籑"은 "算"성을 따르고 있기 때문에 또한 "選"과 서로 통할 수 있다. 선졸(選卒)은 정선된 사졸이라는 뜻이다. 고서 중에는 "選卒"이라는 명칭이 자주 보인다. 예컨대 ≪전국책(戰國策)·제책(齊策)·일(一)≫에는 "그 뛰어나고 선발된 사졸들도 역시 죽었다(其良士選卒亦殪)"라고 하였고, ≪여씨춘추(呂氏春秋)·애류(愛類)≫에는 "반드시 단단한 갑옷과 날카로운 무기, 선발되고 훈련된 사졸은 아니었다(非必堅甲利器, 選卒練士也)"라고 하였다. 원래 "글자만 보고 뜻을 만들어 낸"(望文生義) 자신의 주석을 되돌아보면 매우 가소롭다는 것을 깨닫게 된다.

처음 고한어를 배우는 사람들은 물론 자서에 주가 없는 통가자를 식별할 조건이 없지만, 자서에 이미 있는, 특히 그 중에 비교적 흔히 사용되는 통가자들에 대해서는 반드시 노력하여 파악해야 한다. 그렇지 않으면 고한어를 잘 배울 수 없을 것이다. 몇 년 전에 ≪광명일보(光明日報)≫(부간(副刊) <고고와 문물(考古與文物)> 제94기)에는 새로 발견된 노신(魯迅)이 문언(文言)으로 쓴 문장 <회계우묘폄석고(會稽禹廟窆石考)>가 발표된 적이 있다. 그 가운데 두 구절은 본래 마땅히 다음과 같이 표점(標點)을 찍어야 한다.

> 아마 모난 것이 없어서 천연에서 나온 것 같기 때문에 서석(瑞石)이라고 했을 것이다. 진(晋)·송(宋) 때는 그 유래를 헤아리지 못하여 석선(石船)이라고 여겼고 송(宋)·원(元)에는 또 그것을 폄석(窆石)이라고 하였는데 지금까지도 고쳐지지 않았다.(豈以無有圭角, 似出天然, 故以爲瑞石與? 晋宋時不測所從來, 乃以爲石船, 宋元又謂之窆石, 至於今不改矣.)

그러나 발표될 때는 도리어 앞 구의 끝의 "與"(여)자를 아래 구의 첫째 글자로 여김으로써 뜻이 통하기 어렵게 되었다. 이 "與"자는 마땅히 "歟"(여)로 읽어야 한다. "與"는 "歟"와 통한다는 것은 고한어의 상식이지만, 이 문장의 표점자는 도리어 몰랐기 때문에 "瑞石"의 뒤에서 구를 끊었던 것이다. 이 예는 흔히 사용되는 통가자를 파악하는 중요성을 설명해 줄 수 있을 것이다.

### 2) 통가를 마음대로 말한다는 것이다.

청대 학자들이 통가를 말한 것은 본래 좋은 일이었다. 그러나 기풍이 한 번 열리자 따라서 유폐가 나타나게 되었다. 어떤 사람들은 고서에서 통가자를 사용한 실제 상황을 충분히 주의하지도 않고 또한 고서의 내용을 심혈을 기울여 연구하지도 않고 경솔한 태도로 통가를 크게 떠벌린다. 그들은 왕왕 고서 중의 본래 통가자가 아닌 글자를 통가자라고 말한다. 설사 진정한 통가자를 만나더라도 그들이 찾아낸 본자는 또한 거의 모두 잘못된 것이다. 한자에는 음이 가까운 글자가 너무 많고 기타 약간의 원인 때문에 통가자를 위하여 본자를 찾는 것은 때로는 확실히 매우 어렵다. 설사 태도가 비교적 착실하고 학식이 비교적 깊은 학자라고 하더라도 또한 왕왕 잘못을 범하는 것을 면할 수 없다.

일반적으로 말하면 단지 독음이 어떤 글자와 서로 같거나 혹은 서로 가까운 글자만이 비로소 이 글자의 통가자로 사용되었을 가능성이 있다. 그러나 많은 사람들은 도리어 이른바 "쌍성통가(雙聲通假)"·"첩운통가(疊韻通假)"를 큰 소리로 말하고 두 개의 글자가 단지 그것들의 성모와 운모의 두 가지의 어음 성분 중의 한 가지가 서로 같거나 혹은 서로 가깝기만 하더라도 서로 통가할 수 있고, 다른 하나의 어음 성분은 설사 매우 다르더라도 또한 관계가 없다고 본다. 그리하여 서로 통가할 가능성이 있는 글자의 범위가 무한대로 변해 버렸다. 옛 사람들이 통가자를 사용한 것은 당시의 어음을 근거로 삼은 것이다. 왕념손(王念孫) 등이 통가를 말하여 전인들을 뛰어넘을 수 있었던 까닭은 하나의 매우 중요한 원인은 그들이 선진(先秦)의 고음을 알고 있었다는 것이다. 그러나 어떤 사람들은 도리어 자신의 어음에 근거하여 고서 중의 통가를 말하여 독음이 고대와 분명한 차이가 있는 글자를 서로 통가할 수 있는 동음이거나 혹은 음이 가까운 글자라고 보았다. 통가의 어음 조건 방면에 존재하는 이러한 문제들은 통가의 설명 방법에 잘못이 나타날 가능성을 더욱 증가시키게 되었다.

위에서 지적한 마음대로 통가를 말하는 기풍은 줄곧 현재까지도 계속될 뿐 아니라 게다가 또 갈수록 더욱 급격해지는 추세가 있다. 만약 우리가 근 20-30년 이래 출판된 고한어와 관계가 있는 저서와 간행물들을 조금이라도 주의해 본다면 문제의 심각성을 분명하게 발견할 수 있을 것이다. 다음에 한 편의 문장과 한 권의 책에서 각각 하나의 통가의 잘못된 설을 들어 예를 보인다.

통가자를 말한 어떤 문장에는 수호지(睡虎地) 진묘(秦墓)에서 나온 ≪진률(秦律)·전률(田律)≫ 중의 "唯不幸死而伐棺槨者"라는 구절의 "伐"(벌)자는 "乏"(핍)으로 빌린 것이라고 하였다. 사실은 "伐棺槨"은 관을 만드는 재목을 벌채한다는 뜻이다. ≪시경(詩經)·빈풍(豳風)·벌가(伐柯)≫에서 말한 "伐柯"는 도끼 자루를 만들 재목을 벌채(伐採)한다는 뜻이다(<벌가>의 ≪모전(毛傳)≫에는 "'柯'는 도끼 자루이다(柯, 斧柄也)"라고 하였다). ≪시경·위풍(魏風)·벌단(伐檀)≫에서 말한 "伐輻"·"伐輪"은 굴대(車輻)·수레바퀴를 만들 재목을 벌채한다는 뜻이다. 그 문례(文例)는 모두 "伐棺槨"과 서로 같다. "伐"자는 고쳐서 읽을 필요가 없다. 게다가 고음 "伐"은 월부(月部)에 속하고 "乏"은 엽부(葉部)에 속하여 운미(韻尾)가 서로 다르다. 어음에서 보더라도 "伐"은 "乏"으로 빌렸다고 말하는 것은 역시 문제가 있다.

≪한비자(韓非子)·외저설좌하(外儲說左下)≫에는 말하였다.

> 관중보(管仲父)는 …… 뜰에는 벌려놓은 솥이 있고 집에는 세 아내가 있다. 공자(孔子)는 "훌륭한 대부(大夫)지만 그 사치는 왕을 핍박하였다"라고 하였다. 손숙오(孫叔敖)는 초(楚)의 재상이 되었지만 잔거(棧車)에는 암말을 매고 거친 밥에 나물국을 먹었으며 …… 얼굴에는 굶주린 기색이 있었는데 훌륭한 대부로서 그 검소함은 아랫사람을 핍박하였다.(管仲父 …… 庭有陳鼎, 家有三歸. 孔子曰 : "良大夫也, 其侈偪上." 孫叔敖相楚, 棧車牝馬, 糲餅("飯"之誤字)菜羹 …… 面有饑色, 則良大夫也, 其儉偪下.)

≪한비자·양권(揚權)≫에는 말하였다.

> 사람을 귀하게 하여 (임금을) 핍박하게 하지 말라(毋貴人而逼焉)

진기유(陳奇猷, 1917-2006)의 ≪한비자집석(韓非子集釋)≫ 140쪽 주 (84)에는 말하였다.

"逼"(핍)·"偪"(핍)은 같은 것으로 "偪"은 마땅히 "匹"(필)의 동음 가자(假字)일 것이다. 관중(管仲)의 사치는 임금에 비기고 손숙오(孫叔敖)의 검소함은 천한 아랫사람에 비긴다는 것을 말한다. 만약 "偪"을 "迫"으로 해석한다면 검소함이 어떻게 아랫사람에게 핍박하겠는가? 통하지 않는다. 귀한 사람을 짝을 짓도록 하지 말라는 것은 귀한 신하를 임금에게 짝을 지어 비기게 하지 말라고 말하는 것과 같다. <설의편(說疑篇)>에는 "총애하는 신하를 높여서 상경(上卿)과 짝짓지 말라. 대신을 높여서 그 임금에 비기지 말라"고 한 것은 곧 이 뜻이다. "匹"이라고 하고 "擬"라고 한 것은 역시 "偪"이 "匹"의 차자(借字)임을 증명할 수 있다.("逼"·"偪"同, "偪"當爲"匹"之同音假字. 謂管仲之侈匹擬於君, 孫叔敖之儉匹擬於下賤之人. 若釋"偪"爲"迫", 儉何迫於下? 不通. 毋貴人而逼焉, 猶言毋貴臣匹擬於君. <說疑篇>云："無尊嬖臣而匹上卿, 無尊大臣以擬其主", 卽此義. 作"匹"作"擬", 亦可證"偪"爲"匹"之借字也.)

홍성(洪誠, 1910-80)의 <훈고잡의(訓詁雜議)>에는 비판하여 말하였다.

살펴보건대, 진씨(陳氏)는 어례(語例)에 밝지 못하기 때문에 주관적으로 억지로 풀이하여, 이 조항의 주석에는 세 개의 잘못이 나타난다. (1) "偪"자는 고음은 직부(職部)에 속하고 지부(之部)의 입성(入聲)으로 방뉴(幫紐)이며, "匹"자는 고음은 질부(質部)에 속하고 지부(脂部)의 입성으로 방뉴(滂紐)이다. 두 글자는 음도 서로 다르고 또한 첩운도 아니다. (2) "偪"을 사용하고 "匹"을 사용한 것은 뜻에 각각 마땅함이 있다. 둘은 서로 관계가 없는데 어떻게 옛 사람을 대신하여 글을 개작하는가? "匹"·"擬"는 의례 평등한 사람 이상에 대하여 말하는 것으로 아랫사람에 대한 것은 보지 못하였다. "偪下"를 "匹下"로 고치는 것은 원래의 뜻에 맞지 않는다. "偪下"란 아랫사람으로 하여금 압력을 받고 처신하기 어려움을 느끼어 손숙오보다 더욱 검소할 수는 없게 한다는 것이다. 왜 통하지 않는가? ……(案, 陳氏由於不明語例, 主觀强解, 這一條注釋出現三個錯誤. (1) "偪"字古音屬職部, 之部的入聲, 幫紐; "匹"字古音屬質部, 脂部的入聲, 滂紐. 兩字旣不同音, 亦非疊韻. (2) 用"偪", 用"匹", 義各有當, 兩不相干, 如何代古人改作文? "匹"·"擬"例對平敵以上而言, 未見對下. 改"偪下"爲"匹下", 不合原意. "偪下"者, 使下面的人受壓力, 感到難處, 不能比孫叔敖更儉. 何以不通? ……)(≪중국어문≫ 1979년 제5기, 364쪽)

이 비평은 핵심을 잘 찌르고 있다. 유감스러운 것은 현재의 출판물 중에는 통차(通借)의 잘못된 설이 헤아릴 수 없을 정도로 많지만 유사한 비평은 도리어 지극히 보기 드물다는 것이다.

동동화(董同龢, 1911-63)는 그가 번역한 칼그렌(B. Karlgren, 1889-1974, 高本漢)의 ≪시경주석(詩經注釋)≫에 쓴 서문에서 칼그렌이 가차자 문제를 처리한 것이 극히 엄격하고 신중하다고 지적하였다. 그는 말하였다.

> 칼그렌은 가차를 경솔하게 말하지 않았다. 전인들은 어떤 글자는 어떤 글자의 가차자라고 말할 때 그는 반드시 현대의 고음 지식으로 그 두 글자가 고대에 확실히 동음이었는지를 살폈다(성모와 운모의 매 부분을 포함한다). 이와 같이 하고 다시 고서 가운데 확실하고 믿을 수 있는 같은 예증이 있는가를 보았다. 그러면서도 설사 음도 또한 완전히 같고 예증도 또한 있으며 단지 글자에 따라 말하기만 해도 또한 통할 방법이 있다고 하더라도, 그는 여전히 그것이 가차자라고 믿지 않았다. 그는 일찍이 여러 번 마서진(馬瑞辰)이 가차를 쉽게 믿은 것을 비평하였다. 그는 중국어의 동음자는 매우 많으므로 만약 무절제하게 가차를 말한다면 우리는 정말로 한 구절의 시를 멋대로 자신의 뜻에 따라 말할 수는 있지만 그것은 따를 수 없다고 말하였다.

칼그렌의 처리 방법은 아마 교왕과정(矯枉過正)한 점이 있지만, 그의 근엄한 태도는 우리가 매우 배울 만한 가치가 있다.

통가를 잘 알지 못하는 것과 통가를 멋대로 말하는 것은 모두 좋지 않다. 비교한다면 통가를 멋대로 말하는 것이 더욱 쉽게 초학자들을 잘못된 길로 들어가게 하므로 위해성(危害性)이 더욱 크다.

## 제10장

# 이체자(異體字) · 동형자(同形字) · 동의환독(同義換讀)

## 제1절 이체자(異體字)

이체자(異體字)는 상호간에 음과 뜻은 서로 같지만 외형은 서로 다른 글자이다. 엄격하게 말하면 단지 용법이 완전히 서로 같은 글자 곧 한 글자의 이체만이 비로소 이체자라고 부를 수 있다. 그러나 일반적으로 말하는 이체자는 왕왕 단지 부분적인 용법만이 서로 같은 글자도 포함된다. 엄격한 뜻의 이체자는 좁은 뜻의 이체자라고 부를 수 있고, 부분적인 용법이 서로 같은 글자는 부분적인 이체자라고 부를 수 있으며 두 가지를 함께 합친 것이 넓은 뜻의 이체자이다.

1955년에 공포된 ≪제1차 이체자 정리표(第一批異體字整理表)≫(이하 "정리표"라고 약칭한다)에는 다량의 부분적인 이체자가 포함되어 있다. 예컨대 표 중의 "雕"(조)자의 한 조(組)에는 정밀하게 가려낸 "鵰" · "彫" · "琱" · "凋"의 네 개의 이체자가 있다("凋"자는 실제로는 여전히 사용되고 있으며 1965년에 발포(發布)한 ≪인쇄통용한자자형표(印刷通用漢字字形表)≫에는 "凋"자가 수록되어 있다). "雕"자는 주로 세 가지 뜻이 있다. (1) 일종의 사나운 새(독수리)(본의(本義))이고, (2) 조각한다 · 아로새겨 꾸민다(가차의(假借義))는 것이고, (3) 시들어 떨어진다(가차의)는 것이다. "鵰"는 단지 첫째의 두 가지 뜻에서만 "雕"와 이체일 뿐이다. "彫"는 단지 둘째와 셋째의 뜻에서만 "雕"와 이체일 뿐이다. "琱"는 단지 둘째의 뜻에서만 "雕"와 이체일 뿐이다(여숙상(呂叔湘), 1904-1998), ≪어문상담(語文常談)≫, 삼련서점(三聯書店), 1980년 판,

26-27쪽 참조).

부분적인 이체자의 용법의 이동(異同) 상황은 대체로 두 가지로 나눌 수 있다. 하나는 포함식(包含式)으로 포잉식(包孕式)이라고 부를 수 있는데 한 글자의 용법이 다른 한 글자에 포함되는 것이다(고갱생(高更生), <글자 수를 정선하는 하나의 길 — 포잉자(包孕字)를 말함(精簡字數的一條途徑 — 試談包孕字)>, ≪광명일보≫ 1975년 9월 26일 참조). 예컨대 "採"의 용법이 "采"에 포함되고, "鵰"의 용법이 "雕"에 포함되는 것이 그것이다. 다른 하나는 비포함식(非包含式)으로 상호간에 공통된 용법도 있고 또한 각각 서로 다른 용법도 있는 것이다. 예컨대 "女"와 "汝"는 고한어의 제2인칭대사로 사용될 때는 통용될 수 있지만, 남녀의 "女"는 "汝"로 대체할 수 없고 여수(汝水)의 "汝"는 "女"로 대체할 수 없다. 또 "記"와 "紀"는 {記錄}·{記念}·{記要}·{大事記} 등의 사 중의 {記}를 나타낼 때는 통용될 수 있지만 단독적으로 사를 이루는 {記} 및 {記憶}·{記號}·{記者} 등의 사 중의 {記}는 "紀"라고 쓸 수 없고(고대에는 단독적으로 사를 이루는 {記}는 때로는 또한 "紀"라고도 썼다), 기율(紀律)의 뜻으로 쓰는 {紀} 및 {紀年}·{世紀}·{本紀} 등의 사 중의 {紀}는 "記"라고 쓸 수 없다.

비포함식의 부분적인 이체자의 용법의 이러한 상황은 왕왕 매우 복잡하고 또한 때로는 규율성을 찾아낼 수 없어서 유추할 수 없다. 이것은 위에서 든 "記"와 "紀"로 설명할 수 있다. {記錄}의 {記}와 {記者}의 {記}는 뜻은 결코 분명한 구별은 없지만, 전자는 또 "紀"라고 쓸 수 있지만 후자는 단지 "記"라고 쓸 수밖에 없다. {記憶}의 {記}와 {記念}의 {記}도 뜻은 역시 결코 분명한 구별은 없지만, 전자는 "紀"라고 쓸 수 없지만 후자는 "紀"라고 쓸 수 있을 뿐 아니라 또한 대다수 사람들은 모두 이렇게 쓴다.

좁은 뜻의 이체자와 부분적인 이체자의 한계선은 결코 한번 이루어지면 불변하는 것이 아니다. 좁은 뜻의 이체자는 사용 과정 중에 부분적인 이체자로 전화(轉化)될 가능성이 있다. 예컨대 위에서 든 "雕"와 "鵰"는 최초에는 분명히 용법이 완전히 같은 일자이체(一字異體)였는데 후에는 "鵰"가 "雕"의 가차의를 나타내는 데 사용될 수 없었기 때문에 부분적인 이체자가 되었다. 부분적인 이체자는 일반 사람들의 눈에는 또한 좁은 뜻의 이체자로 변할 가능성이 있다. 예컨대, ≪정리표≫에서 든 "帆"자의 이체 "颿"은 본래는 {帆}의 가차자로서 그 본의는 "말이 빠르게 걷는다(馬疾步)"는 것이다(≪설문≫에 보인다. ≪오월춘추(吳越春秋)·구천입신외전(勾踐入臣外傳)≫에는 "颿颿獨兮西往"이라는 말이 있다). 이 본의는 일찍부터 이미 사용이 중지되었기 때문에 일반 사람들은 대개 "颿"과 "帆"을 좁은 뜻의 이체자로 보는 것이다.

부분적인 이체자에는 용법이 완전히 같은 일자이체에서 변한 글자는 단지 매우 작은 비례만을 차지할 따름이다. 절대다수의 부분적인 이체자들은 상호간에 통용(通用)할 수 있는 서로 다른 글자 곧 제12장 제2절에서 토론하려고 하는 통용자(通用字)이다. 그러므로 여기서는 부분적인 이체자에 대해서는 더 설명하지 않는다.

다음에는 좁은 뜻의 이체자 사이의 결구상 혹은 형체상의 차별적 성질에 근거하여 그것들을 8가지로 나누고 각각 약간의 예자를 들려고 한다.

### 1) 편방을 덧붙이고 덧붙이지 않는 차이

皃(모) — 貌("豹"(표)의 생성(省聲)을 따른다. 또 어떤 사람은 "貌"가 따르고 있는 "豸"(치)는 본래 "貓"(묘)의 초문(初文)으로, "貌"는 본래 "豸"성을 따랐다고 본다)

匧(협) — 篋

齧(설) — 囓(이 글자는 또한 "嚙"이라고도 한다)

凳(등)(또 "凳"이라고도 한다) — 櫈(또 "櫈"이라고도 한다)

제8장 제1절과 제2절에서 이미 약간의 이러한 예를 든 적이 있으니 참고할 수 있을 것이다.

### 2) 표의(表意)·형성(形聲) 등의 결구 성질상의 차이

看(간)("手"가 "目" 위에 있는 것을 따르고 회의(會意)이다) — ⿰目倝(간)("目"을 따르고 "倝"(간)성이다. "倝"의 음은 gàn이다)

羶(전)("羊"을 따르고 "亶"(전)성이다) — ⿰羊臭 ("羊"·"臭"(취)를 따르고 회의이다. 이 글자는 또한 "膻"(전)이라고도 한다)

豔(염)(“豐”(례)을 따르고 “盍”(합)성이다) — 艶(“豐” · “色”을 따르고 회의이다)
淚(루)(“水”를 따르고 “戾”(려)성이다) — 泪(“目”을 따르고 “水”를 따르며 회의이다)

제8장 제1절에서 이미 약간의 이러한 예를 든 적이 있으니 참조할 수 있다. 위에서 든 것은 모두 하나의 표의자이고 하나는 형성자인 예이다. 그밖에 제8장 제1절에서 든 바 있는 “恥”(치)와 “耻”, “曼”(만)과 “㬅” 등 비교적 특수한 예도 역시 이 부류에 덧붙여 넣을 수 있다.

3) 똑같이 표의자이지만 편방이 서로 다르다.

尠(선) — 尟(현재는 가차자 “鮮” xiǎn을 쓴다)
羴(전) — 羶(현재는 “膻”을 쓴다)
塵(진) — 尘(“塵”은 본래 𪋻이라고 하였다. 제8장 제3절 2에 보인다)
躰(체) — 体(본래는 “體”로 되어 있고 “骨”을 따르고 “豊”(례)성인 형성자이다)

4) 똑같이 형성자이지만 편방이 서로 다르다.

響(향) — 响
桮(배) — 杯 — 盃(또 “榼”라고도 한다. 주문(籒文)은 “匚”로 되어 있다)
迹(적) — 迹 — 蹟 — 跡
韈(말) —韤 —韎— 襪 — 妺 — 帓 — 絈— 袜

제8장 제5절에서 2에서 일찍이 약간의 형성자의 형방이 서로 다른 이체를 들었고, 제8장 제6절 3에서 일찍이 약간의 형성자의 성방이 서로 다른 이체를 든 바 있으니 참조할 수 있다.

5) 편방은 서로 같지만 배치 방식이 서로 다르다.

拿(나) — 舒
翄(시) —翅
蠏(해) —蟹
棊(기) — 棋
鑑(감) — 鑒(이 글자의 변체인 "監"방이 따르고 있는 "皿"(명)이 "罒"(망)으로 변하고 아울러 오른쪽으로 옮겨졌다)
䳘(아) — 鵝 — 鵞(≪강희자전≫에는 또 고문 "[illegible]"가 실려 있다)

소수의 이체자들은 이 부류에 덧붙여 넣을 수 있다. 그것들의 상황은 위에 든 각 조 글자들과 서로 비슷하지만 어떤 편방은 단지 서로 비슷한 것일 뿐이고 완전히 서로 같은 것은 아니다.

緜(면) — 綿
蟁(문) — 蚊

이상에서 든 각 예 가운데 "拿"와 "綿"은 표의자이고 그 나머지는 모두 형성자이다.

6) 자형의 일부분을 생략한 것과 생략하지 않은 것의 차이

灋(법) — 法
漩(선)("旋"의 생략을 따른다) — 漩
雖(수)("虫"을 따르고 "唯"성이다) — 虽
聲(성) — 声

7) 어떤 비교적 특수한 간체와 번체의 차이

辦(판) — 办

對(대) — 对

歲(세) — 岁

頭(두) — 头

8) 서사법이 약간 차이가 있거나 혹은 와변(訛變)으로 말미암아 차이가 생김

矦(후) — 侯

匄(개) — 匃 — 丏(마땅히 "匄"에서 와변되었을 것이다)

弔(조) — 吊

皋(고) — 皐

虛(허) — 虗

竝(병) — 並

悤(총) — 怱(현재는 "匆"에 합병되었다. "匆"은 본래 "囱"(창)의 변체이다)

姊(자) — 姉

珍(진) — 珎

祕(비) — 秘

霸(패) — 覇

呪(주) — 咒

피휘(避諱) 결필자(缺筆字), 예컨대 당대(唐代) 사람들이 사용한 "卋"(태종(太宗) 이세민(李世民)의 휘를 피한 것이다), 청대 사람들이 사용한 "玄"(강희제(康熙帝) 현엽(玄燁)의 휘를 피한 것이다)은 이 부류에 속하는 이체자로 볼 수 있다. 인쇄체와 수사체(手寫體)의 분기(分岐)도 대부분 이 부류에 넣을 수 있다.

위에서 든 8류는 결코 하나의 완전히 통일된 분류 표준은 없기 때문에 어떤 예들의 귀속은 사실은 두 가지가 모두 가능한 것이다. 예컨대 제1류의 "皃"와 "貌"도 역시 아닌 게 아니라 제2류에 넣을 수도 있다.

## 제2절 동형자(同形字)

동형자(同形字)라는 명칭은 동음사(同音詞)를 모방하여 붙인 것이다. 서로 다른 사(詞)라도 만약 어음이 서로 같다면 동음사이다. 서로 다른 글자라도 만약 자형이 서로 같다면 동형자이다. 동형자의 성질과 이체자는 꼭 서로 반대가 된다. 이체자의 외형은 비록 서로 다르지만 실제로는 도리어 단지 한 글자의 작용을 할 수밖에 없다. 동형자의 외형은 서로 같지만 실제로는 도리어 서로 다른 글자이다.

동형자의 범위에 대해서는 넓고 좁은 서로 다른 이해가 있을 수 있다.

범위가 가장 좁은 동형자에는 단지 각각 서로 다른 사를 위하여 만들고 자형이 우연히 서로 같은 글자만이 포함되어 있을 뿐이다. 예컨대 고대에는 "鉈"(사)자가 있었는데(음은 shé 혹은 shī이고, 또 "金也", "鍦"라고도 썼나) 창의 뜻으로 사용하였다(장팔사모(丈八蛇矛)의 "蛇"는 그 통가자였을 가능성이 있다). 근대에는 "鉈"(tuó : 타)자가 있는데 저울추 "砣"(타)의 이체이다. 현대의 화학가들은 또 "鉈"(tā, 타)자를 만들어 일종의 금속 원소의 이름(탈륨(thallium))으로 사용한다. 이 세 개의 "鉈"자는 가장 좁은 뜻의 동형자의 대열에 속하는 것이다.

범위가 가장 넓은 동형자에는 모든 서로 다른 사를 나타내는 서로 같은 자형이 포함된다. 이러한 이해에 따른다면 피차자(被借字)와 가차자, 예컨대 본의를 나타내는 꽃 "花"와 가차의인 "花費"(쓰다)를 나타내는 "花"는 또한 마땅히 동형자로 보아야 할 것이다. 심지어 본의를 나타내는 데 사용되는 것과 파생사 성질의 인신의(引伸義)를 나타내는 데 사용되는 같은 한 글자, 예컨대 길이라고 풀이하고 [xíng]이라고 읽는 "行"과 항렬(行列)이라고 풀이하고 [háng]이라고 읽는 "行"도 또한 동형자로 볼 수 있다.

그러나 어의(語義)의 인신으로 말미암아 만들어진 한 글자가 두 개 이상의 동원사를 나타낼 수 있는 현상은 여러 사람들이 모두 잘 알고 있으므로 따로 동형자의 개념으로 그것을 설명할 필요는 없을 것 같다. 가차는 하나의 매우 중요한 문자 현상으로, 문자를 말하는 사람들은 일반적으로 모두 전문적으로 토론을 하므로 역시 동형자의 각도에서 따로 다시 설명할 필요는 없다. 그러므로 우리는 범위가 가장 넓은 동형자는 말하지 않으려고 한다(어떤 사람은 같은 하나의 서사 형식을 사용하는 서로 다른 어소(語素)를 "동형자"라고 부른다. 예컨대 갈 {行} 과 항렬 {行}을 동형자라고 부르는 것이다. 이것은 우리가 말하는 동형자와는 다르다. 우리는 이러한 동형자를 명실상부(名實相符)하게 "동형어소(同形語素)"라고 부를 것을 건의한다).

그러나 우리는 만약 단지 각각 서로 다른 사를 위하여 만든 자형이 우연히 서로 같은 글자를 동형자라고 부른다면, 범위가 또 너무 좁다는 혐의가 있다고 생각한다. 제7장 제1절 5. 1)에서 "隻"(척)자를 말할 때 일찍이 "형차(形借)"를 언급한 적이 있다. 형차는 한 글자의 원래의 음과 뜻과는 상관없이 단지 그것의 자형만을 차용하는 현상이다(주의 : 한 글자의 원래의 음과 뜻이란 그것이 원래 대표하는 사의 음과 뜻으로서 그것이 사용하는 자부(字符)의 표음과 표의의 작용과는 다른 것이다). 우리는 형차로 말미암아 생기고 같은 자형으로 서로 다른 사를 나타내는 현상도 또한 마땅히 동형자의 현상 속에 포함해야 한다고 본다. 예컨대 잡을 {獲}을 나타내는 "隻"과 홑 {隻}을 나타내는 "隻"은 마땅히 동형자로 보아야 할 것이다. 왜냐하면 한 글자가 원래 대표하는 사와 그것의 형을 빌린 그 사 사이에는 본의와 가차의의 관계도 없고 또한 본의와 인신의의 관계도 없기 때문이다. 이 글자의 자형에 대하여 말한다면 그것들은 모두 본의라고 볼 수 있다. 다시 말하면, 만약 역사적 상황을 상관하지 않는다면 이 글자는 또한 그것의 형을 빌린 그 사를 위하여 만든 것이라고 볼 수도 있는 것이다(≪설문≫에는 "隻"을 {隻}을 위하여 만든 한 글자로 보았다). 때로는 자료의 결핍으로 말미암아 근본적으로 두 개의 서로 다른 사를 나타내는 서로 같은 자형이 결국 따로따로 만든 것인가? 아니면 {獲}을 나타내는 "隻"과 {隻}을 나타내는 "隻"과 같은 관계가 있는 것인가 하는 것을 단정할 방법이 없다. 그러므로 형차로 말미암아 생겨나는 동형 현상은 동형자의 범위에 넣는 것이 좋다. 그밖에 본래 동형이 아닌 어떤 글자들은 자체의 연변·간화 혹은 와변(訛變) 등의 원인으로 말미암아 후에 완전한 동형으로 변하였다. 이러한 글자도 물론 역시 마땅히 동형자로 보아야 할 것이다.

옛 사람들은 동형자의 문제를 명확하게 제기하지 않았지만 어떤 사람들은 이미 이러한 글자의 존재에 주의하였다. ≪한서·무제기(武帝紀)≫의 "간사한 말에 유혹되다(怵於邪說)"라는 구의 안사고(顔師古)의 주에는 "여순(如淳)은 '怵'(출)의 음은 '怵惕'으로, 간사한 말에 유혹당하는 것이라고 하였다. 나는 생각한다. 여순의 말에는 유혹을 당한다고 하였는데 그 뜻은 옳지만 음이 '怵惕'이라는 것은 또 그르다. '怵'은 혹체(或體)의 '訹'자일 뿐이다. '訹'(술)은 유혹한다는 것으로 음은 '戌亥'의 '戌'과 같다(如淳曰：'怵'音'怵惕', 見誘怵於邪說也. 師古曰：…… 如說云見誘怵, 其義是也, 而音'怵惕'又非也. '怵', 或體'訹'字耳. '訹'者, 誘也, 音如'戌亥'之'戌')"라고 하였다. 안사고는 "誘"로 해석하는 "怵"(xù：술)은 "訹"의 이체로서 두려워한다는 "怵"(출)과는 관계가 없다고 지적하였다. 이것은 실제로는 이 두 개의 "怵"을 동형자로 본 것이다(신판 ≪사해≫에서 "誘"라고 해석하는 "怵"을 역시 [chù](출)이라고 읽은 것은 잘못된 것이다).

정초(鄭樵)의 ≪육서략(六書略)≫에는 육서설(六書說)에 따라 문자를 분류하고 가차자의 끝에 따로 "쌍음병의(雙音並義)는 가차가 아니다(雙音並義不爲假借)"라는 1류를 열거하였는데 수록된 글자는 대부분 우리가 말하는 동형자이다. 예컨대 다음과 같다.

> 杷 보아절(補訝切)(bà：파)로 자루이다(補訝切, 枋也)
> 杷 백가절(白加切)(pá：파)로 밭고무래(보리를 거두는 그릇)이다(白加切, 收麥器)

현재는 밭고무래로 해석하는 "杷"는 "耙"(파)라고 쓰고 자루로 해석하는 "杷"는 이미 "把"자에 합병되었다. 자루로 해석하는 {把}라는 사를 위해서 만든 것인지 아니면 밭고무래로 해석하는 {耙}라는 사를 위해서 글자를 만든 것인지를 막론하고 모두 하나의 "木"을 따르고 "巴"성인 글자를 만들 수 있다. 그러므로 정초는 이 두 개의 "杷"는 "쌍음병의"로 모두 본자로 보았다. 우리의 이야기로 한다면 이 두 개의 "杷"는 동형자이다.

단옥재(段玉裁)도 역시 문자 동형의 현상에 주의하였다. 예컨대 ≪설문≫의 "'泰'는 미끄럽다는 뜻이다(泰, 滑也)" 아래의 단옥재의 주에는 "미끄러우면 넉넉하고 스스로 그대로이기 때문에 태연하다로 인신되었고 …… 또 사치스럽다로 인신되었다. 예컨대 ≪좌전≫의 '汏侈'(대치)의 ……'汏'는 곧 '泰'의 예생(隷省) 예변(隷變)이지만, 쌀을 인다는 '汏'(≪설문≫에서 "淅氵簡"(쌀 따위를 일다)으로 해석한 "汏"자를 가리킨다)와 동형으로 '汰'(태)로 되어 있는 것은 잘못된 글자이다(滑則寬裕自如, 故引申爲縱泰 …… 又引申爲泰侈, 如≪左傳≫之"汏侈" …… 汏則"泰"之隷省隷變, 而與淅米之'汏'(指≪說文≫訓"淅 "的"汏"字)同形, 作'汰'者誤字)"라고 하였다. 단옥재가 사치스럽다는 것은 "泰"자의 미끄럽다는 뜻의 인신의이고, "汏侈"의 "汏"는 "泰"의 생변(省變)의 체라고 본 것은 결코 반드시 믿을 수 있는 것은 아니다. 그러나 위에 인용한 이 단락의 말은 그가 한자 중에 동형자가 존재하고 있다는 것을 인식하고 있었음을 설명할 수 있다.

주준성은 ≪설문통훈정성≫에서 본의 이외의 자의를 전주(轉注)(일반의 이른바 인신(引伸)에 상당한다)·가차(假借)와 별의(別義)의 3종류로 나누었다. 별의류에 넣은 자의는 대부분 동형자로 해석할 수 있다. 예컨대, 고서 중의 "篿"자에는 두 가지 뜻이 있다. ≪설문≫에는 "'篿'(tuán : 단)은 둥근 대나무 그릇이다. '竹'을 따르고 '專'성이다('篿', 圜竹器也. 从'竹', '專'聲)"라고 하였다. ≪초사(楚辭)·이소(離騷)≫에는 "경모(藑茅)와 대가지를 찾는다네(索藑茅以筳篿)"라고 하였는데, 왕일(王逸)의 주에는 "초(楚) 사람들은 풀을 엮고 대나무를 꺾어서 점치는 것을 '篿'(zhuān : 전)이라고 한다(楚人名結草折竹以卜曰篿)"라고 하였다. 둥근 대나무 그릇으로 해석하는 {篿}을 위해서 만든 것이든 또는 "풀을 엮고 대나무를 꺾어서 점을 친다"는 것으로 해석하는 {篿}을 위해서 글자를 만든 것이든 모두 "竹"을 따르고 "專"성인 글자를 만들어 낼 수 있다. 그러므로 각각 ≪설문≫과 <이소>에 보이는 이 두 개의 "篿"은 마땅히 동형자로 보아야 한다. ≪설문통훈정성·건부(乾部)≫ "篿"자조 아래에는 <이소> 등의 글자의 뜻은 별의로 열거되어 있다(단옥재의 주의 "篿"자에도 또한 "풀을 엮고 대나무를 꺾어서 점쳤다"는 것은 "다른 하나의 뜻"(別一義)이라고 하였다. 단지 단옥재의 주는 ≪설문통훈정성≫처럼 정상적이고 계통적으로 "별의(別義)"라는 이 술어를 사용하지 않았을 뿐이다). 그러나 ≪설문통훈정성≫에는 적지 않은 동형자들을 여전히 본의와 가차의로 처리하고 있으므로 주준성의 동형자에 대한 인식은 또한 아직 매우 명확한 것은 흔히음을 알 수 있다.

현대 학자들은 동형자의 문제를 명확하게 제기하였다. 왕력(王力) 선생은 ≪글자의 형·음·의(字的形音義)≫라는 책 속에서 일자양독(一字兩讀)의 현상을 토론할 때 일자양독은 비록 다수는 사성(詞性)의 차이를 반영하고 있지만, 또한 두 개의 뜻으로 우연히 동형인 것이 있다고 하였다. 예컨대 의문대사 "哪"(나)와 어기사 "哪", "咳嗽"(해수)의 '咳'와 "咳喲"의 "咳"가 그것으로, 그것들은 의미상 관계가 없다(27쪽, 중국청년출판사(中國青年出版社), 1953. 또 ≪왕력문집(王力文集)≫ 제3권, 522쪽에 보인다).

왕력 선생은 이 책에서 또 민중이 창조한 분별자(分別字)는 "어떤 글자들은 우연히 사전 중의 어떤 벽자(僻字)와 동형이지만(예컨대 …… '份'(빈)은 '彬'(빈)과 같다), 단지 문자학자만이 이러한 벽자들을 볼 뿐이고 일반 민중은 그것들을 이해하지 못한다."(9쪽)라고 지적하였다. 이것은 민중이 "分"자의 인신의를 위하여 창조한 분화자 "份"(분)이 고대의 "彬"자의 이체로서의 "份"(빈)과 동형자임을 말한 것이다. 이영(李榮) 선생은 <한자 연변의 몇 가지 추세(漢字演變的幾個趨勢)>라는 글에서 역시 같은 종류의 예를 든 바 있다. 주대(周代) 금문(金文)에는 "鋁"(려)자가 있는데 동기를 주조하는 원료를 가리킨다. 한대의 ≪방언(方言)≫에도 역시 "鋁"자가 있는데 줄[錯]을 간다고 해석한다. 현재에도 또한 "鋁"가 있는데 일종의 금속 원소(알루미늄(Aluminium))를 가리킨다. 이영 선생은 "'鋁' 자를 만든 화학자는 반드시 ≪방언≫에 이 글자가 있다는 것을 알지는 못했을 것이고 더욱 주대의 동기에 이 글자가 있다는 것을 알았던 것으로 보이지는 않으니 마땅히 하나의 창조라고 말해야 할 것이다. 때는 고금을 나눌 것이 없이 주대 사람, 한대 사람, 현대 사람들은 각각 '金'을 따르고 '呂'를 따르는 형성자를 만들었는데 용법은 서로 다르지만 문자 창조의 심리는 서로 같다."(≪중국어문≫ 1980년 제1기, 6쪽)라고 하였다.

과거의 학자들은 위에서 말한 그러한 조자(造字) 현상을 볼 때는 왕왕 민중이 글자를 잘못 쓴다거나 혹은 잘못 만들었다고 지적하고 책망하였다. 예컨대 ≪설문≫에는 "富"로 해석하는 "賑"(zhèn : 진)자가 있는데, 우리가 제8장 제1절에서 든 바 있는 "振"의 분화자 "賑"은 공교롭게도 그것과 동형이다. 안사고는 ≪한서≫의 주에서 구제한다는 "振"은 "지금의 세속에서 글자를 만들어 '貝'를 따르는 것은 그릇된 것으로 원래 따로 뜻이 있다(今流俗作字從貝者, 非也, 自別有訓)"(<문제기(文帝紀)> 주에 보인다. 안사고가 지은 ≪광류정속(匡謬正俗)≫ 권7 "振"자 조 참조)라고 하였다. 사실은 두 개의 "賑"자의 한계는 안사고가 <무제기>의 주에서 지적한 두 개의 "怵"자의 관계와 결코 다름이 없다. 그러나 구제한다는 "賑"은 안사고의 눈에는 속자였기 때문에 그것에 대한 태도가 다르게 되었다. 어떤 학자는 위에서 말한 그러한 조자 현상을 "≪설문≫의 본자가 세속에서 다른 것으로 빌려서 쓴(≪說文≫本字俗借爲它用)"(전대흔(錢大昕), ≪십가재양신록(十駕齋養新錄)≫ 권4) 것이라든가 혹은 "본래 있는 글자를 이제 억지로 빌려서 다른 것에 이름 붙인(故有之字今强借以名他物)"(장병린(章炳麟), ≪구서(訄書)・정문(訂文)≫) 것이라고 해석하였다. 이것도 또한 타당하지 않다(이 기회에 말한다면, 구제한다는 뜻은 ≪설문통훈정성≫ "賑"자 조에는 가차의로 처리하였다). 용우순(龍宇純)은 ≪중국문자학≫에서 "…… 과거에는 어떤 한 글자의 가차 용법이라고 생각한 경우가 있는데, 실제로는 본래 두 글자이고 하나는 형성이고 하나는 전주로서(인용자의 주 : 대체로 기존의 문자에 의부(意符)를 덧붙여 만든 분화자를 가리키는 것이다) 우연히 형체가 서로 같은 것에 불과하다. 예컨대 ≪설문≫에는 '紅'은 붉다는 뜻으로 '糸'를 따르고 '工'성이라고 하였다. 고서 중에는 '여공(女工)' 자는 또한 '紅'이라고 하였다. ≪사기・역이기전(酈食其傳)≫에는 '공녀(工女)가 베틀에서 내려왔다(工女下機)'라고 하였는데, ≪한서≫에는 '工'자가 '紅'으로 되어 있는 것이 그 예이다. 학자들은 모두 이것은 붉을 '紅'자를 '工'자로 빌린 것이라고 한다. 이 글자는 붉을 '紅'자와 독음이 차이가 있다는 것을 모르고 처음에 단지 '工'이라고 썼을 뿐이므로, '紅'이라고 쓴 것은 '工'자에 '糸'자를 덧붙인 전주자이다. 또 ≪한서・무제기≫에는 '"大紅"은 15일 동안 입고 "小紅"은 14일 동안 입는다(服大紅十五日, 小紅十四日)'라고 하였는데, '大紅'과 '小紅'은 곧 '大功'과 '小功'으로 '紅'은 또

따로 '功'의 전주자가 되었다. 모두 붉을 '紅'자와는 다른 글자이다."(147쪽) 라고 하였다. 그의 의견은 매우 일리가 있다.

다음에 동형자의 결구 혹은 형체상의 특징에 따라서 그것들을 4류로 나누고 각각 약간의 예를 든다.

### 1) 문자 결구의 성질이 서로 다른 동형자

하나의 표의자와 하나의 형성자가 자형이 공교롭게도 완전히 서로 같은 현상을 가끔 볼 수 있다. 예컨대 다음과 같다.

体(bèn : 분) — 体(tǐ : 체)

비교적 오랜 "体"(분)자는 음과 뜻이 거칠 "笨"(분)과 같고 "人"을 따르고 "本"성인 형성자이다(≪광운≫ 상성(上聲) 혼운(混韻) 포본절(蒲本切)에는 "'体'은 거치른 모양이고 또 모자란다는 뜻이다('体', 麤皃, 又劣也)"라고 하였다. ≪자치통감(資治通鑒)≫ 권252 당의종(唐懿宗) 함통(咸通) 12년에는 "봄 정월 신유(辛酉)에 문의공주(文懿公主)를 장사지냈다. …… 술 1백 곡(斛)·떡 40낙타 분을 내려 상여꾼들을 먹였다(春正月辛酉, 葬文懿公主. …… 賜酒百斛, 餠餤四十橐駝, 以飼体夫)"라고 하였는데, 호삼성(胡三省)의 주에는 "'体'은 포본번(蒲本翻)이다. 분부(体夫)는 상여를 지는 인부이다(体, 蒲本翻. 体夫, 擧柩之夫也)"라고 하였다). "體"자의 간체 "体"는 비교적 늦게 나온 것으로 "人"·"本"을 따르고 회의이다.

姥(mǔ : 모) — 姥(lǎo : 로)

비교적 오랜 "姥"(모)자는 노부인으로 해석하고 음과 뜻은 "姆"(모)와 같다(≪광운≫ 상성(上聲) 모운(姥韻) 막보절(莫補切)에는 "'姥'는 늙은 부인으로 혹은 '姆'라고 하는데 여사(女師)이며, 또한 천모산(天姥山)이고, 또 성(姓)으로 하승천(何承天)의 ≪찬문(纂文)≫에 나온다('姥', 老母, 或作'姆', 女師也, 亦天姥山也, 又姓, 出何承天≪纂文≫)"라고 하였다. ≪진서(晋書)·왕희지전(王羲之傳)≫에는 "또 일찍이 집산(戢山)에서 한 늙은 할머니를 보았는데 육모 대부채를 가지고 팔았다(又嘗在戢山, 見一老姥持六角竹扇賣之)"라고 하였다). 근래에 이르러 북방 사람들은 "女"를 따르고 "老"성인 형성자를 만들어 외할머니를 부르는 "老

老"의 전용자로 삼았다(이 "姥"(로)는 "老"의 분화자로서 성방 "老"에 뜻이 있다).

전국 시대의 초(楚)의 동기 명문 중에는 "忑"자가 있는데, 주덕희(朱德熙 : 1920-92) 선생은 마땅히 "心"을 따르고 "下"성으로 분석해야 하고 후세에 만든 회의자 탐특(忐忑)(tǎntè : 마음이 불안한 모양, 안절부절하다)의 "忑"과는 "모양은 같지만 글자는 다른(形同字異)" 것이라고 보았다(<수현(壽縣) 출토 초기(楚器) 명문(銘文) 연구(壽縣出土楚器銘文硏究)>, ≪역사연구≫ 1954년 제1기, 113쪽).

### 2) 똑같이 표의자인 동형자

甭(bà : 파) — 甭(기 : qì) — 甭(béng)

≪안씨가훈(顔氏家訓)·잡예(雜藝)≫에는 북조 때의 속자에 "쓰지 않는 것은 '罷'(파)이다(不用爲罷)"라는 것이 있다고 하였다. 송대의 요(遼) 나라의 승려 행균(行均)이 엮은 자전 ≪용감수감(龍龕手鑑)≫에는 "甭"(기)를 "棄"자의 이체라고 하였다. 우리가 현재 쓰고 있는 "甭"은 "不用"을 나타내는 합음사(合音詞)이다. 만약 현대의 "甭"이 회의자일 뿐 아니라 동시에 또 합음자라는 것에 착안한다면 또한 그것과 고대의 "甭"을 결구 성질이 서로 다른 동형자로 볼 수도 있다.

제7장 제1절 5. 1)에서 말한 잡을 {獲}을 나타내는 "隻"과 낱(홑) {隻}을 나타내는 "隻", 제7장 제1절 6에서 말한 조각 {片}을 나타내는 "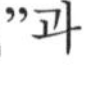"과 쪼갤 {析}을 나타내는 ""도 또한 모두 똑같이 회의자인 동형자이다.

제1장에서 초기 표의자의 원시성을 설명할 때 일찍이 일형다용(一形多用)의 현상을 언급하였다. 예컨대 은 "月"자이기도 하고 또한 "夕"자이기도 하며, 는 "夫"자이기도 하고 또한 "大"자이기도 하다. 제7장 제1절 6에서는 또 의 예를 언급하였다. 달 {月}을 나타내는 과 저녁 {夕}을 나타내는 , 지아비 {夫}를 나타내는 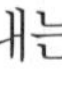와 클 {大}를 나타내는 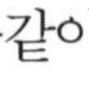, 물갈래 {𠂢}를 나타내는 와 길 {永}을 나타내는 도 역시 모두 똑같이 표의자인 동형자

로 볼 수 있다. 그러나 우리는 마땅히 조기와 만기 한자 중의 표의자의 동형 현상은 상당히 큰 구별이 있다는 것을 인식해야 할 것이다. 조기 한자에서는 일형다용은 일찍이 상당히 보편적인 일종의 현상이고, 또한 이러한 현상은 보통 같은 때・같은 곳의 문자에 존재하였다. 만기 한자에서는 표의자의 동형 현상은 드물게 보이고 또한 이러한 동형자는 같은 때・같은 곳에서 함께 사용되는 것이 극히 드물다. 그밖에 위에서 든 만기 한자 중의 표의(表意) 동형자 "甭"은 의부(義符)로 구성된 회의자로서 이것은 조기 한자 중의 일형다용이 단지 형부(形符)와 관계가 있을 뿐이라는 상황과는 역시 다른 것이다.

### 3) 똑같이 형성자인 동형자

이것은 동형자에서 가장 흔히 보이는 것이다. 앞에서 언급한 바 있는 "鉈"・"怵"・"杷"・"篿" 등의 동형자들은 모두 이 부류에 속한다. 아래에 다시 몇 개의 예를 든다.

椅(yī : 의) — 椅(yǐ)

≪설문≫에는 "'椅'는 가래나무이다. '木'을 따르고 '奇'성이다('椅', 梓也. 从'木', '奇'聲)"라고 하였다. 이 "椅"는 일종의 나무로 해석하고 평성으로 읽는다(≪시경・용풍(鄘風)・정지방중(定之方中)≫에는 "가래나무, 오동나무, 가래나무, 옻나무(椅桐梓漆)"라고 하였다). 의자의 "椅"는 기댈 수 있는 등이 있기 때문에 이 이름이 붙었다. 본래는 "倚"(의)라고 썼는데 후에 비로소 "倚"자의 "人"방을 "木"방으로 고쳐서 "椅"자를 분화시킨 것이다(송 황조영(黃朝英)의 ≪정강상소잡기(靖康緗素雜記)≫에는 "지금 사람들은 '倚卓'자를 사용하는데 흔히 '木'방을 따른다(今人用倚卓字, 多從木旁)"라고 하였다. 명 방이지(方以智)의 ≪통아(通雅)・잡기(雜器)≫에는 "'倚卓'(의자・탁자)의 이름은 당・송에 보인다. …… 양억(楊億)의 ≪담원(談苑)≫에는 '함평(咸平)・경덕(景德) 중에 주가(主家)에서 단향나무 '倚卓'을 만들었다'라고 하였다. 세속에서는 의자(椅子)・탁자(棹子)라고 여긴다(倚卓之名, 見於唐宋. …… 楊億≪談苑≫云 : 咸平・景德中, 主家造檀香倚卓. 俗以爲椅子・棹子)"라고 하였다). 이 "椅"는 "倚"와 동음이고 상

성(上聲)으로 읽는다. 나무의 부드럽고 약한 모양을 형용하는 데 사용되는 "旖旎"(yǐ nǐ : 의니)는 고대에는 간혹 "椅柅"라고 썼는데, 이 "椅"도 또한 위에서 든 두 "椅"자의 동형자로 볼 수 있다.

棹(zhào : 도) — 棹(zhuō : 탁, 나무 이름) — 棹(zhuō : 탁, "桌"과 같다)

"櫂"(zhào : 도)의 이체는 "棹"로, 배를 젓는 도구인 노를 가리킨다(현재는 "棹"를 사용하고 "櫂"는 사용하지 않는다). 고대의 일종의 나무의 이름도 역시 "棹"(탁)이라고 하였다(≪남방초목상(南方草木狀)≫ 권중에 보인다). 탁자의 "卓"은 후에 또 "木"을 가하여 "棹"(탁)이라고 하였다(윗 조를 참조. 현재는 대부분 "桌"을 사용한다). 탁자는 본래 땅에 서 있기 때문에 이 이름이 붙었는데 "棹"자는 성방이 뜻을 가지고 있다.

鈁(호리병 모양의 네모난 그릇) — 鈁(솥 종류의 그릇) — 鈁(원소 이름, 프란슘(Francium))

≪설문≫에는 "'鈁'은 모난 잔이다. '金'을 따르고 '方'성이다('鈁', 方鍾也. 从'金', '方'聲)"라고 하였다. 이 "鈁"자의 성방 "方"은 뜻을 가지고 있다(제8장 제7절 1을 참조). ≪광운≫ 평성(平聲) 양운(陽韻) 부량절(府良切)에 "鈁"자가 있는데 "솥 종류(鑊屬)"라고 하였다. 현대의 화학자들은 또 일종의 방사성 원소에 하나의 "鈁"자를 만들었는데 성방 "方"은 원래 이름의 첫째 음절을 나타낸 것이다.

枋(bìng : 병) — 枋(fāng : 방, 나무 이름, 다목) — 枋(fāng : 방, 방죽에 사용되는 나무) — 枋(fāng : 방, 떼, 뗏목) — 枋(fāng : 방, 모난 재목)

≪주례(周禮)·춘관(春官)·내사(內史)≫에는 "내사는 왕의 팔병(八枋)의 법을 관장한다(內史掌王之八枋之法)"라고 하였는데 "八枋"은 ≪석문(釋文)≫에는 "八柄"으로 되어 있고 주에는 "어떤 책에는 또 '枋'으로 되어 있다(本又作枋)"라고 하였다. 이 "枋"과 "柄"(병)은 한 글자의 이체이다. ≪설

문≫에는 "'枋'은 나무로 수레를 만들 수 있다. '木'을 따르고 '方'성이다('枋', 木可作車. 从'木', '方'聲)"라고 하였다. 이 "枋"은 일종의 나무(다목)라고 해석한다. ≪광운(廣韻)≫ 평성(平聲) 양운(陽韻) 부량절(府良切)에는 "'枋'은 …… 또 촉(蜀)에서는 나무로 물고기를 막아서 잡는 것을 '枋'(어살)이라고 한다('枋' …… 又蜀以木偃(堰)魚爲枋)"라고 하였다. ≪수경주(水經注)·구(九)·기수(淇水)≫에 인용된 진(晋) 노심(盧諶)의 <정간부(征艱賦)>에는 "뒤에는 넓은 방죽·큰 둑과 깊은 도랑·높은 언덕을 등지고 있다(後背洪枋巨堰, 深渠高堤)"라고 하였다. 이 "枋"은 방죽에 사용되는 나무로 해석하는데 "防"자의 인신의를 나타내는 분화일 가능성이 있다. ≪후한서(後漢書)·잠팽전(岑彭傳)≫에는 "떼를 타고 강관(江關)을 내려간다(乘枋箄(排)下江關)"라고 하였는데 이현(李賢)의 주에는 "'枋箄'는 대나무로 만들어 물 위에 띄우는 것이다. ≪이아(爾雅)≫에는 '舫'은 '泭'이다(舫, 泭也)라고 했는데 곽박(郭璞, 276-324 : 자(字) 경순(景純))은 '물 속의 떼이다(水中簰(排)筏也)'라고 하였다('枋箄', 以竹木爲之, 浮於水上. ≪爾雅≫曰 : '舫, 泭也.' 郭景純曰 : '水中簰(排)筏也')"라고 하였다. 이 "枋"은 뗏목으로 해석하는데 또 "舫"이라고도 쓴다(배라고 해석하고 fǎng으로 읽는 "舫"과 동형자이다). 후세에서 사용하는 "枋"자는 모난 기둥 모양의 재목으로 해석하는데 성방 "方"이 뜻을 가지고 있다. 그밖에 ≪남방초목상≫ 권중에 보이는 "蘇枋" 나무의 "枋"도 역시 위에 인용한 여러 글자들의 동형자로 볼 수 있다.

### 怕(bó : 박) — 怕(pà : 파)

≪설문≫에는 "'怕'(박)은 함이 없다는 뜻이다. '心'을 따르고 '白'성이다('怕', 無爲也. 从'心', '白'聲)"라고 하였다. 이것은 담박(澹泊)의 "泊"의 본자이다(≪문선(文選)≫ 권7 사마상여(司馬相如)의 <자허부(子虛賦)>에는 "고요히 함이 없고 담담히 스스로 간직하네(怕乎無爲, 憺乎自持)"라고 하였다. ≪사기≫와 ≪한서≫의 <사마상여전>에는 이 부가 수록되어 있는데 "怕"과 "憺"이 모두 "泊"과 "澹"으로 되어 있다). 두려워할 "怕"(파)는 담박의 "怕"과 동형자이다(≪논형(論衡)·사휘(四諱)≫에는 "효성스러운 자는 형벌에 빠져 들어가는 것을 두려워한다(孝者怕入刑辟)"라고 하였다. 이것은 현존하는 고서 중에서 아마 두려워할 "怕"를 사용한 가장 이른 예일 것이다. 그러나 또한 어떤 사람은 이 "怕"는 마땅

히 “迫”(박)으로 읽어야 한다고 본다).

똑같이 형성자인 동형자는 기타 성질의 동형자와 다른 특징을 가지고 있다. 기타 성질의 동형자는 상호간의 독음이 대부분 분명하게 차이가 있다. 똑같이 형성자인 동형자는 같은 성방을 가지고 있으므로 그것들의 독음은 대부분 서로 가깝거나 혹은 서로 같다. 이 때문에 형성자의 동형 현상과 가차 현상 사이에는 판연히 분명한 한계선을 긋기가 매우 어렵다. 만약 한 형성자를 차용하여 하나의 사를 나타낼 경우에 이 글자는 나타내려는 사와 동음이거나 혹은 음이 가까울 뿐 아니라 또한 그것의 형방이 나타내려는 사와 의미상에서도 또한 관련시킬 수 있다면, 가차로 볼 수도 있고 또한 형차(形借)로 볼 수도 있는 현상이 형성될 것이다. 다시 말하면 이 글자는 가차자로 볼 수도 있고 또한 피차자(被借字)의 동형자로 볼 수도 있다. 제9장 제1절에서 이미 몇 가지 이러한 예를 언급하였다. 그 가운데 “冊”으로 빌린 “策”자가 비교적 전형적이다. “冊”은 대나무나 나무로 엮은 것으로 “策”이 따르고 있는 “竹”방은 {冊}에 대해서도 또한 적용된다(≪설문≫에 수록되어 있는 “冊” 자의 고문 “”은 “竹”을 따르고 “冊”을 따른다). 이 때문에 “策”으로 {冊}을 나타내는 것은 가차로 볼 수도 있고 또한 형차로 볼 수도 있으며, {冊}을 나타내는 “策”은 가차자로 볼 수도 있고 또한 말채찍으로 풀이하는 “策”의 동형자로 볼 수도 있다. 앞에서 여러 번 언급한 “ㄐ”(규)로 빌린 “糾”자도 역시 아닌게 아니라 “끈 세 가닥(繩三合)”으로 풀이하는 “糾”자의 동형자로 볼 수도 있다. 왜냐하면 “糸”방과 {ㄐ}의 얽힌다는 뜻은 또한 관련시킬 수 있기 때문이다. 그밖에 또 적지 않은 같은 종류의 예를 발견할 수 있다. 예컨대 벼루 {硯}은 갈 {研}에서 파생되어 나온 사로서(≪석명(釋名)·석서계(釋書契)≫에는 “‘硯’은 ‘研’으로 먹을 갈아서 섞이고 적시게 한다(硯, 研也, 研墨使和濡也)”라고 하였다), 본래는 “研”자로 나타내었는데(≪한서·설선전(薛宣傳)≫에는 “아래로 재용(財用)·붓·벼루에 이르기까지 모두 방략을 베풀었다(下至財用筆研, 皆爲設方略)”라고 하였다), 후에 비로소 본래 “石滑”로 풀이하는 “硯”자를 차용하여 나타내었다(≪설문≫에는 “‘硯’은 매끄러운 돌이다. ‘石’을 따르고 ‘見’성이다(‘硯’, 石滑也. 从‘石’, ‘見’聲)”라고 하였다). 벼루는 대부분 석질(石質)이므로 “硯”자의 “石”방은 의미상 벼루 {硯}과 역시 관련시킬 수 있다. 이 때문에 "硯"으로 벼루 {硯}을 나타내는 것은 가차로 볼 수 있고 또한 형차(形借)로 볼 수도 있다. 또 바랄 "願"의 간화자 "愿"은 일반적으로 삼갈 "愿"을 가차한 것이라고 본다. "愿"의 "心"방은 의미상 바랄 {願}과 역시 관련시킬 수 있다. 사람들이 그것으로 "願"을 대체한 까닭은 이것이 분명히 하나의 중요한 원인이다. 근년에 화학자들은 "爐"자의 이미 사용이 중지된 이체 "鑪"를 빌려 "铲"(lú)로 간화하여 104호 원소(러더퍼듐(Rutherfordium), 기호 Rf)의 명칭을 나타내었다. 이것도 역시 분명히 그 "金"방이 의미상 104호 원소와 관련시킬 수 있기 때문이다.

위에서 말한 이러한 현상은 가차 겸 형차라고 부를 수 있고, "策"(冊)과 "硯"(研) 같은 글자는 형음겸차자(形音兼借字)라고 부를 수 있을 것 같다. 우리가 앞에서 비평한 바 있는 "≪설문≫의 본자를 다른 용도로 가차하고(≪說文≫本字假借爲它用)"·"본래 있던 글자를 이제 억지로 빌려서 다른 사물에 이름을 붙인다(故有之字今强借以名他物)"는 등의 설명 방법은 만약 단지 이러한 현상을 가리키는 데만 사용된다면 그것은 오히려 가능하다. 우리는 많은 글자의 역사에 대하여 아는 것이 그렇게 분명치는 않기 때문에 독립적으로 만들어 낸 동형의 형성자와 형음겸차자는 왕왕 분간하기가 쉽지 않다. 우리가 앞에서 든 똑같이 형성자인 동형자의 예는 대부분 따로따로 만들어 낸 것이라고 긍정할 수 있다. 그러나 또한 그 중에 형음겸차자가 없다고 보장하기는 매우 어렵다.

### 4) 자형의 변화로 말미암아 만들어진 동형자

어떤 동형이 아닌 글자들은 자체의 연변·간화 혹은 와변 등의 원인으로 말미암아 동형자가 되었다. 예컨대 다음과 같다.

漯(lěi : 루) — 漯(tà : 답)

≪설문≫에는 "'灅'(루)는 물이 안문(雁門) 음관(陰館) 누두산(累頭山)에서 나와 동쪽으로 바다에 들어가며 …… '水'를 따르고 '累'성이다('灅', 水出雁門陰館累頭山, 東入海 …… 从'水', '累'聲)"라고 하였다. 이 글자의 음은 lěi이고 예서·해서에서는 흔히 "漯"라고 생략하였다. ≪설문≫에는 "'濕'(답)은 물

이 동군(東郡) 동무양(東武陽)에서 나와 바다로 들어간다. '水'를 따르고 '㬎' 성이다('濕', 水出東郡東武陽, 入海. 从'水', '㬎'聲)"(축축할 "濕"(습)과 물 이름 "濕"(답)은 동형 형성자로 볼 수 있다. 축축할 "濕"은 ≪설문≫에는 "溼"(습)으로 되어 있다)라고 하였다. 이 글자의 음은 tà(답)이고 예서에서 먼저 "㶒"으로 생략되고 또 와변하여 "漯"으로 되어 lěi(루)라고 읽는 "漯"와 동형자가 되었다(하남성(河南省)에 락하시(漯河市)가 있는데 "漯"는 음이 luò(락)으로, lěi(루)라고 읽는 "漯"와 대개 동형 형성자일 것이다).

## 适(kuò : 괄) — 适(shì : 적)

≪설문≫에는 "'适'(괄)은 빠르다는 뜻이다. '辵'을 따르고 '𠯑'(kuò : 괄) 성이다('适', 疾也. 从'辵', '𠯑'聲.)"라고 하였다. 이 글자는 음이 kuò이고 예서·해서에서는 "适"로 변하였는데 옛 사람들은 흔히 사람의 이름으로 사용하였다. "適"의 간화자 "适"은 그것과 동형이다.

## 萑(zhuī : 추) — 萑(huán : 환)

≪설문≫에는 "'萑'(추)는 풀이 많은 모양이다. '艸'를 따르고 '隹'(추)성이다.('萑', 艸多皃. 从'艸', '隹'聲.)"라고 하였다. 이 글자의 음은 zhuī(추)이다(익모초(益母草)의 옛 이름 "萑"도 또한 음이 zhuī인데 이 글자의 동형 형성자로 볼 수 있다). 또 "'雈'(환)은 물억새이다. '艸'를 따르고 '萑'(huán : 환)성이다('雈', 薍也. 从'艸', '萑'聲)"라고 하였다. 이 글자의 음은 huán(환)이고 세상에 전하는 고서에서는 이미 "萑"으로 생략하였다("萑葦"·"萑苻"와 같이). 그밖에 "萑"(환)자는 또한 어떤 사람은 "雈"이라고 쓴다(≪강희자전≫에 보인다. "雈"은 일종의 올빼미 속(屬)의 새이다).

## 這(yàn : 언) — 這(shì : 적; zhè : 저)

≪옥편(玉篇)≫·≪광운≫에는 모두 "迎"이라고 풀이하는 "這"(언)이 있다. 이 글자는 "辵"을 따르고 "言"성이며 음은 yàn이다(≪용감수감(龍龕手鑑)≫에는 "唁"(언)자의 속체 "這"(언)이 수록되어 있는데 이 글자와 동형 형성자이다). "適"자는 고대에는 또한 "這"(적)이라고 쓴 것이 있다(≪대정신수대장경(大正新修大藏經)≫ 권14 <문수사리문보살서경(文殊舍利問菩薩署經)>에는 "마

침 이 생각이 있었는데 부처님이 허공 중에서 머물며 ‘좋다 좋다’고 말하는 것을 보았다(這有是念, 便見佛在虛空中住言‘善哉, 善哉!’)”라고 하였는데 교주(校注)에는 “這”자는 송 · 원 · 명본 및 일본(日本) 궁내성(宮內省) 도서료(圖書寮) 본에는 “適”으로 되어 있다고 하였다). 당(唐) 현응(玄應)의 ≪일체경음의(一切經音義)≫에는 자주 “適”자는 “≪삼창(三蒼)≫ 고문에는 ‘這’으로 되어 있다(≪三蒼≫古文作“這”)”라고 말하고 있는데 사실은 “這”은 마땅히 옛 속자일 것이다. 지시사 {這}는 이 글자를 가차하여 나타낸 것이다. 현재는 이미 “這”로 간화되었다(“適”자는 옛날에는 “지석절(之石切)”의 음이 있었으므로 지시대사 {這}의 비교적 오래된 음도 또한 마땅히 “지석절(之石切)”일 것이다. 이 조(條)는 진치문(陳治文)의 <근지(近指) 지시사(指示詞) “這”의 내원(近指指示詞“這”的來源)>(≪중국어문≫ 1964년 제6기)에 근거한 것이다).

그밖에 “歹”(dǎi : 대)와 “歺”(è : 알)은 모두 “歹”로 변하였고(제6장 제3절 참조), “匹”(필)의 와체(訛體) “疋”(pǐ : 필)과 “疋”(shū : 소)는 동형이고, “亙”(gèn : 긍)은 “亘”(음 xuān(선) 혹은 (huán(환))과 동형으로 변하였고, “廣”(광)은 “广”으로 간화되어 그 형방 “广”(yǎn : 엄)과 동형이고, “廠”(창)은 “厂”으로 간화되어 “厈”(한)의 초문 “厂”(hǎn : 한)과 “庵”의 옛 간체인 “厂”(ān : 암)과 동형이고, “勝”(승)은 “胜”으로 간화되어 “腥”(성)의 고체 “胜”과 동형이 된 것은 모두 이러한 예이다.

간화자 가운데 어떤 형성자는 필획이 비교적 적은 성방으로 고쳐 썼기 때문에 다른 형성자와 동형이 되었다. 예컨대 “僕”(복)의 간화자 “仆”은 넘어질 “仆”(pū : 부)와 동형이고, “證”(증)의 간화자 “证”은 간(諫)할 “証”(정)과 동형이고, “櫃”(궤)의 간화자 “柜”는 고리버들 “柜”(jǔ : 거)와 동형이고, “籲”(yù : 유. ‘頁’(혈)을 따르고 ‘籥’(약)성이다)의 간화자 “吁”는 탄식할 “吁”(xū : 후 · 우)와 동형이다. “幾”(기)방은 독립적으로 글자가 되는 “幾”와 마찬가지로 “几”(궤)로 간화되었고, 흉년들 “饑”(기)도 또한 굶주릴 “飢”(기)와 동형으로 변하였다(그러나 이 두 글자는 고서에서 이미 혼용된 예가 있다). 때로는 두 개의 서로 다른 형성자의 간화자가 동형의 형성자로 되었다. 예컨대 “鐘”(종)과 “鍾”(종)은 모두 “钟”으로 간화되었고, “纖”(섬)과 “縴”(견)은 모두 “纤”으로 간화되었고, “髒”(장)과 “臟”(장)은 모두 “脏”으로 간화되었다. 이러한 원인들로 말미암아 만들어진 동형자, 예컨대 증명할 "證"의 간화자 "证"과 간할 "证"(정), 쇠북 "鐘"의 간화자 "钟"과 술병 "鍾"의 간화자 "钟"은 자형의 변화로 말미암아 만들어진 형성자로 볼 수도 있고 또한 똑같이 형성자인 동형자에 넣을 수도 있다(위에서 든 "钟"으로 간화된 "鍾"은 술병 "鍾"자이기도 하고 또한 술잔 "盅"(충)의 이체자이기도 하다. 고대에는 술병(壺)과 같은 종류인 "鍾"은 술잔 {盅}과는 전혀 서로 다른 두 가지 물건이었다. 술병 "鍾"과 술잔 "盅"의 이체 "鍾"도 또한 동형자로 볼 수 있다. 그러므로 "钟"이라는 자형은 실제로는 세 개의 동형자를 대표하게 된 것으로 볼 수 있다. 빌 "冲"의 본자가 "盅"이다. ≪설문≫에서는 "'盅'은 그릇이 비었다는 뜻이다. '皿'을 따르고 '中'성이다('盅', 器虛也. 从'皿', '中'聲)"라고 하였다. 술잔 "盅"과 이 빌 "盅"도 또한 형성자이다).

앞에서 가차 겸 형차(形借)의 현상을 언급한 바 있다. 여기에 다시 이러한 현상 가운데 비교적 특수한 예, 곧 "罪"(죄)를 "辠"로 빌린 예를 든다.

죄지을 {罪}는 본래 "辠"자로 나타내었다. 진대(秦代)에 이르러 통치자는 "辠"의 자형이 황제의 "皇"과 가까운 것을 꺼려서(전문(篆文)에서는 간혹 "自"를 따라서 "辠"이라고 하였다), 본래 "물고기를 잡는 대나무 그물(捕魚竹網)"로 해석하는 "罪"자를 빌려서 그것을 대체하였다. ≪설문≫에는 "'辠'는 법을 어긴다는 뜻이다. '辛'을 따르고 '自'(비)("鼻"와 같음)를 따르는데 …… 진(秦)은 '辠'가 '皇'자와 비슷하다고 해서 '罪'로 고쳤다('辠', 犯法也. 从'辛', 从'自' …… 秦以'辠'似'皇'字, 改爲'罪')"라고 하였다. 또 "'罪'는 물고기를 잡는 대나무 그물이다. '网'(망)·'非'(비)를 따른다. 진은 '罪'를 '辠'자로 삼았다('罪', 捕魚竹网. 从'网'·'非'. 秦以'罪'爲'辠')"라고 하였다. 이영(李榮)의 <한자 연변의 몇 가지 추세(漢字演變的幾個趨勢)>에서는 수호지(睡虎地) 진묘(秦墓) 죽간(竹簡)에는 "辠"자를 사용하였고 ≪마왕퇴한묘백서[일](馬王堆漢墓帛書[壹])≫에 수록된 백서에는 "罪"자를 사용하였으므로 확실히 글자를 고친 일이 있었음을 알 수 있다고 지적하였다(≪중국어문(中國語文)≫ 1980년 제1기, 7쪽) 1989년에 발견된 시대가 수호지 11호 진묘보다 늦은 용강(龍崗) 6호 진대(秦代) 무덤에서 출토된 죽간에는 이미 "辠"자는 사용하지 않고 "罪"자를 사용하고 있으므로 한걸음 더 나아가 이 일이 사실임이 증명되었다(유신방(劉信芳)·양주(梁柱), <운몽(雲夢) 용강(龍崗) 진간(秦簡) 종

술(綜述)(雲夢龍崗秦簡綜述)>, ≪강한고고(江漢考古)≫ 1990년 제3기, 83쪽 참조). 세상에 전하는 진시황(秦始皇) 37년 회계각석(會稽刻石)의 모각본(摹刻本)에는 "辠"자가 있는데 진대의 개자설(改字說)의 하나의 반증(反證)인 것 같다. 그러나 우리는 제4장 제4절에서 이미 지적한 바와 같이, 지금 전하는 회계각석의 모각본은 위작(僞作) 혐의가 있으므로 아마 근거로 삼을 수는 없을 것이다. 설사 이 모각본 중의 "辠"자에 확실히 근거가 있다고 하더라도 역시 그렇다고 해서 진대의 개자설을 부정할 수는 없다. 왜냐하면 또한 글자를 고친 일이 각석(刻石)한 일의 후에 일어났을 가능성이 있기 때문이다. 금본(今本) ≪설문≫에는 "罪"자는 "网 · 非를 따른다(从'网' · '非')"라고 하였지만, 단옥재 · 왕균(王筠) 등은 "网非"의 뜻이 "물고기를 잡는 대나무 그물(捕魚竹网)"이라는 본의와 부합하지 않기 때문에 "罪"자는 마땅히 형성자이고 ≪설문≫의 "非"자 아래에는 본래 마땅히 "聲"자가 있어야 하는데 후인들이 삭제했을 것이라고 보았다. 이것은 마땅히 믿을 수 있을 것이다. "非"와 "辠"의 상고음은 운부(韻部)는 같지만 성모는 결코 서로 가깝지 않다. "罪"자의 본의의 독음은 아마 "辠"자와 완전히 서로 같았을 리는 없을 것이다. 진대의 통치자들이 "罪"자를 차용하고 "辠"와 음이 가까운 다른 글자를 차용하려고 하지 않은 까닭은 마땅히 "罪"자는 그래도 "'网' · '非'를 따르는" 회의자로 볼 수 있었기 때문일 것이다(≪설문≫ "辠"자의 단옥재의 주에는 "'罪'는 본래 물고기를 잡는 대나무 그물로 해석하고 '网'을 따르고 '非'성인데, 진시황이 비로소 형성을 회의로 고쳤다(罪本訓捕魚竹网, 從'网''非'聲, 始皇始易形聲爲會意)"라고 하였다). "网非"의 뜻과 "辠"자의 뜻은 결코 부합하지 않지만 "非"(그르다 · 옳지 않다)를 행하는 범죄자를 일"网"타진(一網打盡)하는 것은 바로 통치자의 바램이다. 후인들이 ≪설문≫의 "非" 아래의 "聲"자를 삭제한 것도 대개 또한 이 점을 간파했기 때문일 것이다. 본래 형성자인 "罪"의 자형을 회의자의 자형으로 사용하였는데 이것은 일종의 비교적 특수한 형차 현상이다. 그러나 만약 "罪"와 "辠"가 운부가 같은 음이 가까운 글자가 아니라면, 아마도 또한 "罪"를 빌려서 "辠"를 대체했을 리가 없었을 것이다. 그러므로 "辠"로 빌린 "罪"는 하나의 비교적 특수한 형음 겸차자(形音兼借字)로 볼 수 있다.

본 장 제1절에서 언급한 돛 {帆}을 나타내는 데 가차한 "颿"(범)자는 상황이 "辠"로 빌린 "罪"자와 약간 서로 비슷한 점이 있다. "颿"자의 성방으로 충당된 바람 "風"자는 의미상 돛 {帆}과 관련시킬 수 있다. 사람들이 "颿"자를 가차하여 돛 {帆}을 나타낸 까닭은 이것이 아마 역시 하나의 원인이었을 것이다. 또 어떤 사람은 돛 {帆}을 나타내는 "颿"자를 "風"·"馬"를 따르고 회의인 글자로 이해할 지도 모른다.

동형자의 다수는 동시에 나란히 행해진 것은 아니다. 예컨대 로로(姥姥)(외할머니)의 "姥"자가 나타났을 때 일반적으로 사람들은 이미 "老"·"女"를 따르고 회의인 할미 "姥"(모)자를 사용하지 않게 되었다. 일종의 방사성 원소로 풀이하는 "鈁"자가 만들어졌을 때 일반적으로 사람들은 일찍 이미 네모난 쇠북으로 해석하는 "鈁"자를 사용하지 않게 되었다. "廣"이 "广"으로 간화될 수 있는 까닭은 yǎn(엄)이라고 읽는 "广"자가 표의(表意) 편방으로 사용되는 것을 제외하면 일찍 이미 더 이상 사용되지 않았기 때문이다. 이와는 반대로, "麽"(마)자에 딸린 "么"는 비교적 흔히 사용되는 작을 "么"(yāo : 요)라는 글자와 동형이기 때문에 간화방안(簡化方案)에는 단지 yāo라고 읽는 "么"를 "幺"(요)라고 쓴다고 규정하여(이것은 본래 "么"자의 원래의 서사법이다) 혼동을 피할 수밖에 없었다. 비교한다면 똑같이 형성자인 동형자가 동시에 나란히 행해지는 상황이 좀 더 많았을 것이다.

마지막으로 쌍음절 복합사의 동형 현상을 덧붙여서 말하려고 한다. 때로는 두 개의 따로따로 만들어진 뜻이 서로 다른 쌍음절 복합사는 서로 같은 서사 형식을 가지고 있다. 예컨대 사람을 가리키는 "女工"과 사물을 가리키는 "女工"(또한 "女功"·"女紅"이라고도 한다), 박자를 치는 데 사용되는 도구를 가리키는 "拍子"(박자목)와 음악의 절박(節拍)을 가리키는 "拍子", 사람의 얼굴과 거동을 가리키는 "儀表"와 의기(儀器)를 가리키는 "儀表", "妻"와 뜻이 같은 "妻子"(qīzi : 또 어떤 사람은 이것을 복합사라고 할 수 없다고 보았다), "난세를 바로잡아 올바름으로 돌아가게 한다(撥亂世, 反(返)諸正)"(≪공양전(公羊傳)·애공(哀公) 14년≫에 보인다)는 말에서 연화(演化)되어 나온 "反正"(fǎnzhèng. 현재는 "적의 군대 혹은 인원을 자기편으로 투신하게 한다"로 해석한다)과 부사로 사용하는 "反正"(fǎnzhėng : 여하튼) 등등이다. 만약 쌍음절 복합

사를 하나의 전체로 본다면 위에서 든 이러한 예들은 또한 모두 동형자로 볼 수 있을 것이다.

## 제3절 동의환독(同義換讀)

때로는 사람들은 어떤 글자의 원래의 독음과는 상관없이, 이 글자를 뜻이 그것이 원래 대표하던 사와 서로 같거나 혹은 서로 가까운 다른 하나의 사(일반적으로는 기존의 문자가 나타내는 사이다)를 나타내는 데 사용한다. 이 두 개의 사의 음은 판연히 서로 다를 수 있다. 현대 학자 중에서 이러한 현상에 주의한 사람은 심겸사(沈兼士)・여숙상(呂叔湘)・이영(李榮) 등이 있다. 심씨는 이러한 현상을 "이음동용(異音同用)" 혹은 "의동환독(義同換讀)"이라고 불렀고(<한(漢)・위(魏) 주음(注音) 중의 의동환독례(義同換讀例) 발범(發凡)(漢魏注音中義同換讀例發凡)>, ≪단연재잡문(段硯齋雜文)≫; ≪심겸사학술논분집(沈兼士學術論文集)≫, 중화서국, 1986), 이영 선생은 이러한 현상을 "동의자의 상호 대체[同義字互相替代]"라든가(<어음 연변 규율의 예외(語音演變規律的例外)>, ≪중국어문≫ 1965년 제2기, 126쪽) 혹은 "동의 대체[同義替代]"(<한자 연변의 몇 가지 추세(漢字演變的幾個趨勢)>, ≪중국어문≫ 1980년 제1기, 10쪽)라고 불렀다. 우리는 심씨의 "의동환독"의 설명 방법을 채용하고 단지 이해하기 쉽도록 "의동"을 "동의(同義)"로 고쳤을 뿐이다.

여숙상 선생은 동의환독 현상의 성질은 일본 사람들이 말하는 "훈독(訓讀)"과 가깝다고 지적하였다. 훈독은 "한자를 차용하여 일본어의 글자를 대표시키는 데 한자의 음을 취하지 않고 원래 있던 글자의 음으로 읽는 것이다. 예컨대 '人'이라고 쓰지만 hito라고 읽고 '山'이라고 쓰지만 yama라고 읽는다."(≪어문상담(語文常談)≫, 31쪽, 삼련서점(三聯書店), 1980) 동의 환독은 우리 자신이 한자를 사용할 때의 훈독이라고 말할 수 있다(훈독의 현상은 순수한 병음(併音) 문자에서도 때때로 또한 발견할 수 있다. 예컨대 영어를 말하는 사람들은 왕왕 라틴어 "id est"의 축약인 "i. e."를 "that is"라고 읽고, "et cetera"의 축약인 "ete."를 "and so on"이라고 읽는데 이것이 훈독이다).

다음에 몇 가지 동의환독의 예를 든다.

"俛"(면)・"頫"(조)는 "俯"(부)로 환독한다.

≪설문≫에는 "頫"(조)는 "고개를 숙인다(低頭)"라고 해석하고, "俛"(면)은 "頫"의 이체라고 하였다. 많은 자서와 고서의 주석에서는 고개를 숙인다고 해석하는 "俛"과 "頫"는 "俯"의 이체라고 보았다(≪문선(文選)≫ 권8 <상림부(上林賦)>의 이선(李善)의 주에 인용된 ≪성류(聲類)≫에는 "'頫'는 고문 '俯'자이다('頫', 古文'俯'字)"라고 하였다. ≪한서≫의 안사고의 주에는 자주 "'頫'는 옛 '俯'자이다('頫'古'俯'字)"라고 하였다. 당(唐) 안원손(顔元孫)의 ≪간록자서(干祿字書)≫에는 "俯"와 "俛"은 "모두 고개를 숙인다는 글자로서 세속에서 '俛'은 음이 '免'이라고 하는 것은 그릇된 것이다(幷'俯仰'字, 俗以'俛'音'免', 非也)"라고 하였다). ≪이체자 정리표≫에는 이미 "俛"과 "頫"를 모두 "俯"자에 합병하여 넣었다. 사실은 "俛"과 "俯"는 원래 독음이 판연히 서로 다른 두 개의 글자이다. "俛"자는 "人"을 따르고 "免"성으로 본래는 마땅히 "免"이라고 읽어야 하는데 단옥재 주의 "頫"자 조에 매우 상세하게 논하였다. 은작산(銀雀山) 죽서 본 ≪울료자(尉繚子)・병담(兵談)≫에는 "俻者不得迎"이라는 글이 있는데 마땅히 "俛者不得仰"으로 읽어야 한다. "萠"과 "免"은 음이 가까우므로 "俻"은 마땅히 "俛"의 이체일 것이다. 이것은 역시 "俛仰"의 "俛"은 원래 "免"으로 읽고 "俯"로 읽지 않았다는 하나의 증거이다. 단지 "俛"과 "俯"는 뜻이 같기 때문에 후에 "俯"라고 환독된 것일 뿐이다. "頫"자에 이르러서는 단옥재의 주에는 ≪옥편≫의 반절(反切)에 근거하여 본래 마땅히 "俛"과 동음이었을 것이라고 보았고, 황생(黃生)의 ≪자고(字詁)≫ "頫"자 조에는 "頫"・"俛"・"俯" 세 글자는 원래 모두 뜻은 같지만 음은 같지 않았으므로 "頫"는 마땅히 음이 "眺"(조)이어야 하고(고서 가운데 빙문(聘問)・살피다 등의 뜻으로 해석하는 "頫"는 모두 "眺"로 읽는다) "후인들은 그 뜻이 같기 때문에(後人以其義同)" 마침내 "俯"로 잘못 읽었다고 보았다. 요컨대 "頫"자를 "俯"로 읽는 것도 역시 마땅히 동의 환독의 현상일 것이다.

"圩"(우)는 "圍"(위)로 환독한다.

대략 오대(五代)·송초(宋初) 혹은 좀 더 이른 때로부터 강회(江淮) 일대의 움패인 땅에는 왕왕 커다란 밭의 사방에 둑을 쌓아 물을 막음으로써 개간과 경작에 이롭게 하였다. 둑은 "圩" 또는 "圍"라고 불렀고 둑 안의 밭은 "圩田" 혹은 "圍田"이라고 불렀다. "圩"는 본래 "于"(우)로 읽었지만 "圍"와 뜻이 같기 때문에 후에는 흔히 "圍"로 환독되었다. ≪신화자전≫과 ≪현대한어사전≫에는 "圩"자의 이러한 뜻은 단지 wéi 하나의 음만을 주를 달았는데 본음 yú는 이미 도태된 것 같다("圩"는 또 xū(허)로 읽는데 사실은 허시(墟市)의 "墟"의 간사(簡寫)로서 wéi라고 읽는 "圩"와 동형자이다).

"石"(석)은 "擔"(담)으로 환독한다.

"石"은 무게 혹은 용량의 일종의 단위로 해석할 수 있는데, 120근(斤)이 1섬[石]이고(≪설문≫에는 "祏"(석)이라고 하였다), 10말[斗]도 역시 1섬이다. 많은 곳에서는 1섬의 무게 혹은 용량을 1담(擔)이라고 불렀다(≪후한서(後漢書)·선병전(宣秉傳)≫에는 "원래 담석(擔石)의 저축도 없다(自無擔石之儲)"라고 하였는데, 이현(李賢)의 주에는 "지금 강회(江淮) 사람들은 1섬을 1담이라고 한다(今江淮之人謂一石爲一擔)"라고 하였다. 당 이후에는 1석을 1담이라고 하는 것은 일찍 이미 강회 사람들에만 국한되지 않았다). 이 때문에 많은 사람들은 "石"을 양사로 풀이하는 "擔"의 간체로 쓴다. "石"을 "擔"으로 읽는 용법은 ≪강희자전≫ 등 비교적 오래된 자서에는 보이지 않지만 현대의 자전에는 모두 이미 수록되어 있다(여숙상, ≪어문상담≫, 30-31쪽 참조).

"腊"(석)은 "臘"(랍)으로 환독한다.

고대에는 육포[乾肉]를 "腊"(석)이라고 했는데 음은 "昔"(석)과 같다. 후대에는 일종의 절인 고기를 "臘肉"이라고 불렀고 어떤 사람은 "腊"을 "臘"의 간체로 사용하였는데 간화자에는 이 간체를 채용하였다(이것으로 유추하여 "獵"(렵)과 "蠟"(랍)도 또한 "獵"과 "蜡"으로 간화되어 각각 "猲"(석)(곰 비슷한 짐승)의 이체 "猎(석)"과 사제(蜡祭)의 "蜡"와 동형자가 되었다).

복건(福建)·대만(臺灣)과 광동(廣東)의 어떤 사람들은 "田"(전)을 "塍"

(승)으로 환독하고, "黑"(흑)을 "烏"(오)로 환독하며, "香"(향)을 "芳"(방)으로 환독한다(이영, <한자 연변의 몇 가지 추세>, ≪중국어문≫ 1980년 제1기, 10-11쪽). 북방 사람들은 때로는 "尿"(뇨)를 suī라고 환독한다(고대에는 간혹 소변을 "私"라고 불렀는데 어떤 사람은 {suī}는 {私}에서 변했을 가능성이 있다고 본다). 과거에 많은 사람들은 "骰子"(tóuzi, 투자 : 주사위)를 "色子"(shǎizi)라고 환독하였다. 명·청사람들은 "馹"(rì : 일)을 "驛"(yì : 역)의 간체로 사용하였다. 이것들은 모두 동의 환독의 예이다.

동의 환독은 가차·형차와 마찬가지로 역시 일종의 문자 차용의 현상이다. 하나의 사는 다른 하나의 사를 위하여 만든 문자의 자형이 그것에 대해서도 또한 알맞기 때문에 이 자형을 차용하는 것이 형차이고, 다른 하나의 사의 음이 그것과 서로 같거나 혹은 서로 가깝기 때문에 이 사의 문자를 차용하는 것이 가차이며, 다른 하나의 사의 뜻이 그것과 서로 같거나 혹은 서로 가깝기 때문에 이 사의 문자를 차용하는 것이 동의 환독이다. 가차와 동의 환독도 역시 아닌게 아니라 음차(音借)와 의차(義借)라고 부를 수 있다. 우리가 제9장 제1절에서 말한 바와 같이, 어떤 본래 본자가 있는 가차자는 사실은 음이 같거나 혹은 음이 가까운 별자(別字)이다. 어떤 동의 환독자는 사실은 또한 뜻이 같거나 혹은 뜻이 가까운 별자이다.

동의 환독은 가차·형차와는 각각 서로 다른 특징이 있지만 때로는 또 구분하기 쉽지 않은 상황이 있다.

위 절에서 이미 지적한 바와 같이, 어떤 문자 차용의 현상들은 주로 어떤 형성자의 차용 현상으로 가차로 볼 수도 있고 또한 형차로 볼 수도 있다. 그밖에 또 소수의 문자 차용의 현상은 동의 환독으로 볼 수도 있고 또한 피차자(被借字)의 자의가 가차의와 관련이 있는 가차 현상으로 볼 수도 있다. "仇"(구)를 "讎"(수)로 읽는 것은 하나의 예이다. "仇"와 "讎"는 모두 상대·원수라고 풀이하는 것은 고서에 흔히 보인다. 중고의 운서에 근거하면, "仇"는 거구절(巨鳩切)(qiú : 구)로 읽고 "讎"는 시류절(市流切)(chóu : 수)로 읽어 운모는 같지만 성모는 달랐다. ≪전국책(戰國策)·진책(秦策)·일(一)≫에는 "또 상군(商君)은 본래 대왕의 원수입니다(且夫商君固大王之仇讎也)"라고 하였고, ≪석명(釋名)·석용기(釋用器)≫에는 "'仇矛'(구모 : 삼지창(三枝槍)).

'仇'는 '讎'이다. 치는 것을 당하면 평평해지는데 원수를 치는 것과 같다(仇矛. 仇, 讎也. 所伐則平, 如討仇讎也)"라고 하였다. ≪주례(周禮) · 춘관(春官) · 전서(典瑞)≫의 정현(鄭玄)의 주에는 "'難'은 원수이다(難, 仇讎)"라고 하였고, ≪주례 · 지관(地官) · 조인(調人)≫의 주에는 "'難'은 서로 더불어 원수가 된다는 것이다(難, 相與爲仇讎)"라고 하였다. 위에서 인용한 각각의 예는 모두 "仇"와 "讎"가 연문(連文)으로 "仇"는 분명히 "讎"와 하나의 음으로 읽을 수 없었다. 그러나 일찍 당대(唐代)에 많은 사람들은 "仇敵"의 "仇"를 "讎"로 읽었고 후에는 이것이 결국 여러 사람들이 받아들인 정규의 독법이 되었다. ≪이체자 정리표≫에는 이미 "仇敵"으로 해석하는 "讎"를 "仇"자로 합병하였다("校讎"의 "讎"는 아직 합병하지 않았다). 안사고의 ≪광류정속(匡謬正俗)≫ 권8 "僅"(근)자 조에는 "원수를 '仇'라고 하는데 뜻은 '讎'와 같다. '嘗試' 자는 뜻이 '曾'(증)과 같다. '邀迎'자는 뜻이 '要'(요)와 같다. 그러나 음독은 각각 달라서 서로 가차하지 않는다. 지금의 세속에서 곧장 '仇'를 '讎'로 읽고 '嘗'을 '曾'으로 읽고 '邀'를 '要'로 읽는 것은 진혀 이긋나는 것이다(怨耦曰'仇', 義與'讎'同. '嘗試'之字, 義與'曾'同. '邀迎'之字, 義與'要'同. 而音讀各異, 不相假借. 今之流俗, 徑讀'仇'爲'讎', 讀'嘗'爲'曾', 讀'邀'爲'要', 殊爲爽失)"라고 하였다. 안사고의 설명에 따르면 "'仇'를 '讎'로 읽는(讀仇爲讎)" 것은 "'嘗'을 '曾'으로 읽는(讀嘗爲曾)"것과 마찬가지로 동의 환독의 현상이다. 이것은 물론 통할 수 있다("'邀'를 '要'로 읽는(讀邀爲要)" 것에 관해서는 약간의 설명을 해야 할 필요가 있다. ≪광운≫에는 "遮"라고 풀이하는 "邀"에는 "어소절(於宵切)"과 "고요절(古堯切)"의 두 독음이 있다. 안사고의 뜻은 대개 "邀迎"의 "邀"는 마땅히 "古堯切"로 읽어야 하고 "於宵切"로 읽는 것은 "要"로 고쳐 읽은 것이라고 말한 것이다). 그러나 "仇"와 "讎" 두 글자의 독음은 결국 비교적 서로 가깝기 때문에 또한 아닌게 아니라 "仇"를 "讎"로 읽는 것을 하나의 음과 뜻이 모두 "讎"와 밀접한 관계가 있는 필획이 비교적 적은 글자를 가차하여 "讎"자를 대체한 것으로 해석할 수 있을 것 같다. 아마도 이 예를 동의 환독과 가차의 두 가지 성질을 아울러 갖고 있거나 혹은 양자 사이에 위치한 현상으로 보는 것이 비교적 타당한 처리 방법일 것이다. 제12장 제2절 1에서 또 서로 유사한 예를 언급할 것이다.

또 어떤 문자 차용의 현상들은 주로 어떤 표의자들의 차용 현상으로, 동의환독으로 볼 수도 있고 또한 형차로 볼 수도 있다. 다음에 "凸"(철)자를 예로 삼아 설명하려고 한다.

서로 다른 지역의 사람들은 왕왕 모두 "凸"자로 그 지역에서 가장 흔히 사용되는 튀어나오다 · 높이 뛰어나다로 해석하는 사를 나타내었기 때문에 이 글자의 독음은 상당히 갈라져 있다. 1949년에 출판된 ≪국음자전(國音字典)≫은 "凸"자 아래에 tū · dié · gǔ라는 세 가지 음을 주를 달았다. ≪종상방언기(鍾祥方言記)≫에는 "凸"자의 백화음(白話音)을 [puŋ˧]라고 기록하였다. 서남(西南)의 어떤 지역에서는 "凸"을 gǒng이라고 읽는다. 그밖에 아마 또 다른 독법이 있을 것이다. 각 지역의 "凸"자가 나타내는 사는 뜻이 모두 서로 같거나 혹은 극히 서로 가까운 것이다. 그러므로 "凸"자의 다음(多音) 현상은 동의 환독으로 해석할 수 있다. 그러나 이러한 "凸"자로 나타내는 사들은 모두 "凸"의 본의로 볼 수 있으므로 또한 아닌게 아니라 이 현상을 형차로 해석할 수도 있고, 음이 서로 다른 "凸"을 똑같이 표의자인 동형자로 볼 수도 있다.

어떤 개별적인 문자 차용의 현상은 심지어 가차 · 형차와 동의환독과 모두 관계가 있다고 볼 수 있다. 예컨대 "閘"(갑)은 본래 "門"을 따르고 "甲"성인 형성자로서(음은 "押"(압)과 같다. 또 마왕퇴(馬王堆) 백서(帛書) ≪노자(老子)≫ 갑본(甲本)의 "毋閘其所居"에는 "毋閘"을 "毋狎"으로 빌렸다), ≪설문≫에는 "문을 열고 닫는다(開閉門)"라고 해석하였다. 명 · 청 이래 "閘"을 "牐"으로 빌려서 수시로 열고 닫을 수 있는 수문(水門)을 가리켰다("牐"은 음이 zhá(삽)으로, 본래는 결코 오로지 수문만을 가리키는 데 사용된 것은 아니다. ≪광운≫ 입성(入聲) 흡운(洽韻) 사흡절(士洽切)에는 "'牐'은 빗장을 내려 성문을 닫는 것이다(牐, 下牐, 閉城門也)"라고 하였다. ≪이체자 정리표≫에는 이미 "牐"을 "閘"자에 합병하였다). "閘"자의 본의는 "牐"과 서로 가깝다. 게다가 만약 그것의 원래의 결구를 상관하지 않고 단순히 글자의 외형으로만 본다면 또한 참으로 대문 가운데 하나의 빗장이 있는 모양을 약간 닮았다. 그것의 원래의 독음은 성모는 "牐"과 분명히 서로 다르지만 운모는 "牐"과 매우 가깝다("閘"은 압운(狎韻)에 속하고 "牐"은 흡운(洽韻)에 속하여 모두 함섭(咸攝) 2등(等)의 입성자(入

聲字)이다). 옛 사람들이 "閘"을 "牐"으로 빌린 것은 대개 형 · 음 · 의의 세 방면에서 모두 고려한 바가 있었을 것이다(단순히 자음 방면에서만 본다면 "閘"을 "牐"으로 빌리는 조건은 불충분하다). 그러므로 이것은 하나의 가차 · 형차와 동의 환독 등의 성질을 아울러 가지고 있는 문자 차용의 특례일 가능성이 있다.

제11장

# 문자의 분화(分化)와 합병(合倂)

## 제1절 문자의 분화(分化)와 문자의 기능을 분산시키는 기타의 방법

한자에는 어의(語義)의 인신(引伸)·문자의 가차(假借) 등의 원인으로 말미암아 일자다직(一字多職)의 현상, 곧 한 글자가 두 가지 이상의 뜻이나 혹은 음과 뜻을 나타내는 현상은 극히 흔히 보인다(제12장 제1절을 참조). 설명의 편의를 위하여 우리는 두 가지 이상의 뜻이나 혹은 음과 뜻을 가지고 있는 글자를 모두 다의자(多義字)라고 부른다. 역사적으로 본다면 일자다직의 현상은 끊임없이 생겨나고 있다. 다른 한편으로는 문자가 언어를 표현·전달하는 명확성을 보증하기 위하여 다의자의 기능을 분산시키는 일도 역시 끊임없이 진행되고 있다. 본 절에서는 다의자의 기능을 분산시키는 갖가지 주요한 방법을 토론하려고 한다. 두 개 이상의 동형자를 대표하는 다의자형(多義字形)의 기능 분산 방법은 일반적인 다의자와 대체로 서로 같다. 본 절에서는 또한 이러한 다의자형의 직무를 분산시키는 약간의 예를 덧붙여서 언급할 것이다.

### 1. 문자의 분화(分化)

다의자의 기능을 분산시키는 주요한 방법은 하나의 글자를 두 개 혹은 몇 개의 글자로 분화시켜 원래 한 글자가 담당하던 기능으로 하여금 두 개 혹은 몇 개의 글자가 분담하게 하는 것이다. 우리는 기능을 분담하는 데 사용되는 새로 만든 글자를 분화자(分化字)라고 부르고, 분화자가 나온 글자를 모자(母字)라고 부른다. 문자의 분화는 결코 반드시 모두 성공적인 것은 아니다. 어떤 분화자들은 시종 통행되지 않았고, 어떤 분화자들은 후에 또 모자에 합병되었다.

구체적으로 말한다면 문자 분화의 방법은 대체로 네 종류로 나눌 수 있다.

1) 이체자의 분업(分業).

2) 모자와는 단지 필획상의 미세한 차이만이 있는 분화자를 만든다.

3) 편방을 덧붙이거나 혹은 바꾸는 것을 통하여 분화자를 만든다.

4) 모자와 자형상 관련이 없는 분화자를 만든다.

다음에 각각 예를 들어 설명한다.

#### 1) 이체자의 분업

어떤 다의자들의 분화는 좁은 뜻의 이체자의 분업을 통하여 실현된 것이다. 예컨대 다음과 같다.

**猶(유) — 猷**

"猶"자는 본의인 원숭이 속(屬)의 짐승 이외에 또 꾀 {猷}·같을 {猶}와 오히려 {猶} 등의 가차의를 나타내는 데 사용될 수 있다. "猷"와 "猶"는 본래 편방의 위치가 서로 다른 이체로서 용법은 결코 구별이 없다(≪설문≫에는 다만 "猶"의 서사법만이 수록되어 있을 뿐이다). 비교적 이른 시대에는 꾀 {猷}도 또한 "猶"라고 쓸 수 있었고(≪시경·소아(小雅) 소민(小旻)≫에는 "꾀가 간사하네(謀猶回遹)"라고 하였다), 같을 {猶}·오히려 {猶} 등의 사들도 또한 "猷"라고 쓸 수 있었다(≪이아(爾雅)·석언(釋言)≫에는 "'猷'는 같다는 뜻이다(猷, 若也)"·"'猷'와 '肯'은 '可'이다(猷·肯, 可也)"라고 하였다. 은작산(銀雀山) 죽서 중에서는 "猷"와 "猶"의 용법은 전혀 구별이 없다). 후에 꾀의 뜻은 오로지 "猷"자로만 나타내었고, 같다는 등의 뜻은 "猶"자로 나타내어 이체가 용법이 서로 다른 글자로 변하였다.

## 邪(야) — 耶

“邪”자는 “邑”(읍)을 따르고 “牙”(아)성으로 본래는 땅 이름 글자였다(음은 yá(야)이고, 옛 음은 yé이다. 낭야(琅琊)는 옛날에 “琅邪”라고 하였다). “邪”는 가차하여 간사할 {邪}(xié : 사)(본자는 “衺”로 되어 있다. ≪주례(周禮)≫ · ≪설문≫ 등에 보이는데 후세에는 거의 사용되지 않았다)를 나타낼 수 있었고, 또 가차하여 구말(句末) 의문 어기사 {耶}를 나타낼 수 있었으며(yé(야) ≪사기 · 항우본기(項羽本紀)≫에는 “항우는 그 먼 후손일 것이다(羽豈其苗裔邪?)”라고 하였다), 그밖에 또 약간의 위에서 든 두 가지 뜻처럼 흔히 사용되지는 않는 가차의가 있는데 잠깐 생략한다. 한예(漢隸)에서는 흔히 “牙”방을 “耳”방과 분간하기 어렵게 썼기 때문에 “邪”자 가운데 어떤 것은 “耶”의 이체가 되었다(당(唐) 안원손(顔元孫)의 ≪간록자서(干祿字書)≫에는 문자를 “正 · 通 · 俗” 3체로 나누었는데 책 속에서 “邪”를 “正”체라고 하고 “耶”를 “通”체라고 하였다). 그것들의 용법은 본래 결코 구별이 없었다. 후에 간사할 {邪}는 더 이상 “耶”라고 쓰지 않았고, 의문 어기사 {耶}는 더 이상 “邪”라고 쓰지 않았는데 이체가 용법이 서로 다른 글자로 변한 것이다.

## 亨(향) — 享

“亨”과 “享”은 본래 한 글자의 이체로서 용법은 결코 구별이 없었다(이 글자는 금문에는  ·  등의 모양으로 되어 있고, ≪설문≫에는  · 의 두 체로 되어 있다. 왕망(王莽) <가량(嘉量)>의 “享傳億年”의 “享”은 으로 되어 있다). 비교적 이른 시대에는 제향(祭享) · 향수(享受)의 {享}도 또한 “亨”으로 쓸 수 있었고(≪주역(周易) · 대유(大有)≫의 구삼(九三) 효사(爻辭)의 “공이 천자에게 제향하였다(公用亨於天子)”라고 하였다. 동한 <유웅비(劉熊碑)>에는 “자손들이 누리네(子孫亨之)”라고 하였다), 형통(亨通)할 {亨}(형)과 삶을 {烹}(팽)도 역시 “享”이라고 쓸 수 있었다(≪주역≫의 “元亨利貞”의 “亨”은 마왕퇴(馬王堆) 백서(帛書)본 ≪주역 · 건괘(乾卦)≫와 동한 시대의 <장공신비(張公神碑)>에는 모두 “享”이라고 하였다. 운몽(雲夢) 수호지(睡虎地) 진간(秦簡) ≪일서(日書)≫에는 “삶아서 먹었다(亨而食之)”라고 하여 “享”으로 삶을 {烹}을 나타내었다. {烹}은 세상에 전하는 비교적 이른 고서에는 일반적으로 “亨”으로 나타내었는데, 예컨대

≪시경·빈풍(豳風)·칠월(七月)≫에는 “칠월에는 아욱과 콩을 삼네(七月亨葵及菽)”라고 하였다). 후에 그것들은 분업을 통하여 두 개의 용법이 서로 다른 글자로 변하였다(≪간록자서≫에는 “亨”은 “亨通·亨宰”자이고, “享”은 “祭享”자라고 하였다. 아마 “享”을 “亨”이라고 하지 않은 것이 “亨”을 “享”이라고 하지 않은 것보다 늦을 것이다. ≪태평광기(太平廣記)≫ 권252 “俳優人” 조에는 “해가 가도록 사람과 더불어 맷돌을 돌려 이익을 누렸다(經年與人旋磑亨利)”라고 하여 여전히 “亨”으로 {享}을 나타내었다). 그밖에 또 의부(意符)를 덧붙이는 방법으로 “亨”자에서 “烹”자를 분화시켜 원래의 한 글자가 세 개의 글자로 분화되었다.

## 箸(저) — 著 — 着

“著”(저)는 본래 젓가락으로 풀이하는 “箸”(저)의 이체였다(한예(漢隸)에서는 “竹” 머리와 “艸” 머리가 왕왕 구분되지 않았기 때문에 “箸”가 “著”로 변하였다. ≪설문≫에는 “著”가 없다). 후에 “箸”는 오로지 본의를 나타내는 데만 사용되었고(또한 “筯”(조)라고도 하였다), “著”는 가차의 및 인신의를 나타내는 데 사용되어 이체가 용법이 서로 다른 글자로 변하였다(“著”가 나타내는 가차의 및 인신의는 고서에서는 여전히 “箸”로 나타낸 예가 있다. ≪순자(荀子)·왕패(王霸)≫에는 “인의(仁義)를 드러낸다(箸仁義)”라고 하고, ≪열자(列子)·중니(仲尼)≫에는 “形物其箸”라고 하여 “箸”로 드러낸다는 {著}를 나타내었다. 포표(鮑彪) 본 ≪전국책(戰國策)·조책(趙策) 일(一)≫에는 “군대가 진양(晉陽)에 붙어 있은지 3년이 되었다(兵箸晉陽三年矣)”라고 하여 “箸”로 붙을 {著}을 나타내었다. ≪세설신어(世說新語)·방정(方正)≫에는 “이제 귀신을 본 사람이 생시의 의복을 입고 있었다고 하였다(今見鬼者云箸生時衣服)”라고 하여 “箸”로 옷입을 {著}을 나타내었다). “著”자가 나타내는 뜻은 매우 많은데 흔히 사용되지 않는 뜻을 제외하면 그 독음은 두 계통으로 나눌 수 있다. 한 계통은 드러날 {著}·저작의 {著}(zhù : 저)와 같이 거성(去聲)으로 읽는다. 또 하나의 계통은 옷을 입다·부착하다와 낙착(落著)의 “著”(zhuó : 착) 및 조사 “著”(zhe)와 같이 입성(入聲)으로 읽는다. 뒤의 계통의 “著”은 현재 일반적으로 “着”이라고 쓴다(zhāo와 zháo로 읽는 “着”이 나타내는 갖가지 뜻은 모두 본래는 입성으로 읽은 “著”의 인신의이다). “着”은 본래 “著”의 이체였다(한·위·육조의 문자에서는 “日”방은 때로는 “目”방으로 와변(訛變)되었는데, 예컨대 “莫”는 또한 “莫”라고 하였다. ≪간록자서≫에는 "着"를 "著"의 속체라고 하였는데, 만약 그것의 초두(草頭)를 약간 낮게 쓰고 비낀 삐침을 머리가 나오지 않게 쓴다면 "着"이 될 것이다). 송 왕분(王雰)의 ≪속서증오(俗書證誤)≫에는 "着"자 아래에 "원래는 '著'로 지금의 '着實'이다(原'著', 今'着實')"라고 주를 달았다. 송대의 통속 문자에는 이미 "著"·"着"을 분간하여 사용하는 경향이 나타났던 것 같다. 그러나 구시대의 문인들의 눈에는 "着"자는 저속하여 사용해서는 안 되는 것이었다. 곧장 민국 시대에 엮은 ≪사원(辭源)≫에 이르기까지도 모두 아직 "着"자를 수록하지 않았고, 단지 "著" 아래에 "입성으로 읽는 것은 세속에서는 흔히 '着'이라고 한다(凡讀入聲者, 俗多作'着')"는 한 마디만을 덧붙여 말했을 뿐이다. 현대의 ≪신화자전≫·≪현대한어사전≫에는 "著"자의 입성 계통의 각각의 뜻은 모두 이미 "着"을 글자의 머리로 삼고 있다. 일반 사람들의 눈에는 "著"와 "着"은 일찍 이미 두 개의 용법이 서로 다른 글자가 되었다. 토착(土著)의 "著"은 본래 붙는다는 뜻을 취한 것이므로 마땅히 zhuó로 읽어야 한다. 이 글자는 일반적으로 본래 입성으로 읽은 "著"자처럼 "着"으로 고쳐 쓰지는 않기 때문에 여러 사람들은 그것을 zhù로 읽게 되었다(제12장 제2절 1을 참조).(본래 입성으로 읽는 "著"은 대만(臺灣)에서는 여전히 대부분 "著"라고 하고 "着"이라고 하지 않는다).

이체자의 분업은 흔히 보이는 현상이다. 위에서 본 각각의 예 이외에, 예컨대 "鵶"(아)와 "雅"(아), "諭"(유)와 "喻"(유), "讎"(수)와 "售"(수), "吏"(리)와 "事"(사), "烏"(오)와 "於"(어)(≪설문≫에는 "於"를 "烏"자의 고문의 생략된 체라고 하였다), "句"(구)와 "勾"(구), "弁"(변)과 "卞"(변)(본래는 "弁"이 생변(省變)된 체이다), "沈"(침)과 "沉"(침)(본래는 "沈"의 와체(訛體)이다) 등등은 모두 좁은 뜻의 이체자에서 용법이 서로 다른 문자로 분화된 것이다.

동형자 자형의 분화는 왕왕 이체자의 분업과 유사한 방법을 채용하였다. 예컨대, 𝔇과 D은 본래 모두 달 {月}을 나타내는 데 사용될 수도 있고, 또한 저녁 {夕}을 나타내는 데 사용될 수도 있었다. 후에 𝔇은 오로지 {月}만을 나타내게 하고, D은 오로지 {夕}만을 나타내게 하여 그것들을 두 개의 서로 다른 글자로 분화시켰다. "大"와 "夫", "𠂢"와 "永"의 상황도 역시 모두 이와 같다. 이러한 예들은 앞에서 모두 말한 바 있다(제1장과 제7장 제1절 6을 참조). 또 현재는 모두 "钟"으로 간화된 "鐘"과 "鍾"은 고문자에서는 본래 모두 쇠북 {鐘}을 나타내는 데 사용될 수도 있고, 또한 술병 {鍾}을 나타내는 데 사용될 수도 있었다. 쇠북을 나타내는 "鐘"자와 술병을 나타내는 "鍾"자는 모두 마땅히 동형자로 보아야 할 것이다. 후에 "鐘"은 오로지 쇠북 {鐘}만을 나타내게 하고, "鍾"은 오로지 술병 {鍾}만을 나타내게 하여 그것들을 분화시켰다. 이것도 역시 이체자의 분업과 극히 서로 유사한 한 가지 예이다.

2) 모자(母字)와 겨우 필획상의 미세한 차이만이 있는 분화자를 만든다.

어떤 다의자들은 필획상의 미세한 변화를 통하여 하나의 새로운 글자를 분화시켜 부분적인 기능을 분담시켰다. 예컨대 다음과 같다.

母(모) — 毋(무)

고문자에서는 본래 "母"자를 가차하여 부정사 {毋}를 나타내었다. 전국 시대에 이르러 어떤 사람이 "母"자의 두 점을 한 획으로 고쳐서 (毋)자를 분화시켜 오로지 이 사만을 나타내었다(전국 시대 진국(秦國)의 <저초문(詛楚文)>과 강릉(江陵) 망산(望山) 1호(號) 등의 초묘(楚墓)에서 출토된 간문(簡文)에는 모두 "毋"자가 있다. 이것들은 아마 현재 볼 수 있는 가장 오래된 "毋"자일 것이다. 그러나 전국 시대에는 일반적으로 여전히 "母"로 {毋}를 나타내었던 것 같다. 진(秦)이 전국 말기에 주조한 <신처호부(新郪虎符)>에는 역시 여전히 "母"로 {毋}를 나타내었다). 진 · 한 시대에 이르러서는 보편적으로 "毋"자를 사용하게 되었다(그러나 진 · 한의 문자 자료에는 여전히 "母"로 {毋}를 나타낸 소수의 예가 있다).

已(이) — 巳(사)

이미 {已}는 본래 뱀 {巳}를 가차하여 나타내었다(춘추 만기의 <채후반명(蔡侯盤銘)>에는 "母巳"로 {毋已}를 나타내었다. 한대 사람들은 때로는 "以"로 {已}를 나타낸 것을 제외하면 모두 "巳"로 {已}를 나타내어 한간(漢簡) · 한비(漢碑) 중에 자주 그 예가 보이는데, 예컨대 <공화비(孔龢碑)>에는 "일이 끝나자 곧 떠났다"(事巳卽去)라고 하였다). 후에 "巳"자의 왼쪽의 윗 부분에 빈틈을 남겨

두는 방법으로 전용(專用)하는 "巳"자를 분화시켰다(≪설문≫에는 "巳"가 없다).

刀(도) — 刁(조)

"刀"자는 고대에는 "刁"음이 있었다(제환공(齊桓公)의 근신(近臣) 수조(豎刁)는 ≪묵자(墨子)·소염(所染)≫·≪공양전(公羊傳)·희공(僖公) 18년≫에는 모두 "豎刀"라고 하였다. 조두(刁斗)는 ≪한서·이광전(李廣傳)≫에는 "刀斗"라고 하였다. 한인(漢印)에는 "刁"성(姓)자가 모두 "刀"로 되어 있다). 후에 "刀"자의 하나의 삐침[撇 : 별]을 하나의 갈고리[趯 : 책]로 변화시켜 "刁"자를 분화시켜 "刁"음으로 읽는 "刀"자를 대신하였다(≪설문≫에는 "刁"가 없다).

荼(도) — 茶(차·다)

차잎의 {茶}는 본래 "荼"(도)자로 나타내었다(≪이아(爾雅)·석목(釋木)≫에는 "'檟'(가)는 씀바귀이다(檟, 苦荼)"라고 하였다. "檟"는 차나무이다. "荼"는 본래 씀바귀[苦菜]의 이름으로 차잎도 역시 맛이 쓰므로 {茶}는 대개 {荼}에서 파생된 사일 것이다. 전대흔(錢大昕)의 ≪십가재양신록(十駕齋養新錄)≫ 권19 "우적다산시술(于頔茶山詩述)" 조에는 구경도(瞿鏡濤)를 인용하여 "원고(袁高)와 우적(于頔) 두 사람의 제명(題名)에는 '茶' 자가 다섯 번 보이는데 모두 '荼'라고 하였다. 당대 사람들은 육서에 정밀하여 속자를 가볍게 쓰지 않으려고 함이 이와 같았다(袁高·于頔兩題名, '茶'字凡五見, 皆作'荼'. 唐人精於六書, 不肯輕作俗字如此)"라고 하였다). "茶"는 "荼"자에서 한 필획을 생략하여 만든 분화자로서, 대개 당대에 비로소 나타났을 것이다("荼"자는 또 일찍이 "搽"(다)자를 분화시켜 {茶}라는 사를 나타내었지만 이 분화자는 후에 "茶"에 의하여 배제되어 버렸다).

그밖에 "气"(기)가 "乞"(걸)을 분화시키고(빌 {乞}은 본래 "气"자를 빌려 나타내었다), "角"(각)이 "甪"(록)을 분화시키고(lù. "角" 자는 본래 이 음이 있었다), "余"(여)가 "佘"(사)를 분화시키고, "洗"(선·세)가 "冼"(선)을 분화시킨("佘"·"冼"은 모두 성씨(姓氏)에 사용되는 글자이다) 등등은 모두 이러한 예이다.

위에서 서술한 이러한 문자 분화의 현상에서는 분화자의 독음과 모자의 본음은 거의 모두 서로 다르다. 문자의 이독(異讀)을 감소시키는 것이 이러한 문자 분화의 극히 중요한 하나의 목적이었음을 알 수 있다.

만약 충분한 자료가 결여되어 있다면, 위에서 서술한 이러한 문자 분화의 현상과 서사법에 좀 차이가 있는 것을 이용한 이체자(예컨대 "著"와 "着", "亨"과 "享", "句"와 "勾" 같이) 분업의 현상은 왕왕 구별하기가 쉽지 않을 것이다. 위에서 든 어떤 예들은 본래 마땅히 이체자 분업에 넣어야 할 것이지만, 우리가 자료의 파악이 불충분하기 때문에 그것들의 성질을 잘못 이해했을 가능성도 있다.

소수의 분화자를 만드는 상황은 모자에 대하여 필획상의 미세한 변화를 시키는 것과 다음에서 말하려고 하는 모자의 편방을 바꾸는 이 두 가지 상황 사이에 놓여 있는 것이다. 예컨대 다음과 같다.

**陳**(진) — **陣**

진열(陳列)할 {陳}은 인신되어 진영(陣營)의 {陣}이 되었다. 이 뜻은 본래는 "陳"자로 나타내었는데(≪논어(論語)·위령공(衛靈公)≫에는 "위령공(衛靈公)이 공자(孔子)에게 진영을 물었다(衛靈公問陳於孔子)"라고 하였다), 후에 그것의 "東"방을 "車"방으로 고쳐서 전용(專用)의 "陣"자를 분화시켰다(≪한서·형법지(刑法志)≫에는 "군대에 뛰어난 사람은 진을 치지 않는다(善師者不陳)"는 구의 안사고의 주에는 "전진(戰陳)의 뜻은 본래 진열한다는 것을 따라서 이름을 삼아 음이 변한 것일 뿐이다. 글자는 '陳'이라고 하여 더욱 다른 체가 없었다. 그러나 말세의 학자들이 문득 그 글자의 편방을 고쳐 '車'를 따르는데 경사(經史)의 본래의 글자가 아니다(戰陳之義, 本因陳列爲名而音變耳. 字則作'陳', 更無別體. 而末代學者, 輒改其字旁從'車', 非經史之本文也)"라고 하였다. ≪설문≫에는 "陣"이 없다. ≪안씨가훈(顔氏家訓)·서증(書證)≫에는 "陣"자는 왕희지(王羲之)의 ≪소학장(小學章)≫에 처음으로 보인다고 하였고, 고애길(顧藹吉)의 ≪예변(隷辨)≫에는 동한 <사농유부인비(司農劉夫人碑)>에 이미 이 글자가 보인다고 지적하였다). 고대의 전쟁에서는 수레가 매우 중요하였으므로 "車"와 "陣"은 의미상 다소간에 약간의 관련이 있다. 그러나 당초에 "陳"자의 "東"방을 "車"방으로 바꾼 까닭은 분명히 "東"·"車"의 자형이 서로 가깝다는 점과 매우 커다란 관계가 있다. "東"자의 삐침[撇]과 파임[捺]이 만약 하나의 가로획으로 합병된다면 "車"자가 될 것이다. 그러므로 "陳"을 "陣"으로 고친 것은 모자에 대하여 필획상의 미세한 변화를 시키는 것과 모자의 편방을 바꾸는 이 두 가지 상황 사이에 놓여 있는 예라고 볼 수 있다.

### 辨(변) — 辦(판)

≪설문≫에는 "'辨'은 쪼갠다는 뜻이다. '刀'를 따르고 '辡'(변)성이다('辨', 判也. 从'刀', '辡'聲)"라고 하였다. "辨"자의 "刀"방이 "刂"로 된 것은 예서·해서의 편방 변형의 현상이다. 변별(辨別)할 {辨}이 인신되어 판리(辦理)할 {辦}으로 되었는데, 이 뜻은 본래는 "辨"자로 나타내었는데(≪사기·항우본기(項羽本紀)≫에는 "항량(項梁)이 늘 주관하였다(項梁常爲主辨)"라고 하였다), 후에 그것의 "刀"방을 "力"방으로 고쳐서 전용하는 "辦"자를 분화시켰다(≪설문≫에는 "辦"이 없다). "力"과 "辦"은 의미상 다소간 약간의 관련이 있지만 당초에 "刀"를 "力"으로 고친 까닭은 분명히 "刀"·"力"의 모양이 가깝다는 점과 관계가 있는데 상황은 "陳"을 "陣"으로 고친 것과 유사하다. 卿(卿)이 鄉(鄉)을 분화시킨 것도 역시 이러한 예라고 할 수 있다(제7장 제2절 참조).

#### 3) 편방(偏旁)을 덧붙이거나 혹은 바꾸는 것을 통하여 분화자를 만든다.

이것은 가장 흔히 사용되는 문자를 분화시키는 방법이다. 다음에 의부(意符)(곧 표의(表意) 편방)를 덧붙이고, 의부를 바꾸며, 음부(音符)(곧 표음(表音) 편방)를 덧붙이거나 혹은 바꾸는 세 가지의 상황으로 나누어 각각 예를 들어 설명한다. 음부를 덧붙이는 것과 음부를 바꾸는 상황은 모두 비교적 보기 드물기 때문에 한 가지로 합병하였다. 마지막에는 또 이러한 방법으로 쌍음절사에 분화자를 만들어 내는 상황을 전문적으로 말하려고 한다.

#### (1) 의부(意符)를 덧붙인다.

흔히 사용되는 가차의 혹은 인신의를 가진 어떤 글자들은 의부를 덧붙이는 것을 통하여 한 글자를 분화시켜 그것들의 본의를 나타내었다. 우리는 제7장 제1절·제8장 제1절에서 일찍이 적지 않은 이러한 예를 언급한 바 있다. 예컨대, "它"(타)자는 대개 그것을 가차하여 나타낸 지시대사 {它}가 일단 흔히 사용하게 되었기 때문에 "虫"방을 덧붙여 "蛇"자를 분화시켜 본의를 나타내었을 것이다(≪설문≫에는 "蛇"를 "它"의 혹체(或體)라고 하였다). "孚"(부)자는 대개 그것을 가차하여 나타낸 "信"이라고 풀이하는 {孚}가 일단 흔히 사용하게 되었기 때문에 "人"방을 덧붙여 "俘"자를 분화시켜 본의를 나타냈을 것이다(≪설문≫에는 "孚"를 "俘"의 초문이라고 하지 않았다). "韋"(위)자는 대개 그것을 가차하여 나타낸 다룬 가죽 {韋}가 일단 흔히 사용하게 되었기 때문에 "辵"(착)방을 덧붙여 "違" 자를 분화시켜 본의를 나타냈을 것이다(≪설문≫에는 "韋"를 "違"의 초문이라고 하지 않았다). "莫"(모)자는 대개 그것을 가차하여 나타낸 부정사 {莫}이 일단 흔히 사용하게 되었기 때문에 "日"방을 덧붙여 "暮"자를 분화시켜 본의를 나타냈을 것이다(≪설문≫에는 "暮"가 없다). "暴"(폭)은 대개 그것을 가차하여 나타낸 사나울 {暴}가 흔히 사용하게 되었기 때문에 "日"방을 덧붙여 "曝"(폭)자를 분화시켜 본의를 나타냈을 것이다(≪설문≫에는 "曝"이 없다). "然"(연)자는 대개 그것을 가차하여 나타낸 그러할 {然} 및 인신의가 흔히 사용하게 되었기 때문에 "火"방을 덧붙여 "燃"(연)자를 분화시켜 본의를 나타냈을 것이다(≪설문≫에는 "燃"이 없다. 그러할 {然}은 일찍이 그것을 위하여 만든 "嘫"이 있었지만 통행되지는 않았다). "止"(지)자는 대개 인신의인 그칠 {止}가 흔히 사용하게 되었기 때문에 "足"(족)방을 덧붙여 "趾"(지)자를 분화시켜 본의를 나타냈을 것이다(≪설문≫에는 "趾"가 없다). "州"(주)자는 대개 인신의인 주현(州縣)의 {州}가 흔히 사용하게 되었기 때문에 "水"(수)방을 덧붙여 "洲"자를 분화시켜 본의를 나타냈을 것이다(≪설문≫에는 "洲"가 없다). "北"(배)자는 대개 인신의인 방위사 {北}이 흔히 사용하게 되었기 때문에 "肉"(육)방을 덧붙여 "背"(배)자를 분화시켜 본의를 나타냈을 것이다(≪설문≫에는 "北"를 "背"의 초문이라고 하지 않았다). "益"(일)자는 대개 인신의인 더하다·이익의 {益}이 흔히 사용하게 되었기 때문에 "水"방을 덧붙여 "溢"(일)자를 분화시켜 본의를 나타냈을 것이다(≪설문≫에는 "益"을 "溢"의 초문이라고 하지 않았다). "臭"(후)자는 대개 인신의인 썩을 {臭}가 흔히 사용하게 되었기 때문에 "鼻"(비)방을 덧붙여 "齅"(후)자를 분화시켜 본의를 나타내었을 것이다(후에 "齅"는 "嗅"로 고쳤다. 또 썩을 {臭}는 일찍이 그것을 위하여 만든 분화자 "殠"(후)가 있었지만 통행되지 않았다). "原"(원)자는 대개 인신의인 근원 {原}과 가차의인 들 {原}이 흔히 사용하게 되었기 때문에 "水"(수)방을 덧붙여

"源"(원)자를 분화시켜 본의를 나타냈을 것이다(≪설문≫에는 "源"이 없다. ≪설문≫에 근거하면 들 {原}의 본자는 "邍"이라고 되어 있다. 이 글자는 금문에는 "邍"으로 되어 있으므로 ≪설문≫의 자형에는 잘못이 있다). 그밖에 "埶"(예)자는 대개 형세의 {勢}≪주례(周禮) · 고공기(考工記) · 궁인(弓人)≫에는 "멀리 있는 것을 쏘는 자는 형세를 사용한다(射遠者用埶)"라고 하였는데, 정현의 주에는 "'埶'는 형세를 말한다(埶謂形埶)"라고 하였다)를 나타내는 데 흔히 사용되었기 때문에 "艸"(초)방을 덧붙여 "蓺"(藝 : 예) 자를 분화시켜 본의를 나타냈을 것이다(후에는 또 {勢}를 위하여 분화자 "勢"를 만들어 내어 "埶"는 폐기되었다. "势"는 "勢"의 간화자이다. ≪설문≫에는 "蓺"와 "勢"가 없다). "縣"(현)자는 아마 주현(州縣)의 {縣}을 나타내는 데 흔히 사용되었기 때문에 "心"(심)방을 덧붙여 "懸"(현)자를 분화시켜 본의를 나타냈을 것이다(≪설문≫에는 "懸"이 없다). "正"(정)자는 아마 바로잡다와 바를 {正}을 나타내는 데 흔히 사용되었기 때문에 "彳"(척)방을 덧붙여 "征"(정)자를 분화시켜 본의를 나타냈을 것이다(≪설문≫에는 "正"을 "征"의 추문이라고 하지 않았다). {勢} · {縣} · {正} 등의 사들은 결국 마땅히 "埶" · "縣" · "正" 등의 글자의 인신의 혹은 가차의로 보아야 할 것인가 하는 것은 서로 다른 의견이 있지만 여기서는 토론하지 않는다. 다음에 다시 두 개의 의부를 덧붙여 본의를 나타낸 예를 든다.

### 氣(气)(기) — 餼(희)

"氣"의 본의는 남에게 양식 · 사료와 같은 것을 보내준다는 것으로(≪설문≫에는 "'氣'는 손에게 꼴과 쌀을 보낸다는 뜻이다. '米'를 따르고 '气'성이다. ≪춘추전≫에는 제(齊) 사람들이 와서 제후들에게 (먹을 것을) 보냈다고 하였다('氣', 饋客芻米也. 从'米', '气'聲. ≪春秋傳≫曰 : 齊人來氣諸侯)"라고 하였다. 이 뜻은 xì(희)라고 읽는다), 기운의 "气"로 가차했기 때문에("气"는 기운 {氣}의 본자이다. 한대 이래 줄곧 "氣"를 "气"로 빌렸는데, 간화자에서 비로소 새로 "气"자를 사용하였다), "食"(식)방을 덧붙여 "餼"자를 분화시켜 그것의 본의를 나타내었다(≪설문≫에는 "餼"를 "氣"의 혹체(或體)라고 하였다).

### 禽(금) — 擒

"禽"의 본의는 사로잡는다는 것으로(≪좌전 · 애공(哀公) 23년≫에는 "제(齊)의 군대가 크게 패하여 지백(知伯)이 친히 안경(顔庚)을 사로잡았다(齊師敗績, 知伯親禽顔庚)"라고 하였다. 갑골문에서는 으로 {擒}을 나타내었는데, 본래 사냥에 사용되는 일종의 그물을 본뜬 것이다. 후에 이 글자는 "今"성을 덧붙이고 은 또 으로 번화(繁化)되어 전문(篆文)의 이 되었다. 예서는 성방 "今"이 파괴되었다), 인신되어 짐승 {禽}이 되었는데(≪북당서초(北堂書鈔)≫ 권89와 ≪태평어람(太平御覽)≫ 권526에 인용된 ≪백호통(白虎通) · 전렵(田獵)≫에는 "'禽'이란 무엇인가? 새와 짐승의 총칭으로 사람에 의하여 사로잡혀 통제된다는 것을 밝힌 것이다(禽者何? 鳥獸之總名, 明爲人所禽制也)"라고 하였다), 이 때문에 "手"(수)방을 덧붙여 "擒"자를 분화시켜 그것의 본의를 나타내었다(≪설문≫에는 "擒"자가 없지만 이미 "달리는 짐승의 총칭(走獸總名)"을 "禽"의 본의라고 잘못 생각하였다).

어떤 글자들은 의부를 덧붙이는 것을 통하여 새로운 글자를 만들어 내어 인신의를 나타내었다. 형성자 장에서 일찍이 "取"는 "娶"를 분화시키고, "解"는 "懈"를 분화시키고, "秉"은 "棅"(柄)을 분화시키는 등의 예를 든 바 있다(제8장 제7절 1을 참조). 다음에 다시 몇 가지 예를 보충한다.

### 景(경) — 影(영)

≪설문≫에는 "'景'은 빛이다. '日'을 따르고 '京'성이다('景', 光也. 从'日', '京'聲)"라고 하였다. 빛 {景}은 인신되어 그림자 {影}이 되었다. 이 뜻은 본래 "景"으로 나타내었는데(≪주례(周禮) · 지관(地官) · 대사도(大司徒)≫에는"해 그림자를 바로잡음으로써 지중(地中)을 구한다(正日景以求地中)"라고 하였다), 후에 "彡"(삼)방을 덧붙여 전용(專用)의 "影"자를 분화시켰다("彡"방은 보통 꾸미다 · 무늬와 같은 뜻을 나타내는 것이다. ≪설문≫에는 "影"이 없다).

### 奉(봉) — 俸

"奉"의 본의는 두 손으로 물건을 받드는 것으로, 인신되어 공급하다의 뜻을 갖게 되었고, 공급하다의 뜻은 또 인신하여 봉록(俸祿)의 뜻을 갖게 되었다. 이 뜻은 본래 "奉"자로 나타내었는데(≪한서 · 왕망전(王莽傳) 상≫에는 "공봉(公奉)과 사인(舍人)들의 하사를 모두 전보다 배가 되게 하라(其令公奉·舍人賞賜皆倍故)"라고 하였다), 후에는 "人"(인)방을 덧붙여 전용의 "俸"자를 분화시켰다(≪설문≫에는 "俸"자가 없다).

## 慈(자) — 礠(磁)

인자할 {慈}는 인신되어 자석(磁石)의 {磁}가 되었다(옛 사람들은 자석이 쇠를 끌어당기는 것을 어머니가 자식을 사랑하는 것에 견주었다). 이 뜻은 본래 "慈"자로 나타내었는데(≪여씨춘추(呂氏春秋)·정통(精通)≫에는 "자석은 쇠를 끌어당긴다(慈石召鐵)"라고 하였다), 후에는 "石"(석)방을 덧붙여 전용의 "礠"자를 분화시켰고 "磁"는 그것이 간화된 것이다(≪설문≫에는 "石慈"자가 없다. ≪광운≫ 평성(平聲) 지운(之韻) 질지절(疾之切)에는 "'石慈'는 자석으로 바늘을 끌어당길 수 있다('石慈', 石慈石可引針也)"라고 하였다. ≪홍무정운(洪武正韻)≫에는 "'磁'는 본래 '石慈'라고 하였는데 생략되어 '兹'를 따른다('磁'本作'石慈', 省从'兹')"라고 하였다. 명·청 이래 "瓷"도 또한 "磁"라고 쓸 수 있었는데, 전해지는 바에 따르면 자주(磁州)에서 자기(瓷器)가 많이 나는 것과 관계가 있다고 한다).

## 兩(량) — 緉·輛

{兩}은 인신되어 짝을 이루는 신발의 단위사 {緉} 및 수레의 단위사 {輛}이 되었다("輛"에 대해서는 제8장 제7절 1을 참조). 이 두 가지 인신의는 본래는 모두 "兩"으로 나타내었는데(≪시경·제풍(齊風)·남산(南山)≫에는 "칡 신이 다섯 켤레라네(葛屨五兩)"라고 하였고, ≪시경·소남(召南)·작소(鵲巢)≫에는 "이 아가씨 시집가니, 백 대의 수레로 맞는다네(之子于歸, 百兩御之)"라고 하였다), 후에는 각각 "糸"(사)방과 "車"(차)방을 덧붙여 전용의 "緉"자와 "輛"자를 분화시켰다(≪설문≫에는 "'緉'은 신발 두 개다(緉, 履兩枚也)"라고 하였고, "輛"자는 ≪설문≫에는 없다).

그밖에, "竟"(경)이 "境"을 분화시키고, "反"(반)이 "返"을 분화시키고, "坐"(좌)가 "座"을 분화시키는 것 등등은 모두 인신의를 나타내기 위하여 의부를 덧붙여 분화자를 만든 예이다.

어떤 글자들은 의부를 덧붙이는 것을 통하여 새로운 글자를 분화시켜 가차의를 나타내었다. 가차 장(章)에서 이미 말한 바와 같이, 모자(母字)의 가차의를 나타내는 분화자가 후기본자(後起本字)이다. 가차 장에서 일찍이 약간의 의부를 덧붙여 후기본자를 만든 예를 든 바 있고, 형성자 장에서도 역시 일찍이 개별적인 이러한 예를 든 바 있다(제8장 제1절의 "獅"와 제8장 제6절 2의 "嗜"). 여기서는 다시 하나의 모자에서 여러 개의 후기본자를 분화시킨 예를 한 가지 보충하려고 한다.

## 牟(모) — 麰·眸·侔·恈

"牟"의 본의는 소가 우는 것으로(≪설문≫에는 "𤘘는 소가 우는 것이다. '牛'를 따르고, 그 소리와 숨이 입에서 나오는 것을 본떴다(𤘘, 牛鳴也. 从'牛', 象其聲氣从口出)"라고 하였다), 고대에는 그것을 가차하여 보리라고 풀이하는 {麰}(≪시경·주송(周頌)·사문(思文)≫에는 "나에게 보리를 주셨네(貽我來牟)"라고 하였다)와 눈동자의 {眸}(≪설문≫에는 "'盲'은 눈에 동자가 없는 것이다(盲, 目無牟子)"라고 하였다) 및 가지런하다·같다 등으로 풀이하는 {侔}(≪한서·사마상여전·하≫에는 "덕이 처음과 같다(德牟往初)"라고 하였다)를 나타내었고, 또 가차하여 첩자(疊字) 쌍음사(雙音詞)인 {牟牟}(≪광아·석훈(釋訓)≫에는 "'牟牟'는 나아간다는 뜻이다(牟牟, 進也)"라고 하였다)를 기록하였다. 후에는 각각 "麥"·"目"·"人"·"心" 등의 의부를 덧붙여 "麰"·"眸"·"侔"·"恈(≪순자(荀子)·영욕(榮辱)≫에는 "탐욕스럽게 오직 이익만을 본다(恈恈然唯利之見)"라고 하였다) 등의 후기본자를 분화시켰다(그러나 "恈"자는 흔히 사용되지는 않는다. ≪설문≫에는 "眸"·"恈"의 두 글자가 없다).

### (2) 의부(意符)를 바꾼다.

의부를 바꾸어 만들어진 분화자는 대부분 모자의 인신의를 나타내는 것이다. 예컨대, 앞에서 언급한 적이 있는 "振"(진)에서 분화되어 나온 "賑"(진)과 "養"(양)·"輕"(경)·"淡"(담)·"綠"(록)에서 분화되어 나온 "氧"(양)·"氫"(경)·"氮"(담)·"氯"(록)(제8장 제3절 1에 보인다) 및 "倚"(의)에서 분화되어 나온 "椅"(의)(제10장 제2절 3에 보인다) 등의 글자가 그것이다. 일부분은 모자의 가차자를 나타내는 것이다. 예컨대, 앞에서 언급한 바 있는 "畔"(반)에서 분화되어 나온 "叛"(반)과 "說"(설)에서 분화되어 나온 "悅"

(열) 등의 글자가 그것이다(제9장 제2절에 보인다). 다음에 다시 몇 가지 예를 보충한다.

먼저 모자의 인신의를 나타낸 예를 든다.

### 赴(부) — 訃

"赴"의 본의는 달린다는 것이고, 인신되어 달려가서 상(喪)을 알린다는 뜻이 생기게 되었다. 이 뜻은 본래는 "赴"로 나타내었는데(≪예기(禮記)·문왕세자(文王世子)≫에는 "죽으면 반드시 부고해야 한다(死必赴)"라고 하였다. ≪사기·주본기(周本紀)≫에는 "소왕(昭王)은 …… 그가 죽었는데도 부고하지 않은 것은 그것을 꺼린 것이다(昭王 …… 其卒不赴告, 諱之也)"라고 하였다), 후에는 "赴"의 "走"(주)방을 "言"(언)방으로 고쳐서 전용의 "訃"자를 분화시켰다(≪설문≫에는 "訃"가 없다. 현재는 "訃"는 이미 단지 상을 알린다는 뜻만이 있을 뿐이고 달려간다는 뜻은 없다).

### 張(장) — 脹(창 ; 본음 장)·帳

베풀 {張}은 인신되어 팽창할 {脹}과 장막 [帳}이 되었다(≪설문≫에는 "'帳'은 베푼다는 뜻이다(帳, 張也)"라고 하였다). 이 두 가지· 뜻은 본래 모두 "張"자로 나타내었는데(≪좌전·성공(成公) 10년≫에는 "막 먹으려고 하다가 배가 불러서 화장실로 갔다(將食, 張, 如廁)"라고 하였고, 두예(杜預)의 주에는 "'張'은 배가 차는 것이다(張, 腹滿也)"라고 하였다. ≪사기·원앙전(袁盎傳)≫에는 "이에 칼로 장막을 갈랐다(乃以刀決張)"라고 하였고, ≪사기집해(史記集解)≫에는 "張"을 "帳"이라고 읽었다), 후에는 "張"의 "弓"(궁)방을 각각 "肉"(육)방과 "巾"(건)방으로 고쳐서 전용의 "脹"자와 "帳"자를 분화시켰다(≪설문≫에는 "脹"이 없다. 장부(賬簿)의 {賬}은 본래 "帳"으로 나타내었는데, "賬"은 "帳"자의 의부를 바꾸어 만든 분화자로서 나타난 시간이 비교적 늦다).

### 障(장) — 嶂·瘴·幛

막을 {障}은 인신되어 높고 가파른 산 {嶂}과 장려(瘴癘)의 {瘴}(장기(瘴氣)는 틀림없이 막힌 것처럼 쌓이고 맺힌 것 때문에 이러한 이름이 붙었을 것이다) 및 장축(幛軸)(글씨를 써서 경조(慶弔)의 예(禮)로 보내는 포백(布帛)을 말한다)의 {幛}이 되었다. 이러한 인신의들은 본래 모두 "障"자로 나타내었다(≪문선≫

권 27 구지(丘遲)(희범(希範))의 <단발어포담(旦發魚浦潭)>에는 "뱃노래는 중류에서 일어나고, 우는 북소리는 겹겹 산에서 울리네(櫂歌發中流, 鳴鞞響沓障)"라고 하였고, 이선(李善, ?-689)의 주에는 "≪이아(爾雅)≫에는 산이 똑바른 것을 '障'이라고 한다고 하였다(≪爾雅≫曰 : 山正曰障)"라고 하였다. 이것은 "障"으로 {嶂}을 나타낸 예이다. ≪주례(周禮)·지관(地官)·토훈(土訓)≫의 정현(鄭玄)의 주에는 "땅의 악함이 독한 기운과 같다(地慝障, 如蠱然)"라고 하였고, ≪주례정의(周禮正義)≫에는 "'障'은 곧 장기(障氣)이다(障卽障氣)"라고 하였다. 이것은 "障"으로 {瘴}을 나타낸 예이다. 두보(杜甫, 712-770)의 <제이존사송수장자가(題李尊師松樹障子歌)>에는 "손으로 새로 그린 푸른 소나무 장축을 잡고 있네(手提新畫青松障)"라고 하였다. 이것은 "障"으로 {幛}을 나타낸 예이다), 후에는 "障"자의 "阜"(부)방을 각각 "山"(산)방·"疒"(녁)방과 "巾"(건)방으로 고쳐서 전용의 "嶂"·"瘴"·"幛"의 세 글자로 분화시켰다(≪설문≫에는 이 세 글자가 없다).

## 緜(면) — 棉

중국에는 본래 단지 사면(絲緜)만 있었고 목면(木棉)·초면(草棉)은 없었다. 중고 시대에 목면과 초면을 심은 이후 처음에는 그것을 "緜"자로 나타냈지만 후에는 "緜"자의 "絲"방을 "木"방으로 바꾸어 전용의 "棉"자를 분화시켰다(유정섭(俞正燮), 1775-1840)의 ≪계사유고(癸巳類稿)≫ 권7 "길패목면자의(吉貝木棉字義)" 조에는 "또 '木棉'자는 본래 단지 '木糸帛'이라고만 하여 나무의 면을 말하였다. 원문(袁文)의 ≪옹유한평(甕牖閑評)≫에는 '목면은 단지 마땅히 이 면(緜)자로만 써야 하는데 지금의 자서에는 또 하나의 면(棉)자를 내어 목면(木棉)이라고 한다'라고 하였다. 이 '棉'자는 역시 송(宋)에서 시작된 것이다. 이 글자는 새로 덧붙인 것이라고 할 수 있지만 속된 것이라고 할 수는 없다. 육서의 법에서는 목(木)을 따르고 면(緜)의 생략을 따른 것이니 소리도 따르고 뜻도 따른 것이다.(又木棉字, 本止作木緜, 謂木中之緜. 袁文≪甕牖閑評≫云 : '木緜止合作此緜字, 今字書又出一棉字爲木棉. '是棉字亦始於宋. 此字可云新增, 不可云俗. 於六書法, 從木, 從緜省, 卽聲卽義也)라고 하였다. 유정섭이 "棉"자를 "'木'을 따르고 '緜'의 생략을 따랐다(從'木', 從'緜'省)"라고 한 분석한 것은 따를 만하다. 그러나 "棉"자는 이미 ≪옥편(玉篇)≫과 ≪광운(廣韻)≫에 보이므로 그 출현은 마땅히 송대 이전에 있었을 것이다).

의부를 바꾸어 분화자를 만드는 방법은 일반적으로 형성자에 사용된다.

"綿"은 회의자로서, "綿"에서 "棉"이 분화되어 나온 것은 하나의 비교적 특수한 예이다.

다음에 다시 모자의 가차의를 나타내는 한 가지의 예를 든다.

澹(담) — 贍(섬)

"澹"의 본의는 "물이 흔들리는 모양(水搖貌)"이다(≪설문≫에는 "'澹'은 물이 흔들린다는 뜻이다(澹, 水搖也)"라고 하였고, ≪문선≫ 권3 장형(張衡)의 <동경부(東京賦)>에는 "맑은 물이 흔들리고 있다(淥水澹澹)"이라고 하였고 이선의 주에 인용된 ≪설문≫에는 "물이 흔들리는 모양(水搖貌也)"이라고 하였다). 고대에는 그것을 가차하여 넉넉할 {贍}(섬)을 나타내었다(≪한서 · 식화지(食貨志) · 상≫에는 "그래도 그 욕구를 만족시킬 수 없다(猶未足㠯(以와 같음)澹其欲也)"라고 하였고, 안사고(顏師古)의 주에는 "'澹'은 옛 '贍'자이다. '贍'은 '給'이다(澹古贍字也. 贍, 給也)"라고 하였다). 후에는 그 "水"(수)방을 "貝"(패)방으로 고쳐서 후기본자(後起本字) "贍"을 분화시켰다(정진(鄭珍)의 ≪설문신부고(說文新附考)≫ 권3에는 "진(晉) 우장군(右將軍) 정열(鄭烈)의 비(碑)에 이르러 비로소 '貝'를 따른 '贍'이 보이니 아마 위(魏) · 진(晉) 사이에 만들어졌을 것이다(至晉右將軍鄭烈碑始見从貝之贍, 殆制於魏晉間)"라고 하였다).

(3) 음부(音符)를 덧붙이거나 혹은 바꾼다.

음부를 덧붙인 예는 다음과 같다.

午(오) — 啎

"午"자는 금문에는 로 되어 있고 (舂)(용)자가 그것을 따르고 있는데 마땅히 "杵"(저 : 절구공이)자의 초문일 것이다. 고대에는 "午"자를 가차하여 거스를 {啎}를 나타내었다(≪예기(禮記) · 애공문(哀公問)≫에는 "그 무리들을 거스르고 도가 있는 사람을 쳤다(午其衆以伐有道)"라고 하였는데 "午"는 마땅히 "牾"로 읽어야 한다. ≪설문≫에는 "午"자는 본래 "牾"의 뜻이 있다고 보았지만 아마 확실하지 않을 것이다). 후에는 음부 "吾"(오)를 덧붙여 "啎"(오)자를 분화시켜 이 뜻을 나타내었다(≪설문≫에는 "'啎'는 거스른다는 뜻이다. '午'를 따르고 '吾'성이다(啎, 逆也. 从'午', '吾'聲)"라고 하였다. "牾"는 "啎"의 와체(訛體)이다. "牾"에는 또 "부딪친다"(抵觸) 등의 뜻도 있다. 후에 또 "忤"자를 만들어 오로

지 "牾"의 거스른다는 한 가지 뜻을 나타내었다. 현재는 "牾"자는 일반적으로 단지 저촉한다는 등의 뜻을 나타내는 데만 사용될 뿐이다).

### 食(식) — 飼(사)

먹을 "食"은 인신되어 먹인다는 뜻이 생겼다(≪전국책(戰國策)·제책(齊策) 사(四)≫에는 "좌우에서 임금이 그를 천시한다고 생각하고 풀을 가지고 그를 먹였다(左右以君賤之, 食以草具)"라고 하였다). 후에는 음부 "司"(사)를 덧붙여 "飼"자를 분화시켜 이 뜻을 나타내었다("飼"자는 본래 사람과 가축에 통용되었다. ≪구당서(舊唐書)·육지전(陸贄傳)≫에는 "턱을 벌리고 먹이기를 기다린다(張頤待飼)"라고 했는데 이 "飼"자는 곧 사람에게 사용된 경우이다. "飼"자는 고서에서는 또 "飤"(사)라고도 하였다. ≪설문≫에는 "飤"는 있고 "飼"는 없다. 그러나 "飤"자는 "糧"이라고 해석하여, "飼"자의 이체(異體)로서의 "飤"와는 관계가 없는 것 같다).

음부를 바꾼 예는 다음과 같다.

### 潦(로) — 澇

"潦"(lǎo : 로)는 본래 빗물이 크다거나 혹은 땅 위에 고인 물로 해석하는데, 인신되어 물에 잠겨 재해가 된다는 뜻이 생겼다(음 : lào, 옛날에는 또한 음이 lǎo라고도 하였다. ≪장자(莊子)·추수(秋水)≫에는 "우(禹) 임금 때 10년에 9번 장마가 들었다"(禹之時十年九潦)라고 하였다). 후에 "潦"자의 성방 "尞"(liáo : 료, 옛날에는 liào라고 읽었다)를 "勞"로 고쳐서 "澇"자를 분화시켜 이 뜻을 나타내었다(≪설문≫에는 "澇"자가 있고 강 이름으로 해석하였는데 음은 láo(로)이다. 장마 "澇"는 그 동형자(同形字)로 볼 수 있다).

### 濫(람) — 灠

"濫"자는 물에 과일을 담그는 것으로 해석할 수 있다(음 : lǎn, 옛날에는 또한 음이 làn이라고도 하였다. ≪예기(禮記)·내칙(內則)≫에는 "간장·물·매장(梅醬)·담금 과일(漿·水·醷·濫)"이라고 하였는데, 정현의 주에는 "'濫'은 매실(복숭아)을 물과 섞는 것이다('氵監', 以諸和水也)"라고 하였고, ≪석문(釋文)≫에는 "건도(乾桃)·건매(乾梅)는 모두 '諸'(저)라고 한다(乾桃乾梅皆曰諸)"라고 하였다). 후에는 기타 용법의 "濫"자, 예컨대 넘칠 "濫"과 서로 구별하기 위하여

"濫"자의 성방 "監"(감)을 "覽"으로 고쳐서 "灠"자를 분화시켜 이 뜻을 나타내었다(≪집운(集韻)≫ 상성(上聲) 감운(敢韻) 로감절(魯敢切)에는 "'灠'은 과일을 담근다는 뜻으로 일설에는 물들인다는 뜻이라고 하는데, 혹은 '濫'이라고도 쓴다(灠, 漬果也, 一曰染也, 或作濫)"라고 하였다. 현재는 어떤 지방에는 "灠木市子"라는 말이 있는데 감을 뜨거운 물이나 혹은 석회수에 넣어 떫은 맛을 없애는 것을 가리킨다. "灠"과 "漤"(람)은 뜻이 같고 현재 이 두 글자는 모두 lǎn이라고 읽는데, 일반적으로 "灠"을 "漤"의 이체라고 생각한다. 그러나 ≪집운≫에는 "漤"을 감운(感韻)에 수록하여 그것을 "灠"과 한 글자의 이체로 보지 않았다. ≪광운≫에는 "灠"자가 없고 "漤"자는 또한 감운(感韻)에 있다). 물에 과일을 담그는 것으로 풀이하는 "濫"과 넘칠 "濫"은 아마 동형자일 것이다. 만약 확실히 그렇다면 "濫"이 "灠"으로 분화된 것은 동형자의 자형 분화의 한 가지 예가 될 것이다.

## 華(화) — 花

꽃 {花}는 본래 "華"자로 나타내었다(≪예기(禮記)·월령(月令)≫ 계추지월(季秋之月)의 "국화는 누런 꽃이 핀다(鞠有黃華)"는 것은 마땅히 "菊有黃花"로 읽어야 한다). ≪설문≫에는 "𠌶는 풀과 나무의 꽃이다(𠌶, 草木之華也)"·"𠌶(華)는 꽃이다. '艸'를 따르고 '𠌶'(화)를 따른다(𠌶, 榮也. 从'艸', 从'𠌶')"라고 하였다. 예서·해서의 "華"자가 따르고 있는 "𠦒"는 "𠌶"의 변형으로 원래는 음부 겸 의부였다(일반 사람들에 대하여 말한다면 이미 기호가 되어 버렸다). "花"자는 "華"자가 따르고 있는 "𠌶"를 순음부(純音符) "化"로 고쳐서 만든 분화자로 볼 수 있다(≪설문≫에는 "荂"(과)를 "𠌶"자의 혹체(或體)라고 하였다. 어떤 사람은 "花"는 "荂"의 분화자라고 한다).

분화자를 만들 때 가끔 또한 모자의 음부를 의부로 바꾸는 경우가 있는데 그 예는 다음과 같다.

## 稱(칭) — 秤

≪설문≫에 따르면, "爯"은 들 {稱}의 본자이고, "偁"은 칭찬할 {稱}의 본자이고, "稱"(chēng)은 저울질할 {稱}의 본자이다(언어의 각도에서 본다면, "저울질하다"와 "칭찬하다"는 모두 마땅히 "들다"의 인신의일 것이다. "偁"과 "稱"은 모두 틀림없이 "爯"자의 인신의를 나타내는 분화자일 것이다). 후에는 "爯"과

"偁"은 모두 폐기되어 사용되지 않았고, 들다와 칭찬하다의 {稱}도 역시 모두 "稱"자로 나타내었기 때문에 또 "稱"의 "爯"(칭)방을 "平"(평)방으로 고쳐서 "秤"자를 분화시켜 오로지 저울질한다는 뜻을 나타내었다. 도량형(度量衡)의 그릇의 명칭(저울)으로서의 {秤} (chèng)은 저울질할 {稱}의 변음(變音) 인신의로서 본래는 "稱"자로 나타내었다(≪안씨가훈(顔氏家訓)·서증(書證)≫에는 "개황(開皇) 2년 5월 장안(長安)의 백성이 진(秦) 때의 쇠저울과 저울추를 발굴하였다(開皇二年五月, 長安民掘得秦時鐵稱權)"라고 하였다). 현재는 "秤"자는 오로지 이 뜻을 나타내는 데만 사용되고, 일반적인 단다는 뜻은 여전히 "稱"자로 나타낸다. "稱"의 "爯"방은 음부 겸 의부이고(일반 사람에 대하여 말한다면 사실은 이미 기호가 되어 버렸다), "秤"의 "平"방은 순의부(純意符)이다.

그밖에, "囹圄"(영어)의 "圄"는 본래 "圉"(어)로 되어 "囗"(위)를 따르고 "幸"(녑)을 따르는 회의자였다("幸"은 본래 쇠고랑의 형태를 본뜬 것이다. 제7장 제1절 5. 1) "執"(집)자 조를 참조). "圄"자는 "囗"를 따르고 "吾"성으로, 모자의 의부를 음부로 고친 분화자로 볼 수 있을 것 같다. 그러나 말을 기르는 곳(마구간)으로 해석하는 "圉"는 고대에는 또한 "圄"라고 한 예가 있다. 그러므로 "圄" 자는 최초에는 단지 "圉"의 하나의 협의(狹義) 이체자(異體字)였을 뿐이었지만 후에 비로소 서로 분업하게 되었을 가능성이 있다(≪설문≫에는 이미 "圉"·"圄"를 두 글자로 나누어 "圉"는 10하(下) "幸"부(部)에 있고 "圄"는 6하(下) "囗"부에 있다).

### (4) 편방을 덧붙이거나 혹은 바꾸는 것을 통하여 쌍음절사(雙音節詞)에 분화자를 만든다.

이러한 종류의 분화자는 우리는 제2장과 제9장에서 일찍이 약간 언급한 바 있다. 예컨대, "吳公"(오공)에 "虫"(충)방을 덧붙여 만든 "蜈蚣"(오공)·"倉庚"(창경)에 "鳥"(조)방을 덧붙여 만든 "鶬鶊"(창경)·"尙羊"(상양)에 "彳"(척)방을 덧붙여 만든 "徜徉"(상양)·"毒冒"(대모)에 "玉"(옥)방을 덧붙여 만든 "瑇(玳)瑁"(대모)·"阿那"(아나)에 "女"(녀)방을 덧붙여 만든 "婀娜"(아나) 등이 그것이다. 아래에 다시 두 가지 예를 든다.

## 綠耳(록이) — 騄耳 — 騄駬

고대의 전설 중의 명마의 일종은 "綠耳"라고 불렀는데(≪목천자전(穆天子傳)≫ 권1에는 "천자의 준마는 …… 녹이(綠耳)이다(天子之駿 …… 綠耳)"라고 하였고, 곽박(郭璞)의 주에는 "위(魏) 때 선비(鮮卑)에서 천리마를 바쳤는데, 흰 색으로 두 귀가 누렇고 이름은 황이(黃耳)라고 하였으니 곧 이러한 종류이다(魏時鮮卑獻千里馬, 白色而兩耳黃, 名曰黃耳, 卽此類也)"라고 하였다). 후에 "綠"자의 "糸"(사)방을 "馬"(마)방으로 고쳐서 "騄耳"라고 썼고(≪사기 · 진본기(秦本紀)≫에 보인다), 또 "耳"자에 "馬"방을 덧붙여 "騄駬"라고 썼다(≪광아(廣雅) · 석수(釋獸)≫에 보인다).

## 蒲陶(포도) — 蒲萄 — 葡萄

{葡萄}는 한대(漢代)에 서역(西域)에서 전래된 음역 외래어이다. 이 말은 ≪사기 · 대원전(大宛傳)≫ · ≪한서 · 서역전≫ 등에는 "蒲陶"로 되어 있다. 두 글자는 모두 빌려서 음을 나타낸 것이다. ≪후한서(後漢書) · 서역전≫ · ≪옥편≫ 등에는 "蒲萄"라고 되어 "陶"자의 "阜"(부)방이 "艸"(초)두로 고쳐졌고 "蒲"자는 본래 "艸"두가 있었기 때문에 고쳐지지 않았다. 후에는 위와 아래의 두 글자가 외형상 더욱 긴밀한 관계를 갖게 하기 위하여 또 "蒲" 자의 성방 "浦"(포)가 "匍"(포)로 고쳐져 두 글자는 모두 전용자로 변하였다(≪설문≫에는 "萄"자가 있고, 주에는 "풀(草也)"이라고 하였다. 포도의 "萄"는 그 동형자로 볼 수 있지만, 그것들은 또한 형음 겸차자(形音兼借字)와 피차자(被借字)의 관계일 가능성도 있다).

그밖에, "夫容"(부용) · "目宿"(목숙)은 "艸"(초)방을 덧붙여 "芙蓉"(부용) · "苜蓿"(목숙)이 되었고, "科斗"(과두 : 올챙이) · "卽且"(즉저 : 지네)는 "虫"(충)방을 덧붙여 "蝌蚪"(과두) · "蝍蛆"(즉저)가 되었고, "空同"(공동) · "昆侖"(곤륜)은 "山"(산)방을 덧붙여 "崆峒"(공동) · "崑崙"(곤륜)(현재는 또 "崑崙"을 "昆侖"에 합병하여 넣었다)이 되었고, "分付"(분부) · "丁寧"(정녕)은 "口"(구)방을 덧붙여 "吩咐"(분부) · "叮嚀"(정녕)이 되었고, "鹿盧"(록로)는 "車"(차)방을 덧붙여 "轆轤"(록로)가 되었고, "方皇"(방황)은 "彳"(척)방을 덧붙여 "彷徨"(방황)(또한 "仿偟"이라고도 한다)이 되었고, 땅 이름 "琅邪"(랑야)의 윗 글자는 "邑"(읍)방을 덧붙이고 아랫 글자는 "玉"(옥)방을 덧붙여 "瑯琊"(랑야)(현재는 "琅玡"라고 한다)가 되었고, "消搖"(소요)는 "逍遙"(소요)로 변하였고, "流黃"(류황)은 "硫黃"(류황) · "硫磺"으로 변하였고, "馬腦"(마노)는 "馬瑙"(마노) · "瑪瑙"(마노)로 변한 것 등등은 모두 이러한 예이다. 어떤 쌍음절사를 기록하는 문자들은 단지 그 중의 한 글자에만 편방을 덧붙이거나 혹은 고쳤다. 예컨대, "伐閱"(벌열)의 윗 글자는 "門"(문)방을 덧붙여 "閥閱"(벌열)이 되었고, "展轉"(전전)의 윗 글자는 "車"방을 덧붙여 "輾轉"(전전)이 되었고, "爛漫"(란만)은 또한 어떤 사람은 "爛熳"(란만)이라고 썼다.

위에서 든 여러 가지 예에서 한자를 사용하는 사람들은 왕왕 쌍음절사를 기록하는 문자를 같은 편방을 가지고 있는 것으로 고치기를 좋아한다는 것을 알 수 있다. 이것은 또한 그들이 쌍음절사를 기록하는 두 글자 사이에 분명히 형식상의 관련을 가지고 있기를 바란다는 것을 말한다. 위에서 든 여러 가지 예 가운데 "匍匐"는 모두 "艸"를 편방으로 삼았을 뿐 아니라 또한 성방은 모두 "勹"(포)를 따르고 있으며, "瑯琊"는 오른쪽 편방은 모두 "邑"을 따르고 있을 뿐 아니라 또한 왼쪽 편방은 모두 "玉"을 따르고 있다. 이것은 매우 전형적인 예이다. 때로는 위에서 말한 그러한 목적을 달성하기 위하여 심지어 완전히 문자학의 원칙을 상관하지 않을 수도 있었다. 예컨대, "鳳凰"(봉황)은 본래 "鳳皇"(봉황)이라고 했는데, "鳳"자는 "鳥"를 따르고 "凡"성이지만, "凰"자의 "几"방은 음도 없고 또한 뜻도 없으므로 완전히 "鳳"자와 형식상의 관련을 취하기 위하여 덧붙인 것이다.

#### 4) 모자(母字)와 자형상 관련이 없는 분화자를 만든다.

어떤 분화자들은 모자의 자형을 기초로 한 것이 아니라 따로 새롭게 만들어 낸 것이다. 예컨대 다음과 같다.

鮮(선) — 尟(尠)

≪설문≫에 따르면, "鮮"의 본의는 일종의 물고기로서 보통 그것을 빌려서 신선할 {鮮}(≪설문≫에 따르면 본자는 "鱻"(선)이다) 및 드물 {鮮}(xiǎn)(≪시

경 · 정풍(鄭風) · 양지수(揚之水)≫에는 "결국 형제가 드물다네(終鮮兄弟)"라고 하였다)을 나타내었다. 후에 따로 "尟"자를 만들어 뒤의 가차의를 나타내었고 이체는 "尠"으로 되어 있다("尟"자는 이미 ≪설문≫에 보인다. 그러나 이 후기본자가 출현된 후에도 가차자 "鮮"은 여전히 상당히 보편적으로 사용된다). 현재는 "尟"(尠)은 이미 이체로서 "鮮"자에 합병되었다.

### 蘇(소) — 甦

"蘇"의 본의는 일종의 풀이름(차조기)이고, 소생할 "甦"는 가차 용법이다(이 사는 고대에 역시 본의가 "볏짚을 긁어모은다(把取禾若)"는 "穌"(소)자를 가차하여 나타내었다. "禾若"(화약)은 볏짚이다). 남북조 때는 따로 "甦"자를 만들어 "蘇"의 이 가차의를 나타내었다(≪안씨가훈(顔氏家訓) · 잡예(雜藝)≫에 보인다. 그러나 이 후기본자가 출현된 후에도 가차자 "蘇"는 여전히 상당히 보편적으로 사용된다). 현재 "甦"는 이미 이체로서 "蘇"자에 합병되었다.

어떤 글자들은 보기에는 모자의 자형을 버리고 따로 만든 것 같지만, 실제로는 도리어 비교적 곡절이 많은 탄생 과정을 갖고 있다. 예컨대, 음양(陰陽)의 {陽}은 인신되어 하는 체한다는 {佯}(양)이 되었다. 이 뜻은 본래 "陽"자로 나타내었다(≪한서 · 전담전(田儋傳)≫에는 "전담은 그 노비를 묶는 체하였다(儋陽爲縛其奴)"라고 하였는데, 안사고의 주에는 "'陽'은 곧 거짓이다(陽卽僞耳)"라고 하였다. 음(陰)은 안이고 양(陽)은 밖이다. 그러므로 {陽}에서 겉과 하는 체하다 등의 뜻이 인신되어 나올 수 있다). "佯"자는 모자의 자형을 버리고 따로 만든 분화자인 것 같지만 사실은 결코 그렇지 않다. 고대에는 흔히 "詳"(상)자를 가차하여 하는 체한다는 {佯}을 나타내었는데(예컨대, 위에서 인용한 ≪한서 · 전담전≫의 말은 ≪사기≫에는 "田儋詳爲縛其奴"라고 하였다. ≪손자(孫子) · 군쟁(軍爭)≫의 "패배한 체하고 따르지 말라(詳北勿從)"의 "佯"은 은작산(銀雀山) 죽서(竹書) 본에는 역시 "詳"이라고 하였다), "佯"은 틀림없이 가차자 "詳"의 형방을 바꾸어 만든 분화자일 것이다. 제8장 제7절 1에서 언급한 바 있는 "搽"(차)자는 표면적으로 보면 모자 "塗"(도)의 자형을 버리고 따로 만든 분화자인 것 같지만, 실제로는 도리어 가차자 "茶"에 "手"방을 덧붙여 만든 것으로 상황이 이것과 비슷하다.

## 2. 다의자(多義字)의 기능을 분산시키는 기타의 방법

문자를 분화시키는 외에, 또 두 가지의 비교적 중요한 다의자의 기능을 분산시키는 방법이 있는데, 다음에 각각 설명한다.

### 1) 가차자로 다의자(多義字)의 부분적인 기능을 분담시킨다.

때로는 어떤 다의자의 기능을 분산시키기 위하여 한 글자를 가차하여 그 가차의 혹은 인신의를 나타낸다.

우리는 제9장 제3절에서 일찍이 하나의 사(詞)가 전후하여 서로 다른 가차자를 사용한 현상을 언급한 적이 있다. 예컨대, 제2인칭 대사 {汝}는 먼저는 "女"를 빌리고 후에는 "汝"를 빌렸으며, 지시 대사 {彼}는 먼저는 "皮"를 빌리고 후에는 "彼"를 빌렸으며, 의문 대사 {何}는 먼저는 "可"를 빌리고 후에는 "何"를 빌렸다. "女"·"皮"·"可" 등의 글자에 대하여 말한다면, 이것은 다른 글자를 가차하여 그것들의 한 가차의를 나타낸 것이다. "女"·"皮"·"可"라는 각각의 글자는 {汝}·{彼}·{何}라는 각각의 가차의 외에도 모두 흔히 사용되는 뜻이 있고, 게다가 독음도 모두 이 가차의와는 서로 다르다. 남녀(男女)의 {女}와 너 {汝}, 가(可)할 {可}와 어찌 {何}는 같은 한 글자로 나타내면 또한 기의(歧義)가 생기기가 매우 쉽다. 그러므로 다른 글자를 빌려 이 가차의들을 나타낼 필요가 있다(그러나 어떤 가차자를 바꾸는 현상들은 이렇게 해석할 수 없다. 예컨대, 전후하여 바랄 {願}을 나타내는 데 가차된 "㥶"과 "願"은 이 가차의를 제외하면 모두 흔히 사용되는 뜻이 없는데, "願"자를 빌린 것은 아마도 그 성방이 좋은 표음 작용이 있었기 때문일 것이다).

다음에 다시 다른 글자를 빌려 어떤 글자의 가차의를 나타낸 예를 든다.

#### 臧(장) — 藏

≪설문≫에는 "'臧'은 좋다는 뜻이다. '臣'(신)을 따르고 '戕'(창)성이다(臧, 善也. 从'臣', '戕'聲)"(또 어떤 사람은 "臧"자는 본래 일종의 노예(奴隸)라고 해석한다고 본다. "臧"의 본의가 결국 좋다는 것인지 아니면 노예인지는 우리가 현재 말하고자 하는 문제와 관계가 크지는 않다)라고 하였다. 고대에는 "臧"자

를 가차하여 저장할 {藏}을 나타내었다(≪한서・예악지≫에는 "이제 숙손통(叔孫通)이 엮은 예의와 율령을 함께 기록하여 이관(理官)에 간수하라(今叔孫通所撰禮儀 律令同錄, 臧於理官)"라고 하였고, 안사고의 주에는 "고서에는 간수한다는 글자는 본래 모두 '臧'이라고 하였는데 ≪한서≫에는 의례 '臧'이라고 하였다(古書懷藏之字本皆作臧, ≪漢書≫例爲臧耳)"라고 하였다. 진(秦)・한(漢)의 죽간과 마왕퇴(馬王堆) 백서(帛書) 등에는 모두 "臧"으로 {藏}을 나타내었다). "臧"이 "善"으로 해석된 것은 고대에는 또한 흔히 보이는 용법이었기 때문에, 대략 동한에서 시작하여 또 본래는 풀이름이라고 풀이한 "藏"자를 빌려서 이 가차의를 나타내었다(사마상여(司馬相如)의 <자허부(子虛賦)>에는 풀이름 "藏莨"(장랑)이 있는데, ≪한서・사마상여전・상≫의 안사고의 주에는 곽박(郭璞)을 인용하여 "'藏莨'은 풀 가운데 소와 말의 꼴이다(藏莨, 草中牛馬芻)"라고 하였다. 뜻은 마소의 식용에 사용할 수 있는 일종의 풀이다). 동한의 비각(碑刻)에는 "臧"과 "藏"이 아울러 사용되었다(<형방비(衡方碑)>에는 "쓰이면 행하고 버리면 감춘다(用行舍臧)"라고 하였고, <손숙오비(孫叔敖碑)>에는 "산에 모아서 간수한다(聚藏於山)"라고 하였다). 후세에는 오로지 "藏"자만을 사용하여 저장할 {藏}을 나타내었다({藏}의 인신의 장물(贓) {贓}과 오장(五臟)의 {臟}은 본래는 "臧"이나 혹은 "藏" 자로 나타내었다. "贓"은 "臧"자에 "貝"(패)방을 덧붙여 만든 분화자이다. "臟"은 "藏" 자에 "肉"(육)방을 덧붙여 만든 분화자이다).

앞에서 일찍이 다른 글자를 가차하여 어떤 글자의 인신의를 나타낸 몇 가지 예를 든 바 있다. 예컨대, "閑"(한)자를 가차하여 "閒"(한)자의 인신의인 한가로울 {閑}을 나타내었고(제9장 제1절에 보인다), "茶"(차)를 가차하여 "塗"(도)자의 인신의인 {搽}를 나타내었고(제8장 제7절 1에 보인다), "詳"(상)자를 가차하여 "陽"(양)자의 인신의인 {佯}을 나타내었다(본절 1. 4)에 보인다). 그렇게 하려고 한 것은 분명히 인신의와 본의가 혼동되는 것을 피하기 위한 것이다. 다음에 다시 몇 가지 같은 종류의 예를 든다.

### 見(견) — 現(현)

볼 {見}은 인신되어 나타날 {現}이 되었다. 이 인신의는 본래는 "見"자로 나타내었다(≪논어(論語)・태백(泰伯)≫에는 "천하에 도가 있으면 나타나고 도가 없으면 숨는다(天下有道則見, 無道則隱)"라고 하였다). 후에는 본의와 서로 구별하기 위하여 “見”(견)성을 따르는 “現”자를 가차하여 이 뜻을 나타내었다(≪집운≫에 따르면, “現”자는 본래 “돌 가운데 옥에 버금가는 것(石之次玉者)” 혹은 “옥 빛”(玉光)으로 풀이하였다).

### 視(시) — 示

살필 {視}는 인신되어 보이다 · 지시하다의 {示}가 되었다(사람이 보게 하는 것이 “示”이다). 이 인신의는 본래 “視”자로 나타내었다(≪시경 · 소아(小雅) · 녹명(鹿鳴)≫에는 “백성들에게 가볍지 않음을 보이네(視民不恌)”라고 하였고, 정현의 전(箋)에는 “‘視’는 옛 ‘示’자이다(‘視’, 古‘示’字也)”라고 하였다. 진간(秦簡) · 마왕퇴(馬王堆) 백서에는 모두 “視”로 {示}를 나타내었다). 후에 본의와 서로 구별하기 위하여 “視”자의 성방으로 사용되고 본래 신주(神主)라고 해석하는 “示”자를 가차하여 이 뜻을 나타내었다(≪설문≫에는 “‘示’는 하늘이 상(象)을 드리워 길흉(吉凶)을 나타낸 것으로 사람에게 보이는 것이다(示, 天垂象見吉凶, 所以示人也)”라고 하였는데, 가차의를 본의라고 잘못 생각한 것이다. 은작산(銀雀山) 죽서 ≪제손자(齊孫子) · 금방연(擒龐涓)≫ 등의 편에는 이미 “示”자로 보일 {示}를 나타내었다. ≪의례(儀禮) · 사혼례(士昏禮)≫에는 “옷고름과 큰 띠로 보인다(視諸衿鞶)”라고 하였고, 정현(鄭玄)의 주에는 “옷고름과 큰 띠를 가지고 보인다는 것은 모두 경계함을 부쳐서 그것을 알게 한 것이다. …… ‘視’는 곧 정자(正字)이고 금문(今文)에서 ‘示’라고 한 것은 세속에서 잘못 행하는 것이다(示之以衿鞶者, 皆託戒使識之也 …… 視乃正字, 今文作示, 俗誤行之)”라고 하였다. 정현이 “示”자를 사용하는 것은 세속의 잘못이라고 한 것은 얽매임을 면치 못한 것이다).

### 指(지) — 旨

손가락 {指}는 인신되어 가리킬 {指}가 되었고, 가리킬 {指}는 또 인신되어 뜻 {旨}가 되었다. 이 인신의는 본래는 “指”자로 나타내었다(≪한서 · 하간헌왕전(河間獻王傳)≫에는 “글은 간단하지만 뜻은 분명하다(文約指明)”라고 하였는데, 안사고의 주에는 “‘指’는 뜻이 가는 바가 사람이 손으로 물건을 가리키는 것과 같다는 것을 말한다(指謂義之所趨, 若人以手指物也)”라고 하였다). 후에는 지시하다 등의 뜻과 서로 구별하기 위하여 “指”자의 성방으로 충당되고 본래 맛이 좋다로 풀이하는 “旨”자를 가차하여 이 뜻을 나타내었다(“指”의 이러한 인신의 혹은 “旨”의 이러한 가차의는 그것을 위하여 만든 분화자 “恉”가 있었지만 보편적으로 사용되지는 않았다).

### 伯(백) — 霸(패)

백중(伯仲)의 {伯}은 인신되어 제후(諸侯)의 우두머리의 칭호가 되었는데(≪주례(周禮)·춘관(春官)·대종백(大宗伯)>에는 "구명(九命)이 백(伯)이다(九命爲伯)"라고 하였는데, 정중(鄭衆)의 주에는 "제후의 으뜸이 되는 것이 방백(方伯)이다(長諸侯爲方伯)"라고 하였다), 제후의 우두머리로 풀이하는 {伯}은 또 패주(霸主)의 {霸}로 인신되었다. 이 인신의는 본래는 "伯"으로 나타내었다(≪순자(荀子)·중니(仲尼)≫에는 "다섯 자의 어린이라도 말하는 데 오패(五伯)를 일컫는 것을 부끄러워한다(五尺之竪子, 言羞稱乎五伯)"라고 하였는데, 양량(楊倞)의 주에는 "'伯'는 '霸'로 읽는다('伯'讀爲'霸')"라고 하였다). 후에는 본의 등과 구별하기 위하여 ≪설문≫에서 "달이 처음 생겨나 빛이 없다(月始生魄然也)"라고 해석한 "霸"(본음은 pò(백))자를 가차하여 이 뜻을 나타내었다.

때로는 어떤 글자가 흔히 사용되는 가차의 혹은 인신의를 가진 후에 한 글자를 가차하여 그것의 본의를 나타내었다. 우리가 앞에서 인급한 바와 같이, "何"(하)는 짐질 "荷"(하)의 본자이고(제8장 제1절 2에 보인다), "各"(각)은 이를 "格"(격)의 본자이다(제7장 제1절 5. 2)에 보인다). 그러므로 "荷"와 "格"을 가차하여 "何"와 "各"의 본의를 나타내려고 한 것은 대개 "何"자의 가차의인 의문 대사 {何}와 "各"자의 가차자인 부사 {各}은 모두 흔히 사용되는 것이기 때문일 것이다. ≪설문≫에서 "各"을 "다르다는 말이다"(異辭)라고 해석한 것은 이미 그 가차의를 본의라고 잘못 생각한 것이다. 의문 대사 {何}는 본래 "可"자를 빌려서 나타내었는데, 후에는 "可"자의 기능을 감소시키기 위하여 "何"자로 바꾸어 빌려서 나타내었다. "何"자가 이 뜻을 나타내는 데 사용된 후에는 기능을 감소시키기 위하여 또 "荷"자를 가차하여 그것의 본의를 나타내었다. 이러한 연쇄반응식의 문자 기능의 전이(轉移) 현상은 한자에서는 자주 보인다.

다음에는 다시 어떤 글자가 흔히 쓰이는 가차의 혹은 인신의를 갖고 있기 때문에 한 글자를 가차하여 그것의 본의를 나타낸 예를 든다.

### 前(전) — 剪

“前”자는 본래 “𠛰”이라고 하여 “剪”(전 : 자르다)의 초문이다(≪설문≫에는 “‘𠛰’은 가지런히 자른다는 뜻이다. ‘刀’를 따르고 ‘歬’(전)성이다(𠛰, 齊斷也. 从‘刀’, ‘歬’聲)”라고 하였다. “歬”은 앞으로 나아 갈 “前”의 본자이다. ≪설문≫에는 “‘歬’은 가지 않는데 나아가는 것을 ‘歬’이라고 한다. 발이 배 위에 있는 것을 따른다(歬, 不行而進謂之歬, 从止在舟上)”라고 하였다). “前”은 가차되어 앞으로 나아갈 {前}을 나타내었기 때문에 따로 “翦”(전)자를 빌려서 그것의 본의를 나타내었다(“翦”은 본래 “䎘”이라고 하였다. ≪설문≫에는 “‘䎘’은 깃이 처음 생긴다는 뜻이다. 또는 화살 깃이라고 한다. ‘羽’를 따르고 ‘歬’성이다(䎘, 羽初生也. 一曰矢羽. 从‘羽’, ‘歬’聲)”라고 하였다). 이른 고서에는 거의 모두 “翦”자를 빌려서 자를 {剪}을 나타내었다(≪시경 · 소남(召南) · 감당(甘棠)≫에는 “자르지도 말고 치지도 말라(勿翦勿伐)”라고 하였다). 후에 전문적으로 “刀”를 따르는 “剪”자를 만들게 되자 “翦”을 가차하는 방법은 점차 통행되지 않았다(≪간록자서(干祿字書)≫에는 “剪”을 “翦”의 속체라고 하였다).

다의자가 가차자에게 이전해 주어 나타내게 한 뜻은 여전히 그것으로 나타내는 뜻과는 대다수가 음이 서로 다르다. 위에서 든 각각의 예 가운데 단지 {指}와 {旨}, {陽}과 {佯}만은 상호간에 음이 같다. {視}와 {示}는 중고 시대에는 성모는 차이가 있었는데(“視”는 선모(禪母)에 속하고, “示”는 선모(船母)에 속하였다), 후에 비로소 완전히 동음인 것으로 변하였다.

위에서 든 각각의 예에서 본다면, 다의자의 기능을 감소시키는 작용을 하는 가차자는 보통 자체의 뜻과 나타내려고 하는 가차의는 혼동될 가능성이 극히 적은 글자로 충당하였고 또 많은 글자의 본의는 흔히 사용되지 않는 것이다. 예컨데, “彼”(본의는 가서 더하는 바가 있다(往有所加)는 것이다) · “現” · “藏” · “翦” · “覇” 등이 그것이다. 만약 그렇게 하지 않는다면, 한편으로는 예전에 있었던 자의(字義) 혼동의 가능성을 감소시키지만 한편으로는 또 새로운 자의 혼동의 가능성을 증가시킬 수 있을 것이다.

때로는 동형자 현상을 감소시키기 위하여 또한 가차자를 사용하는 방법을 취하였다. 예컨대 다음과 같다.

訟(송) — 頌

≪설문≫에는 “‘訟’은 다툰다는 뜻이다. ‘言’을 따르고 ‘公’성이다. 또는

노래하는 것이라고 한다('訟', 爭也. 从'言', '公'聲. 一曰謌(歌)訟)"라고 하였다. 노래할 "訟"과 송사할 "訟"은 동형자이다. "頌"자는 "頁"(혈)을 따르고 "公"성이며 얼굴 "容"의 본자이다. 일반적으로 "頌"자를 노래할 "訟"으로 가차한 것은 대개 송사할 "訟"과 서로 혼동되는 것을 피하기 위한 것이었을 것이다.

### 2) 문자 기능의 집중을 통하여 다의자의 기능을 분산시킨다.

문자 기능의 집중은 두 개 이상의 서로 다른 글자의 어떤 공통된 기능이 집중되어 그 중의 한 글자가 담당하는 현상을 가리킨다. 집중된 기능을 넘겨 준 후에도 여전히 자신의 기능을 가지고 있는 그러한 글자들에 대하여 말한다면, 기능의 집중은 그것들의 기능을 분산시키는 작용을 하는 것이다(만약 기능을 넘겨 준 글자가 기타의 기능을 가지고 있지 않다면, 기능의 집중은 문자의 합병이 될 것이다. 이러한 현상은 뒤의 "문자의 합병" 절에서 토론할 것이다).

가차(假借) 장에서는 일찍이 약간의 문자 기능의 집중의 예를 언급한 바 있다. 예컨대, "纔"·"裁"·"財"·"才" 등의 글자는 일단 모두 "겨우"(僅)라고 풀이하는 {才}를 나타내는 데 사용될 수 있었지만 후에는 점차 변하여 단지 "才"자만으로 이 사를 나타낼 뿐이다(제9장 제3절에 보인다). {眉}라는 사는 일단 역시 모두 "麋"자로 나타낼 수 있었지만, 후에는 회복되어 단지 "眉"자만으로 나타냈을 뿐이다(제9장 제1절에 보인다). 이러한 현상은 흔히 보이는 것으로 여기서는 더 이상 말하지 않으려고 한다. 다음에는 비교적 특수한 문자 기능 집중의 현상, 곧 두 글자의 기능의 상호 집중을 말하려고 한다.

만약 A와 B의 두 글자가 모두 어떤 두 사를 나타내는 데 사용될 수 있다면, 사용 과정 중 때로는 점차 A는 단지 그 중 어떤 하나의 사만을 나타내고 B는 단지 그 중의 다른 하나의 사만을 나타내는 상황을 만들 수 있다. 이것이 우리가 말하는 문자 기능의 상호 집중이다(A와 B 두 글자는 또 이 두 개의 사 이외의 사를 나타내는 데 사용될 가능성이 있다. 여기서는 다만 이 두 개의 사와 관계가 있는 용법에 관해서만 말하는 것이다). 다음에 몇 가지 예를 든다.

## 又(우) — 有(유)

고대의 어떤 한 동안(하한은 대략 서한(西漢)이다)에는 "又"와 "有"의 두 글자는 모두 있을 {有}를 나타내는 데 사용될 수 있었다(고문자에서는 본래 "又"로 {有}를 나타내었다. 세상에 전해지는 고서에서 여전히 약간의 이러한 예를 볼 수 있다. 예컨대 ≪시경 · 주송(周頌) · 신공(臣工)≫에는 "또한 무엇을 구함이 있겠는가?(亦何又求)"라고 하였고, ≪순자(荀子) · 의병(議兵)≫에는 "사람의 정은 비록 걸왕(桀王) · 도척(盜跖)이라 하더라도 어떻게 그 싫어하는 것을 하고 그 좋아하는 것을 천시하려고 하는 사람이 있겠는가?(人之情, 雖桀 · 跖, 豈又肯爲其所惡賤其所好者哉)"라고 하였다. 마왕퇴(馬王堆) 백서(帛書)에서는 또 같은 한 구에 "有"자를 사용하기도 하고, 또 "又"자를 사용하기도 하여 {有}를 나타낸 예를 볼 수 있다. 예컨대, ≪노자(老子)≫ 을본(乙本)에는 "배와 수레가 탈 수가 없는 것도 있고 갑병(甲兵)이 진을 칠 데가 없는 것도 있다(又舟車無所乘之, 有甲兵無所陳之)"라고 하였는데, "又舟車"는 곧 "有舟車"이다. ≪경법(經法) · 육분(六分)≫에는 "천하에 왕노릇하는 자의 도에는 하늘이 있고 사람이 있고 땅이 있다(王天下者之道有天焉, 有人焉, 又地焉)"라고 하였는데, "又地"는 곧 "有地"이다). 다른 한편으로는 이 두 글자는 또한 모두 부사 {又}를 나타내는 데 사용될 수 있었다(진간(秦簡)과 마왕퇴 백서 등에는 보통 "有"로 {又}를 나타내었다. 세상에 전해지는 고서에서 여전히 약간의 이러한 예를 볼 수 있다. 예컨대, ≪시경 · 패풍(邶風) · 종풍(終風)≫에는 "바람이 불고 또 흐리니, 하루도 안 되어 또 흐리네(終風且曀, 不日有曀)"라고 하였고, ≪예기(禮記) · 옥조(玉藻)≫에는 "이미 홀(笏)을 꽂고 반드시 얼굴을 씻어, 비록 조정에서 잡는 것이 있더라도, 또 얼굴을 씻지는 않는다(旣搢必盥, 雖有執於朝, 弗有盥矣)"라고 하였다. <옥조>의 이 구절은 앞의 "有"는 있을 "有"이고 뒤의 "有"는 "又"로 읽는다). 후에는 정수(整數)와 우수리 사이에 사용되는 {又}를 "又"라고 쓸 수도 있고 또 "有"(yòu라 읽는다)라고 쓸 수도 있는 것을 제외하면, "又"와 "有" 두 글자는 명확한 분업이 있었다. "又"는 더 이상 있을 {有}를 나타내는 데 사용되지 않았고, "有"도 역시 더 이상 부사 {又}를 나타내는 데 사용되지 않았다.

## 氏(씨) — 是(시)

고대의 어떤 한 동안(대략 주로 양한(兩漢)시대에 있었다)에는 "氏"와 "是"의 두 글자는 혼용(混用)되는 현상이 있었다. "氏"는 또한 지시대사 {是}를 나타내는 데 사용될 수 있었다(전국(戰國) 중산왕묘(中山王墓)의 동기(銅器) 명문(銘文)에는 이미 "氏"로 {是}를 나타낸 예가 있다. 예컨대 <정명(鼎銘)>에는 "그렇기 때문에 과인이 허락한 것이다(氏以寡人許之)"라고 하였다. 한대 문헌에는 이러한 용법이 흔히 보인다. ≪백호통(白虎通)·종족(宗族)≫에 인용된 ≪의례(儀禮)·사혼례(士婚禮)≫에는 "오직 씨(氏) 삼족(三族)만은 걱정하지 않는다(惟是三族之不虞)"라고 하여 "是"는 "氏"로 사용되었다. ≪한서·지리지(地理地)·하≫에는 "현손(玄孫)에 이르렀는데 이가 장공(莊公)이다(至玄孫, 氏爲莊公)"라고 하였는데, 안사고의 주에는 "'氏'는 '是'와 같은데, 옛날에는 통용자였다('氏'與'是'同, 古通用字)"라고 하였다. 마왕퇴 백서 등에도 또한 "氏"로 {是}를 나타낸 예가 있다. 예컨대, ≪전국종횡가서(戰國縱橫家書)≫ 제15장에는 "임금께서 이렇기 때문에 일을 염려하시기를 바랍니다(願君之以氏慮事也)"라고 하였다). "是"도 또한 성씨의 {氏}를 나타내는 데 사용될 수 있었다(춘추·전국 사이의 후마(侯馬) 맹서(盟書)에는 이미 "是"로 {氏}를 나타내는 용법이 있다. 한대의 문헌에는 이러한 용법은 흔히 보인다. 예컨대, ≪한비자(韓非子)·난(難) 삼(三)≫에 보이는 "龐米間氏"(방간씨)는 ≪논형(論衡)·비한(非韓)≫에는 "龐撊是"라고 하였다. <장천비(張遷碑)>에는 "장씨가 한(漢)을 보필하였다(張是輔漢)"라고 하였는데 "張是"는 곧 "張氏"이다. 진(秦)·한(漢)의 인장·마왕퇴(馬王堆) 백서(帛書)와 은작산(銀雀山) 한간(漢簡) 등에도 또한 모두 흔히 "是"로 {氏}를 나타내었다. 마왕퇴 백서 ≪전국종횡가서≫ 제8장에는 "趙氏"와 "趙是"가 아울러 보이고, 12장에는 "梁氏"와 "梁是"가 아울러 보이고, 제16장에는 "安陵氏"와 "安陵是"가 아울러 보여 당시 사람들이 이 두 글자를 혼용한 상황을 충분히 반영하고 있다). 후에는 "氏"와 "是" 두 글자의 용법은 혼용 이전의 상황으로 회복되어(서주·춘추 금문의 상황과 같이), "氏"는 더 이상 지시대사 {是}를 나타내는 데 사용되지 않았고, "是"도 역시 더 이상 성씨의 {氏}를 나타내는 데 사용되지 않았다.

## 常(상) — 嘗

≪설문≫에 따르면 "常"은 본래 "嘗"의 이체이다. 일반적으로 모두 그것을 가차하여 항상 {常}을 나타내었다. "嘗"의 본의는 맛본다는 것으로, 또 "일찍이"라고 풀이하는 {嘗}을 나타내는 데 사용되었다(이것은 "嘗"자의 해본다는 뜻의 인신의일 가능성이 있다). 고대의 어떤 한 동안에는 "常"과 "嘗"

두 글자는 혼용 현상이 있었다. "常"은 또한 일찍이로 해석하는 {嘗}을 나타내는 데 사용될 수 있었고, "嘗"도 또한 항상 {常}을 나타내는 데 사용될 수 있었다. 당・송 사람들의 저서에서 흔히 이러한 현상을 볼 수 있는데, 다음에 ≪태평광기(太平廣紀)≫에서 몇 가지 예를 인용한다.

> "당(唐) 유주자사(柳州刺史) 하동(河東) 유종원(柳宗元, 773-819)은 일찍이 성랑(省郎)에서 나가 영주사마(永州司馬)가 되었다."(唐柳州刺史河東柳宗元, 常自省郎出爲永州司馬.) (권467 "유종원(柳宗元)" 조, ≪선실지(宣室志)≫에서 나옴)
> "중종(中宗)은 일찍이 재상 소괴(蘇瓌)・이교(李嶠)의 아들을 불러 들여와 뵙게 하였다. 두 아들은 모두 어린 아이였는데 임금은 앞에 맞아들여 쓰다듬고 매우 후하게 하사하였다."(中宗常召宰相蘇瓌・李嶠子進見. 二子皆僮(童)年, 上迎撫於前, 賜與甚厚)(권493 "소괴이교자(蘇瓌李嶠子)" 조, ≪송창록(松窗錄)≫에서 나옴)
> "옛날 곽왕(霍王)의 막내딸이 머리를 올리려고 하여 나에게 명령하여 이것을 하도록 하고 나에게 만 전을 주었는데 나는 늘 잊지 못하였다."(昔者霍王小女將欲上鬟, 令我作此, 酧(酬)我萬錢, 我嘗不忘.)(권487에 수록되어 있는 장방(蔣防)의 ≪곽소옥전(霍小玉傳)≫)
> "촉(蜀)의 장사꾼 조고(趙高)는 싸움을 좋아하여 늘 감옥에 들어갔다. 등에 가득히 비사문천왕(毗沙門天王)이 아로새겨져 있었는데 관리가 등에 매질하려다가도 그것을 보면 문득 그만 두었다."(蜀市人趙高好鬪, 嘗入獄. 滿背鏤毗沙門天王, 吏欲杖背, 見之輒止.)(권264 "조고(趙高)" 조, ≪유양잡조(酉陽雜俎)≫에서 나옴)

글 뜻에 따르면, 앞 2조의 "常"자는 마땅히 "嘗"으로 읽어야 하고, 뒤 2조의 "嘗"자는 마땅히 "常"으로 읽어야 한다. 마지막 조는 ≪유양잡조≫ 전집 권8 "경(黥)"조에서 나온 것으로, "嘗"은 금본 ≪유양잡조≫ 중에는 바로 "常"으로 되어 있다(≪태평광기≫ 가운데 "常"・"嘗"의 용법이 현재와 서로 같은 예는 생략하였다). ≪사기≫・≪한서≫에서도 또한 "常"・"嘗" 혼용의 예를 찾아낼 수 있다. ≪사기・고조본기(高祖本紀)≫・≪한서・고제기(高帝紀)・상(上)≫에는 모두 "한고조(漢高祖)가 일찍이 함양(咸陽)에서 요역(徭役)하였다(高祖常繇(徭)咸陽)"라는 글이 있는데, 송대의 유반(劉攽, 1022-1088)은 이미 "常"은 마땅히 "嘗"이라고 해야 한다고 지적하였다. ≪사기・시황본기(始皇本紀)・찬(贊)≫・≪한서・진섭항적전(陳涉項籍傳)・찬(贊)≫에 인용된 가의(賈誼)의 <과진론(過秦論)> 가운데 "일찍이 10배의 땅으로(常以十倍之地)"라는 한 구의 "常"도 역시 마땅히 "嘗"으로 읽어야 한다. 이 글자는 ≪가의신서(賈誼新書)≫ 중에는 바로 "嘗"으로 되어 있다. 다음에 다시 ≪사기≫와 ≪한서≫ 중에서 각각 "嘗"을 마땅히 "常"으로 읽어야 하는 예를 인용한다. ≪사기 · 이장군열전(李將軍列傳)≫에는 말하였다.

> "이광(李廣)이 사는 군(郡)에서 범이 있다는 것을 들으면 늘 스스로 그것을 쏘았다."(廣所居郡, 聞有虎, 嘗自射之.)

이 글의 "嘗"자는 글 뜻에 따르면 마땅히 "常"으로 읽어야 하는데 ≪한서 · 이광전(李廣傳)≫에는 바로 "常"으로 되어 있다. ≪한서 · 순리(循吏) · 공수전(龔遂傳)≫에는 말하였다.

> "신(臣)이 듣자옵건대, 교서왕(膠西王)은 아첨쟁이 신하 후득(侯得)이 있는데 …… 왕이 그의 아첨을 좋아하여 늘 함께 자고 거처하여 오직 후득이 말하는 대로만 하여 이에 이르렀다고 합니다."(臣聞膠西王有諛臣侯得, …… 王說(悅)其諂諛, 嘗與寑(寢)處. 唯得所言, 㠯(以)至於是.)

이 글의 "嘗"자도 글 뜻에 따르면 역시 마땅히 "常"으로 읽어야 한다. 명 · 청 이래 어떤 특수한 상황들(예컨대 옛것을 모방하기를 좋아하는 어떤 문인들이 때때로 "常"을 "嘗"으로 사용하였고, 명대 말기에는 광종(光宗) 태창제(泰昌帝 : 1620년 재위) 주상락(朱常洛)의 휘(諱)를 피하여 왕왕 "嘗"을 "常"으로 사용하였다)을 제외하면 "常"과 "嘗"의 두 글자는 이미 더 이상 혼용되지 않았다.

그밖에, 예컨대 "無"와 "毋", "以"와 "已", "由"와 "猶" 등도 역시 모두 기능의 상호 집중의 과정을 겪은 바가 있다. 위에서 든 각각의 예에서 언급된 두 개의 말은 만약 같은 한 글자로 나타낸다면 모두 기의(歧義)의 가능성이 있다. 예컨대 왕인지(王引之)의 ≪경의술문(經義述聞)≫에는 일찍이 경적의 "'有'를 '又'로 빌렸는데 해석하는 사람이 잘못하여 '有無'의 '有'라고 생각한다(借'有'爲'又', 而解者誤以爲'有無'之'有')"라는 현상을 지적하였다(권1 "지유회(遲有悔)" 조, 권32 "경의가차(經義假借)" 조). 위에서 인용한 ≪한서 · 지리지≫의 "氏爲莊公" 구의 "氏"자는 안사고(顔師古)는 마땅히 "是"로 읽어야 한다고 하였지만, 청대의 어떤 학자들은 도리어 여전히 마땅히 일반적인 "氏"자로 이해해야 한다고 보았다(≪한서보주(漢書補注)≫ 참조. 이러한 의견은 대개 믿을 수 없는 것이다). "常" · "嘗"의 혼용은 더욱 사람들이 글 뜻을 오해하기 쉽게 한다. 그러므로 이 글자들의 기능의 상호 집중은 매우 필요하다.

때로는 두 글자가 상호간의 혼용과 기능의 상호 집중의 과정을 겪은 후에 각각의 글자가 나타내는 뜻이 다른 한 글자가 원래 나타내는 뜻이었는데, 그렇게 하여 기능의 상호 교환의 현상이 이루어졌다. 예컨대 다음과 같다.

### 扁(편) — 匾

"扁"은 "戶"와 "冊"을 따른 것으로 편액(匾額)의 {匾}의 본자이다. 얇다(납작하다)라고 풀이하는 {扁}은 그것의 가차 용법이다. ≪옥편≫·≪광운≫에는 모두 "匾匾"(편체)를 얇을 "薄"으로 풀이하였으므로 "匾"은 마땅히 "扁"자의 이러한 가차의를 위하여 만든 분화자일 것이다. 당(唐) 이후의 고서에는 대부분 "匾"자로 얇을 {扁}을 나타내었다(≪유양잡조(酉陽雜俎)≫ 속집 권4에는 "지금 효경(梟鏡)이라고 하는 것은 왕왕 벽 사이의 거미를 경(鏡)이라고 하는데 그 형체가 둥글고 납작하며 새끼를 품고 있다가 반드시 새끼에게 잡아먹히는 것을 볼 수 있기 때문이다(今言梟鏡者, 往往謂壁間蛛爲鏡, 見其形規而匾, 伏子, 必爲其子所食也)"라고 하였다. "扁擔"은 옛날에는 역시 대부분 "匾擔"이라고 하였다. ≪속전등록(續傳燈錄)≫·≪수호(水滸)≫ 등에 보인다). 그러나 "匾"자를 사용한 후에는 "扁"자의 얇고 납작하다는 뜻을 나타내는 용법은 결코 폐기되지 않았지만, 편액의 뜻은 후에 반대로 흔히 "匾"자를 가차하여 나타내어 두 글자의 용법이 서로 혼동되는 국면이 형성되었다. 기능의 상호 집중을 거쳐서 편액의 {匾}은 오로지 "匾"자만으로 나타내고, 납작할 {扁}은 오로지 "扁"자만으로 나타내어 두 글자의 각각의 본래의 뜻은 모두 상대방에게 넘겨주게 되었다(그러나 얕고 둥근 대나무 그릇을 가리키는 {匾}은, "針線匾"(반짇고리)와 같이, 일반적으로 여전히 "匾"이라고 쓰지 "扁"이라고 쓰지는 않는다).

### 童(동) — 僮

≪설문≫에는 "'童'은 남자가 죄가 있으면 '奴'라고 하는데, 노(奴)는 '童'이라고 하고 여자는 '妾'이라고 한다. '辛'을 따르고 '重'의 생성(省聲)이다(童, 男有辠(罪)曰'奴', 奴曰'童', 女曰'妾'. 从'辛', '重'省聲)"라고 하였고, "'僮'은 아직 관(冠)을 쓰지 않은 것이다. '人'을 따르고 '童'성이다(僮, 未冠也. 从'人', '童'聲)"라고 하여, 동복(僮僕)을 "童"의 본의라고 하고 동자(童子)를 "僮"의 본의라고 하였다. 고서 중에서는 동복과 동자의 두 가지 뜻은 본래 모두

“童”자로 나타내었는데(고대에는 노예와 아이는 모두 머리를 기르지 않았기 때문에 모두 “童”이라고 불렀고, 산에 풀과 나무가 없는 것도 또한 “童”이라고 불렀다), “僮”은 “童”의 분화자이다(≪좌전(左傳)·애공(哀公) 11년≫에는 “공위(公爲)는 그가 총애하는 아이 왕기(汪錡)와 함께 수레에 올랐다(公爲與其嬖僮汪錡乘)”라고 하였다. ≪석문(釋文)≫과 ≪예기(禮記)·단궁(檀弓)·하(下)≫의 정현의 주에 따르면, 이 “僮”자는 본래 “童”이라고 하였다). 그러나 “僮”자가 나타난 후에 한편으로는 “童”자의 아이의 뜻을 나타내는 용법은 결코 폐기되지 않았고, 한편으로는 “僮”자도 역시 흔히 동복의 뜻을 나타내어 두 글자의 용법은 서로 혼동되었다. 기능의 상호 집중을 거쳐서, 아이 {童}은 오로지 “童”자만으로 나타내었고, 동복의 {僮}은 오로지 “僮”자만으로 나타내어 두 글자의 각각의 본의는 모두 상대방에게 넘겨주게 되었다(≪간록자서(干祿字書)≫의 “童·僮” 조에는 “위의 ‘童’은 아이이고, 아래의 ‘僮’은 하인으로 옛날에는 이와는 반대였는데 지금은 행해지지 않는다(上童幼, 下僮僕, 古則反是, 今所不行)”라고 하였다. 그러나 윗글의 “常·嘗” 조에 인용된 ≪태평광기≫의 “蘇瓌·李嶠子” 조에는 “童年”이 “僮年”으로 되어 있어 당대(唐代)에도 여전히 어떤 사람들은 “僮”자로 아이의 뜻을 나타내었음을 알 수 있다).

잔 돌릴(酬酢 : 수작) {酢}은 ≪설문≫에는 “醋”자로 나타내었다. 식초 {醋}는 ≪설문≫에는 “酢”자로 나타내었다(≪급취편(急就篇)≫에는 “시고 짜고 시고 담백함으로 흐림과 맑음을 가리네(酸鹹酢淡辨濁淸)”라고 하여 역시 “酢”으로 {醋}자를 나타내었다. “乍”(사)·“昔”(석)은 고음이 서로 가까웠다). 글자 사용의 상황은 꼭 후세와 서로 반대인데, 이 두 글자도 역시 혼용과 기능의 상호 집중을 거쳤을 가능성이 높다. 그러나 식초 {醋}를 나타내는 “酢”과 잔 돌릴 {酢}을 나타내는 “酢”, 식초 {醋}를 나타내는 “醋”와 잔 돌릴 {酢}을 나타내는 “醋”는 또한 모두 동형자(同形字)로 볼 수도 있다. 그렇다면 고정적으로 “醋”로 {醋}를 나타내고 “酢”으로 {酢}을 나타내는 것은 “문자의 분화” 절에서 말한 바 있는 “鍾”·“鐘” 분업의 상황과 마찬가지로 동형자 자형을 분화시키는 하나의 예일 것이다(현재는 “초장초(酢醬草)”(괭이밥)의 “酢”이 여전히 {醋}를 나타내는 데 사용되는 것은 “酢”자 용법의 하나의 특수한 예이다).

## 3. 서로 다른 글자로 같은 하나의 사(詞)의 서로 다른 용법을 나타내는 현상

일반적인 상황 아래서는 문자의 기능을 분산시키는 것은 원래 한 글자로 나타내는 서로 다른 사(詞)로 하여금 각각 서로 다른 글자를 나타내게 하는 것이다. 그러나 때로는 또 서로 다른 글자로 각각 같은 하나의 사의 서로 다른 용법을 나타내는 상황을 발견할 수 있다. 흔히 언급되는 한 가지 예가 제3인칭 대사를 나타내는 "他"·"她"·"它"이다.

인칭 대사 {他}는 고한어 중의 지시 대사 {他}에서 파생되어 나온 것이다. 지시 대사 {他}는 원래 "蛇"(뱀)의 초문인 "它" 혹은 등진다로 풀이하는 "佗"자를 가차하여 나타내었다(≪시경·소아(小雅)·학명(鶴鳴)≫에는 "다른 산의 돌로, 숫돌을 만들 수 있네(它山之石, 可以爲錯)"라고 하였다. ≪좌전(左傳)·은공(隱公) 원년(元年)≫에는 "제(制)는 험한 고을로 괵숙(虢叔)이 그곳에서 죽었습니다. 다른 고을을 오직 명령하십시오(制, 巖邑, 虢叔死焉. 它邑唯命)"라고 하였다). "他"는 본래 "佗"의 이체였다("它"를 따르는 글자는 왕왕 "也"를 따르는 것으로 변하였다. 제5장 제2절 참조). 후에 "它"의 본의는 따로 "蛇"를 만들어 나타내었고, "佗"와 "他"도 역시 분업하였다. "它"와 "他"는 실제로는 모두 대사 {他}의 전용자가 되었다. 이 두 글자는 본래 통용되어 구별이 없었지만, {他}가 제3인칭 대사의 용법으로 발전된 후에는 일반적으로 단지 "他"자만으로 이 뜻을 나타내었다(이것은 사람이 "人"을 따르는 "他"가 인칭 대사를 나타내는 데 비교적 어울린다고 생각했기 때문일 가능성이 있다. 제10장 제2절 3의 형차(形借)에 관한 설명을 참조). 20세기 10년대 후기에 이르러 서양인들의 인칭 대사의 성별(性別)의 영향을 받아서, 어떤 사람은 "他"자에서 "她"자를 분화시켜 여성을 지칭하였고(제8장 제3절 참조), 또 "牠"자를 분화시키거나 혹은 "它"자로 사람 이외의 사물을 지칭하였다(현대의 개별적인 번역 종사자들은 심지어 또 하나님을 가리키는 제3인칭 대사에 "示"를 따르는 전용자 "祂"를 만들어 낸 적도 있다). "她"·"牠"(它)의 사용을 처음으로 제창한 사람들은 "본래 구어 중에서 일종의 구별을 하기를 희망하였다"("女也"는 "伊"(이 : yī)

라고 읽고, "它"는 "拖"(타 : tuō)라고 읽었다). 그러나 이러한 바람은 실현되지 않았고, 여러 사람들은 여전히 "他"의 음에 따라 그것들을 읽는다(왕력(王力), ≪한어사고(漢語史稿)≫ 중책(中冊), 274쪽; ≪왕력문집(王力文集)≫ 제9권, 358쪽, 산동교육출판사(山東敎育出版社), 1988). "她"자는 일찌감치 보편적인 인정을 받았고, "牠"자는 ≪이체자 정리표(異體字整理表)≫ 중에서 "它"자에 합병되었다. 현재는 "它"자는 기본적으로 단지 사람 이외의 사물을 지칭하는 데 사용될 뿐이다("其他"는 또 어떤 사람은 "其它"라고 쓰지만 이미 그렇게 자주 보이지는 않는다). 인칭 대사를 나타내는 "他"는 일반적인 상황에서는 역시 이미 더 이상 여성과 사람 이외의 사물을 지칭하는 데 사용되지 않고, 기본적으로 "她"·"它"와 이미 서로 통용되지 않는다(대만에서는 여전히 "他"로 여성을 가리키는 용법이 있다). 여성을 지칭하는 "她"·사람 이외의 사물을 지칭하는 "它"와 남성을 지칭하는 "他"는 읽을 때는 완전히 동음이기 때문에 일반적으로 그것들은 예전의 같은 하나의 사를 대표하고 있고 다만 글자에서 이 사의 약간의 서로 다른 용법에 대하여 구별하는 역할을 하는 데 불과하다고 본다.

그러나 어떤 것이 동음의 동원사(同源詞)이고 어떤 것이 같은 하나의 사의 서로 다른 용법인가 하는 것을 구별하려면 하나의 명확한 표준을 찾아내기는 매우 어렵다. 만약 "他"·"她"·"它"를 마땅히 같은 하나의 사의 서로 다른 용법을 나타내는 문자로 보아야 한다면, "炭"과 "碳", "溶化"와 "熔化" 및 앞에서 언급한 바가 있는 "棉"과 "綿" 같은 글자들도 역시 모두 그렇게 볼 수 있을 것인가? 또 갈림길 "岔"(차)·강의 갈래 "汊"(차), 나무의 가장귀 "杈"(차)와 옷의 터진 곳 "衩"(차)는 모두 chà로 읽는데 그것들도 역시 같은 하나의 사의 서로 다른 용법을 나타내는 문자로 볼 수 있을 것인가? 다시 한 걸음 더 나아가 말해서, "取"에서 분화되어 나온 "娶"는 비록 고대에는 거성(去聲)의 독법이 있었지만(≪광운≫·≪경전석문(經典釋文)≫에는 모두 "娶"를 거성으로 읽었고, ≪집운≫의 "娶"자에는 상성(上聲)과 거성 두 가지의 음이 있다), 현재는 "取"자와 하나의 음으로 읽는데, 그것은 "取"와 또한 어떤 관계인가? 만약 네모난 한자의 자형을 제쳐 둔다면 "qǔ 錢"(돈을 벌다)의 {qǔ}와 "qǔ 媳婦"(며느리를 맞다)의 {qǔ}는 결국 두 개의 동원사로 보는 것이

합리적인가? 아니면 같은 하나의 사의 두 가지의 서로 다른 용법으로 보는 것이 합리적인가?

위에서 제기한 이러한 문제들은 여기에서 상세하게 토론할 도리가 없다. 우리가 이러한 문제들을 제기하는 까닭은 단지 한자는 확실히 문자상으로는 구별되지만, 언어에는 어음상으로 구별되지 않는 뜻이 매우 많다는 것에 주의를 불러일으키려는 것일 뿐이다. 그 중에는 상호간에 친속 관계가 없는 일반적인 동음사가 있을 뿐 아니라 또한 관계가 극히 밀접한 동음 동원사도 있고, 또 적지 않은 같은 하나의 사의 서로 다른 용법에 속하는 것도 있을 가능성이 매우 많다.

어떤 같은 하나의 사를 나타내는 글자들은 성질이 이체자와 “他”·“她”·“它” 같은 글자 사이에 위치한다. 예컨대, {疙瘩}(흘탑)(gēda, 덩어리·종기·부스럼)은 작은 공 모양 혹은 덩어리 모양의 물건이라고 풀이할 때는 “疙瘩”이라고 쓸 수도 있고(“瘩”은 혹은 “疸”(달)이라고도 쓴다), 또한 “圪墶”(흘달)(“墶”은 혹은 “塔”(탑)이라고도 쓴다)·“屹嶅”(흘탑)·“紇縫”(흘달) 혹은 “咯噠”(각달)(“噠”은 혹은 “嗒”(탑)이라고도 쓴다)이라고도 쓸 수도 있다. 그러나 “圪墶”·“屹嶅”은 대부분 흙덩어리에 사용되고, “紇縫”은 대부분 명주·실·직물의 덩어리에 사용되고, “咯噠”은 “麵咯噠”(밀가루 덩어리)·“芥菜咯噠”(개자 덩어리)와 같이 대부분 먹을 수 있는 덩어리에 사용된다. 용법은 비록 “她”·“它”가 절대로 서로 통하지 않는 것과는 다르지만 각각 분명히 편중되는 바가 있다. {疙瘩}은 피부에 돌기되거나 혹은 살에 생긴 딱딱한 덩어리로 풀이하거나 혹은 해결하기 어려운 문제로 풀이할 때는 일반적으로 “疙瘩”라고 쓰고 때로는 또한 “圪墶”·“屹  ”이라고도 쓰지만, “紇縫”·“咯噠”이라고 쓸 수는 없다. 이러한 뜻의 {疙瘩}와 역시 “紇縫”·“咯噠”이라고 쓸 수도 있는 {疙瘩}를 마땅히 하나의 사로 보아야 할 것인지는 또한 하나의 문제이다.

## 제2절 문자의 합병(合併)

문자의 합병은 한 글자가 전체의 기능을 다른 한 글자에게 넘겨주어 담당시키는 현상을 가리킨다. 만약 A자가 전체의 기능을 B자에 넘겨주어 담당시키고 자신은 더 이상 사용되지 않는다면 A자는 B자에 합병되었다든가 혹은 B자가 A자를 합병하였다고 할 수 있을 것이다. 때로는 A를 합병한 B는 원래 A와 서로 같은 기능을 가지고 있었다(예컨대 뒤에서 제기할 분화자를 합병한 모자(母字)가 그렇다). 이러한 상황에서 문자의 합병은 또한 문자 기능의 집중으로 해석할 수 있다(본 장 제1절 2. 2) 참조).

한자 발전의 과정에서 사람들은 한편으로는 끊임없이 문자를 분화시켰고, 한편으로는 글자의 수를 억제하고 자형을 간화하기 위하여(필획이 적은 글자를 빌려 필획이 많은 글자를 대체한다) 혹은 문자를 사용하는 어떤 습관들 때문에 또 끊임없이 문자를 합병하였다.

문자의 합병은 왕왕 문자의 분화를 전제로 한다. 어떤 모자들은 후에 자신의 분화자에 합병되었다. 어떤 분화자들은 길든 짧든 일정 기간 사용된 후에 되돌아 가 자신의 모자에 합병되었다.

우리는 먼저 모자가 분화자에 합병된 예를 든다.

### 屰(역) — 逆

≪설문≫에는 "'屰'은 따르지 않는다는 뜻이다(屰, 不順也)"·"'逆'은 맞는다는 뜻이다. '辵'을 따르고 '屰'성이다('逆', 迎也. 从'辵', '屰'聲)"라고 하였다. "屰"은 거스를 {逆}의 본자이다(제7장 제1절 4 참조). 마중하는 사람은 마중을 받는 사람과 상호간의 방향이 서로 어긋난다. 맞는다는 것은 거스를 {逆}의 인신의이다. "逆"은 "屰"자의 이 인신의를 나타내는 분화자이다. 후에 "屰"자는 폐기되어 사용되지 않고 거스를 {逆}도 역시 "逆"자로 나타내었다.

## 叚(가) — 假

≪설문≫에는 "'叚'는 빌린다는 뜻이다(叚, 借也)"·"'假'는 참되지 않다는 뜻이다. '人'을 따르고 '叚'성이다('假', 非眞也. 从'人', '叚'聲)"라고 하였다. "叚"는 빌릴 {假}의 본자이다. 거짓 {假}는 빌릴 {假}의 인신의이다(수호지(睡虎地) 진간(秦簡)에는 "叚"자로 거짓 {假}를 나타냈다. 예컨대 "이제 가짜 아버지가 가짜 아들을 훔쳤다면 어떻게 논하겠는가?(今叚父盜叚子, 可論?)"라고 하였는데, 마땅히 "今假父盜假子, 何論?"이라고 읽어야 한다). "假"는 "叚"자의 이 인신의를 나타내는 분화자이다. 후에 "叚"자는 폐기되어 사용되지 않고 빌릴 {假}도 역시 "假"자로 나타내었다.

## 侌(음) — 陰

≪설문≫에는 "'霒'은 구름이 해를 덮는다는 뜻이다. '雲'을 따르고 '今'성이다. '侌'은 고문(古文)에는 간혹 생략되었다(霒, 雲覆日也. 从'雲', '今'聲. '侌', 古文或省)"·"'陰'은 어둡다는 뜻으로 물의 남쪽과 산의 북쪽이다. '阜'를 따르고 '侌'성이다('陰', 闇也, 水之南·山之北也. 从'阜', '侌'聲)"라고 하였다. "侌"은 흐릴 {陰}의 본자이다. 음양(陰陽)의 {陰}은 흐릴 {陰}의 인신의이다(고대에는 산의 북쪽을 "陰"이라고 부르고 산의 남쪽을 "陽"이라고 불렀다. 산의 북쪽에서는 햇빛을 보기 드물기 때문에 "陰"이라고 불렀다). "陰"은 "侌"자의 이 인신의를 나타내는 분화자이다. 후에 "侌"은 폐기되어 사용되지 않고 흐릴 {陰}도 역시 "陰"자로 나타내었다.

## 褱(회) — 懷

≪설문≫에는 "'褱'는 껴안는다는 뜻이다(褱, 俠(아마 마땅히 "挾"으로 읽어야 할 것이다)也)"·"'懷'는 그리워한다는 뜻이다. '心'을 따르고 '褱'성이다('懷', 念思也. 从'心', '褱'聲)"라고 하였다. "褱"는 품을 {懷}의 본자이다(≪설문≫에는 "'裒'는 품는다는 뜻이다(裒, 褱也)"라고 하였다. "褱裒"는 곧 "懷抱"이다. ≪노자(老子)≫ 제70장에는 "그렇기 때문에 성인은 거친 베옷을 입고서도 옥을 품고 있는 것이다(是以聖人被褐而懷玉)"라고 하였는데, 마왕퇴(馬王堆) 백서(帛書) 갑(甲)·을본(乙本)에는 "懷"가 모두 "褱"로 되어 있다). 그리워한다는 것은 품는

다는 것의 인신의이다. “懷”는 “褱”자의 이 인신의를 나타내는 분화자이다. 후에 “褱”자는 폐기되어 사용되지 않고 품을 {懷}도 역시 “懷”자로 나타내었다.

앞에서 언급한 바 있는 “丩”가 “糾”에 합병되고(제7장 제2절에 보인다), “爯”이 “稱”에 합병되는(본 장 제1절 1. 3) (4)에 보인다) 등의 예는 위에서 든 여러 가지 예와 성질이 같은 것이다. 모자와 그것을 합병한 분화자는 동시에 또한 본자와 가차자의 관계이기도 하다.

다음에는 또 분화자가 모자에 합병된 예를 든다. 중국 대륙에서는 50년대의 이체자 정리와 한자 간화 중에 적지 않은 분화자가 모자에 합병되었다. 예컨대 다음과 같다.

### 嚐(상) — 嘗

≪설문≫에는 “‘嘗’은 입으로 맛본다는 뜻이다. ‘旨’를 따르고 ‘尙’성이다(‘嘗’, 口味之也. 从‘旨’, ‘尙’聲)”라고 하였다. “嚐”은 “嘗”자의 본의를 나타내는 분화자로서 통행되기 시작한 시간은 비교적 늦은데(≪강희자전(康熙字典)≫에는 이 글자가 수록되어 있지 않다), 이체자 정리 중에 그것을 “嘗”에 합병하였고 간화자는 “尝”으로 되어 있다.

### 荳(두) — 豆

“豆”자는 본래 일종의 음식을 담는 그릇으로 풀이하는데(제7장 제1절 2 참조), 콩 {豆}를 나타내는 것은 가차 용법이다. “荳”는 이 가차의를 위하여 만든 분화자이다(≪설문≫에는 “荳”자가 없다). 그러나 “荳”자가 나타난 후에도 “豆”자는 여전히 콩 {豆}를 나타내는 데 보편적으로 사용된다. 이체자 정리 중에 “荳”를 “豆”자에 합병하였다.

### 捨(사) — 舍

집 {舍}는 인신되어 머무를 {舍}가 되고, 머무를 {舍}는 또 인신되어 버릴 {舍}가 되었다. “捨”자는 “舍”자의 이 인신의를 위하여 만든 분화자이다. 한자 간화 중에 그것을 “舍”자에 합병하였다.

그밖에, 예컨대 “雲”(운)은 “云”(운)에 합병되고(≪설문≫에는 “云”을 “雲”

자의 고문이라고 하였다), "採"(채)는 "采"(채)에 합병되고(≪설문≫에는 "採"가 없다), "鬚"(수)는 "須"(수)에 합병되고(≪설문≫에는 "鬚"가 없다), "廻"(회)는 "回"(회)에 합병되고(≪설문≫에는 "廻"가 없다), "樑"(량)은 "梁"(량)에 합병되고(≪설문≫에는 "樑"이 없다), "剋"(극)은 "克"(극)에 합병되고("剋"은 ≪설문≫에는 "勊"이라고 하였다), "倂"(병)은 "幷"(병)에 합병되고, "阨"(액)은 "厄"(액)에 합병되고, "誇"(과)는 "夸"(과)에 합병되고, "譭"(훼)는 "毁"(훼)에 합병되고(≪설문≫에는 "譭"가 없다), "颳"(괄)은 "刮"(괄)에 합병되고(≪설문≫에는 "颳"이 없다), "揹"(배)는 "背"(배)로 합병되고("揹"자는 늦게 나온 것으로 ≪강희자전≫에는 수록되어 있지 않다. 아래의 "睏"과 "錶"의 두 글자도 같다), "睏"(곤)은 "困"(곤)에 합병되고, "錶"(표)는 "表"(표)에 합병되고, "佔"(점)은 "占"(점)에 합병되고("佔"자는 늦게 나타난 것으로 ≪강희자전≫에 수록된 "佔"자는 뜻이 서로 다르므로 동형자이다), "鬍"(호)는 "胡"(호)에 합병되고(≪강희자전≫에는 "鬍"자가 수록되지 않았지만 <모부(毛部)>의 "毰"자 아래에 인용된 ≪해편(海篇)≫에는 "세속의 '鬍'자로 ≪자학원원(字學元元)≫에 보인다(俗鬍字, 見≪字學元元≫)"라고 하였다), "慼" 및 그 이체 "慽"(척)은 "戚"(척)에 합병되고, "溧"(률)·"慄"(률)은 "栗"(률)에 합병되고(≪설문≫에는 "慄"이 없다. 제9장 제1절 참조), "尟"(선) 및 그 이체 "尠"(선)은 "鮮"(선)에 합병되고, "嚮"(향)은 "向"(향)에 합병되고("嚮"은 또 "鄕"의 분화자로 볼 수 있다. ≪설문≫에는 "嚮"이 없다), "陞"(승)·"昇"(승)은 "升"(승)에 합병되고(≪설문≫에는 "陞"·"昇"이 없다), "甦"(소)는 "蘇"(소)에 합병되고(≪설문≫에는 "甦"가 없다), "崑崙"(곤륜)은 "昆侖"(곤륜)에 합병되고(≪설문≫에는 "崑崙"이 없으나 ≪설문≫ "신부자(新附字)"에는 이미 수록되어 있다) …… 등등은 모두 분화자가 모자에 합병된 예이다.

어떤 분화자들은 비록 현재도 여전히 사용되고 있는 문자로서 자전과 사전에 기록되어 있지만, 실제로는 일반 사람들은 도리어 단지 그것들의 모자만을 사용할 뿐이다. 예컨대 "扁"(편)에서 분화되어 나온 변두(藊豆) "藊", "甛"(첨)에서 분화되어 나온 첨채(菾菜)(사탕무우) "菾", "酸"(산)에서 분화되어 나온 산통(痠痛)(시큰시큰한 병) "痠"이 그것이다(이 몇 개의 글자들은 모두 ≪설문≫에 보이지 않는다). 이러한 분화자는 모자에 합병해도 좋을 것이다.

한자 간화 중에는 때로는 모자와 분화자로 하여금 똑같이 하나의 간화 자형을 사용하게 하였다. 예컨대 "曆"(력)은 "歷"(력)자의 인신의를 나타내는 분화자로서(역법(曆法)은 해와 달의 역정(歷程)을 관측・추산하는 것을 기초로 하였기 때문에 "歷"이라고 불렀다. ≪설문≫에는 "曆"이 없다), 이 두 글자의 간화자는 모두 "厝"(력)이다. "穫"(확)은 "獲"(획)자의 인신의를 나타내는 분화자로서 이 두 글자의 간화자는 모두 "獲"(획)이다. "儘"(진)은 "盡"(진)자의 인신의를 나타내는 분화자로서(≪설문≫에는 "儘"이 없다) 이 두 글자의 간화자는 모두 "盡"(진)이다. "複"(복)은 "復"(복)의 인신의를 나타내는 분화자로서(단의(單衣)・복의(複衣)의 "複"은 한간(漢簡)에는 대부분 "復"이라고 썼다) 이 두 글자의 간화자는 모두 "复"(복)이다(≪설문≫에는 "复"은 "옛 길을 간다(行故道)"라고 풀이하였고, "復"은 "왕래하다(往來)"로 해석하였다. 이에 따르면 "復"은 원래 마땅히 "复"의 분화자였을 것이지만, 또 "复"과 "復"은 본래 한 글자의 간체와 번체였을 가능성도 있다). 위에 서술한 이러한 현상은 또한 분화자를 모자에 합병한 것으로 해석할 수 있다.

분화자가 모자에 합병되는 현상은 역사상 역시 흔히 보인다. 제9장 제1절에서 언급한 일반 사람들이 일찍 이미 사용하지 않은 후기본자(後起本字), 예컨대 "𣪠"(수)・"橆"(무)・"瘣"(쇠)・"嘫"(연) 등의 글자는 이미 모자에 합병된 분화자로 볼 수 있다. 다음에 또 일반 사람들이 일찍 이미 사용하지 않은 모자의 인신의를 나타내는 분화자 몇 가지를 든다.

### 勥(강)

≪설문≫에는 "'勥'은 닥친다는 뜻이다. '力'을 따르고 '强'성이다('勥', 迫也. 从'力', '强'聲)"라고 하였다. 강할 {强}은 인신되어 강박할 {强}이 되었는데, "勥"자는 "强"자의 이 인신의를 나타내는 분화자였다("强"자는 "虫"을 따르므로 본래는 벌레의 이름으로 해석하였다. ≪설문≫에 따르면 강할 {强}은 "彊"의 가차자이다. 정확(精確)하게 말한다면 "勥"은 "强"자의 가차자의 인신의를 나타내는 분화자이다).

### 慯(상)

≪설문≫에는 "'慯'은 근심한다는 뜻이다. '心'을 따르고 '殤'의 생성(省聲)이다('慯', 憂也. 从'心', '殤'省聲)"("殤"의 생성이라는 설은 확실하지 않다. 제8장 제3절 참조)라고 하였다. 상처 {傷}은 인신되어 근심할 {傷}이 되었는데, "慯"은 "傷"자의 이 인신의를 나타내는 분화자였다.

### 殌(졸)

≪설문≫에는 "'殌'은 대부(大夫)가 죽는 것을 '殌'이라고 한다. '歹'(대)를 따르고 '卒'성이다('歹卒', 大夫死曰'歹卒'. 从'歹', '卒'聲)"라고 하였다. 끝날 {卒}은 인신되어 죽을 {卒}이 되었는데, "殌"은 "卒"자의 이 인신의를 나타내는 분화자였다(만약 "卒"의 본의는 병졸(兵卒)이라는 설을 따른다면 마땅히 "歹卒"이 나타내는 것은 "卒"자의 가차의의 인신의라고 해야 할 것이다. 그러나 이 설은 반드시 정확한 것은 아니다).

### 殠(취)

≪설문≫에는 "'殠'는 썩은 냄새이다. '歹'(대)를 따르고 '臭'성이다('殠', 腐气也. 从'歹', '臭'聲)"라고 하였다. "臭"(취)는 "嗅"(후)의 초문이다. {嗅}는 인신되어 냄새라고 풀이하는 {臭}(xiù : 후)가 되었고, 또 이로부터 인신되어 썩은 냄새라고 풀이하는 {臭}(chòu : 취)가 되었는데, "殠"는 "臭"자의 이 인신의를 나타내는 분화자이다.

위에서 든 이러한 분화자들은 실제로는 또한 일찍 모자에 합병되었다.

과거에 ≪설문≫의 "정자(正字)"를 문자 사용의 규범이라고 주장한 문자학자들은 문장을 쓸 때 ≪설문≫에 보이는 일찌감치 분화자에 합병된 모자 및 일찌감치 모자에 합병된 분화자를 사용하기 좋아하였다. 일반적인 문자 사용의 습관에 어긋나는 이러한 행위는 취할 만한 것이 결코 아니다.

모자와 분화자 사이에 일어나는 문자 합병 외에도 또 약간의 다른 문자 합병의 현상을 볼 수 있다. 그 가운데 비교적 흔히 보이는 것은 본자가 일반적인 가차자에 합병되는 현상이다.

위에서 말한 바 있는 모자가 분화자에 합병되는 것과 후기본자 성질을

떤 분화자가 모자에 합병되는 이 두 가지 현상은 동시에 또한 본자가 가차자에 합병되는 현상이기도 하다. 본 장 제1절 1. 3) (3)에서 일찍이 일컬을 "稱"의 본자는 "偁"이라고 언급한 바 있다. "偁"이 "稱"에 합병된 것도 역시 본자가 가차자에 합병된 것이다. "偁"과 "稱"은 모두 "爯"자에서 분화된 것이고, 밀접한 관계가 있는 동원사를 나타내는 두 개의 글자로서 상황도 역시 비교적 특수하다. 우리가 여기에서 말하는 일반 가차자란 본자와는 모자와 분화자의 관계도 없고 또한 "偁"과 "稱" 같은 관계도 없는 글자로 충당된 것이다.

이체자 정리와 한자 간화 중에 많은 본자가 일반 가차자에 합병되었다. 예컨대, "疆"(강)은 "强"(강)에 합병되고(윗 글의 "彊"자 조 참조), "艸"(초)는 "草"(초)에 합병되고, "毬"(구)는 "球"(구)에 합병되고, "蓡"(심)은 "參"(삼)에 합병되고, "隻"(척)은 "只"(지)에 합병되고, "薑"(강)은 "姜"(강)에 합병되고, "靈"(령)은 "灵"(령)에 합병되고, "傑"(걸)은 "杰"(걸)에 합병되고(이상은 제9장 제1절 참조), "穀"(곡)은 "谷"(곡)에 합병되고, "葉"(엽)은 "叶"(협)에 합병되고("叶"은 본래 "協"의 이체이다), "幾"(기)는 "几"(궤)에 합병되고, "醜"(추)는 "丑"(추)에 합병되고, "鬥"(투)는 "斗"(두)에 합병되고, "蘿蔔"(무)의 "蔔"(복)은 "卜"(복)에 합병되고, "臺"(대)·"檯"(대)·"颱"(태)는 "台"(대)에 합병되었다⋯⋯ 등등. 위에서 서술한 이러한 간체자들은 대부분 과거에 이미 사용된 것이고, 또한 어떤 가차자는 과거에 기본적으로 이미 본자를 대신한 것이다. 예컨대 "强"·"草"·"參"·"球" 등이 그것이다. 그러나 또한 소수의 가차자는 사용된 역사가 극히 짧다. 예컨대 "鬥"를 대신한 "斗"와 "蔔"을 대신한 "卜" 등이 그것이다.

본자에 합병되는 데 사용된 어떤 가차자들은, "草"·"球"·"灵"·"杰" 등과 같이, 그것들이 아직 가차되지 않았을 때의 원래의 용법은 일반 사람들은 일찍 이미 모르게 되었다. 그러므로 이러한 글자들은 합병된 본자의 협의(狹義) 이체자(異體字)인 것처럼 보인다.

어떤 문자 합병의 현상 중에는 합병된 글자와 그것을 합병한 글자가 결국 어떤 관계인가 하는 것은 판단하기 쉽지 않다. 예컨대 한자 간화 중에 "裏"(리)를 "里"(리)에 합병한 것이 그것이다. "裏"자는 일찍이 서주(西周) 금문

(金文) 중에 이미 나타난다. 그것과 그것을 합병한 "里"자 사이의 관계는 본자와 일반적인 가차자 관계로 볼 수 있을 것 같다. 그러나 "裏"자는 "里" 성(聲)을 따르는 것이고, 또한 서주 금문에는 가끔 또 "里"를 빌려 {裏}를 나타낸 예가 있다(예컨대 <원후정([illegible]侯鼎)>이 있다). ≪소문(素問) · 자요통론(刺腰痛論)≫에는 "살 속의 맥이 사람의 허리를 아프게 한다 …… (肉里之脈, 令人腰痛 ……)"라고 하여 역시 "里"를 "裏"로 빌렸다. 그러므로 또 {裏}라는 사(詞)는 본래 "里"자를 가차하여 그것을 나타낸 것이고 후에 비로소 그것을 위하여 "裏"자를 만들었을 가능성도 있다. 그렇다면 "裏"와 "里"의 관계는 후기본자와 모자의 관계가 된다(우리가 앞에서 든 바 있는 "台"자에 합병된 "颱"도 역시 반드시 "台"의 분화자였을 가능성이 없다고 할 수 없다).

제10장 제2절에서 동형자를 말할 때 이미 지적한 바와 같이, 동형이 아닌 어떤 글자들은 후에 자형 연변 등의 원인으로 동형으로 변하였다. 만약 단지 문자의 외형으로만 착안한다면, 이것도 또한 일종의 문자 합병의 현상으로 볼 수 있을 것이다.

다의자(多義字) 혹은 두 개 이상의 동형자를 대표하는 어떤 다의자형(多義字形)은 단지 자신의 일부분의 기능만을 다른 한 글자에 합병하였지만, 그것의 기타의 기능은 일찍이 이미 작용을 하지 않기 때문에 실제로는 다른 한 글자에 완전히 합병된 것과 같다. 적어도 한자를 사용하는 일반 사람들에 대해서 말한다면 이러한 상황이다. 이체자 정리와 한자 간화 중에는 많은 이러한 예가 있다. 예컨대 제10장 제1절에서 말한 바 있는 "颿"자는 비록 단지 가차 용법만을 "帆"자에 합병한 것이지만, "말이 가는 것이 빠르다"(馬行疾)라고 풀이하는 본의는 일찍이 이미 사용이 중지되었기 때문에 실제로는 "帆"자에 완전히 합병된 것과 마찬가지이다. 다음에 또 두 가지 예를 든다.

### 彙(휘) — 匯(회)

한자 간화 중에서는 "匯"와 "彙"를 모두 "汇"로 간화하였다. 이것은 모을 "彙"를 "匯"자에 합병한 것으로 해석할 수 있다. 왜냐하면 자형에서 본다면, "汇"는 "匯"가 간화되어 이루어진 것이다. ≪설문≫에 따르면, "彙"는 본래 "蝟"(위 : 고슴도치)의 고체(古體)이다. 모을 {彙}를 나타내는 것은 그것의 가차 용법이다. "彙"와 "猬"는 일찍 이미 두 글자로 분화되었기 때문에 가차의를 나타내는 "彙"를 "匯"자에 합병한 것은 실제로는 "彙"자를 "匯"자에 완전히 합병한 것과 마찬가지이다(모을 "彙"는 본래 "猬"와 마찬가지로 "胃"라고 읽었고, 후에 비로소 "匯"와 동음인 것으로 변하였다. 모은다는 뜻은 종류에 따라 집중시킨다는 것으로, 모아서 합친다[匯合]는 뜻과는 구별이 있다. ≪주역(周易)·태괘(泰卦)·석문(釋文)≫에는 "'彙'의 음은 '猬'로 무리이다(彙, 音猬, 類也)"라고 하였다. 모을 {彙}를 나타내는 "匯"는 마땅히 가차자로 보아야 할 것이다).

## 摺(접) — 折(절)

"摺"자는 주로 두 가지 독음이 있다. 꺾다로 풀이할 때는 "랍"(lā)이라고 읽고, 접다로 풀이할 때는 "접"(zhé)이라고 읽는다(이 두 개의 "摺"은 동형자로 볼 수 있을 것 같다). 한자 간화 중에서는 "접"이라고 읽는 "摺"을 "折"자에 합병하였다. "랍"이라고 읽는 "摺"은 일찍 이미 더 이상 사용되지 않기 때문에 실제로는 "摺"을 "折"에 완전히 합병한 것과 마찬가지이다(고서 중의 "랍"이라고 읽는 "摺"은 "折"로 간화되지 않았다. "접"이라고 읽는 "摺"과 "折"은 고대에는 동음이 아니었다. "摺"은 엽운(葉韻)에 속하고 "折"은 설운(薛韻)에 속하였다. 접는다는 뜻과 꺾는다는 뜻은 본래 결코 관계가 없다. 접을 {摺}을 나타내는 "折"은 형음 겸차자(形音兼借字)로 볼 수 있다).

때로는 문자의 합병이나 혹은 어떤 글자의 부분적인 기능이 다른 글자에 합병되는 것은 언어 중의 두 가지 뜻이 서로 같거나 혹은 서로 가까운 사(詞)의 혼동을 반영한다. 예컨대 다음과 같다.

## 鬱(울) — 郁(욱)

"鬱"과 "郁"은 모두 향기롭다로 풀이하는 용법이 있다. 그러나 이 두 글자는 고대에는 동음이 아니었고("鬱"은 물운(物韻)에 속하고 "郁"은 옥운(屋韻)에 속하였다), 향기롭다로 풀이할 때는 결코 같은 하나의 사(詞)를 대표하지 않는다. ≪문선(文選)≫ 권55 유준(劉峻)(효표(孝標))의 <광절교론(廣絶交論)>에는 "말은 난초·구리 때보다도 향기롭다네(言鬱郁於蘭茝)"라고 하여 두 글자를 연용(連用)하였는데, 이선(李善)의 주에는 "'鬱郁'은 향기롭다는 뜻이다. <상림부(上林賦)>에는 '향기롭고 향기로우며, 짙고 맑다(芬芳漚鬱, 酷烈淑郁)'라고 하였다('鬱郁', 香也. <上林賦>曰 : 芬芳漚鬱, 酷烈淑郁)"라고 하였다. 이 두 글자가 동음으로 변한 후에는 향기롭다로 풀이하는 {鬱}과 {郁}은 언어에서 실제로는 이미 구분할 도리가 없다. 한자 간화 중에 또 "鬱"자를 "郁"자에 합병하여 이 두 가지 사(詞)는 완전히 뒤섞여서 구분할 수 없게 되었다(근심하다로 풀이하는 "鬱伊"와 "郁伊"도 원래 역시 동음이 아니었을 가능성이 있으니 아마도 또한 간단히 같은 하나의 사(詞)의 서로 다른 서사 형식으로 볼 수는 없을 것이다. 간화된 후에 상호간에 역시 구별할 도리가 없게 되었다. ≪설문≫에 따르면 "鬱"의 본의는 초목이 무성하다는 것이다. 현재 이 뜻을 나타내는 데 사용되는 "郁"은 "鬱"과 일반적인 가차자와 본자의 관계이다).

### 於(어) — 于(우)

"於"와 "于"는 모두 개사(介詞)로 사용될 수 있고 용법이 매우 서로 비슷하다. 그러나 그것들은 고대에는 결코 동음이 아니었기 때문에("於"는 영모(影母) 어운자(魚韻字)이고 "于"는 유모(喩母) 3등(等)의 우운자(虞韻字)였다), 간단히 같은 하나의 사(詞)의 서로 다른 서사 형식이라고 볼 수 없다(개사 {於}와 {于}는 방언이나 혹은 시대의 차이로 말미암아 하나의 사(詞)에서 분화되었을 가능성이 있다. 어떤 언어학자는 비교적 이른 시대에는 개사 {于}와 {於}의 용법은 일정한 구별이 있었다고 보고 있다). 어음(語音) 연변의 규율에 따르면, 개사로 사용되는 "於"의 독음은 마땅히 yū로 연변되어야 할 것이다. 그러나 지금은 도리어 yú라고 읽어 "于"와 완전히 동음이다. 많은 사람들은 그것들을 통용자로 본다. 이체자 정리 중에서는 아예 yú라고 읽는 "於"를 "于"에 합병하여 양자는 완전히 뒤섞여서 구분할 수 없게 되었다(wū(오)라고 읽는 "於"와 yū라고 읽는 성씨(姓氏) 글자 "於"(어)는 "于"에 합병되지 않았다).

### 寘(치) — 置

"寘"는 둘 "置"와 뜻이 같지만 고대에는 결코 동음이 아니었기 때문에("寘"는 조모(照母) 3등(等) 치운자(寘韻字)이고 "置"는 지모(知母) 지운자(志韻字)였다) 같은 하나의 사(詞)의 서로 다른 서사 형식으로 볼 수 없다. 후에 이 두 글자는 동음자로 변하여 어떤 사람은 그것들을 통용자라고 생각하였다. 이체자 정리 중에는 아예 "寘"를 "置"에 합병하였다(≪현대한어사전≫에서 "寘"와 "置"의 두 글자를 나눈 것은 정확하다).

## 貲(자) — 資

재산으로 풀이하는 "貲"는 본래 헤아릴 "訾"(자)의 분화자였다. 그것은 재화(財貨)의 "資"와 고대에는 동음이 아니었기 때문에("貲"는 지운자(支韻字)이고 "資"는 지운자(脂韻字)였다) 결코 같은 하나의 사(詞)의 서로 다른 서사 형식이 아니었다. 진(秦)·한(漢) 정부는 세금 징수 등 방면의 필요 때문에 늘 집집마다 재산을 헤아렸기 때문에 "訾"는 인신되어 "헤아리는 바의 가산(家産)"에서 일반적인 가산의 뜻을 갖게 되었다. 거연(居延) 한간(漢簡) 가운데 호자(戶貲)를 기록한 간(簡)에는 "재산이 15만에 값한다(凡訾直(値)十五萬)"·"재산이 만 5천에 값한다(訾直萬五千)"는 등의 말이 있고, 희평(熹平) 4년(175)의 도병(陶瓶)에는 "재산이 수 억·수 천이다(訾財千億)"라는 등의 말이 있는데, 모두 "訾"자로 이러한 뜻을 나타내었다. 후에 비로소 "言"방을 "貝"방으로 고쳐서 전용의 "貲"자를 분화시켰다("貲"자가 나타난 후에 헤아릴 {訾}도 또한 왕왕 "貲"라고 썼다. ≪설문≫에는 "'貲'는 작은 벌을 재물로 스스로 속죄한다는 뜻이다(貲, 小罰以財自贖也)"라고 하였다. 이러한 뜻의 "貲"는 수호지(睡虎地) 진묘(秦墓)에서 나온 진률(秦律)에 자주 보인다. 재물·헤아리다의 "貲"는 그 동형자로 볼 수 있다). ≪사기≫·≪한서≫ 중에는 재산 "貲"는 본래 또한 "訾"라고 하였지만, 어떤 것은 후인들에 의해서 "貲"로 고쳐졌다. 예컨대, ≪사기·장석지전(張釋之傳)≫에는 "재물로 기랑(騎郞)이 되었다(以訾爲騎郞)"는 말이 있는데, 금본 ≪한서·장석지전≫에는 이미 "訾"를 "貲"로 고쳤다. ≪한서·사마상여전≫에는 "재물로 낭(郎)이 되었다(以訾爲郞)"는 말이 있는데, 금본 ≪사기·사마상여전≫에는 이미 "訾"를 "貲"로 고쳤다. "貲"와 "資"는 뜻이 가깝기 때문에 이 두 글자가 동음자가 된 후에 사람들은 왕왕 그것들을 통용자라고 생각하였다. 이체자 정리 중에서는 아예 재산 "貲"를 "資"자에 합병하여 양자는 완전히 뒤섞여서 구분할 수 없게 되었다(헤아릴 "貲"와 "작은 벌을 재물로 스스로 속죄한다"고 풀이하는 "貲"는 "資"자에 합병되지 않았다).

## 徵(징) — 征(정)

구(求)할 "徵"과 세금을 거둘 "征"은 뜻은 서로 가깝지만 고대에는 동음이 아니었다("徵"은 지모(知母) 증운자(蒸韻字)이고 "征"은 조모(照母) 3등(等) 청운자(淸韻字)였다). 후에 이 두 글자는 동음자로 변하여 어떤 사람들은 그것들을 통용할 수 있다고 생각한다. 그러나 세금을 거둘 "征"은 일반적으로 여전히 "徵"이라고 쓰지 않고 구할 "徵"은 일반적으로 여전히 "征"이라고 쓰지 않았다. 한자 간화 중에서는 "徵"을 "征"에 합병하여 세금을 거둘 "征"과 구할 "徵"은 뒤섞여서 구분할 수 없게 되었다(궁(宮)·상(商)·각(角)·치(徵)·우(羽)의 "徵"(치)는 "征"으로 간화되지 않았다).

그밖에 이체자 정리 중에는 "斲"(착)과 "斮"(작)을 모두 "斫"(작)에 합병하였다. 이 세 글자는 지금은 비록 모두 zhuó라고 읽지만 고음은 도리어 모두 서로 달랐다("斫"은 조모(照母) 3등(等) 약운자(藥韻字)이고, "斲"은 지모(知母) 각운자(覺韻字)이고, "斮"은 조모(照母) 2등(等) 약운(藥韻) 혹은 각운자(覺韻字)였다). 그것들의 뜻은 매우 서로 가깝지만 용법은 여전히 상당히 분명한 구별이 있었고 과거에는 기본적으로 서로 혼용되는 현상은 없었다. 그러므로 "斲"과 "斮"을 이체자로 "斫"에 합병한 것은 매우 타당하지 않다. ≪현대한어사전≫에서 이 세 글자를 각각 열거하여 이체로 처리하지 않은 것은 정확한 것이다.

여기에서 "麤"(추)(또한 "麁"라고도 쓴다)·"觕"(추)·"粗"(조)의 관계의 문제를 덧붙여 말하려고 한다. 이체자 정리 중에서는 "麤"·"觕"를 "粗"에 합병하였다. 과거에는 이 세 글자는 확실히 통용될 수 있었기 때문에 그것들을 합병한 것은 일리가 있다(≪설문≫에 따르면 "麤"자의 본의는 "가는 것이 매우 멀다"(行超遠)는 뜻이다. 고서 중에는 이러한 뜻의 "麤"자는 보지 못하였다). 그러나 고서 중에는 때로는 또 "麤"를 "粗" 혹은 "觕"와 연용(連用)하였다. 예컨대 다음과 같다.

> ≪춘추번로(春秋繁露)·유서(兪序)≫에는 "이것은 역시 거친[麤粗](이것은 노문초(盧文弨)의 교본(校本)을 따랐다. 무영전(武英殿) 취진판(聚珍版)에 "糲"라고 한 것은 옳지 않다) 것에서 시작되어 정미한 것에서 끝난 것이다(是亦始於麤粗(此從盧文弨校本, 武英殿聚珍版作"糲", 非是), 終於精微)"라고 하였다.
>
> ≪논형(論衡)·정설(正說)≫에는 "대략 제목의 거친 설을 바로잡았다(略正題目麤粗之說)"라고 하였다.
>
> ≪장자(莊子)·칙양(則陽)≫의 ≪석문(釋文)≫에 인용된 사마표(司馬彪)의 주에는 "'鹵

莽'은 '麤粗'와 같다(鹵莽猶麤粗也)"라고 하였다.
≪한서·예문지≫ "수술략(數術略)"에는 "거친 것을 거의 얻었다(庶得麤觕)"라고 하였다.
≪공양전(公羊傳)≫ 은공(隱公) 원년(元年)의 하휴(何休)의 주에는 "마음씀이 아직도 거칠다(用心尙麤觕)"라고 하였다.

이것은 마땅히 어떻게 해석해야 할 것인가? 원래 "粗"와 "觕"는 고대에는 모두 창호절(倉胡切)(cū)과 조고절(徂古切)(zù)의 두 가지 독음이 있고 뜻은 분명한 차이는 없었다. "麤"와 연용된 "粗"·"觕"는 마땅히 조고절(徂古切)로 읽어야 한다(위에 인용한 <예문지>의 안사고(顔師古)의 주에는 "'觕'는 조략(粗略)하다는 뜻이다. 음은 재호반(才戶反)이다(觕, 粗略也, 音才戶反)"라고 하였다. "재호(才戶)"와 "조고(徂古)"의 반절(反切)은 동음이다. 왕념손(王念孫)의 ≪독서잡지(讀書雜志)·관자(管子) 제7≫ "추추(麤麤)" 조 참조). 이러한 "粗"와 "觕"는 "麤"와 통용되는 "粗"와 "觕"와는 같은 말이라고 혼동해서는 안 된다. 또 어떤 사람은 "粗"와 "觕"는 본래 단지 마땅히 조고절(徂古切)의 한 독음만 있어야 하고, 창호절(倉胡切)로 읽는 것은 "麤"와 서로 뒤섞인 것이라고 보았다. 그렇다면 "粗"·"觕"와 "麤"의 관계는 제10장 제3절에서 말한 바 있는 "仇"와 "讐"의 관계와 같은 성질의 것이다(위에서 말한 바와 같이, "於"는 본래 마땅히 yū로 읽어야 하지만 실제로는 yú로 읽는다. 이것도 역시 "于"와 서로 뒤섞였기 때문일 가능성이 있다).

우리가 앞에서 말한 것처럼, 문자의 합병은 왕왕 문자의 분화를 전제로 한다. 다른 한편으로는 문자 합병 이후에 또 새로이 분화하는 현상도 역시 존재한다. 예컨대 다음과 같다.

### 𠂹(수)·垂 — 垂·陲

≪설문≫에 따르면, 드리울 "垂"의 본자는 "𠂹"이고(≪설문≫에는 "'𠂹'는 풀과 나무의 꽃과 잎이 드리운다는 뜻으로 상형이다(𠂹, 艸木華葉𠂹, 象形)"라고 하였다. 한비(漢碑)에는 때로는 또한 "𠂹"자를 사용하였는데, 예컨대 <공주비(孔宙碑)>에는 "죽어서 아름다운 이름을 드리웠다(歿𠂹令名)"라고 하였다), "垂"는 변수(邊陲)의 "陲"의 초문이다(≪설문≫에는 "'垂'는 먼 변방이다. '土'를 따

르고 ‘𠂹’성이다(垂, 遠邊也. 从‘土’, ‘𠂹’聲)”라고 하였다). 세상에 전해지는 고서에는 대부분 “垂”로 드리울 {垂}를 나타내었고, “陲”로 변방 {陲}를 나타내었는데 지금의 문자 사용의 습관과 서로 같다. 그 연변 과정을 추측해 본다면 마땅히 “𠂹”가 먼저 “垂”에 합병된 다음에 또 “垂”자에서 “陲”자가 분화되었을 것이다(≪설문≫에는 “危”라고 풀이하는 “陲”자가 있는데 변방 “陲”의 동형자로 볼 수 있다. 설사 옛 사람들이 “危”라고 풀이하는 “陲”를 빌려 “垂”의 본의를 나타냈다고 보더라도, “陲”자의 “危”의 뜻은 일찍 이미 사용되지 않았기 때문에 실제로는 역시 이미 “垂”의 분화자와 구별이 없게 되었다).

## 凥(거) · 居 — 居 — 居 · 踞

≪설문≫에 따르면, 거처할 “居”의 본자는 “凥”이고(≪설문≫에는 “‘凥’는 산다는 뜻이다. 엉덩이가 궤(几)를 얻어 머물러 있는 것을 따랐다(凥, 處也. 从尸得几而止)”라고 하였다), “居”는 웅크릴 “踞”의 초문이다(≪설문≫에는 “‘居’는 웅크린다는 뜻이다. … ‘踞’는 세속의 ‘居’는 ‘足’을 따랐다(居, 蹲也. …… 踞, 俗‘居’从‘足’)”라고 하였다. 소서본(小徐本)에는 “踞”가 “凥”로 되어 있다)”라고 하였다. 세상에 전해지는 고서에는 대부분 “居”로 거처할 {居}를 나타내고, “踞”로 웅크릴 {踞}를 나타내어 지금의 문자 사용의 습관과 서로 같다. 그 연변 과정을 추측해 보건대, 마땅히 “凥”자가 먼저 “居”자에 합병된 후에 또 “居”자에서 “踞”자가 분화되었을 것이다(어떤 사람은 “凥”자는 본래 사람이 궤(几)에 걸터앉아 있는 모양을 본뜬 것으로 곧 “踞”는 본래 지금의 “발을 드리워 앉는(垂足而坐)”것과 서로 비슷한 일종의 자세라고 생각하였다. ≪풍한기고고학논문집(馮漢驥考古學論文集)≫, 16쪽 및 160쪽 주 (22)에 보인다. “凥”는 웅크릴 “踞”의 초문이고 거처한다는 것은 “踞”의 인신의였을 가능성이 있다. ≪설문≫에서 “處”를 “凥”의 본의라고 하고 “蹲”을 “居”의 본의라고 한 것은 반드시 믿을 수는 없다).

문자 분화의 일반적 상황에 따라 살펴본다면, “垂”자는 “𠂹”자에서 분화되어 나온 것일 가능성이 극히 높고, “居”자도 역시 “凥”자에서 분화되어 나온 것일 가능성이 매우 높다. 그러므로 위에서 든 이 두 조(組)의 글자는 아마 두 번의 분화와 합병을 거쳤을 것이다.

제12장

# 자형(字形)과 음의(音義)의 복잡한 관계

한자 자형(字形)과 음의(音義) 사이의 관계는 매우 복잡하다. 음이 같은 사의 다수는 서로 다른 자형으로 나타낼 뿐 아니라, 가령 같은 사라도 또한 흔히 두 가지 이상의 서로 다른 서사 형식이 있다. 다른 한편으로는 같은 자형도 또 흔히 두 개 이상의 서로 다른 사를 나타내는 데 사용될 수 있으며, 수많은 자형들은 또 두 가지 이상의 서로 다른 독음을 가지고 있다. 우리는 위에서 말한 앞의 현상을 일사다형(一詞多形)이라고 하고 뒤의 현상을 일형다음의(一形多音義)라고 한다. 다음에 먼저 일형다음의의 현상을 말한 다음에 다시 일사다형의 현상을 언급한다.

## 제1절 일형다음의(一形多音義)

일형다음의의 현상을 만드는 원인은 주로 다음의 네 가지가 있다.

### (1) 어의(語義)의 인신(引伸)

어의의 인신은 한어에서는 지극히 흔히 보이는 현상이다. 한 글자의 본의는 왕왕 몇 개의 인신의를 낳을 수 있다. 인신의 자체 및 가차의도 또한 모두 새로운 뜻을 인신할 수 있다. 예컨대, "行"의 인신의인 "行列"은 또 "行業" 등의 뜻으로 인신한다(제7장 제2절 참조). "强"(강)의 가차의인 "강약(强弱)"의 {强}은 또 인신하여 면강(勉强)의 {强}이 된다(제11장 제2절 "犟"

(강) 자 조를 참조). 인신의와 인신된 뜻은 때로는 같은 사의 서로 다른 뜻이고 때로는 서로 다른 사 곧 파생사(派生詞)와 모사(母詞)이다. 파생사의 대부분은 모사와 완전히 동음은 아니다. 그러므로 인신은 일형다음의의 현상을 만드는 중요한 원인이 된다.

(2) 가차(假借)

가차는 한자에서 지극히 흔히 보이는 현상이다. 가차의를 가진 글자는 수가 매우 많고 하나의 글자는 많은 서로 다른 가차의가 있을 수 있다(제9장 제3절 참조). 한 글자의 본의와 가차의는 같은 한 글자의 서로 다른 가차의와 보통 모두 서로 다른 사이고, 서로의 독음도 왕왕 또한 결코 완전히 서로 같지는 않다(제9장 제4절 참조). 그러므로 가차도 역시 일형다음의의 현상을 만드는 중요한 원인이 된다. 우리가 앞에서 언급한 바 있는 속본자(俗本字)(제9장 제2절에 보인다)는 가차자 중에 덧붙일 수 있다.

(3) 동의환독(同義換讀)

동의환독은 하나의 글자를 차용하여 그것이 원래 나타내던 사와 뜻이 같거나 혹은 뜻은 가깝지만 서로 음이 다른 하나의 사이기(제9장 제3절 참조) 때문에 필연적으로 일형다음의의 현상을 만든다(우리는 하나의 글자가 두 개의 동의사를 나타내는 현상도 역시 다의(多義) 현상에 포함하려고 한다).

(4) 이자동형(異字同形)

동형의 이자는 제10장 제2절에서 말한 동형자(同形字)이다. 동형자는 모두 각각 서로 다른 사를 대표하고 있다. 일부분의 똑같이 형성자인 동형자를 제외하면 그것들의 독음은 모두 서로 다르다. 그러므로 이자동형도 역시 일형다음의의 현상을 만드는 원인이 된다. 형음(形音)을 아울러 빌린 글자(제10장 제2절에 보인다)는 가차자에 덧붙일 수도 있고 또한 동형자에 덧붙일 수도 있다.

위에서 말한 이 네 가지 원인을 제외하고 또 일형다음의를 만드는 원인이 있다. 예컨대 문언(文言)과 백화(白話)의 이독(異讀)·독음의 와변(訛變) 등은 여기에서 토론하지 않는다(일자이독(一字異讀)에 관해서는 여숙상(呂叔湘), ≪어문상담(語文常談)≫, 28-32쪽 참조).

위에서 말한 일형다음의의 현상을 만드는 여러 원인에서 주된 작용을 하는 것은 인신과 가차이다. 이자동형은 인신과 가차처럼 흔히 보이지는 않으며, 동의환독도 비교한다면 가장 보기 드물다.

인신・가차와 동의환독이 만드는 일형다음의의 현상은 또한 일자다음의(一字多音義)의 현상이라고 할 수 있다. 그러나 동형자가 만드는 일형다음의의 현상은 엄격하게 말하면 일자다음의의 현상이라고 할 수는 없다. 왜냐하면 동형자는 비록 외형상 전혀 차이가 없지만 실제로는 도리어 서로 다른 글자이기 때문이다.

한자의 일형다음의의 현상은 매우 심각하다. ≪강희자전(康熙字典)≫ 등 대형의 자전・사전을 펼쳐보면, 흔히 서너 가지의 독음과 10여 가지의 뜻풀이가 있는 글자를 볼 수 있다. 또 어떤 글자들은 더욱 많은 독음과 뜻풀이가 있는데, 예컨대 신판(新版) ≪사원(辭源)≫의 "齊"자 조에는 여섯 가지의 독음과 열아홉 항의 뜻풀이가 있다. 만약 또 이러한 자전・사전들이 수록하지 않은 음의를 더한다면 상황은 더욱 복잡하게 될 것이다. 물론, 이러한 복잡한 상황은 각 글자가 역사상 일찍이 가지고 있었던 용법을 모두 고려하여 이루어진 것이다. 만약 각 글자의 어떤 비교적 짧은 시기 안에 있어서의 실제 용법에 착안한다면 상황은 크게 달라질 것이다. 다의자형(多義字形)이 나타내는 어떤 뜻의 사용의 중지・문자의 분화 및 기타 문자의 기능을 분산시키는 조치(제11장 제1절 1・2참조)는 모두 이러한 자형들이 실제로 나타내는 뜻을 감소시킬 수 있고 때로는 또 그것들의 독음을 감소시킬 수 있다. 그밖에, 동형자는 왕왕 동시에 통행되는 것이 아니다. 이것은 제10장 제2절에서 동형자를 말할 때 이미 설명한 바 있다.

그러나 설사 현대의 일반 사람들은 이미 알 필요가 없는 그 음의들을 상관하지 않더라도, 일형다음의의 현상은 역시 여전히 상당히 심각하다. 단지 현대 한어를 위하여 엮은 자전・사전을 펼쳐보기만 해도 이 점을 알 수 있다. 어떤 문장의 통계에 따르면, 1971년 판 ≪신화자전(新華字典)≫ 가운데 734개의 다음자(多音字)가 있는데 대략 총 자수의 10%를 차지하고 있다(주유광(周有光), <현대 한자 중의 다음자 문제(現代漢字中的多音字問題)>, ≪중국어문≫ 1979년 제6기). 어떤 글자의 독음은 3-4가지가 있고 또 매 독음마다 포함되어 있는 뜻풀이도 하나에 그치지 않는다. 예컨대, ≪현대한어사전≫에 따르면 "着"자는 4가지 독음과 19개의 뜻풀이가 있다(대만(臺灣)에서 사용하는 "著"는 대륙의 "著"와 "着"에 상당하는데 음의가 더욱 많다).

우리가 제3장 제2절에서 이미 말한 바와 같이, 한자 구조의 특징 때문에 일반적으로 사용되는 문자의 수는 너무 많을 수는 없다. 그렇지 않으면 사용이 불편하게 된다. 이것은 곧 한자 중에 불가피하게 비교적 심각한 일형다음의의 현상이 존재할 수 있음을 말하는 것이다. 이러한 현상은 물론 역시 약간의 불편을 가져온다. 일형다음은 왕왕 사람들이 자음(字音)을 잘못 읽게 한다. 한 자형의 흔히 사용되는 뜻이 너무 많거나 혹은 나타내는 서로 다른 뜻이 혼동하기 쉬워서 또한 문제를 일으킬 수 있다. 크게는 사람들이 글의 뜻을 잘못 이해하게 하고 작게는 보고 읽는 속도를 감소시킨다. 그러므로 역사상 사람들은 한편으로는 끊임없이 기존의 문자에 기능을 증가시켰고, 다른 한편으로는 또 끊임없이 다의자의 기능을 감소시킴으로써 일형다음의의 현상이 지나치게 심각한 지경으로 발전되는 것을 막았다.

중국 대륙의 보통화심음위원회(普通話審音委員會)는 "이독사(異讀詞)"에 대하여 표준 독음을 심정(審定)하는 일을 추진하였다. 80년대 전기에는 또 심음(審音)의 결과에 대하여 약간의 수정을 하였다(1963년에 공포된 ≪보통화 이독사 삼차 심음 총표 초고(普通話異讀詞三次審音總表初稿)≫와 1985년 12월에 공포된 ≪보통화 이독사 심음표(普通話異讀詞審音表)≫에 보인다). 심음의 대상이 사(詞)이고 글자가 아니며 또 수많은 취소된 이독(異讀)은 본래 일반 자전에서 인정받은 바가 없기 때문에 이러한 일은 문자의 이독을 감소시키는 데 결코 커다란 작용을 하지 못하였다. 수많은 사의 이독이 취소된 후에도 그것들을 나타내는 글자는 여전히 기타의 이러한 음으로 읽는 용법이 있다. 이 때문에 이러한 글자들에 대하여 말한다면 이독은 여전히 존재한다. 물론, 이독사의 독음을 심정하는 것은 확실히 문자의 이독을 감소시키는 작용을 한 예도 또한 있다. 예컨대, 습관에 따라서 옛날에는 평성(平聲)(shēng)으로 읽은 "勝"(승)(예컨대 승임(勝任)(견디다)의 "勝"이 그것이다)을 거성(去聲)(shèng)으로 고쳐 읽고, 옛날에는 "shè"라고 읽었던 땅이름 글자 "葉"(섭)을 "yè"(엽)으로 고쳐 읽는다 ……. 다른 한편에서는 이체자(異體字)의 정리와 한자의 간화(簡化) 가운데 어떤 독음들과 모자(母字)에 남아 있는 뜻의 독음이 서로 다른 분화자를 모자에 합병하였고(예컨대 "捨"(사)를 "舍"(사)에 합병하고 "儘"(진)을 "盡"(진)에 합병한 것이 그것이다), 또 어떤 음이 서로 다른 글자들을 동형자로 변화시켰고(예컨대 "纖"(섬)과 "縴"(견)을 모두 "纤"으로 간화한 것이 그것이다), 아울러 음근통가(音近通假)의 방법을 채용하였고(예컨대 "斗"(두)를 "鬥"(투)로 빌리고 "卜"(복)을 "蔔"(복)으로 빌린 것이 그것이다), 또 어떤 글자들은 옛날의 이독을 회복시키거나 혹은 새로운 이독을 증가시켰다.

이체자의 정리와 한자의 간화 중에는 또 뜻이 서로 혼동될 가능성이 매우 높은 소수의 동음자를 합병하였다. 예컨대, 나란할 "並"(병)은 아우를 "并"(병)에 합병되고("併"(병)도 역시 "并"에 합병되었다), 모을 "彙"(휘)는 합칠 "匯"(회)에 합병되고, 접을 "摺"(접)은 꺾을 "折"(절)에 합병되고, 중첩할 "疊"(첩)은 갈마들 "迭"(질)에 합병되었다(이 몇 조(組)의 글자는 본래는 모두 음이 서로 달랐다. "並"은 병모(並母) 형운자(迥韻字)이고 "并"은 방모(幫母) 경운자(勁韻字)이다. "彙"와 "汇"·"摺"과 "折"의 두 조에 관해서는 제11장 제 2절 참조. "疊"은 첩운자(帖韻字)이고, "迭"은 설운자(屑韻字)이다). ≪간화자총표(簡化字總表)≫에는 "'折'과 '摺'의 뜻이 혼동될 가능성이 있을 때는 '摺'은 그대로 '摺'이라고 쓰고", "'迭'과 '疊'의 뜻이 혼동될 가능성이 있을 때는 '疊'은 그대로 '疊'으로 쓴다"라고 규정하고 있다. ≪신화자전≫과 ≪현대한어사전≫에는 모두 "疊"과 "迭"을 각각 열거하여 "迭"을 "疊"의 간화자로 보지 않았다. 1986년 10월에 ≪간화자총표≫를 새로 발표할 때 "疊"은 더 이상 "迭"의 번체자로 처리하지 않는다고 규정하였다. 이후 만약 뜻이 혼동될 가능성이 비교적 높은 동음이거나 혹은 음이 가까운 이러한 글자들을 상당히 많이 합병한다면 언어를 표현·전달하는 문자의 명확성에 심각하게 영향을 끼칠 것이다.

## 제2절 일사다형(一詞多形)

일사다형(一詞多形)에 관해서는 토론해야 할 문제가 매우 많기 때문에 우리는 이 절을 세 개의 소절(小節)로 나누려고 한다.

### 1. 일사다형(一詞多形) 현상의 개황

어째서 일사다형의 현상이 이루어질 수 있는가? 간단히 말하면 두 가지 원인이 있다.

먼저, 한자에는 이체(異體)가 있기 때문이다. 한 글자에 이체가 있다는 것은 그것이 대표하는 사에 서로 다른 서사 형식이 있다는 것을 의미한다(일자이체(一字異體)에 관해서는 제10장 제1절을 참조).

다음으로, 어떤 하나의 사를 나타내는 데 사용되는 글자는 바꿀 수 있기 때문이다. 같은 하나의 사라도 전후 혹은 동시에 그것을 나타내는 데 사용될 수 있는 두 개 이상의 서로 다른 글자(만약 쌍음사(雙音詞) 혹은 다음사(多音詞)라면 두 조(組) 이상의 서로 다른 글자일 것이다)가 있는 현상은 흔히 보인다. 다음에서 우리는 이러한 현상을 일사다용자(一詞多用字)라고 부른다.

구체적으로 말하면, 일사다용자에는 주로 다음과 같은 네 가지 상황이 있다.

(1) 이미 본자가 있는 사가 또 가차자를 사용한다(제9장 제1절 · 제2절 참조).
(2) 같은 하나의 사가 두 개 이상의 서로 다른 가차자를 사용한다(제9장 제3절 참조).
(3) 하나의 사가 본래 이미 그것을 나타내는 문자가 있지만 후에 또 그것이나 혹은 그것의 어떤 용법을 위하여 전용(專用) 분화자를 만든다(제11장 제1절, 1 · 3 참조).
(4) 기존의 문자가 나타내는 사는 또 동의환독자(同義換讀字)를 사용한다

(예컨대, 무게 · 용량의 단위 {擔}은 "擔"을 사용하기도 하고 또 "石"(본음 : 담)을 사용하기도 하였다)(제10장 제3절 참조).

위에 든 앞의 세 가지 상황은 모두 흔히 보이는 것이다.

하나의 본래는 어떤 글자의 가차의였던 사에 대하여 말한다면, 그것을 위하여 만든 분화자는 바로 후기본자(後起本字)가 된다. 만약 위에서 든 첫째 상황을 "하나의 사가 본자도 있고 또 가차자도 있다"라고 말하고 본자(本字) 출현의 전후를 상관하지 않는다면, 후기본자를 만들었기 때문에 형성된 일사용다자(一詞用多字) 현상을 셋째의 상황에서 갈라내어 첫째의 상황으로 귀속시켜 합병할 수 있을 것이다.

서로 다른 글자가 같은 하나의 사를 나타내는 데 사용될 때 그것들의 사용 범위는 결코 반드시 완전히 서로 같은 것은 아니다. 예컨대, 제9장 제1절에서 언급한 바와 같이, 상체(常棣)의 전고(典故) 때문에 "弟"로 빌린 "棣"는 일반적인 문장에서는 사용하지 않으며 결코 아우 "弟"자를 모두 "棣"로 대체할 수 있는 것은 아니다. 또 예컨대 제10장 제1절에서 언급한 바 있는 "記"와 "紀"는 기록할 {記}라는 사를 나타내는 데 사용될 때 어떤 복합사에서는 통용될 수 있지만 다른 약간의 복합사에서는 통용될 수 없으며, 단독으로 사를 이루는 {記}도 역시 "紀"라고 쓸 수 없다. 제11장 제1절 3에서 말한 바 있는 같은 하나의 사의 서로 다른 용법을 각각 나타내는 글자에 이르러서는 사용 범위가 완전히 서로 다르게 된다. 그러나 뒤의 상황은 특수한 것이며, 같은 하나의 사를 나타내는 서로 다른 문자가 용법이 처음부터 매우 큰 차이가 있는 상황은 역시 흔히 보이는 것은 아니다. 그것들의 용법의 대다수는 서로 같거나 혹은 기본적으로 서로 같은 것이고, 혹은 처음에는 서로 같거나 혹은 기본적으로 서로 같은 것이었는데 후에 비로소 차이가 매우 크게 변한 것이다. 예컨대, 제9장 제1절에서 언급한 적이 있는 날 {飛}를 나타내는 "飛"와 "蜚", 책 {冊}을 나타내는 "冊"과 "策"이 그것이다.

같은 하나의 사가 서로 통용될 수 있는 서로 다른 서사 형식에서 규범에 맞는다고 보여지는 그러한 서사 형식은 정체(正體)라고 부를 수 있다. 시대가 서로 다른 사람들의 정체에 대한 관점은 일치하지 않는다. 구시대의 가장 보수적인 문자학자는 ≪설문≫의 서사 형식에 맞는 것을 정체로 보았다. 중국 대륙에서는 현재 간화자를 정체로 보고 있다.

과거에 문자학을 말하는 사람들은 일사용다자(一詞用多字)의 현상과 관계가 있는 문제를 토론할 때 "정자(正字)"라는 술어를 사용하기 좋아하였다. 우리가 제9장 제1절에서 이미 말한 바와 같이, 과거의 문자학자들은 대부분 ≪설문≫에 근거하여 정자를 말했던 것이다. 그들은 만약 ≪설문≫에서 어떤 뜻(곧 우리가 말하는 사(詞))을 어떤 글자의 본의라고 했다면 그 글자가 곧 그 뜻의 정자라고 보았다. 하나의 뜻이 ≪설문≫에서 그것을 본의로 생각하는 글자가 없는 상황 아래에도 또한 어떤 사람은 ≪설문≫에서 이 뜻을 그것의 인신의로 보는 글자를 찾아내어 이 뜻의 정자라고 하였다. 그러나 ≪설문≫에 보이지 않는 글자, 특히 비교적 늦게 나타난 그러한 글자들은 설사 확실히 어떤 뜻을 위하여 만든 것이라고 하더라도 그들은 역시 그것이 이 뜻의 정자라는 것을 인정하지 않았다. 우리는 그들처럼 정자를 말하는 것은 실제로는 커다란 뜻이 없고, 일사다용자(一詞多用字)와 관계가 있는 문제를 토론할 때는 "습용자(習用字)"의 개념이 "정자"의 개념보다 훨씬 유용하다고 본다.

같은 하나의 사를 나타내는 데 사용될 수 있는 서로 다른 문자에는 보통 반드시 한 글자는 이 사를 나타내는 데 비교적 흔히 사용되는 것이다. 이것이 우리가 말하는 습용자이다. 습용자는 정자와 합치하는 것일 수도 있고 또한 두 개의 글자일 수도 있다. 서로 다른 시대에 습용자가 되는 글자는 서로 다를 가능성이 있다.

그것을 나타내는 데 사용될 수 있는 두 개 이상의 글자가 있는 그러한 사 중에는 적지 않은 사들은 실제로는 정자가 없거나(예컨대, 단지 가차자만을 사용하는 사), 혹은 그것들을 위하여 정확한 정자를 찾아내기가 매우 어려운 것이다(과거의 문자학자는 때때로 정자를 잘못 찾아내었다). 그러나 습용자가 없는 사는 지극히 보기 드물고, 한 개의 사의 습용자를 확정시키는 것은 보통 또한 어떤 어려움이 있을 수 없다. 어떤 사들의 정자는 일반인들은 근본적으로 모른다. 예컨대 우리가 제9장 제1절에서 든 바 있는 일찍 폐기되어 사용되지 않는 후기본자(後起本字) 및 제11장 제2절에서 든 바 있는 일찍 폐기되어 사용되지 않는 모자(母字)의 인신의를 나타내는 분화자와 일찍 분화자로 합병된 모자가 있다. 습용자는 물론 역시 이러한 문제는 없다. 우리가 만약 일사용다자의 현상을 없애려고 한다면, 마땅히 가능한 한 습용자를 남겨 두어야 하고, 그것이 정자인 지의 여부는 고려할 필요는 없다. 고서의 자의(字義)를 주석하는 것에 대하여 말한다면 습용자는 또한 정자보다 훨씬 유용하다. 후에 통용자(通用字)를 말할 때 이 문제를 언급하려고 한다.

한자 중에서는 일사다형(一詞多形)의 현상은 일자다음의(一字多音義) 현상과 마찬가지로 역시 매우 심각하다. 한 개의 글자에 여러 가지의 이체가 있고 한 개의 사가 많은 서로 다른 글자를 사용하는 예는 우리가 앞에서 모두 일찍이 든 바 있다. 예컨대, “韈”(말)자는 적어도 8가지의 이체가 있고(제10장 제1절에 보인다), “僅”(근)이라고 풀이하는 {才}는 “才”자를 제외하고도 또 “毚” · “纔” · “裁” · “財” 등의 가차자를 사용한 적이 있다(제9장 제3절에 보인다).

쌍음절사의 이형(異形)을 쓰는 상황은 단음절사보다 더욱 복잡하다. 제9장 제3절에서 일찍이 {婀娜} · {猶豫}의 두 사가 몇 조(組)의 서로 다른 가차자를 사용하는 예를 든 바 있다. {婀娜}라는 사는 우리가 이미 든 “猗儺” · “猗那” · “阿那”와 “婀娜”(아마 또 마땅히 “阿難”를 더해야 할 것이다) 등의 이형을 제외하고도 또 “妸娜” · “旑旎” · “裿袲” · “檹橠”(이상은 모두 ≪광운(廣韻)≫ · ≪집운(集韻)≫에 보인다) · “裿橠”(현응(玄應)의 ≪일체경음의(一切經音義)≫ 19에 인용된 ≪자서(字書)≫에 보인다) 등의 이형이 있다(“旑旎” · “裿袲” · “檹橠”는 주로 각각 깃발 · 의복과 초목의 부드럽고 아름다운 모양을 형용하는 데 사용되어 사용 범위가 비교적 좁은 것 같다). 그밖에, 예컨대 각종의 구부러진 모양을 형용하는 {逶迤}라는 사는 결국 “委它” · “委佗” · “委陀” · “委蛇” · “委虵” · “委蚷” · “蜲蛇” · “蜲蚷” · “踒虵” · “逶蛇” · “逶虵” · “逶陀” · “逶迱” · “逶迤” · “逶池” · “遻池” · “蝺迤” · “逶移” · “委移” · “萎𦽨” · “崣𡪙”등 20여 가지의 이형이 있다(≪사통(辭通)≫ · ≪연면자전(聯綿字典)≫의 관계가 있는 각 조항을 참조. “蝺迤”는 혜림(慧琳)의 ≪일체경음의≫ 49 ·

≪집운≫의 평성(平聲) 지운(支韻) 옹위절(邕危切) "逶"자에 보임. "萎蕤"와 "崣嶷"는 각각 초목과 산 혹은 산길의 구부러진 모양을 형용하는 데 사용되어 사용 범위가 비교적 좁다. {逶迤}는 wēi yí(위이) · wēi tuó(위타)의 두 가지 독음이 있다. 혜림의 ≪일체경음의≫ 15 "逶迤" 아래의 주에는 "위는 외위반(畏爲反), 아래는 이이반(以伊反)으로 …… '迤'는 우음(又音)이 도하반(徒何反)이다(上畏爲反, 下以伊反 …… '迤'又音徒何反)"라고 하였다. 희린(希麟)의 ≪속일체경음의(續一切經音義)≫ 5 "逶迤" 아래의 주에는 "위는 어위반(於爲反)이고 …… 아래는 익지반(弋支反)이다 …… 살펴보건대, '逶迤'는 구부러지고 바르지 않게 가는 모양이다. 아래는 우음(又音)이 달라반(達羅反)이고 뜻은 위와 같다(上於爲反 …… 下弋支反 …… 案 : '逶迤', 迂曲邪行貌. 下又音達羅反, 訓同上)"라고 하였다. ≪집운≫은 "부드럽게 스스로 얻은 모양(委曲自得貌)"으로 풀이하는 "委蛇" · "委迤"의 "蛇"와 "迤"를 지운(支韻) 여지절(余支切) 이소운(移小韻)에 수록하고, "가는 모양"(行貌)으로 풀이하는 "逶迱" · "逶迤"의 "迱"와 "迤"는 과운(戈韻) 당하절(唐何切) 타소운(駝小韻)에 수록하여 두 가지 음을 두 가지 뜻으로 나누었지만 아마 근거는 없을 것이다. ≪후한서(後漢書) · 임광비동전찬(任光邳彤傳贊)≫에는 "委佗還旅, 二守焉依"라고 하였는데 이현(李賢)의 주에는 "'委' 음은 어위반(於危反)이고 '佗'는 음이 이(移)로 가는 모양이다('委'音於危反, '佗'音移, 行貌也)"라고 하여, 결코 "佗"를 "당하절(唐何切)"로 읽지 않았다. 또 ≪집운≫ 과운(戈韻) "迱"자 아래에는 "逶迱"의 "迱"를 "통하여 '佗' · '他'라고 한다(通作'佗' · '他')"라고 하였으니, {逶迤}는 또 "逶佗" · "逶他" 등의 서사법이 있었음을 알 수 있다).

위 절에서 말한 바와 같이, 같은 하나의 자형의 서로 다른 음의(音義)는 결코 모두 동시에 통행된 것은 아니고, 같은 하나의 사의 서로 다른 서사 형식이라도 또한 결코 모두 동시에 통행된 것은 아니다. 같은 하나의 사를 나타내는 모자(母字)와 분화자 혹은 본자와 가차자는 그것들이 통행된 시간은 왕왕 기본적으로는 앞뒤로 서로 계승된다. 어떤 같은 하나의 사를 나타내는 서로 다른 가차자들도 역시 이러한 관계가 있다(제9장 제3장 참조). 이체자의 통행 시간이 기본적으로 앞뒤로 서로 이어지는 상황도 역시 흔히 보인다. 어떤 때는 심지어 하나의 사의 두 가지 서사 형식은 근본적으로 동시에 사용된 적이 없는 상황을 발견할 수 있다. 이것은 그 중의 한 가지 형식이 사용되기 시작할 때 다른 한 가지 형식이 일찍 사용되지 않게 되었다는 것을 말한다. 그밖에, 또 종래 통행된 적이 없고 현재는 단지 자서에서만 그것들을 볼 수 있는 것으로 보이는 적지 않은 자형들도 있다. 물론, 하나의 사의 두 가지 혹은 몇 가지 서사 형식은 장기간에 결코 나란히 사용되는 현상도 역시 흔히 보인다. ≪이체자 정리표(異體字整理表)≫ 에 열거되어 있는 이체는 장기간 나란히 사용된 것이 많다. 그러나 나란히 사용된 각종 서사 형식 가운데 서로 다른 글자로 충당된 이체는 보통 결국 어떤 한 가지는 비교적 흔히 사용되는 것 곧 우리가 말하는 습용자이고, 같은 한 글자의 이체라도 보통 또한 결국 한 가지는 비교적 흔히 사용되는 것이다. 각종 형식의 세력이 비슷한 상황은 매우 보기 드물다.

때로는 하나의 사의 어떤 서사 형식은 통행하지 않게 된 후에도 어떤 특정한 경우에는 여전히 사용되는 현상을 또 볼 수 있다. 비교적 흔히 보이는 것은 다음과 같은 한 가지 상황이다. 곧 하나의 사의 어떤 서사 형식은 일반적인 경우에는 이미 더 이상 사용하지 않는다는 것이다. 그러나 옛 습관의 영향으로 이 사가 어떤 성어 혹은 복합사의 구성 부분으로 나타날 때는 여전히 사용할 수 있고, 때로는 심지어 반드시 이러한 서사 형식을 사용해야만 한다. 예컨대, 앞에서 이미 언급한 바와 같이, 날 {飛}라는 사는 고대에는 일찍이 "飛"라고 쓸 수도 있고 또한 "蜚"라고 쓸 수도 있었다. 현재는 일반적인 날 {飛}는 이미 "蜚"로 쓸 수 없게 되었다. 그러나 "飛短流長"·"流言飛語"의 "飛"는 여전히 "蜚"라고 쓸 수 있고, "飛聲"의 {飛}는 일반적인 습관에 따라 심지어 다만 "蜚"라고 쓸 수밖에 없다("蜚聲海內"과 같이). 또 예컨대, "褲"(고)·"袴"·"絝"는 일자이체(一字異體)이다. ≪이체자 정리표≫에는 "袴"자는 폐기하고 "褲"자는 남겨 놓았다. "絝"자는 매우 일찍 이미 통행되지 않았기 때문에 ≪이체자 정리표≫에는 그것을 상관하지 않았다. 그러나 {紈褲}(흰 비단 바지 곧 부잣집 귀족 도련님)라는 사는 "褲"라는 자형이 나타나기 전에 일찍 이미 형성되었고 아울러 이미 서면어가 되었기 때문에, 지금까지도 일반 사람들은 아직도 이 사의 고서에서의 서사법에 따라 그것을 "紈絝" 혹은 "紈袴"라고 쓴다.

위에서 말한 이러한 현상은 때로는 사람이 어떤 글자가 나타내는 것이 무슨 사인지를 이해하지 못하게 한다. 예컨대, 되돌아 갈 {返}은 본래는 "反"이라고 썼다({返}은 반복할 {反}의 인신의이다). "返"자가 통행된 후에는 일반적으로 "反"자로 {返}을 나타내지 않게 되었다. 그러나 올바른 것으로 되돌아간다고 풀이하는 "反正"은 예로부터 전해지는 서면어(書面語)이기 때문에 "反"자는 도리어 줄곧 "返"으로 고쳐지지 않았다. 일반 사람들은 대개 모두 이미 이러한 "反"자가 {返}을 나타낸다는 것을 모르게 되었다("反正"에 대해서는 제10장 제2절 참조). 이러한 현상은 심지어 또 독음의 개변을 가져오기도 하였다. 제11장 제1절 1. 1)에서 일찍이 지적한 바와 같이, 본래는 마땅히 "zhuó"로 읽어야 할 "土著"(토착)의 "著"이 "着"으로 고쳐지지 않았기 때문에 여러 사람들은 "zhù"라고 읽는다. 또 예컨대, 쪼일 {曝}(폭)은 본래는 {暴}(포)라고 썼다. "曝"자가 통행된 후에는 일반적으로 "暴"로 {曝}을 나타내지는 않게 되었다("一曝十寒"(일폭십한)의 "曝"을 아직도 소수의 사람들은 "暴"라고 쓰기도 한다). 그러나 "暴露"(폭로)의 "暴"은 비록 본래는 {曝}을 나타내는 것이었지만("暴露"는 본래 pù lù라고 읽는다) 줄곧 "曝"으로 고쳐지지 않았다. 이 때문에 많은 사람들은 사나울 "暴"(bào)의 음에 따라 그것을 읽는다. 현재 이러한 독음은 이미 정식으로 승인을 받았고 "曝"이라고 읽는 음은 반대로 이독(異讀)으로 폐기되었다. 사진(寫眞) 술어에는 "暴光"(bàoguāng)도 있고 또 "曝光"(pùguāng)도 있다. "暴光"이라는 말은 "暴露"의 영향 아래 생겨난 것이다.

아래에 다시 몇 개의 서사 형식의 차이로 말미암아 같은 하나의 사가 두 개의 독음으로 읽히는 예를 든다. "遲"(지) · "夷"(이)의 두 글자는 고음이 서로 비슷하여 통용할 수 있었다. 고서 중의 "陵遲"과 "陵夷", "倭遲" · "逶遲"와 "倭夷", "威遲"와 "威夷"는 본래 모두 각각 하나의 사의 다른 서사이지만(안사고(顔師古), ≪광류정속(匡謬正俗)≫ 권8 "능지(陵遲)" 조 참조), 후인들은 도리어 글자대로 그것들을 모두 두 가지 음으로 읽게 되었다. "於戲"와 "嗚呼" · "於乎"도 역시 하나의 사의 다른 서사로서 마땅히 "嗚呼"(오호)라고 읽어야만 한다. 그러나 당대(唐代)에는 일찍이 그것들을 구분하여 사용하는 데 습관이 되어 "만약 애뢰(哀誄) · 제문(祭文)이라면 곧 '嗚呼'라고 한다. 봉배(封拜) · 책명(冊命)에는 '於戲'라고 한다. '於'는 글자대로 읽고 '戲'는 '羲'로 읽는다(若哀誄祭文, 卽爲'嗚呼'. 其封拜冊命, 卽爲'於戲'. 於讀如字, '戲'讀爲'羲')"(≪광류정속(匡謬正俗)≫ 권2, "오호(嗚呼)" 조). 우리가 앞에서 말한 바와 같이, {逶迤}는 본래 wēi yí와 wēi tuó의 두 가지 음이 있었다(이 두 가지 음은 상고 시대의 같은 하나의 독음으로부터 연화(演化) 되었을 가능성이 있다). 그러나 후에는 "逶迤"·"委蛇"·"委移" 등의 대다수의 서사 형식은 일반적으로 단지 wēi yí라고 읽을 뿐이고, "委陀"·"逶陀" 등은 일반적으로 wēi tuó라고 읽을 뿐이다. 이것도 또한 같은 하나의 사가 서사 형식의 차이 때문에 두 가지 음으로 읽게 된 예라고 볼 수 있다.

다른 한편에서는 음의가 모두 가깝거나 혹은 음이 가깝고 뜻이 같은 글자를 한 가지 음으로 읽고 그것들을 같은 하나의 사의 서로 다른 서사 형식으로 믿는 현상도 또 존재하고 있다. 제10장 제3절에서 동의환독(同義換讀)을 말할 때 들었던 "仇"를 "讎"로 읽는 예를 이러한 현상으로 볼 수 있다. 다음에 다시 두 가지 예를 들려고 한다.

≪후한서(後漢書)≫에는 여러 번 "冘豫"라는 글이 보이고 뜻은 "猶豫"와 같은데(<내흡전(來歙傳)>에 "그래서 오랫동안 유예하고 결단하지 못하였다(故冘豫不決)라고 하였다. 또 <마원전(馬援傳)>·<두무전(竇武傳)> 등에도 보인다), 이현(李賢)의 주에는 "冘"의 음이 "淫"(음)이라고 하였다. "冘豫"와 "猶豫"는 음이 가깝고 뜻이 같은 것으로, 그것들이 대표하는 것은 마땅히 관계가 밀접한 동원사(同源詞)일 것이다. ≪광운(廣韻)≫에는 "冘豫"의 "冘"을 우운(尤韻) 이주절(以周切) 유소운(猷小韻) 중에 수록하고 있다. 이 독음에 따른다면, "冘豫"와 "猶豫"는 같은 하나의 사의 서로 다른 형식이 될 것이다. 후세의 자서는 이것을 따른 것이 많지만 아마 타당하지 않을 것이다("冘豫"의 "冘"은 ≪집운(集韻)≫에는 "淫"·"猶"의 두 가지 음이 있고 각각 침운(侵韻)·우운(尤韻)에 보인다. 청(淸) 황생(黃生)의 ≪의부(義府)≫ 권하 "猶豫" 조에 "冘豫"의 "冘"은 곧 "尤"자라고 말한 것은 아마 믿을 수 없을 것이다).

≪장자(莊子)·응제왕(應帝王)≫에는 신무(神巫)인 계함(季咸)이 호자(壺子)의 관상을 보는 이야기가 있고, ≪열자(列子)·황제(黃帝)≫에는 그것을 그대로 사용하고 있는데 문자는 약간의 차이가 있다. <응제왕>의 "吾與之虛而委蛇"의 1구를 <황제>에는 "吾與之虛而猗移"라고 하였다. "猗(yī)移"와 "委蛇"는 음과 뜻이 모두 지극히 가깝기 때문에 양자의 관계는 마땅히 "冘豫"와 "猶豫"의 관계와 서로 비슷할 것이다(<응제왕>의 "委蛇"는 마땅히

부드럽게 따른다는 뜻으로 풀이해야 할 것이니, 부드럽게 구부러진 모양을 형용하는 "委蛇"의 인신 용법으로 볼 수 있다. 이러한 "委蛇"는 보통 "逶迤"라고 쓰지는 않는다). 그러나 은경순(殷敬順)의 ≪열자석문(列子釋文)≫은 "猗"의 음이 "於危切"(위)이라고 하여 "猗移"와 "委蛇"를 같은 하나의 사의 서로 다른 서사 형식으로 보았고, 후인들은 왕왕 이것을 따르기도 한다. 상고음 계통에서 본다면, "猗移"를 제외하고, "倚移"(≪설문·화부(禾部)≫ "移"자에 보인다)·"旖施"(≪설문·언부(㫃部)≫에 보인다. 또한 "檹施"라고도 쓰는데 ≪설문·목부(木部)≫에 보인다)·"檹匜"(≪집운≫ 상성(上聲) 지운(紙韻) 은미절(隱倚切) 의소운(倚小韻)에 보인다)·"婀娜"(또한 "猗儺"·"旖旎"라고도 쓴다. 앞에 보인다)·"婑媠(와타)"·"婐妮(와와)"("妮"는 혹은 "婭"라고 잘못 쓰기도 한다) 등등은 언어상에서는 "逶迤"(委蛇)와 모두 마땅히 동원(同源)일 것이다. 그러나 그것들은 "逶迤"와 아마 매우 일찍 서로 다른 사로 분화되었을 것이다. 자음으로 본다면, "猗移"와 "倚移"·"旖施"의 관계는 마땅히 "委蛇"와의 관계보다 더욱 밀접할 것이므로 "猗移"를 직접 "委蛇"라고 읽는 것은 타당하지 않음을 알 수 있다.

앞에서 말한 바와 같이, "僅"이라고 풀이하는 {才}는 "才"자 외에도 또 "毚"·"纔"·"裁"·"財" 등의 가차자를 사용한 적이 있다. 그러나 "毚"·"纔"의 두 글자의 본래 독음의 운모(韻母)는 "才"·"裁"·"財" 등의 글자와 비교적 분명한 차이가 있다(전자는 함운(咸韻) 혹은 함운(銜韻)에 속하고 상고음은 담부(談部)에 속하였다. 후자는 해운(咍韻)에 속하고 상고음은 지부(之部)에 속하였다). 또한 "겨우"라고 풀이하는 "毚"·"纔"는 본래 방금 {才}와 동음이 아닌 하나의 사를 나타내는 데 가차되었는데, 이 두 개의 사는 음이 가깝고 뜻이 같기 때문에 후에 "才"로 읽게 된 것은 "仇"가 "讎"로 읽게 된 것과 같을 가능성이 있다.

또 음과 뜻이 모두 같거나 혹은 음이 가깝고 뜻이 같은 어떤 글자들은 어음의 연변으로 말미암아 동음자가 되었기 때문에 후인들은 같은 하나의 사의 서로 다른 서사 형식으로 보았다. 제11장 제2절에서 이미 향기로울 "鬱"과 "郁"·둘 "寘"와 "置"·재산 "貲"와 "資"·징수할 "徵"과 "征" 등의 예를 든 바 있는데, 여기에 다시 하나의 예를 보충한다. 앞에서 언급한 바 있는 "威夷"와 "逶夷"는 모두 "逶迤"와 뜻이 같지만, 이 삼자는 원래 모두 동음(同音)이 아니었다. "威"와 "逶"·"夷"와 "迤"는 상고음과 중고의 운서에는 모두 동운(同韻)이 아니었다. 후에 그것들은 완전한 동음으로 변하게 된 것이다. 이 때문에 많은 사람들은 "威夷"·"逶夷"·"倭夷"와 "逶迤"·"委蛇" 등등은 모두 같은 하나의 사의 서로 다른 서사 형식으로 보게 되었다(본 절 2. 1)를 참조).

한어 중의 어음 연변과 사어(詞語) 분화의 상황 및 한어 중의 일사다형의 상황은 모두 매우 복잡하여, 때로는 결국 어떤 서로 다른 서사 형식들을 하나의 음으로 읽어야 할 것인가 하나의 사의 이형(異形)으로 보아야 할 것인가의 여부를 정말로 판단할 도리가 없다. 예컨대, 한비(漢碑)와 고서 중에는 용법이 "委蛇"와 서로 같은 "'逶隨"("隨"는 간혹 "遀"라고도 한다)·"委隨" 등의 글이 있다(≪사통(辭通)≫·≪연면자전(聯綿字典)≫의 관련된 각 조를 참조). ≪장자(莊子)·천운(天運)≫의 "委蛇"는 ≪석문(釋文)≫에 인용된 혹본(或本)에는 "委施"라고 하였다. 고음 계통으로 본다면 그것들은 모두 "委蛇"와 서로 통했을 가능성이 있지만, 자서와 옛 주석에서는 명확한 근거를 찾을 수 없다. 옛 사람들은 결국 그것들로 "委蛇"의 동원사를 나타낸 것인가? 아니면 그것들로 {委蛇}를 나타낸 것인가? 우리는 결국 마땅히 그것들의 본음(本音)에 따라 읽어야 할 것인가? 아니면 마땅히 그것들을 "委蛇"(위사)로 읽어야 할 것인가? 참으로 결정하기 어려운 점이 있다.

일사다형(一詞多形)의 현상은 한(漢)·위(魏)·육조(六朝) 시대에 일찍이 매우 심각한 지경까지 발전되었다. 일반적인 상황에 관하여 말한다면, 당(唐)·송(宋) 이후 사어(詞語) 서사의 이형은 끊임없이 감소하고 있다. 50년대 이래 대륙에서는 이체자 정리와 한자 간화를 실행하고 아울러 ≪신화자전≫ 등 새로 엮은 자전·사전의 영향으로 말미암아 통행자의 범위에서는 일사다형의 현상은 대부분 이미 소멸되었다(제13장 참조). 많은 이형(異形)들은 일찍 자연도태되었기 때문에 서사 방법이 아직 통일되지 않은 사들은 그것들의 이형은 일반적으로 또한 매우 적다. 3-4종 이상의 서사 방법이 있는 사는 상당히 보기 드물다. 물론, 여기에서 말하는 것은 규범에 맞는 인쇄물의 상황이고, 소수의 번체로 조판·인쇄한 서적은 그 안에 포함되지 않는다. 사람에 따라서 행서·초서를 사용하고 아울러 오래된 글자 사용의 습관 때문에 이형은 역시 비교적 많다.

이론적으로 말한다면, 일자다음의(一字多音義)의 현상은 없앨 수 없지만 일사다형의 현상은 기본적으로 없앨 수 있다. 현재, 통행자의 범위 안에는 아직도 수가 아주 적다고 할 수 없는 일사다형의 현상이 존재하고 있다. 이것은 주로 과거의 이체자 정리와 한자 간화 중에서 일부분의 사(다수가 쌍음절사이다)의 이형에 대하여(다수가 부분 이체자이다) 아직도 미쳐 처리하지 못했기 때문이다. 예컨대, 실 {酸}은 "酸"(산)·"痠"(산)의 두 가지 형체가 있고, 섞을 {攙}은 "攙"(참)·"摻"(섬)의 두 가지 형태가 있고, "稠"(조 : 걸쭉하다)·"濃"(농 : 짙다)으로 풀이하는 {糨}은 "糨"(강)·"糡"(강)·"漿"(장)의 세 가지 형체가 있고(일반 사람들은 대부분 가차자 "漿"을 사용하고, 특히 풀·죽(미음) "漿"은 "糨"·"糡"이라고 쓰는 사람은 극히 적다), "逶迤"(위이)는 또한 "委蛇"(위이)라고 쓰고, "折中"(절중)은 또한 "折衷"(절충)이라고 쓰고, "含義"(함의)는 또한 "涵義"(함의)라고 쓰고, "烏賊"(오적)은 또한 "烏鰂"(오즉)이라고 쓰고, "甜菜"(첨채)는 또한 "菾菜"(첨채)라고 쓰고, "扁豆"(편두)는 또한 "稨豆"(변두)·"藊豆"(변두)·"萹豆"(편두)라고 쓰고, "年輕"(년경)은 또한 "年青"(년청)이라고 쓰고, "記錄"(기록)은 또한 "紀錄"(기록)이라고 쓴다…….

그밖에, 또 이체자 정리와 한자 간화 중에 만든 규정이 준수되지 않기 때문에 이형이 존재하는 약간의 상황을 볼 수 있다. 예컨대, ≪이체자 정리표≫에는 "蹚"(tāng)을 "趟"(tàng)에 합병하여 넣었지만 실제로는 "蹚"은 여전히 보편적으로 사용되고 있기 때문에 "蹚水"(걸어서 물을 건너다)·"蹚地"(흙을 밟아 먼지를 일으키다)의 {蹚}은 "蹚"·"趟"의 두 가지 형체가 있게 되었다. ≪한자간화방안≫에는 "瞭"(liào)를 "了"(liǎo)에 합병하였지만, 실제로는 "瞭"자는 여전히 많은 사람들이 사용하고 있기 때문에 바랄 {瞭}는 "瞭"·"了"의 두 가지 형체가 있게 되었다(≪인쇄통용한자자형표≫에는 "瞭"자가 수록되어 있다. 일반적으로는 "瞭望"(바라보다)의 한 가지 뜻에 사용된다. 1986년 ≪간화자총표≫를 새로 발표할 때 요망(瞭望)의 "瞭"는 더 이상 "了"로 간화되지 않았다). ≪한자간화방안≫에는 "疊"(첩)을 "迭"(질)에 병합하고,

"像"(상)을 "象"(상)에 병합하고, "餘"(여)를 "余"(여)에 병합하고, "摺"(접)을 "折"(절)에 병합하였지만, ≪간화자총표≫에는 또 뜻이 혼동될 수 있을 때는 여전히 "疊"·"像"·"餘"·"摺"의 번체자를 사용할 수 있다고 규정하고 있다. 이러한 처리 방법도 또한 하나의 사에 두 글자를 사용하는 현상을 가져 왔다(1986년 ≪간화자총표≫를 새로 발표할 때 "疊"과 "像"은 더 이상 "迭"과 "象"의 번체자로 처리하지 않고 이 글자의 사용을 원상복귀시켰다).

## 2. 약간의 관련된 술어

### 1) 통용자(通用字)

문자학에서 말하는 "통용(通用)"은 서로 다른 글자의 어떤 종류 혹은 어떤 용법상의 서로 대체할 수 있는 현상을 가리킨다. 통용할 수 있는 글자가 바로 통용자이다. 문자학자가 통용을 말하는 것은 왕왕 한자의 예로부터 지금까지의 전체적인 사용 상황에 착안한다. 그러므로 그들이 말하는 통용자는 결코 현재 서로 통용할 수 있는 글자에 국한되는 것이 아니다. 과거에 일찍이 통용된 적이 있는 글자로부터, 비록 어떤 종류 혹은 어떤 공통된 용법은 갖고 있지만 결코 동시에 사용된 적이 없는 글자에 이르기까지 또한 모두 통용자라고 할 수 있다. 만약 현행의 통용자와 서로 구별하려고 한다면 그것들을 역사적 통용자라고 부를 수 있을 것이다.

현재의 규범화된 한자에는 통용자는 사용하는 것이 많지 않다. 대부분의 통용자는 단지 고서를 읽을 때에야 비로소 만날 수 있을 뿐이다.

앞 절에서 이미 말한 바와 같이, 같은 하나의 사라도 서사 형식은 두 종류로 나눌 수 있다. 하나는 같은 한 글자의 이체이고, 하나는 같은 하나의 사를 나타내는 데 사용되는 서로 다른 글자이다. 후자는 기본적으로 통용자에 상당하지만, 다만 시종 각각 같은 하나의 사의 서로 다른 용법을 나타내는 데만 사용되는 소수의 글자(예컨대 "她"와 "牠"(它))는 통용자에 포함될 수 없다.

어떤 같은 하나의 사를 나타내는 데 사용되는 서로 다른 서사 형식은 어떤 사람은 한 글자의 이체로 보기도 하고 또 어떤 사람은 통용자로 보기도 한다. 문제가 되는 것은 주로 모자(母字)의 본의를 나타내는 분화자와 모자와의 관계이다. 우리는 "洲"와 "州"를 예로 들어 설명한다. 어떤 사람들은 "州"와 "洲"는 모두 {洲}라는 사를 위하여 만든 글자라는 것에 착안하여, {洲}를 나타내는 데 사용되는 "州"와 "洲"는 한 글자의 이체라고 본다. 어떤 사람들은 "州"와 "洲"는 기타의 모자와 분화자와 마찬가지로 주된 용도가 서로 다른 글자라는 것에 착안하여, {洲}를 나타내는 데 사용되는 "州"와 "洲"는 통용자라고 본다(≪강희자전(康熙字典)≫에는 "州"는 "또 '洲'와 통한다(又與'洲'通)"라고 하였다). 이 두 가지 관점은 모두 일리가 있다. 우리는 각종 분화자에 대하여 통일된 처리를 하려고 하기 때문에 후자의 관점을 취하였다(그러나 모자의 본의에 착안할 때는 우리는 여전히 모자와 그 본의를 나타내는 분화자를 초문(初文)과 후기자(後起字)라고 본다).

이체자의 분업은 또한 관계가 있는 사의 서로 다른 서사 형식의 성질로 하여 문제가 되게 한다. 예컨대, "猶"와 "猷"는 본래는 한 글자의 이체로, 그것들은 모두 이미 꾀 {猷}를 나타내는 데 사용될 수도 있고, 또 "猶"자의 각종 흔히 사용되는 뜻을 나타내는 데 사용될 수도 있었지만, 후에는 상호간에 분업하게 되었다(제11장 제1절 1. 1) 참조). 논리적으로 말한다면, 비교적 이른 고서에서는 {猷}를 나타내는 데 사용되는 "猷"와 "猶" 혹은 "猶" 자의 각가지 흔히 사용되는 뜻을 나타내는 데 사용되는 "猶"와 "猷"는 모두 마땅히 한 글자의 이체로 보아야 할 것이다. 그러나 사람들은 "猶"와 "猷"의 두 글자가 분업한 후의 용법에 익숙하여 왕왕 그것들을 모두 통용자로 본다.

제10장 제1절에서 일찍이 말한 바와 같이, 좁은 뜻의 이체자와 부분적인 이체자가 합한 것이 넓은 뜻의 이체자이다. 이른바 넓은 뜻의 이체자란 사의 각도에서 말한다면 같은 하나의 사의 각가지의 서로 다른 서사 형식이다. 좁은 뜻의 이체자는 대체로 한 글자의 이체에 상당하고, 부분적인 이체자는 대체로 통용자에 상당한다. 그러나 어떤 글자들의 이체는 "雕"(조)와 "鵰"(조)처럼 후에 부분적인 이체자로 변하였고, 어떤 통용자들은 각자의 고유한 용법이 이미 도태되었기 때문에 일반 사람들의 눈에는 "帆"(범)과 "颿"(범)처럼 이미 좁은 뜻의 이체자가 되었다. 이것들은 제10장 제1절에서 모두

이미 언급한 바 있다.

제6장에서 일찍이 말한 바와 같이, 통가(通假)는 넓은 뜻과 좁은 뜻의 구별이 있다. 가장 넓은 뜻의 "통가"와 "통용"이 가리키는 문자 현상의 범위는 서로 같은 것이다. 좁은 뜻의 "통가"(본자가 있는 가차)와 서로 혼동되는 것을 피하기 위해서는 넓은 뜻의 "통가"를 사용하지 않고 "통용"이라는 술어를 사용하는 것이 가장 좋을 것이다.

"통용자"에도 역시 두 가지의 서로 다른 뜻이 있다. 왜냐하면 일반적으로 고금의 모든 한자 가운데 현재 사용하고 있는 일부분의 글자들은 또한 통용자라고 하기 때문이다. 혼동을 피하기 위하여 우리는 그러한 뜻의 통용자를 통행자(通行字)라고 고쳐 부른다.

근년에 어떤 문자학을 말하는 사람들은 넓은 뜻의 "통가자"라는 술어에 대하여 새로운 해석 방법을 제기하였다. 그들은 "통가자"의 "通"은 통용자를 가리켜 말하는 것이고, "假"는 가차자를 가리켜 말하는 것이고, 통용자와 가차자가 합쳐진 것이 통가자라고 본다. 그들은 가차자를 통용자의 밖으로 제외시키고 있는데, 이것은 전인들이 통용자라는 술어를 사용한 상황과는 서로 부합되지 않는다. 예컨대, ≪한서 · 두흠전(杜欽傳)≫의 "이에 작은 관(冠)을 만들었는데 높이와 넓이가 겨우 두 치였다(迺爲小冠高廣財二寸)"라는 구에, 안사고(顔師古)의 주에는 "'財'와 '纔'는 옛날에는 통용자였다('財'與'纔'古通用字)"라고 하였는데, 안씨가 통용자라고 부른 이 두 개의 글자는 모두 가차자이다. 우리는 통용자라는 술어의 전통적 용법을 고치는 것은 불필요하다고 생각한다.

가차자를 통용자의 밖으로 제외시키는 어떤 사람은 통용자는 곧 "동원자(同源字)"라고 본다. 예컨대, "張"(장) · "帳"(장) · "脹"(창) · "漲"(창)이라는 한 조(組)의 동원사(同源詞)를 대표하고 있는 몇 개의 글자들은 모두 통용자라고 보여진다. 이른바 동원자를 모두 통용자로 보는 것도 역시 타당하지 않다. "張"이 "帳" · "脹" · "漲" 등과 통용 관계가 있다고 말하는 것은 가능하다. 왜냐하면 "帳" · "脹" · "漲"은 모두 "張"의 분화자로서, "張"자 는 그것들과 서로 같은 용법이 있기 때문이다. 그러나 "帳"은 "脹" · "漲"과 비록 동원 관계는 있지만 도리어 이제까지 공통된 용법은 없다. 어떻게 이 글자들 사이에 또한 통용 관계가 있다고 말할 수 있겠는가?

앞의 일사용다자(一詞用多字)의 구체적인 상황에 대한 분석에 근거하면, 통용자 사이의 관계는 대체로 다음의 네 종류로 나눌 수 있다.

(1) 본자와 가차자,
(2) 가차자와 가차자,
(3) 모자(母字)와 분화자,
(4) 동의환독자(同義換讀字)와 본자 혹은 기타 성질의 글자.

자형의 와변(訛變)·문자의 본의의 실전(失傳) 및 인신과 가차는 구분하기 어렵다는 등의 원인 때문에 왕왕 통용자 사이의 구체적인 관계를 확정하기는 매우 어렵다. 과거의 문자학자들은 이러한 관계를 확정할 때 대부분 ≪설문≫을 기준으로 삼았다. 그러나 ≪설문≫의 문자의 본의 등의 방면에 있어서의 의견은 사실 믿을 수 없는 것이 적지 않다. 우리는 앞에서 이 문제를 언급한 바 있지만 여기서 다시 하나의 실례를 보충하려고 한다. ≪설문≫에 "'異'(異)는 나눈다는 뜻이다. '𠬞'를 따르고 '畀'를 따른다. '畀'는 준다는 뜻이다('異', 分也. 从'𠬞', 从'畀'. '畀', 予也)"·"'异'(异)는 든다는 뜻이다. '𠬞'(공)을 따르고 '㠯'(以)성이다('异', 擧也. 从'𠬞', '㠯'聲)"라고 하였다. 이 두 개의 글자는 옛날에 통용된 예가 있는데, 50년대에 이체자를 정리하여 "異"를 "异"에 합병하였다. ≪설문≫의 설명에 따라 살펴본다면, 이 한 조(組)의 통용자에서는 "異"가 본자이고 "异"는 가차자이다. 그러나 "異"는 비교적 이른 고문자에서는 異라고 썼는데 사람이 머리에 물건을 이고 있는 것을 본뜬 것이다. 많은 고문자학자들은 모두 그것이 "戴"(대)의 초문(初文)이라고 보는데("戴"와 "異"의 두 글자는 고음이 극히 가깝다), ≪설문≫에서 그것을 분이(分異)의 {異}의 본자라고 한 것은 잘못된 것이다. 그렇다면, "異"와 "异"는 마땅히 한 조의 가차자일 것이다. 또 적지 않은 글자들은 우리는 비록 ≪설문≫의 그것들에 대한 해석이 믿을 수 없다는 것을 알고는 있지만, 정확한 해석이 무엇인 지는 결코 알 수 없다. 그러므로 우리는 왕왕 다만 어떤 두 개의 글자가 통용자라는 것을 지적해 내는 데 만족할 수밖에 없고, 한 걸음 나아가 그것들의 구체적인 관계를 지적해 낼 방법이 없다. 그밖에,

어떤 경우 예컨대 고문에 일반적인 주석을 할 때는 단지 문자 사이의 통용 관계를 말하기만 해도 문제를 해결할 수 있으므로 근본적으로 사서 고생을 하면서 통용자 사이의 구체적인 관계를 말할 필요는 없다. 그러므로 통용자라는 개념은 매우 유용한 점이 있다.

문자 사이의 통용 관계를 지적할 때, 고대에는 대부분 "A는 B로 읽는다(A讀爲B)"·"A는 B라고 읽는다(A讀曰B)"·"A는 B와 같다(A與B同)"·"A는 B와 통한다(A與B通)" 등의 방법을 사용하였다. 예컨대 다음과 같다.

> ≪주례(周禮)·춘관(春官)·사사(肆師)≫에는 "그 예의를 다스린다(治其禮儀)"라고 하였는데, 정현(鄭玄)의 주에는 "옛날 책에는 '儀'가 '義'였다. 정사농(鄭司農)은 '義'는 '儀'로 읽는다고 하였다(故書'儀'爲'義'. 鄭司農云 : '義'讀爲'儀')"
> ≪한서·사마상여전·상≫에는 "雍容閒雅"라고 하였는데, 안사고(顔師古)의 주에는 "'閒'은 '閑'이라고 읽는다('閒'讀曰'閑')"라고 하였다.
> ≪한서·고제기(高帝紀)·상≫에는 "노략질하지 말라(毋得鹵掠)"라고 하였는데, 안사고의 주에는 "'鹵'는 '虜'와 같다('鹵'與'虜'同)"라고 하였다.
> ≪한서·문제기(文帝紀)≫에는 "보낸 것이 겨우 찼다(遺財足)"라고 하였는데, 안사고의 주에는 "'財'는 '纔'와 같다. '纔'는 적다는 뜻이다('財'與'纔'同. '纔', 少也)"라고 하였다.
> ≪순자(荀子)·수신(修身)≫에는 "端愨順弟"라고 하였는데, 양량(楊倞)의 주에는 "'弟'는 '悌'와 같다('弟'與'悌'同)"라고 하였다.
> ≪문선≫ 권2 장형(張衡)의 <서경부(西京賦)>에는 "추우면 즐거움이 적다(憯則尟於歡)"라고 하였는데, 이선(李善)의 주에는 "'尟'은 적다는 뜻으로 '鮮'과 통한다('尟', 少也, 與'鮮'通也라고 하였다.

그밖에, 또 "A는 읽는 것이 B와 같다(A讀與B同)"·"A와 B는 옛 글자는 통한다(A與B古字通)" 등등과 같이 약간의 유사한 설명 방법이 있는데 낱낱이 인용하지 않는다. 근인들은 일반적으로 "A는 B와 같다(A同B)"·"A는 B와 통한다(A通B)"는 설명 방법을 사용한다. 이것은 "A與B同"·"A與B通" 등의 설명 방법의 간화이다.

"同"은 통용 관계를 가리키는 데 사용되는 외에도 또한 일자이체(一字異體)의 관계를 가리키는 데도 사용된다. 예컨대 다음과 같다.

≪한서 · 사마상여전 · 하≫의 안사고의 주에는 "'埜'(야)는 '壄'와 같고, 옛 '野' 자이다('埜'與'壄'同, 古'野'字也)"라고 하였다.
≪순자(荀子) · 권학(勸學)≫의 양량의 주에는 "'跬'(휴)는 '跬'와 같다('跬'與'跬'同)"라고 하였다.

"通"이 일자이체의 관계를 가리키는 데 사용되는 것은 매우 보기 드물다. 근년에 적지 않은 사람들은 "同"과 "通"을 분업시켜 "A同B"는 오로지 일자이체에만 사용하고, "A通B"는 오로지 통용자에만 사용할 것을 주장한다. 그러나 ≪신화자전≫ · ≪현대한어사전≫ 같은 영향력이 있는 두 자서는 도리어 모두 "同"으로 통용 관계를 가리키고 있다. 이것은 대개 "同"이 초학자들에 대하여 말한다면 "通"보다 알기 쉽기 때문일 것이다.

위에서 든 문자 사이의 통용 관계를 가리키는 설명 방법은 주로 고서의 자의를 해석하는 데 사용되는 것으로 B는 A를 주석하는 작용을 한다. 독자로 하여금 이해하기 쉽게 하기 위하여 일반적으로 모두 습용자(習用字)로 B에 충당하고 그것이 정자인가 아닌가는 긴요하지 않다(본 장 제2절 1을 참조). 습용자가 아닌 정자로 B에 충당하는 상황이 비록 없는 것은 아니지만 매우 보기 드물다. 위에서 든 ≪주례≫ 정현의 주에서 ≪문선≫ 이선의 주에 이르는 각각의 예에서 B로 충당한 것은 모두 당시의 습용자였다(이 글자들은 곧장 현재까지도 여전히 대부분 습용자이다). 그 가운데 "虜"와 "悌"는 동시에 정자이기도 하다. 그러나 "悌"자는 ≪설문≫에 보이지 않기 때문에 어떤 보수적인 문자학자들은 그것을 속자로 본다. "閑" · "纔" · "鮮"은 모두 가차자이다. "鮮"으로 주석한 "尠"(≪설문≫에는 "尟"으로 되어 있다)이 도리어 정자이다. 예의(禮儀)의 {儀}자의 정자가 결국 "義"인가 아니면 "儀"인가는 서로 다른 관점이 있다.

자전과 사전에서 "通"이라는 말을 사용할 때는 때로는 정차(正借)를 구별하기 위하여 습용자(習用字)가 아닌 정자로 B에 충당한다. 예컨대, ≪설문≫에 따르면 강할 {强}의 본자는 "彊"이고(≪설문≫에는 "'彊'은 활이 힘이 있다는 뜻이다. '弓'을 따르고 '畺'성이다('彊', 弓有力也. 从'弓', '畺'聲)"라고 하였다. "畺"은 곧 "疆"(강 : 지경)의 초문(初文)이다), "强"의 본의는 일종의 벌레로서 강약(强弱)의 "强"은 "彊"으로 가차된 것이다. 그러므로 ≪강희자전≫에는 "强"자 아래에 "'彊'과 통한다(與'彊'通)"라고 주를 달아 정자 "彊"으로 습용자 "强"을 주석한 것이다. 때로는 그것들은 또한 습용자로 정자를 주석하였다. 특히 현재 편찬된 자전과 사전은 왕왕 이렇게 되어 있어 정차(正借)를 구별하는 구속을 거의 받지 않는다. 예컨대, ≪사원(辭源)≫(1980, 제2책)에는 "彊"자 아래에 "'强'과 통한다(通'强')"라고 주를 달았고, "强"자 아래에는 비록 "고적에는 대부분 '彊'으로 빌렸다(古籍多借爲'彊')"라고 지적하고 있지만 "'彊'과 통한다(通'强')"는 설명 방법을 사용하지 않았다(옛 ≪사원≫은 ≪강희자전≫과 같다).

어떤 사람은 자전・사전에서 "A通B"라는 설명 방법을 사용할 때, 만약 A가 나타내는 사에 본자가 있다면 반드시 이 본자로 B에 충당해야 한다고 본다. 예컨대, 고서에는 흔히 "澹"(담)자로 하나의 "조용하다"라고 풀이하는 사를 나타내었는데, 때로는 또한 "贍"(섬)자로 이 사를 나타내기도 하였다. ≪사해(辭海)≫(1979)에는 이러한 용법의 "贍"자는 "'澹'과 통한다(通'澹')"라고 하였다. 그러나 ≪설문≫에 따르면 "澹"의 본의는 "물이 흔들린다(水搖)"는 뜻이고, "憺"(담)의 본의가 비로소 "조용하다"(安)는 뜻이다. 이것은 조용하다로 풀이하는 사에 대하여 말한다면, "贍"은 가차자일 뿐 아니라 가령 "澹"도 역시 가차자이고 단지 "憺"만이 비로소 본자라는 것을 말한다. 이 때문에 어떤 사람은 ≪사해≫에 "贍"은 "澹"과 통한다고 한 것은 잘못된 것이고 "憺"과 통한다고 해야 비로소 옳은 것이라고 본다. 우리는 이러한 요구는 결코 그렇게 합리적인 것이 아니라고 생각한다. 앞에서 이미 말한 바와 같이, "A通B"라는 설명 방법은 문자 사이의 통용 관계를 가리키는 데 사용하고 또한 주로 고서의 자의를 주석하는 데 사용하는 것으로, 일반적으로는 모두 습용자로 B에 충당한다. 이러한 설명 방법은 문자학상 좁은 뜻의 통가(通假) 관계를 가리키는 "A(가차자)는 B(본자)로 통가된다(A通假爲B)"는 설명 방법과는 성질이 서로 다른 것이다. 고서에는 흔히 "澹"자를 사용하고 "憺"자로 {憺}이라는 사를 나타내는 것은 매우 드물다. 그러므로 옛 사람들은 고서를 주석할 때 때로는 반대로 "澹"자로 "憺"에 주를 달았다. ≪문선≫ 권7 사마상여(司馬相如)의 <자허부(子虛賦)>에는 "憺"자가 있는데, 이선의 주에는 "'憺'은 '澹'과 같다('憺'與'澹'同)"라고 하였다. ≪사해≫(1979)와 같이 일반의 사용에 제공되는 사전은 고서의 주석의 전통을 계승하여 "贍"은 "澹"과 통한다고 하고 그것이 "儋"과 통한다고 하지 않더라도 결코 지적하여 꾸짖을 만한 것이 없다(≪강희자전≫에도 역시 이러한 "贍"은 "澹과 같다"(與'澹'同)라고 하였다). 마찬가지로 ≪사원(辭源)≫에 "强"은 "彊"과 통한다고 하지 않고 "彊"은 "强"과 통한다고 한 것은 역시 합리적이다. 왜냐하면 일반 사람들은 단지 "彊"이 "强"과 통하는 것은 알 필요는 있지만 "强"이 "彊"과 통한다는 것은 알 필요가 없기 때문이다. 물론, 만약 엄격하게 본의를 말하고 자원(字源)을 말한 고급 자전을 엮으려고 한다면, 그것은 마땅히 따로 논해야 할 것이다. 그러나 그러한 자전에서는 마땅히 정확(精確)한 방식으로 각종의 통용자 사이의 구체적 관계를 설명해야 할 것이고 "A通B"라는 비교적 막연한 설명 방법은 근본적으로 적용되지 않을 것이다.

또 어떤 사람은 "A通B"라는 설명 방법에 대하여 다른 하나의 요구를 제기하였다. 그들은 B는 반드시 A의 앞에 이미 사용된 글자여야 한다고 본다. 그들이 볼 때는 "'坐'(좌)는 '座'(좌)와 통한다('坐'通'座')" · "'說'(설)은 '悅'(열)과 통한다('說'通'悅')"는 것과 같이 후에 나타난 분화자로 B에 충당하는 설명 방법은 모두 성립할 수 없다. 왜냐하면 옛 사람들이 "坐" · "說" 등의 글자로 {座} · {悅} 등의 사를 나타낼 때는 "座" · "悅" 등의 글자는 아직 만들어지지 않았으므로 근본적으로 "通"할 방법이 없었기 때문이다. 이러한 요구도 역시 그렇게 합리적인 것은 아니다. 사람들이 "A通B"라는 설명 방법을 사용하는 것은 보통 단지 어떤 한 가지 용법의 A자가 나타내는 사를 설명하려고 하는 것일 뿐이고 일반적으로 B자로 나타내는 사에 익숙하기 때문에 A와 B의 두 글자가 출현한 전후를 고려할 필요가 없다.

"A通B"라는 설명 방법의 주된 장점은 B에 충당되는 글자를 선택할 때 단지 그것이 습용자인가 아닌가만을 고려할 뿐이고 기타의 조건은 고려할 필요가 없다는 것이다. 그러므로 본자를 확정하는 등의 번거로움을 피할 수 있다. 또한 습용자를 사용하기 때문에 역시 비교적 쉽게 초학자들에게 이해된다. 만약 위에서 서술한 제한들을 가하여 그것으로 하여금 이러한 장점들을 잃어버리게 한다면 이러한 설명 방법은 또한 존재할 필요가 없을 것이다.

자전・사전과 고서의 주석에서는 "通"자를 부적절하게 사용한 약간의 예를 발견할 수 있다. 다음에 흔히 사용하는 자전・사전에서 예를 들어 설명한다.

≪강희자전≫의 "倭"(왜)자 아래에는 "倭遲"는 "'逶迤'・'濄池'・'委蛇'・'威遲'・'委移'와 모두 통한다(與'逶迤'・'濄池'・'委蛇'・'威遲'・'委移'並通)"라고 하였다. 우리가 "일사다형(一詞多形) 현상의 개황"(본장 제2절)을 말할 때 이미 지적한 바와 같이, "逶迤"(또한 "委蛇" 등의 형체로도 되어 있다)・"逶夷"(또한 "倭遲" 등의 형태로도 되어 있다)・"威夷"(또한 "威遲"라고도 한다) 삼자는 간단하게 같은 하나의 사의 서로 다른 서사 형식이라고 볼 수 없다. ≪강희자전≫에서 "倭遲"는 "威遲"와 "逶迤"의 약간의 서로 다른 서사 방법과 "모두 통한다(並通)"고 본 것은 적당하지 않다. 새 ≪사원≫(1979, 제1책)의 "委蛇" 조에는 "委蛇"는 "또한…… '倭遲'・'威遲'・'威夷' 등이라고도 한다(也作…… '倭遲'・'威遲'・'威夷'等)"라고 하였는데 ≪강희자전≫과 잘못이 같다.

≪사해≫(1979)의 "蕭"자 아래의 한 항목에는 "'肅'과 통하는데 '蕭牆'에 보인다(通'肅', 見'蕭牆')"라고 하였다. "蕭牆" 조에는 하안(何晏)의 ≪논어집해(論語集解)≫에 인용된 정현(鄭玄)의 주에 "'蕭'는 '肅'이라는 말이고, '牆'은 병풍을 말한다. 임금과 신하가 서로 보는 예에는 병풍에 이르러 더욱 엄숙하고 공경하기 때문에 '蕭牆'이라고 한 것이다('蕭'之言'肅'也, '牆'謂屏也. 君臣相見之禮, 至屏而加肅敬焉, 是以謂之'蕭牆')"라고 한 것을 인용하였다. "蕭牆"의 "蕭"는 이제까지 "肅"으로 읽은 사람이 없다. 우리가 설사 정현의 설명을 믿는다고 하더라도 또한 단지 "蕭牆"의 "蕭"는 어원상 "肅"과 관계가 있거나 혹은 "蕭牆"은 "肅敬"에서 이름을 얻었다는 결론을 얻을 수밖에 없다. 간단하게 "蕭"는 "肅"과 통한다고 말하는 것은 타당하지 않다. 우리는 결코 다음의 가능성을 배제하지 않는다. 곧 "蕭牆"의 {蕭}는 "肅"의 변음인신의(變音引伸義)이고 "蕭牆"은 원래 "肅牆"으로 썼는데 후에 실제의 독음을 고려하기 위하여 비로소 "蕭"를 가차하여 "肅"을 대체한 것으로서, "叫花子"는 원래 "叫化子"라고 썼는데 후에 비로소 "花"를 가차하여 "化"를 대체한 것과 같다(제9장 제4절 참조). 그러나 "蕭牆"은 본래 "肅牆"이라고 한 증거를

찾을 수 없기 때문에 우리는 기껏해야 단지 이러한 추측을 할 수 있을 뿐이지 "蕭"가 "肅"과 통한다고 긍정적으로 말할 이유는 없다. 제9장 제5절 1. 2)에서 우리는 이미 유사한 문제를 언급한 바 있다.

다음에서는 "哈"(하)자의 예를 통하여 한걸음 더 나아가 "通"이라고 말해야 할 지 어떻게 판단할 것인가를 설명하려고 한다. ≪사해≫(1979)는 "입을 벌리고 숨을 내쉰다(張口呼氣)"라고 풀이하는 "哈"는 "呵"(하)와 통한다고 본다. 이렇게 말하는 것은 본래 가능하다. "呵"는 입을 벌리고 숨을 쉰다는 뜻이 있는데, 1949년에 출판된 ≪국음자전(國音字典)≫에 따르면 이러한 "呵"자의 구어음은 hā로 바로 "哈"와 음이 같다. 우리는 입을 벌리고 숨을 쉰다로 풀이하는 hā라고 읽는 "呵"를 "哈"와 통용자라고 볼 수 있다. 그러나 ≪사해≫의 "呵"자 아래에는 단지 "입을 벌리고 숨을 쉬는" 것에 상당하는 조항 "숨을 불어 따뜻하게 한다(吹氣使溫)"는 것에 hē라는 하나의 음만을 달아 놓았다. 이 때문에 "哈"가 "呵"와 통한다는 설명 방법은 속할 곳이 없다. 만약 "呵"자의 이 조항에 hā 음을 겸하여 주를 달 필요가 없다고 본다면, "哈"는 "呵"와 통한다고 말할 때 이러한 "呵"자는 본래 hā라고 읽는 구어음이 있다고 주를 달아 밝힐 수 있을 것이다. 그렇지 않으면 "哈"는 "呵"와 통한다고 말해서는 안 될 것이다. hā라고 읽는 "哈"는 hē라고 읽는 "呵"와 비록 뜻이 서로 같더라도 역시 통용 관계가 있다고 볼 수 없기 때문이다.

자전과 사전에는 한편으로는 "通"이라고 해서는 안 되는데 "通"이라고 한 곳이 있고, 다른 한편으로는 또 마땅히 "通"이라고 해야 하는데도 하지 않은 곳이 있다. 다음에 또 한 가지 예를 든다.

≪사해≫(1979)의 "詘"(굴)자의 첫째 조항은 "구부러지다; 겹치다(屈曲; 折疊)"로서 "屈"(굴)과 통한다고 주를 달았고, 둘째 항목은 "굴복하다; 패퇴하다(屈服; 敗退)"로서 "屈"과 통한다고 주를 달지 않았다. ≪사원≫(1983, 제4책)의 처리 방법은 대체로 서로 같다. 서한(西漢) 이전에는 일반적으로 모두 "詘" 자로 굴곡·굴복의 {屈}을 나타내었고(굴복은 마땅히 굴곡의 인신의일 것이다), "屈"은 다하다(竭也; 盡也)로 풀이하는 데 사용하였다(이러한 뜻의 "屈"은 음이 jué(궐)이다). 후에 "屈"을 빌려 굴곡·굴복의 {屈}을 나타내

는 용법이 보편적이 되자 "詘"자는 거의 사용하지 않게 되었다. 그러므로 굴복하다로 풀이하는 "詘"은 굴곡으로 풀이하는 "詘"과 마찬가지로 역시 "屈"과 통하는 것이다. ≪사해≫·≪사원≫이 단지 굴곡으로 풀이하는 "詘"만을 "屈"의 통용자로 본 것은 타당하지 않다. ≪신화자전≫이 "詘"자 아래에 근본적으로 "詘"과 "屈"의 통용 관계를 언급하지 않은 것은 더욱 타당하지 않다.

### 2) 고금자(古今字)

"고금자"도 역시 일사다형(一詞多形) 현상과 관계가 있는 술어이다. 하나의 사의 서로 다른 서사 형식이라도 통행된 시간은 왕왕 전후가 있다. 앞에 있는 것은 뒤에 있는 것의 고자(古字)이고 뒤에 있는 것은 앞에 있는 것의 금자(今字)이다.

고금자의 관계를 가리키는 데는 보통 "A는 옛 B자이다(A, 古B字)"라든가 혹은 "A·B는 고금자이다(A·B, 古今字)" 등의 설명 방법을 사용한다. A와 B는 한 글자의 이체(異體)일 수 있다. 예컨대 다음과 같다.

> ≪한서·사마상여전·상≫의 안사고(顔師古)의 주에는 "'絝'(고)는 옛 '袴'(褲) 자이다('絝', 古'袴'(褲)字)"라고 하였다.
> ≪후한서(後漢書)·광무제기(光武帝紀)·상(上)≫의 이현(李賢)의 주에는 "'珤'(보)는 옛 '寶'자이다('珤', 古'寶'字)"라고 하였다.

또한 각종의 통용자일 수 있다. 예컨대 다음과 같다.

> ≪국어(國語)·오어(吳語)≫의 위소(韋昭)의 주에는 "'北'(배)는 옛 '背'(배)자이다('北', 古之'背'字)"("背"는 "北"자의 본의를 나타내는 분화자이다. 제7장 제1절 5. 1)를 참조)라고 하였다.
> ≪한서·식화지(食貨志)·상≫의 "오히려 넉넉히 그 욕구를 채우지 못하였다(猶未足㠯(以)澹其欲也)"의 안사고의 주에는 "'澹'(담)은 옛 '贍'(섬)자이다('澹', 古'贍'字也)"(넉넉할 {贍}은 고대에는 "澹"자를 빌려 나타내었는데, "贍"은 후기본자이다. 제11장 제1절 1. 3) (3)를 참조)라고 하였다.
> ≪한서·예악지≫의 안사고의 주에는 "'屮'(초)는 옛 '草'자이다('屮', 古'草'字)"("屮"는 "艸"와 같고, 풀 "草"는 "艸"의 통가자이다)라고 하였다.
> ≪예기(禮記)·곡례(曲禮)·하(下)≫의 "予一人"의 정현(鄭玄)의 주에는 "'余'(여)·'予'(여)는 고금자이다('余'·'予', 古今字)"(제1인칭대사를 나타내는 "余"와 "予"는 대개 모두 가차자일 것이다)라고 하였다.

어떤 두 개의 글자가 고금자라는 것은 그것들은 같은 하나의 사의 통행 시간에 전후가 있는 두 가지 서사 형식이라는 것을 말한다. 그것들은 결국 한 글자의 이체인가 아니면 통용자인가? 만약 통용자라면 또 어떤 성질의 통용자인가? 하는 것에 이르러서는 이러한 문제들은 반드시 고려하지 않아도 좋을 것이다. 이것은 "A는 B와 통한다"라고 말할 때 A와 B가 어떤 성질의 통용자인가를 고려할 필요가 없는 상황과 일치한다.

고대에는 "A는 옛 B자이다"·"A·B는 고금자이다"라는 등의 설명 방법은 주로 또한 고서의 자의를 주석하는 데 사용되었다. 어떤 사의 고자를 주석하는 데 사용되는 금자는 보통 이 사의 당시에 있어서의 습용(習用)하는 서사 형식이다. 그러므로 이러한 설명 방법은 "A는 B와 통한다"는 것과 같은 설명 방법과는 실제 내용에서는 왕왕 결코 차이가 없다. 예컨대, ≪한서·식화지(食貨志)·하≫에는 "饟"(양)자가 두 번 보이는데, 안사고는 앞의 한 곳에서는 "'饟'자는 '餉'(향)과 같다('饟'字與'餉'同)"라고 주를 달았고 뒤의 한 곳에서는 "'饟'은 옛 '餉'자이다('饟'古'餉'字)"라고 주를 달았다(≪한서·식화지·상≫에는 또 "饟"자가 있는데 안사고의 주에는 "'饟'은 옛 '餉'자이다 '饟'古'餉'字)"라고 하였다). ≪한서·교사지(郊祀志)·상(上)≫에는 "罨"(선)자가 두 번 보이는데 안사고는 앞의 한 곳에서는 "'罨'은 옛 '遷'자이다('罨'古'遷'字)"라고 주를 달았고, 뒤의 한 곳에서는 "'罨'은 '遷'자와 같다('罨'與'遷'字同也)"라고 주를 달았다. 물론 만약 A와 B의 통행 시간에 비교적 분명한 전후의 구별이 없다면, 단지 "A는 B와 통한다"는 설명 방법을 사용할 수밖에 없고 "A는 옛 B자이다"라는 설명 방법을 사용할 수 없을 것이다.

고금자의 "고금"은 상대적인 것이다. 새로운 금자의 출현 때문에 앞 시대의 금자가 고자로 변하는 상황은 흔히 있다. 예컨대, 위에서 인용한 ≪한서·사마상여전≫의 안사고의 주에서 "絝"와 "袴"를 고금자로 본 것이 그것이다. "褲"자가 통행된 후에는 "袴"도 역시 고자가 되었다("褲"자는 ≪강희자전≫에는 보이지 않는데 아마 매우 늦게 나타났을 것이다). 단옥재의 ≪설문해자주(說文解字注)≫ "誼"(의)자 조에는 "고금은 정해진 때가 없으니, 주(周)가 옛이라면 한(漢)은 이제가 되고 한이 옛이라면 진(晉)·송(宋)은 이제가 된다. 때에 따라 쓰임을 달리하는 것을 고금자라고 한다(古今無定時, 周爲古則

漢爲今, 漢爲古則晉宋爲今. 隨時異用者, 謂之古今字)”라고 하였다. 이것은 매우 정확하다.

고금자를 말하는 목적은 주로 고서의 자의를 주석하는 데 있고 문자의 역사를 설명하는 데 있지 않기 때문에, 이른바 “고금”이란 결코 하나의 사의 서로 다른 서사 형식이 사용되기 시작한 시간의 이르고 늦음을 반드시 반영하지는 않는다. 만약 A가 사용되기 시작한 시간이 B보다 늦지만 후에 이르러 A가 이미 더 이상 통행되지 않고 B는 여전히 통행된다고 한다면 A를 B의 고자라고 볼 수 있다. 예컨대, ≪한서・무제기(武帝紀)≫의 “저(氐)와 강(羌)이 와서 복종하였다(氐羌徠服)”라는 구의 안사고의 주에는 “‘徠’(래)는 옛날의 왕래의 ‘來’(래)이다(‘徠’, 古往來之‘來’也)”라고 하였다. 왕래의 {來}는 분명히 먼저 본의가 보리인 “來”자를 가차한 후에 비로소 후기본자 “徠”자를 만들어 내어 그것을 나타낸 것이다. 그러나 안사고의 시대에는 가차자 “來”가 여전히 통행되고 있었고 “徠”는 도리어 이미 통행하지 않게 되었다. 그러므로 그는 “徠”를 왕래의 “來”의 고자로 보았던 것이다(현재는 {來}의 인신의인 부를 {徠}는 “徠”로 쓰고, 일반적인 {來}는 “徠”라고 쓰지 않는다).

때로는 또 고금자의 지위가 서로 바뀌는 상황이 나타날 수 있다. 앞의 시대의 금자가 뒤의 시대에 이르러 반대로 고자로 변하고, 앞의 시대의 고자가 뒤의 시대에 이르러 반대로 금자로 변하는 것이다. 예컨대, ≪설문≫의 “綫”(선)자 아래에는 고문 “線”(선)이 수록되어 있다. ≪한서・고혜고후문공신표(高惠高后文功臣表)≫의 “실처럼 끊어지지 않는다(不絶如糸戔)”는 구의 안사고의 주에 인용된 진작(晉灼)의 주에는 “‘綫’은 지금의 ‘線縷’ 자이다(‘綫’, 今‘線縷’字也)”(뜻은 “綫”은 지금의 “線”에 상당한다는 것을 말한다. 진작(晉灼)은 진대(晉代) 사람이다)라고 하였다. 그러므로 단옥재의 주에는 “허신의 때에는 옛 것은 ‘線’이고 지금은 ‘綫’이었지만, 진작의 때에는 옛 것은 ‘綫’이고 지금은 ‘線’이었다. 대개 문자의 고금의 전이(轉移)가 정해진 것이 없음이 이와 같다(許時古‘線’今‘綫’, 晉(指晉灼)時則爲古‘綫’今‘線’, 蓋文字古今轉移無定如此)”라고 하였다. ≪이체자 정리표≫는 “線”을 폐지하고 “綫”을 통행시켜 또 옛것이 “線”이고 지금이 “綫”인 것으로 되돌아갔다(그러나 ≪신화자전≫과 ≪현대한어사전≫에는 모두 여전히 “線”을 표제자로 열거하고 있다).

고금자를 연구하는 데는 세상에 전해지는 고서를 완전히 의지해서는 안 된다. 고대의 저작이 전해지는 과정 중에 작자가 원래 사용한 글자는 왕왕 전초(傳抄)하고 간각(刊刻)하는 사람에 의하여 금자로 고쳐질 수 있기 때문이다. 다음에 두 가지 예를 든다.

≪예기(禮記)·곡례(曲禮)·하(下)≫의 "予一人"의 정현의 주에는 "余"와 "予"는 고금자라고 하였다. 이것은 매우 옳다. 우리가 현재 볼 수 있는 상대(商代) 갑골문과 서주(西周)·춘추(春秋)의 금문에서는 제1인칭 대사 {余}는 모두 "余"라고 썼다. 옛 사람들이 "予"로 {余}를 나타내기 시작한 것은 춘추시대보다 이를 수가 없다. 그러나 세상에 전해지는 ≪상서(尚書)≫·≪시경(詩經)≫의 두 책에 포함되어 있는 서주 시대의 작품에서는 제1인칭 대사 "余"가 도리어 모두 이미 후인들에 의하여 "予"로 고쳐졌다. 만약 세상에 전해지는 ≪상서≫·≪시경≫에 근거하여 정현의 "'余'·'予'는 고금자이다"라는 설명을 반박한다면 그것은 잘못이다.

일반적으로 모두 사마천(司馬遷)이 지은 ≪사기≫에는 금자를 사용한 것이 많고 반고(班固)가 지은 ≪한서≫에는 고자를 많이 사용하였다고 본다. ≪한서≫는 확실히 고자를 사용한 곳이 있다. 그러나 어떤 사람들이 들고 있는 ≪사기≫는 금자를 사용하고 ≪한서≫는 고자를 사용한 예, 예컨대 ≪사기≫는 "烹"(팽)을 사용하고 ≪한서≫에는 "亨"(팽)을 사용하였으며, ≪사기≫에는 "早"(조)를 사용하고 ≪한서≫는 "蚤"(조)를 사용하였다는 등(≪한서≫의 안사고의 주에는 여러 번 "'蚤'는 옛 '早'자이다(蚤古早字)"라고 하였다)은 도리어 문제가 있다. 우리가 현재 가지고 있는 고대의 글자 사용의 상황에 관한 지식으로 본다면 사마천과 반고의 시대에는 "火"를 따르는 "烹"은 근본적으로 아직 나타나지 않았고(제11장 제1절 1. 1) "亨 — 享" 조 참조), 이를 {早}를 "蚤"라고 쓴 것은 반고의 시대에는 흔히 보이는 것이었고 사마천의 시대에는 더욱 보편적인 현상이었다(제9장 제1절 참조). ≪사기≫는 원래는 반드시 역시 ≪한서≫와 마찬가지로 "亨"으로 {烹}을 나타내고 "蚤"로 {早}를 나타냈는데 후에 비로소 전초(傳抄)·간각(刊刻)한 사람들에 의해서 "烹"과 "早"로 고쳐진 것이다. 이 두 가지 예에 관하여 말한다면 ≪사기≫·≪한서≫는 모두 당시의 통행자를 사용하여 결코 하나는 고자이고 하나는 금자라는 문제가 존재하지 않았는데, 다만 ≪사기≫에 사용한 글자는 후인들에 의하여 그들이 사용하던 금자로 고친 것에 지나지 않을 뿐이다. ≪한서≫는 후인들에 의하여 금자로 고쳐진 글자가 ≪사기≫보다 훨씬 적다. 사람들에게 ≪사기≫는 금자를 많이 사용하고 ≪한서≫는 고자를 많이 사용하였다는 인상이 생기게 된 까닭은 이것이 하나의 중요한 원인이다. 요컨대, 고금자를 연구하려면 각 시대가 직접 남겨 놓은 문자 자료를 중시해야지 여러 번 후인들의 전초와 간각을 거친 고서를 경솔하게 믿어서는 안 된다.

어떤 사람이 두 개의 동원사를 대표하는 글자를 부적절하게 본자와 가차자라고 말하는 것과 마찬가지로, 또 어떤 사람은 이러한 글자를 부적절하게 고금자라고 말한다. 예컨대, 단옥재의 주 "尗"(菽 : 숙)자 조에는 "'尗'은 콩으로, 고금어이고 또한 고금자이다('尗', 豆, 古今語, 亦古今字)"라고 하였다. 단씨가 "尗"과 "豆"는 고금어라고 말한 것은 옳지만 그것들은 또한 고금자라고 말한 것은 타당하지 않다. 고금자는 마땅히 같은 하나의 사의 서로 다른 서사 형식이어야 한다. {菽}과 {豆}는 직접 하나의 사로 볼 수 없다는 것은 우리가 "豆"를 "菽"의 가차자라고 하는 설명 방법을 비평할 때 이미 설명한 바 있다(제9장 제5절 1. 2)에 보인다). 그러나 단씨의 고금자에 관한 설명 방법의 절대부분은 정확하다. 그는 "叔"과 "豆"는 고금어 겸 고금자라고 말하고 있으니 그가 그것들과 일반 고금자의 구별에 대해서 역시 깨닫고 있었음을 알 수 있다.

두 개의 동원사를 대표하는 글자를 고금자라고 말하는 현상은 현대의 언어 문자학 방면의 저작에서도 역시 볼 수 있다. 예컨대 우리가 제9장 제1절에서 언급한 바 있는 "鞠"(국)과 "毬"(球 : 구)는 어떤 사람은 그것들을 고금자라고 부른다. 또 어떤 사람은 "毬"는 "鞠"의 "후에 생겨난 '혹체자'이다(後起'或體字')"라고 부르는데 그것은 더욱 타당하지 않다. 만약 우리가 {球}는 원래 {鞠}의 구어 중의 하나의 변체(變體)라고 본다면 마땅히 이 뜻을 명확하게 말할 수 있어야 할 것이다. "고금자"로 그것들의 관계를 설명한다면 언어와 문자의 한계선을 혼란시키게 될 것이다.

근대의 문자학을 하는 사람들은 때로는 문자의 자유(孳乳) 상황을 설명하는 각도에서 "고금자"라는 명칭을 사용하여 그것을 주로 모자(母字)와 분화자(分化字)를 부르는 데 사용한다. 근년 이래 또 어떤 사람은 "고금자"라는 명칭을 오로지 "글자를 만드는 데 서로 이어받는 관계(造字相承)"가 있는 글자를 가리키는 데만 사용할 것을 명확히 주장하였다. 그들이 말하는 고금자는 옛 사람들이 말한 고금자와는 범위에 대소의 차이가 있을 뿐 아니라 또한 기본 개념도 역시 일치하지 않는다. 옛 사람들이 고금자를 말한 것은 고서의 자의를 해석하는 것에서 출발하였다. 이러한 뜻의 고금자에는 물론 또한 모자와 분화자가 포함되어 있지만, 어느 것이 옛 것이고 어느 것이 지금 것인 지는 문자가 사용된 실제의 상황에 근거하여 정해지는 것이지 모자가 결코 반드시 고자라고 보여지는 것도 아니고 분화자가 결코 반드시 금자라고 보여지는 것도 아니다. 위에서 든 바 있는 "來"와 "徠"가 한 가지 예이다. 이것은 "글자를 만드는 데 서로 이어받는 관계"에 착안하여 고금자를 말하는 것과는 매우 커다란 구별이 있다.

### 3) 이른바 "이체사(異體詞)"

60년대 이래 적지 않은 사람들이 같은 하나의 사의 각가지의 서로 다른 서사 형식을 "이체사(異體詞)" 혹은 "이형사(異形詞)"라고 부르고 있다. 같은 하나의 사의 각가지의 서로 다른 형식은 본래 이체자라고 부를 수 있다. 그러나 "이체자"는 또 일자이체(一字異體)라는 좁은 뜻의 용법이 있기 때문에 어떤 사람들은 통용자를 그 속에 포함하고 있는 같은 하나의 사의 각가지의 서로 다른 서사 형식까지도 이체자라고 부르는 것을 바라지 않는다. 일반적으로 이체자를 말하는 사람들은 왕왕 단음절사(單音節詞)의 서로 다른 서사 형식을 토론하는 데 한계를 두어 쌍음절사(雙音節詞)와 다음절사(多音節詞)의 서로 다른 서사 형식을 고려하는 경우가 매우 드물다. 이것도 역시 어떤 사람들이 이체자라는 명칭으로 같은 하나의 사의 서로 다른 서사 형식을 개괄하기를 바라지 않게 한다. 이것들이 "이체사"·"이형사"라는 두 가지 명칭이 나타나게 된 배경이다. 이 두 가지 명칭의 함의(含義)는 결코 차이가 없기 때문에 아래 글에서는 단지 "이체사" 만을 언급한다.

이체사라는 명칭을 제기한 의도는 매우 좋지만 이러한 명칭은 도리어 결코 좋지는 않다. 우리가 만약 같은 하나의 사의 각가지의 서로 다른 서사 형식을 이체사라고 부르기를 바라지 않고 또 "같은 하나의 사의 서로 다른 서사 형식"이라는 설명 방법이 너무 번거롭다고 꺼린다면 그것들을 "하나의 사의 이형(一詞的異形)"이라든가 혹은 "일사이형(一詞異形)"이라고 부를 수 있을 것이다. "이체사"라는 명칭은 마땅히 취소해야 한다.

하나의 사의 이형을 이체자라고 부르는 것은 언어와 문자의 구별에 대하여 명확한 인식이 결여되어 있음을 반영한다. 이것은 어떤 사람들의 "이체사"에 대하여 행한 해석에서 매우 분명하게 볼 수가 있다. 어떤 사람은 "의의와 독음은 완전히 서로 같지만 서사 형체가 서로 다른 것, 예컨대 'àn yǔ'는 '按語' · '案語'의 두 가지의 서로 다른 형체가 있는데 …… 이러한 같은 하나의 사어(詞語)의 서로 다른 형체의 사는 이체자라고 부를 수 있다"라고 한다. 분명히 그가 말하는 "같은 하나의 사의 서로 다른 서사 형체"의 사는 우리가 말하는 "같은 하나의 사의 서로 다른 서사 형식"이다. 사의 서로 다른 서사 형식을 어떻게 서로 다른 형체의 "사"라고 부를 수 있겠는가? 또 어떤 사람은 "이른바 이체사란 독음은 서로 같거나 혹은 서로 가깝고 뜻은 서로 같지만 사형(詞形)은 서로 다른 사이다"라고 말한다. 그가 말하는 이체사의 범위는 비교적 넓다. "독음이 서로 같고" · "독음이 서로 가깝고 뜻이 서로 같지만 사형이 서로 다른 사"는 위에서 비평한 "같은 사어의 서로 다른 서사 형체의 사"와 같은 뜻이다. "독음이 서로 가깝고 뜻이 서로 같지만 사형이 서로 다른 사"는 글자 그대로 이해한다면 마땅히 서사 형식이 서로 다른 음이 가깝고 뜻이 같은 동원사(同源詞)를 가리켜야 하는데, 말하는 사람은 이러한 동원사의 서사 형식을 가리켜 말한 것에 불과하다. 뜻이 같고 음이 서로 다른 동원사의 서사 형식의 차이는 언어상의 실제로 존재하는 차이를 반영한다. 같은 하나의 사의 서사 형식의 차이는 단지 글자에 존재하는 차이임에 지나지 않는다. 이 두 가지의 성질이 서로 다른 차이를 같은 말로 혼동하여 "이체사"로 그것들을 개괄하는 것도 또한 언어와 문자의 한계선을 분명하게 구분하지 않기 때문이다.

현재의 언어 문자학 방면의 저작에서 언어와 문자의 한계선을 분명하게 구분하지 못하는 현상은 자못 흔히 보이는 것이다. 어떤 사람들은 비록 "이체사"라는 명칭을 사용하지는 않지만, 역시 뜻이 같고 음이 서로 다른 동원사의 서로 다른 서사 형식을 같은 하나의 사의 서로 다른 서사 형식과 같은 말로 혼동한다. 예컨대, "筋斗"(근두)와 "斤斗"(jīn dǒu)까지도 또한 "跟頭"(gēn tou)의 서로 다른 서사 방법이라고 보고, "魯蘇"(로소)와 "嚕蘇"(lū su)까지도 또한 "囉唆"(luō suo)의 서로 다른 서사 방법이라고 보며, 고서상의 음과 뜻이 "黽勉"(민면)과 서로 가까운 "文莫"(문막)·"密勿"(밀물)까지도 또한 "黽勉"의 서로 다른 서사 방법이라고 보는 등등이 그것이다.

또 어떤 사람은 "통용"과 "가차"에 정의를 내려서 "두 개의 독음이 서로 같거나 혹은 서로 가깝고 뜻도 역시 서로 통하는 사는 고대에는 이렇게 쓸 수도 있고 또 저렇게 쓸 수도 있었는데 통용이라고 부르고", "두 개의 독음이 서로 같거나 혹은 서로 가깝지만 뜻이 서로 다른 사는 고대에는 때때로 빌리고 대신할 수 있었는데 가차라고 부른다"라고 하여 결국 글자와 글자 사이의 통용 관계를 사와 사 사이의 관계로 말하고 있다(그가 말하는 "통용"과 "가차"는 모두 우리가 말하는 "통용"의 범위 안에 있다). 이것은 사의 이형(異形)을 이형사(異形詞)라고 부르는 것과 하나의 수레바퀴 자국에서 나온 것 같다.

우리는 가차·통용자와 고금자 등의 문제를 말할 때 일찍이 약간의 부정확한 설명 방법을 비판한 바 있다. 이러한 설명 방법들의 다수는 역시 언어와 문자의 한계선을 분명하게 구분하지 못하는 것과 관계가 있다.

## 3. 통용자(通用字)의 독음(讀音) 문제

몇 해 전에 어떤 간행물에서 일찍이 다음과 같은 문제를 토론한 적이 있다. 곧 원래의 자음이 본자와 완전히 서로 같지는 않은 통가자(通假字)는 마땅히 본자와 같이 읽어야 할 것인가? 라는 것이었다. 토론자들이 말하는 통가자는 넓은 뜻의 것으로서 예로 든 본자는 어떤 것은 실제로는 결코 진정한 본자가 아니었다. 그러므로 이 문제는 사실은 마땅히 다음과 같이 제기해야 할 것이다. 곧 원래 완전히 음이 같지는 않은 글자가 서로 통할 때 마땅히 하나의 음으로 읽어야 할 것인가? 혹은 다음과 같이 말해야 할 것이다. 곧 원래의 자음이 습용자(習用字)와 완전히 서로 같지는 않은 통용자는 마땅히 습용자와 같이 읽어야 할 것인가?

위에서 말한 토론 가운데는 주로 세 가지 의견이 있었다.

(1) "통가자는 일반적으로 마땅히 본자의 음독과 같이 읽어서는 안 되고 여전히 마땅히 …… 자체(自體)의 음독으로 읽어야 한다"(조천리(趙天吏), <고음 통가의 조례 및 통가자의 독음 문제(古音通假的條例以及通假字的讀音問題)>, ≪개봉사원학보(開封師院學報)≫ 1979년 제2기).

(2) "고대의 자서·운서나 혹은 전인들의 주소(注疏) 중에 통가자와 본자가 독음이 서로 같은 반절(反切)이나 혹은 직음(直音)의 주가 달려 있는 것은 통가자의 금독(今讀)은 본자와 같고" 그렇지 않다면 그 원래의 자음으로 읽는다.

(3) "고대의 자서·운서나 혹은 전인들의 주소 중에 통가자와 본자의 독음이 서로 같은 반절이나 혹은 직음의 주가 달려 있는가의 여부와는 상관없이, 단지 그것이 확실히 통가자이기만 하다면 그 금독은 마땅히 본자와 같아야 한다"(이상의 두 가지 의견은 모두 성구주(盛九疇)의 <통가자소의(通假字小議)>에서 인용한 것으로 ≪사서연구(辭書硏究)≫ 1980년 제1기에 실려 있다. 이 글의 작자는 셋째 의견을 주장하였다).

우리는 셋째 의견에 동의한다.

제9장 제4절에서 가차와 관계가 있는 자음 문제를 토론할 때 일찍이 지적한 바와 같이, 가차자와 본자는 같은 하나의 사를 대표하는 것이기 때문에 반드시 하나의 음으로 읽어야 한다. 두 개의 글자가 서로 통용된다는 것은 이 두 개의 글자가 같은 하나의 사를 나타내는 데 사용된다는 것을 말한다. 그러므로 기타 성질의 글자가 서로 통용될 때 가차자와 본자와 마찬가지로 또한 반드시 하나의 음으로 읽어야 한다. 원래의 자음이 습용자와 서로 다른 통용자는 마땅히 습용자와 같이 읽어야 한다. 옛 사람들은 왕왕 "A는 B로 읽는다(A讀爲B)"·"A는 B라고 읽는다(A讀曰B)"·"A는 읽는 것이 B와 같다(A讀與B同)" 등의 설명 방법으로 통용 관계를 가리킨 것도 또한 이 점을 설명한다.

무엇 때문에 어떤 사람은 서로 통용되는 글자는 반드시 하나의 음으로 읽을 필요가 없다고 보는 것인가? 주로 다음에 서술하는 두 가지 상황이 존재하기 때문일 것이다. 먼저, 상호간에 단지 음과 뜻이 서로 가까운 관계만이 있는 어떤 글자는 어떤 사람들에 의하여 서로 통용되는 글자로 잘못 인식된다는 것이다. 그 다음에, 고대의 고서 주석과 자서(운서를 포함한다)에서 다음과 같은 약간의 현상을 발견할 수 있다. 곧 옛 사람들은 어떤 글자가 어떤 뜻을 나타내는 데 사용될 때 다른 하나의 그것과 음이 가까운 글자의 통용자인가 아닌가에 대하여 서로 다른 관점을 가지고 있었다는 것이다. 이와 상응하여 이러한 글자의 독음에도 또한 두 가지가 있었다. 곧 어떤 것은 그 음이 가까운 글자의 음으로 개독(改讀)하였고 어떤 것은 여전히 원래 가지고 있는 음으로 읽었다. 그러나 어떤 사람들은 한편으로는 이러한 글자를 그 음이 가까운 글자의 통용자라고 보았지만 한편으로는 도리어 여전히 원래 가지고 있는 자음에 따라 그것을 읽었다. 위에서 서술한 이 두 가지의 상황은 모두 서로 통용되는 글자를 반드시 하나의 음으로 읽을 필요는 없다는 가상(假象)을 만들어 낼 수 있다.

다음에 먼저 위에서 서술한 전자의 상황의 예를 든다.

선진(先秦) 고서에는 "誓"(서 : 맹세하다)라고 해석하는 "矢"(시)자가 있다(≪시경・용풍(鄘風)・백주(柏舟)≫에는 "죽을 때까지 다른 마음이 없기를 맹세하네(之死矢靡它)"라고 하였는데, ≪모전≫에는 "'矢'는 맹세한다는 뜻이다('矢', 誓也)"라고 하였다) "矢"와 "誓"의 두 글자는 독음이 서로 가깝기 때문에 많은 사람들은 "誓"라고 해석하는 "矢"는 "誓"의 통가자라고 본다(1979년 판 ≪사해≫에는 "矢"는 "誓"와 통한다고 하였다). 그러나 전통적인 독음에 따른다면 이러한 "矢"자는 도리어 결코 "誓"라고 읽지 않고 여전히 화살 "矢"와 동음이었다. 이 때문에 이것은 통가자는 반드시 본자와 같이 읽을 필요가 없다는 하나의 실례가 되었다. 이 예는 실제로는 문제가 있다. 고서 중의 "矢"자는 자주 뜻이 베풀 "陳"과 매우 서로 가까운 하나의 사를 나타내는 데 가차되어 "베풀다"로 풀이할 수도 있고(≪시경・대아(大雅)・대명(大明)≫에는 "목야(牧野)에 진열하였네(矢於牧野)"라고 하였는데 ≪모전≫에는 "'矢'는 베푼다는 뜻이다(矢, 陳也)"라고 하였다), 또한 "진술하다"로 풀이할 수도 있다(<서서(書序)>에는 "고요(皐陶)가 그 꾀를 진술하였다(皐陶矢厥謨)"라고 하였는데, 위(僞) 공안국(孔安國)의 전(傳)에는 "'矢'는 진술한다는 뜻이다('矢', 陳也)"라고 하였다. ≪시경・대아(大雅)・권아(卷阿)≫에는 "시를 진술한 것이 많지 않네(矢詩不多)"라고 하였는데, 정현의 전(箋)에는 "'矢'는 진술한다는 뜻이다. 내가 진술하여 이 시를 지은 것이 더 많지 않다는 것이다(矢, 陳也. 我陳作此詩不復多也)”라고 하였다). “矢”자의 “誓”라는 이 뜻은 마땅히 진술한다는 뜻에서 인신되어 나왔을 것이다(≪논어(論語) · 옹야(雍也)≫에는 “공자(孔子)께서 맹세하셨다(夫子矢之)”는 “矢”는 일반적으로 모두 “誓”라고 해석하는데, 진대(晉代)의 채모(蔡謨)는 “陳”으로 해석한 것이 ≪석문≫에 보인다. 학의행(郝懿行)의 ≪이아의소(爾雅義疏) · 석언(釋言)≫ “矢, 陳也” 조에는 이미 “陳”과 “誓”는 뜻이 가깝다고 지적하고 있는데 “矢”는 “陳”이라고 해석할 수 있기 때문에 또한 “誓”라고 해석할 수도 있다. 그러나 그는 또 우번(虞翻)의 “‘矢’는 옛 ‘誓’자이다(‘矢’, 古‘誓’字)”라는 잘못된 설에 현혹되어 “矢”와 “誓”는 고대에는 또 통용할 수 있다고 보았다. 이것은 타당하지 않다. 주천(朱珔)의 ≪설문가차의증(說文假借義證)≫에도 역시 “誓”라고 풀이하는 “矢”는 “誓”의 가차자라고 잘못 생각하였다. 이러한 설명 방법을 증명하기 위하여 심지어는 아낌없이 고서를 마음대로 고치기까지 하였다. 그는 “예컨대 ≪예기(禮記) · 표기(表記)≫에 인용된 ≪시경≫에는 ‘맹세가 분명하네(信誓旦旦)’라고 하였고 ≪석문≫에는 ‘<信>은 어떤 책에는 <矢>로 되어 있다고 하였는데 이것은 마땅히 아래의 <誓>자의 잘못이니 <信>과 <矢>는 뜻이 맞지 않는다(若<表記>引≪詩≫‘信誓旦旦’, ≪釋文≫‘信’本作‘矢’, 此當爲下‘誓’字之誤, ‘信’與‘矢’義未合也)’라고 하였다. 사실은 고대의 경서의 서로 다른 전본의 이문은 결코 반드시 뜻이 같지는 않았다. “矢誓”는 맹세를 진술한다는 것으로서 문의(文義)가 통하므로 “信誓旦旦”이 어떤 책에 “矢誓旦旦”으로 되어 있는 것은 완전히 가능하다. 이것은 또한 “矢”자의 “誓”의 뜻은 마땅히 “陳”의 뜻에서 인신되어 왔을 것이라는 하나의 증거이기도 하다). “矢” · “誓”의 자음이 서로 가까운 것은 단지 공교로운 부합일 뿐이다. 게다가 “誓”는 선모자(禪母字)이고 운모는 상고(上古)에는 제부(祭部)에 속하였으며, “矢”는 서모자(書母字)이고 운모는 상고에는 지부(脂部)에 속하였다. 이 두 개의 글자의 고음은 일반적으로 말한다면 서로 가깝다고 볼 수 있지만, 본자와 통가자로서 본다면 차이가 좀 큰 것으로 보인다. 요컨대, “誓”라고 해석하는 “矢”를 “誓”의 통가자로 보는 것은 근거가 결여된 것이다.

어떤 사람은 “≪상서(尙書) · 홍범(洪範)≫의 ‘애써 8정(政)을 사용한다’(農用八政)는 것에서 ‘農’은 ‘努’로 통가하였지만 ‘努’음과 같이 읽지는 않는다(≪尙書 · 洪範≫‘農用八政’, ‘農’通假爲‘努’, 而不讀同‘努’音)”고 한 것을 가지고 통가자는 반드시 본자와 같이 읽어야 할 필요가 없다는 하나의 증거로 보았다. "農用八政"의 "農"자에 대해서 고대 학자들의 해석은 일치하지 않는다. 청대의 왕념손(王念孫)에 이르러서야 비로소 그것을 "努"라고 해석하였다. 그러나 설사 왕념손이라고 하더라도 또한 결코 그것을 "努"의 통가자로 보지는 않았다. 왕념손은 ≪광아소증(廣雅疏證)≫ 권3 상(上)의 "薄・恕・文・農, 勉也" 조 아래에서 "'農'은 '努'와 같으니 말의 전(轉)일 뿐이다. <홍범>에 '農用八政'이라고 한 것은 애써서 8정을 사용한다는 것을 말한다('農'猶'努'也, 語之轉耳. <洪範>云 : '農用八政', 謂勉用八政也)"라고 하였다. 왕인지(王引之)의 ≪경의술문(經義述聞)≫ 권4 "農殖嘉谷" 조에는 왕념손의 의견을 인용하여 서술하였는데 역시 "'農力'은 '努力'과 같은 것으로 말의 전(轉)일 뿐이다(農力猶努力, 語之轉也)"라고 하였다. "語之轉" 혹은 "一語之轉"은 과거의 언어 문자학자들이 흔히 사용한 술어로서, 사어(詞語) 사이의 동원 관계를 가리키는 데 사용되는 것이지 통가・통용 관계를 가리키는 데 사용되는 것이 아니었다. 청대의 어떤 학자들, 예컨대 주준성(朱駿聲)은 확실히 "農"은 "努"로 가차한 것이라고 설명하였다(≪설문통훈정성≫ "農"자 아래에 보인다). 우리는 제9장 제5절 1. 2)에서 일찍 이미 주준성 등은 왕왕 동원사 사이의 관계를 본자와 가차자의 관계와 같은 말로 혼동하였다고 지적하였다. 이것은 또 한 가지 예이다. 그들의 그러한 가차설은 통용자의 독음을 토론하는 근거로 삼을 수 없는 것이다.

또 어떤 사람은 "暴虎馮河"의 "'暴'는 '搏'과 통하므로 bó(박 : 搏)라고 읽지 않고 도리어 bào(포 : 暴)라고 읽는다('暴'通'搏', 不讀bó, 卻讀bào)"라는 것을 가지고 통가자는 반드시 본자와 같이 읽을 필요는 없다는 것을 증명하였다. 그러나 "'暴'는 '搏'과 통한다"는 것은 도리어 근거가 없는 억설(臆說)이다. 옛 사람들은 비록 포호(暴虎)의 "暴"를 "맨손으로 친다(徒搏)"라고 해석했지만 도리어 이제까지 "暴"와 "搏"은 통용자라고 말한 적은 없다. 이 "暴"의 본자는 마땅히 "虣"(포)로서 바로 "暴"와 동음이다(제7장 제2절 참조).

다음에 다시 위에서 서술한 둘째 상황의 예를 든다.

선진 시대의 문헌에는 "賜"(사)와 뜻이 같은 "錫"(석)이 흔히 보인다. 그것은 결국 "賜"의 통용자인가? 장기 이래 이 문제에 대해서는 줄곧 두 가지 관점이 있었다. 과거에 다수의 사람들은 이 "錫"자를 "賜"자의 음이 가까운 동의자로 보고 여전히 주석 "錫"의 음에 따라 그것을 읽었고, 소수의 사람들은 이러한 "錫"자를 "賜"의 통용자로 보고 "賜"자의 음에 따라 그것을 읽었다. ≪주역(周易)・사괘(師卦)≫의 "王三錫命" 구의 ≪석문(釋文)≫에는 서원(徐爰)은 "錫"의 음은 "賜"라고 하였다고 하였다. ≪집운(集韻)≫ 거성(去聲) 치운(寘韻)에는 "錫"자의 이 음이 수록되어 있고, ≪강희자전≫에도 역시 이 음을 수록하였다. 그러나 현재는 많은 사람들은 이러한 "錫"자는 "賜"의 통용자라고 보고, 단지 여전히 주석 "錫"의 음에 따라 그것을 읽는다(1979년 판 ≪사해≫에는 이렇게 처리하였다). 어떤 사람은 또한 이 예를 가지고 통가자는 반드시 본자와 같이 읽을 필요가 없다는 것을 증명하였다. 이것은 불합리하다. 기왕에 "錫"을 "賜"의 통용자로 본 이상 마땅히 고대의 이러한 관점을 가졌던 사람과 마찬가지로 그것을 "賜"로 읽어야 할 것이다(그러나 비록 선진 문헌에서 내리다로 해석하는 "錫"을 "賜"로 읽는다고 하더라도, 한대 이후의 문헌에서 내리다로 해석하는 "錫"은 역시 아직도 마땅히 그 본음으로 읽어야 할 것이다. 왜냐하면 당시 사람들은 일반적으로 모두 이렇게 읽었기 때문이다. 만약 한대 이후의 문헌 중의 "九錫"을 "九賜"라고 읽는다면 웃음꺼리가 될 것이다).

어떤 사람은 "≪시경・주남(周南)・토저(兎罝)≫의 '公侯干城'은 '干'(간)은 '扞'(한)으로 통가하였지만 '扞'음과 같이 읽지는 않는다(≪詩・兎罝≫ '公侯干城', '干'通假爲'扞'而不讀同'扞'音)"라는 것을 가지고 통가자는 반드시 "본자"와 같이 읽을 필요가 없다는 것을 증명하였다. 사실은 이 "干"자도 역시 두 가지 해석과 상응하는 두 가지 독음이 있다. 옛 사람들은 어떤 사람은 이 "干"은 방패 "干"이라고 보았고 어떤 사람은 이 "干"은 막을 '扞'의 통용자로 보았다. ≪설문≫에는 "'干城'은 글자 그대로이다. ≪이아≫(<석언(釋言)>)에는 '干'은 막는다는 뜻이라고 하였다. 손염(孫炎)의 주에는 '干'은 방패로서 스스로 가리고 막는 것이라고 하였다. ≪정전(鄭箋)≫에는 방패요 성으로서 모두 그것으로 난(難)을 막는다고 하였다. 옛날에는 호단반(戶旦反)이었다('干城', 如字. ≪爾雅≫(<釋言>)云 : '干', '扞'也. 孫炎注云 : '干', 楯(盾), 所以自蔽扞也. 鄭云 : 干也, 城也, 皆以禦難也. 舊戶旦反)"라고 하였다. ≪설문≫은 정현・손염의 의견에 동의하고, 이 "干"은 마땅히 방패로 해석해야 한다고 보았기 때문에 “干”의 음을 “글자 그대로이다(如字)”라고 주를 달았는데, 이 글자의 일반적인 독음에 따라 읽는다는 뜻이다. ≪설문≫에는 또 구음(舊音) “호단반(戶旦反)”을 수록하였다. 이것은 “扞”의 음절(音切)로서, 이 “干”을 “扞”의 통용자로 보는 사람이 읽은 음이다(동동화(董同龢), ≪고본한시경주석(高本漢詩經注釋)≫ 상(上), 24-25쪽 참조). 우리는 어떻게 명실상부(名實相符)하지 않게 한편으로는 “干”과 “扞”이 통한다는 설명 방법을 채용하고, 한편으로는 도리어 “干”을 방패로 해석하는 사람이 읽은 음에 따라 그것을 읽을 수 있겠는가?

이상의 분석을 통하여 통가자는 반드시 본자와 같이 읽을 필요가 없고 서로 통용되는 글자는 반드시 하나의 음으로 읽을 필요가 없다는 논점은 성립될 수 없다는 것을 알 수 있다.

현존하는 고대의 자서와 고서의 주석은 그것들에 실려 있는 자음은 전면적인 것이 아니다. 우리가 그 속에서 모든 통용자의 독음을 찾아내기는 불가능하다. 그러므로 앞에서 든 통가자의 독음에 관한 둘째 의견, 곧 고대의 자서·운서나 혹은 전인들의 주소 중의 주음(注音)에 따라서 통가자는 마땅히 본자와 같이 읽어야 할 것인가의 여부를 판단하는 것도 또한 불합리한 것이다. 예컨대, 현존하는 고대의 자서·운서와 전인들의 주소는 모두 “擇”(택)자에 “釋”(석)이라고 읽는 음을 주를 단 적이 없다. 그러나 진(秦)·한(漢) 시대의 문자 자료와 어떤 고서 중에는 확실히 적지 않은 “釋”과 통하는 “擇”자가 있다는 것을 발견할 수 있다. 예컨대, ≪묵자(墨子)·절장(節葬)·하(下)≫에는 “실행하여 그만두지 않고 채용하여 놓지 않는다(爲而不已, 操而不擇)”라고 하였고, ≪논형(論衡)·비한(非韓)≫에 인용된 ≪한비자(韓非子)·오두(五蠹)≫에는 “베와 비단은 흔하지만 용렬한 사람들은 놓지 않는다(布帛尋常, 庸人不擇)”(금본 ≪한비자≫에는 “釋”으로 되어 있다)(황휘(黃暉), ≪논형교석(論衡校釋)≫ 및 ≪문사(文史)≫ 제7집(輯)(1979)에 실려 있는 구시(求是)(곧 구석규(裘錫圭)의 필명(筆名))의 <설“하해불석세류”(說河海不擇細流)>를 참조)라는 등등이 있다. 이러한 “擇”자는 물론 마땅히 “釋”으로 읽어야 하고, 결코 현존하는 고대의 자서·운서와 전인들의 주소에서 이 음을 찾아낼 수 없다고 해서 여전히 “擇”자의 일반적인 독음에 따라 그것을 읽어서는 안 된다.

또 고문자 자료와 고서에서는 "有"는 "又"와 통하고, "又"는 "有"와 통하는 예를 모두 볼 수 있다(제11장 제1절 2. 2) "又 — 有" 조를 참조). 그러나 과거의 자서에서는 "有"자는 "又"라고 읽는 음은 있지만 "又"자는 도리어 "有"라고 읽는 음은 없다. 이 때문에 1979년 판 ≪사해≫에는 "又"와 통하는 "有"는 "又"(yòu : 우)라고 읽지만 "有"와 통하는 "又"는 도리어 "有"(yǒu)라고 읽지 않고 여전히 "又"(yòu)라고 읽는다. 이것은 분명히 불합리하다. 1980년 판 ≪사원(辭源)≫(제2책)에서 "有"와 통하는 "又"를 "有"라고 읽은 것은 정확하다.

제9장 제3절에서 일찍이 언급한 바와 같이 고서 중에서는 "匪"자를 빌려 부정사 {匪}와 지시대사 {匪}를 나타내었고, "干"자를 빌려 "岸"이라고 해석하는 {干}과 "澗"이라고 해석하는 {干}을 나타내었다. 어떤 사람들은 이러한 "匪"자는 "非"와 통하고 "彼"와 통하는 것이고, 이러한 "干"자는 "岸"과 통하고 "澗"과 통하는 것이라고 본다. 우리는 이러한 "匪"자와 "干"자는 일반적으로 여전히 본음으로 읽기 때문에 이러한 설명 방법을 채용하지 않는다. 만약 그러한 설명 방법에 동의한다면 마땅히 "非" · "彼" · "岸" · "澗" 등의 글자의 음에 따라서 그것들을 읽어야 할 것이다.

어떤 통용자들은 습용자(習用字)의 음과 같이 읽는다는 것이 고대의 자서 중에 기록이 있지만, ≪사해≫ · ≪사원≫에는 도리어 채용하지 않았다. 예컨대, 고서에서는 때로는 "蚤"(조)자를 빌려서 손톱 · 발톱의 {爪}를 나타내었다(본자는 "丶叉"로 되어 있다. 제7장 제1절 3에 보인다). ≪집운≫에는 이러한 "蚤"자는 "爪"(조)와 동음이다(상성(上聲) 교운(巧韻) 측교절(側絞切) 조소운(爪小韻)에 보인다). 1979년 판 ≪사해≫와 1983년 판 ≪사원≫(제4책)에는 이러한 "爪"와 통하는 "蚤"자는 도리어 여전히 본음 zǎo라고 읽고 zhǎo라고 읽지 않았다. 이것은 마땅히 그렇게 해서는 안 되는 것이다.

요컨대, 우리는 통용자의 독음을 처리할 때는 원칙상 마땅히 서로 통용되는 글자는 반드시 하나의 음으로 읽는다는 준칙을 엄수해야만 한다. 먼저 마땅히 통용 관계가 없는 글자를 통용 관계가 있다고 말하지 않도록 주의해야 할 것이다. 일단 어떤 글자가 어떤 습용자의 통용자라고 확정되면 그 습용자의 음에 따라 그것을 읽어야만 할 것이다.

제13장

# 한자의 정리와 간화(簡化)

한자는 일종의 의부음부(意符音符) 문자이기 때문에 결구가 복잡하고 이체(異體)가 많고 와변(訛變)이 발생하기 쉽다는 등의 특징을 가지고 있다. 이 때문에 역대로 대다수의 정부는 문자 형체를 통일하는 일을 매우 중요시하였다.

≪주례(周禮)·춘관(春官)≫에는 "외사(外史)"의 벼슬은 "외령(外令)을 쓰는 것을 관장하고 …… 삼황오제(三皇五帝)의 책을 관장하고 사방에 서명(書名)을 전달하는 것을 관장한다(掌書外令 …… 掌三皇五帝之書, 掌達書名於四方)"라고 하였다. "서명(書名)"은 문자를 가리키고, "서명을 사방에 전달하는 것을 관장한다"는 것은 마땅히 전국(全國)의 문자를 통일하는 일종의 조처일 것이다(손이양(孫詒讓, 1848-1908), ≪주례정의(周禮正義)≫ 참조). 주선왕(周宣王)의 태사(太史)가 ≪사주편(史籒篇)≫을 지은 것은 아마 이것과 관계가 있을 것이다.

전국(戰國) 시대에는 각국의 문자의 모양이 달랐으므로 사회적으로 문자를 통일하려고 하는 강렬한 요구가 나타나게 되었다. 일반적으로 전국 시대의 작품이라고 보는 ≪관자(管子)·군신(君臣)·상(上)≫에는 이상적인 정치를 말할 때, "쓰는 것은 문자가 같다(書同名)"는 일을 언급하였다. 진시황(秦始皇)은 전 중국을 통일하여 "문자를 같게 하는(同文字)" 일을 성공적으로 수행하여 육국(六國) 문자 가운데 진(秦)의 문자와 부합하지 않는 이체(異體)를 폐기하여 사람들의 바램을 실현하였다(≪예기(禮記)·중용(中庸)≫의 "지금 온 세상은 수레는 바퀴가 같고 책은 글자가 같다(今天下車同軌, 書同文)"는 단락은 어떤 사람은 진이 통일한 후에 유가(儒家)의 후학들이 덧붙여 넣은 것이라고 보기 때문에 우리는 위에서 ≪관자 · 군신 · 상≫과 함께 인용하지 않은 것이다).

그러나 진의 전문(篆文) 자체에도 역시 이체가 있었고, 예서(隸書) 중의 많은 글자는 서사법이 아직 고정되지 않았으므로 이체가 물론 더욱 많았다. 조기의 해서(楷書)도 역시 이체가 매우 많았다. 남북조(南北朝) 시대에는 국가가 분열되고 정국이 동요되었기 때문에 문자의 서사법은 더욱 혼란되었다. ≪비별자(碑別字)≫ 따위의 책에 수집되어 있는 자료를 보기만 해도 상황의 심각함을 이해할 수 있을 것이다.

당대(唐代)는 남북조의 문자 혼란의 뒤를 이어서 정부는 정자(正字) 사업에 매우 주의를 기울였고, 학자 가운데 또한 어떤 사람은 이 방면의 전문적인 저서를 쓴 사람이 있다(우리가 앞에서 자주 인용한 ≪간록자서(干祿字書)≫는 비교적 중요한 한 가지이다). 현종(玄宗) 개원(開元) 23년(735)에는 ≪개원문자음의(開元文字音義)≫를 반포(頒布)하였는데(이 책은 이미 없어졌다), 전하는 바에 따르면 해서 자형의 통일에 대하여 큰 작용을 했다고 한다.

송대(宋代) 이후 인쇄업의 발달 및 과거(科擧) 시험의 문자의 서사법에 대한 요구가 엄격했기 때문에 자형은 끊임없이 안정을 지향하였다. 근대에 이르러, 인쇄업의 진일보의 발전 및 신식 학교 교육의 발흥과 보급에 따라서 이러한 추세는 더욱 뚜렷하게 되었다.

한자에는 일자이체(一字異體)의 현상 외에도 또 일사용다자(一詞用多字)의 현상이 존재하고 있다. 당(唐) · 송(宋) 이래 문자 사용의 통일 지향의 형세도 역시 갈수록 더욱 분명하게 되었다(제12장 제2절 1 참조).

역대의 정부가 문자를 통일하는 데 일으킨 작용은 낮게 평가할 수 없다. 그러나 구시대의 통치 계급의 문자에 대한 태도는 일반적으로 비교적 보수적이었다. 그들은 민간에서 나온 간체(簡體)에 대하여 보통 배척적인 태도를 취하였으며, 문자의 통일과 문자의 간화(簡化)라는 두 방면의 일을 잘 결합시킬 수가 없었다. 역사상 한자의 간화는 주로 민간에서 자발적으로 수행하였던 것이다.

대륙에서는 50년대 이래 정부의 지도 아래 대규모의 문자 개혁 사업을 수행하여 현행 한자에 대하여 자형의 간화와 이체의 선별(選別)(넓은 뜻의 이체자를 가리킨다)을 주로 한 대규모의 정리 작업을 수행하였다.

1952년, 중국문자개혁위원회(中國文字改革委員會)(일반적으로 문개회(文改會)라고 약칭한다)가 성립되어 한자 간화 방안을 기초하기 시작하였다. 1955년 1월, 문개회는 ≪한자간화방안초안(漢字簡化方案草案)≫(그 가운데는 폐기하려고 하는 이체자표초안(異體字表草案)이 포함되어 있다)을 발표하여 공개적으로 각 방면의 의견을 구하였다. 초안은 국무원(國務院) 한자간화방안심정위원회(漢字簡化方案審訂委員會)의 심정과 1955년 10월 전국 문자 개혁 회의의 토론과 수정을 거쳐 마지막으로 문개회가 <제1차 이체자정리표(第一批異體字整理表)>와 <한자간화방안>의 두 가지의 정식 문건으로 정리하였다. 전자는 1955년 12월에 문화부(文化部)와 문개회가 공동으로 발포하였고, 후자는 1956년 1월에 국무원이 공포하였다.

<제1차 이체자정리표>에는 이체자 810조(組)가 포함되어 있고 선별된 이체는 모두 1,055개였다(이 표는 1956년 2월 인민교육출판사(人民教育出版社)의 단행본이 있다). 1956년 3월, 문개회와 문화부는 또 보충통지(補充通知)를 연합으로 발표하여 "阪"(판)자는 더 이상 "坂"(판) 조(組)에 넣지 않고 "挫"(좌)자는 더 이상 "銼"(좌)조에 넣지 않는다고 규정하였다. 이 때문에 선별된 이체는 1,053개로 줄어들었다(그 가운데 소수의 글자들은 후에도 여전히 사용되고 있다. 앞에서 언급한 바 있는 "淍"(조) · "足堂"(당) 등이 그것이다).

<한자간화방안>은 564개의 번체자(繁體字)를 515개의 간화자로 간화하고, 아울러 54개의 편방(偏旁)의 간체를 규정하고 있다. <한자간화방안>은 때로는 두세 개의 번체를 한 개의 간화자로 귀속 · 합병시켰기 때문에 폐기된 번체자가 간화자보다 많다. <이체자 정리표> 중의 어떤 정체(正體)들, 예컨대 "寶"(보)(宝) · "備"(비)(俻) 등은 <한자간화방안>에서 이미 번체로 폐기되었다. <한자간화방안> 중의 간화자와 간화 편방은 1956년에서 1959년까지 전후 4차로 나누어 추진 · 수행되었다. 1964년 3월, 문개회 · 문화부와 교육부(教育部)는 연합으로 통지를 발포하였다. 간화자 중에 "愛"(애)(爱) · "罷"(파)(罢) 등 93개의 글자는 편방으로 사용할 때도 마찬가지로 간화하고, "貝"(패)(贝) · "賓"(빈)(宾) 등 40여 개의 간화 편방은 독립적으로 글자를 이룰 때도 역시 마찬가지로 간화할 것을 한 걸음 더 나아가 규정하였다.

같은 해, 문개회는 새로운 규정에 근거하여 ≪간화자총표(簡化字總表)≫를 편집·인쇄하였다. 이 표 중에는 <한자간화방안>에서 규정한 간화자 외에도 또한 통행자(通行字)의 범위 안에서 간화 편방에 근거하여 유추(類推)할 수 있는 간화자도 수록하여 모두 2,238자를 수록하였다("須"(수)(须)와 "簽"(첨)(签) 두 글자는 제1표와 제3표에 중복되어 보이므로 실제의 자수(字數)는 2,236개이다. 진명원(陳明遠)의 <현대 한자 필획의 통계 분석(現代漢字筆劃的統計分析)>, ≪중국어언학보(中國語言學報)≫ 제1기(1983년), 305쪽에 보인다).

이체의 선별과 간화 외에도 한자에 대하여 또 약간의 기타 정리 작업도 하였다.

1955년에서 1956년까지 국무원의 비준(批准)을 거쳐 35개 현(縣) 이상의 땅 이름 중의 생소한 글자를 동음이거나 혹은 음이 가까운 흔히 사용되는 글자로 고쳤다. 예컨대, 화전(和闐)·우전(于闐)의 "闐"은 "田"으로 고쳤고, 파양현(鄱陽縣)은 파양현(波陽縣)으로 고친 등등이 그것이다(파양호(鄱陽湖)의 "鄱"는 고치지 않았다. 글자를 고친 땅 이름은 새로 고친 글자의 음에 따라 읽는다. 예컨대 파양(波陽)의 "波"는 [bō]라고 읽지 "鄱"의 [pó] 음으로 읽지 않는다).

1965년 1월 문화부·문개회는 <인쇄통용한자자형표(印刷通用漢字字形表)>를 연합으로 발포하였다. 이 표는 6,196개의 인쇄 통용 한자를 위하여 인쇄 통용 자체(곧 송체(宋體)이다)의 표준 자형(여기서 말하는 "통용(通用)"은 우리가 말하는 "통행(通行)"에 상당하는 것이다)을 규정하였다. 인쇄체를 가능한 한 손으로 쓰는 해서에 접근시켜 한자의 규범화(規範化)에 대하여 커다란 작용을 하게 하였다.

1977년 8월 문개회와 국가표준계량국(國家標準計量局)이 제정(制定)한 <부분 계량 단위 명칭 통일 용자표(部分計量單位名稱統一用字表)>를 공포하여 "瓩"(qiānwǎ : 킬로와트(kW))·"哩"(yīnglǐ : 영리(英里), 마일(mile))·"浬"(hǎilǐ : 해리(海里)) 같은 합문식(合文式)의 계량 단위 용자를 폐기하였다.

1977년 12월 문개회는 또 <제2차 한자 간화 방안(초안)(漢字簡化方案(草案))>을 공포하였다. 이 초안은 1,116개의 번체자를 853개의 간화자로 간화하였다. 만약 유추하여 얻을 수 있는 글자를 계산에 넣지 않는다면, 간화자는 모두 462개이다. 그 가운데 45개는 간화 편방으로 사용할 수 있는데, 별도로 열거한 단독으로는 글자가 될 수 없는 간화 편방 16개를 더하면 간화 편방은 모두 61개이다. 이 초안은 초보적으로 시험삼아 사용한 후에 각 방면의 의견이 매우 많았기 때문에 1980년 7월에는 <제2차 한자 간화 방안 초안> 수정위원회(修訂委員會)가 성립되어 새로 수정하였다.

1985년 문개회는 국가어언문자공작위원회(國家語言文字工作委員會)(일반적으로 어위(語委)라고 약칭한다)로 개편되었다. 1986년 6월 국무원은 어위(語委)의 <"제2차 한자 간화 방안(초안)"을 폐지하고 사회의 용자(用字) 혼란 현상을 바로잡는 것에 관한 청시(關於廢止第二次漢字簡化方案(草案)和糾正社會用字混亂現象的請示)>를 비준(批准)·전달(轉達)하는 통지를 발(發)하여 <제2차 한자 간화 방안(초안)>을 폐지할 것을 선포하고, 아울러 "금후 한자 간화에 대해서는 마땅히 신중한 태도를 견지하여, 한자의 형체가 한 시기 동안 내에는 상대적인 안정을 유지함으로써 사회의 응용에 유리하도록 해야 한다"라고 강조하였다.

1986년 10월 어위는 새로 <간화자총표>를 발표하여 "疊"(첩)·"覆"(복)·"像"(상)·"囉"(라)는 더 이상 "迭"(질)·"復"(복)·"象"(상)·"羅"(라)의 번체자로 처리하지 않고(다만 "囉"만은 간화 편방 "罗"에 따라 유추하여 "啰"로 간화하였다), "瞭"(료)자는 liào(요망(瞭望)하다)라고 읽을 때는 더 이상 "了"로 간화하지 않는다고 규정하였다.

1988년 3월 어위와 신문출판서(新聞出版署)는 <현대 한어 통용자표(現代漢語通用字表)>를 연합으로 발표하였다. 이 표에는 글자 7,000개가 수록되어 있으며 <인쇄통용한자자형표>에 대하여 증감(增減)한 바가 있다.

새로 발표한 <간화자총표>와 <현대 한어 통용자표>는 현재 중국 대륙의 한자 사용의 규범이다.

# 부 록

- 그림목차
- 그림모음

- 인명색인
- 서명 · 편명색인

- 저자소개
- 역자후기

## ▪ 그림 목차 ▪

# 그림모음

1. 하북(河北) 고성현(藁城縣) 대서(臺西) 상대(商代) 유지(遺址) 도문(陶文)

**A** **B** **C** **D**

2. 강서(江西) 청강현(淸江縣) 오성(吳城) 상대(商代) 유지(遺址) 도문(陶文)

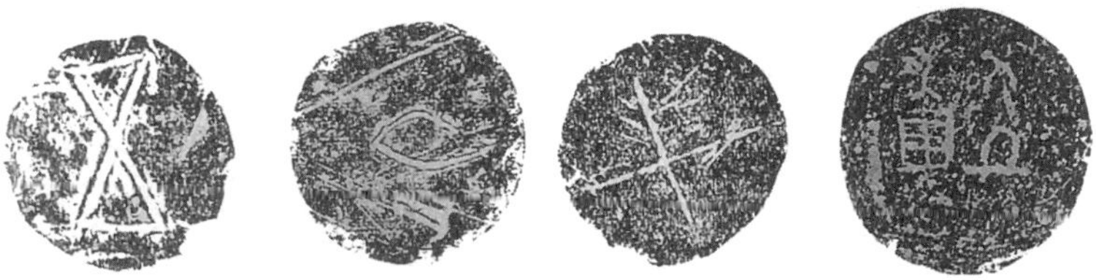

**A** **B** **C** **D**

**F**

3. 상대(商代) 전기(前期) 동기(銅器) 명문(銘文)

A. 〈이(?)력(耳(?)鬲)〉

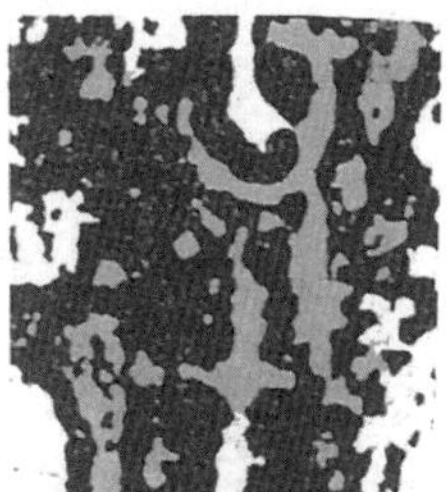

B. 〈부갑각(父甲角)〉

4. 하남(河南) 안양시(安陽市) 은허(殷墟) 갑골문(甲骨文)(1)
— 거북의 복갑(腹甲) 복사(卜辭)

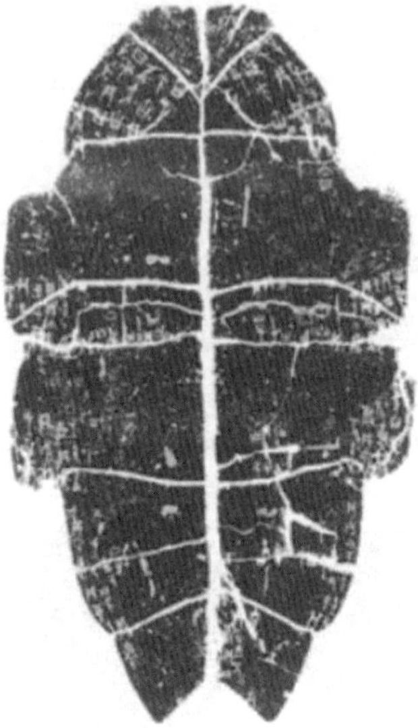

5. 하남(河南) 안양시(安陽市) 은허(殷墟) 갑골문(甲骨文)(2)
— 소의 견갑골(肩胛骨) 복사(卜辭)

6. 〈소신장(小臣墻)〉 골판(骨版)

7. 상대(商代) 후기(後期) 동기(銅器) 명문(銘文)(1)

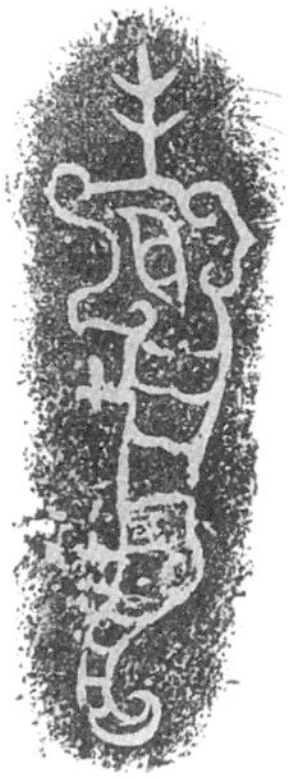

A. 호준(虎尊)

B. 경녕부을정(卿寧父乙鼎)

8. 상대(商代) 후기(後期) 동기(銅器) 명문(銘文)(2)
—소자?유 (小子?卣)

9. 상대(商代) 후기(後期) 유물(遺物) 위의 모필자(毛筆字)

A. 석패상(石牌上)의 묵서(墨書)

B. 도편상(陶片上)의 묵서(墨書)

C. 복골(卜骨) 배면(背面)의 주서(硃書)

10. 〈대우정(大盂鼎)〉 명(銘)

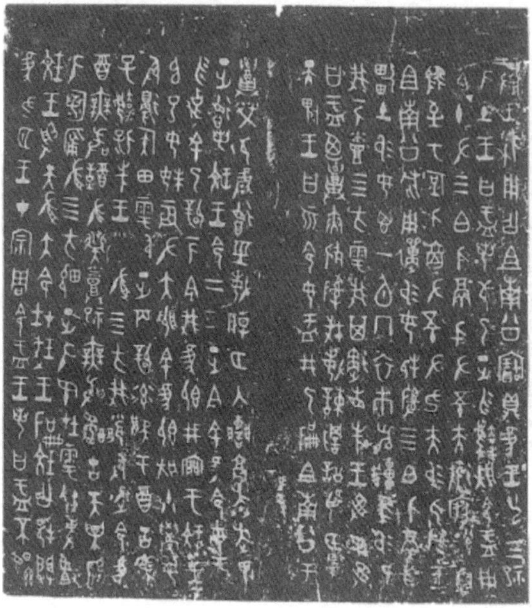

11. 〈모공정(毛公鼎)〉 명(銘)(부분)

12. 섬서(陝西) 기산현(岐山縣) 봉추촌(鳳雛村) 주원(周原) 갑골문(甲骨文)

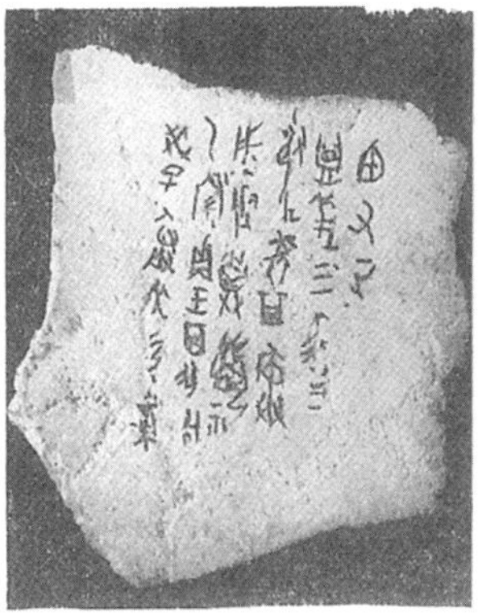

A

B

13. 산서(山西) 후마시(侯馬市) 후마맹서(侯馬盟書) (모본(摹本))

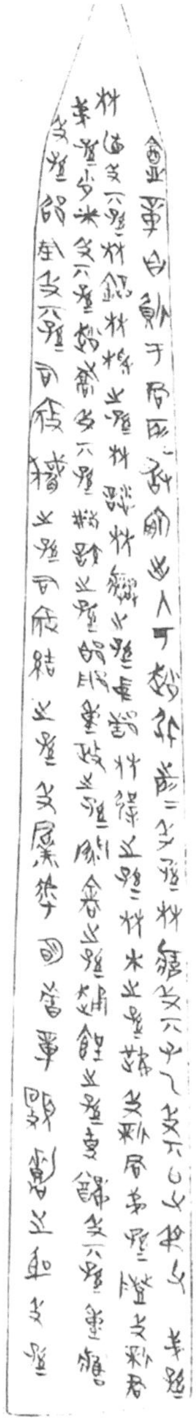

14. <난서부(欒書缶)> 명(銘)

15. 육국(六國) 병기(兵器) 명문(銘文)

A. 한국(韓國) 동모(銅矛)
명문(銘文)(모본(摹本))

B. 연국(燕國) 동과(銅戈) 명문(銘文)

16. 하북(河北) 평산현(平山縣) 중산왕(中山王) 동방호(銅方壺) 명문(銘文)(모본(摹本), 부분)

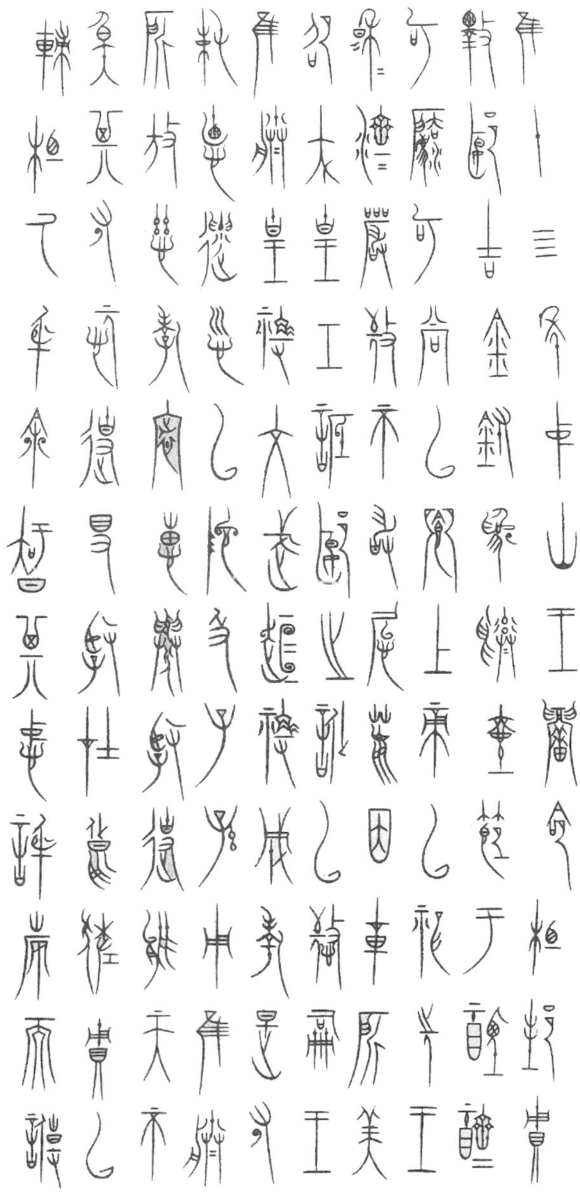

## 17. 육국(六國) 새인(璽印)

A. 연(燕) 평음도사도(平陰都司徒) 인(印)

B. 초(楚) 신방관(新邦官) 새(璽)

C. 제(齊) 문사마(門司馬) 새(璽)

D. 조(趙) 왕도우사공(汪陶右司工) 인(印)

E. 연(燕) 교안(喬安) 인(印)

F. 제(齊) 사마릉(司馬棱) 새(璽)

## 18. 육국(六國) 화폐(貨幣)(1)

A. 위(魏) 안읍(安邑) 포(布)

B. 한(韓) 평양(平陽) 포(布)

C. 조(趙) 진양(晉陽) 포(布)

D. 연(燕) 양안(陽安) 포(布)

## 19. 육국(六國) 화폐(貨幣)(2)

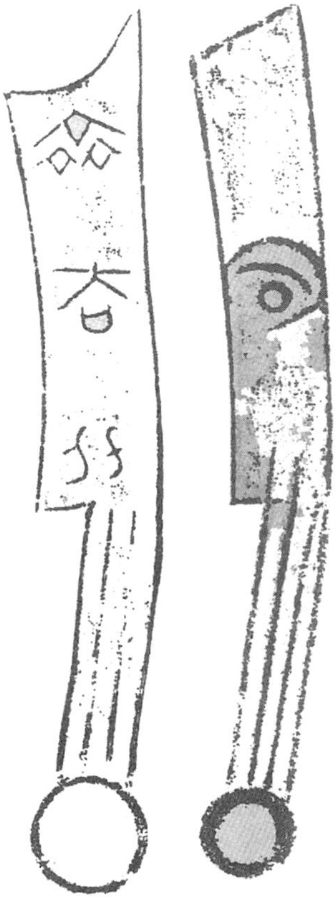

A. 제(齊) 도(刀)　B. 연(燕) 명도(明刀)

C. 조(趙) 이석(離石) 원전(圓錢)

左　　右

D. 초(楚) 동패(銅貝)

E. 초(楚) 금판(金版)

## 20. 육국(六國) 도문(陶文)

A B C

A. B. C. 제(齊) 도문(陶文)

D E

D. E. 연(燕) 도문(陶文)

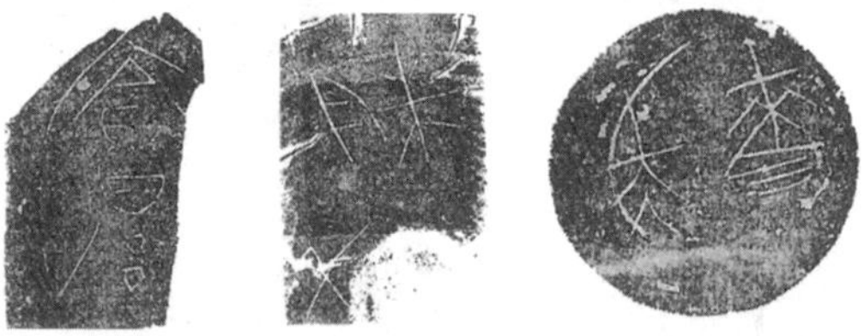

F G H

F. G. H. 한(韓) 도문(陶文)

## 21. 육국(六國) 죽간(竹簡)

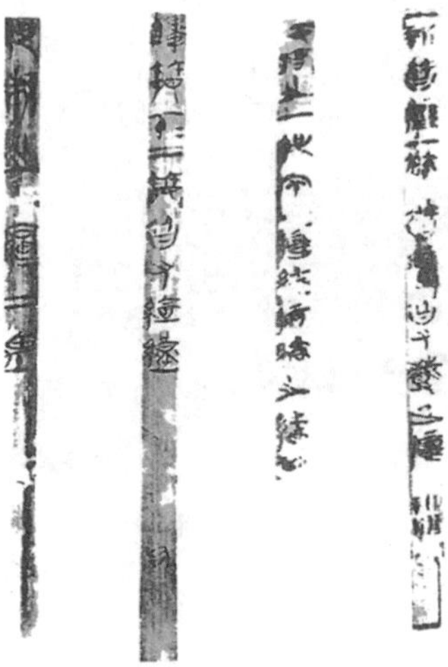

A. 호남(湖南) 장사시(長沙市)
앙천호(仰天湖) 초묘(楚墓) 竹簡

B. 호북(湖北) 수주시(隨州市)
증후을묘(曾侯乙墓) 죽간

22. 호남(湖南) 장사시(長沙市) 〈초백서(楚帛書)〉(부분)

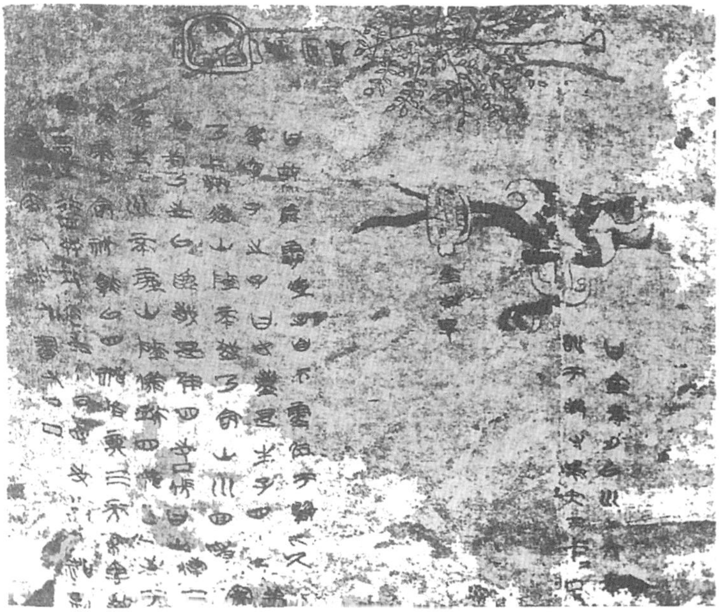

23. 〈중산국(中山國) 각석(刻石)〉

24. 〈삼체석경(三體石經)〉(≪상서(尙書)·다사(多士)≫) 잔석(殘石)

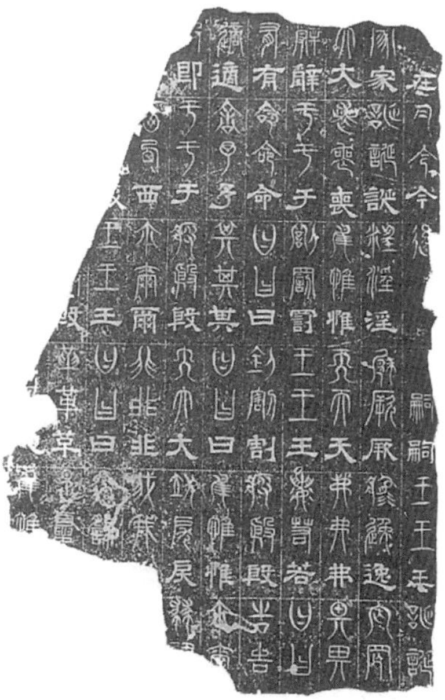

25. 〈진후오대(陳侯午敦)〉 명(銘)

26. 〈악군계절(鄂君啓節)〉

27. 〈초왕웅한정(楚王酓忎(熊悍)鼎)〉 명(銘)

28. 〈초왕웅원반(楚王酓朏(?)(熊元)盤)〉 명(銘)

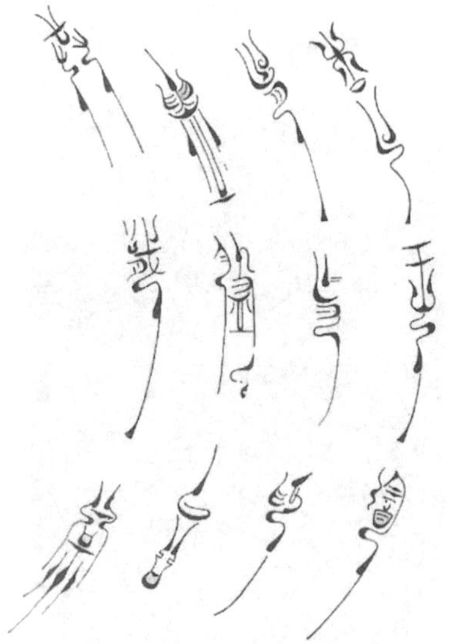

29. 〈석고(石鼓)・견예석(汧殹石) 제일(第一)〉

A

B

30. 〈서초문(詛楚文)〉(모각본(摹刻本), 부분)

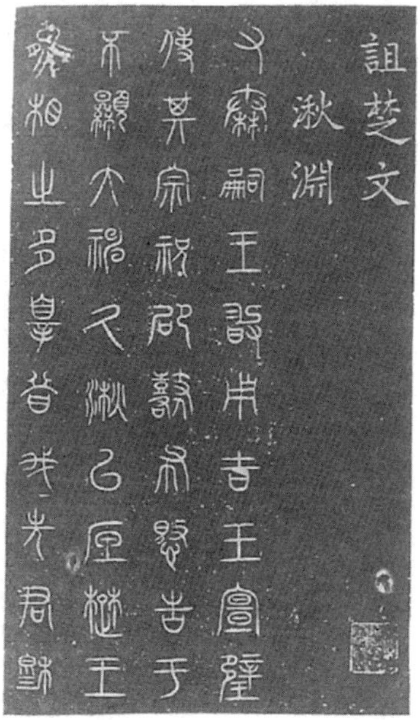

31. <낭야대각석(琅邪臺刻石)> 잔석(殘石)

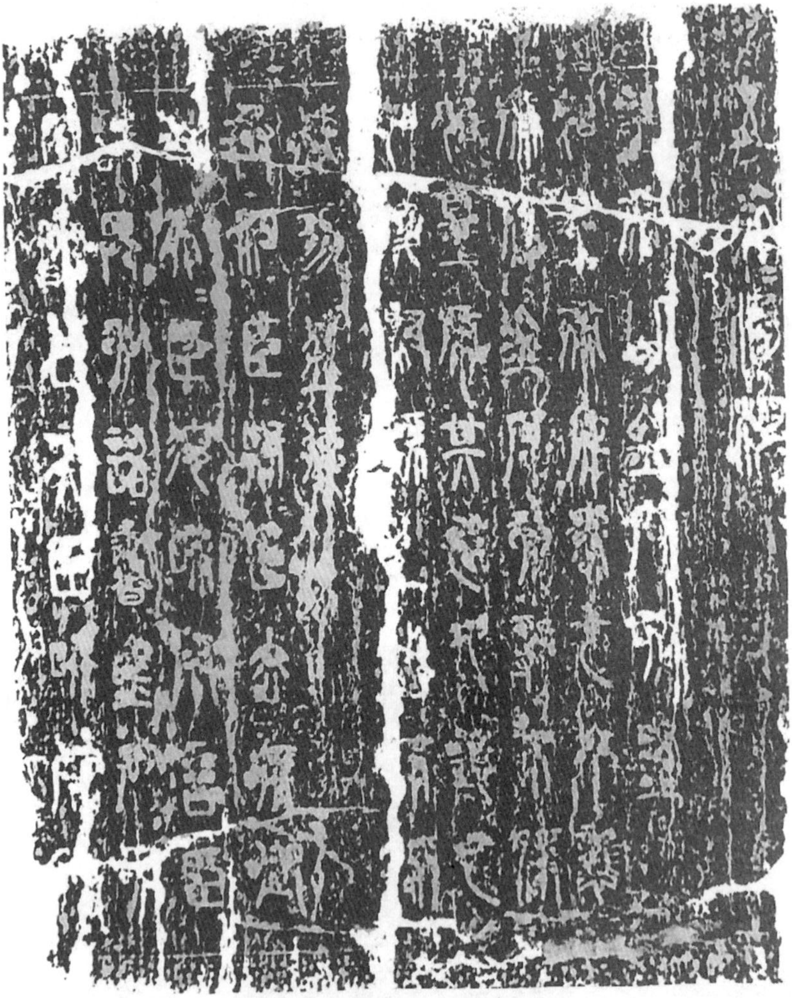

32. 〈역산각석(嶧山刻石)〉(모각본(摹刻本))

33. 〈진공박(陳公鎛)〉 명(銘)

34. 〈진공궤(陳公簋)〉 명(銘)(부분)

## 36. 진(秦) 권량(權量) 명문(銘文)

A. 〈시황조십륙근권(始皇詔十六斤權)〉 명(銘)

B. 〈양조타량(兩詔橢量)〉 명(銘)

## 35. 〈상앙량(商鞅量)〉 명(銘)

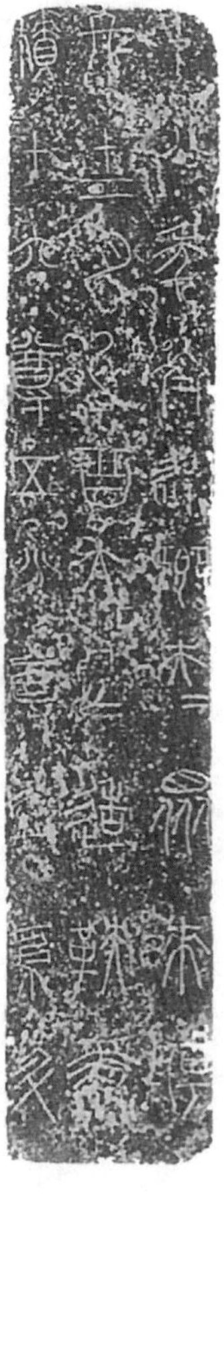

37. 진(秦) 조판(詔版)

38. 진(秦)·한(漢) 인장(印章)

A B C D

A. B. C. D. 진(秦) 인(印)

E F G H

E. F. G. H. 한(漢) 인(印)

39. 한대(漢代) 봉니(封泥)

A

B

C

40. 진(秦) 도문(陶文)

A

B

C

D

E

F

42. 호북(湖北) 운몽현(雲夢縣) 수호지(睡虎地) 11호(號) 진묘(秦墓) 죽간(竹簡)

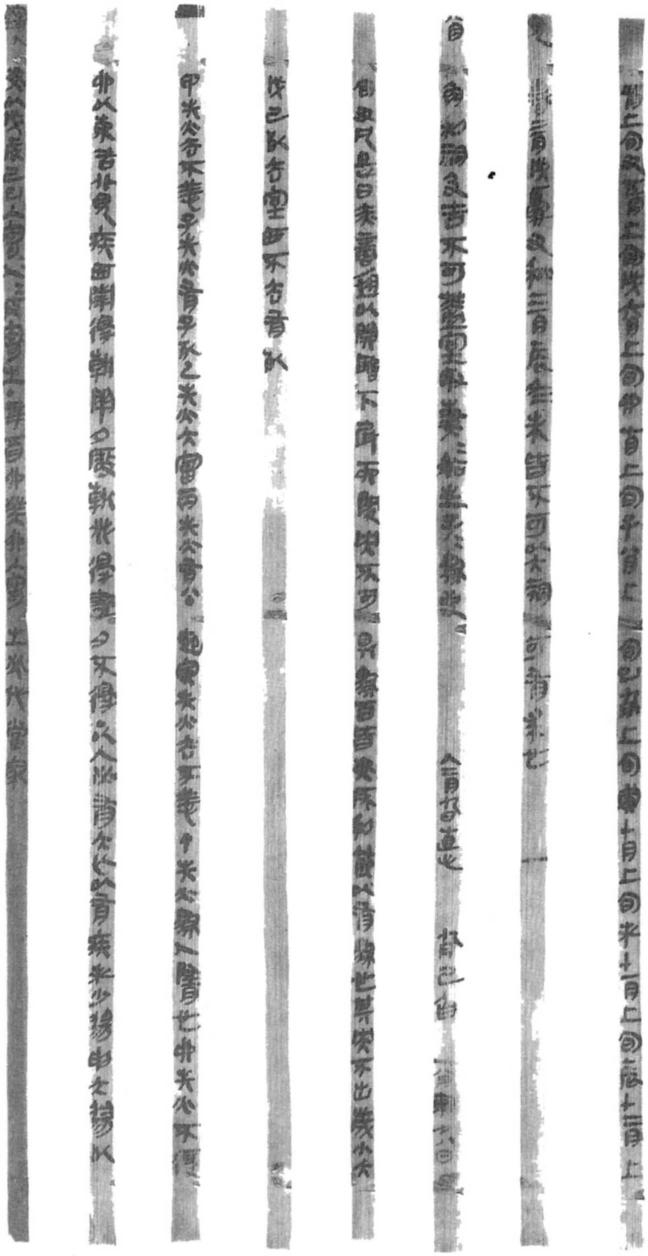

41. 진(秦) 도량(陶量)에 찍혀 있는 시황(始皇)의 조(詔)

43. 호북(湖北) 운몽현(雲夢縣) 수호지(睡虎地) 4호(號) 진묘(秦墓) 목독(木牘)

B

44. 〈괵계자백반(虢季子伯盤)〉 명(銘)

45. 진(秦)의 통일(統一) 전에 주조된 진(秦) 호부(虎符)

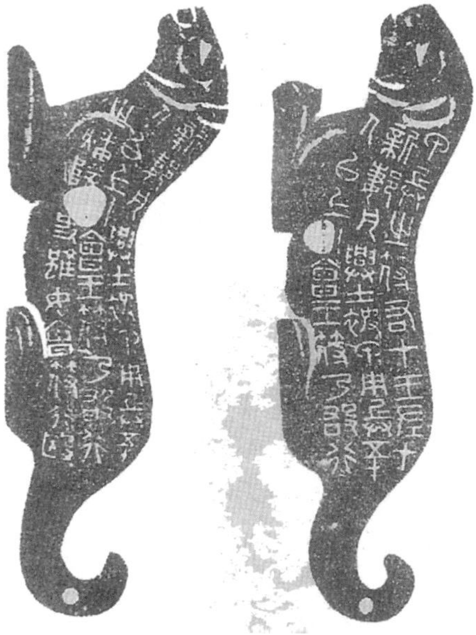

A. 신처호부(新郪虎符)

B. 두호부(杜虎符)

46. 〈상앙모대(商鞅矛鐓)〉 명(銘)

## 47. 서한(西漢) 석각(石刻) 문자(文字)

A. 군신상수(群臣上醻) 각석(刻石)

B. 노북(魯北) 폐석(陛石)

C. 양량(楊量) 매산기(買山記)

D. 오봉(五鳳) 각석(刻石)

## 48. 동한(東漢) 비각(碑刻)

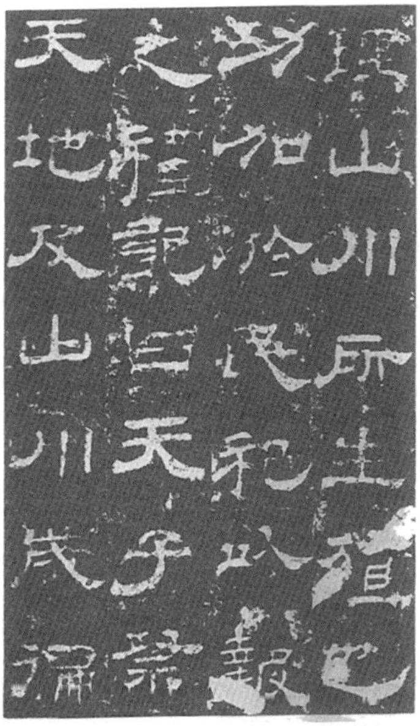

A. 〈화산비(華山碑)〉(부분)

B. 〈조전비(曹全碑)〉(부분)

C. 〈장천비(張遷碑)〉(부분)

D. 동한(東漢) 영제(靈帝)
〈희평석경(熹平石經)〉(≪의례(儀禮)≫)
(희평(熹平)은 172–178년) 잔석(殘石)

49. 돈황(敦煌) 한간(漢簡)(1)

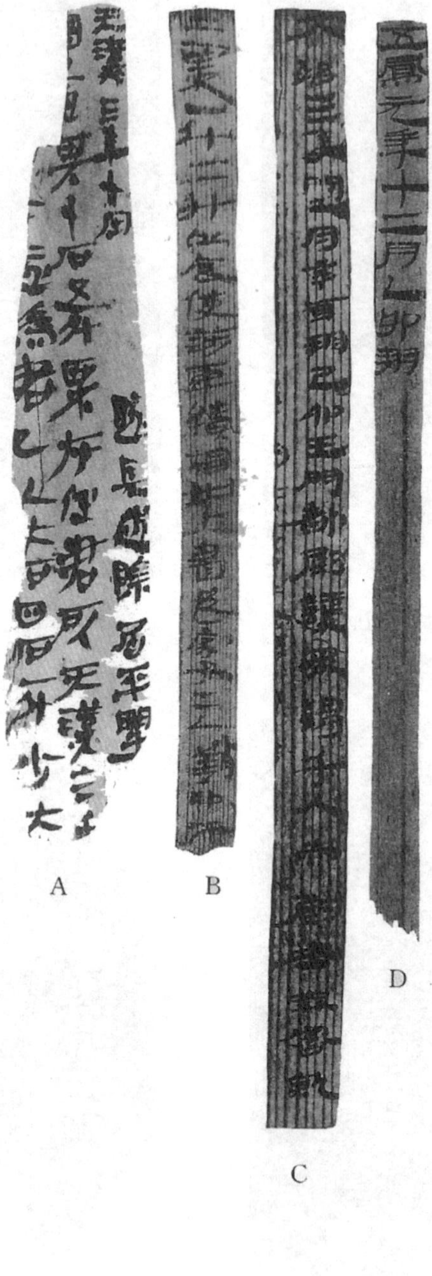

A B C D

50. 돈황(敦煌) 한간(漢簡)(2)

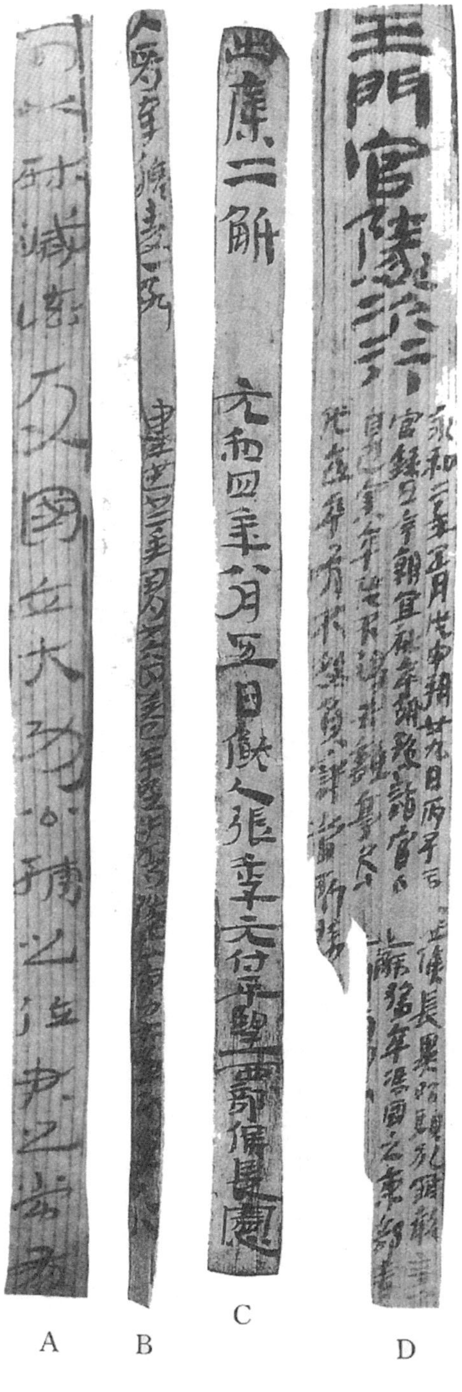

A B C D

51. 거연(居延) 한간(漢簡)(1)

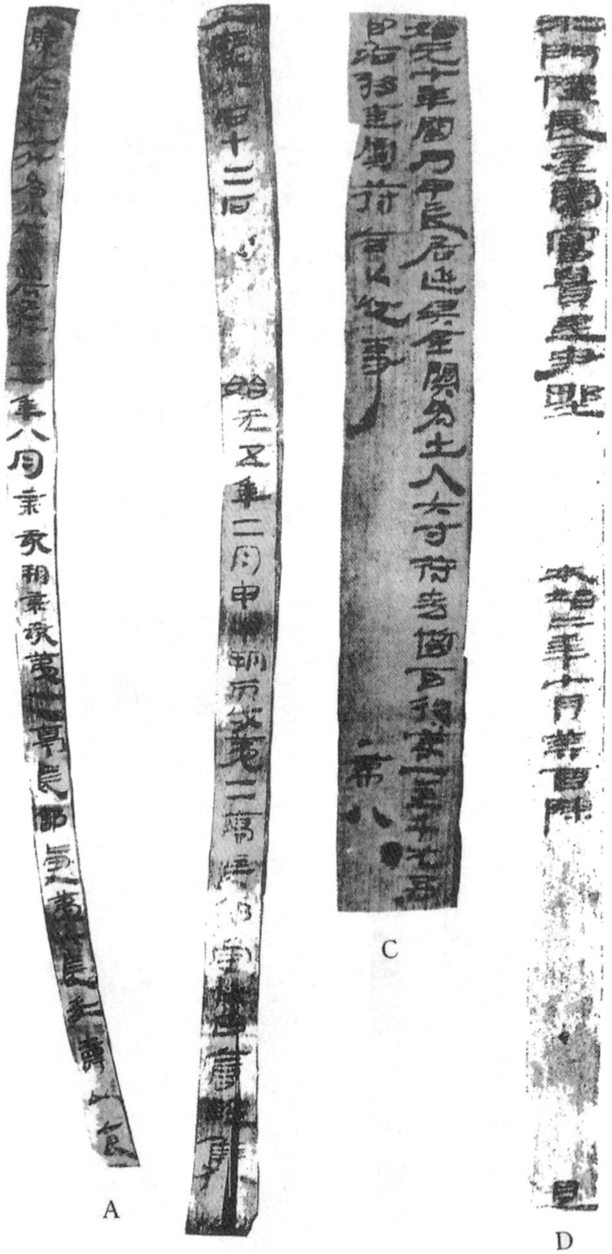

A B C D

52. 거연(居延) 한간(漢簡)(2)

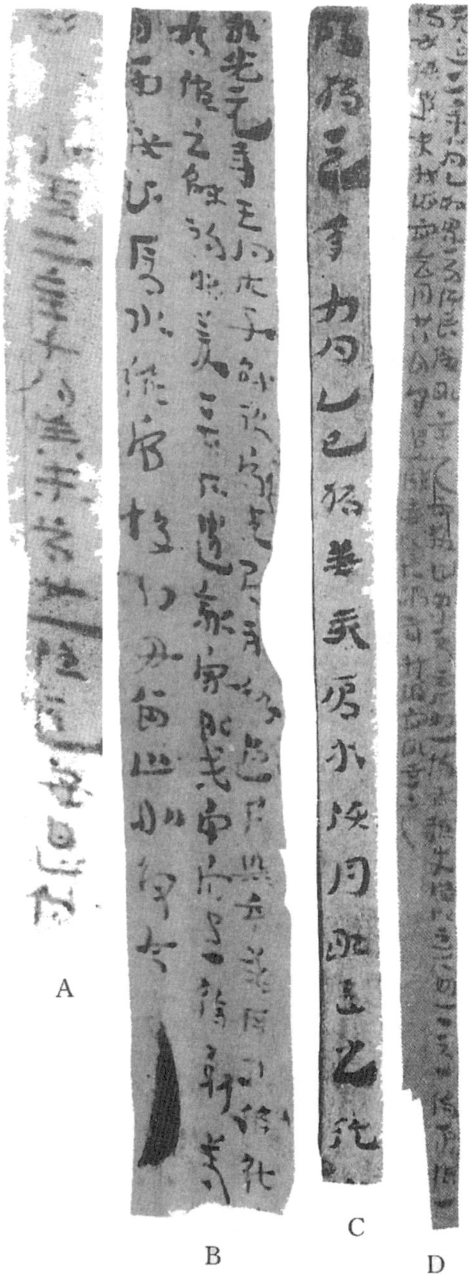

A B C D

53. 산동(山東) 임기현(臨沂縣) 은작산(銀雀山) 1호(號) 한묘(漢墓) 죽간(竹簡) (≪안자(晏子)≫) 잔간(殘簡)

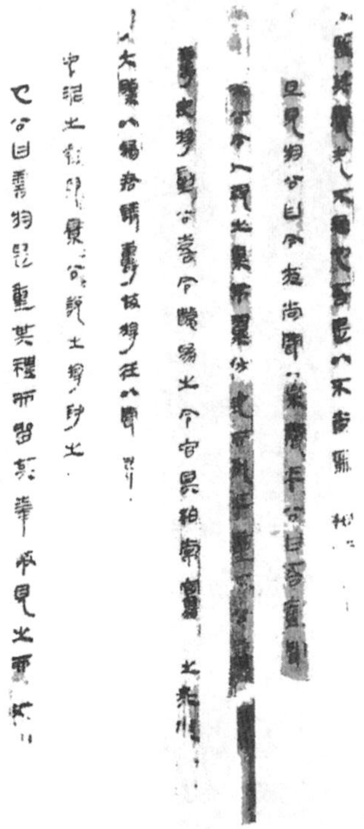

54. 호남(湖南) 장사시(長沙市) 마왕퇴(馬王堆) 1호(號) 한묘(漢墓) 죽간(竹簡)

55. "누란(樓蘭) 유지(遺址)" 출토 위(魏)·진(晉) 목간(木簡)(1)

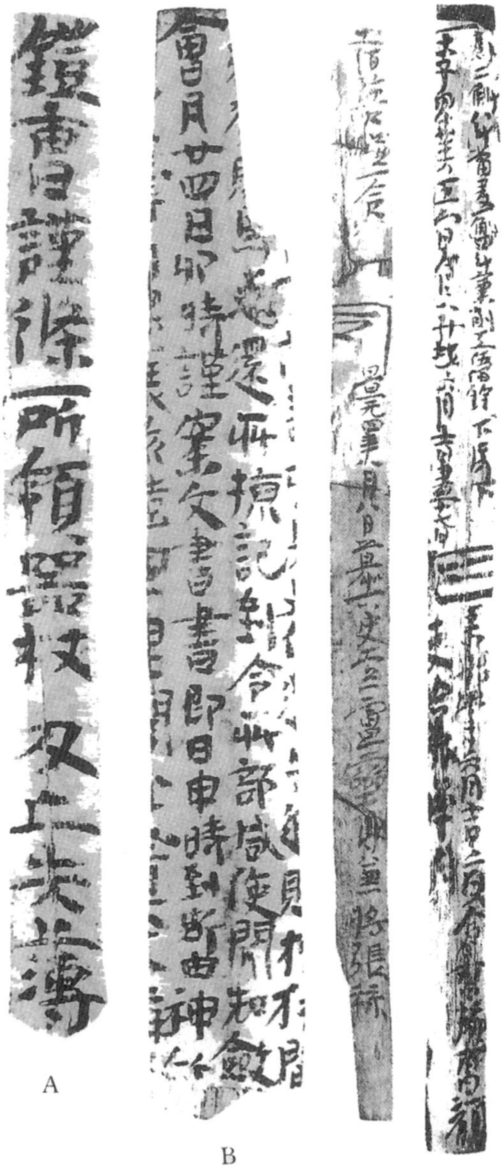

A B C D

56. "누란(樓蘭) 유지(遺址)" 출토 위(魏)·진(晉) 목간(木簡)(2)

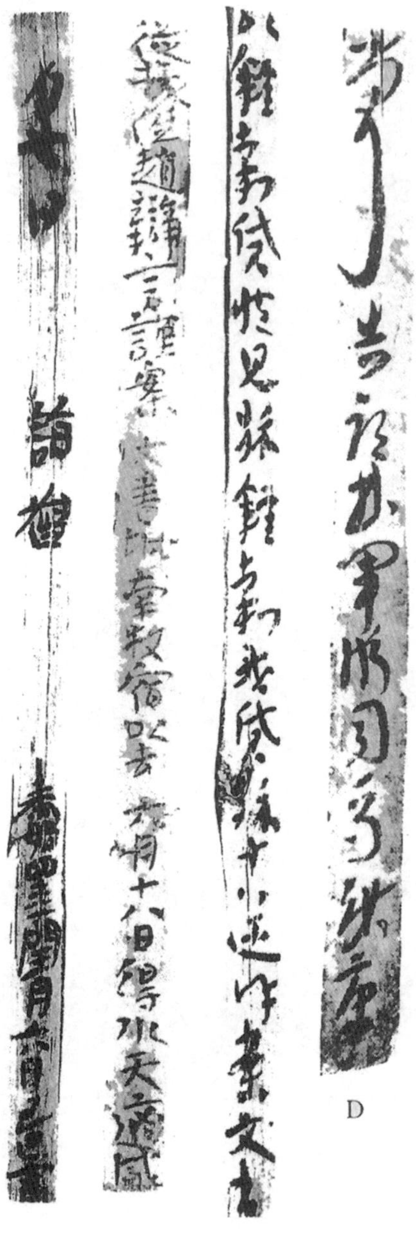

A B C D

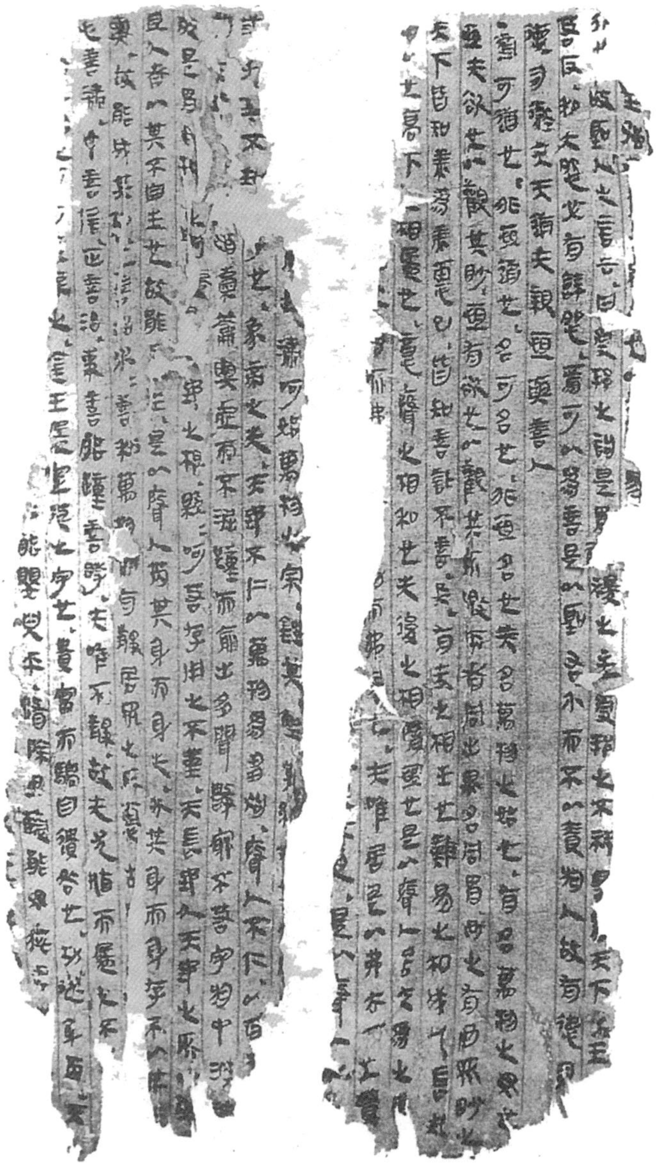

57. 호남(湖南) 장사시(長沙市) 마왕퇴(馬王堆) 백서(帛書)
《노자(老子)》 갑본(甲本)(부분)

58. 호남(湖南) 장사시(長沙市) 마왕퇴(馬王堆) 백서(帛書) ≪노자(老子)≫ 을본(乙本)(부분)

59. "누란(樓蘭) 유지(遺址)" 출토 진대(晉代) 자지(字紙)(1)

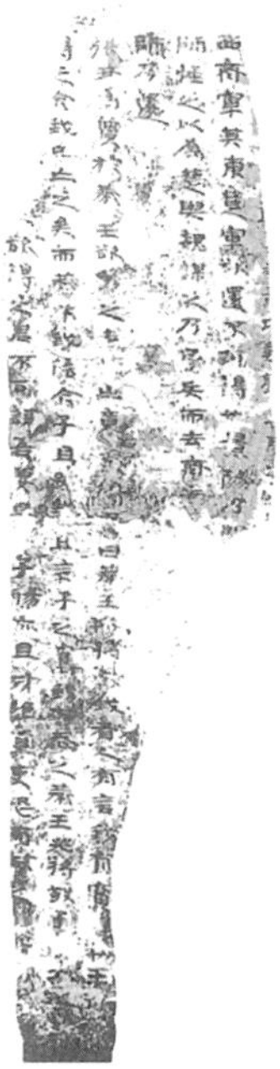

A

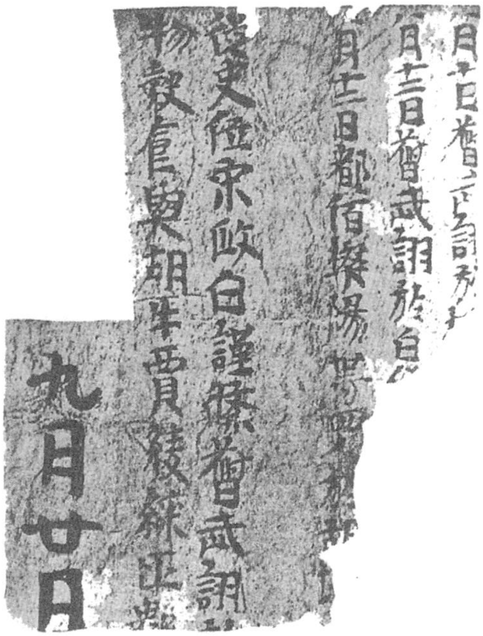

B

60. "누란(樓蘭) 유지(遺址)" 출토
진대(晉代) 자지(字紙)(2)

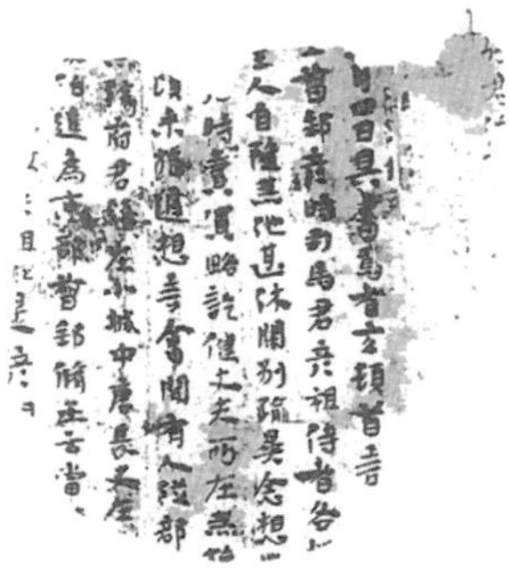

C

61. “누란(樓蘭) 유지(遺址)” 출토 진대(晉代) 자지(字紙)(3)

62. “누란(樓蘭) 유지(遺址)” 출토 진대(晉代) 자지(字紙)(4)

A

B

63. "누란(樓蘭) 유지(遺址)" 출토 진대(晉代) 자지(字紙)(5)

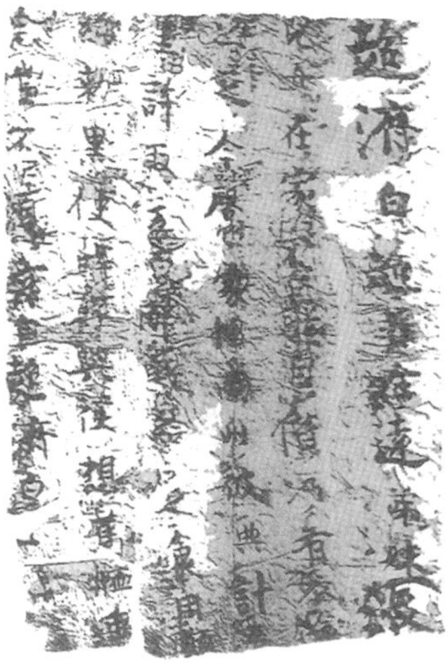

64. "누란(樓蘭) 유지(遺址)" 출토 진대(晉代) 자지(字紙)(6)

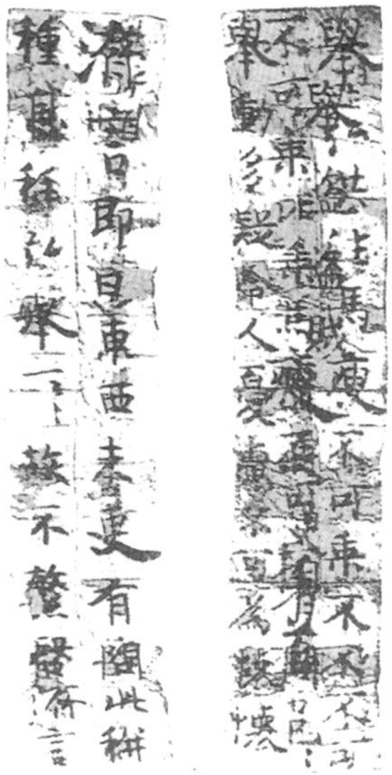

65. "누란(樓蘭) 유지(遺址)" 출토 진대(晉代) 자지(字紙)(7)

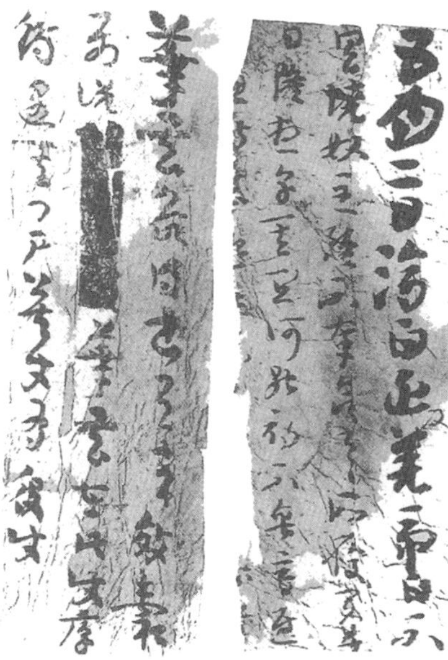

A B C

66. 감숙(甘肅) 돈황현(敦煌縣) 출토 자지(字紙)

69. 북량(北涼) 저거안주(沮渠安周) 승평(承平) 15년(457) 사경(寫經)(부분)

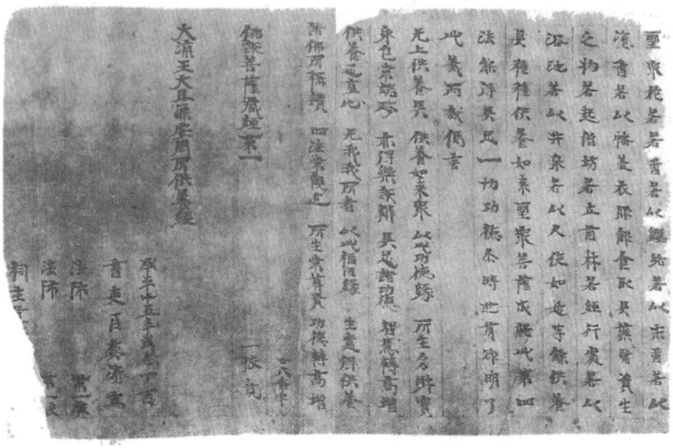

67. 서진(西晉) 혜제(惠帝) 원강(元康) 6년(296) 사경(寫經)(부분)

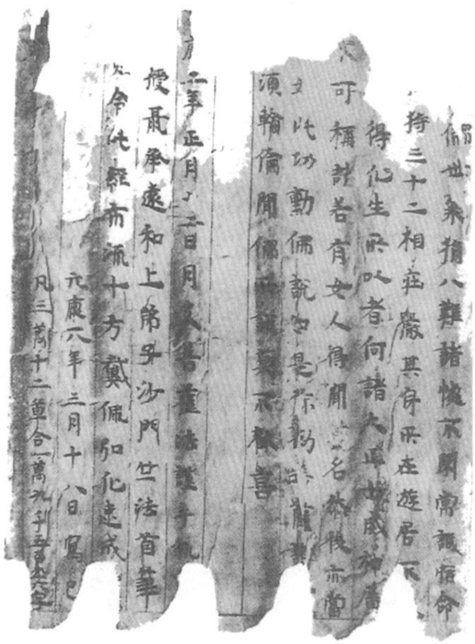

68. 서량(西涼) 태조무소왕(太祖武昭王) 건초(建初) 2년(406) 사경(寫經)(부분)

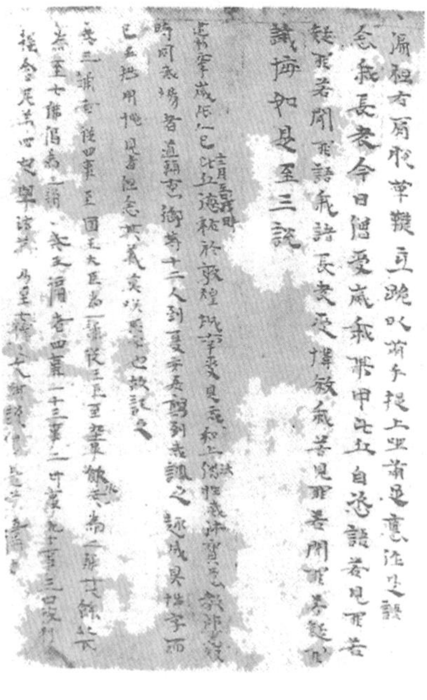

70. 서한(西漢) 동기상(銅器上)의 예서(隸書) 명각(銘刻)(1)

A. 〈우조종(右糟鍾)〉

B. 〈양신가후루
(陽信家鉐鏤)〉

71. 서한(西漢) 동기상(銅器上)의 예서(隸書) 명각(銘刻)(2)

A. 낙양(雒陽) 무고(武庫) 종(鍾)

B. 고궁(苦宮)
촉정(燭錠)(제기(祭器)의 이름)

C. 양천사자사(陽泉使者舍) 훈로(薰爐)

72. 동한(東漢) 환제(桓帝) 영수(永壽) 2년(156) 도병(陶瓶)

73. 안휘(安徽) 박현(亳縣) 원보(元寶) 갱(坑) 1호(號) 한묘(漢墓) 전문(塼文)(1)

A B

74. 안휘(安徽) 박현(亳縣) 원보(元寶) 갱(坑) 1호(號) 한묘(漢墓) 전문(塼文)(2)

C

B

A

75. 호북(湖北) 강릉(江陵) 봉황산(鳳凰山) 9호(號) 한묘(漢墓) 목독(木牘)

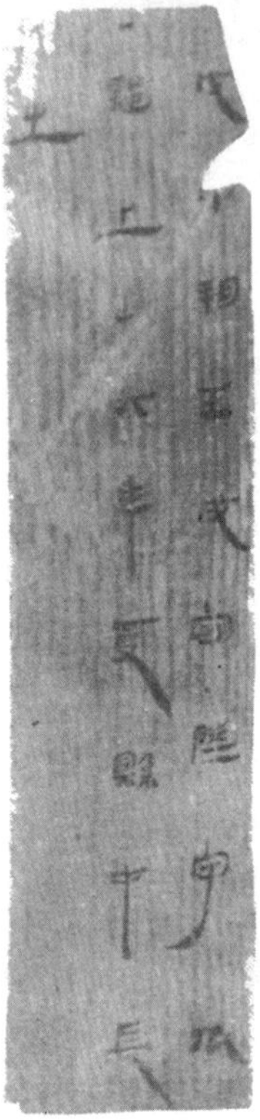

76. 서법(書法)이 비교적 거친 선제(宣帝)(전 73-전 49) 간(簡)

77. 산동(山東) 임기현(臨沂縣) 은작산(銀雀山) 1호(號) 한묘(漢墓) 출토(出土) ≪태공(太公)≫ 잔간(殘簡)

78. 황상(皇象) 본(本) ≪급취장(急就章)≫(모각본(摹刻本), 부분)

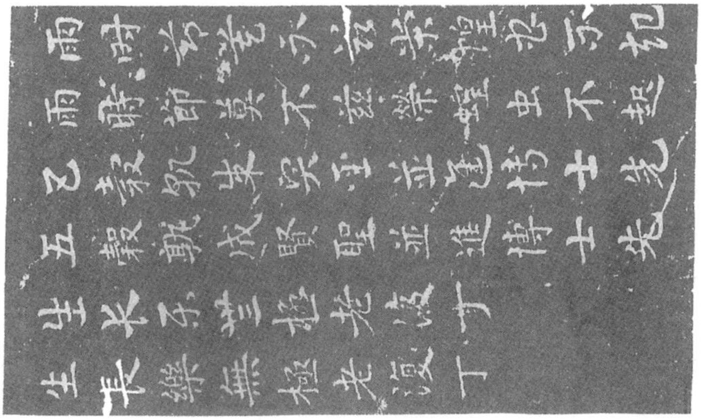

B

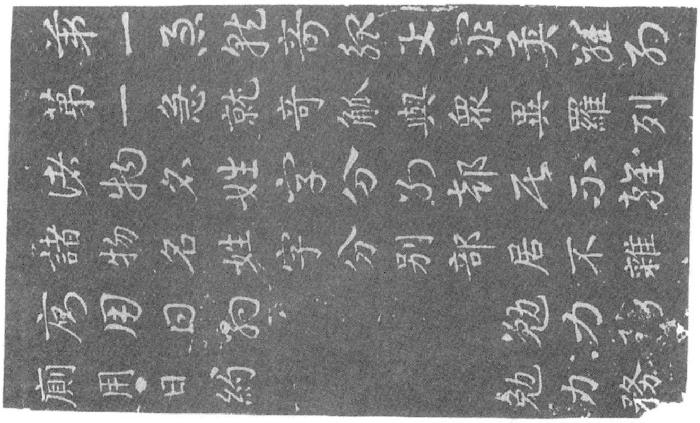

A

79. 동한(東漢) 영제(靈帝) 희평(熹平) 원년(元年)(172) 도병(陶瓶) 진묘문(鎭墓文)

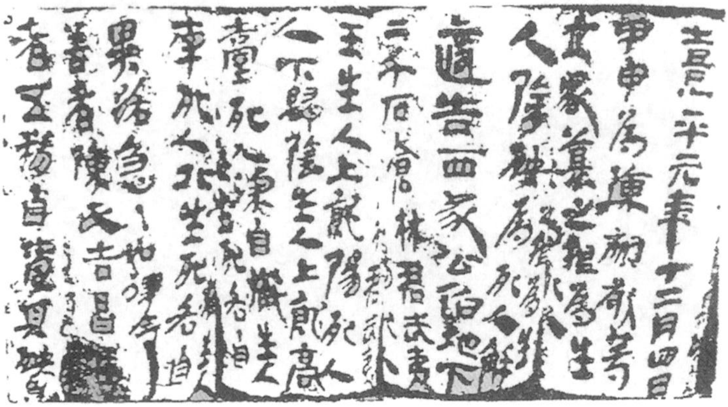

80. 내몽고(內蒙古) 화림격이현(和林格爾縣) 한묘(漢墓) 벽화(壁畵) 제자(題字)(C는 모본(摹本)임)

A

B

C

81. 삼국(三國) 위(魏) 종요(鍾繇)
〈묘전병사첩(墓田丙舍帖)〉(모각본(摹刻本))

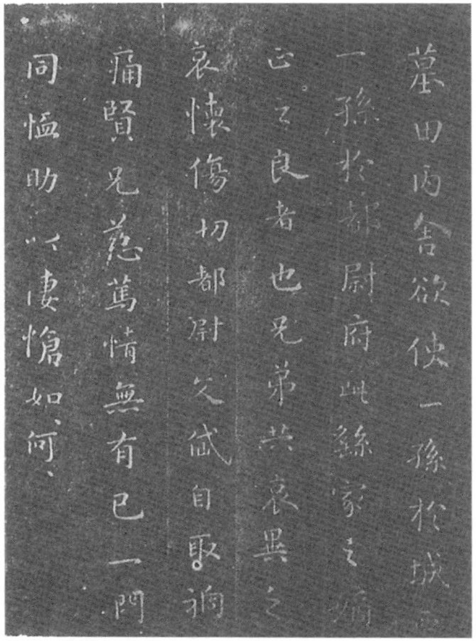

82. 동진(東晋) 왕희지(王羲之)
〈이모첩(姨母帖)〉(모본(摹本))

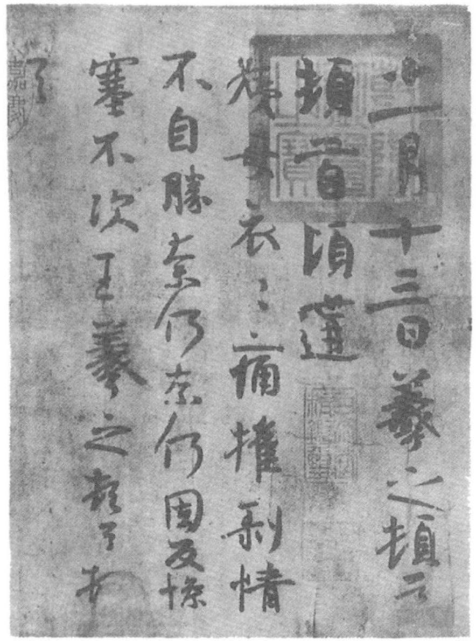

84. 삼국(三國) 위(魏) 종요(鍾繇)
〈선시표(宣示表)〉(모각본(摹刻本), 부분)

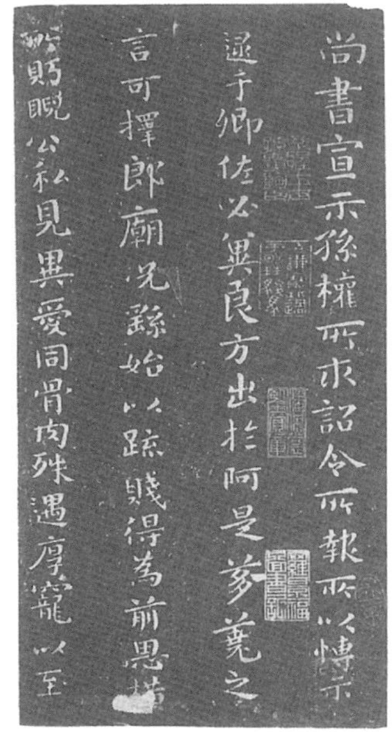

83. 동진(東晉) 효무제(孝武帝) 태원(太元) 원년(元年)(376) 〈맹부군묘지(孟府君墓誌)〉

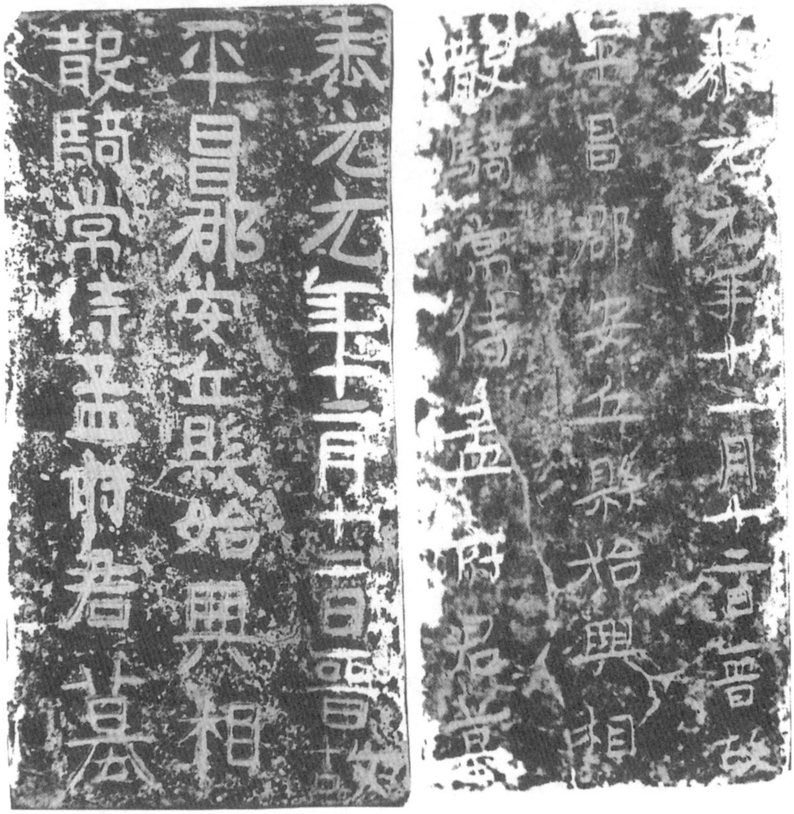

85. 동진(東晋) 왕희지(王羲之) 〈상한첩(傷寒帖)〉(모각본(摹刻本))

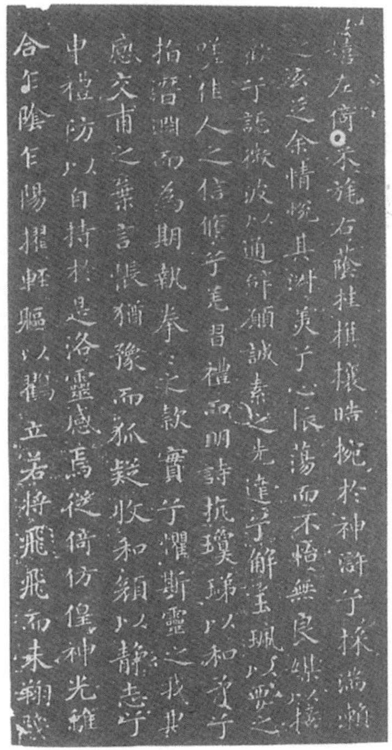

86. 동진(東晋) 왕헌지(王獻之) 〈낙신부(洛神賦)〉(모각콘(摹刻本), 부분)

87. 위(魏) 원제(元帝) 경원(景元) 4년(263) 이포(李苞) 〈통각도(通閣道)〉 제자(題字)

88. 오(吳) 말제(末帝) 봉황(鳳凰) 5년(272)〈곡랑비(谷朗碑)〉(부분)

89. 전진(前秦) 세조(世祖) 건원(建元) 4년(368) 〈광무장군비(廣武將軍碑)〉(부분)

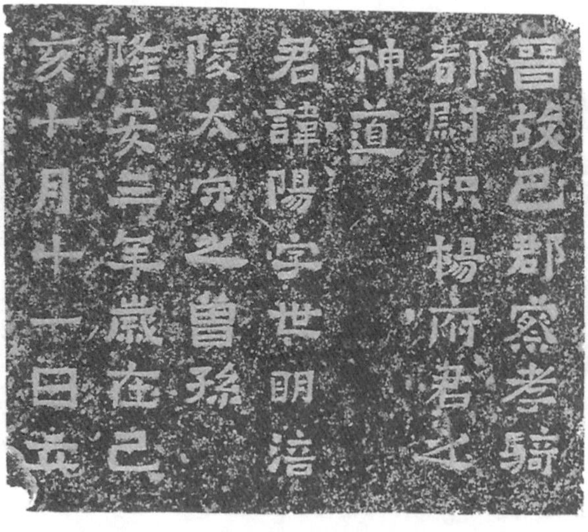


90. 동진(東晋) 안제(安帝) 융안(隆安) 3년(399) 〈양양신도궐(楊陽神道闕)〉 제자(題字)

91. 동진(東晋) 안제(安帝) 의희(義熙) 원년(405) 〈찬보자비(爨寶子碑)〉(부분)

92. 동진(東晋) 목제(穆帝) 영화(永和) 원년(345) 〈안겸부유씨묘지(顔謙婦劉氏墓誌)〉

93. 동진(東晋) 성제(成帝) 함강(咸康) 7년(341) 〈왕흥지묘지(王興之墓誌)〉(부분)

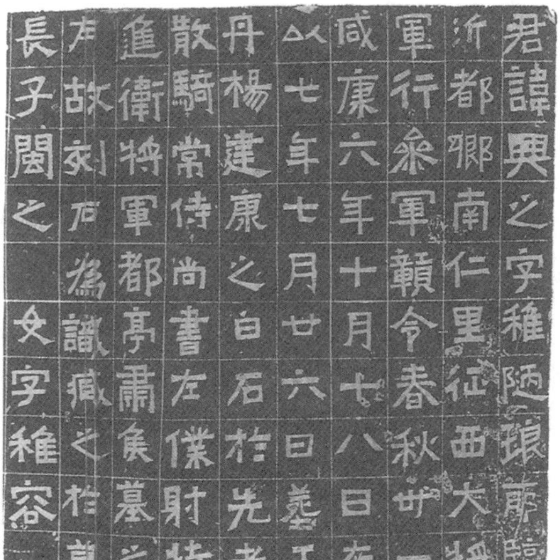

94. 동진(東晉) 목제(穆帝) 승평(升平) 원년(357) 〈유극묘지(劉剋墓誌)〉(정면(正面))

95. 유송(劉宋) 효무제(孝武帝) 대명(大明) 2년(458) 〈찬룡안비(爨龍顏碑)〉(부분)

96. 유송(劉宋) 효무제(孝武帝) 대명(大明) 8년(464) 〈유회민묘지(劉懷民墓誌)〉(부분)

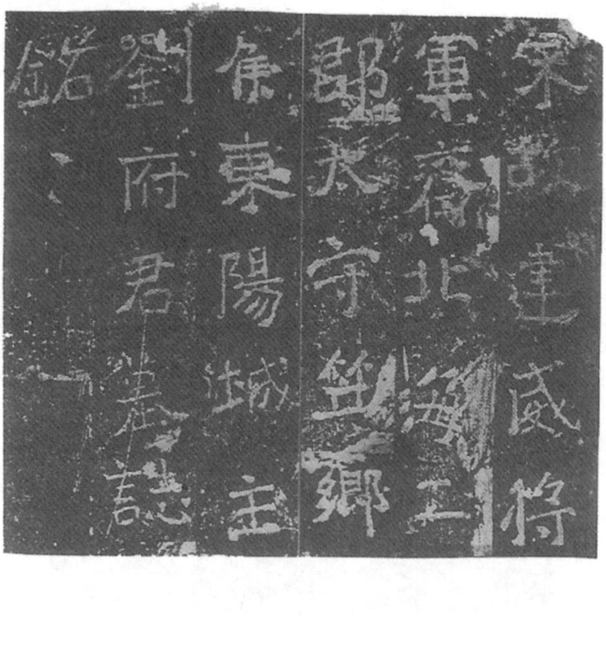

97. 북위(北魏) 선무제(宣武帝) 경명(景明) 3년(502) 용문(龍門) 고양동(古陽洞) 고수(高樹) 등(等) 조상기(造像記)(부분)

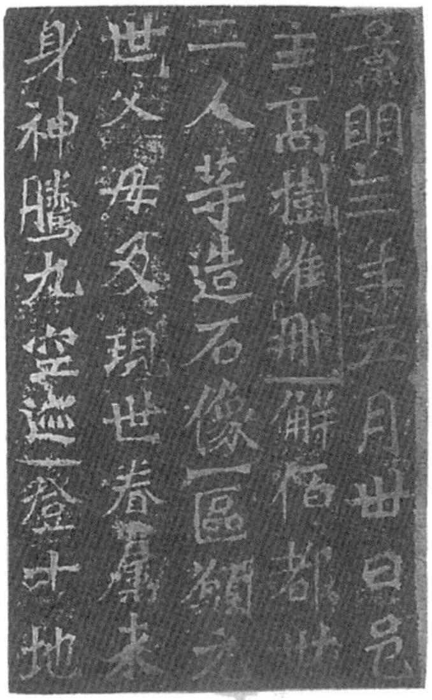

98. 북위(北魏) 〈장맹룡비(張猛龍碑)〉(부분)

99. 양(梁) 〈양시흥충무왕소담비(梁始興忠武王蕭憺碑)〉(부분)

100. 양(梁) 〈양남강간왕소적신도궐(梁南康簡王蕭績神道闕)〉 제자(題字)

101. 동위(東魏) 고귀언(高歸彦) 조상기(造像記)(부분)

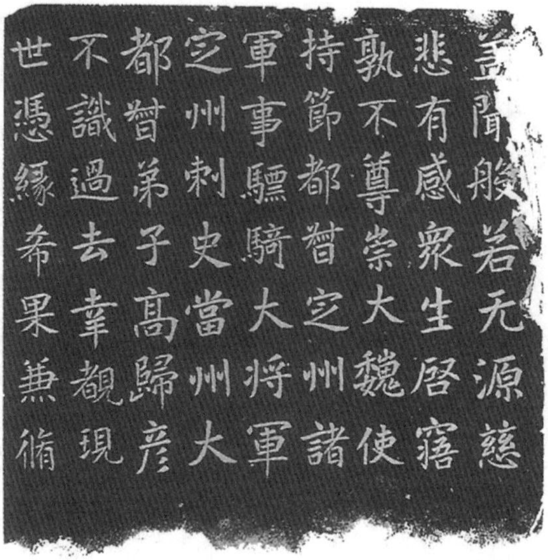

102. 〈사마흥룡묘지(司馬興龍墓誌)〉

103. 당(唐) 구양순(歐陽詢)
〈구성궁예천명(九成宮醴泉銘)〉(부분)

104. 서진(西晉) 육기(陸機) 〈평복첩(平復帖)〉

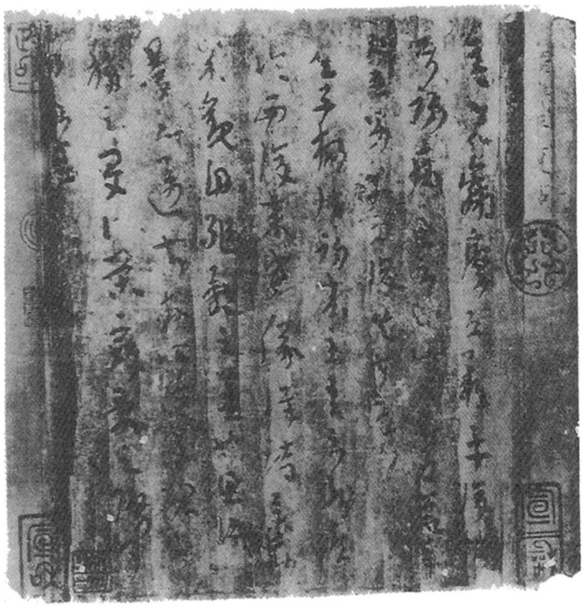

105. 동진(東晋) 왕희지(王羲之) 〈초월첩(初月帖)〉(모본(摹本), 부분)

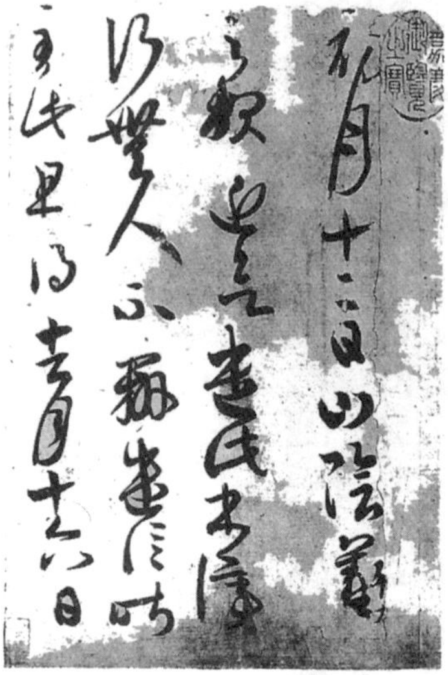

106. 동진(東晋) 왕희지(王羲之) 〈난정서(蘭亭序)〉(모본(摹本), 부분)

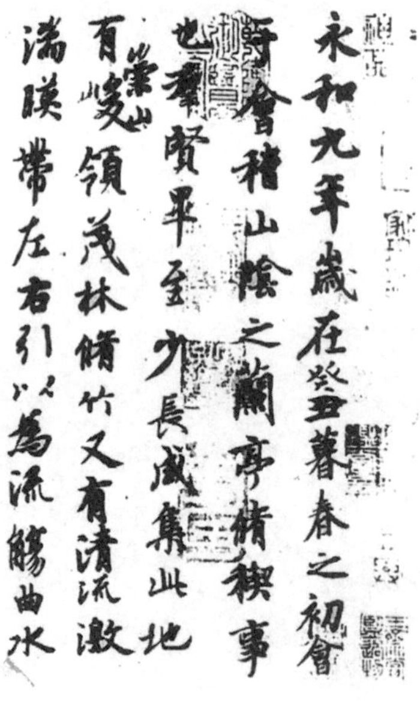

永和九年歲在癸丑暮春之初會
于會稽山陰之蘭亭脩禊事
也群賢畢至少長咸集此地
有崇山峻領茂林脩竹又有清流激
湍暎帶左右引以為流觴曲水

107. 동진(東晋) 왕희지(王羲之) 〈상란첩(喪亂帖)〉(모본(摹本), 부분)

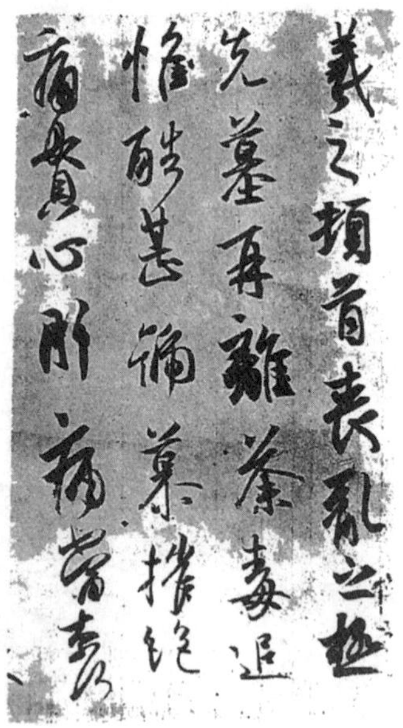

# 인명색인

ㅈ

ㅊ



ㅋ



ㅌ



ㅍ



ㅎ

# 서명 · 편명색인

## ㄱ

ㅇ

## ㅊ

# 중국문자학 연표

| 연호(年號) | 연대(年代) | 생졸(生卒) | 사사(史事) |
|---|---|---|---|
| **삼황(三皇)** | | | |
| | 4800<br>-4300 | | 반파(半坡) 문화 시기의 도기(陶器)에 문자(27종의 각획(刻劃) 부호)가 나타남(섬서(陝西) 서안(西安) 반파촌(半坡村), 1954-57년 발굴). |
| | 3500<br>-2500 | | 대문구(大汶口) 문화 시기의 도기에 문자가 나타남(산동(山東) 태안(泰安) 대문구진(大汶口鎭), 1959년 발굴). |
| 복희(伏羲)<br>신농(神農)<br>수인(燧人) | | | 팔괘(八卦)를 지어 서계(書契)를 만듦. |
| **오제(五帝)** | 30세기<br>-21세기 | | |
| 황제(黃帝) | | | 최초로 역(曆)을 만들고 십이율(十二律)(육상(六相))을 제정함.<br>사관(史官) 창힐(蒼頡)이 문자(文字)(육서(六書))를 만듦. |
| 전욱(顓頊)<br>제곡(帝嚳) | | | |
| 요(堯) | | | 역윤법(歷閏法) 제정. |
| 순(舜) | | | |
| **하(夏)** | | | |
| 우(禹) | 2070 | | ≪상서(尙書)≫ 중 최고(最古)의 것의 일부분이 이 때 이루어짐(?). |
| **은(殷)** | 1600 | | |
| 소신(小辛)<br>소을(小乙) | 1300 | | 반경(盤庚)이 은(殷)으로 천도(遷都)함.<br>은상(殷商) 갑골문(甲骨文) 시기. |
| 무정(武丁)<br>조경(祖庚)<br>조갑(祖甲) | 1250 | | |
| 늠신(廩辛)<br>강정(康丁) | 1191 | | |
| 무을(武乙) | 1147 | | |
| 문정(文丁) | 1112 | | |
| 제을(帝乙) | 1101 | | |
| 제신(帝辛)(주(紂)) | 1075<br>-1046 | | |
| **서주(西周)** | | | |
| 무왕(武王) 十三<br>(희발(姬發)) | 1046 | | 주원(周原) 갑골문(甲骨文) 시기(문왕(文王)~목왕(穆王)).<br>≪시경(詩經)≫ 중 최고(最古)의 것의 일부분이 |

| 연호(年號) | | 연대(年代) | 생졸(生卒) | 사사(史事) |
|---|---|---|---|---|
| | | | | 이 때 이루어짐(?).<br><천망궤(天亡簋)>(76자)・<이궤(利簋)>(32자). |
| 성왕(成王)<br>(송(誦)) | 一 | 1042 | | <하준(何尊)>(122자). |
| 강왕(康王)<br>(쇠(釗)) | 一 | 1020 | | <대우정(大盂鼎)>(219자). |
| 소왕(昭王)<br>(하(瑕)) | 一 | 995 | | <과백궤(過伯簋))>. |
| 목왕(穆王)<br>(만(滿)) | 一 | 976 | | <휼궤(遹簋)>・<정궤(靜簋))>. |
| 공왕(共王)<br>(예호(繄扈)) | 一 | 922 | | <사장반(史牆盤)>(284자). |
| 의왕(懿王)<br>(간(左+喜)) | 一 | 899 | | <흥종(癲鐘)>.<br>섬서(陝西) 저괴리(底槐里)로 천도. 왕실이 쇠약해지고, 시인(詩人)들이 이를 풍자함. |
| 효왕(孝王)<br>(벽방(辟方)) | 一 | 891 | | <도정(舀鼎)>. |
| 이왕(夷王)<br>(섭(燮)) | 一 | 885 | | <괵계자백반(虢季子白盤)>(111자). |
| 여왕(厲王)<br>(호(胡)) | 一 | 877 | | <산씨반(散氏盤)>(375자)・<호종(㝬鐘)>(123자)・<극정(克鼎)>(297자). |
| 공화(共和) | 一 | 841 | | ≪사기(史記)≫의 연표(年表) 이 해부터 시작. 공화(共和)(전841-전828). |
| 선왕(宣王)<br>(정(靜)) | 一 | 827 | | 태사(太史) 주(籒)가 ≪사주편(史籒篇)≫을 지었다고 하지만, 실은 춘추(春秋)・전국(戰國) 사이의 작품임.<br><사리궤(師𤼈簋)>.<br><모공정(毛公鼎)(497자)> |
| | 五 | 823 | | <혜갑반(兮甲盤)>. |
| 유왕(幽王)<br>(궁성(宮涅)) | 一 | 781 | | <사태궤(師兌簋)>. |
| | 十一 | 771 | | 서주(西周) 멸망함.<br>상대 말기에서 서주 말기까지 금문(金文)의 전성(全盛) 시기임. |
| **동주(東周)** | | | | |
| 평왕(平王)<br>(의구(宜臼)) | 一 | 770 | | 평왕(平王)이 견융(犬戎)의 난(亂)을 피하여 낙양(洛陽)으로 천도, 이 때부터 동주(東周)라고 함. |
| | 四十九 | 722 | | 공자(孔子)의 ≪춘추(春秋)≫에 기록된 시대로서 춘추시대(春秋時代)(전722-전481)라고 함.<br>노(魯) 은공(隱公) 원년(元年) ≪춘추(春秋)≫의 기사(記事)가 이 때부터 시작. |
| 환왕(桓王)<br>(림(林)) | 二十 | 700 | | ≪주역(周易)≫, 대체로 완성됨. |

| 연호(年號) | | 연대(年代) | 생졸(生卒) | 사사(史事) |
|---|---|---|---|---|
| 양왕(襄王)(정(鄭)) | 七 | 645 | 관중(管仲) 졸. | |
| 정왕(定王)(유(瑜)) | 七 | 600 | | ≪서경(書經)≫(≪상서(尙書)≫) 완성됨. |
| 영왕(靈王)(설심(泄心)) | 二十一 | 551 | 공자(孔子) 노(魯)에서 태어남 | |
| 경왕(景王)(귀(貴)) | 一 | 544 | | 오(吳) 나라 계찰(季札)이 각국을 방문함. |
| | 八 | 537 | | 공자(孔子), 학문에 뜻을 둠. |
| | 二十二 | 523 | | 노자(老子), 생존함. (?) |
| | 二十三 | 522 | | 12월, 공자가 노자(老子)에 예(禮)를 물음. |
| 경왕(敬王)(개(匄)) | 三 | 517 | | 공자(孔子), 노(魯)에서 제(齊)로 감. |
| | 十 | 510 | | 공자(孔子), 노(魯)로 돌아옴. |
| | 十三 | 507 | 자하(子夏) 생. | |
| | 十四 | 506 | | 공자(孔子), 시서예악(詩書禮樂)을 편수함. |
| | 十五 | 505 | 증삼(曾參) 생. | |
| | 二十 | 500 | 안영(晏嬰) 졸. | |
| | 二三 | 497 | | 제(齊) 나라 사람들이 여악(女樂)(기녀(妓女))을 노(魯)에 보내자 공자(孔子)는 노를 떠나 위(衛)로 감. |
| | 二十八 | 492 | 공급(孔伋)(자사(子思)) 생. | |
| | 三十六 | 484 | 오자서(伍子胥) 자살함. | 공자(孔子), 노(魯)로 돌아와 ≪서(書)≫를 서술하고, 예(禮)를 기록하고, ≪시(詩)≫를 산정(刪定)하고, 악(樂)을 바로잡음. |
| | 三十九 | 481 | | 노(魯) 애공(哀公) 14년, ≪춘추(春秋)≫의 기사(記事) 끝남("노에서 서쪽에서 사냥하다 기린을 잡다."(魯西狩獲麟)의 구(句)에서 각필(擱筆)). |
| | 四十一 | 479 | 공자(孔子) 노(魯) 나라에서 졸.<br>묵자(墨子) 생. | 공자(孔子)가 고대 문헌을 정리하고 "정명(正名)"설을 주장함. |
| 고왕(考王)(외(嵬)) | 八 | 433 | 증삼(曾參) 졸. | |
| | 十 | 431 | 공급(孔伋)(자사(子思)) 졸. | |
| 위열왕(威烈王)(오(午)) | 六 | 420 | 자하(子夏) 졸. | |
| | 二十三 | 403 | | 칠웅항쟁(七雄抗爭), 제자(諸子)들의 활동 활발. 이후 진시황(秦始皇)의 천하통일(天下統一)까지를 전국(戰國) 시대라고 함. |
| 안왕(安王)(교(驕)) | 八 | 394 | 묵자(墨子) 졸. | |

| 연호(年號) | | 연대(年代) | 생졸(生卒) | 사사(史事) |
|---|---|---|---|---|
| 열왕(烈王)(희(喜)) | 二 | 374 | | 진(秦) 헌공(獻公) 11년, <석고문(石鼓文)>을 지음(당란(唐蘭)의 설). 곽말약(郭沫若)은 진(秦) 양공(襄公) 8년(전770, 주(周) 평왕(平王) 원년) 설을 주장함. |
| | 四 | 372 | 맹자(孟子) 생(일설에는 385). | |
| | 十九 | 350 | | ≪국어(國語)≫·≪좌전(左傳)≫ 완성. |
| | 三十 | 339 | 굴원(屈原) 생. | |
| 신정왕(愼靚王)(정(定)) | 六 | 315 | 순자(荀子) 생. | |
| 난왕(赧王)(연(延)) | 一 | 314 | | ≪맹자(孟子)≫ 7편을 지음. |
| | 三 | 312 | | 진(秦) 혜문왕(惠文王) 후원(後元) 13년(초(楚) 회왕(懷王) 17년), <저초문(詛楚文)>을 지음(곽말약(郭沫若) 설). |
| | 八 | 307 | | 조(趙) 무령왕(武靈王), 호복(胡服)으로 변장하여 오랑캐를 토벌. |
| | 十六 | 299 | | ≪죽서기년(竹書記年)≫의 기사(記事)가 이 해에 끝남. |
| | 二十六 | 289 | 맹자(孟子) 졸(일설에는 305). | |
| | 三十四 | 281 | 이사(李斯) 생(?) | |
| | 三十五 | 280 | 한비(韓非) 생(?). | |
| | 三十七 | 278 | 굴원(屈原) 졸(?). | |
| | 四十 | 275 | | 장자(莊子)와 열자(列子) 생존함(?) |
| | 五十一 | 264 | 공부(孔鮒) 생(?). | |
| **진(秦)** | | | | |
| 소왕(昭王)(영칙(嬴則)) | 五十一 | 256 | | 진(秦), 서주(西周)를 멸망시킴. |
| 효문왕(孝文王)(주(柱)) | 一 | 250 | | 공손룡자(公孫龍子), <명실편(名實篇)>을 지음. |
| 장양왕(莊襄王)(자초(子楚)) | 一 | 249 | | 진(秦), 동주(東周)를 멸망시킴.<br>여불위(呂不韋), 승상(丞相)이 됨. |
| | 三 | 247 | 유방(劉邦) 생. | 이사(李斯) 여불위의 사인(舍人)이 됨. |
| 진시황(秦始皇)(정(政)) | 一 | 246 | | 여불위(呂不韋), 진(秦)의 상국(相國)이 됨. |
| | 八 | 239 | | ≪여씨춘추(呂氏春秋)≫가 완성됨. |
| | 十一 | 236 | 순자(荀子) 졸. | ≪순자(荀子)·정명편(正名篇)≫에 "이름은 고정된 뜻이 없다"(名無固宜)·"약정속성(約定俗成)"의 관점을 제기함. |
| | 十二 | 235 | 여불위(呂不韋) 졸. | |
| | 十四 | 233 | 한비(韓非) 자살함. | ≪한비자(韓非子)≫가 완성됨. |

| 연호(年號) | | 연대(年代) | 생졸(生卒) | 사사(史事) |
|---|---|---|---|---|
| | 十五 | 232 | 항우(項羽) 생. | |
| | 二十六 | 221 | | 전국 말기, ≪주역(周易)·건(乾)·문언(文言))≫에 "문사를 닦아 그 정성을 세우기 때문에 업(業)에 거(居)한다."(修辭立其誠, 所以居業也.)라고 함.<br>천하를 통일하고, 시황제(始黃帝)라고 칭함.<br>소전(小篆)을 가지고 천하의 문자를 통일함. |
| | 二十八 | 219 | | 진대에 예서(隸書)가 출현함.<br>시황제(始皇帝), 태산(泰山)에 올라 비석을 세움. |
| | 三十四 | 213 | | 시서(詩書) 백가(百家)의 서적을 불사름(분서(焚書)). |
| | 三十五 | 212 | | 유생(儒生) 460여 명을 함양(咸陽)에 생매장함(갱유(坑儒)). |
| | 三十七 | 210 | | 이사(李斯), 자서(字書) ≪창힐편(倉頡篇)≫을 편찬함(?). |
| 이세황제(二世皇帝) | 二 | 208 | 이사(李斯)·공부(孔鮒) 졸. | |
| (호해(胡亥)) | 三 | 207 | | 진서(秦書) 팔체(八體)가 출현함.<br>이즈음, 조고(趙高), 자서(字書) ≪원력편(爰歷篇)≫을 편찬함. 호무경(胡毋敬), 자서(字書) ≪박학편(博學篇)≫을 편찬함. |
| **전한(前漢)** | | | | 서(書)에 육체(六體)가 있었음.<br>≪이아(爾雅)≫가 완성되었으며, 후대에 아학(雅學)이 생김.<br>모형(毛亨), ≪모시고훈전(毛詩故訓傳)≫을 지음. |
| 고조(高祖)(유방(劉邦)) | 五 | 202 | | 유방(劉邦), 항우(項羽)를 해하(垓下)에서 격파. |
| | 六 | 201 | | 박사(博士) 숙손통(叔孫通)이 의례(儀禮)를 제정. |
| | 九 | 198 | 동중서(董仲舒) 생(?)(일설에는 179년). | |
| | 十二 | 195 | 유방(劉邦) 졸. | 고조(高祖)가 지날 때 노(魯) 신공(申公)(≪노시(魯詩)≫)이 그 스승 부구백(浮丘伯)을 통하여 고조를 알현함. |
| 혜제(惠帝)(영(盈)) | 四 | 191 | | 협서율(挾書律)을 폐기함. |
| 문제(文帝)(항(恒)) | 전원(前元)一 | 179 | 사마상여(司馬相如) 생.<br>유안(劉安) 생(일설은 178년). | |
| | | | | ≪역(易)≫의 전하(田何)(치천(淄川)), ≪시(詩)≫의 신배(申培)(노(魯))·원고(轅固)(제(齊))·한영(韓嬰)(연(燕)), ≪예(禮)≫의 고당생(高堂生)(노(魯)), ≪춘추(春秋)≫의 호무생(胡毋生)(제(齊))·동중서(董仲舒)(조(趙)) 등 여러 사람들이 이 때 있었음. |

| 연호(年號) | | 연대(年代) | 생졸(生卒) | 사사(史事) |
|---|---|---|---|---|
| | 후원(後元) 七 | 161 | | ≪논어(論語)≫·≪효경(孝經)≫·≪맹자(孟子)≫·≪이아(爾雅)≫ 박사(博士)를 둠.<br>하간헌왕(河間獻王)이 유학(儒學)을 장려함. |
| 경제(景帝)<br>(계(啓)) | 전원(前元) 一 | 156 | | |
| | 三 | 154 | | 전하(田何)의 ≪역(易)≫을 전한 정관(丁寬)이 양효왕(梁孝王)의 장군이 되어 오(吳)·초(楚)에 대항하여 정장군(丁將軍)이라 불렀고, ≪역설(易說)≫ 3만 언을 지음. |
| | 中元(중원) 五 | 145 | 사마천(司馬遷) 생. | 신공(申公)의 제자 난릉(蘭陵) 왕장(王臧)이 ≪노시(魯詩)≫로 태자소부(太子少傅)가 됨.<br>≪제시(齊詩)≫를 전한 제(齊) 원고생(轅固生)이 박사(博士)가 됨.<br>≪공양(公羊)≫을 전한 동중서(董仲舒)가 박사(博士)가 됨.<br>호무생(胡毋生)이 박사(博士)가 됨.<br>한영(韓嬰)이 상산왕(常山王) 태부(太傅)가 되고, ≪한시내·외전(韓詩內·外傳)≫을 지음. |
| 무제(武帝)<br>(철(徹)) | 건원(建元) 一 | 140 | 공안국(孔安國) 졸. | 동중서(董仲舒), 현량대책(賢良對策)을 올려 대학(大學)을 세우고 인재를 양성하여 유술(儒術)로 사상(思想) 통일(統一)을 꾀함. |
| | 五 | 136 | | 동중서(董仲舒)의 건의로 최초로 오경(五經) 박사(博士)를 두고 유교(儒敎)를 국교(國敎)로 정함. |
| | 六 | 135 | | 전분(田蚡) 승상이 되어 황로(黃老)·형명(刑名)과 백가(百家)의 설(說)을 물리치고, 문학유자(文學儒者) 수 백 인을 불러 박사관제자(博士官弟子) 50인을 관장함. |
| | 원수(元狩) 一 | 122 | 유안(劉安) 졸. | 회남왕(淮南王) 유안(劉安), 모반(謀反)을 일으켰으나 실패하고 자살함. |
| | 三 | 120 | | 동중서(董仲舒), ≪춘추번로(春秋繁露)≫. |
| | 六 | 117 | 사마상여(司馬相如) 졸. | 사마상여, 자서(字書) ≪범장편(凡將篇)≫을 지음. |
| | 원봉(元封) 一 | 110 | 사마담(司馬談) 졸. | |
| | 四 | 107 | 동중서(董仲舒) 졸(일설에는 104년). | 사마천(司馬遷), 태사령(太史令)이 됨. |
| | 태초(太初) 一 | 104 | | 사마천(司馬遷), ≪사기(史記)≫를 집필. |
| | 천한(天漢) 四 | 97 | | ≪사기(史記)≫ 완성. |
| | 정화(征和) 二 | 91 | | 사마천(司馬遷), <보임소경서(報任少卿書)>. |

| 연호(年號) | | 연대(年代) | 생졸(生卒) | 사사(史事) |
|---|---|---|---|---|
| 소제(昭帝)<br>(불릉(弗陵) | 후원(後元)<br>二 | 87 | 무제(武帝) 졸. | 노공왕(魯共王), 공자(孔子)의 집을 헐어 고문(古文) ≪상서(尚書)≫ · ≪일례(逸禮)≫ · ≪논어(論語)≫ · ≪효경(孝經)≫ 등을 얻음. |
| | 시원(始元)<br>一 | 86 | 사마천(司馬遷) 졸. | |
| | 원봉(元鳳)<br>一 | 80 | 유향(劉向) 생(혹은 77년). | |
| 선제(宣帝)<br>(순(詢)) | 원평(元平)<br>一 | 74 | 이릉(李陵) 졸. | |
| | 오봉(五鳳)<br>一 | 57 | | 신라(新羅) 건국함. |
| | 감로(甘露)<br>一 | 53 | 유흠(劉歆) · 양웅(揚雄) 생. | |
| | 三 | 51 | | 감로(甘露) 3년, 여러 유자(儒者)들을 불러 석거각(石渠閣)에서 오경(五經)의 이동(異同)을 강의하게 함.<br>시수(施讎)는 ≪역(易)≫, 주감(周堪) · 공패(孔覇)는 ≪서(書)≫, 설광덕(薛廣德)은 ≪시(詩)≫, 대성(戴聖)은 ≪예(禮)≫, 엄팽조(嚴彭祖)는 ≪공양(公羊)≫, 윤경시(尹更始) · 소망지(蕭望之) 등은 ≪곡량(穀梁)≫을 평의(評議)하여 아뢰고, 임금이 몸소 칭제(稱制)하고 임석하여 판결함. |
| | 황룡(黃龍)<br>一 | 49 | | 선제 때 제(齊) 사람으로 정독(正讀)할 수 있는 자를 불러 장창(張蒼)이 그를 따라 배움. 장창은 출토된 정이(鼎彝)의 명문(銘文)을 식독(識讀)함. |
| 원제(元帝)<br>(석(奭)) | 건소(建昭)<br>二 | 37 | 엄광(嚴光) 생. | 고구려(高句麗) 건국함. |
| | 경녕(竟寧)<br>一 | 33 | | 원제 연간(48-33), 사유(史游), ≪급취장(急就章)≫을 지음. |
| 성제(成帝)<br>(오(驁)) | 양삭(陽朔)<br>二 | 23 | 환담(桓譚) 생(?). | |
| | 홍가(鴻嘉)<br>三 | 18 | | 백제(百濟) 건국함.<br>유향(劉向), ≪열선전(列仙傳)≫. |
| | 영시(永始)<br>一 | 16 | | 유향(劉向), ≪열녀전(列女傳)≫. |
| | 원연(元延)<br>四 | 9 | 유향(劉向) 졸(혹은 건평(建平) 원년). | |
| 평제(平帝)<br>(간(衎)) | 원시(元始)<br>五 | 기원 후<br>5 | | 원시(元始) 중에 전국의 소학(小學)에 통한 자 100여 인을 불러 각각 뜰 안에서 글자를 쓰게 함.<br>양웅(揚雄), 자서(字書) ≪훈찬편(訓纂篇)≫을 편찬함.<br>≪모시(毛詩)≫ · ≪고문상서(古文尚書)≫ 등의 박사(博士)를 둠. |

| 연호(年號) | | 연대(年代) | 생졸(生卒) | 사사(史事) |
|---|---|---|---|---|
| **신(新)** | | | | |
| 왕망(王莽) | 시건국(始建國) 一 | 9 | | ≪주례(周禮)≫ 박사(博士)를 둠. |
| | 천봉(天鳳) 五 | 18 | 양웅(揚雄) 졸. | 양웅, ≪방언(方言)≫을 지음. |
| 경시제(更始帝) | 경시(更始) 一 | 23 | 유흠(劉歆) 졸. | |
| (현(玄)) | 二 | 24 | | 신(新) 때, 육종(六種)의 서체(書體)가 있었음. |
| **후한(後漢)** | | | | |
| 광무제(光武帝)(유수(劉秀)) | 건무(建武) 一 | 25 | | |
| | 三 | 27 | 왕충(王充) 생(?). | |
| | 五 | 29 | | 최초로 태학(太學)을 세워 예기(禮器)를 갖춤. |
| | 八 | 32 | 반고(班固) 생. | |
| | 중원(中元) 一 | 56 | 환담(桓譚) 졸(?). | 명당(明堂)·영대(靈臺)·벽옹(辟雍)을 세움. |
| | | | | 훈고학(訓詁學) 융성. 참위학(讖緯學) 유행(천하에 도참(圖讖)을 선포). |
| 명제(明帝)(장(莊)) | 영평(永平) 一 | 58 | 허신(許愼) 생(?). | |
| | 八 | 65 | 포함(包咸) 졸. | 낭중(郎中) 채음(蔡愔)과 박사(博士) 왕준(王遵) 등 18명을 인도(印度)에 보내어 불교(佛敎)를 구함. |
| | 十 | 67 | | 채음(蔡愔) 등이 불전(佛典)을 가지고, 가섭마등(迦葉摩騰)·축법란(竺法蘭) 등과 함께 귀국. |
| | | | | 인도(印度)의 승려가 와서 처음으로 불교(佛敎) 사원(寺院)을 세움(백마사(白馬寺)). |
| 장제(章帝)(달(炟)) | 건초(建初) 三 | 78 | 장형(張衡) 생. | |
| | 四 | 79 | 마융(馬融) 생. | 여러 유자들이 백호관(白虎觀)에 모여 오경(五經)의 동이(同異)를 논의하였고, 반고(班固)가 ≪백호통의(白虎通義)≫를 지음. |
| | | | | 고재생(高才生)들로 하여금 ≪고문상서(古文尙書)≫·≪모시(毛詩)≫·≪곡량전(穀梁傳)≫·≪좌씨춘추(左氏春秋)≫를 배우게 함. |
| | 七 | 82 | | ≪한서(漢書)≫ 완성. |
| | 원화(元和) 一 | 84 | | 헌왕(獻王) 보(輔), ≪오경통론(五經通論)≫. |
| 화제(和帝)(조(肇)) | 영원(永元) 二 | 90 | 왕충(王充) 졸. | |
| | 四 | 92 | 반고(班固) 졸. | |
| | 十二 | 100 | | 허신(許愼), ≪설문해자(說文解字)≫를 지어, |

| 연호(年號) | | 연대(年代) | 생졸(生卒) | 사사(史事) |
|---|---|---|---|---|
| | | | | 121년 그의 아들 허충(許沖)이 헌상함. 후세에 마침내 허학(許學)이 생김. |
| | 원흥(元興) 一 | 105 | | 화제 연간(89-105), 가방(賈魴)이 자서(字書) ≪방희편(滂喜篇)≫을 편찬함. 진(晉) 이후에 ≪창일편(倉頡篇)≫(이사(李斯)의 ≪창힐편≫ · 조고(趙高)의 ≪원력편(爰歷篇)≫ · 호무경(胡毋敬)의 ≪박학편(博學篇)≫ 3편을 합하여 1책으로 만든 것임) · ≪훈찬편(訓纂篇)≫(양웅(揚雄) 지음)과 함께 ≪삼창(三倉)≫이라고 함.<br>채륜(蔡倫), 종이를 만듦. |
| 안제(安帝) (호(祜)) | 영초(永初) 四 | 110 | | 마융(馬融), 비서각(秘書閣)에서 금고문(今古文)의 여러 본(本)을 교정. |
| | 연광(延光) 三 | 124 | 허신(許愼) 졸(일설에는 147년). | |
| 순제(順帝) (보(保)) | 영건(永建) 一 | 126 | | 왕일(王逸), ≪초사장구(楚辭章句)≫를 지음. |
| | 二 | 127 | 정현(鄭玄) 생. | |
| | 四 | 129 | 하휴(何休) 생. | |
| | 양가(陽嘉) 二 | 133 | 채옹(蔡邕) 생. | |
| | 영화(永和) 三 | 139 | 장형(張衡) 졸. | |
| | 五 | 140 | | 왕부(王符), ≪잠부론(潛夫論)≫을 지음. |
| | 六 | 141 | | 장도릉(張道陵), ≪도서(道書)≫ 24권을 지음. |
| 환제(桓帝) (지(志)) | 건화(建和) 一 | 147 | | 월지국(月支國)의 승려 지참(支讖)이 낙양(洛陽)에 와서 불경(佛經)을 번역. |
| | 二 | 148 | 순열(荀悅) 생. | 안식국(安息國)의 승려 안세고(安世高)가 낙양(洛陽)에 와서 불경(佛經)을 번역. |
| | 영흥(永興) 一 | 153 | 공융(孔融) 생. | |
| | 영수(永壽) 一 | 155 | 조조(曹操) 생. | |
| | 연희(延熹) 四 | 161 | 유비(劉備)생. | |
| | 七 | 164 | 우번(虞翻) 생. | |
| | 九 | 166 | 마융(馬融) 졸. | |
| 영제(靈帝) (굉(宏)) | 희평(熹平) 四 | 175 | 왕부(王符) 졸. | 여러 유자들에게 명하여 오경(五經)의 문자를 바로잡게 함. 채옹(蔡邕)에게 명하여 글씨를 쓰게 하고 장인(匠人)들이 각석(刻石)하여 태학(太學)의 대문 밖에 세우게 하니, 이것이 곧 희평(熹平)석경(石經)임(광화 6년(183)에 완성됨). 내용은 ≪주역≫ · ≪상서≫ · ≪모시≫ · ≪의례≫ · ≪춘추≫ · ≪공양전≫ · ≪논어≫. |

| 연호(年號) | | 연대(年代) | 생졸(生卒) | 사사(史事) |
|---|---|---|---|---|
| | 광화(光和) 一 | 178 | | 홍도문학(鴻都門學)을 설치하고, 공자(孔子)와 72명의 제자들의 상(像)을 그림. |
| | 四 | 181 | 제갈량(諸葛亮) 생. | |
| | 五 | 182 | 하휴(何休) 졸. | |
| 헌제(獻帝) (협(協)) | 초평(初平) 一 | 190 | 하안(何晏) 생. | |
| | 三 | 192 | 채옹(蔡邕) 졸.<br>조식(曹植) 생. | |
| | 흥평(興平) 二 | 195 | 왕숙(王肅) 생. | |
| | 건안(建安) 一 | 196 | | 이 때부터 건안(建安) 문학이 일어생. |
| | 五 | 200 | 정현(鄭玄) 졸.<br>응소(應劭) 졸. | 정현, 여러 경전에 두루 주를 담. |
| | 六 | 201 | 조기(趙岐) 졸. | |
| | 十三 | 208 | 공융(孔融) 졸. | |
| | 十四 | 209 | 순열(荀悅) 졸. | 건안칠자(建安七子) 형성. |
| | 二十四 | 219 | | 한대에 경금고문(經今古文) 학파(學派)의 투쟁이 일어났지만, 결국 고문학파가 승리함.<br>한말에 이미 반절(反切)을 사용하여 음을 담. |
| **삼국(三國)**<br>**(위(魏)·오(吳)·촉(蜀))** | | | | 위(魏)(220-265) 때, 손염(孫炎)이 ≪이아음의(爾雅音義)≫를 지었는데, 그후 반절(反切)이 크게 유행함.<br>이등(李登), ≪성류(聲類)≫를 지음. |
| 위문제(魏文帝) (조비(曹丕) | 황초(黃初) 一 | 220 | 조조(曹操) 졸. | 유희(劉熙), ≪석명(釋名)≫을 지음. |
| | 二 | 221 | | 촉(蜀) 소열제(昭列帝) 유비(劉備)가 즉위하여 장무(章武)로 개원(改元)함. 손권(孫權), 오왕(吳王)이라고 칭함. |
| | 三 | 222 | 두예(杜預) 생. | |
| | 四 | 223 | 유비(劉備) 졸. | 위(魏)·오(吳)·촉(蜀) 삼국(三國)이 정립(鼎立)함. |
| | 五 | 224 | | 위(魏), 태학(太學)을 낙양(洛陽)에 건립. |
| | 七 | 226 | 조비(曹丕) 졸.<br>왕필(王弼) 생. | |
| 위명제(魏明帝) (예(叡)) | 태화(太和) 四 | 230 | | 조비(曹丕)의 ≪전론(典論)≫을 돌에 새겨 묘문(廟門) 밖에 세움. |
| | 六 | 232 | 조식(曹植) 졸. | 태화(太和) 연간에 장읍(張揖)이 ≪광아(廣雅)≫를 지음. |
| | 청룡(青龍) 一 | 233 | 우번(虞翻) 졸.<br>진수(陳壽) 생. | |

| 연호(年號) | | 연대(年代) | 생졸(生卒) | 사사(史事) |
|---|---|---|---|---|
| | 二 | 234 | 제갈량(諸葛亮) 전사(戰死). | |
| 제왕(齊王) 방(芳) | 정시(正始) 二 | 241 | | 태학(太學)에 삼체(三體)(곧 고문(古文)·소전(小篆)·한예(漢隸))의 석경(石經)을 세움, 내용은 ≪상서(尙書)≫·≪춘추(春秋)≫ 및 ≪좌전(左傳)≫(장공(莊公)까지)의 일부분임. 세상에서는 "정시석경(正始石經)"이라고 함. |
| | 가평(嘉平) 一 | 249 | 왕필(王弼)·하안(何晏) 졸. | |
| | 三 | 251 | | 오(吳) 태원(太元). 청담(淸談)이 유행함(죽림칠현(竹林七賢)). |
| | 四 | 252 | 곽상(郭象) 생. | |
| 고귀향공(高貴鄕公)(모(髦)) | 정원(正元) 一 | 254 | 갈홍(葛洪) 생. | |
| 원제(元帝)(환(奐)) | 경원(景元) 二 | 261 | 육기(陸機) 생. | |
| **서진(西晋)** | | | | |
| 무제(武帝) 사마염(司馬炎) | 함녕(咸寧) 二 | 276 | 곽박(郭璞) 생. | |
| | 五 | 279 | | 급군(汲郡) 사람 부준(不準)이 선국(戰國) 위양왕(魏襄王) 묘(墓)에서 급총죽서(汲冢竹書)를 발굴함(일설에는 281년이라고도 함).<br>진(晉), 대군(大軍)을 보내어 오(吳)를 토벌함. |
| | 태강(太康) 一 | 280 | | 사마염(司馬炎), 천하를 통일하고 낙양(洛陽)에 도읍함. |
| | 五 | 284 | 두예(杜預) 졸. | |
| | 六 | 285 | | 진수(陳壽), ≪삼국지(三國志)≫ 완성함. |
| | 七 | 286 | | 월지국(月支國) 승려 축법호(竺法護)가 중국에 와서 ≪법화경(法華經)≫ 등 210부를 역술함. |
| | 十 | 289 | | 태강(太康)(281-289) 연간 순욱(荀勖)·화교(和嶠)·부찬(傅瓚) 등이 급총(汲冢) 죽서를 정리함. |
| 혜제(惠帝)(충(衷)) | 태희(太熙) 一 | 290 | | 낙양(洛陽)에 백마사(白馬寺) 건립함. |
| | 七 | 297 | 진수(陳壽) 졸. | |
| | 영강(永康) 一 | 300 | 속석(束皙) 졸. | |
| | 태안(太安) 二 | 303 | 왕희지(王羲之) 생(일설에는 321년). | |
| | 영흥(永興) 一 | 304 | | 오호(五胡) 십육국(十六國)의 난(亂)이 시작됨.<br>습착치(習鑿齒) 생존함(?) |
| 회제(懷帝)(치(熾)) | 영가(永嘉) 五 六 | 312 | 곽상(郭象) 졸. | |

| 연호(年號) | | 연대(年代) | 생졸(生卒) | 사사(史事) |
|---|---|---|---|---|
| 민제(愍帝) (업(業)) | 건흥(建興) 四 | 316 | | 서진(西晉)(265-316), 여침(呂忱)이 ≪자림(字林)≫을 짓고, 여정(呂靜)이 ≪운집(韻集)≫을 지음. |
| **동진(東晋)** | | | | |
| 원제(元帝) (예(睿)) | 건무(建武) 一 | 317 | 유곤(劉琨) · 간보(干寶) 졸. | |
| 명제(明帝) (소(紹)) | 태녕(太寧) 二 | 324 | 곽박(郭璞) 졸. | 곽박, ≪이아주(爾雅注)≫ · ≪방언주(方言注)≫를 지음. |
| 성제(成帝) (연(衍)) | 함강(咸康) 三 | 337 | | 태학(太學)을 세움. |
| | 五 | 339 | 범녕(范寧) 생. | |
| 강제(康帝) (악(岳)) | 건원(建元) 二 | 344 | 왕헌지(王獻之) · 서막(徐邈) · 구라라십(鳩摩羅什) 생. | |
| 목제(穆帝) (담(聃)) | 영화(永和) 九 | 353 | | 왕희지(王羲之), <난정집서(蘭亭集序)>. |
| | 승평(升平) 五 | 361 | 왕희지(王羲之) 졸(일설에는 379년). | |
| 애제(哀帝) (비(丕)) | 홍녕(興寧) 三 | 365 | 도잠(陶潛)(연명(淵明)) 생. | |
| 효무제(孝武帝) (창명(昌明)) | 녕강(寧康) 一 | 373 | | 불법(佛法)이 처음으로 중국(中國)에서 삼한(三韓)에 들어옴. |
| | 태원(太元) 四 | 379 | 왕희지(王羲之) 졸. | |
| 안제(安帝) (덕종(德宗)) | 융안(隆安) 一 | 397 | 서막(徐邈) 졸. | |
| | 二 | 398 | 범엽(范曄) 생. | |
| | 五 | 401 | 범녕(范寧) 졸. | 범녕, ≪춘추곡량전주(春秋穀梁傳注)≫. |
| | 원흥(元興) 二 | 403 | 유의경(劉義慶) 생. | |
| | 의희(義熙) 一 | 405 | | <찬보자비(爨寶子碑)>. |
| | 四 | 408 | 공안국(孔安國) 졸. | 공안국, ≪상서전(尙書傳)≫. |
| | 九 | 413 | 구마라십(鳩摩羅什) 졸. | |
| **송(宋)** | | | | |
| 문제(文帝) 유의륭(劉儀隆) | 원가(元嘉) 四 | 427 | 도잠(陶潛)(연명(淵明)) 졸. | |
| | 十五 | 438 | | 사학관(四學館)(유(儒) · 사(史) · 현(玄) · 문(文))을 둠. 북교(北郊)에 유학관(儒學館)을 세우고 뇌차종(雷次宗)을 급사중(給事中)에 임명함. |
| | 十六 | 439 | | 북위(北魏) 통일. |
| | 十七 | 440 | | 북위(北魏) 태무제(太武帝) 태평진군(太平眞君)이 때부터 생북조(南北朝)로 분리됨. |

| 연호(年號) | 연대(年代) | 생졸(生卒) | 사사(史事) |
|---|---|---|---|
| 十八 | 441 | 삼약(沈約) 생. | |
| 二十一 | 444 | 유의경(劉義慶) 졸. | 북위(北魏), 불교(佛教)를 탄압함.<br>유의경, ≪세설신어(世說新語)≫. |
| 二十二 | 445 | 범엽(范曄) 졸. | 범엽, ≪후한서(後漢書)≫. |
| 二十八 | 451 | 배송지(裴松之) 졸. | |
| 二十九 | 452 | | 북위(北魏) 문성제(文成帝) 흥안(興安)(452-453).<br>북위, 불도(佛圖)를 다시 세움. |
| 효무제(孝武帝)(준(駿)) 대명(大明) 二 | 458 | | <찬룡안비(爨龍顔碑)>. |
| 명제(明帝)(욱(彧)) 태시(泰始) 一 | 465 | 유협(劉勰) 생(?). | |
| 六 | 470 | 주흥사(周興嗣) 생(?). | |
| 순제(順帝)(준(準)) 승명(昇明) 一 | 477 | | 역도원(酈道元), ≪수경주(水經注)≫를 지음. |
| **제(齊)** | | | |
| 고제(高帝)(소도성(蕭道成)) 건원(建元) 四 | 482 | | 국자학(國子學)을 세움. |
| 무제(武帝)(색(賾)) 영명(永明) 一 | 483 | | 영명체(永明體) 시가 성행함. |
| 三 | 485 | 주옹(周顒) 졸. | 왕검(王儉)의 집에 학사관(學士館)을 설치하여 사부서(四部書)를 비치함, 사고전서(四庫全書)의 시조가 됨. |
| 五 | 487 | 왕검(王儉) 졸. | |
| 六 | 488 | 황간(皇侃) 생. | |
| 七 | 489 | | 경릉왕(竟陵王) 소자량(蕭子良)이 선성(善聲) 사문(沙門)을 경성(京城) 건강(建康)에 대대적으로 모았는데, 이것은 음운학사상(音韻學史上)의 제1차의 대집회임. |
| 十 | 492 | | 심약(沈約), ≪송서宋書≫를 편찬함. |
| 十一 | 493 | 왕융(王融) 졸. | 영명(永明) 말년, 주옹(周顒)·심약(沈約) 등이 사성(四聲)을 발견하였음, 주옹은 ≪사성절운(四聲切韻)≫을 짓고 심약은 ≪사성보(四聲譜)≫를 지음. |
| 동혼후(東昏候)(보권(寶卷)) 영원(永元) 一 | 499 | 진제(眞諦) 생. | |
| 화제(和帝)(보융(寶融)) 중흥(中興) 一 | 501 | | 남제(南齊) 말년, 유협(劉勰)이 ≪문심조룡(文心雕龍)≫을 지음. |
| **양(梁)** | | | |
| 무제(武帝)(소연(蕭衍)) 천감(天監) 十二 | 513 | 심약(沈約) 졸. | |
| 十七 | 518 | | 북위(北魏) 효명제(孝明帝) 신귀(神龜)(518-519).<br>북위 삼자석경(三字石經)을 보충함. |

| 연호(年號) | 연대(年代) | 생졸(生卒) | 사사(史事) |
|---|---|---|---|
| 十八 | 519 | 고야왕(顧野王) 생. | |
| 보통(普通) 二 | 521 | 주흥사(周興嗣) 졸. | 주흥사, ≪천자문(千字文)≫을 지음. |
| 三 | 522 | | 인도(印度) 승려 달마(達摩), 중국에 옴. |
| 중대통(中大通) 二 | 530 | 배자야(裴子野)·달마(達摩) 졸. | |
| 三 | 531 | 안지추(顔之推) 생. 소통(蕭統) 졸. | |
| 六 | 534 | | 북위(北魏)는 망하고 서위(西魏)와 동위(東魏)로 나누어짐. |
| 대동(大同) 三 | 537 | 유협(劉勰) 졸(?). | |
| 九 | 543 | | 고야왕(顧野王), ≪옥편(玉篇)≫을 지음. |
| 十一 | 545 | 황간(皇侃) 졸. | 황간, ≪논어의소(論語義疏)≫. |
| 간문제(簡文帝)(강(綱)) 태보(太寶) 一 | 550 | 육덕명(陸德明) 생(?). | |
| **진(陳)** | | | |
| 무제(武帝)(진패선(陳霸先)) 영정(永定) 二 | 558 | 우세남(虞世南) 생. | |
| 천가(天嘉) 三 | 562 | 육법언(陸法言)(-?) 생. | |
| 선제(宣帝)(욱(頊)) 태건(太建) 一 | 569 | 진제(眞諦) 졸. | |
| 六 | 574 | 공영달(孔穎達) 생. | 5월에 북주(北周) 무제(武帝)가 불교(佛教)와 도교(道教)를 폐지하고 음사(淫祠)를 헐음. |
| 十一 | 579 | | 업성(鄴城)의 석경(石經)을 낙양(洛陽)으로 옮김. |
| 十三 | 581 | 안사고(顔師古) 생. 고야왕(顧野王) 졸. | 북주(北周) 망함. 수(隋) 건국함. |
| 十四 | 582 | | 수 개황(開皇) 2년, 육법언(陸法言)·소해(蕭該)·안지추(顔之推) 등 8인이 음운(音韻)을 토론함. |
| 후주(後主) 숙보(叔寶) 지덕(至德) 一 | 583 | | 육덕명(陸德明), ≪경전석문(經典釋文)≫을 지어, 589년 이전에 완성함. |
| **수(隋)** | | | |
| 문제(文帝)(양견(楊堅)) 개황(開皇) 十一 | 591 | 안지추(顔之推) 졸. | 이 이전, 안지추가 ≪안씨가훈(顔氏家訓)≫을 지음. |
| 二十 | 600 | 현장(玄奘)(일설 602) 생. | 12월 불상(佛像) 훼손(毁損)을 금함. |
| 인수(仁壽) 一 | 601 | | 육법언(陸法言), ≪절운(切韻)≫을 완성함. |
| 양제(煬帝)(광(廣)) 대업(大業) 二 | 606 | | 진사과(進士科)를 설치함. |

| 연호(年號) | | | 연대(年代) | 생졸(生卒) | 사사(史事) |
|---|---|---|---|---|---|
| | | 八 | 612 | | 고구려(高句麗) 침략 실패함. |
| | 공제(恭帝)(유(侑)) | 의녕(義寧) 一 | 617 | 왕통(王通) 졸(혹은 618). | |
| 당(唐) | | | | | 당대 초기, 섬서(陝西) 삼치원(三畤原)에서 석고문(石鼓文)(진대(秦代)의 유물)을 발견함. |
| | 고조(高祖)(이연(李淵)) | 무덕(武德) 二 | 619 | | 국학(國學)에 공자묘(孔子廟)를 건립함. |
| | | 三 | 620 | | 양각산(羊角山)에 노자묘(老子廟)를 건립함. |
| | | 四 | 621 | | 문학관(文學館)을 열어 두여회(杜如晦)·방현령(房玄齡) 등 십팔학사(十八學士)를 둠. |
| | | 五 | 622 | | 안사고(顔師古), ≪수서(隋書)≫를 지음. |
| | | 七 | 624 | | 구양순(歐陽詢), ≪예문류취(藝文類聚)≫를 완성함. |
| | | 九 | 626 | | 홍문관(弘文館)을 설치함. |
| | 태종(太宗)(세민(世民)) | 정관(貞觀) 一 | 627 | | 정관(627-649) 중에 공영달(孔穎達) 등이 태종의 명을 받들어 ≪오경정의(五經正義)≫를 지음. |
| | | 二 | 628 | | 안사고(顔師古), ≪한서(漢書)≫에 주를 담.<br>현장(玄奘), 인도(印度)에 가서 불전(佛典)을 구함(혹은 629년). |
| | | 三 | 629 | | ≪양서(梁書)≫·≪진서(陳書)≫·≪북제서(北齊書)≫를 편찬함.<br>송찬간포(松贊干布)(?-649), 왕위를 이어받아 라사(拉薩)로 천도하고 토번(吐蕃)을 세움. 그의 재위 중에 도미삼보찰(圖彌三菩札)이 장문(藏文) 자모(字母)을 창제함. |
| | | 四 | 630 | 육덕명(陸德明) 졸(?). | |
| | | 五 | 631 | | 대진사(大秦寺)를 건립함.<br>위징(魏徵), ≪군서치요(群書治要)≫를 올림. |
| | | 八 | 634 | | 아라본(阿羅本), 경교(景敎)(기독교의 일파)를 전함. |
| | | 十 | 636 | 혜능(慧能) 생. | |
| | | 十二 | 638 | 우세남(虞世南) 졸. | |
| | | 十四 | 640 | | 공영달(孔穎達)·안사고(顔師古) 등이 ≪오경정의(五經正義)≫를 편찬함. |
| | | 十五 | 641 | 구양순(歐陽詢) 졸. | |
| | | 十八 | 644 | | 저수량(褚遂良), ≪진서(晋書)≫를 편찬함. |
| | | 十九 | 645 | 안사고(顔師古) 졸. | 현장(玄奘), 인도(印度)에서 귀국하여 ≪대당서역기(大唐西域記)≫를 저술함(완성하여 바친 것은 647년). |
| | | 二十一 | 647 | | 이연수(李延壽), ≪남사(南史)≫·≪북사(北史)≫를 지음. |

| 연호(年號) | | 연대(年代) | 생졸(生卒) | 사사(史事) |
|---|---|---|---|---|
| | 二十二 | 648 | 공영달(孔穎達) 졸. | |
| 고종(高宗)<br>(치(治)) | 영휘(永徽)<br>二 | 651 | | 안사고(顏師古)의 ≪광류정속(匡謬正俗)≫을 자손이 바침. |
| | 四 | 653 | | ≪오경정의(五經正義)≫를 반포함. |
| | 三 | 658 | | 이선(李善), ≪문선주(文選注)≫를 바침. |
| | 五 | 660 | 장작(張鷟) 생. | 백제(百濟) 멸망함. |
| | 용삭(龍朔)<br>一 | 661 | 진자앙(陳子昂)・유지기(劉知幾) 생. | |
| | 인덕(麟德)<br>一 | 664 | 현장(玄奘) 졸. | 현응(玄應)(?-664 이전), ≪일체경음의(一切經音義)≫를 편찬함. |
| | | | | 석(釋) 도선(道宣), ≪대당내전록(大唐內典錄)≫을 지음. |
| | 총장(總章)<br>一 | 668 | | 고구려(高句麗) 멸망함. |
| | 상원(上元)<br>二 | 675 | 장욱(張旭) 생. | 석(釋) 도세(道世), ≪법원주림(法苑珠林)≫을 지음. |
| | 의봉(儀鳳)<br>一 | 676 | | 이현(李賢), ≪후한서주(後漢書注)≫를 완성함. |
| | 二 | 677 | | 장손납언(長孫訥言), ≪절운전주(切韻箋注)≫를 완성함. |
| 중종(中宗)<br>(현(顯)) | 사성(嗣聖)<br>一 | 684 | | |
| 무후(武后) | 광택(光宅)<br>一 | 684 | | 칙천무후(則天武后), 정권을 장악함. |
| **주(周)** | | | | |
| 칙천제(則天帝)<br>(조(曌)) | 천수(天授)<br>一 | 690 | | 국호를 주(周)로 바꾸고, 성신황제(聖神皇帝)라고 칭하고, 예종(睿宗)단(旦)을 황사(皇嗣)라고 함. 이즈음 칙천무후(則天武后)가 "조(曌)"(조(照) : 자신의 이름)・"국(圀)"(국(國)) 등 신자(新字) 20자를 만듬. |
| | 성력(聖曆)<br>一 | 698 | | 대조영(大祚榮), 발해(渤海)를 건국함. |
| | 대족(大足)<br>一 | 701 | 이백(李白)・왕유(王維) 생. | |
| 중종(中宗) | 신룡(神龍)<br>一 | 705 | 칙천무후(則天武后) 졸.<br>불공(不空) 생. | 무후 때, 안원손(顏元孫)이 ≪간록자서(干祿字書)≫을 지음. |
| | 二 | 706 | | 왕인구(王仁昫), ≪간류보결절운(刊謬補缺切韻)≫ 완성됨. |
| | 경룡(景龍)<br>二 | 708 | 안진경(顏眞卿) 생. | 수문관(修文館) 학사(學士)를 둠.<br>노자(老子)의 ≪도덕경≫을 돌에 새김. |
| 현종(玄宗) | 선천(先天) | 712 | 두보(杜甫) 생. | |

| 연호(年號) | | 연대(年代) | 생졸(生卒) | 사사(史事) |
|---|---|---|---|---|
| (융기(隆基)) | 一 | | | |
| | 개원(開元) 一 | 713 | 혜능(慧能) 졸. | |
| | 二 | 714 | 안원손(顔元孫) (?) 졸. | |
| | 六 | 718 | | ≪오신주문선(五臣注文選)≫을 완성함. |
| | 八 | 720 | | 현종(玄宗), ≪어주효경(御注孝經)≫을 완성함. |
| | 九 | 721 | 유지기(劉知幾) 졸. | |
| | 十三 | 725 | 회소(懷素) 생(일설 737). | |
| | 二十八 | 740 | 장작(張鷟) 졸. | |
| | 천보(天寶) 三 | 744 | | 이백(李白)과 두보(杜甫), 처음으로 낙양(洛陽)에서 만남. |
| | 六 | 747 | | 고선지(高仙芝), 총령(蔥嶺)을 넘어 소발률(小勃律)을 평정함. |
| | 十 | 751 | | 손면(孫愐), ≪당운(唐韻)≫ 완성됨. |
| | 十四 | 755 | | 안록산(安祿山)의 난(亂). |
| | 十五 | 756 | 고선지(高仙芝) 졸. | |
| 숙종(肅宗) (형(亨)) | 상원(上元) 二 | 761 | 왕유(王維) 졸. | |
| 대종(代宗) (예(豫)) | 보응(寶應) 一 | 762 | 이백(李白) 졸. | |
| | 광덕(廣德) 一 | 763 | | 안사(安史)의 난(亂)을 평정함. |
| | 二 | 764 | | 안진경(顔眞卿), <쟁좌위고(爭坐位稿)>. |
| | 대력(大曆) 五 | 770 | 두보(杜甫) 졸. | |
| | 九 | 774 | 불공(不空) 졸. | |
| | 十一 | 776 | | 장삼(張參), ≪오경문자(五經文字)≫를 지음. |
| | | | | 대력(大曆) 연간(766-779), 이양빙(李陽氷)이 ≪설문(說文)≫을 멋대로 고침. |
| 덕종(德宗) (괄(适)) | 흥원(興元) 一 | 784 | 안진경(顔眞卿) 졸. | |
| | 정원(貞元) 一 | 785 | 회소(懷素) 졸(일설 799). | |
| | | | | 대종(代宗)(763-779) · 덕종(德宗) (780-804) 때, 이주(李舟)가 ≪절운(切韻)≫을 지음. |
| 헌종(憲宗) (순(純)) | 원화(元和) 二 | 807 | | 혜림(慧琳)(737-820), ≪일체경음의(一切經音義)≫를 완성함. |

| 연호(年號) | | 연대(年代) | 생졸(生卒) | 사사(史事) |
|---|---|---|---|---|
| 문종(文宗)(앙(昻)) | 개성(開成) 二 | 837 | | 10월, 국자감(國子監) 석경(石經)(일명 개성(開成) 석경)이 완성됨(태화(泰和) 7년(833)에 시작됨). 12경과 장삼(張參)이 지은 ≪오경문자(五經文字)≫(766년)와 이 해에 당현도(唐玄度)가 지은 ≪신가구경자양(新加九經字樣)≫을 해서(楷書)로 새겨 장안(長安)의 태학(太學)에 둠. |
| 무종(武宗)(염(炎)) | 회창(會昌) 五 | 845 | | 도교(道敎) 이외의 종교를 금함(회창(會昌)의 배불(排佛)). |
| 희종(僖宗)(현(儇)) | 건부(乾符) 一 | 875 | | 황소(黃巢)의 난(亂). |
| 소종(昭宗)(엽(曄)) | 건녕(乾寧) 三 | 896 | | 이 이전, 수온(守溫)이 30자모(字母)를 창제하였고 후에 송인이 36자모로 증가시킴. |
| **오대(五代)** | | | | |
| **후량(後梁)** | | | | |
| 태조(太祖)(주온(朱溫)) | 개평(開平) 二 | 908 | 사공도(司空圖) 졸. | |
| 말제(末帝)(우정(友貞)) | 정명(貞明) 二 | 916 | 서현(徐鉉) 생. | |
| | 六 | 920 | 서개(徐鍇) 생. | 요(遼) 신책(神冊) 5년, 태조(太祖) 야율아보기(耶律阿保機)가 돌려불(突呂不)·노불고(魯不古)에 명하여 한인(漢人)들의 협조 아래 한자의 필획(筆劃)을 증감하거나 혹은 직접 한자를 차용하여 거란(契丹) 문자를 창제하게 하였는데, 이것을 대자(大字)라고 하며 표의(表意) 문자에 속함. 소자(小字)는 일명 소간자(小簡字)로, 아보기의 아우 질랄(迭剌)이 요 천현(天顯) 원년(926)에 회골문(回鶻文)을 참조하고 대자와 한자의 형체·필획을 이용하여 창제한 것으로 음절-음소 유형의 표음 문자에 속함. |
| **후당(後唐)** | | | | |
| 장종(莊宗)이존욱(李存勖) | 동광(同光) 三 | 925 | 이방(李昉) 생. | |
| 명종(明宗)(사원(嗣源)) | 천성(天成) | 926 | | 거란(契丹) 요태조(遼太祖)(야율아보기(耶律阿保機)) 천현(天顯) 원년, 발해(발해) 멸망당함. |
| | 장흥(長興) 三 | 932 | 형병(邢昺) 생. | 구경(九經) 인판(印板)을 새기기 시작, 이것이 각판(板刻) 인쇄의 효시임. |
| **후진(後晋)** | | | | |
| 고조(高祖)(석경당(石敬瑭) | 천복(天福) 一 | 936 | | |
| **후진(後漢)** | | | | |
| 고조(高祖)(유지원(劉知遠)) | 천복(天福) 一 | 947 | | |

| 연호(年號) | 연대(年代) | 생졸(生卒) | 사사(史事) |
|---|---|---|---|
| **후주(後周)** | | | |
| 태조(太祖)(곽위(郭威)) 광순(廣順) 一 | 951 | | 후촉(後蜀) 맹창(孟昶)(934-965 재위) 광정(廣政) 14년, 석경(石經)을 새기고 송대에 보각(補刻)하여 성도부(成都府) 학당(學堂)에 둠. 내용은 10경으로, 촉석경(蜀石經)이라 부름. |
| 二 | 952 | | 남당(南唐) 보대(保大) 10년, 승려 정(靜)・균(均)이 ≪조당집(祖堂集)≫을 편찬함. |
| 三 | 953 | | 구경(九經) 판(版) 완성됨. |
| **북송(北宋)** | | | |
| 태조(太祖)(조광윤(趙匡胤)) 건덕(乾德) 三 | 962 | 손석(孫奭) 생. | |
| 개보(開寶) 七 | 974 | 서개(徐鍇) 졸. | 설거정(薛居正), ≪(구)오대사((舊)五代史)≫를 완성함.<br>서개(徐鍇), 생전에 ≪설문해자계전(說文解字繫傳)≫ 40권을 완성함. |
| 태종(太宗)(경(炅)) 태평흥국(太平興國) 二 | 977 | 곽충서(郭忠恕)(?-) 졸. | 곽충서, ≪패휴(佩觿)≫・≪한간(汗簡)≫를 지음. |
| 六 | 981 | | ≪태평광기(太平廣記)≫를 완성함. |
| 八 | 983 | | ≪태평어람(太平御覽)≫을 편수시킴.<br>악사(樂史), ≪태평환우기(太平寰宇記)≫를 완성함(?). |
| 옹희(雍熙) 二 | 986 | | 서현(徐鉉), 조명(詔命)을 받들어 ≪설문해자≫를 교정하여 간행함(이른바 대서본(大徐本)). |
| 四 | 987 | | 요(遼) 성종(聖宗) 통화(統和) 3년, 승려 희린(希麟), ≪속일체경음의(續一切經音義)≫를 편찬함. |
| 순화(淳化) 一 | 990 | 정도(丁度) 생. | |
| 二 | 991 | 서현 (徐鉉) 졸. | |
| 지도(至道) 二 | 996 | 이방(李昉) 졸. | |
| 三 | 997 | | 요(遼) 성종(聖宗) 통화(統和) 15년, 승(僧) 행균(行均)이 ≪용감수감(龍龕手鑑)≫(원명은 ≪용감수경(龍龕手鏡)≫)을 공표함. |
| 진종(眞宗)(항(恒)) 함평(咸平) 二 | 999 | | 손석(孫奭)・형병(邢昺)에 명하여 ≪주역(周易)≫(위(魏) 왕필(王弼)・진(晉) 한강백(韓康伯) 주(注), 당(唐) 공영달(孔穎達) 소(疏))・≪모시(毛詩)≫(한(한) 모형(모형) 전(전)・한 정현(정현) 전(箋), 당 공영달 소)・≪상서(尙書)≫(한 공안국(孔安國) 전(傳), 당 공영달 소)・≪좌전(左傳)≫(진 두예(두예) 집해(集解), 당 공영달 소)・≪예기정의(禮記正義)≫(한 정현(鄭玄) 주, 당 공영달 |

| 연호(年號) | | 연대(年代) | 생졸(生卒) | 사사(史事) |
|---|---|---|---|---|
| | | | | 소) 외에 ≪주례(周禮)≫(한 정현 주, 당 가공언(賈公彦) 소)·≪의례(儀禮)≫(한 정현 주, 당 가공언(賈公彦) 소)·≪공양(公羊)≫(한 하휴(何休) 해고(解詁), 당 서언(徐彦) 소)·≪곡량춘추전(穀梁春秋傳)≫(진 범녕(范甯) 주, 당 양사훈(楊士勛) 소)·≪효경(孝經)≫(당 현종(玄宗) 어주(御注), 송 형병 소)·≪논어(論語)≫(위 하안(何晏) 집해(집해), 송 형병 소)·≪이아(爾雅)≫(진 곽박(郭璞) 주, 송 형병 소) 등의 의소(義疏)를 교정하게 하고, ≪맹자(孟子)≫(한 조기(趙岐) 주, 송 손석 소)를 "경(經)"에 넣어 모두 십삼경(十三經)을 이룸. |
| | 四 | 1001 | | 주현(州縣) 학교(學校)에 구경(九經)을 반포. |
| | 五 | 1002 | | ≪삼국지(三國志)≫ 간행됨. |
| | 경덕(景德) 一 | 1004 | | 도원(道原), ≪경덕전등록(景德傳燈錄)≫을 완성함. |
| | 四 | 1007 | 구양수(歐陽修) 생. | 진팽년(陳彭年)(961-1017)·구옹(丘雍) 등이 칙명(勅命)을 받들어 ≪절운(切韻)≫을 교정(校定)하고 1008년 ≪대송중수광운(大宋重修廣韻)≫으로 개명하고 1011년 중수(重修)한 책이 완성되어 반행(頒行)함. |
| | 대중상부(大中祥符) 三 | 1010 | 형병(邢昺) 졸. | |
| | 六 | 1013 | | 진팽년(陳彭年) 등이 ≪옥편(玉篇)≫을 중수(重修)함(≪대광익회옥편(大廣益會玉篇)≫). |
| | 천희(天禧) 三 | 1019 | 사마광(司馬光) 생. | |
| | 五 | 1021 | 왕안석(王安石) 생. | |
| 인종(仁宗) (정(禎)) | 천성(天聖) 九 | 1031 | 심괄(沈括) 생. | |
| | 명도(明道) 二 | 1033 | 손석(孫奭) 졸. | |
| | 경우(景祐) 三 | 1036 | 소식(蘇軾) 생. | 야리인영(野利仁榮), 서하문(西夏文)을 창제함. |
| | 四 | 1037 | | 정도(丁度) 등이 칙명을 받들어 ≪예부운략(禮部韻略)≫을 엮음. |
| | 보원(寶元) 二 | 1039 | 소철(蘇徹) 생. | 정도(丁度), ≪집운(集韻)≫ 간행됨.<br>정도, ≪유편(類篇)≫을 편찬함(1067년 완성). |
| | 강정(康定) 一 | 1040 | 여대림(呂大臨) 생. | |
| | 경력(慶曆) 二 | 1042 | 육전(陸佃) 생. | |

| 연호(年號) | | 연대(年代) | 생졸(生卒) | 사사(史事) |
|---|---|---|---|---|
| | 황우(皇祐)五 | 1053 | 정도(丁度) 졸. | |
| | 가우(嘉祐)五 | 1060 | | 7월에 ≪신당서(新唐書)≫를 편찬함. |
| | 六 | 1061 | | 석경(石經)을 완성함(경력(慶曆) 원년(1040)에 시작됨). 전서(篆書)와 해서(楷書)의 두 자체(字體)로 내용은 11경임. 북송석경(北宋石經)이라 부름. |
| 영종(英宗)(서(曙)) | 치평(治平)三 | 1066 | | 사마광(司馬光)・왕수(王洙) 등이 칙명을 받들어 ≪유편(類篇)≫을 엮음. |
| 신종(神宗)(욱(頊)) | 희녕(熙寧)二 | 1069 | | 왕안석(王安石), 신법(新法)을 시행함. |
| | 四 | 1071 | | 과거(科擧) 제도를 개정하여 경의(經義)로써 인재(人材)를 등용함. |
| | 五 | 1072 | 구양수(歐陽修) 졸. | |
| | 十 | 1077 | 소옹(邵雍) 졸. | 소옹, ≪황극경세서성음도(皇極經世書聲音圖)≫를 지음. |
| | 원풍(元豐)二 | 1080 | | 왕안석(王安石), ≪자설(字說)≫ 완성함. |
| | 五 | 1082 | | 여대방(呂大防), ≪고문상서(古文尙書)≫ 간행됨. |
| | 六 | 1083 | | |
| | 七 | 1084 | | 사마광(司馬光), ≪자치통감(資治通鑑)≫을 올림. |
| 철종(哲宗)(후(煦)) | 원우(元祐)一 | 1086 | 사마광(司馬光)・왕안석(王安石) 졸. | 사마광(司馬光), ≪절운지장도(切韻指掌圖)≫를 정리함. |
| | 四 | 1089 | | 경의(經義)와 시부(詩賦)로 인재를 등용함. |
| | 七 | 1092 | 여대림(呂大臨) 졸. | 여대림(呂大臨), ≪고고도(考古圖)≫를 완성함. |
| | 소성(紹聖)二 | 1095 | 심괄(沈括) 졸. | 심괄(沈括)의 ≪몽계필담(夢溪筆談)≫ 완성됨. 이 책에서 왕자소(王子韶)(자 성미(聖美))의 "우문설(右文說)"을 소개함. |
| 휘종(徽宗)(길(佶)) | 건중정국(建中靖國)一 | 1101 | 소식(蘇軾) 졸. | |
| | 二 | 1102 | 육전(陸佃) 졸. | |
| | 숭녕(崇寧)三 | 1104 | 정초(鄭樵) 생. | |
| | 정화(政和)三 | 1113 | | ≪오경신의(五經新義)≫를 반포함. |
| | 선화(宣和)一 | 1119 | | 금(金), 완안희윤(完顔希尹)이 여진(女眞) 문자를 창제함. |
| | 六 | 1124 | | 오역(吳域)이 ≪운보(韻補)≫를 지어 고운(古韻) |

| 연호(年號) | | 연대(年代) | 생졸(生卒) | 사사(史事) |
|---|---|---|---|---|
| | | | | 을 9부(部)로 나눔. 정상(鄭庠)의 《고음변(古音辨)》은 고운을 6부로 나눔. 이 2책은 고운(古韻) 분부(分部)의 시초임. |
| | 七 | 1125 | | 육전(陸佃), 《비아(埤雅)》(아들 육재(陸宰)의 서(序)). |
| **남송(南宋)** | | | | |
| 고종(高宗)<br>(구(構)) | 건염(建炎)<br>四 | 1130 | 주희(朱熹) 생. | |
| | 소흥(紹興)<br>六 | 1136 | 나원(羅願) 생. | |
| | 八 | 1138 | | 금(金), 여진(女眞) 소자(小字)를 반행(頒行)함. |
| | 十三 | 1143 | | 태학(太學)에 석경(石經)을 건립함. |
| | 十四 | 1144 | | 설상공(薛尙功), 《역대종정이기관지법첩(歷代鐘鼎彝器款識法帖)》 각석(刻石)함. |
| | 十六 | 1146 | | 어서석경(御書石經)을 완성함. |
| | 三十 | 1160 | | 사소(史炤), 《자치통감석문(資治通鑑釋文)》(소흥(紹興) 30년의 서(序)). |
| | 三十一 | 1161 | | 《운경(韻鏡)》 간행됨. |
| | 三十二 | 1162 | 정초(鄭樵) 졸. | 정초(鄭樵), 《통지(通志)》 간행함, 그중에 <육서략(六書略)>·<칠음략(七音略)>이 있음. |
| 효종(孝宗)<br>(신(昚)) | 건도(乾道)<br>一 | 1166 | | 홍괄(洪适), 《예석(隸釋)》이 완성됨. |
| | 六 | 1170 | | 진규(陳騤), 《문칙(文則)》 완성됨. |
| | 순희(淳熙)<br>一 | 1174 | | 나원(羅願), 《이아익(爾雅翼)》을 완성함(간행은 탁종(度宗) 함순(咸淳) 6년, 1270). |
| | 四 | 1177 | | 석경(石經)을 완성함(소흥(紹興) 5년(1135)에 시작됨). 내용은 7경으로 고종(高宗)이 쓰고 헌성황후(憲聖皇后)가 행서(行書)로 계속함. 생송석경(南宋石經)이라 부름.<br>주희(朱熹), 《논어집주(論語集注)》·《맹자집주(孟子集注)》를 편찬함. |
| | 十一 | 1184 | 나원(羅願) 졸. | |
| | 十六 | 1189 | | 주희(朱熹), 《대학장구(大學章句)》·《중용장구(中庸章句)》를 편찬함. |
| 녕종(寧宗)<br>(확(擴)) | 경원(慶元)<br>六 | 1200 | 주희(朱熹) 졸. | |
| | 가태(嘉泰)<br>四 | 1203 | | 《사성등자(四聲等子)》가 완성됨.<br>《절운지장도(切韻指掌圖)》 초간(初刊)됨. |
| | 가정(嘉定)<br>一 | 1208 | | 금(金) 장종(章宗) 태화(泰和) 8년, 한도소(韓道昭)의 《편해(篇海)》가 간행됨.<br>한도소, 《오음집운(五音集韻)》 완성됨(간행은 숭경(崇慶) 원년, 1212). |

| 연호(年號) | | 연대(年代) | 생졸(生卒) | 사사(史事) |
|---|---|---|---|---|
| | 十六 | 1223 | 왕응린(王應麟) 생. | |
| 리종(理宗)(윤(昀)) | 소정(紹定) 二 | 1229 | | 왕문욱(王文郁), ≪평수운략(平水韻略)≫(일명 ≪신간운략(新刊韻略)≫) 간행됨. |
| | 단정(端正) 二 | 1235 | 파스파(八思巴)('Phags-pa) 생. | |
| | 순우(淳祐) 九 | 1252 | | 유연(劉淵), ≪임자신간예부운략(壬子新刊禮部韻略)≫ 간행됨. |
| 탁종(度宗)(기(禥)) | 함순(咸淳) 五 | 1269 | | 원(元) 세조(世祖) 지원(至元) 6년 홀필렬(忽必烈)이 파스파(八思巴)에 명하여 창제한 파스파자(八思巴字)를 반행함. "방체자(方體字)" 혹은 "몽고신자(蒙古新字)"·"몽고자(蒙古字)"·"몽고국서(蒙古國書)"·"원국서(元國書)"라고도 함. |
| | 六 | 1270 | | 여정덕(黎靖德), ≪주자어류(朱子語類)≫를 완성함. |
| **원(元)** | | | | |
| 세조(世祖)(기악온홀필렬(奇渥溫忽必烈)) | 지원(至元) 十四 | 1277 | 주덕청(周德淸) 생. | |
| | 十六 | 1279 | 파스파(八思巴) 졸. | 송(宋) 멸망함. |
| | 十九 | 1282 | 문천상(文天祥) 졸. | |
| | 二十四 | 1287 | 호삼성(胡三省) 졸. | 호삼성, ≪자치통감주(資治通鑑注)≫. |
| | 三十 | 1292 | | 1269-1292, ≪몽고자운(蒙古字韻)≫이 세상에 나옴. 이 이전에, 황공소(黃公紹)의 ≪고금운회(古今韻會)≫ 완성됨. |
| 성종(成宗)(철목이(鐵穆耳)) | 원정(元貞) 二 | 1296 | 왕응린(王應麟) 졸. | |
| | 三 | 1297 | | 웅충(熊忠), ≪고금운회거요(古今韻會擧要)≫ 완성됨. |
| 무종(武宗)(해산(海山)) | 지대(至大) 二 | 1309 | | 왕구(王構)(1246?-1309), ≪수사감형(修辭鑑衡)≫. |
| 인종(仁宗)(애육려발력팔달(愛育黎拔力八達)) | 연우(延祐) 七 | 1320 | | 대동(戴侗), ≪육서고(六書故)≫ 간행됨. |
| 영종(英宗)(석덕팔랄(碩德八剌)) | 지치(至治) 一 | 1321 | 유숭(劉崧) 생. | |
| 태정제(泰定帝)(야손철목아(也孫鐵木兒)) | 태정(泰定) 一 | 1324 | | 주덕청(周德淸), ≪중원음운(中原音韻)≫ 완성됨(정본(定本)은 1333년 간행됨). 노이위(盧以緯), ≪어조(語助)≫ 완성됨. 가정(嘉靖)(1522-66) 간행본과 1592년 호문환(胡文煥) <서(序)> 본(≪신각조어사(新刻助語辭)≫라 개명함)이 전함. |
| 순제(順帝)(타 | 지원(至元) | 1336 | | 유감(劉鑑), ≪경사정음절운지남(經史正音切韻 |

| 연호(年號) | | 연대(年代) | 생졸(生卒) | 사사(史事) |
|---|---|---|---|---|
| 환첩목이(妥懽帖睦爾)) | 二 | | | 指南)≫ 완성함. |
| | 지정(至正) 二十五 | 1365 | 주덕청(周德淸) 졸. | |
| **명(明)** | | | | |
| 태조(太祖)(주원장(朱元璋)) | 홍무(洪武) 六 | 1373 | | 악소봉(樂韶鳳)·송렴(宋濂) 등이 칙명을 받들어 ≪홍무정운(洪武正韻)≫을 엮음(간행은 1375년). |
| 성조(成祖)(체(棣)) | 영락(永樂) 七 | 1409 | | ≪영락대전(永樂大典)≫을 완성함. |
| | 十二 | 1414 | | 호광(胡廣)·양영(楊榮) 등에 명하여 ≪오경대전(五經大全)≫·≪사서대전(四書大全)≫·≪성리대전(性理大全)≫을 편수하게 하여 천하에 반포함. |
| 선종(宣宗)(첨기(瞻基)) | 선덕(宣德) 九 | 1434 | | ≪노걸대언해(老乞大諺解)≫·≪박통사언해(朴通事諺解)≫가 1423-1434년 사이에 최초로 간행됨(1480-1483년 사이에 개정본이 나옴). |
| 영종(英宗)(기진(祁鎭)) | 정통(正統) 七 | 1442 | | 난무(蘭茂), ≪운략이통(韻略易通)≫을 완성함. |
| | 천순(天順) 二 | 1458 | | 과거(科擧)에 팔고문(八股文)을 과(課)함. |
| 헌종(憲宗)(견심(見深)) | 성화(成化) 八 | 1472 | 왕수인(王守仁) 생. | |
| 무종(武宗)(후조(厚照)) | 정덕(正德) 十二 | 1517 | | 조선 최세진(崔世珍), ≪사성통해(四聲通解)≫를 지음. |
| 세종(世宗)(후총(厚熜)) | 가정(嘉靖) 六 | 1527 | 이지(李贄) 생. | 조선 최세진(崔世珍), ≪훈몽자회(訓蒙字會)≫를 지음. |
| | 七 | 1528 | 왕수인(王守仁) 졸. | |
| | 二十 | 1541 | 진제(陳第) 생. | 홍편(洪楩), ≪청평산당화본(淸平山堂話本)≫ 완성함. |
| | 二十一 | 1542 | 최세진(崔世珍)(?-) 졸. | |
| | 四十三 | 1564 | 장자열(張自烈) 생. | |
| | 四十四 | 1566 | | ≪백회본수호전(百回本水滸傳)≫·≪십삼경주소(十三經注疏)≫가 간행됨. |
| 목종(穆宗)(재후(載垕)) | 융경(隆慶) | 1571 | 귀유광(歸有光) 졸. | |
| 신종(神宗)(익균(翊鈞)) | 만력(萬曆) 十五 | 1587 | | 주모위(朱謀㙔), ≪변아(騈雅)≫를 완성함. |
| | 二十七 | 1599 | | 액이덕니(額爾德尼)와 갈개(噶蓋)가 "노만문(老滿文)"을 창제함. |
| | 二十九 | 1601 | | 진제(陳第), ≪모시고음고(毛詩古音考)≫를 지음. |

| 연호(年號) | | 연대(年代) | 생졸(生卒) | 사사(史事) |
|---|---|---|---|---|
| | 三十三 | 1605 | | 이탈리아 선교사 리마두(利瑪竇)(Matteo Ricci), ≪서자기적(西字奇跡)≫이 중국에서 간행됨. |
| | 三十八 | 1610 | | ≪금병매(金瓶梅)≫. |
| | 三十九 | 1611 | 방이지(方以智) 생. | |
| | 四十一 | 1613 | 고염무(顧炎武) 생. | |
| | 四十三 | 1615 | | 매응조(梅膺祚), ≪자휘(字彙)≫를 지음. |
| | 四十五 | 1617 | 진제(陳第) 졸. | |
| | 四十七 | 1619 | | 만력(萬曆)(1573-1619) 연간, 방이지(方以智), ≪통아(通雅)≫를 완성함(간행은 강희(康熙)(1662-1722) 연간). |
| 희종(熹宗)(유교(由校)) | 천계(天啓)一 | 1621 | | 풍몽룡(馮夢龍), ≪고금소설(古今小說)≫(일명 ≪유세명언(喩世明言)≫) 간행됨. |
| | 二 | 1622 | 황생(黃生)(-?) 생. | 황생(黃生), ≪의부(義府)≫ · ≪자고(字詁)≫를 지음. |
| | 四 | 1624 | | 풍몽룡(馮夢龍), ≪경세통언(警世通言)≫을 편찬함. |
| | 六 | 1626 | | 프랑스 야소회(耶蘇會) 선교사 금니각(金尼閣)(Nicolas Trigault)(1577-1628)(벨기에 출신), ≪서유이목자(西儒耳目資)≫(A Help to Western Scholars)를 항주(杭州)에서 출판함. |
| | 七 | 1627 | | 풍몽룡(馮夢龍), ≪성세항언(醒世恒言)≫을 편찬함. |
| 의종(毅宗) 사종(思宗)(유검(由檢)) | 숭정(崇禎)二 | 1629 | | 심태(沈泰), ≪성명잡극(盛明雜劇)≫ 간행됨. |
| | 五 | 1632 | | 달해(達海), "노만문(老滿文)"을 개진(改進)하여 "신만문(新滿文)"을 창제함. |
| | 十五 | 1642 | | 필공진(畢拱辰), ≪운략회통(韻略匯通)≫을 완성함. |
| | 十六 | 1643 | | 고염무(顧炎武), ≪음학오서(音學五書)≫를 완성함(?). 고운(古韻)을 10부(部)로 나눔. |
| | 十七 | 1644 | | 숭정 말년, 장자열(張自烈), ≪정자통(正字通)≫을 완성함(간행은 1670-1671년). |
| **청(淸)** | | | | |
| 세종(世宗)(애신교라(愛新覺羅) · 복림(福臨) | 순치(順治)三 | 1646 | 풍몽룡(馮夢龍) 졸. | |
| | 五 | 1648 | | 찰아(札亞) · 반지달(班智達)(나목해찰소영(那木海札蘇榮)이라고도 함), 회골식(回鶻式) 몽고문(蒙古文)을 기초로 삼아 고쳐서 탁특몽문(托忒蒙文)을 만듬. |
| | 七 | 1650 | 장자열(張自烈) 졸. | ≪만문역삼국지연의(滿文譯三國志演義)≫를 반포함. |

| 연호(年號) | | 연대<br>(年代) | 생졸(生卒) | 사사(史事) |
|---|---|---|---|---|
| 성조(聖祖)<br>(현엽(玄燁)) | 강희(康熙)<br>二 | 1663 | | 팔고문(八股文)의 공용(公用)을 금함. |
| | 三 | 1664 | | 번등봉(樊騰鳳)(1601-64), 1654-1664년에 ≪오방원음(五方元音)≫을 지음. |
| | 十 | 1671 | 방이지(方以智) 졸. | |
| | 十二 | 1673 | | 1654(순치 11)-1673년 사이에 번등봉(樊騰鳳)이 ≪오방원음(五方元音)≫을 완성함. |
| | 十六 | 1677 | | 서건학(徐乾學), ≪통지당경해(通志堂經解)≫ 간행됨. |
| | 二十 | 1681 | 강영(江永) 생. | |
| | 二十一 | 1682 | 고염무(顧炎武) 졸. | |
| | 二十四 | 1685 | 납란성덕(納蘭成德) 졸. | |
| | 三十六 | 1697 | 혜동(惠棟) 생. | |
| | 三十七 | 1698 | 오옥진(吳玉搢) 생. | |
| | 三十八 | 1699 | | 주이준(朱彝尊), ≪경의고(經義考)≫. |
| | 四十 | 1701 | 오경자(吳敬梓) 생. | |
| | 四十七 | 1708 | 반뢰(潘耒) 졸. | 반뢰(潘耒), ≪유음(類音)≫을 지음. |
| | 四十八 | 1709 | 주이준(朱彝尊) 졸. | |
| | 四十九 | 1710 | | 장옥서(張玉書) 등이 ≪강희자전(康熙字典)≫의 편찬에 착수함. |
| | 五十 | 1711 | | 유기(劉淇), ≪조자변략(助字辨略)≫을 간행함. 장옥서(張玉書) 등이 칙명을 받들어 엮은 ≪패문운부(佩文韻府)≫를 간행하고, 동시에 ≪패문시운(佩文詩韻)≫을 엮음. |
| | 五十四 | 1715 | 포송령(蒲松齡) 졸. 조설근(曹雪芹) 생(?). | |
| | 五十五 | 1716 | | 장옥서(張玉書)·진정경(陳廷敬) 등 칙명(敕命)을 받들어 ≪강희자전(康熙字典)≫을 완성하여 간행함. |
| | 五十六 | 1717 | 노문초(盧文弨) 생. | |
| | 五十七 | 1718 | | 고애길(顧藹吉), ≪예변(隸辨)≫ 간행됨. |
| | 六十一 | 1722 | 강성(江聲) 생. | |
| 세종(世宗)<br>(윤진(胤禛)) | 옹정(雍正)<br>一 | 1723 | 대진(戴震)·양동서(梁同書) 생. | |
| | 二 | 1724 | 기윤(紀昀) 생. | |
| | 三 | 1725 | 정요전(程瑤田) 생. | |
| | 四 | 1726 | | 이광지(李光地)(1642-1718)·왕란생(王蘭生)(1679-1736) 등, ≪음운천미(音韻闡微)≫를 완성함(강희(康熙) 54년(1715)에 칙명을 받들어 편찬을 시작함). |

| 연호(年號) | 연대(年代) | 생졸(生卒) | 사사(史事) |
|---|---|---|---|
| 六 | 1728 | 전대흔(錢大昕) 생. | |
| 八 | 1730 | 필원(畢沅) 생. | |
| 十一 | 1733 | 옹방강(翁方綱) 생 | |
| 十三 | 1735 | 단옥재(段玉裁) 생. | |
| 고종(高宗)(홍력(弘曆)) 건륭(乾隆) 一 | 1736 | 계복(桂馥)·적호(翟灝) 생. | |
| 三 | 1738 | 장학성(章學誠)·임대춘(任大椿) 생. | |
| 五 | 1740 | 최술(崔述) 생. | |
| 六 | 1741 | 손성연(孫星衍) 생. | |
| 七 | 1742 | | 오옥진(吳玉搢), ≪별아(別雅)≫ 간행됨. |
| 八 | 1743 | 소진함(邵晋涵) 생. | |
| 九 | 1744 | 왕념손(王念孫) 생. | |
| 十 | 1745 | | 대진(戴震), <육서론(六書論)>. |
| 十一 | 1746 | 홍량길(洪亮吉) 생. | 오경자(吳敬梓), ≪유림외사(儒林外史)≫. |
| 十二 | 1747 | | 모진(毛晋), ≪급고각판십삼경주소(汲古閣板十三經注疏)≫를 중간(重刊)함.<br>≪통전(通典)≫·≪통지(通志)≫·≪문헌통고(文獻通考)≫를 교간(校刊)함. |
| 十六 | 1751 | 유태공(劉台拱) 생. | ≪황청직공도(皇淸職貢圖)≫의 판각(板刻)을 완성함.<br>1751~1752년, 양시정(梁詩正) 등, ≪서청고감(西淸古鑑)≫. |
| 二十 | 1753 | 손성연(孫星衍) 생. | |
| 二十二 | 1757 | 왕안국(王安國) 졸. | |
| 二十三 | 1758 | 혜동(惠棟) 졸. | |
| 二十六 | 1761 | 강번(江藩) 생. | ≪황조문헌통고(皇朝文獻通考)≫·≪속문헌통고(續文獻通考)≫를 완성함. |
| 二十七 | 1762 | 강영(江永) 졸.<br>엄가균(嚴可均) 생. | 강영(江永), ≪고운표준(古韻標準)≫을 지어 고운을 13부로 나눔. |
| 二十八 | 1763 | 조설근(曹雪芹) 졸(?). | |
| 二十九 | 1764 | 완원(阮元)·초순(焦循) 생. | |
| 三十一 | 1766 | 고광기(顧廣圻)·왕인지(王引之) 생. | |
| 三十八 | 1773 | 오옥진(吳玉搢) 졸. | 사고전서관(四庫全書館)을 개설하고 기윤(紀昀)을 총찬관(總纂官)에임명함. |
| 三十九 | 1774 | | 사고전서(四庫全書)의 활자판(活字板)을 "무영전취진판(武英殿聚珍板)"으로 명명함. |
| 四十一 | 1776 | 호승공(胡承珙)·유봉록(劉逢祿) 생. | 단옥재(段玉裁), ≪육서음운표(六書音均表)≫ 간행됨(일설은 1777년). 고운을 17부(部)로 나눔. |

| 연호(年號) | 연대(年代) | 생졸(生卒) | 사사(史事) |
|---|---|---|---|
| 四十二 | 1777 | | 대진(戴震), ≪방언소증(方言疏證)≫을 완성하고 아울러 <성류표(聲類表)>・<성운고(聲韻考)> 등을 지어 고운(古韻)을 9류(類) 25부(部)로 나눔. |
| 四十七 | 1782 | 마서진(馬瑞辰) 생. | ≪사고전서(四庫全書)≫ 및 ≪사고전서총목제요(四庫全書總目提要)≫ 완성됨. |
| 四十八 | 1783 | | 오문영(吳文英), ≪오하방언고(吳下方言考)≫를 지음. |
| 四十九 | 1784 | 왕균(王筠) 생. | |
| 五十 | 1785 | | 소진함(邵晉涵), ≪이아정의(爾雅正義)≫ 완성됨. |
| 五十一 | 1786 | 김정희(金正喜)・진환(陳奐) 생. | |
| 五十二 | 1787 | | 황생(黃生), ≪자고(字詁)≫・≪의부(義府)≫를 간행하고, 1842년 황승길(黃承吉)이 그 안어(按語)를 지음. |
| 五十三 | 1788 | 적호(翟灝) 졸.<br>주준성(朱駿聲) 생. | 적호(翟灝), ≪통속편(通俗編)≫을 지음. |
| 五十五 | 1790 | | 태학(太學)에 십삼경(十三經)을 석각(石刻)함.<br>왕념손(王念孫), ≪광아소증(廣雅疏證)≫ 완성됨. |
| 五十六 | 1791 | | |
| 五十七 | 1792 | 공자진(龔自珍) 생. | 공광삼(孔廣森), ≪시성류(詩聲類)≫를 간행하여 고운을 양성(陽聲) 9부(部)・음성(陰聲) 9부로 나누고 음양대전(陰陽對轉) 이론을 제기함. |
| 五十九 | 1794 | 노문초(盧文弨) 음. | 석경(石經)을 완성함(건륭(乾隆) 56년(1791)에 시작됨). 내용은 13경임. |
| 六十 | 1795 | | |
| 인종(仁宗)<br>(옹염(顒琰)) 가경(嘉慶) 一 | 1796 | 소진함(邵晉涵) 졸. | 왕념손(王念孫), ≪광아소증(廣雅疏證)≫ 간행됨. |
| 二 | 1797 | 필원(畢沅)(≪속자치통감(續資治通鑑)≫의 저자) 졸. | 왕념손(王念孫), ≪경술문(經義述聞)≫ 초간본 간행됨(1827년 중간본에는 <태세고(太歲考)> 및 <춘추해고(春秋名字解詁)> 2편이 추가됨). |
| 三 | 1798 | | 완원(阮元)・장용당(臧鏞堂), ≪경적찬고(經籍籑詁)≫를 완성하여 간행함.<br>왕인지(王引之), ≪경전석사(經傳釋詞)≫를 완성함(간행은 1819년). |
| 四 | 1799 | 강성(江聲) 졸. | |
| 六 | 1801 | 장학성(章學誠) 졸. | |
| 七 | 1802 | 장혜언(張惠言) 졸. | |
| 九 | 1804 | 전대흔(錢大昕) 졸. | 완원(阮元), ≪적고재종정이기관지(積古齋鐘鼎彝器款識)≫을 간행함.<br>1804-1806년, 전대흔(錢大昕)의 ≪십가재양신록(十駕齋養新錄)≫이 간행되었으며, 그는 "고무경순음(古無輕脣音)"・"고무설상음(古無舌上音)" 설을 제기함. |

| 연호(年號) | | 연대(年代) | 생졸(生卒) | 사사(史事) |
|---|---|---|---|---|
| | 十 | 1805 | 기윤(紀昀)·유태공(劉台拱)·계복(桂馥) 졸. | 전대흔(錢大昕), ≪항언록(恒言錄)≫ 간행됨. 계복(桂馥), ≪설문해자의증(說文解字義證)≫을 완성함(간행은 1852년). |
| | 十二 | 1807 | | 단옥재(段玉裁), ≪설문해자주(說文解字注)≫(1776-1807) 완성됨(간행은 1815년). |
| | 十四 | 1809 | 홍량길(洪亮吉) 졸. | 홍량길, 생전에 ≪비아(埤雅)≫를 지음. |
| | 十五 | 1810 | 진례(陳澧) 생. | 이여진(李汝珍), ≪이씨음감(李氏音鑑)≫이 간행됨. |
| | 十九 | 1814 | 정요전(程瑤田) 졸. 홍수전(洪秀全) 생. | 장금오(張金吾)(1787-1829), ≪광석명(廣釋名)≫을 지음. |
| | 二十 | 1815 | 단옥재(段玉裁)·양동서(梁同書) 졸. | 양동서, ≪직어보증(直語補證≫을 지음(간행 시기 미상). |
| | 二十一 | 1816 | 최술(崔述) 졸. | 완원(阮元), ≪십삼경주소교감기(十三經注疏校勘記)≫를 완성함. |
| | 二十三 | 1818 | 옹방강(翁方綱)·손성연(孫星衍) 졸. 사몽란(史夢蘭) 생. | |
| | 二十五 | 1820 | 초순(焦循) 졸. | 학의행(郝懿行), ≪이아의소(爾雅義疏)≫를 완성함(1796-1820)(1829년의 ≪황청경해(皇淸經解)≫본, 1856년 족본(足本) 등이 있음). |
| 선종(宣宗)(민녕(民寧)) | 도광(道光) 一 | 1821 | 유월(兪樾) 생. | 과재(戈載), ≪사림정운(詞林正韻)≫이 간행됨. |
| | 二 | 1822 | | 완원(阮元), ≪사고미수서목제요(四庫未收書目提要)≫ 간행됨. 학의행(郝懿行), ≪이아의소(爾雅義疏)≫가 완성됨. |
| | | 1829 | 유봉록(劉逢祿) 졸. | 완원(阮元)은 학해당(學海堂)을 설립하고, ≪황청경해(皇淸經解)≫를 간행함. |
| | 十二 | 1832 | 왕념손(王念孫)·호승공(胡承珙) 졸. | 장학성(章學誠), ≪문사통의(文史通義)≫를 간행함. 왕념손(王念孫), ≪독서잡지(讀書雜志)≫ 정편(正編)은 1808년에 간행하기 시작하였고, 여편(餘編)은 그의 아들 왕인지(王引之)가 정리하여 1832년에 간행함. 왕념손은 <고운보(古韻譜)>를 지어 고운(古韻)을 21부(部)로 나눔. |
| | 十四 | 1834 | 왕인지(王引之) 졸. | |
| | 十五 | 1835 | 고광기(顧廣圻) 졸(일설에는 1839년). 오대징(吳大澂) 생. | |
| | 十七 | 1837 | | 왕균(王筠), ≪설문석례(說文釋例)≫ 간행됨. |
| | 十八 | 1838 | | 왕균, ≪문자몽구(文字蒙求)≫ 완성함. |
| | 二十 | 1840 | | 손성연(孫星衍), ≪평진관감장서화기(平津館鑒藏書畵記)≫를 간행함. |
| | 二十一 | 1841 | 공자진(龔自珍) 졸. | |

| 연호(年號) | 연대(年代) | 생졸(生卒) | 사사(史事) |
|---|---|---|---|
| 二十二 | 1842 | 왕선겸(王先謙) 생. | 황승길(黃承吉)(1771-1842), ≪자고의부합안(字詁義府合按)≫을 완성함(간행은 1851년).<br>위원(魏源), ≪성무기(聖武記)≫와 |
| | | 엄가균(嚴可均) 졸. | ≪해국도지(海國圖志≫)를 편찬함. |
| 二十三 | 1843 | 노내선(盧乃宣) 생. | 엄가균, ≪설문성류(說文聲類)≫를 지음. |
| 二十四 | 1844 | 마건충(馬建忠) 생. | 진례(陳澧), ≪절운고(切韻考)≫. |
| 二十五 | 1845 | 손이양(孫詒讓) 생. | |
| 二十八 | 1848 | 완원(阮元) 졸. | |
| 二十九 | 1849 | | 주준성(朱駿聲), ≪설문통훈정성(說文通訓定聲)≫ 간행함(완성은 1833년). |
| | | 피석서(皮錫瑞) 생. | 전대소(錢大昭)(1744-1813), ≪이언(邇言)≫을 초간(初刊)함. |
| 三十 | 1850 | | 왕균(王筠), ≪설문해자구두(說文解字句讀)≫(1841-1850)를 완성함(간행은 1865년). |
| 문종(文宗) (혁저(奕詝)) 함풍(咸豐) 一 | 1851 | 강유고(江有誥)(?-) 졸. | 홍수전(洪秀全), 태평천국(太平天國) 운동 시작함.<br>강유고, ≪강씨운학십서(江氏韻學十書)≫를 지음.<br>전역(錢繹), ≪방언전소(方言箋疏)≫를 완성함. |
| 三 | 1853 | 마서진(馬瑞辰) 졸.<br>왕균(王筠) 졸. | |
| 四 | 1854 | 엄복(嚴復)·노당장(盧戇章)생. | |
| 六 | 1856 | 위원(魏源)·김정희(金正喜) 졸. | |
| 七 | 1857 | 유악(劉鶚) 생. | |
| 八 | 1858 | 주준성(朱駿聲) 졸. | |
| 九 | 1859 | 왕조(王照) 생. | |
| 목종(穆宗) (재순(載淳)) 동치(同治) 一 | 1862 | | 양무운동(洋務運動). |
| 二 | 1863 | 진환(陳奐) 졸. | |
| 三 | 1864 | 홍수전(洪秀全) 졸. | 태평천국(太平天國) 운동 종료함.<br>사몽란(史夢蘭)(1818-98), ≪첩아(疊雅)≫를 편찬함. |
| 五 | 1866 | 나진옥(羅振玉) 생. | 유보생(劉寶枏), ≪논어정의(論語正義)≫가 간행됨.<br>유월(兪樾), ≪제자평의(諸子平議)≫ 간행됨. |
| 六 | 1867 | | 영국 토마스·웨이드(Thomas Wade)(威妥瑪)(1818-95), ≪어언자이집(語言自邇集)≫ 중에서 북경 독서음에 근거하여 제정한 라틴 자모 병음(拼音) 방법을 사용하여 한자에 발음을 달았음. |
| 七 | 1868 | | 유월(兪樾), ≪고서의의거례(古書疑義擧例)≫를 완성함(간행은 1871년). |
| 八 | 1869 | 장병린(章炳麟) 생. | |
| 十二 | 1873 | 양계초(梁啓超) 생. | |

| 연호(年號) | | 연대(年代) | 생졸(生卒) | 사사(史事) |
|---|---|---|---|---|
| 덕종(德宗)(재첨(載湉)) | 광서(光緖)二 | 1876 | 주시경(周時經) 생. | |
| | 三 | 1877 | 왕국유(王國維)·장상(張相) 생. | |
| | 四 | 1878 | 오옥장(吳玉章) 생. | 범인(范寅), ≪월언(越言)≫(1878년 서(序)). |
| | 五 | 1879 | 진덕수(陳獨秀) 생. | |
| | 七 | 1881 | 노신(魯迅)(주수인(周樹人)) 생. | |
| | 八 | 1882 | 진례(陳澧) 졸. · | 진례(陳澧), ≪절운고(切韻考)≫ 간행됨. |
| | 九 | 1883 | | 오대징(吳大澂), ≪설문고주보(說文古籒補)≫ 간행됨(1895년 중각(重刻)됨).<br>노내선(勞乃宣), ≪등운일득(等韻一得)≫. |
| | 十 | 1884 | 유사배(劉師培)·증운건(曾運乾) 생. | |
| | 十一 | 1885 | 양수달(楊樹達) 생. | |
| | 十二 | 1886 | 황간(黃侃)·심겸사(沈兼士) 생. | |
| | 十三 | 1887 | 전현동(錢玄同) 생. | |
| | 十四 | 1888 | | 왕선겸(王先謙), ≪황청경해속편(皇淸經解續編)≫을 완성함. |
| | 十五 | 1890 | 진망도(陳望道) 생. | 왕조(王照), ≪관화합성자모(官話合成字母)≫를 지음. |
| | 十七 | 1891 | 호적(胡適)·유복(劉復) 생. | 송서(宋恕), ≪육재비의(六齋卑議)≫에서 병음(拼音)으로 식자(識字) 교육을 도울 것을 제기함. |
| | 十八 | 1892 | 곽말약(郭沫若)·조원임(趙元任) 생. | 노당장(盧戇章), ≪일목요연초계(一目瞭然初階)≫. |
| | 二十 | 1894 | 육지위(陸志韋)·용경(容庚) 생. | |
| | 二十一 | 1895 | 동작빈(董作賓)·임어당(林語堂) 생. | 변법운동(變法運動). |
| | 二十二 | 1896 | 우성오(于省吾) 생. | |
| | 二十四 | 1898 | 사몽란(史夢蘭) 졸.<br>서중서(徐仲舒) 생. | 엄복(嚴復), ≪천연론(天演論)≫ 번역을 완성함.<br>마건충(馬建忠), ≪마씨문통(馬氏文通)≫.<br>사몽란, ≪연설(燕說)≫을 지음. |
| | 二十五 | 1899 | 마건충(馬建忠) 졸.<br>나상배(羅常培) 생. | 돈황(敦煌) 변문(變文)·경권(經卷)이 대량으로 발견됨.<br>하남성(河南省) 안양현(安陽縣) 소둔촌(小屯村)에서 은허(殷墟) 갑골(甲骨)이 출토됨. 왕의영(王懿榮)(1845-1900)이 갑골문(甲骨文)을 발견함. |
| | 二十六 | 1900 | 왕력(王力)·임한달(林漢達) 생. | |
| | 二十七 | 1901 | 당란(唐蘭) 생. | 왕조(王照), ≪관화합성자모(官話合聲字母)≫. |

| 연호(年號) | 연대(年代) | 생졸(生卒) | 사사(史事) |
|---|---|---|---|
| 二十八 | 1902 | 오대징(吳大澂) 졸.<br>상승조(商承祚) 생. | |
| 二十九 | 1903 | 원가화(袁家驊)·왕정여(王靜如)·잠기상(岑麒祥) 생. | 유악(劉鶚), ≪철운장귀(鐵雲藏龜)≫가 간행됨. |
| 三十 | 1904 | 여숙상(呂叔湘) 생. | 손이양(孫詒讓), ≪계문거례(契文擧例)≫가 완성됨(출판은 1917년).<br>왕국유(王國維), ≪홍루몽평론(紅樓夢評論)≫.<br>임전갑(林傳甲), 최초의 문학사(文學史)인 ≪중국문학사(中國文學史)≫를 완성함. |
| 三十一 | 1905 | 육종달(陸宗達) 생. | 과거(科擧) 제도를 폐지함.<br>손문(孫文), 중국혁명동맹회(中國革命同盟會)를 동경(東京)에서 결성함.<br>손이양(孫詒讓), ≪명원(名原)≫을 지음(간행은 민국초년).<br>피석서(皮錫瑞), ≪경학역사(經學歷史)≫. |
| 三十二 | 1906 | 유월(俞樾) 졸.<br>주유광(周有光) 생. | 장병린(章炳麟), ≪논어언문자지학(論語言文字之學)≫을 발표하여 "소학(小學)"을 어언문자지학(語言文字之學)으로 개명해야 한다고 주장함. |
| 三十三 | 1907 | 굴만리(屈萬里) 생. | |
| 三十四 | 1908 | 손이양(孫詒讓)·피석서(皮錫瑞) 졸. | |
| 선통제(宣統帝)(부의(溥儀)) 선통(宣統) 一 | 1909 | 유악(劉鶚) 졸.<br>정성수(丁聲樹)·허세영(許世瑛) 생. | "제국우전연석회의(諸國郵傳聯席會議)"가 상해에서 거행되어 중국 지명의 표기는 자일즈(Giles, Herbert Allen)(1845-1935)(翟理斯)의 ≪화영자전(華英字典)≫의 라틴 자모 철자법(綴字法)(후에 우정식병음(郵政式拼音)이라고 부름)에 의거할 것을 결정함.<br>노내선, "간자연구회(簡字研究會)"를 발기하고 조직함.<br>청 정부 자정원(資政院)이 개회하여 의원 강겸(江謙)이 "관화(官話)"를 "국어(國語)"라고 이름을 바로잡고 "국어편사위원회(國語編寫委員會)"를 설립하여 편정(編訂)·연구에 책임을 질 것을 제기함.<br>돈황(敦煌) 문서를 북경(北京)에서 공개함. |
| 二 | 1910 | 동동화(董同龢)·손해파(孫海波) 생. | 주시경(周時經), ≪국어문법(國語文法)≫을 발표함.<br>나진옥(羅振玉), ≪은상정복문자고(殷商貞卜文字考)≫을 출판함. |
| 三 | 1911 | 진몽가(陳夢家)·고명개(高明凱)·부무적(傅懋勣)·호후선(胡厚宣)·섭뢰사(葉籟士) 생. | 신해혁명(辛亥革命).<br>"중앙교육회의(中央教育會議)"를 소집·개최하여 ≪통일국어판법안(統一國語辦法案)≫을 통과시킴. |
| **중화민국(中華民國)** | | | |
| 민국(民國) 一 | 1912 | 장정랑(張政烺) 생. | 교육부에 "독음통일회(讀音統一會)"를 설립함. |

| 연호(年號) | 연대(年代) | 생졸(生卒) | 사사(史事) |
|---|---|---|---|
| 二 | 1913 | 마학량(馬學良) 생. | "독음통일회"를 소집·개최하여 한어의 고정 독음(습관상 "노국어(老國語)"라고 부름)과 국어를 병절하는 자모 "주음자모(注音字母)"를 의정(議定)함.<br>나진옥, ≪은허세계(殷墟書契≫(전편(前編)(전4책)를 일본에서 출판함.<br>장병린, ≪문시(文始)≫.<br>호이로(胡以魯), ≪국어학초창(國語學草創)≫. |
| 三 | 1914 | 주시경(周時經) 졸.<br>주조모(周祖謨)·관섭초(管燮初)·정림희(鄭林曦) 생. | 나진옥(羅振玉)·왕국유(王國維), ≪유사추간(流沙墜簡)≫.<br>나진옥, ≪은허서계고석(殷墟書契考釋)≫·≪은허서계정화(殷墟書契菁華)≫. |
| 四 | 1915 | 주법고(周法高) 생. | 진독수(陳獨秀) 주편 ≪신청년(新靑年)≫ 창간함.<br>서원고(徐元誥)·구양부존(歐陽溥存) 등, ≪중화대자전(中華大字典)≫(중화서국(中華書局)).<br>≪사원(辭源)≫(상무인서관(商務印書館)). |
| 五 | 1916 | 왕개운(王闓運) 졸.<br>유민(俞敏)·장례홍(蔣禮鴻) 생. | "중화민국국어연구회(中華民國國語硏究會)"가 성립됨.<br>나진옥, ≪은허서계후편(殷墟書契後編)≫.<br>왕국유(王國維), ≪전수당소장은허문자(戩壽堂所藏殷墟文字)≫ 엮음. |
| 六 | 1917 | 왕선겸(王先謙) 졸.<br>요종이(饒宗頤)·장곤(張琨) 생. | 왕국유, <은복사중소견선공선왕고(殷卜辭中所見先公先王考)>·<은복사중소견선공선왕속고(殷卜辭中所見先公先王續考>·<은주제도론(殷周制度論)>.<br>호적(胡適), ≪신청년≫에 <문학개량추의(文學改良芻議)>를 발표하여 백화문 운동의 공개 신호가 됨.<br>진독수(陳獨秀), ≪신청년≫에 <문학혁명론(文學革命論)>을 발표함. |
| | 1917-19 | | 장병린, ≪국고논형(國故論衡)≫(<성운도(成均圖)>·<고음낭일이뉴귀니설(古音娘日二紐歸泥說)>·<전주가차설(轉注假借設)> 등의 논문이 수록됨). |
| 七 | 1918 | 장지공(張志公)·예해서(倪海曙) 생. | 국가가 "독음통일회"가 제정한 주음자모(注音字母)를 정식으로 공포함.<br>전현동(錢玄同), ≪문자학음편(文字學音篇)≫. 그 속에 황간(黃侃)의 고음(古音) 19뉴(紐)와 고운(古韻) 28부(部) 학설을 서술함.<br>노신(魯迅), <광인일기(狂人日記)>를 ≪신청년(新靑年)≫지에 발표함.<br>용장(龍璋)(1854-1918), ≪소학수일(小學蒐佚)≫(76종)을 편찬함. |
| 八 | 1919 | 유사배(劉師培) 졸. | 교육부 "국어통일주비회(國語統一籌備會)"를 성립시키고 아울러 전국 각 국민학교에 훈령(訓令)하여 "국문(國文)"과(科)를 "국어(國語)"과로 |

| 연호(年號) | 연대(年代) | 생졸(生卒) | 사사(史事) |
|---|---|---|---|
| | | | 고치게 함.<br>≪국음자전(國音字典)≫.<br>장병린(章炳麟), ≪신방언(新方言)≫(1908년에 완성). |
| 九 | 1920 | 주덕희(朱德熙)·이영(李榮)·호유수(胡裕樹) 생. | "전국교육회연합회(全國教育會聯合會)"가 "북경음을 국음(國音)으로 정할"(定北京音爲國音) 것을 주장함.<br>교육부, "보통의 음을 의거한"(普通音爲依據) "국음(國音)"을 추진하여 시행함. |
| 十 | 1921 | 노내선(盧乃宣) 졸. | |
| 十一 | 1922 | | 김조재(金兆梓)(1889-1975), ≪국문법지연구(國文法之硏究)≫.<br>진승택(陳承澤)(1885-1922), ≪국문법초창(國文法草創)≫. |
| 十二 | 1923 | | 국어통일주비회, "국음자전증수위원회(國音字典增修委員會)"를 성립시키고 북경어음을 표준음으로 채용할 것을 결정함("신국음(新國音)"이라고 부름).<br>상승조(商承祚), ≪은허문자류편(殷墟文字類編)≫.<br>당월(唐鉞)(1891-), ≪수사격(修辭格)≫.<br>왕국유(王國維), ≪관당집림(觀堂集林)≫.<br>왕영보(汪榮寶), <가과어우모고독고(歌戈魚虞模古讀考)>를 발표하여 제1차 고음학(古音學) 대변론을 불러일으킴. |
| 十三 | 1924 | | 여금희(黎錦熙), ≪신저국어문법(新著國語文法)≫.<br>유복(劉復), ≪사성실험록(四聲實驗錄)≫. |
| 十四 | 1925 | | 유복(劉復)·조원임(趙元任)·전현동(錢玄同)·여금희(黎錦熙)·왕이(王怡) 등이 "수인회(數人會)"를 조직하여 국어라마자(國語羅馬字)를 의정(議定)함.<br>용경(容庚), ≪금문편(金文編)≫(1985년 제4차 수정본). |
| 十五 | 1926 | | "전국국어운동대회(全國國語運動大會)"에서 "북경어를 표준 국어로 채택하여 정한다"(採定北京語爲標準國語)라고 선포함. |
| 十六 | 1927 | 강유위(康有爲)·왕국유(王國維) 졸. | |
| 十七 | 1928 | | "국어통일주비회"를 "국어통일주비위원회(國語統一籌備委員會)"로 개명함.<br>남경대학원(南京大學院), 유복(劉復)·전현동(錢玄同)·조원임(趙元任) 등이 제정한 국어라마자(國語羅馬字)를 정식으로 공포하고 국음자모제이식(國音字母第二式)으로 정함.<br>양수달(楊樹達), ≪사전(詞詮)≫.<br>정복보(丁福保)(1874-1952) 편 ≪설문해자고림 |

| 연호(年號) | 연대(年代) | 생졸(生卒) | 사사(史事) |
|---|---|---|---|
| | | | (說文解字詁林)≫.<br>조원임, ≪현대 오어(吳語)의 연구≫(現代吳語的硏究)(1935년 재판). |
| | 1928-37 | | 중앙연구원(中央硏究院), 전후 15차에 걸쳐 하남(河南) 안양(安陽) 은허(殷墟)에서 갑골문을 발굴함. |
| 十八 | 1929 | 양계초(梁啓超)·노당장(盧戇章) 졸. | |
| 十九 | 1930 | | 양수달, ≪고등국문법(高等國文法≫.<br>곽말약(郭沫若), ≪갑골문자연구(甲骨文字硏究)≫.<br>나상배(羅常培), ≪하문음계(厦門音系)≫.<br>유복(劉復)·이가서(李家瑞) 공편 ≪송원이래속자보(宋元以來俗字譜)≫ 출판됨. |
| 二十 | 1931 | | 해삼외(海參崴)(블라디보스토크)에서 개최된 "중국문자 라틴화 제1차 대표 대회"(中國文字拉丁化第一次代表大會)에서 <중국의 라틴화 신문자 방안>(中國的拉丁化新文字方案)을 정식으로 통과시킴. |
| 二十一 | 1932 | | 곽말약, ≪양주금문사대계(兩周金文辭大系)≫.<br>진망도(陳望道), ≪수사학발범(修辭學發凡)≫.<br>배학해(裴學海), ≪고서허자집석(古書虛字集釋)≫을 완성함(출판은 1934년).<br>교육부, "신국음(新國音)"을 채용한 ≪국음상용자휘(國音常用字彙)≫를 공포하고 발행함.<br>이방계(李方桂), <절운(切韻) â의 내원>(切韻â的來源)을 발표하여 제2차 고음학 대변론을 불러일으킴. |
| | 1932-33 | | 왕정여(王靜如), ≪서하연구(西夏硏究)≫. |
| 二十二 | 1933 | 왕조(王照) 졸. | 동작빈(董作賓), ≪갑골문단대연구례(甲骨文斷代硏究例)≫.<br>곽말약, ≪복사통찬(卜辭通纂)≫.<br>나진옥(羅振玉), ≪은허서계속편(殷墟書契續編)≫.<br>나상배(羅常培), ≪당오대서북방음(唐五代西北方音)≫.<br>양수달(楊樹達), ≪중국수사학(中國修辭學)≫(1955년 ≪한문문언수사학(漢文文言修辭學)≫으로 개명함).<br>임어당(林語堂), ≪어언학논총(語言學論叢)≫. |
| 二十三 | 1934 | 유복(劉復) 졸. | "대중어운동(大衆語運動)"이 상해에서 일어남.<br>이림찬(李霖燦)·장곤(張琨)·화재(和才) 편 ≪마사상형문자자전(麽些象形文字字典)≫.<br>손해파(孫海波), ≪갑골문편(甲骨文編)≫.<br>곽말약, ≪양주금문사대계도록(兩周金文辭大系圖錄)≫.<br>나상배(羅常培), ≪국음자모여진사(國音字母演進史)≫(1959년 판은 ≪병음자모연진사(拼音字 |

| 연호(年號) | 연대(年代) | 생졸(生卒) | 사사(史事) |
|---|---|---|---|
| | | | 母演進史)≫로 개명함).<br>여금희(黎錦熙), ≪국어운동사강(國語運動史綱)≫.<br>주기봉(朱起鳳), ≪사통(辭通)≫.<br>당란(唐蘭), ≪은허문자기(殷墟文字記)≫(강의본). |
| | 1934-35 | | 당란(唐蘭), ≪고문자학도론(古文字學導論)≫. |
| 二十四 | 1935 | 황간(黃侃) 졸. | "수두자(手頭字) 추행회(推行會)"가 성립되어 제1비(批) 수두자 300여 개를 선정하고 채원배(蔡元培)·소력자(邵力子)·곽말약(郭沫若) 등 200인과 15가(家) 잡지사가 연명(聯名)으로 <추행수두자연기(推行手頭字緣起)>를 발표함.<br>교육부, "제1비(批) 간체자표(簡體字表)"를 공포하고 1936년 2월에 또 통령(通令)으로 회수함.<br>유복(劉復)·위건공(魏建功)·나상배(羅常培) 편저, ≪십운휘편(十韻彙編)≫.<br>위건공(魏建功), ≪고음계연구(古音系研究)≫.<br>용경(容庚), ≪금문속편(金文續編)≫. |
| 二十五 | 1936 | 장병린(章炳麟)·노신(魯迅) 졸. | 서신성(舒新城) 등 주편(主編), ≪사해(辭海)≫.<br>왕력(王力), ≪중국문법학초탐(中國文法學初探)≫.<br>나상배(羅常培), ≪임천음계(臨川音系)≫.<br>왕력(王力), ≪중국음운학(中國音韻學)≫.<br>조음당(趙蔭堂), ≪중원음운연구(中原音韻研究)≫ 초판됨(1956년 중인).<br>곽말약(郭沫若), ≪양주금문사대계고석(兩周金文辭大系考釋)≫. |
| 二十六 | 1937 | 전현동(錢玄同) 졸. | 나진옥(羅振玉), ≪삼대길금문존(三代吉金文存)≫.<br>호박안(胡樸安), ≪중국문자학사(中國文字學史)≫·≪중국훈고학사(中國訓詁學史))≫.<br>곽말약(郭沫若), ≪은계수편(殷契粹編)≫.<br>중국대사전출판처, ≪국어사전(國語辭典)≫ 출판됨(1945년 제4책으로 완간함). |
| 二十七 | 1938 | | 정복보(丁福保), ≪고전대사전(古錢大辭典)≫. |
| | 1938-43 | | 진망도(陳望道)·방광도(方光燾)(1898-1964)·장세록(張世祿)(1902-91)·부동화(傅東華)(1893-1971) 등 "문법 혁신" 토론을 전개하여, 그 논문이 1943년 중경(重慶) 문율출판사(文聿出版社)의 ≪중국문법혁신논총(中國文法革新論叢)≫ 중에 수록됨. |
| 二十八 | 1939 | | 조원임(趙元任), ≪종상방언기(鍾祥方言記)≫. |
| 二十九 | 1940 | 나진옥(羅振玉) 졸. | 조원임(趙元任)·나상배(羅常培)·이방계(李方桂) 공역, ≪중국음운학연구(中國音韻學研究)≫(칼그렌(Bernhard Karlgren)(1889-1978), 고본한(高本漢), 스웨덴)(프랑스어 원본, 1915-1926년 출판).<br>장정랑(張政烺), <소왕(邵王)의 황정(諻鼎) 및 궤명(簋銘) 고증>(邵王之諻鼎及簋銘考證).<br>이방계(李方桂), ≪용주토어(龍洲土語)≫(이것은 중국 학자의 소수민족 언어 조사의 시초임). |

| 연호(年號) | 연대(年代) | 생졸(生卒) | 사사(史事) |
|---|---|---|---|
| 三十 | 1941 | | 용경(容庚), ≪상주이기통고(商周彝器通考)≫. |
| 三十一 | 1942 | 진독수(陳獨秀) 졸. | 호남(湖南) 장사(長沙) 자탄고(子彈庫)의 초(楚)나라 무덤에서 백서(帛書)를 발견함.<br>여숙상(呂叔湘), ≪중국문법요략(中國文法要略)≫(상책)(중·하책은 1944년 출판).<br>하용(何容), ≪중국문법론(中國文法論)≫. |
| 三十二 | 1943 | | 제패용(齊佩瑢)(1911-61), ≪훈고학개론(訓詁學概論)≫.<br>왕력(王力), ≪중국현대어법(中國現代語法)≫. |
| 三十三 | 1944 | | 왕력(王力), ≪중국어법이론(中國語法理論)≫.<br>채계양(蔡季襄), ≪만주증서고증(晚周繒書考證)≫.<br>부정일(符定一), ≪연면자전(聯緜字典)≫. |
| 三十四 | 1945 | 장상(張相)·증운건(曾運乾) 졸. | 심겸사(沈兼士), ≪광운성계(廣韻聲系)≫.<br>샌프란시스코 회의에서 중국어·영어·프랑스어·러시아어·스페인어의 다섯 가지 문자를 연합국의 정식 어문으로 정함. |
| 三十六 | 1947 | 심겸사(沈兼士) 졸. | 육지위(陸志韋), ≪고음설략(古音說略)≫을 발표함. |
| 三十七 | 1948 | | 동작빈(董作賓), ≪갑골문자갑편(甲骨文字甲編)≫.<br>조원임(趙元任)·정성수(丁聲樹)·양시봉(楊時逢)·오종제(吳宗濟)·동동화(董同龢), ≪호북방언조사보고(湖北方言調査報告)≫.<br>고명개(高明凱), ≪한어어법론(漢語語法論)≫.<br>동동화(董同龢), ≪상고음운표고(上古音韻表稿)≫.<br>육지위(陸志韋), ≪고음설략(古音說略)≫. |
| **중화인민공화국(中華人民共和國)** | | | |
| 三十 | 1949 | | 10월 10일, 중국문자개혁협회가 북경에서 성립됨.<br>당란(唐蘭), ≪중국문자학(中國文字學)≫.<br>동작빈(董作賓), ≪갑골문자을편(甲骨文字乙編)≫.<br>나상배(羅常培), ≪한어음운학도론(漢語音韻學導論)≫(원명 ≪중국음운학도론(中國音韻學導論)≫) 초판. |
| | 1950 | | 5월, 정무원 문화교육위원회에 "학술명사통일공작위원회(學術名詞統一工作委員會)"를 설립함.<br>6월 중국과학원 어언연구소가 북경에서 성립됨.<br>7월 11일과 31일, ≪인민일보≫에 각각 스탈린(斯大林)의 <마르크스 주의의 언어학 중의 문제를 논함>(論馬克斯主義在語言學中的文帝)>(이립삼(李立三) 역)과 <언어학의 몇 가지 문제를 논함>(論語言學的幾個文帝)(제망서(齊望曙)·조보화(曹葆華) 역)이 발표됨.<br>8월, ≪스탈린이 언어학 문제를 논함≫(斯大林論語言學問題)(초영(草嬰) 역)을 출판함.<br>10월, 스탈린의 ≪마르크스 주의와 언어학 문제≫(馬克斯主義與語言學問題)(이립삼(李立三)·조 |

| 연호(年號) | 연대(年代) | 생졸(生卒) | 사사(史事) |
|---|---|---|---|
| | | | 보화(曹葆華) 역).<br>나상배(羅常培), ≪어언여문화(語言與文化)≫.<br>나상배・형경란(邢慶蘭)(공원(公畹): 1914-2004), ≪련산파이어문초탐(蓮山擺彝語文初探)≫을 출판함. |
| | 1951 | | 5월, 중국문자개혁위원회주비회(中國文字改革委員會籌備會)가 북경에서 성립됨.<br>≪인민일보≫에 6월 6일-12월 15일까지 여숙상(呂叔湘)・주덕희(朱德熙)의 ≪어법수사강화(語法修辭講話)≫가 연재됨(단행본은 1952년 12월에 출판됨).<br>육지위(陸志韋), ≪북경화단음사사휘(北京話單音詞詞彙)≫. |
| | 1952 | | 2월 중국문자개혁위원회가 성립됨.<br>7월, ≪중국어문(中國語文)≫(월간)이 북경에서 창간됨.<br>7월에서 1953년 11월까지 "중국과학원 어언연구소 어법소조(語法小組)"의 명의로 ≪어법강화(語法講話)≫가 ≪중국어문≫에 연재됨(1961년 ≪현대한어어법강화(現代漢語語法講話)≫로 개명하여 출판됨. 서명(署名)은 정성수(丁聲樹)・여숙상(呂叔湘)・이영(李榮)・손덕선(孫德宣)・관섭초(管燮初)・부정(傅婧)・황성장(黃盛璋)・진치문(陳治文).<br>이영(李榮), ≪절운음계(切韻音系)≫.<br>호후선(胡厚宣), ≪오십년갑골학논저목(五十年甲骨學論著目)≫.<br>양수달(楊樹達), ≪적미거금문설(積微居金文說)≫. |
| | 1953 | | 10월 22일, ≪중국어문≫에 한어 사류(詞類) 문제의 토론을 전개하여 1955년 7월 한 단락을 고하고 편집부에서 소결(小結)을 냄.<br>장상(張相), ≪시사곡어사회석(詩詞曲語辭匯釋)≫.<br>관섭초(管燮初), ≪은허 갑골각사의 어법 연구≫(殷虛甲骨刻辭的語法研究).<br>장지공(張志公), ≪한어어법상식(漢語語法常識)≫(1959년 수정본).<br>신화사서사(新華辭書社)(주편 : 위건공(魏建功)), ≪신화자전(新華字典)≫(초판)(수정본은 1957년 6월 출판됨). |
| | 1954 | | 1월 20일, 전공(田恭)의 ≪어음학상식(語音學常識)≫이 ≪중국어문≫에 연재가 시작되어 1954년 11월에 끝남(1956년 수정 후에 나상배(羅常培)・왕균(王均)의 명의로 ≪보통어음학강요(普通語音學綱要)≫라고 제목이 바뀌어 출판됨).<br>3월 17일 ≪문자개혁(文字改革)≫ 격주간(≪광명일보(光明日報)≫ 부간(副刊))이 북경에서 창간됨(1958년 10월 20일 정간, 모두 119기에 이름). |

| 연호(年號) | 연대(年代) | 생졸(生卒) | 사사(史事) |
|---|---|---|---|
| | | | 8월, 중산대학 어언학계가 조정되어 북경대학 중문계로 합병됨.<br>12월 23일, 중국문자개혁연구위원회가 중국문자개혁위원회로 개조되어 국무원에 직속, "한어병음방안"을 연구하고 아울러 의정(議定)함.<br>호후선(胡厚宣), ≪전후경진신획갑골집(戰後京津新獲甲骨集)≫.<br>허세영(許世瑛), ≪중국문법강화(中國文法講話)≫가 대만(臺灣)에서 출판됨.<br>장석침(章錫琛), ≪마씨문통교주(馬氏文通校注)≫. |
| | 1955 | | 1월 20일, 중국문자개혁연구위원회 주임 오옥장(吳玉章)이 국무원 전체 회의에서 "한자 정리 문제에 관하여"(關於整理漢字問題)라는 보고를 함.<br>3월 15일, 오옥장이 정치협상회의(政治協商會議)(정협(政協)) 전국위원회에서 <한자 간화 문제에 관하여>(關於漢字簡化問題)라는 보고를 함.<br>4월 19일, 주조모(周祖謨)의 ≪한어사회강화(漢語詞匯講話)≫가 ≪어문학습≫에 연재되기 시작하여 1957년 10월에 끝남.<br>동작빈(董作賓), ≪갑골학오십년(甲骨學五十年≫.<br>중국과학원 어언연구소 편집, ≪방언조사자표(方言調查字表)≫(1964년 수정판). |
| | 1955-56 | | 진몽가(陳夢家), ≪서주동기단대(西周銅器斷代)≫. (1999년 미발표 유고를 정리한 것과 함께 재판됨, 중화서국). |
| | 1955-57 | | 인민교육출판사, 중학 ≪한어(漢語)≫ 과본(課本)(전6책). |
| | 1956 | 양수달(楊樹達) 졸. | 진몽가(陳夢家), ≪은허복사종술(殷墟卜辭綜述)≫.<br>장지공(張志公) 주편, ≪어법과 어법 교학≫(語法和語法教學). |
| | 1957 | | 10월 22일, 보통화심음위원회(普通話審音委員會)가 ≪중국어문≫에 제1비(批) <이독사심음표(초고)(異讀詞審音表(草稿)>와 <본국지명심음표(초고)(本國地名審音表(草稿)>를 발표함(제2비 <이독사심음표(초고)>는 1959년 7월 22일 같은 간행물에 발표됨).<br>안휘(安徽) 수현(壽縣), <악군계절(鄂君季節)> 4매(枚)가 출토됨.<br>하남(河南) 신양(信陽) 장대관(長臺關) 1호 초묘(楚墓)(발굴자는 전국(戰國) 조기라고 정함), 고서의 잔간(≪묵자(墨子)≫의 일편(佚篇) 혹은 ≪신도적(申徒狄)≫이라고도 함)이 출토됨.<br>왕력(王力), ≪한어사고(漢語史稿)≫(상책)(중·하책은 각각 1958년 4월·6월 출판).<br>장병권(張秉權), ≪은허문자병편(殷墟文字丙編)≫ 상집(上集) 일(一)(1972년 상·중·하 3집 6책 완간됨). |

| 연호(年號) | 연대(年代) | 생졸(生卒) | 사사(史事) |
|---|---|---|---|
| | | | 상승조(商承祚). ≪석각전문편(石刻篆文編)≫(1996년 재판).<br>이영(李榮), ≪한어방언조사수책(漢語方言調查手冊)≫. |
| | 1958 | 나상배(羅常培) 졸. | 2월 11일, 제1계(屆) 전국인민대표대회 제5차 회의에서 "한어병음방안(漢語拼音方案)"을 비준하여 공표함.<br>중국문자개혁위원회 사회소조(詞匯小組) 편, ≪한어병음사회(漢語拼音詞匯)≫(초고(草稿)) (1963년 증정고(增訂稿)).<br>잠기상(岑麒祥), ≪어언학사개요(語言學史概要)≫.<br>정성수(丁聲樹), ≪고금자음대조수책(古今字音對照手冊)≫.<br>나상배(羅常培)・주조모(周祖謨), ≪한위남북조운부연변연구(漢魏南北朝韻部演變研究)≫. |
| | 1959 | | 주법고(周法高), ≪중국고대어법(中國古代語法)・칭대편(稱代編)≫ 출판됨(≪중국고대어법・조구편(造句編)≫・≪중국고대어법・구사편(構詞編)≫은 각각 1960년・1962년에 출판됨).<br>요종이(饒宗頤), ≪은대정복인물통고(殷代貞卜人物通考)≫ 홍콩에서 출판됨.<br>장례홍(蔣禮鴻), ≪돈황변문자의통석(敦煌變文字義通釋)≫(1981년 4차 증정본(增訂本)).<br>주조모(周祖謨), ≪한어사회강화(漢語詞匯講話)≫.<br>양동한(梁東漢), ≪한자의 결구 및 그 유변≫(漢字的結構及其流變).<br>예해서(倪海曙), ≪청말한어병음운동(절음자)편년사(清末漢語拼音運動(切音字)運動編年史)≫.<br>감숙(甘肅) 무위(武威) 마취자(馬嘴子) 6호 한묘(漢墓), ≪의례(儀禮)≫ 목간(木簡) 8편・죽간(竹簡) 1편이 출토됨. |
| | 1960 | | 고명개(高明凱), ≪어법이론(語法理論)≫.<br>원가화(袁家驊) 주편, ≪한어방언개요(漢語方言概要)≫(1983년 제2판). |
| | 1961 | | 정성수(丁聲樹) 등, ≪현대한어어법강화(現代漢語語法講話)≫.<br>굴만리(屈萬里), ≪갑골문자갑편고석(甲骨文字甲編考釋)≫.<br>주유광(周有光), ≪한자개혁개론(漢字改革概論)≫. |
| | 1962 | 호적(胡適) 졸. | 북경대학 중국어언문학계 어언학교연실, ≪한어방음자회(漢語方音字匯)≫를 출판함.<br>고명개(高明凱)・석안석(石安石) 주편, ≪어언학개론(語言學概論)≫.<br>왕력(王力) 주편, ≪고대한어(古代漢語)≫(전4책).<br>호유수(胡裕樹) 주편, ≪현대한어≫. |
| | 1963 | 동작빈(董作賓)・동 | ≪보통화이독사삼차심음총표초고(普通話異讀 |

| 연호(年號) | 연대(年代) | 생졸(生卒) | 사사(史事) |
|---|---|---|---|
| | | 동화(董同龢) 졸. | 詞三次審音總表草稿)≫.<br>왕력(王力), ≪한어음운(漢語音韻)≫ 초판.<br>주전복(周殿福)・오종제(吳宗濟) 편저, ≪보통화발음도보(普通話發音圖譜)≫.<br>장궁(張弓)(1899-1983), ≪현대한어수사학(現代漢語修辭學)≫. |
| | 1964 | | ≪간화자총표(簡化字總表)≫ 출판됨.<br>북경대학 중국어언문학계 어언학교연실(語言學教研室), ≪한어방언사회(漢語方言詞匯)≫.<br>≪황간논학잡저(黃侃論學雜著)≫(1980년 4월 수정 중인).<br>사피어(Sapir, Edward, 薩丕爾), 육탁원(陸卓元) 역, ≪어언론(語言論)≫<br>정전(鄭奠)・맥매교(麥梅翹), ≪고한어어법학자료회편(古漢語語法學資料匯編)≫. |
| | 1965 | 고명개(高明凱) 졸. | 1월, 문화부와 중국문자개혁위원회가 ≪인쇄통용한자자형표(印刷通用漢字字形表)≫를 발포함.<br>산서(山西) 후마시(侯馬市) 진국(晉國) 유지(遺址)에서 1천 여 건의 맹서(盟書)가 출토됨(후마맹서(侯馬盟書)라고 부름)(문자가 있는 것은 600여 건에 이름).<br>이효정(李孝定), ≪갑골문자집석(甲骨文字集釋)≫(전14책).<br>조원임(趙元任), ≪중국화적문법(中國話的文法)≫ (A Grammar of Spoken Chinese). |
| | 1966 | 진몽가(陳夢家)・오옥장(吳玉章) 졸. | |
| | 1968 | | 임윤(林尹)・고명(高明) 주편, ≪중문대사전(中文大辭典)≫(전10책) 대만에서 출판됨. |
| | 1970 | 육지위(陸志韋) 졸. | |
| | 1972 | 허세영(許世瑛)・손해파(孫海波)・임한달(林漢達) 졸. | 산동(山東) 임기(臨沂) 은작산(銀雀山) 1호 한묘(漢墓)(무제(武帝)의 조기에 속함), ≪손자(孫子)≫(≪오병법(吳兵法)≫)・≪손빈병법(孫臏兵法)≫(≪제병법(齊兵法≫)・≪육도(六韜)≫・≪안자(晏子)≫・≪울료자(尉繚子)≫・≪태공(太公)≫ 및 논정(論政)・논병(論兵)과 음양(陰陽) 등 일서(佚書)가 출토됨.<br>감숙(甘肅) 무위(武威) 한탄파(旱灘坡) 후한(後漢) 묘, 의방(醫方)이 출토됨. |
| | 1973 | | 하북(河北) 정현(定縣) 팔각랑촌(八角廊村) 40호 전한묘(漢墓), ≪논어(論語)≫・≪문자(文子)≫・≪태공(太公)≫・≪유가자언(儒家者言)≫・≪애공문오의(哀公問五義)≫・≪보부전(保傅傳)≫・≪육안왕조오봉이년정월기거기(六安王朝五鳳二年正月起居記)≫・≪일서(日書)・점복(占卜)≫ 등의 죽간이 출토됨. |

| 연호(年號) | 연대(年代) | 생졸(生卒) | 사사(史事) |
|---|---|---|---|
| | | | 호남(湖南) 장사(長沙) 마왕퇴(馬王堆) 3호 한묘(漢墓), ≪노자(老子)≫(두 종류로, 권전(卷前) 혹은 권후(卷後)에 일서(佚書)가 베껴져 있음)·≪주역(周易)≫(≪역계사(易繫辭)≫와 금본에는 보이지 않는 일전(佚傳)이 덧붙어 있음)·≪춘추사어(春秋事語)≫·≪전국종횡가서(戰國縱橫家書)≫·≪황제서(黃帝書)≫·≪식법(式法)≫·≪오성점(五星占)≫·≪천문기상잡점(天文氣象雜占)≫·≪상마경(相馬經)≫·≪오십이병방(五十二病方)≫·≪도인도(導引圖)≫ 등이 출토됨. |
| | 1974 | | 하북(河北) 평산(平山), 중산왕조(中山王嚳) <호(壺)>·<정(鼎)>·<조역도(兆域圖)> 3기(器)가 출토됨. |
| | 1974-75 | | 주법고(周法高) 주편, 장일승(張日昇)·서지의(徐芷儀)·임결명(林潔明) 편찬, ≪금문고림(金文詁林)≫(전 16책)(≪부록(附錄)≫, 1977; ≪보(補)≫, 1982).<br>호북(湖北) 운몽(雲夢) 수호지(睡虎地) 11호 진묘(秦墓), ≪편년기(編年記)≫·≪어서(語書)≫·≪진률십팔종(秦律十八種)≫·≪효율(效律)≫, ≪진률잡초(秦律雜抄)≫·≪법률답문(法律答問)≫·≪봉진식(封診式)≫·≪위리지도(爲吏之道)≫·≪일서(日書)≫ 등 죽간이 출토됨. |
| | 1976 | 임어당(林語堂) 졸. | |
| | 1977 | 진망도(陳望道) 졸. | 안휘(安徽) 부양(阜陽) 쌍고퇴(雙古堆) 1호 한묘(漢墓), ≪시경(詩經)≫·≪주역(周易)≫·≪창힐편(蒼頡篇)≫·≪장자(莊子)≫·≪연표(年表)≫·≪대사기(大事기)≫·≪잡방(雜方)≫·≪작무원정(作務員程)≫·≪행기(行氣)≫·≪상구경(相狗經)≫·≪사부(辭賦)≫·≪형덕(刑德)≫·≪일서(日書)≫ 등의 죽서가 출토됨.<br>섬서(陝西) 기산현(岐山縣) 봉추촌(鳳鶵村), 주원(周原) 갑골이 출토됨(주(周) 문왕(文王)에서 목왕(穆王)에 이르는 시기의 유물임). |
| | 1978 | 곽말약(郭沫若)·여금희(黎錦熙) 졸. | 11월, 중국고문자학술연구회 장춘(長春)에서 성립됨(회간: ≪고문자연구(古文字研究)≫).<br>북경대학 동어계(東語系) 조선어 교연실, ≪조한사전(朝漢詞典)≫.<br>진망도(陳望道), ≪문법간론(文法簡論)≫.<br>≪현대한어사전≫, 수정 출판됨. |
| | 1979 | 당란(唐蘭)·굴만리(屈萬里) 졸. | 5월, 민족어언학회가 북경에서 성립됨(회장: 부무적(傅懋勣)).<br>사회과학원 어언연구소 사전편집실, ≪한어사전(漢語詞典)≫.<br>우성오(于省吾), ≪갑골문자석림(甲骨文字釋林)≫.<br>여숙상(呂叔湘), ≪한어어법분석문제(漢語語法分析問題)≫. |

| 연호(年號) | 연대(年代) | 생졸(生卒) | 사사(史事) |
|---|---|---|---|
| | 1979-83 | | 곽말약(郭沫若) 주편, 호후선(胡厚宣) 총편집(總編輯), ≪갑골문합집(甲骨文合集)≫(전13책) (중국과학원 역사연구소 편집조 편찬). |
| | 1980 | 원가화(袁家驊)・홍성(洪誠) 졸. | 10월, 중국어언학회 무한에서 성립됨(회장 : 여숙상).<br>왕력(王力), ≪한어사고(하)(漢語史稿(下))≫(고한어사회(古漢語詞匯)) 분책(分冊)).<br>고명(高明), ≪고문자류편(古文字類編)≫.<br>육종달(陸宗達), ≪훈고간론(訓詁簡論)≫.<br>블룸필드(Bloomfield, Leonard, 布龍菲爾德)(미국), 원가화(袁家驊)・조세개(趙世開)・감세복(甘世福) 공역, ≪어언론(語言論)≫.<br>주덕희(朱德熙), ≪현대한어어법연구(現代漢語語法研究)≫.<br>여숙상(呂叔湘) 주편, ≪현대한어팔백사(現代漢語八百詞)≫.<br>정전(鄭奠)・담전기(譚全基), ≪고한어수사학자료회편(古漢語修辭學資料匯編)≫.<br>이방계(李方桂), ≪상고음연구(上古音研究)≫.<br>소쉬르(Saussure, Ferdinand de, 索緒爾) (1857-1913, 스위스), 고명개(高明凱) 역, 잠기상(岑麒祥)・섭비성(葉蜚聲) 교주, ≪보통어언학교정(普通語言學教程)≫.<br>장정랑(張政烺), <주초(周初) 청동기 명문 중의 역괘(易卦)를 시석(試釋)함>(試釋周初青銅器銘文中的易卦). |
| | 1981 | | 왕력(王力), ≪중국어언학사(中國語言學史)≫.<br>관섭초(管燮初), ≪서주금문어법연구(西周金文語法研究)≫.<br>양내사(楊耐思), ≪중원음운음계(中原音韻音系)≫.<br>나복이(羅福頤), ≪고새문편(古璽文編)≫・≪고새회편(古璽匯編)≫.<br>왕우신(王宇信), ≪건국이래갑골문연구(建國以來甲骨文研究)≫.<br>서중서(徐仲舒), ≪한어고문자자형표(漢語古文字字形表)≫.<br>손치추(孫稚雛), ≪금문저록간목(金文著錄簡目)≫(6581건(件) 수록).<br>방시명(方詩銘)・왕수령(王修齡), ≪고본죽서기년집증(古本竹書紀年輯證)≫. |
| | 1982 | 조원임(趙元任) 졸. | 국제 표준화 조직이 "한어병음방안"을 한어 철자(綴字)의 국제 표준으로 승인함.<br>이영(李榮), ≪음운존고(音韻存稿)≫.<br>주덕희(朱德熙), ≪어법강의(語法講義)≫.<br>정림희(鄭林曦), ≪한자 자수 선별의 이론과 실천≫(精簡漢字字數的理論和實踐).<br>장영언(張永言), ≪사회학간론(詞匯學簡論)≫. |

| 연호(年號) | 연대(年代) | 생졸(生卒) | 사사(史事) |
|---|---|---|---|
| | | | 왕력(王力), ≪동원자전(同源字典)≫. |
| | 1983 | 용경(容庚) 졸. | 주조모(周祖謨), ≪당오대운서집존(唐五代韻書集存)≫.<br>황간(黃侃) 저, 황작(黃焯) 편, ≪문자성운훈고필기(文字聲韻訓詁筆記)≫.<br>육종달(陸宗達)·왕녕(王寧) 공저, ≪훈고방법론(訓詁方法論)≫.<br>이신괴(李新魁), ≪중원음운음계연구(中原音韻音系硏究)≫·≪한어등운학(漢語等韻學)≫.<br>임옥산(林玉山), ≪중국어법학사(中國語法學史)≫. |
| | 1983-84 | | 강릉(江陵) 장가산(張家山) 247호 한묘, 한률(漢律)·≪진헌서(秦讞書)≫·≪맥서(脈書)≫·≪인서(引書)≫·≪산수서(算數書)≫·≪합려(闔廬)≫·≪일서(日書)≫·≪장자(莊子)·도척(盜跖)≫ 등의 죽서가 출토됨. |
| | 1983-90 | | 고학힐(顧學頡)·왕학기(王學奇), ≪원곡석사(元曲釋詞)≫(전4책). |
| | 1984 | 우성오(于省吾) 졸. | 9월, 어언문자응용연구소가 북경에 성립됨.<br>주조모(周祖謨), ≪이아교전(爾雅校箋)≫.<br>정자유(鄭子瑜), ≪중국수사학사고(中國修辭學史稿)≫.<br>사회과학원 고고연구소 편, ≪은주금문집성(殷周金文集成)≫(제1책)(1994년 전18책으로 완간됨; 수정증보본, 전8책, 2007년). |
| | 1985 | | 12월 16일, 국무원이 원래의 중국문자개혁위원회를 국가어언문자공작위원회(國家語言文字工作委員會)로 개명할 것을 결정함.<br>장가산(張家山) 336호 한묘(漢墓), 한률(漢律)·≪공령(功令)≫·≪도척(盜跖)≫ 등 죽서가 출토됨.<br>진공(秦公) 집(輯), ≪비별자신편(碑別字新編)≫.<br>왕력(王力), ≪한어어음사(漢語語音史)≫.<br>주덕희(朱德熙), ≪어법답문(語法答問)≫. |
| | 1986 | 왕력(王力) 졸. | 6월 24일, 국무원에서 국가어언문자공작위원회의 ≪<제2차 한자 간화 방안(초안)>을 폐지하는 것과 사회의 용자 혼란 현상을 바로잡는 것에 관한 지시≫(關于廢止<第二次漢字簡化方案(草案)> 和糾正社會用字混亂現象的指示)를 비준(批准)함.<br>당란(唐蘭), ≪서주청동기명문분대사징(西周青銅器銘文分代史徵)≫.<br>장함(張頷), ≪고폐문편(古幣文編)≫.<br>이사경(李思敬), ≪한어"兒"[ə]음사연구(漢語"兒"[ə]音史硏究)≫.<br>곽석량(郭錫良), ≪한자고음수책(漢字古音手冊)≫.<br>감숙(甘肅) 천수(天水) 방마퇴(放馬堆) 1호 진묘 |

| 연호(年號) | 연대(年代) | 생졸(生卒) | 사사(史事) |
|---|---|---|---|
| | | | (秦墓)(전국 만기에 속함), 일서(日書) 등의 죽간이 출토됨. |
| | 1986-90 | | 마승원(馬承源)(1927-2004), ≪상주청동기명문선(商周青銅器銘文選)≫(전4책). |
| | 1987 | | 호남(湖南) 자리(慈利) 석판파(石板坡) 36호 초묘(楚墓)(전국 중기에서 약간 이른 시기), ≪국어(國語)·오어(吳語)≫·≪일주서(逸周書)≫·≪대무(大武)≫·≪녕월자(寧越子)≫ 등의 죽간이 출토됨.<br>중국은상문화학회(中國殷商文化學會) 성립됨(회장 : 호후선(胡厚宣).<br>고명(高明), ≪고문자학통론(古文字學通論)≫.<br>당작번(唐作藩), ≪음운학교정(音韻學教程)≫.<br>중국사회과학원 어언연구소 사전편집실, ≪도서현대한어사전(倒序現代漢語詞典)≫.<br>중국사회과학원·오스트레일리아 인문과학원 공편, ≪중국어언지도집(中國語言地圖集)≫(중국어와 영어의 2종 판본)(1987년과 1990년에 두 차례로 나누어 출판됨). |
| | 1988 | 육종달(陸宗達)·섭성도(葉聖陶)·예해서(倪海曙)·부무적(傅懋勣)·은맹륜(殷孟倫) 졸. | 1월, 국가어언문자공작위원회 한자처에서 공포한 ≪현대한어상용자표(現代漢語常用字表)≫가 출판됨.<br>4월, 국가어언문자공작위원회 한자처가 공포한 ≪현대한어통용자표(現代漢語通用字表)≫가 출판됨.<br>왕력(王力), ≪강희자전음독정오(康熙字典音讀訂誤)≫.<br>구석규(裘錫圭), ≪문자학개요(文字學概要)≫.<br>강람생(江藍生), ≪위진남북조소설사어회석(魏晉南北朝小說詞語匯釋)≫.<br>예스페르센(Jespersen, Otto, 葉斯泊森), 하용(何勇)·하녕생(夏寧生)·사휘(司輝)·장조성(張兆星) 역, ≪어법철학≫. |
| | 1989 | 잠기상(岑麒祥)·정성수(丁聲樹) 졸. | 호북(湖北) 운몽(雲夢) 용강(龍崗) 6호 진묘(秦墓), 진률(秦律) 죽간이 출토됨.<br>요효수(姚孝遂)(1926~1996) 주편, ≪은허갑골각사류찬(殷墟甲骨刻辭類纂)≫(전3책).<br>하림의(何琳儀), ≪전국문자통론(戰國文字通論)≫. |
| | 1990 | 왕정여(王靜如) 졸. | ≪한어대자전(漢語大字典)≫(전8책)(1986- 1990).<br>고명(高明), ≪고도문회편(古陶文匯編)≫. |
| | 1991 | 상승조(商承祚)·서중서(徐仲舒) 졸. | 진건공(陳建功)·서민(徐敏) 편, ≪간독백서자전(簡牘帛書字典)≫.<br>예해서(倪海曙), ≪예해서어문논집(倪海曙語文論集)≫. |
| | 1992 | 주덕희(朱德熙) 졸. | 구석규(裘錫圭), ≪고문자논집(古文字論集)≫. |
| | 1993 | | 강소(江蘇) 연운항(連雲港) 동해(東海) 윤만촌 |

| 연호(年號) | 연대(年代) | 생졸(生卒) | 사사(史事) |
|---|---|---|---|
| | | | (尹灣村) 6호 서한묘(西漢墓), 죽간 ≪신오부(神烏傅)(부(賦))≫·≪박국점(博局占)≫ 등과 목독(木牘)이 출토됨.<br>호북(湖北) 형문(荊門) 곽점(郭店) 1호 초묘(楚墓)(전국 중기에서 약간 늦은 시기), 800지(支)의 죽간이 출토됨(≪노자(老子)≫·≪태일생수(太一生水)≫·≪치의(緇衣)≫·≪노목공문자사(魯穆公問子思)≫·≪오행(五行)≫·≪궁달이시(窮達以時)≫·≪성자명출(性自命出)≫·≪성지문지(成之聞之)≫·≪존덕의(尊德義)≫·≪육덕(六德)≫ 등 유(儒)·도(道) 양가에 관련된 것임. 그밖에 또 ≪어총(語叢)≫ 4조(組)는 백가(百家)의 설을 잡다하게 베낀 것임).<br>사기봉(謝紀鋒) 편찬·유민(俞敏) 감수, ≪허사고림(虛詞詁林)≫. |
| | 1993-98 | | 중국청동기전집편집위원회, ≪중국청동기전집(中國青銅器全集)≫(전15권). |
| | 1994 | 주법고(周法高)·섭뢰사(葉籟士) 졸. | 상해박물관, 홍콩(香港)에서 전국 죽간(1200여 지(支))을 도로 구입함(호북(湖北) 형문(荊門) 일대에서 나온 것이라고 함). ≪주역(周易)≫·≪치의(緇衣)≫·≪무왕천조(武王踐阼)≫·≪자고(子羔)≫·≪공자한거(孔子閑居)≫·≪팽조(彭祖)≫·≪악례(樂禮)≫·≪증자(曾子)≫·≪부(賦)≫·≪자로(子路)≫·≪항선(恒先)≫·≪조말지진(曹沫之陳)≫·≪부자답사류문(夫子答史蒥問)≫·≪사제이왕(四帝二王)≫·≪증자립효(曾子立孝)≫·≪안연(顏淵)≫·≪악서(樂書)≫ 등. |
| | 1995 | 호후선(胡厚宣)·주조모(周祖謨)·장례홍(蔣禮鴻)·정림희(鄭林曦) 졸. | |
| | 1996 | | 우성오(于省吾) 주편·요효수(姚孝遂) 안어편찬(按語編撰), ≪갑골고림(甲骨詁林)≫(전4책).<br>이학근(李學勤)·팽유상(彭裕商), ≪은허갑골분기연구(殷墟甲骨分期研究)≫. |
| | 1997 | 장지공(張志公) 졸. | 비금창(費錦昌) 주편, 왕범(王凡)·사려영(史麗榮)·유신진(劉新珍)·이익(李弋)·팽비(彭非) 등 편사(編寫), ≪중국어문현대화백년기사(中國語文現代化百年記事)≫.<br>풍증(馮蒸), ≪한어음운학논문집(漢語音韻學論文集)≫. |
| | 1998 | 여숙상(呂叔湘) 졸. | |
| | 1999 | 마학량(馬學良) 졸. | 호남(湖南) 원릉현(沅陵縣) 성관진(城關鎭) 호계산(虎溪山)(전한 조기), ≪미식방(美食方≫·≪일서(日書)≫ 등이 출토됨. |

| 연호(年號) | 연대(年代) | 생졸(生卒) | 사사(史事) |
|---|---|---|---|
| | | | 호후선(胡厚宣) 주편, 왕우신(王宇信)・양승남(楊升南) 총심교(總審校), ≪갑골문합집석문(甲骨文合集釋文)≫(전4책).<br>팽방형(彭邦炯)・사제(謝濟)・마계범(馬季凡), ≪갑골문합집보편(甲骨文合集補編)≫(전7책).<br>왕우신(王宇信)・양승남(楊升南) 주편, ≪갑골학일백년(甲骨學一百年)≫・≪백년갑골학논저목(百年甲骨學論著目)≫. |
| | 2000 | 관섭초(管燮初) 졸. | 9월 15일, "하상주(夏商周) 단대(斷代) 공정(工程)"이 검수(檢收) 통과됨.<br>11월 9일, ≪하상주년표(夏商周年表)≫ 공포됨.<br>호북(湖北) 수주(隨州) 공가파(孔家坡))(전한 초기), ≪일서(日書)≫・역보(曆譜)가 출토됨. |
| | 2001 | 호유수(胡裕樹) 졸. | |
| | 2002 | | 왕학기(王學奇)・왕정죽(王靜竹) 편저, ≪송금원명청곡사통석(宋金元明清曲辭通釋)≫. |
| | 2003 | | 양봉빈(楊逢彬), ≪은허갑골각사사류연구(殷墟甲骨刻辭詞類硏究)≫.<br>팽유상(彭裕商), ≪서주 청동기 연대 종합 연구(西周青銅器年代綜合研究)≫. |
| | 2005 | 장정랑(張政烺) 졸. | 이포(李圃) 주편, ≪고문자고림(古文字詁林)≫(전12책). |

## 저자 소개

이 책의 저자 구석규(裘錫圭)는 조적(祖籍)이 절강성(浙江省) 영파(寧波)로서 1935년 상해(上海)에서 태어났다. 1952년에 부단대학(復旦大學) 역사계(歷史系)에 입학하였고, 1956년 졸업 후에는 역사계의 "갑골학(甲骨學)과 상대사(商代史)"의 연구생이 되었는데 도사(導師)(지도 교사)는 유명한 갑골학자 겸 고대사 학자인 호후선(胡厚宣, 1911-95)이었다. 같은 시기에 호후선이 중국과학원(中國科學院)(지금의 중국사회과학원(中國社會科學院)) 역사연구소(歷史研究所)로 발령을 받았기 때문에 그를 따라 역사연구소로 가서 1960년에 결업(結業)하고 그후 북경대학(北京大學) 중문계(中文系) 고전문헌(古典文獻) 교연실(教研室)에 배속되어 조교(助教)가 되었다. 대략 1962년부터는 고한어(古漢語) 교연실 조교가 되었다. "문화대혁명(文化大革命)" 이후 다시 고전문헌 교연실로 복귀하였다. 1978년에 부교수, 1983년에 교수가 되었고, 1984년 제2기 박사생(博士生) 도사가 되었다.

그는 주로 한자학(漢字學)・고한자학(古漢字學)과 고전문헌학(선진(先秦)・진한(秦漢) 부분) 등의 방면의 강의와 연구에 종사하고 있다. 북경대학 중문계에 "한자학"・"고문자학(古文字學)"(곧 고한자학)・"고고(考古) 자료와 선진 진한 고적(古籍) 정리(整理)"・"금문선독(金文選讀)"과 "갑골학" 등의 과정을 개설하고 있다.

1974년에는 국가문물국(國家文物局)이 주관한 산동성(山東省) 임기(臨沂) 은작산(銀雀山)(1972년에 발굴) 죽간(竹簡)의 정리 작업과 호남성(湖南省) 장사(長沙) 마왕퇴(馬王堆) 한묘(漢墓)(1972-1974년에 발굴) 1호의 견책(遣策)과 3호의 백서(帛書) 중의 일부인 ≪노자(老子)≫ 갑본(甲本)과 을본(乙本) 및 권전(卷前)・권후(卷後)의 일서(佚書)의 정리 작업에 참가하였다.

1975년에는 호북성(湖北省) 운몽(雲夢) 수호지(睡虎地) 11호 묘(墓) 진간(秦簡)의 정리 작업에 참가하였다.

1978년에는 호북성 박물관이 주관한 호북성 수현(隨縣)(지금의 수주시(隨州市)) 뇌고돈(擂鼓墩) 증후을묘(曾侯乙墓)의 문자 자료의 고석(考釋)

작업에 참가하였고, 같은 시기에 또 호북성 박물관이 주관한 호북성 강릉(江陵) 망산(望山) 1호와 2호 초묘(楚墓)(1965년에 발굴) 죽간의 고석 작업에 참가하였다.

그밖에 여가에는 또한 선진사(先秦史)와 진한사(秦漢史)의 연구에 종사하였다. 그는 2005년부터 상해 부단대학(復旦大學) 출토문헌여고문자 연구 중심(出土文獻與古文字硏究中心) 교수로 활동하고 있다. 이미 출판된 저서는 다음과 같다.

1) ≪문자학개요(文字學概要)≫, (북경 : 상무인서관(商務印書館), 1988. 8.) 이 책의 수정본이 중화민국(中華民國)에서 출판되었다(대북(臺北) : 만권루도서유한공사(萬卷樓圖書有限公司), 1994.3.).
2) ≪고대문사연구신탐(古代文史硏究新探)≫, (남경(南京) : 강소고적출판사(江蘇古籍出版社), 1992. 6.)
3) ≪고문자논집(古文字論集)≫, (북경 : 중화서국(中華書局), 1992. 8.)
4) ≪구석규자선집(裘錫圭自選集)≫, (정주(鄭州) : 하남교육출판사(河南敎育出版社), 1994. 7. : 대상출판사(大象出版社, 1999. 8.)
5) ≪문사총고(文史叢稿)≫, (상해(上海) : 상해원동출판사(上海遠東出版社), 1996. 10.)
6) ≪구석규학술문화수필(裘錫圭學術文化隨筆)≫, (북경 : 중국청년출판사, 1999)
7) ≪중국출토고문헌십강(中國出土古文獻十講)≫, (상해 : 부단대학출판사(復旦大學出版社), 2004. 12.)

그는 연구 작업에서 지하에서 발견된 고문자 자료와 현존하는 문헌의 상호 증명을 중요시한다. 문자를 연구할 때는 언어의 관점에서 문제를 보는 것에 상당히 주의를 기울이고 있다. 고문자를 고석하는 방법에서는 생전의 북경대학 교수였던 주덕희(朱德熙, 1920-92) 선생의 영향을 가장 깊이 받았고, 선진사와 진한사의 연구 방법에서는 장정랑(張政烺, 1912-2005) 선생의 영향을 가장 깊이 받았다.

## 역자 후기

이 책은 구석규(裘錫圭)의 ≪문자학개요(文字學槪要)≫(북경(北京) : 상무인서관(商務印書館), 1988. 8.)를 완역한 것이다. 저본(底本)은 중화민국에서 1994년에 만권루도서공사(萬卷樓圖書公司)에서 나온 번체자(繁體字) 수정본(修訂本)을 사용하였고 기존의 번역 초고도 수시로 참조하였다.

≪문자학개요≫는 중국에서 출판되자마자 해방(解放) 이후 중국 문자학 방면의 가장 중요한 학문적 업적이라는 높은 평가를 받았다. 이 책에 대한 높은 평가는 제1기 북경시 사회과학 우수 성과상 특등상(1991년도)과 국가교육위원회가 수여하는 대학교 우수 교재상 국가 특등상(1992년도)을 수상한 사실에서도 그 사정을 엿볼 수 있을 것이다.

역자는 이 책에 대하여 국외의 중국학계에서도 극히 높이 평가한다는 사실은 이미 알고 있었다. 그러나 당시의 여러 가지 특수한 국내 정세로 말미암아 1993년 9월초에 이르러서야 가까스로 원서를 구할 수 있었다. 몇 페이지를 읽어 가는 사이에 저자의 문자학에 관한 엄밀한 이론 체계와 중국 고전 문헌에 대한 명석하고 참신한 해석 그리고 성실한 학문적 자세에 깊은 인상을 받았다. 그날 바로 번역에 착수하여 초고는 그해 연말에 완성되었다. 이듬해 역자는 1년 동안 중국에서 연구 생활을 할 수 있는 좋은 기회를 얻었다. 1994년 9월초에 북경사범대학(北京師範大學)에 도착한 지 며칠 후에 마침 그곳에서 열린 선진사(先秦史)에 관한 2주 동안의 연속 강의를 들을 수 있었다. 전국 각지의 대학·연구 기관·박물관 등에서 선발되어 온 40여 인의 학자와 전문가를 대상으로 한 것이었다. 강의는 역사학·고고학·철학 등의 학문에서 뛰어난 업적을 이룬 중국의 대표적인 학자들이 담당하였다. 물론 구석규 교수도 포함되어 있었다. 역자는 직접 그를 만나는 행운을 얻었고 그 자리에서 ≪문자학개요≫의 한국어 번역과 소개에 관한 사정을 이야기하여 쾌히 승낙을 얻었다. 대화 중에 이 책의 대만 수정본이 최근에 이미 나왔고 또 영어 번역이 진행되고 있다는 소식도 들었다. 주요한 수정 내용에 관한 이야기를 듣고 즉각 대만에 주문하여 수정본도 입수하였다. 그러나 귀국한 이후에도 몇 차례의 우여곡절을 겪은 끝에 이제서야 햇빛을 보게 되었다. 초고 완성부터 이미 여러 해가 흘렀다. 역자는 이 책의 소개가 우리 중국 문자학에 대한 깊이 있는 이해와 연구에 조금이라도 도움이 될 수 있기를 간절히 바라고 있다.

북경대학(北京大學) 중문계(中文系)의 장건(張健)(1997-98, 경북대) 교수와 심배(沈培)(1996-97, 효성가톨릭 대학, 1997-98, 이화여대) 교수는 한국에 교환 교수로 와 있는 동안 이 책의 번역에 여러모로 관심을 기울여 주었다. 특히 심배 교수는 귀국 이후에 이 역서를 위하여 저자 구석규 교수의 귀중한 서문을 실을 수 있도록 주선하여 주었다. 깊은 감사를 드린다.

학술 서적의 출판이 극히 어려운 여건에도 불구하고 기꺼이 출판을 맡아 주신 신아사의 정현걸 사장님께 특별한 고마움을 드리고 싶다.

1999년 2월 21일 역자 씀.

## 개정판 역자 후기

이번의 개정판에서 초판(2001년)과 다른 점은 다음과 같다.

첫째, 판형을 크게 늘리고 행간을 넓혀 독자들이 읽기 편하고 친숙하게 느낄 수 있도록 하였다.

둘째, 본문의 잘못된 부분을 바로잡았다.

셋째, <중국문자학 연표>를 상당히 상세하게 작성하여 덧붙였다. 이것은 독자들이 중국 문자학의 역사적 발전을 일목요연하게 알 수 있도록 고려한 것이다.

넷째, <인명 색인>·<서명·편명 색인> 부분을 대폭 개정하고 증보하였다.

요즈음 극심한 불경기에도 불구하고 이 책의 개정판을 낼 수 있도록 흔쾌히 허락해 준 신아사의 정현걸 사장님께 감사의 말을 표한다.

2010년 1월 18일
역자 씀.

역 자 : 이홍진(李鴻鎭)
서울대학교 문리과대학 중국어중국문학과 졸업
서울대학교 대학원 졸업(중국어문학 전공)
현 재 : 경북대학교 인문과학대학 중어중문학과 교수
논 문 : <東坡詩考> 외 다수
역 서 :
1. ≪中國言語學史≫(공역), (大邱 : 啓明大學校出版部, 1983)(王力, ≪中國語言學史≫, 1981)
2. ≪中國經學史≫(한국중국학총서 : (11)), (서울 : 同和出版公社, 1984; 大邱 : 螢雪出版社, 1995)(皮錫瑞, ≪經學歷史≫, 1906)
3. ≪中國古代文化常識≫, (大邱 : 螢雪出版社, 1989)(王力, ≪古代文化常識≫, 1963).
4. ≪宋詩選註≫, (大邱 : 螢雪出版社, 1989)(錢鍾書, ≪宋詩選註≫, 1958)
5. ≪唐宋詞通論≫, (大邱 : 啓明大出版部, 1991)(吳熊和, ≪唐宋詞通論≫, 1985)
6. ≪80년대중국어법연구≫, (大邱 : 中文出版社, 1994)(陸儉明, ≪八十年代中國語法研究≫, 1992)
7. ≪중국고전문학창작론≫, (서울 : 法仁文化社, 2000)(張少康, ≪中國古代文學創作論≫, 1983)

# 중국문자학의 이해

1판 1쇄 찍음 • 2010년 2월 10일
1판 1쇄 펴냄 • 2010년 2월 20일

역 자 • 이 홍 진
발행인 • 정 현 걸
발 행 • 신 아 사
인 쇄 • 인덕인쇄

출판등록 • 1956년 1월 5일 (제9-52호)
서울특별시 은평구 녹번동 28-36 (2F)
전화 • (02)382-6411 팩스 • (02)382-6401
홈페이지 • www.shinasa.co.kr
E-mail • shinasa@chol.com

* 저자와의 협의로 인지를 생략함
ISBN 978-89-8396-666-7(93720)

정가 27,000원